ローベルト・クルツ
Robert Kurz

渡辺一男 訳

資本主義黒書 上

SCHWARZBUCH KAPITALISMUS

Ein Abgesang auf die Marktwirtschaft

市場経済との訣別

新曜社

Robert Kurz

SCHWARZBUCH KAPITALISMUS

Ein Abgesang auf die Marktwirtschaft

資本主義黒書〈上〉——目次

装幀——難波園子

〔下巻目次〕

ところで、囚人は犬のように従順であったから、自由に野山を駆けまわらせておいてかまわない、処刑のために呼び戻すには口笛を吹きさえすればよい、かと思われた。

――フランツ・カフカ『流刑地にて』

プロローグ

歴史に関する人間の記憶は儚《はかな》い。自分自身の履歴でさえその記憶はあいまいである。二〇年前、三〇年前、あるいは四〇年前の自分自身の生活、考え、感情、状況について、われわれは実際にどれほど記憶しているだろうか。偶然に自身の過去を証拠立てる客観的な文書に遭遇し、かつての現実が自分の頭のなかに記憶されていたイメージといかにかけ離れているかを確認せざるをえなくなると、たいていの人は驚く。われわれはたえず変貌を遂げて、自分自身にとって未知の存在になるのだ。しかし、そのような記憶の誤りを引き起こすのは、人間の脳のキャパシティに限界があるためではないらしい。むしろわれわれは通例、自分の歴史を自分に都合よく塗り替えて、自尊心に見合うように認知する抑圧の達人である。自分自身を問い質《ただ》すことなく、できるかぎり快適に安心して生きるために、ひどく擦り切れた自我を肯定するのである。

同様のことが、より広範な規模で人類の集団記憶の場合にもあてはまる。自己の生活史の発端以前にさかのぼれば、すべては自分自身の過去よりもなおいっそう不分明な闇のうちにある。身近に感じられるわれわれの両親や祖父母はわれわれが誕生する前には別の生活を営んでいて、その生活はわれわれにはまったく未知のまま残されるにちがいないことを考えるとき、奇妙な感じに襲われる。そしてここからたしかに社会の歴史が始まる。というのも、近代《モダン》の世界ではダックスフントを飼っている核家族に縮小され、脱近代《ポストモダン》の世界では社会の原子としてのシングル（独身者）に縮小されてしまった単なる血縁関係の種族組織を超えて、政治的・文化的・社会経済的な歴史が諸世代の個人史のなかへと入り込むからである。昔の人びとの外見、行儀作法、衣服などが笑いだしたくなるほど滑稽であることを除けば、われわれは彼らの現実の状況についてほとんどなにも知らないにひとしい。物語は断片的であり、またそれ自体が抑圧に彩られているから、歴史は各自の選択に応じて「古きよき時代」と名づけられるか、または逆に「悪しき時代」と名づけられる。あるいは両者の名が同時にあげられる。なぜなら、凡庸な知性が解決不能な矛盾にこと欠くことはないからだ。「この目で見た」という話はおおむねもっとも当てにならない。

個々人は自身の生活史を自己肯定的に物語るが、社会の支配層はこれに輪をかけた振舞いをする。個人的な記憶のなかに、イデオロギー上の自己正当化ならびに公式の、学校教科書で広められている現存する権力関係の歴史記述が腐食剤のように侵入し、思考に圧力をかけて、思考を解消しようとする。個人的な自己検閲に社会的な自己検閲が加わる。この点における世界チャンピオンは現代の資本主義である。人類の歴史においていかなる社会もこれほど無遠慮に自己を絶対的なものとして提示したためしはない。だが、完全な市場システムは自分自身の歴史を美しく彩色するばかりか、その歴史を大体において消し去ってしまう。「ホモ・エコノミクス」はいわば小さな子どもの時間地平のなかに、すなわちすべてが同一の無時間の次元で生じるように見える市場行為という永遠の現在のなかに生きているのだ。保守的な精神が権威の名において歴史を改竄《かいざん》するために歴史を呼び出すとすれば、経済自由主義の精神は、ズボン下、戦闘爆撃機、インスタント・スープ、その他市場で売られる諸々の品々同様に歴史を投げ売りするのだが、そこでは経験可能な世界が無差別にこれらの品々に姿を変えるのである。そして、口伝えの伝承が神話学的に標準化されると、資本主義のメディアは歴史そのものを非歴史化し、歴史を市場のエコノミーに解消してしまう。

この方法は資本主義のイデオロギーにとって単なる歴史の歪曲よりも好都合なのだ。というのは、多彩な商品世界の任意性があらゆる客観的事実をのみ込んだ結果、いわゆるポストモダンは市場全体を覆うばかりか、全面的な相対主義に、つまりパラドックスに立ちいたったのは理の当然だからである。「すべては劇映画《フィクション》にすぎない」。かくして、「現に在るもの」の歴史的な生成に関する批判的な省察はすべて抜け落ちる。それは単に「在る」のであって、それでお仕舞いというわけだ。ただし、このように考えると（あるいはむしろこの思考喪失状態にあっては）、メディアのあるいはイデオロギーの仮象には、現実存在に与えられるのと同じように多くの実質が与えられることになる。

正確にいえば、現実と演出の間にはもはやいかなる区別もないように「見える」。嘘は真実と同じくらい真実である、つまりわれわれは民主的自由もろともとっくにオーウェルの世界に生きているのだ。「一九八四年」はとうにすぎ去ってしまったが、誰もそのことに気づかなかっただけである。

シニカルなリアリズムの虜《とりこ》になった市場人間は、世界でもっとも啓蒙された存在であると自惚《うぬぼ》れているのだが、ほとんどすべてをなるがままに任せて、どんなに途方もない不当な要求であろうともオリエントの神秘主義者同様にそれを運命として受け入れ、とんでもないナンセンスを中世の農民に負けず劣らず信じ込む。この市場人間はいかなる尺度も失っているから、もはや白黒の判別がつかない。つまり、自分に痛みがあるのかどうかさえ、専門家の診断や統計に頼らねばならない。批判的理性を奪われ、禁治産者となったこの完全な愚か者には、全体を覆う市場経済がおあつらえ向きだ。すなわち、封建制下の隷農が地獄と煉獄の存在を吹き込まれてそれを信じたように、市場人間は愚かにも市場経済の「諸法則」を信じ込むのである。

尺度の最後の惨めな遺物は、戦後史における東西間のシステムの対立という事実だったようにみえる。もちろんそれは、西欧の資本主義陣営がそれをもって自身を比較計測することができる、あまりにも安っぽい尺度だった。というのは、周知のように、官僚的な国家社会主義は資本主義体制の危機から抜け出したのではなく、逆に二十世紀前半の世界市場の周辺における「低開発」の危機から抜け出たのである。「近代化の遅れを取り戻さんとする」東と南の諸政府は、無から一足飛びに近代的な工業商品社会をつくりだすために、別のイデオロギーの衣装を身につけて、とっくに忘れ去られて抑圧された西欧の資本主義の初期形態を取り戻しただけではなく、またそれらの国々が滑稽なまでにブルジョア革命の興奮と神話を、資本主義的な生活様式を、それどころか西欧のデザインまでも模倣したことを見てとるのはむずかしいことではない。そのかぎりでは、東側の体制はもともと歴史的なオルタナティヴではなく、荒削りでむしろ貧弱な、道半ばで頓挫した、西側の廉価版にすぎなかった。西欧資本主義の経済・技術上の優越は、弟を殴って、それをなお自慢する兄の優越感とさして変わらない。

時代遅れの国家社会主義の崩壊を資本主義の最終的な勝利として、また社会問題の最終解決として宣言することを可能ならしめたのは、完璧なまでにゆきわたった歴史の盲目性ゆえである。歴史上の落伍者の側としては、当初からそれをもって比較計測されるほかなかった近代商品生産システムという共通のビジネス基盤自体が廃版モデルになるかもしれないというのは、今日ではかつて以上に考えられないようにみえる。東西の壁が崩壊した一九八九年以降、資本主義のあらゆる約束は空手形であることが証明された。東側の開放された市場は西側社会にはなんら新しい経済の奇跡を恵んではくれず、絶望的な低賃金競争をもたらしたにすぎない。そして、東の人びとは信じられないといってわが目をこする。なぜなら、自分たちの支配を正当化する嘘八百のプロパガンダがいかにも見え透いていて哀れであった軍隊コミュニズムのもっとも陰気なイデオローグたちでさえ、西の市場経済の社会的欠陥を悪意に満ちた精細さで的確に描写していたのだということを、彼らは確認せざるをえないからだ。

しかし理念は麻痺し、ユートピア的なエネルギーは枯渇したようにみえる。歴史の終焉の後、困惑と内的硬化が支配している。希望は路頭に迷う。なぜなら、もはやオルタナティヴを考えることができないからだ。きわめて穏健な改革主義さえも挫折する。いまや資本主義は鎖から解き放たれて、これほど陰険だったとは誰にも想像もできないような相貌を見せる。ばかげた捨て値提案を乱発する乱暴なコンセプトが雨後の筍《たけのこ》のように現われるが、これは「オルタナティヴのない」市場経済においてはほとんど阻止することのできない社会経済危機を追い払うためなのだ。警察当局によるいかなる検閲よりも効果的な資本主義的人間の自己検閲は、批判的思考の終焉をもたらした。サブカルチャーでさえもはや反体制的ではない。

新しいオルタナティヴをふたたび考えうるためには、まず歴史の復権がなされねばならない。歴史とは無縁になったように見える資本主義を歴史化することが必要なのだ。今日それはもはや、思想という拘束力のない領域に限定されるような問題ではない。じじつ、われわれは市場経済の歴史的な苦痛の限界に達しているのであり、市場経済の経済全体主義は耐えがたくなりつつある。最後の冷戦の戦士たちが相変わらず「自由な世界」について無駄口をたたいている間に、資本主義という地球規模のシステムは、「文字どおり狂気に陥らんとする」社会であることがあきらかになる（オスカー・ネークト）。周知のように、これはあらゆる驕慢のたどる運命である。社会の自然治癒、事実を社会的・生態学的な基盤へ戻してやること、ブレーキを解除されて歯止めがきかなくなった進歩を落ち着かせること、耐えうる社会生活、さらに共感・製造責任・観念的反省などの前提条件としての絶対安全性、これらはアトム化した個人による全面的な競争という不条理で一般的な危険と化したシステムの前にそれ自身の歴史を映す鏡が置かれる場合にのみ可能になるだろう。それによって、資本主義的な人間の自己認識は資本主義をショックなしに終焉に導く可能性があるからだ。

この歴史、特に経済・社会史は表層的なものにとどまらない。なぜなら、「メディアはメッセージである」(マーシャル・マクルーハン)ならば、近代の「ホモ・エコノミクス」の歴史はじつはその経済の歴史、すなわち「生産力発展」の歴史であり、景気、危機、および抽象的な貨幣の富の歴史でしかありえないからだ。この歴史の暴力および途方もないポテンシャルと対比をなすのが、これに劣らず途方もない歴史の通俗性である。人類の実存的、形而上学的、認識論的な諸問題がいわゆる市場の法則によって窒息させられた後には、貨幣の通俗的な形而上学が残るだけである。こうして冒険は終わる。なぜなら、市場の完全な通俗性のなかにはなにも発見されず、体験すべきものはなにひとつないからだ。そこでは、危険をともなうスポーツやヒマラヤの体験観光はもはやなんの意味ももたない。今週のヒーローは、たとえばハルトヴィヒ・ピーペンブロックである。彼は低賃金の労働者三万人で構成される「巨大な清掃隊の主」(『ヴィルトシャフツヴォッヘ』一九九六年第三七号)であり、彼の人生の目標は、低賃金労働部門で最大手になることだ。したがって市場経済の歴史的な苦痛限界は、市場経済の世界像の限界であり、市場経済の「商品美学」(W・F・ハウク)の限界であり、人間の努力の哀れむべき頑迷さの限界でもある。

苦痛限界の一線を超えれば、当然その結果が生じる。患者は死ぬか、またはすっかり変わり果ててしまう。ただし、遅きに失した資本主義の歴史化は、もはや従来の近代化の歴史の内部対立から出発することはできない。歴史化は全体を視野に入れること、つまり生成したものの分析から結末を推定しなければならない。歴史のアイロニーとして、資本主義にとって絶対的な勝利と最終的な危機とが歴史的に重なることになるかもしれない。この予期せぬ危機が以前に考えられていたものとはむろんまったく異なる様相を呈しているのは、従来の(価値判断の基準となる)座標系自体が崩壊したことに起因する。昨今の「現在位置」をめぐる世界規模の論戦がひどくグロテスクなのは、その議論が、市場経済の「職場」全体を覆っているシステムが今日自壊して機能不全に陥っていることを認識しようとしないからである。もちろん、職場の問題も歴史的に根拠づけられる。十八世紀後半に始まった資本主義的産業化は、出口のない段階に入った。ありうる唯一の冒険は、旧い国家社会主義的な理念を超えた、市場経済の克服である。その後に、別の歴史が始まるだろう。

第一章　近代化と大衆貧困

市場経済が残した不分明な歴史意識の最後のわずかな残滓は、それ自体の伝説である。すなわち、市場経済は原理的に「福祉を向上させる」というものだ。もしそれが事実なら、市場経済が近代化される以前の人類は悲惨にあえぐほかなかったことになろう。ところが実際は、世界の人びとの大部分にとってまさに逆のことが生じていた。資本主義が生産力を科学化し、その発展を途方もなく加速したことは疑いない。しかしながら、生産力の発展が福祉の向上に寄与したのは奇妙なことにつねに短期間であり、しかも社会の一部と世界の特定地域にかぎられていた。というのも、資本主義は勝つか負けるかの情け容赦のないゲームであって、その全体主義的な性格は、まったく社会的な、生存のために投入すべき肉体的な余力さえ許容しないからである。こうして資本主義はそもそものはじめから勝者よりも多くの敗者を生み出してきた。

総決算は否定的であるどころか、壊滅的である。ニューヨーク州立大学経済研究所のフェルナン・ブローデル・センターの経済史家イマニュエル・ウォーラーステインと彼のチームは一九七〇年代末に、研究結果から次のような結論を下した。「長期的には、世界システムと地上の労働力全体の豊かさは低下する――広くゆきわたっている予想に反して、豊かさが上昇することはない」（ホプキンス／ウォーラーステイン、一九七九年、一八四―八五頁）。これは、自分たちの生活水準がすでにとっくに下降状態にあるにもかかわらず、多面的な消費を享受している西・中欧の「歩行者天国の市民」（ディートリヒ・ディーデリクセン）には今日なお驚くべきことであり、信じられないと思われるかもしれない。しかし、「総決算」が意味するのは第一に、ときおり潤沢な消費という特別ボーナスのあった第二次大戦後の近過去だけでなく、過去のあらゆる世代の生活を含む近代化の歴史の総体が顧慮されねばならないことだ。第二に、当然ながら高度に産業化したあるいは脱産業化社会に入った北の人間だけが対象になるのではなく、現在ほぼ六〇億に達する世界のすべての住民がその現実の生活状態を含めて総括されねばならない。

第三に、ドル換算での一人当たり収入を指標とすることはまったく不十分である。この方法は国内および国際的な機関によっておこなわれる歴史上の比較においても現状調査においても一般的であるが、そこに悪しき意図がないわけではない。なぜなら、この抽象的な平均値は、市場経済にはもともと社会を分極化する傾向が内在していることを覆い隠すからだ。この二極化傾向がときに緩和されたのは、少数の勝ち組国においてのみである。ところが今日、二極化傾向は勝ち組国においてさえ露わになっている。一方には途方もないほどの富があり、他方にはひどい貧困や貧窮が存在する。そこから社会の福祉の尺度として統計的な平均を引き出すことは、社会の実相とは反対のことを示すことになる。たとえば、貧困限界が月収一〇〇ドルとして、一〇〇人のうち九九人が月収九九ドル、すなわち年に一一八八ドルの限度以下でなんとか生計を立てねばならないとしよう。その一方、一〇〇人のうち一人は年に五〇〇万ドルの収入があるとする。すると「一人当たりの平均収入」はじつに年に五万一〇〇〇ドル以上になり、これらの一〇〇人は「平均して」この地上で幸福な者たちに属することになる。すばらしい市場経済の歴史的現実も今日の現実もこの仮想ケースからそれほどひどくかけ離れてはいない——実際には、全体の分布、特に統計の「中間層」がそれぞれの国と時代によってきわめて異なるにしても。

第四に、これは昨今一般的に知られていることだが、グローバルな市場システムに起因する環境破壊のコストがまったく顧慮されないどころか、プラス要素として国民総生産高に算入されていることだ。たとえば、交通事故とその処理、土壌や水の汚染、大気汚染などのコストが「所得」として現われるのである。資本主義社会では少なからぬ人間が、このシステムが引き起こす損害で生計を立てている。貪欲な市場経済はその歴史の過程で、自然の富に自由に無償で参入する権利を人間から奪い去り、「世界を私物化すること」によって、人間と自然との関係の総体を売買という強制のもとに置いてきたことはむろん言うまでもない。

市場経済は貧しくする

資本主義は少数の者を富ませるが、その一方で大多数を乞食同然にする。これは歴史的な根本経験である。人類の大多数にとって、十六世紀以降の資本主義初期においても一七五〇年から今日までの二五〇年間においても、経済状況はほとんどいかなる観点においても十四—十五世紀当時より悪化している。今日「市場経済に代わるものはない」と語る者はすべて（国家社会主義の没落後は左翼の大部分もそうである）、ますます減少しつつある歴史的にみて少数派に属する（相対的な）勝者であり、不条理で反人間的な社会形態をシニカルに正当化するイデオローグである。そして、このシニシズムはもはやまったく人前を取り繕おうとはしない。リアリストの紳士淑女方は、「これに賛意を表明する」。彼らは社会的および歴史的な意味での自閉症患者になったのであり、彼ら自身の現実以外には他のいかなる現実も寄せつけない。彼らが貧困について語るのは、市場経済という疑う余地のない条件下においてのみ、すなわち、せいぜいのところがテクノクラシー的な調整の意味においてである。だが、歴史は回帰する。それゆえ、このシステムとその擁護者たちに勘定書きを突きつけて支払いを求めるのは無益ではない。

初めに大いなる悲惨があったが、それはすでに初期資本主義が生み出したものだった。産業化以前の近代初期、全ヨーロッパは貧窮化というダンテの地獄に転化していたが、これはその深刻さと規模において史上例のないものであり、これに比較しうるのは、今日のアフリカの状況（同じく資本主義の恐怖の産物）だけである。当時の統計資料がいかに不正確で欠陥の多いものであっても、それでもなお今日の歴史科学は十六—十八世紀の産業革命前の資本主義の、深淵が口を開けた社会構造についてある程度は根拠のある証言を呈示することができよう。

十六世紀のスペインでは、高所得層（人口の五—七パーセントを占める貴族、司教、自由業者、および一〇—一二パーセントを占める独立職人を含む）は全人口の約二〇パーセントであって、残りの八〇パーセントは貧者だった。十七世紀末、グレゴリー・キングは英国における資産配分をさらに詳細に描写している。（…）そこでも富裕者は社会のごく一部を形成するにすぎない。貧者はおよそ五〇パーセントを占め、そのうちの半数は恐るべき慢性的な貧困にあえいでいた。同じ頃、フランスの住民の九分の五は貧困状態にあった。十八世紀初頭のドイツでは、聖職者の所有地にあっては、住民一〇〇〇人当たり五〇人の聖職者と二六〇人の乞食がいたと見積もられている。これに対してケルンでは、当時の住民五万人のうち二万人が乞食であったという。（ミンチントン、一九八三年、六〇頁）

市場経済の近代化による物質的豊かさの絶対的かつ相対的下落は――自己決定できる社会的連関の解体による精神的豊かさの下落は言うまでもなく――大きな歴史的時間を超えて、社会・経済史研究においてふたたび現われるのだが、それが体系的かつラディカルに描写されることはまれである。

かなりの程度で意見の一致をみているのは、近代化が進むあいだに、他者によって規定される大衆の労働時間が前資本主義的ないかなる社会と比較しても途方もなく増加したことである。イマニュエル・ウォーラーステインによれば、さまざまの社会史家は中世の証拠文書を手がかりにして、当時のイギリスでは一日の労働が「日の出から正午まで」であったこと、またいわゆる市場経済発展の重要な一局面はすでに「農業における労働時間の漸進的な増加」のなかに見てとれることを発見した（ウォーラーステイン、一九八六／一九七四年、七五―七六頁）。労働時間に関する文書が示すところによれば、一三〇〇年の国王ヴァーツラフ二世の布告によって、ボヘミアの鉱山における労働時間は交替制で一日六時間であったことがわかる（オットー、一九八九年、三三頁）。同じく、社会史家ヴィルヘルム・アーベルは、「中世後期には週休二日が認められていた」建築職人の生活水準を一八〇〇年の同じ職種の労働者と比較すると、後者は週にもう一日余計に働くのみならず、低賃金ゆえに通常「日曜や祝日の副業によって」増収を図らねばならないほどであった、と結論する（アーベル、一九八一年、六三頁）。今日の賃金労働者は、苦労して手に入れた労働時間短縮にもかかわらず（現在ではふたたび長時間化している）、資本制の中核国においてすら中世の大部分の奴隷たちよりも長い時間、より集中的に働いているのだ。

同じような負の発展は物質的再生産にもあてはまるが、今日ではそれは資本主義の用語で「実質賃金」と呼ばれる。これは社会史の記述では、尺度を同一に保つために、たいてい穀物を基準にして表わされる。アーベルは、十四世紀と十九世紀初頭を比較して衝撃的な結論にいたった。


中世末期の例としてはヴュルツブルクの大工職人、一八〇〇年前後の例としてはベルリンのレンガ積み職人が選ばれる。大工とレンガ積み職人はたいてい同額の賃金を得ていたからである。(…)ヴュルツブルクの大工は一三八七年の警察の通達によれば、一日当たりほぼ二六キロのライ麦に相当する賃金を得る規定――これを下回ることはまずなく、むしろ上回っていたが――であった。これは、週に二日の休日を含めた週七日の消費一日当たりに換算すると一八・六キロのライ麦に等しい。一方、ベルリンのレンガ積み職人の賃金を、同様に週七日の消費日数に換算した場合の一日当たりの額はライ麦六・七キロに相当した。(アーベル、同書、六二頁)

市場経済の近代化が推進された数百年後の「福祉の向上ぶり」はじつにすばらしいものだ。実質賃金はほぼ三分の一にまで落ち込んだ。このすばらしい「発展」を正当に評価しないとすれば、それは忘恩というものだろう！　他の国々の場合でも経済史および社会史の専門家は同じ結論に導かれる。農業史家スリッヘル・ファン・バートの記述によれば、ウォーラーステインはさらに、十三世紀から十九世紀にいたる一日当たりの(小麦の重量で)イギリスの大工の実質賃金に関する一覧表を作成して実態を暴いている。

これは噴飯《ふんぱん》ものである。産業化された輝かしい十九世紀になってやっと、中世中期の水準に到達しているのだから。それでも十五世紀の中世末の水準には遠く及ばない。初期資本主義の全歴史は生活水準の急激な下降をその特徴とする。しかもわれわれはまさしく史上初めて世界的大国に上りつめた国とその国の高賃金の職人を問題にしているのである。近代化の結果、単純労働に従事する日雇い労働者や周辺の国々にとっては、その社会的転落がどれほど深刻で

(1721—1745年を100とする指数)

時代	実質賃金
1251—1300	81.0
1301—1350	94.6
1351—1400	121.8
1401—1450	155.1
1501—1550	122.4
1601—1650	48.3
1701—1750	94.6
1751—1800	79.6
1801—1850	94.6

(出典：ウォーラーステイン『近代世界システムⅠ』, 川北稔訳, 115頁)

あったか想像に難くない。今日でさえなお、第三世界の多くの国々における生活水準は、植民地化以前ならびに前資本主義時代の水準に遠く及ばないのである。

　貧困はむろんつねに相対的である。生活水準の構造においても種々の相違が存在するが、これは市場経済を免責する理由としてほとんど役に立ちえない。私は自分の目でブラジルのファベイラ〔スラム〕を見た。そこでは人びとは、鶏小屋よりはいくらかましなところに居住し、子どもたちは慢性の栄養不良に陥っていた。アンテナの森は無数のテレビ受像機の存在を示している。生活の基本的欲求をすべて十分に満たすことができ、かつ社会環境も比較的安定していた前近代の自由農民はひょっとして、テレビ画面をとおして送られてくるソープオペラ（メロドラマ）で脳を麻痺させることができなかったからという理由で「今日よりも貧しかった」と言えるだろうか？　次元が異なるとはいえ、類似のことが現代ヨーロッパのシングル・マザーにもあてはまる。彼女たちは国家、市場、さらには社会的保護の良き精神からも見放されている。電話、腕時計、ステレオ装置などを所有してはいるが、その一方で子どもたちの学校用品代を捻出するために食べるものも食べずに節約しなければならず、社会福祉事務所に出向けば、苛立ちを隠さない職員からあたかも汚物のような扱いを受けて、人間としての尊厳を傷つけられる。これは封建領主のもとにやってくる中世の貧しい嘆願者よりもはるかにひどい。

　誤解を避けるためにいっておけば、私は資本主義的近代化の歴史が人間の能力をこれまでのあらゆる尺度を超えて向上させたことを否定するつもりはまったくない。技術的な能力のみならず、多くの点で抽象能力や反省能力もまた向上したことは疑うべくもない。しかしここで問題にするのは少し別のこと、つまり、大多数の人間の生活水準、余暇、健康などの問題である。資本主義は、資本主義によってもたらされた能力を、いやおうなく資本主義の法則下に置かれた万人の生活改善のために用いることはけっしてできなかった。このダメージは今日にいたるまで小さくなることはなく、逆に全世界住民の観点からすればますます大きくなっている。それゆえ、このダメージは単なる偶然の外的連関ではなく、市場経済がその能力を万人の福祉のために活用できないのは市場経済そのものの本性だと言わねばならない。

たしかに、かけがえのない過去を取り戻したいと願ったり、過去の欠陥を反動的に美化することは問題になりえない。前近代社会には封建的で家父長的な抑圧があったし、疫病、戦争、無知、血縁間の制約などがあったことはいうまでもない。だが、まさにそれが問題なのだ。これらのけっして潤沢ではなく芳しくもない状態に対して、市場経済はその歴史を通して社会的生活環境の重大な劣悪化をもたらした。それなりに真摯に歴史の総決算をおこなうならば、いずれにせよ市場経済には原則として「福祉を向上させる」力はないときっぱりと宣告されるにちがいない。今日西欧の経験が希望をつないでいる相対的な繁栄のごくわずかなエピソードはつねに減退する一方であるし、それさえもとをただせば、市場経済自体が生み出した悲惨と破局のごく一部を埋め合わせているにすぎない。

すでに近代市場経済の経済諸原則が内在していた産業化前の資本主義は情け容赦のないものであって、その過酷さがしばしば緩和されることもなかったし、生活水準の永続的な低下をもたらしたにすぎない――三百年以上にわたって。たとえば、生計費がそれなりに保証されていた単純労働に従事する職人が「金持」の範疇に入っていたと聞けば、この時代の貧困がいかなるものであったかをおよそは想像できよう。これはまさしく生活必需品にあてはまるし、特に食糧水準がそうである。急激な貧困化がいかに途方もないものであったかを理解するには、食習慣と日々の食糧を比較する必要がある。フェルナン・ブローデルは近代化に関する大がかりな社会史研究において、その目的に必要な資料を蒐集した。その比較結果をみれば、市場経済および近代化のイデオローグたちは顔色を失うにちがいない。

ドイツでは一四八二年にザクセン諸侯がこういう布告を発している――「各自に承知して欲しいが、親方職人には昼食と夕食とに全部で四皿の料理を出さなくてはならない。すなわち、肉のある日の場合であればスープ一皿、

> 肉二皿、野菜一皿であり、金曜日または肉のない日の場合には、スープ一皿、鮮魚または塩漬け魚一皿、野菜二皿とする。肉絶ちを続ける必要のある場合には五皿とする。すなわちスープ一皿、魚二種類、野菜の盛合わせ二皿である。そのほか朝晩にはパンをつけ加えること」。そのうえさらに、コフェント（弱いビール）がつけ加えられた。親方職人、都市居住者の献立ではないか、と言う人もいよう。しかし一四二九年に、アルザス地方のオーベルヘルクハイムでは、夫役《ぶえき》に徴発された農民が代官《マイアー》の農場でほかの仲間といっしょに食事をしたがらない場合には、代官が「その農民自身の家に牛の肉を二切れ、焼き肉を二切れ、ぶどう酒を一枡、二ペニッヒ分のパン」を届けなくてはならなかった。（…）中世の〈秋〉から遠ざかるにつれて、生活の質の低落が強まってゆき、そのまま十九世紀のまさしく中葉まで続いたのである。そして東ヨーロッパの若干の地方、とりわけバルカン地方においては、この転落が二十世紀のただなかまで尾を引いたのである。西ヨーロッパにおいては、早くも十六世紀中葉には、目に見えて制限が加わるようになった。ハインリヒ・ミュラーが一五五〇年に記したところによれば、「シュヴァーベンでは農民の食事は劇的に悪化した。毎日肉が出て、教会の開基祭のような祝日には贅沢三昧に耽ったかつての豊かな食事に代わって、いたるところで物価の高騰と欠乏が目につく。そのためにごく裕福な農民の食べ物でさえ、ついこのあいだの日傭や下僕よりひどいくらいである」。歴史家たちがこれらの繰り返された証言を取り上げなかったのは結局誤っていた。彼らはこれにたいして、人間にはすぎ去った時代を称讃せずにはいられない病的な欲求があるものだ、という見方をかたくなに堅持したのである。（ブローデル『物質文明・経済・資本主義 15—18世紀』村上光彦訳を一部変更、二四九—五二頁）

膨張する市場経済のもとで大多数の人間にとって摂取可能な食物の質量の劣悪化は間断なく進んで、世界の多くの地域で今日にいたるまでやむことはなかった。たとえ今日、肉やアルコール飲料の過剰消費に反対する者でも、当時の大部分の人間にとって良質で十分な量の食物に対する基本的な欲求すらもはや確実なものとは見なされなかったことは認識できよう。ヨーロッパの中核国においてさえ、十九世紀の文献には、平地および増大する都市周辺地域における資本制によって生み出された悲惨な飢餓の描写が溢れている。国民経済学者として、またドイツの産業化の主唱者として知られるフリードリヒ・リストは、一八四四年にぞっとするするようなアイロニーを込めてドイツの多くの地方における生活環境を記述している。

私はあちこちの地方で、部屋の天井から糸で吊るされているニシンを見た。それはテーブルの中央に垂れ下がっていて、ジャガイモを食べる人びとの手から手へと渡される。共同の食料であるジャガイモに味とスパイスを加えるためにニシンをこすりつけるのだ。これはもう「豊かさ」といってよかった。なぜなら、つらい時代にはニシンによる味付けというこの上ない楽しみどころか、塩を加えることさえも断念しなければならなかったからである。（リスト、一九二八／一八四四年、三〇七頁）

生活水準に関して、それ以来たえず食物が問題にされたのは偶然ではない。というのは、いかなる欲求の充足も――それがどんなに基本的なものであろうと――自明ではなくなっていたからだ。この貧窮化における自然災害や不作の関与はせいぜい副次的なものだった。なぜなら、初期資本主義の近代化以前には、近代化以降よりも劣悪な生産条件においてさえ、「貧民」が存在し、ときには自然災害（不作）による危機はあったものの、生存するための基本的欲求のレベルで常軌を逸した「構造的」な大衆貧困は存在しなかったからである。科学的知識が向上したにもかかわらず、よく知られた古代および中世の諸世紀と比べてこのようなひどい社会的下降が生じたのはどういうわけなのか。

織工の貧窮と彼らの蜂起

十七世紀および十八世紀の人びとは、自分たちが初期資本主義の時代に生きていることを知らなかった。「資本主義」という概念はこれに付属する「市場経済」の概念と同じく十九世紀にあらわれた。当時の人びとが気づいたのは、貨幣の重要性が高まって、彼ら自身の価値が低下したことである。十六世紀以降、大多数の人間は主体ではなく、たえず拡大する市場関係ならびに貨幣関係の客体になった。ただし、今日の意味で私的資本主義的に組織されたのは、これらの成長しつつある商品生産のごく一部、特に繊維部門だった。というのは、ツンフト（同業組合）に属する職人たちの地域市場とは異なって、まず繊維製品および半製品は、非農業分野の大きな商取引に将来の方策を見いだしたからである。繊維関連製品は、近代初期の商品経済のなかでもごくわずかしかない商工業上の大量生産品だった。しかし、この分野でも漸進的ではあったが、手工業的な生産様式から資本主義的な生産様式への移行が生じた。この様子をフリードリヒ・リストは一八四二年に次のように分析している。

文明国が国の内外で商取引する際、紡績糸と織物はたいていいつでも他の物資と交換することができた。最盛期のフィレンツェで、後にフランドルおよびブラバントで、最後にはイギリスで、織物のマニュファクチュア（工場制手工業）は商業の大きな基盤をなしていた。ちなみに、フィレンツェを除くイタリアとフランスでは絹織物、ドイツではリネン製品のマニュファクチュアであった。したがって、大きな機械の発明以前には、あらゆる文明国は織物産業のなんらかの主要部門において最高権威を堅持していたが、だからといって他の部門から締め出されることはなかった。当時国際競争が問題になったのは、金持の需要に関してだけだったからである。つまり下層階級の衣類原料はほとんどどこでも各地方の手仕事および家内制手工業によって生産されたが、（中略）その理由は、これらの製品の価格が、各地で支配的であった手仕事によって生産される場合には、あらゆる国と地域でほぼ同一だったからである。（リスト、前掲書、二一七頁）

企業家による近代資本主義がおおいに活気づくのはようやく、競争と大規模な市場がもはや金持の需要だけではなく大衆の需要をも獲得しはじめた時点である。繊維部門はそのためにすでに比較的発展していた商取引構造によって最良の前提条件を提示した。さらに、繊維生産を資本主義化へ導くことになるイニシアティヴも商業資本に端を発している。特に原料と衣類の生産において旧来の手工業的な方法の廃棄を迫るようになったのはまず、いわゆる問屋制前貸し制度であった。「フェアレーガー」（Verleger）と聞けば、現代のわれわれはまず出版社を思い浮かべるが、十八・十九世紀にはフェアレーガーという言葉は、職人たちを自宅の作業場で働かせて、出来上がった製品を資本主義的な諸原理にもとづいて超地域的な市場で販売する商人を意味していた。生産は一般に伝統的なままであり、自宅で家族成員によっておこなわれたものの、もはや自己の責任においてではなく、買付け業者のためになされた。私的資本主義的な組織はしたがって生産からではなく、生産よりも上位に位置するようになった商取引から出発したのである。手工業的生産者と商人との間の対等な関係と力の均衡は後者の有利になるように変更された。ここから商人的「企業家」が生産手段と生産条件を自己の管理化に置くにいたるまではほんの一歩である。

繊維部門におけるこの企業家的な私的資本主義の萌芽形態は急速に拡大した。一八〇〇年頃のドイツではすでに商業的生産のほぼ半数が問屋制前貸し制度の形態をとっていた。買い上げる商品の価格を抑えるために、問屋制前貸し人は手工業者の依存を利用しつくし、それがますます激しくなった。このようにして、家内労働者はますます迅速に仕事をこなし、労働日をさらに増やし、ついには子どもたちさえ一緒に働かせることを余儀なくされた。フリードリヒ・リストによって描写された惨めさに輪をかけて、特にシュレージエン（シレジア）とボヘミアの紡績工と織工は文字どおり社会的に生み出された飢餓にさらされるようになり、歴史資料の分析からあきらかになるその実態は今日のアフリカの貧困地帯における破局的な飢餓を想起させる。「しばしば彼らは餓死状態に近かった。死んだ家畜を投げ捨てた穴からその屍骸を運び出しては食らい、あるいはまたパンの代わりに苔のかたまりを食べてかろうじて命を保っていた」（エンゲルマン、一九八〇年、一二頁からの引用）。しかも彼らは「フルタイム労働」をこなしていたのである。これほどの長時間労働は、はるかに食糧事情の良かった中世初期でさえ暴動を引き起こしたであろう。困窮した多くの者たちは家や小屋を質に入れるか、あるいは売り払いさえした。その一方で、社会全体としては「一人当たりの平均収入」はますます上昇したのである。織工の惨状は諺《ことわざ》にまでなった。十八世紀から十九世紀への変わり目のころの歌謡や方言詩からは、生活が市場経済化されたために破滅した名も知れぬ人びとの深いため息が聞こえてくる。

時代はいまや変わってしまった
これほど苦労して、あくせく働いても
どれほど苦しもうとも
たとえ一分の休みをとらなくても
それでも、暮らしは追っつかない
織工として働く限りは

問屋制前貸し人は恐怖と憎悪の対象といってよかった。シュレージエン山地の村々の織工たちは、自分自身と家族にはもはや逃げ道がないことがわかった。一七八五年から翌年にかけて、一七九三年さらに一七九八年に、プロイセン領のシュレージエン地方で絶望的な蜂起が起きたが、情け容赦なく鎮圧された。

たとえば一七九三年にシュレージエンの繊維産業全体で燃え上がった革命的運動がいかに残虐な方法で鎮圧されたかについては、プロイセン国王フリードリヒ・ヴィルヘルム二世が――主にその神秘主義と多くの側室によって名を馳せた――大臣のダンケルマンに宛てた指令文書に見てとれる。当時国王は、織工の暴動を容赦なく弾圧すべしと命じていた。(…)当時、村人全員が、刑罰用の細い鞭を持って二列に並んだ兵隊の間を走らされて背中を鞭打たれたが、その際にいわば餓死寸前の織工たちの多くが重傷を負った。さらに数百人は砦に引っ張られてゆき、荷車につながれた。(エンゲルマン、前掲書、一一頁)

これは有史以前の暗い神話から取り出された残酷な一節のように思われるかもしれないが、文書として残された市場経済の近代化の歴史なのだ。一八〇〇年以前の残酷な仕打ちがほとんど忘れ去られると、半世紀後には新たな織工の暴動がふたたびシュレージエンで、依然として同じ問屋制前貸し制度のもとで、なおいっそう深く歴史的記憶に刻み込まれることになった。一八四四年にシュレージエンのライヒェンバッハ郡でまたもや問屋制前貸し人のツヴァンツィガーと大商人ディーリヒに対する織工の暴動が勃発したとき、その知らせはこの間に急速に増えていた新聞によって広められた。発展したジャーナリズムという形をとって、いわば初めて資本主義によって生み出された、資本主義そのものに反対する生産的な力が戻ってきた。というのも、シュレージエンにおける事件の報知はもはやいかなる検閲によっても隠蔽することができなかったからである。蜂起はプロイセンの歩兵部隊の散弾銃によって鎮圧された。しかし、織工の悲惨と彼らの蜂起は、産業化の入口で、資本主義のもとで生み出された「社会問題」に関する公共意識を形成し、それどころかドイツ全土におよぶ衝撃を与えた。その衝撃はハインリヒ・ハイネの憤怒に満ちた有名な詩「シュレージエンの織工」のなかに表現されている。

くらい眼に　涙も見せず
機《はた》にすわって　歯をくいしばる
ドイツよ、おまえの経帷子《きょうかたびら》を織ってやる
三重の呪いを織りこんで
織ってやる　織ってやる

ひとつの呪いは　神にやる
寒さと飢えにおののいてすがったのに
たのめど待てど　無慈悲にも
さんざからかい　なぶりものにしやがった
織ってやる　織ってやる〔第二節は本書原文では省かれている〕

ひとつの呪いは　金持どもの王にやる
おれたちの不幸に目もくれず
のこりの銭までしぼりとり
犬ころのように　射ち殺しやがる
織ってやる　織ってやる

ひとつの呪いは　いつわりの祖国にやる
はびこるものは　汚辱と冒瀆ばかり
花という花は　すぐくずれ
腐敗のなかに　蛆《うじ》がうごめく
織ってやる　織ってやる

筬《おさ》はとび　機台《はただい》はうなる
夜も日もやまず　織りに織る
ふるいドイツよ　おまえの経帷子を織ってやる
三重の呪いを織りこんで
織ってやる　織ってやる

（井上正蔵訳）

むろんひとつの疑問が出されよう。そもそもいかにして手工業生産者（織工）たちはこのような従属関係に陥ることになったのか？　というのは、たとえ彼らの絶望的な蜂起がこの従属の帰結として、またこの従属の社会的結果の帰結として軍事的に鎮圧されたとしても、経済関係自体の事前の変化はいわば武力だけで生じることはありえなかったからだ。そこにはまた構造的かつ社会経済的な理由があったにちがいない。事実、十六世紀以降新たな社会的枠組みの条件が形成されたが、これらは直接私的資本主義的な企業によって引き起こされたのではなかった。

絶対主義の精神による世界市場の誕生

十六世紀から十八世紀にかけての初期資本主義の環境は、その大部分が絶対主義的な諸国家の産物であった。というのは、激しい勢いで増大しつつあった官僚主義ならびに軍事面から求められる資金を調達するために、とりわけ貨幣経済の拡大を推進したのは成立途上にあった近代領邦国家の機構だったからである。ほとんど読み書きのできなかったフランスの「太陽王」ルイ十四世やプロイセンの支配者フリードリヒ「大王」のようなヨーロッパ近代黎明期のパンテオンに眠る多くの著名な権力者たちは、実際には略奪をこととする人間侮蔑者であり、いわば今日のイディ・アミン〔反対派を大量虐殺したことで知られる元ウガンダ大統領。二〇〇三年八月、亡命先のサウジアラビアで死去〕やサダム・フセインと同類だった。資本主義的近代化の棍棒をもった近衛兵は、どこであろうと異なる相貌を見せることはけっしてなかった。

つまりこの点においても、資本主義の環境を生みだすのに手を貸したのはやはり近代の軍国主義だった――しかも、直接的な強制措置によるだけではなく、特にこれに付随する貨幣の経済論理が際限なく猛威をふるうことによって。絶対主義の金銭欲はほとんどあらゆるものに向けられたが、それでも後の資本主義の歴史でなお幾度も繰り返されることになる二つの基本的な経済的メカニズムがしだいに明らかになった。まず第一に、成立途上の近代「国家」レベルでの広大な市場のためにあらゆる障害物が取り除けられて、それとともに租税とあらゆる種類の手数料を吸い上げるための、金の流れる水路が開かれた。これは、あらゆる地方、あらゆる地域の特権の撤廃、特に手工業者のツンフト（同業組合）とその制約の撤廃を意味した。この展開ではフランスとイギリスが先陣を切った。すでに一七八九年の革命前に、パリ郊外のアントワーヌでは三万人以上の職人が「ツンフト強制」外の自由な市場で働いていた。イギリスでは、農業を除いて、ツンフトに所属しない手工業者の割合は、一七六〇年から一八四〇年の間に二四パーセントから四七パーセントに倍増した。これに対してドイツにおける絶対主義は、プロイセンを除けば、多くの小国家に分割されていた。それでも少なくともツンフト規約はドイツでも次第に廃止された。

新しい「ツンフトからの解放」はもちろん手工業者の個人裁量の余地の「福祉増進的な」拡大とはまったく別ものだった。いわば雨を逃れて軒下に入ったようなものである。というのは、彼らはいまやツンフトに支配されるかわりに（ともあれツンフトは自己管理の要素を保持していた）絶対主義的な国家官僚機構の支配下におかれて、搾取されることになった。同時に彼らは、自分たち自身ではもはや制御できない市場のために生産しなければならなくなった。

第二に、国内市場の開放にともなって世界市場が成立し、かつ後者が前者を覆った。それどころかウォーラーステインは、そもそも十六世紀以降形成されてきた世界市場こそが、各国の国内市場の性格づけを「可能ならしめた前提条件」であったと考える。これは、初期の植民地の膨張とならんで、利益を吸い上げる貨幣の流れを強化するために特に国家間貿易が絶対主義の国家官僚制によって促進されたことと関連する。より正確にいえば、絶対主義国家はことごとく、「貿易黒字」（当時まさにようやく成立しつつあった理論上の国民経済というまったく新しい概念）によって最大限の貨幣の富を自国に引き寄せて、国家目標のために浪費しようとした。これが「重商主義」の原理であり、外国貿易イデオロギー、すなわち「輸出主義」イデオロギーの原理だった。これこそ当時、近代初期の軍事国家の要請に対応する史上初の「経済政治」構想だったのである。

かくして輸出競争が始まった。絶対主義的政府は、政治的・軍事的圧力はいうにおよばず、あらゆる手段を講じて、一方では関税障壁で身を護り、他方では自国の輸出を全力を挙げて推進しようとした。作用反作用の法則にしたがえば、輸入をゼロに抑えたまま輸出を最大限にすること、つまり双方が譲歩せずにことを進めることはむろん不可能である。経済的・軍事的な力関係に応じて、それぞれの国家は輸入品目においても妥協しなければならなかった。貿易差額をめぐる国民国家間のこの綱引競争は、一方的な重商主義的原理がもはやとうに妥当なものと見なされなくなってはいるものの、今日にいたるまで近代化の全史についてまわっている。いずれにしても、この最初の経済政策の結果が世界市場の性格を示している。そして主に世界市場を介して市場関係ならびに貨幣関係が急速に拡大したのであり、「一国内の」種々の市場の特性によるのではない。国内市場は、成立しつつあった商品生産の「世界システム」(ウォーラーステイン)によってようやく二次的に軌道に乗せられたのである。

これは容易に説明がつく。というのも、権力者の関心はただ貨幣を自分の懐に流入させてこれを吸い上げることにあり、同時代の保護監督的な、感涙を誘う宗教冊子でつねに主張されたのとは異なって、臣民の福祉は問題にならなかったからだ。つまり、今日の市場経済＝民主主義言説におけるのとまさに同様に多くの偽善を伴っていた。したがって、大衆の購買力自体は目的ではありえず、そのために国内市場が成立することもありえなかった。生産者大衆は「人間材料」[*1]、すなわち抽象的な貨幣の富をめぐる経済戦争においてそれぞれの国家で利用されるべき「抽象的総労働力」であったし、そのようなものとしか見なされていなかった。人間は良き消費生活を送るべきものではなく、絶対主義の諸目的のために身を粉にして働くものとされた。したがって「輸出主義」が優先権を有すること、また輸出入構造の拡大とそれに結びついた貨幣経済によってはじめて、成立しつつあった近代国家の国内再生産も市場を介していちだんと進捗したのは理の当然だった。

社会は相変わらず農業が主流であったから、さしあたりは成立しつつある世界市場のために、基盤となる農業生産を転換させることが最重要課題だった。ただ表面的には、農業的社会構造はまだ——荘園領主と多かれ少なかれ従属的な農民との権威的な関係として——「封建的」に組織されていた。この構造は、絶対主義の圧力のもとで世界市場用に手段化されて、資本主義的にアレンジされた。これをウォーラーステインは東ヨーロッパにおける中世的封建主義と初期資本主義の世界市場＝似非封建主義との相違に即して示している。

前者にあっては、地主(＝領主)は主として局地的市場をめあてに生産を展開しており、中央の権威が弱いのを利用して権力を握った。(…)これに対して後者では、地主(＝領主)は資本主義的な「世界経済」を相手に生産活動を行なう。(…)ここでは、地主(＝領主)の権力は、中央当局の脆弱さにではなくてその強大さによって——少なくとも、農業労働者に直接対抗する力の強さによって——維持されていた。混乱を避けるために本書では、この形態の「農奴制」を「換金作物栽培のための強制労働制」とよぶことにする。この「換金作物栽培のための強制労働制」のもとでは、農業労働者はつぎのような扱いをうけた。すなわち、農民は、国家が強制するなんらかの法によって、（…）世界市場めあての生産活動を展開することを義務づけられる。ここでいう大所領は、ふつう国家権力によって指名された個人の「所有物」ではあるが、必ずしも相続可能な財産ではない。国家自体もこの種の大所有を直接所有することがあるが、その場合は労働管理の機構も違ったものになるのがふつうである。（ウォーラーステイン『近代世界システム1　農業資本主義と「ヨーロッパ世界経済」の成立』川北稔訳、一二八—二九頁）

これが当てはまるのは、二十世紀に入るまで、しばしば今日まで伝統的に「換金作物栽培のための強制労働」にもとづいて農産物輸出国のまま残されたエルベ河の東側地域だけではなかった。ドイツ帝国の悪名高きエルベ東岸の「豪農」（クラウトユンカー）からチャウシェスクと同類の国家社会主義の東欧の独裁者たちにいたるまでそうだった。スペインの私有大農地（ラティフンディウム）も、ロンバルディア（北イタリア）の大農園も、さらにウォーラーステインが強調するところでは「ヨーロッパの世界経済の周辺および半周辺地域全体」が農業生産を同一の方式に変えた。この方式が、初期の植民地拡大の産物であるラテン・アメリカの農業「植民地資本主義」になおいっそうよく当てはまるのはいうまでもない。この「植民地資本主義」は大規模に、巨大プランテーションにおける奴隷労働を世界市場のために直接搾取したのである。アメリカ合衆国の南部諸州もまた周知のように奴隷労働によって農業資本主義を育んだのであり、初期には、「人権の国」の国富はまず第一にこの部門で築かれたのである。南北間の戦争にいたったのは、北部の経済発展によって南部の農業の奴隷制資本主義が機能不全に陥ったときであった。

今日にいたるまで、第三世界の大部分におけるプランテーション経済はあいかわらず「換金作物栽培のための強制労働」によって世界市場のために生産されている。しかも、アフリカおよびラテン・アメリカの少なからぬ地域では、依然として文字どおりの奴隷制が当然のごとく存続している。世界市場に適合させられた、南の国々における農業の単式栽培《モノカルチャー》はたんに過去の遺産ではなく、今日もなお人びとは、国家の援助と、世界銀行と国際通貨基金（ＩＭＦ）の同意を得て自分の土地から追い出され、自家消費用の作物を生産する権利を奪われ、他者によって決定される世界市場構造にいやおうなく組み込まれている。その結果、彼らは抽象的な市場経済の国富に奉仕し（すなわち外貨を獲得するために）、自身は犬のような生活を送る。奴隷制とそれに近い従属状態は古代に特有のものではなく、農業における近代世界市場の当初からの随伴現象であって、このグローバルな農業資本主義が隷属状態を抜け出すことはけっしてないだろう。

絶対主義は、西欧および北欧の中核地域においてさえ、この半国家的もしくは似非封建的な大規模な農業資本主義を同一の方法で打ち立てることはできなかったものの、それでも部分的にはすでに借地人たちの私的資本主義的な利害によって推し進められたいくつかの類似したプロセスがあった。たとえば、十六世紀以降のイギリスでは、耕作地が羊飼育用の放牧地へと転換された。これは繊維製品用の羊毛生産が、拡大しつつあった貨幣経済においてより多くの利益を約束したからである。このようにして、悪名高い、耕作地および共同体用地の「囲い込み《エンクロージャー》」が開始されて、農民は駆逐され、ついには食料さえ逼迫する事態にいたった。その結果、世界市場および貨幣経済の状況下にあって食料は輸入に依存しなければならなくなった。「羊が人間を食らう」という諺の背後には、大部分の農村住民から土地を収用し、貧困化を進めるプロセスがあった。

これ以外の点でも、初期近代の諸国家は農産物を少なくとも間接的に貨幣経済および世界市場へと誘導しようとした。これはたとえば、国家や荘園領主（地主）に対する現物納付のますます多くの部分が貨幣形態に転換されることを意味したが、それは市場での売買の増加へとつながり、生産の強化（しかし自家需要のためではけっしてない）をもたらした。手段が異なるとはいえ、今日これに比較しうるのは、小農をもクレジットや（しばしば誤った）約束によって世界市場用の「換金作物」生産へと誘いかけることが公然たる目的になっている世界銀行の方法である。世界市場では、農民たちは極端な価格変動、債務危機、さらに破滅にさらされている。飴と鞭であれ、直接であろうと間接であろうと、成立しつつある世界市場の、国家によるもしくは半国家的に誘導された農業資本主義と国内農産物の強制的な市場化は、絶対主義的近代化の本質的な推進力であった。

しかしながら、農業資本主義と農業の市場経済的強化をもってしても、貨幣に飢えた「輸出主義」の欲求を満たすにはほど遠かった。成立途上にあった理論的国民経済の最初の偉大な古典作家であるアダム・スミス（一七二三—九〇）は、一七七六年に初版の出た有名な著作『諸国民の富の性質と原因の研究』（『国富論』）において、なぜ農産物の輸出力だけが比較的脆弱な状態にとどまることになったかを説明している。

なるほど、最も富裕な国民は、一般に製造業はもちろんのこと、農業でも、すべての近隣の国民に勝っているが、しかしかれらは、農業よりも製造業においていっそう抜きんでているのが普通である。かれらの土地は一般によりよく耕作され、またより多くの労働と費用がそれに投じられているから、土地の広さとその自然の肥沃度のわりには、より多くのものを生産する。だが、こうした生産上の優越が労働と費用の優越にくらべて、ずっと大きいということは滅多にない。農業においては富んだ国の労働が、貧しい国の労働よりもはるかに生産的であるとはかぎらない。いや、少なくとも、製造業においてふつう生産的であるほどに、大いに生産的であるということはけっしてない。だから、富んだ国の穀物は、同程度の品質の場合に、貧しい国の穀物よりも安価に市場に出回るとはかぎらないのである。（…）ところで貧しい国は、耕作の点では劣っていても、穀物の安価さと品質の点で、富んだ国にある程度まで対抗できるが、そのような競争を製造業の場合に望むことはとうていできない。（スミス『国富論』I、大河内一男訳、一四—一五頁）

このことは絶対主義的国家官僚もむろん承知していた。工業生産部門では、貨幣経済は農業におけるよりもはるかに強力に推進されて、利益が吸い上げられる。そして、貨幣経済は「輸出主義」に貿易黒字のためのより広範な場を提供した。こうして、農業資本主義が定着しただけでなく、国家は市場と輸出に向けて新種の工業生産品をも強力に売り出す。限定された地域市場と伝統的な生産方式にもとづく手工業ツンフトの解体は、この方向へ向かう一歩にすぎなかった。同時に国家自身は、刑務所、救貧院、精神病院などの形態をとった多様な強制労働施設をつくった。開始されたばかりのこの近代の「労働管理」の恐怖のタコ部屋の実態を暴いた最初の一人がカール・マルクスだった。近年では、ミシェル・フーコーが「労働」のこの恐怖と狂気の歴史をさらに掘り下げて分析した。人間は、「抽象的な労働」(マルクス)という荷車を引く牛にされる、つまり、他者によって規定され、自己欲求を超えた、自己管理のおよばない活動に屈服することになった。人びとは諸々の「労働市場」の軛《くびき》によってのみかろうじて自分自身の生活の再生産を手に入れることができたから、彼らは全生産活動を貨幣の抽象的な自己目的(貨幣からより多くの貨幣をつくりだすこと)に引き渡さねばならなかった。「抽象的」にされたのは、内容的にはどうでもよい経営上の「労働力の支出」そのものとしての、すなわち、意味の失われた生産のための生産としての人間活動である。この意味で、まず輸出のための国家企業が設立されたが、そこでは、(農業資本主義の「換金作物栽培のための強制労働」における と同様に)分業組織による新たな形態が成立する。すなわち、農業資本主義的な奴隷制、精神病院、および国家マニュファクチュアが近代的工場および「職場」システムの原型となった。

絶対主義の金銭欲、「輸出主義」、強制労働、国家経済、植民地主義、市場の拡大——このような、根本的にみて抑圧的な経済推進環境において、繊維部門における問屋制前貸し制度も、それにともなう初期の私的資本主義もわが世を謳歌することが可能になった。というのは、まず第一に、絶対主義的政治体制は、みずから準備したものの、その後拡大するにいたった貨幣経済ならびに市場経済全体を自身では運営できず、またそのつもりもなかったからである。絶対主義的政治体制にとっては、課税と貿易黒字によって貨幣の富を吸い上げることだけが問題だったのであり、そのためには「企業家の私的イニシアティヴ」(国家管理下での「マクロ経済的」な意味合いにおいてだが)もまた有益だった。

第二に、従来厳格な伝統的規則にしたがって局地的な市場のために生産していた手工業者、小農、あるいは手仕事による臨時仕事で生計を立てていた日雇い農民たちはしかし、超地域的なそれどころか世界規模の諸市場での、それまで知られていなかった匿名の競争にさらされることを余儀なくされた。彼らは自分たちの販売市場を制御できなくなるその程度に応じて、自身の生産物をもまた制御できなくなる羽目に陥った。なぜなら、彼らは必要な物流手段を保持していなかったため、新しい条件下で市場へアクセスすることができなかったからである。このようにして、卸売業の重要性が飛躍的に増大し、それにともなってまた「大商人」から「工場主」への転身のための発達基盤もつくられたのだが、これは国家マニュファクチュアを模範にしていた。

農民および手工業生産者は、それぞれラティフンディウム（私有大農地）資本および問屋制前貸し人の圧力によって、大市場のために、ひいては世界市場のために奴隷労働、強制労働、もしくは分業によるマニュファクチュア生産のより低い価格水準に適応せざるをえなかった（このプロセスは、はるかにずっと高い段階で再現されている今日の状況の不吉な前兆だった！）。彼らは餓死するほど零落しただけでなく、生産と生産方法において束縛されることをも甘受しなければならなくなった。問屋制前貸し制度は私的資本主義的マニュファクチュアへの移行形態にすぎなかった。そして繊維生産はそのための最良の前提条件を提供したから、長いあいだ多くの点でこの大変革の範例となったのである。

訳注

＊1　「人間材料」について、マルクスは次のように述べている。「それ（過剰人口）は自由に使える産業予備軍を形成するのであって、この予備軍は、あたかも資本そのものの費用で育て上げられたかのように、絶対的に資本に従属している。この過剰人口は、資本の変転する価値増殖欲求のために、いつでも搾取できる人間材料をつくりだす」（『資本論』第一部第二三章）。

第二章　全面競争の黒いユートピア

われわれが資本主義の前提条件および機能領域として知っているような市場全体が、絶対主義的政治体制の全体主義国家およびその官僚機構を父としていることについては、なんら疑問の余地はない。それゆえ、世界貿易および問屋制前貸し制度を超えて台頭しつつあった私的資本主義的な企業家は、この社会史的状況の「鬼子」だった。ただし、私的「工場主」という社会的役割を担う新しいタイプが、拡大しつつある諸々の市場状況のなかでますます自己ダイナミズムを獲得する必然性が生じないはずはなかった。絶対主義によって衝き動かされた貨幣調達の論理が社会的再生産を我がものとしはじめ、社会諸関係の媒体となった程度に応じて、否応なく社会のこの新しい土壌でさまざまな機能を担う者たちの特殊な「利害」構造が形成された。

すでにルネサンス期の豪商は、近代初期の王侯に対して著しい自意識を発達させていた。このことをやがて大規模な問屋制前貸し人やマニュファクチュア資本家も利用した。流動化が顕著な社会では、部分的な自己利害が加速される。躍進目覚しい市場経済の企業家は強力な社会的地位を確保したが、同時にもはや権威主義的なヒエラルヒーの伝統的な構造に結びついてはいなかった。この新種の「束縛のない旦那衆」が、大がかりで旧態依然たる家族の伝統を回顧することはなかった。しばしば彼ら自身が「民衆」の出であり、出世を果たしたのだった。

これら旦那衆の看過しえないおぞましさは、オノレ・ド・バルザック（一七九九―一八五〇）が『人間喜劇』のなかで描写したように、保守的で、後ろ向きの、旧来の権威にしがみついたルサンチマンに長期間養分を与えた。それ以来、社会経済学的ないかさまを旨とする業界内部で、「機会均等」、反動的な（もともとは貴族の）エリート主義、国家保守主義、経済自由主義などのイデオロギーは、どの教義がよりひどい性格を有し、より劣悪な結果をもたらすかをめぐって互いに張り合っているが、この「高貴な」争いに決着がつくことはないだろう。いずれにせよ、活発な貨幣の動きが社会構造をも流動化し始める。多くの人びとにとって社会状況が悪化し、荒廃し、悲惨になることは、同時に少数者——山師、抜け目のない者、利得狂奔者、つまり「成功者」——にとっては社会状況の好転を意味した。

みずからを「新しい流動性」の主体と考えており、事実そうであったこれら市場の申し子たちは、絶対主義的諸機構の国家官僚的規制によってますます制約を受け、それを煩わしいと感じていた。それゆえ彼らには、自分たちの特殊な利害を正当化するのみならず、世界を説明し包括的な人間像を定式化できる独自の支配イデオロギーを生みだす必要があった。「新しい流動性の主体」は、それ以来今日にいたるまで西欧近代の全思考にとって主導的な役割を果たすことになったし、現在ではかつてないほど支配的になっている。だからこそ、いわゆる自由主義というこの市場経済イデオロギーの歴史的根源を掘り起こすことがますます重要になる。

自由主義という名称からしてすでに紛らわしいだけでなく、まさしく陰険な歪曲である。というのも、それまであらゆる民族、あらゆる時代においてもっとも低劣で軽蔑すべきものの一つと見なされていた例の活動とそのメンタリティ、すなわち、手持ちの貨幣をより多くの貨幣へと転換することを自己目的とし、そこに封じ込められた従属的な賃労働とそれにともなって自分自身を売らねばならないという筆舌に尽くしがたい自己卑下は、人間的自由の総体概念へと再編成されたからである。自身を売りに出すことを賛美することにおいて頂点に達する自由概念の冒瀆は、人類の思想史において驚くべき発展を遂げた。

怪物たちの社会

自由主義の最初の偉大な始祖としてその名が挙げられるのは、イギリスの哲学者トマス・ホッブズ（一五八八—一六七九）である。ホッブズが同時に絶対主義の理論家と見なされるのはけっして矛盾ではない。この一致は、絶対主義と自由主義との間に共通性があることを示すにすぎない。両者が、貨幣および「抽象的な労働」を無限定に解放するという同一の歴史的な運動に属していることは不思議ではない。自由主義は絶対主義から派生し、絶対主義同様に全体主義的な要素を含有している、つまり近代全体主義そのものの一変種にすぎないからである。ただし、自由主義はより「経済学的に」根拠づけられた市場の全体主義を代表しており、人間はこの市場に無条件に従うものとされる。歴史上ひんぱんに見られるように、権威主義的な、国家絶対主義的な教義に対立する自由主義のこの方向転換は、同一の歴史的・社会的状況内部での父親殺しにすぎず、本質的な相違ではない。

ホッブズの場合には父親殺しはまだ生じなかった。ホッブズはなお資本主義的な近代化イデオロギーの双方の変種に基盤を提供する。その際ホッブズはすでに、十七世紀にようやくごく初期的な発展を遂げていた貨幣の論理による人間の社会的アトム化を見通している。前近代的社会はまだ、各個人を、また生計費を得るための個人的活動を、しばしば粗野で制限された「コスモス」(世界)のなかへ、つまり社会的管理とそれなりの安全を保証する文化的統一のなかへ包み込んでいたのに対して、資本主義的近代化は、あるゆる共同体を完全に解消し、一定の文化上の共通性や相互義務を純粋な貨幣関係と入れ替えようとする。

このようにして、人間の社会性は不条理にももはや人間的な社会性としてではなく、モノ的な社会性としてあらわれる。したがって社会的管理も克服されず、むしろまさしくモノ化され、「主体がなく」、もはや個人的な交渉は不可能となる、つまり、かつてないほど容赦のないものとなる。このような逆説的なシステムにおいては、機能分化が進み、同時に社会がますます複雑化するにもかかわらず、いかなる人間も原則的に社会的存在としては「ばらばらにされた個人」なのである。あるいは、マーガレット・サッチャーの言を引けば、「社会は存在しない、個人のみが存在する」ということになる。当時、社会的協同が現在よりもはるかに多様で、貨幣の論理による社会の解体がまだ完全に進んではいなかったという事実にもかかわらず、ホッブズは「未来に目を向けて」、すでに人間を、個人的自己保存をめぐって闘う抽象的個人と見ていた。

学者たちがふつうイウス・ナトゥラーレ（ius naturale）と呼ぶ自然権とは、各人が、自己保存のために、すなわち自身の生命を確保するために、自身の力を彼自身の裁量にもとづいて使用する各人の自由と解される――したがって自然権とは、各人がこの目標をもっとも良く達成するために、各人の判断と熟慮にもとづいてあらゆることをおこなう自由である。（ホッブズ、一九六五／一六五一年、一〇二頁）

市民が享受することを許される「自由」がいかなる性質のものかについて、ホッブズは、「彼ら（市民）は（…）売買する自由、互いに商売をおこなう自由をもっている」、と明言する（同書、一六七頁）。人間には自己の欲求と相互の取決めにもとづいて協力的に行動する自由はもはやなく、ただ貨幣経済の絶対的な指令に服するものとされる。自由主義が、貨幣の法則に対して「ばらばらにされた個人」の失われた力を回復しかねないいかなる協同をも、いかなる社会的団結をも疑い深く迫害し、必要とあらば行政手段をもって、それどころか暴力的にこれを妨害しようとすることは、今日にいたるまで自由主義の本質的な特性として残されることになる。ホッブズは、ジョージ・オーウェル流の言葉遣いで正確に、この希望のない個別化状態という不自由を「自由」と名づけている。

しかし貨幣関係の一般化は、匿名の、広域の市場の成立によってのみ可能だったから、これは全体の個別化傾向とともに必然的に全体の競争傾向をもたらした。なぜなら、もはや相互連絡をとりあう関係にない遠く隔たった生産者たちの商品が、匿名で社会的制御の利かない状態で比較されると、それはいわゆる「需要と供給の法則」を引き起こすからである。すなわち、商品は互いに価格競争を強いられ、こうして生産物も競争という無言の強制に屈する。これは、「ばらばらにされた個人」の社会的関連が経済競争によって否定的な意味においてのみ打ち立てられることを意味する。狼の群れといえども市場経済のもとにある人間よりは社会的に組織されている。したがって、「競争という狼の掟」という言葉を用いることは、狼を誹謗中傷するものとして退けられねばならない！

ホッブズは競争の論理を察知していたが、これを原則的に批判可能なものとはみなさなかった。彼が自由主義イデオローグの常連になりえたのは、自分の観察を徹底的に人間の暗いイメージへと一般化し、その際、人間社会一般の

「自然」を説明することはけっしてなく、ひとつの歴史プロセスの結果を無視したにすぎないことを無視したからである。この歴史プロセスにおいては、自由意志の、自己決定による社会的協同の全形態を一掃する近代市場経済の最初の推進力がはたらき始めていた。こうして、ホッブズは人間を原則的に利己的な存在として描き、人間は「生まれつき」動物よりも孤独であるとした。

人間にとって、自分たちすべてを管理する上位権力が存しないかぎり、共同生活は喜びではなく、逆に多くの悩みをもたらす。（…）したがって、われわれは人間の本性のなかに三つの主要な争いの原因を見いだす。すなわち、第一に競争心、第二に猜疑心、そして第三に名誉欲である。競争心は利得を求め、猜疑心は安全確実を求め、名誉欲は名声を求める。一番目の情念は、他人の妻、子、家畜を服従させるために、第二の情念は、奪ったものを守るために、第三の情念は、些細なことの恨みを晴らすために暴力の使用をいとわない。（…）ここから帰結するのは、人間が、秩序を守ることのできる最高権力なしに共同生活をおこなうかぎり、それは戦争状態だということである。それは、各人が各人に対しておこなう戦争である。（ホッブズ、同書、九八―九九頁）

ホッブズによれば、この「万人の万人に対する闘争」は人類の「自然状態」であり、制度上の制御がまだ存在しないところでは正真正銘あまねく見いだされるという。さらにホッブズは、それが自然諸力による限度のない決定であることを明確にするために、ラテン語版では大胆にも動物と比較してわれわれを啓発してくれる。

しかし、犬でさえ問題の所在を理解できると思われるのに、理性を有している人間が何のためにさらなる証拠を必要とするのか。犬は、通りかかる者が誰であろうと吠えかかる。日中は見知らぬものに吠えかかるが、夜は誰であろうと見境なく吠える。（ホッブズ、同書、一〇〇頁）

言葉の真の意味において犬の状態にまで零落したこの人間像は、今日にいたるまで自由主義の信仰宣言《クレド》として残った。市場経済によって格下げされた個人はワンワン吠え立てて噛みつく競争主体となり、この競争主体は人間意識の自然法則と化す。こうして、あきらかに歴史的な市場経済は社会関係の超歴史的な「自然形態」へと定義し直される。卑劣な狡猾さをもってすれば、この犬の人間像に従おうとしない者はみな「自然に反する罪を犯している」とすることも可能だ。ホッブズから百二十年後にアダム・スミスも、「取引し、交易し、相互に物を交換する人間の自然な性向」(『国富論』)という言葉を用いている。そもそも分業とそれにともなう文化は、物を交換する人間の性向から生まれたというのだ。

三百年以上の時を超えた自由主義のあらゆるイデオローグたちに、われわれはかくも多くの変種をとおして再三同一の基本構造を見いだすであろう。すなわち、「社会的なものの自然化」、市場経済および経済競争の生物化と物理化である。その作用の素晴らしさを証明するのはたとえば、最近の東欧の「自由革命」における神聖にして犯すべからざる平和の使者たるチェコの大統領ヴァーツラフ・ハヴェルである。

わけても、私は生涯においてなんらかのイデオロギー、教理神学、あるいはドクトリンと一体化したことは一度もありませんでした。それが右であれ左であれ、あるいはどちらの方向であろうと。(…)私の心臓はたしかにいつも胸の真ん中より左のところで鼓動してはいましたが、唯一機能する、そもそも可能な経済は市場経済であることを私は知っていました。(…)そのような経済こそ唯一自然なものです。(…)市場経済は私にとって空気のように何かしら自明のものです。なんといっても数百年間(いや、数千年間!)試されて実証された、人間の経済活動の原理なのですから。この原理は人間の本性にもっともふさわしいものです。(ハヴェル、一九九二年、五九頁以下)

ここでもまた、イデオロギーから解放されていると公言する者が、同時に近代のあらゆるイデオロギー思考の祖形を考えもなしに繰り返し、そもそも考えられうるもっともコチコチの「人間の本性」という教条主義でもって特定の世界像と人間像に一撃を加えるその厚顔無恥ぶりにはあきれるほかない。

この教義を論駁するのに、さほど手間はかからない。商品交換をおこなう人間の「自然な性向」についてのアダム・スミスの向こう見ずな主張にはいかなる根拠もない。社会的な機能分化が、まったく別の方法で、比較的小さな、商品交換にもとづかない共同体の内部で生じたことは、とうに歴史家、民族学者、人類学者たちによって千回も証明されている。同様に、自由主義者が想定しているような貨幣人間の抽象的なエゴイズムは矛盾であることも容易く示すことができる。なぜなら、人間の息災はほとんどあらゆることがらにおいて満足のゆく社会的な関係を通じてのみ、かつ社会的安全が保たれる空間においてのみ可能だからであり、それゆえ抽象的なエゴイズムは、原則からすれば、みずから不利を招くことを意味するからである。事実、資本主義的人間には自己破壊の傾向が強く認められる。

自由主義に反対の立場をとるために、理想主義的で、感傷的で、利他的な、つまりナイーヴな人間像を展開する必要はまったくない。各人の個性と社会的組織との間の人間学的な緊張が、資本主義という狂った形態をとる必然性はまったくない。人類史のじつに九九パーセント以上の場合がそうである。社会的人間が個人として争い、かつ彼らの共通の生存条件は相互のコミュニケーション過程によってしか構築しえないという事実は、「市場の法則」や貨幣の流通形態とはいささかも一致しない。個々の人間が、勇気、怯懦、野心、妬み、共感、あるいは反感などのような特性を発展させること、また各人の欲求と好みが異なること——経済的競争の論理はこれらすべてを前提としてはいないし、また経済的競争論理がこれらによってつくりだされたのでもない。事実この競争論理がそもそも成立したのはようやく十六世紀か十七世紀以降のことなのだ。ふつう人間は無と引き換えに、つまり無償で奮励努力しようとは思わないという自明なことも、競争関係にある各個人間の抽象的な等価物の特殊な交換関係ではけっして説明がつかない。まったく別の、競争に規定されない社会的相互依存の形態がじっさい可能であり、歴史的にも見てとれる。つまり逆なのだ。資本主義のみがもたらしたような「競争の諸法則」こそが大多数の個人を再三にわたって、社会的生産に対する彼らの貢献が他の社会形態ではありえないほど低く評価される条件を呑むように強制するのである。

自由主義の黒い理想像は人間を動物以下の状態に貶める。というのは、動物的本能でさえホッブズにおけるような「万人の万人に対する闘争」の流儀で条件づけられてはいないからだ。「強者の権利」はこの「自由」の内的帰結である。そこでは、あらかじめ前提された基準がたしかに市場関係のあたりまえの貫徹能力であって、この「強さ」の定義がとりわけ卑しいタイプを優遇するのである。人種差別とファシズムはこの自由主義的競争イデオロギーの、別の手段による継続にすぎず、これはすなわち、自由主義の競争パターンをエスニック集団、「民族」および他の非合理的な集団主体へと移すことによってなされる。このかぎりでは、ファシズムを近代化イデオロギーにおける主導的な自由主義総体の歴史的後裔と呼ぶことは、けっして誇張ではない。

これはつまるところ、抑圧的な国家および人間管理のための諸機関の問題にもあてはまる。ホッブズは、実存するモナド（単子）としての人間は「万人の万人に対する闘争」に運命づけられているとした後、肉食サルとされる人間を否定的な社会性へと調教するはずの例の「上位の権力」を探し求めねばならなかった。抽象的諸個人が彼らの殺人的競争において互いに骨肉相食《あいは》むことのないように、ホッブズは、必要不可欠な強制力として個人の上位に位置する国家を構想し、この強制力に聖書にあらわれる怪獣「リヴァイアサン」の名を与えた。市場経済の競争＝個人主義の多くの小怪獣たちは、国家「リヴァイアサン」という大怪獣によって躾《しつ》けられ、秩序の鎖につながれるが、これは小怪獣たちが相互に契約を結ぶことを可能にし、この契約にしたがって歯、爪、ナイフをもって互いに襲いあわないようにするためである。これはじつに、ピグミーも、アボリジニーも、チンギス・ハーンの遊牧民たちも知らなかった、うっとりするような社会のあり方である。しかし、近代思想にとって（自由主義だけでなく保守主義や右翼急進主義にとっても）、「肉食獣たる人間を制度をとおして調教する」というモチーフは確定的となり、たとえば二十世紀にはアーノルト・ゲーレン（一九〇四―七六）の人間学的に磨きをかけたヴァージョンにそれが見てとれる。

むろん「リヴァイアサン」は、市場の社会的ジャングルがそうであるように、ほとんど文化的・社会的な共通性を有する機構ではない。というのは、国家は全体競争を廃棄しないからである。国家は、抑圧的な権力であり、社会の個々の闘争者にとっては剝き出しの権力である。国家はつまり、狂乱状態にある市場の主体のために共通の大枠条件をかろうじてつくりだす一機関なのだ。この点では、ホッブズ以来なにも変わっていない。恐ろしいのは、人間個人が四百年以上たってもその間みずから狂った肉食サルとして市場経済に従属していることである。個々人はその大多数が、じっさいは資本の価値増殖過程のための生きた餌にすぎないにもかかわらず、彼らはイデオロギー的に肉食サルにされたのである。ホッブズは「人間の本性」を知悉していたのではなく、市場経済の苦々しい陰気な預言者だったのだ。

ホッブズが「リヴァイアサン」の理念を携えて絶対主義に歩み寄ったのはもちろんである。彼は王権と、イギリスでも非常に顕著になっていた絶対国家化傾向の吹聴者と見なされた。だから、チャールズ一世の処刑（一六四九年）後、共和派の原理主義的独裁者オリヴァー・クロムウェルがホッブズを評価したのも不思議ではない。事実、ホッブズの社会理論ならびに国家論は特定の具体的な典型を打ち出してはおらず、それゆえ種々の変容と立憲制を許容するものであったから、たとえば彼の後継者であるジョン・ロック（一六三二―一七〇四）によって、あらゆる近代の社会タイプと国家形態にそれらの原型を手渡すことが可能になった。この抽象的な図式は変わっておらず、その前提条件は主導的な自由主義者によって今日もなおもとのままの硬直さで繰り返される。たとえば、ラルフ・ダーレンドルフのような現代の自由主義者は、とっておきのものを出さざるをえなくなるや、日ごろの温和で内省的な調子を投げ捨て、怒りにゆがんだ身振りで、「自由な人間のアソシエーション」〔『共産党宣言』第二章〕というマルクスの理念を、またハーバーマスの「支配から解放されたコミュニケーション」思想を攻撃する。

だがしかし、これらすべての希望は幻想である。現実にはあらゆる社会的アソシエーションは覇権を求めるのであって、それはそれでかまわない。（…）人類学者たちがわれわれに「支配者のいない種族」についてのお話をいくら物語ろうと、信憑性はほとんどない。（…）社会とは権力を意味する。（…）社会はとにかく親切なものではなく、必要なものなのだ。（ダーレンドルフ、一九九二年、四七頁以下）

いかなる歴史的現実もいかなる思想も、それらが市場経済的に条件づけられた想像力を超えていれば、それらに「ほとんど信憑性はなく」、一掃してかまわない。そしてわれわれは、「必要とあれば」戦車と機関銃によってそれが守られることをつゆ疑ってはならない。社会とは、資本主義が社会をそのようにつくってきたものとして現に存在し、さらに存在しつづけるものとされる。すなわち、社会は「必要なもの」であり、人為的につくられたむごい必要性であって、この必要性ゆえに各個人は世界市場から課される「必然性」のために自身を供給することを強いられる。この間に、資本主義的「リアリズム」へと変身した西欧の旧左翼もまた同一歩調をとる。たとえば、緑の党所属の尊敬すべきドイツ連邦議会副議長は人間学的なトレモロを響かせつつ次のように述べる。

> すべては、人間が願望を持つことから始まります。すべては欠乏から始まります。すべては、人間が一人ではないことから始まります。すべては、生存に必要なあらゆる基本的要素が避けがたい競争状況にあることから始まります。食料、両親の愛、仕事、空間、自由に息をつける空間、承認、そして人間としての尊厳、これらすべては入手困難なものです。（…）あらゆる暴力は、われわれが何かを望むその激しさに由来します。そして、われわれが、われわれと同じ望みと同じ激しさをもつ同胞と衝突することから暴力は生まれます。つまり、暴力は事実、ニーチェが述べたように、生存をめぐる戦いから生まれるのです。このプロセスで不気味なのは、生存をめぐる戦いが物質的な非常時においてのみ燃え上がるのではなく、競争状況が与えられているか、あるいは感じられるかすればいつでも可能だという点なのです。（フォルマー、一九九六年、六九頁）

ホッブズでさえこのようにぶざまな論証には当惑したであろう。というのも、ホッブズが依拠する人間蔑視的な前提〔「万人の万人に対する闘争」〕は、資本制に関する国民経済学の公理とはまだそれほど単純に直接結びついてはいなかったからだ。フォルマーの論証方法は、自身のイデオロギー上の突然変異のわかりやすい合理化以外の何ものでもなく、歴史的社会に関するあらゆる知見を無視している。たとえば「食糧」をめぐる一社会内部の競争は、自然災害による極端な状況を別とすれば、あらゆる前資本主義的社会の人間には馬鹿げたことと思われたであろう。「残さずに食べる必要」はなく、残り物をブタに与えるというのは、どんなに貧しい農家でさえ最低限度の自尊心のあらわれとみなされた。したがって、よりによって「仕事」という財をめぐる「不足ゆえの競争」が動機になって、戦闘行動のような情念の暴力的興奮を引き起こすことはぜったいにありえなかったであろう。「自由に息をつける空間」も、個人の十分な生活空間あるいは無競争の社会的空間という意味では、「あまねくゆきわたっている」資本主義的競争原理によって、また市場経済のこせこせしてけちくさい精算方法や分配方法によって、たいていの人間から奪い去られた。ただし、文字どおり物理的な空気に関していえば、フォルマー女史は商品生産システムを先取りさえしている。というのは、商品生産システムが、空気のような基本的な「財」をも市場経済的に配給される「稀少財」へと転換する途上にあることは明白だからだ。

　食物だけでなく自己主張の力もまた市場経済が貫徹される間にみすぼらしくなった。ホッブズは少なくとも（後のニーチェのように）陰鬱で壮大な正真正銘の肉食獣のフィクションを描いてみせたが、一方フォルマーの描く、食物、愛、「仕事」、空気などの些細なものをめぐるネズミの競争は、まともな人間敵視さえも侮辱する類のものだ。立憲君主制自由主義（後の二十世紀には民主制自由主義）は、精神史上もはやこれ以下はないどん底を記録するが、それは、自由主義が、権力の動機を問うことも権力を批判することも、小市民的な金銭欲にもとづく憎悪の水準にまで、そして、国家に忠実で、警察当局に対してゆがんだ「言い知れぬ不安」を抱く水準にまで堕落させた結果である。

　後の自由主義は、個人のエゴイズムを明確に純市場経済的な競争動機に移すことによって、またその動機の正当化を「必然的」とみなすことによって、ホッブズの人間敵視的な構図における重点をずらした。ホッブズ自身は本来の意味でまだ「経済学的に」論じてはいなかった。それゆえ、潜在的な資本主義的総合経営者としての「リヴァイアサン」を絶対主義的に、あるいは重商主義的に解釈する余地が残されていた。自由主義はホッブズの人間像だけでなく、「リヴァイアサン」の構図をも取り上げたのだが、資本主義的企業家の経済的主体のみが「必要不可欠で」自立した極として導入された。

かくして、ホッブズを継承しホッブズの論拠を拡大する自由主義的教義は、機能主義的な意味における市場経済と国家の関係だけをもとに戻し、競争の自己ダイナミズムもしくは競争主体を請求したが、制御力としての「リヴァイアサン」を放棄することはなかった。偉大な怪物は、内外に向けて、まさに競争力の自由な戯れを抑圧的に保障することになった。自由主義が理想的に機能するケースでは、国家はなんら束縛を受けることなく軍事手段を用いて対外競争を継続することができるし、またそれが許される。これは、植民地獲得からサッチャー女史のナショナリズムにもとづくフォークランド諸島の殺戮〔一九八二年〕までの過程を見ればあきらかだ。そして、国内向けには、競争継続が可能で、許されるだけではない。競争の犠牲者たちが、「市場の法則」の絶対命令によって規定されたものとは異なる生活を組織しようとすれば、かならずやこれは高度な装備を有する暴力機構の鉄拳で妨げられることになる。血なまぐさい独裁制、警察国家、テロルを目的とした殺人部隊などが、徹底的な経済自由主義および「自由な」市場経済とじつによく両立しうることを証明するために、ピノチェトの例を挙げるまでもないだろう。

自由主義は自身の「自由」の（心地よいはずの）効果をほとんど信用していないので、再三「リヴァイアサン」に身を委ねる必要に迫られる。すなわち、自由主義は「人間」を、例外なくあらゆる人間を、そもそも生きるためにはコーディネーターとしての国家機構を必要とする、先天的に憎悪しあう個人闘争者と想定する。他方、リヴァイアサンが必要とされるのは、別のことを知っているかあるいは想像できるがゆえに否定的な人間像に屈せず、これに従うつもりのない者たちをことごとく鞭打ち、虐待するためである。

それゆえ、自由主義は絶対主義に由来するだけでなく、いつでもふたたび絶対主義的な姿をとりうる。この観点からしても、ファシズムも国家社会主義も（そもそも近代化過程におけるあらゆる独裁制は）自由主義のプロテウス〔ギリシャ神話の海神ポセイドンに従う老人で、変身および予言能力に長ける〕の変形にすぎず、その公分母は、十六世紀および十七世紀の原型の場合同様、つねに商品形態および貨幣関係の拡大であり、社会的な簒奪要求であった。この拡大傾向の目標は社会の全面的な「経済《エコノミー》化」、つまり「すべてを貨幣価値に置き換えること」にあった。

西欧の歴史に見られる絶対主義と自由主義と同様に、近代化の遅れを取り戻さんとする東および南の国々の国家社会主義的あるいは「民族解放的」な諸政権もまた、自国民の安寧を無視して、住民を国民経済的「価値創造」のために動員して統制することのできる「抽象的労働力の総体」とみなす。そして、西欧の自由競争がつねに暴力的な国家官僚機構を内包したように、国家社会主義的な後発の絶対主義の官僚的な計画は、三要素――「個人的な金銭欲の刺激」、経営上の競争、および「市場経済の改革」――抜きではやってゆけなかったのである。人間がサーカスの動物のように調教されて、貨幣と「抽象的な労働」の下僕と化すところではどこであろうと、猛獣使いは権力の名の下にムチで脅し、たちの悪い微々たるご褒美のアメで気を惹くことになる。

歴史的にも構造的にも、市場と国家の間の、個人資本と国家経済の間の、経済エリートと政治エリートの間の対立はつねに、同一の社会的分野における双方の極の間の緊張にすぎず、二極間ではいつでも移行が可能である。一九八九年以後、国家社会主義のエリートたちがほとんど摩擦なしに新自由主義の市場ラディカリズムに移行したのは、そのかぎりではなんら驚くべきことではない。「近代化」のプロテウスはまたふたたびその姿を変えたのであって、内的本質が変化したわけではない。市場イデオロギーと国家イデオロギーとを矛盾するものとして単に外的に固定化することはいわば歴史的なトリックであり、玉虫色の二重性格をもつ絶対主義＝自由主義の戯れである。この絶対主義＝自由主義は、社会的解放運動を論理的かつ文化的な罠へ誘い込み、解放のウサギを貨幣＝人格と国家権力というハリネズミ夫婦の間を往復させて結局は死にいたらしめることを知っていたのだ〔著者は、グリムのメルヘン「ウサギとハリネズミ」に登場するハリネズミ夫婦を表裏一体の自由主義と絶対主義に、ウサギを社会解放運動に見立てている。メルヘンでは、ハリネズミ夫婦が競争のスタート地点とゴール地点に別れて立ち、ウサギを騙して勝利する〕。

ホッブズはこのイデオロギーの始祖としてまだ双方の要素を等しく代表していたが、一方、抑圧的な「近代化」の極性は、その後それぞれの国と時代に応じて重点を移しつつ分離した。近代的な統治を求める双方の要素はいたるところで相互に浸透し、条件づけあっていたが、イギリスおよび後にはアングロサクソン系の世界は全体として経済自由主義の故郷とみなされ、ヨーロッパ大陸（特にドイツ）およびアジアはこれとは逆に国家絶対主義の故郷とみなされている。イギリスにこの役割が与えられたのは、その証人および解釈者がホッブズであったという歴史から説明できる。すなわち、ホッブズは十七世紀のイギリスの内戦から（大陸の三十年戦争を横目で見ていたのはまちがいない）絶望的な思想家として奇形の人間像を導き出したのに対して、この戦争の成果は、一六八八年の、議会に主権が存する王権という抑制された王政復古――これによって「金利・資産生活者たち」は呪われた企業活動を展開するための十分な余地を得た――とともに、自由主義の発展の社会的な出発環境を用意するものとなった。というのは、大陸とは異なって、イギリスではそれ以降国家経済に中心をおく絶対主義はもはや成立しえず、むしろ世界市場に目を向けた、国家の支援による私的イニシアティヴが主になったからである――もちろん十七世紀にはまだ地方の土地所有者（ジェントリー）および私的小作人にすぎなかったから、まだ今日の意味での企業家ではなかったが。しかしこれは、私的資本主義がもっともすみやかに、もっとも妨げられることなく発展しえた基盤だった。

アングロサクソン系の経済自由主義は、国家権力をむしろ私的資本主義的な「実力者たち」の利害のために手段化しようとし、この意味で後にはフランスの経済学者たちの理念を取り入れた。だが、この理念はフランス本国では長期的には定着しえなかった。フランソワ・ケネー（一六九四―一七七四）を創始者とするこのいわゆる「重農主義」は、その名称からしてすでに、いうところの経済的な「自然の統治」が一般的な自由主義的信念表明であることを予告するものであり、経済は「自然の秩序」に委ねられたままでなければならないとされた。アトム化され、貨幣の法則に縛りつけられた個人は、貨幣同様に流動性があるものとされ、成立しつつある資本主義的生産様式の基盤にたって、自身の裁量で自身の利益のために自然なエゴイストとして行動することが許されるべきものとされた。その際、念頭に置かれていたのはもちろん、特に絶対主義国家との関係における工場主や大商人だった。

「放っておくがよい、なるがままにまかせよ、いずれにせよ世界は独自の道をゆく」、あるいは簡単に「レッセ・フェール」とまとめられるこの学説は、フランスでは、ルイ十四世の財務総監となったジャン＝バプティスト・コルベール（一六一九―八三）の絶対主義的国家経済と、同じく広範に国家経済的であった革命政府との間のエピソードにとどまった。これに対して、アングロサクソン系の自由主義はこのスローガンを体系的に拡充することによって、近代化の歴史に決定的な指針を与えることになった。なぜなら、経済自由主義の理念は、その後二百年間にわたって展開されることになる資本主義的生産様式の内的論理にもっとも親しいものだったからである。

私悪すなわち公益

しかしさしあたり、自由主義とその「自由な」市場経済がさらに進展するためには、いわば道徳上の困難があった。というのは、ホッブズにあっては残念なことに、似非《えせ》自然的な個人の競争主体は、調教されるべき人間の盗賊的性質としてまったく否定的に規定されているからだ。資本主義的な理想像としての人間はここではまだ恐ろしい動物としてあらわれる。一方、肯定的な面は猛獣使いとしての国家にのみ与えられるが、国家がその任務を全うするためには、怪物の特徴を帯びざるをえない。しかしこの関係に正負逆の記号がつけられて、競争主体そのものが肯定的に規定されるべきものであるならば、それまでの人類史においてつねに拙劣で、邪悪で、劣等とみなされてきた諸特性を道徳上の貴族の地位へ押し上げる必要があった。この意味で、自由主義はすでにニーチェ以前に「あらゆる価値の転換」をなしとげたのである。

従来のあらゆる道徳観念の壁に大きな突破口を開けたのは、近代思想の輝ける冷笑家の一人で、辛辣な政治パンフレット作家であり、出版界の無鉄砲者でもあったが、ただ本人は偉大な提唱者とみなされるのをかならずしも好まなかった。それは、オランダ出身のイギリス人で、医師であり、啓蒙主義者であり、さらに大陸ならびにブリテン島の初期資本主義の状況を熟知していたバーナード・マンデヴィル（一六七〇―一七三三）である。彼は、その明晰さと先鋭さにおいて凌駕されることのない基準を後世に残してくれたのだが、それにはもっともな理由があった。マンデヴィルはいかなるイデオロギー的な潤色をも拒絶したからだ。その市場経済の徹底的な正当化には辛辣なシニシズムが息づいているので、今日にいたるまで、マンデヴィルは実際はすばらしい資本制近代に対する強烈な風刺を書くつもりだったのではないかという疑いが残る。それはおそらく、社会システムを虚飾なく公然と正当化することは、逆にこの社会システムの根底的な批判とも解しうるからだ。このようなタイプの冷笑家を好んだカール・マルクスは、マンデヴィルを「明晰な頭脳」と呼び、「ブルジョア社会の俗物的な弁護者よりも誠実だ」と評した。

マンデヴィルはその思想を、一七〇五年に初めてあるパンフレットのなかでクニッテル詩行〔一行に四つの強音があり、二行ずつ韻を踏む〕を用いて表明した。一七二三年までに版を重ねただけでなく、著者自身による解説文と注が増補されて一冊の本にまで膨れ上がった。これは数ヵ国語に翻訳されて、啓蒙をめぐる議論において隠れた影響力を発揮した。ただし、このいわゆる『蜂の寓話』は、かいがいしく世話を焼く「勤勉な動物」という昔ながらの蜂のイメージとはなんの関係もない。関係があるとすればせいぜい、著者のトレードマークともなった極めつきのカリカチュアの意味においてである。「私悪すなわち公益」という副題がすでに、問題の所在を明かしている。エゴイズム、金銭欲、徹底した相互の騙しあいと競争、これらすべての醜い特性が、社会（マンデヴィルが思い描くのはあきらかに同時代のイギリス社会である）を最終的には「繁栄する共同社会」にする唯一のものとされる。まったく非道徳的な個々の蜂からなる蜂の国家のイメージは、以下のいくつかの決定的な章句が示すように、マンデヴィルの根本思想の引立て役になろう。

かように各部分は悪徳に満ちていたが
全部そろえばまさに天国であった。
平時にこびられ戦時に恐れられ
彼らは外国人の尊敬の的であり、
富や生命を惜しまなかったので
他のあらゆる蜂の巣の均衡を保った。
その国家への天恵はじつに大きくて
罪も偉大な国民をつくるのに手をかした。
そして美徳は国家の政策から
巧みな策略を数多く学びとり、
そのめでたい影響力によって

悪徳と親しい間がらになった。
それからは全体でいちばんの悪者さえ
公益のためになにか役立つことをした。
（…）
こうして悪徳は巧妙さをはぐくみ
それが時間と精励とに結びついて、
たいへんな程度にまで生活の便益や
まことの快楽や慰安や安楽を高め
（…）
世のなかの便益を享受し
戦争で名をあげながら、
ひどい悪徳もなく安楽に暮らそうなどとは
頭脳にのみ巣くうむなしいユートピアだ。
欺瞞や奢侈や自負はなければならず
そうしてこそ恩恵が受けられるのだ。
（…）
正義で裁断され縛られると
悪徳にも同じく利益がある。
いや国民が偉大になりたいばあい
悪徳は国家にとり不可欠のものだ。
（…）

美徳だけで国民の生活を壮大にできない
黄金時代をよみがえらせたい者は
ドングリを食らっても、なお健気《けなげ》でなければならない。

（マンデヴィル『蜂の寓話』一九—二五頁、泉谷治訳、ただし最終行のみ変更）

このようなやり方でマンデヴィルは、もっとも卑しい反社会的本能の自由主義的な列聖式のための基本モデル（これをマンデヴィル自身は「奇妙な逆説」と呼んだ）を提供した。むろん、個人的な悪意のベクトルの総和が「国家の繁栄」であるとするならば、それが意味するのは、けっしてあらゆる人間の繁栄ではない。なぜなら、まず資本主義自体が世界規模で人間大衆を、じっさいに「ドングリを食べ」ねばならないような人為的な、社会的につくられた貧困へと追いやることをなし遂げたのだから。要するに、悪しき衝動から良き結果が生ずるというのは、「稼ぎのいい連中」と抽象的な国家の総決算書だけに妥当することはあきらかだ。これに対して、人間という名の労働家畜の大群は、気の毒なことに、可能なかぎり洗練されたやり方で「労働」へと強制されねばならなかった、とマンデヴィルはこの『蜂の寓話』のなかで無比のアイロニーをもって述べる。

だれでも知っているが、織工、仕立屋、織物職工、そのほかいろいろの手職人が大勢いて、もしも一週間のうち四日の労働で食べていけるならば、五日働くように説得するのはほとんどできないであろう。また、あるゆる種類の働き手が何千人といて、たとえほとんど暮らしていけなくても、一日の休みをとるためならば、ずいぶん不自由な思いをし、雇い主に迷惑をかけ、腹をへらし、借金をするであろう。怠惰と快楽にたいして人間がこのように異常な性癖を示すとき、直接の必要性に迫られないかぎり、彼らが仕事をすると考える理由はどこにあろうか。（…）こんな調子だと、わが国の製造業はどうなるのであろうか。商人が織物を輸出しようと思えば、自分でそれを織らなければならない。というのも、毛織物業者は、以前彼のために仕事をしていた十二人のうち一人の働き手しか得られないからである。（…）ここから明らかになるのは、貧乏人がうまく管理されているかぎり、労働力がじゅうぶんにある場合には賃金は安くなることである。貧乏人を餓死させてはならないが、彼らが蓄える余裕をもつほどの収入を得させてはならない。たとえあちこちでいちばんの下層階級に属する者が、まれに見る精励によって、自分が生まれ育った境遇よりもよい身分になることをだれも妨げるべきではない。いや、社会におけるすべての人間、およびあらゆる個々の家族にとって、足るを知ることはまぎれもなくもっとも賢明な道である。しかし、貧乏人の大部分が怠惰であることがほとんどなく、しかも手にしたお金はつねに使ってしまうというのが、あらゆる富裕な国家の利益にかなうのである。（マンデヴィル、同訳書、一七六―七八頁、ただし一部変更）

ここで初めて、根本イデオロギーとしての自由主義を、また資本主義の「腕利き」、役員、幹部、エリート、遺産相続者、ブルジョア的な実直さ・堅実さ・弁済能力の代表者たちの思考を今日まで基本的に特徴づけているメンタリティが明確になる。すなわち、人間はより良きものに生まれるか、あるいは金儲けや市場経済の「貫徹能力」に応じてより高い地位に引き上げられる一方で、資産の乏しい大衆も人間材料として存在しなければならないという挑発的で恥知らずな根本感情にもとづくメンタリティである。人間材料たる大衆は宿命的に「労働」のために選ばれているが、分別がなく、まさに「不道徳」であるがゆえに御しがたく、生まれつき怠惰であるとされる。つまり彼らは自分たちを後見してくれる権力の強い手を必要とするから、従属的な立場に置かれねばならないというのである。マンデヴィルはじつに歯に衣着せぬ物言いをする。彼は、「もっとも弱い気性の持主」、特に女や子どもは「他人の不幸や悲惨にたいして共感と共苦」を抱くものだが、このような感情に市場の男は流されてはならないという。

慈善があまりにも広範囲におよぶと、かならずといってよいほど怠惰や無為を助長し、のらくら者を生んで勤勉を台なしにする以外にはほとんど国家の役に立たない。多くの救貧院や養老院をつくればつくるほど、ますますそうなるであろう。(…)わたくしには残酷な意図もなければ、不人情をこととする目的もまるでない。病人や負傷者のために十分な慈善施設をもつことは、平時でも戦時でも不可欠な義務であると、わたくしは考える。両親のない小さな子どもや、たよる者のない老人や、仕事のできなくなった者はみな、思いやりをもって熱心に世話をすべきである。しかし、寄るべもなく、自分に欠けたところがないのにまったく貧乏している者が、なおざりにされているのを目にしたくないのと同様に、他方において、貧乏人に物ごいとか怠惰をすすめたくはないのだ。ともかくも働ける者はみな仕事につかせるべきであるし、病弱の者をも精査すべきである。健康と体力が許しさえすれば、目の不自由な人びとはもちろんのこと、足の不自由な人びとの大半にも、重労働に適さない多くの者にも、仕事が見つけられよう。(マンデヴィル、同訳書、二四四頁、一部変更)

十八世紀以来の自由主義の意味をねじまげる「二重思考《ダブルシンク》」と「新語法《ニュースピーク》」は、この点に関してもプロフェッショナルな二枚舌で語る。「原則としては」「人間性の掟」を支持すると広言するが、それも「必要不可欠な場合にかぎられる」。そして、このやむをえない必要性はそもそも考えられうる最低限度にまで引き下げられるべきだとする。老人、病人、体の弱い者、目の見えない者、手足の不自由な者さえもなお資本の活用マシンへと駆りたてて、これらの人びとに残されている最後のものまで利用しつくすためである。これは、今日でもなおロナルド・レーガン、マーガレット・サッチャー、ニュート・ギングリッチ、グラーフ・ラムスドルフのような連中がそこからアイディアを汲み出す陰惨なイデオロギーの源泉である。「ゆきすぎた同情」に決着をつけた勢いで、マンデヴィルは、ブルジョアの偽善と良心の呵責によって設立されていた「慈善学校」にまで襲いかかる。その論拠はまたしても、その論拠自体の根本的な批判に転倒しかねないほど辛辣だ。

次に考えなければならないのは、慈善学校によって貧乏人に教えこまれるはずの礼儀作法である。はっきりいって、わたくしの意見では、いまあげたものをどの程度にせよ身につけるなど、有害ではないにしても取るに足らない素養であり、少なくともよく働く貧乏人にあってはそれほど不必要なものはない。われわれが彼らに望んでいるのはお世辞ではなくて、仕事と勤勉である。(マンデヴィル、同訳書、二四六頁)

これこそ実際に、捉えどころのない自由主義の頭のなかでつねに考えられていることであり、これを率直に表明したのはマンデヴィルならではの功績である。これは、貧乏人に対する学校教育は贅沢であり、必須なものにかぎられるべきだとする彼の鋭利な詳論にいっそうよくあてはまる。

以上のべてきたことから、奴隷が認められない自由国家において、もっとも確実な富は多数の勤勉な貧乏人にあることが明らかである。というのは、彼らは海軍と陸軍の尽きることのない温床であるうえに、彼らがいなければなんの楽しみもありえないであろうし、いかなる土地のいかなる産物も役立ちえないであろうからだ。このうえなくみすぼらしい状況のもとで社会を幸福にし、人びとを安楽にするためには、多数の彼らが貧乏かつ無知であることが必要である。(…)それゆえ、あらゆる国家や王国の福祉や至福には、労働貧民の知識がその職業の範囲内にとどめられ、(目に見えるものについていえば)その天職に関係するもの以上にはけっして広げられないことが必要とされる。羊飼いとか耕夫とかそのほかどんな農夫でも、自分の労働なり仕事に無関係なものや世の中について多く知れば知るだけ、満足して陽気にその労苦や苦難を乗りこえるのにふさわしくなくなるであろう。読み書き算術は、仕事でそのような資格が求められる者にはたいへん必要であるけれども、生計がこうしたものに依存していない場合、毎日の労働によって毎日のパンを得なければならない貧乏人にはとても有害である。学校で進歩する子どもはごく少数であって、学校に行く代わりに、なんらかの仕事に雇われる方が良いのである。だから、貧乏人の子どもたちが書物に時間を費やすごとに、その分だけ社会の損失となっている。仕事するのと比べて学校へ行くのは怠惰であって、男の子たちがこの種の安楽な生活を長くつづければつづけるだけ、大きくなったとき、体力の点でも性向の点でも徹底した労働にそれだけ適さなくなるであろう。骨が折れ、厄介で、苦しい生活の身分のままで生涯を終えようという人間は、そうした生活を早く始めれば始めるだけ、その後いつまでもますます辛抱強くそれに服するであろう。（…）いくらか教育のある人間が、好んで耕作に従事し、このうえなく骨の折れるよごれ仕事に精を出すことはあるかもしれない。しかしながら、関心は自分自身のことであるに違いない。でも、彼はりっぱな雇い人になり、しかも情けない報酬で農夫につかえる、などということはないであろう。（…）つねに犂《すき》や肥料運搬車の仕事に雇われ、別のように暮らした思い出などのない日雇い人夫のようには、それに適していないのである。忠順や卑しい奉公が求められるとき、下の者から上の者にたいする場合ほど、快活にあるいは真心こめて行なわれることがないのは、つねに気づくところであろう。下の者とは、富や身分だけでなく、知識や理解力においても、という意味である。分別があって自分は馬鹿者につかえているのだとわかれば、たちまち召使は主人にたいして真実の尊敬をいだけなくなる。（…）だれでも自分と同等の者に満足して服することはなく、かりに馬が人間と同じくらいものを知っているとしたら、わたくしだったらそれに乗りたいなどとは思わないであろう。（マンデヴィル、同訳書、二六三―六五頁、一部変更）

ここで何かが「明らかに」なるとすれば、それは、西欧資本主義の「自由国家」の真の本性である。これらの国々では、たしかに「奴隷制は認められていない」が（農業資本主義の歴史が今日まで示すように、実際はかならずしもそうではない）、自由主義はほぼ三百年にわたって、見えない鎖を備えた新種の奴隷制を導入しようと努め、現に実現したのだ。マンデヴィルは同時に、資本主義における知識の精神に目を向ける。つまりこの知識は、ぜったいに自由な知識であってはならず、あらゆる知識を超越した、つねに大きな目的のために滅私奉公する単なる機能的な知識のままでなければならない。

それゆえ、「より上級の」知識へのアクセスは、近代化のあらゆる発展段階で再三制限が設けられた。中産階級およびそれよりも上流に属するブルジョアに見られる、根拠のない自己理解も同じものだ。彼らは、自身の「血と肉から生まれた」どんなに愚かな子でさえもありとあらゆる種類の手を差しのべて大学入学資格を得させるために大事にし、かつそうすることによって子どもを苦しめる。だが彼らはいつでも、公共予算が逼迫すれば、まず高校や大学の学費無償を廃棄し、さらに「貧乏人の子弟たち」のための資本主義的「機会均等」を取り上げることにさえすすんで応じるのである（いいかえれば、あらかじめ貧乏人の子弟を支配知識を獲得するための「才能淘汰」システムに従わせることに賛成するのである）。

そのうえ、知識は、人が十九世紀以降資本の価値増殖という機能上の理由からそれを低い社会階層にまで拡大せざるをえなくなると、可能なかぎり組織的にかつ遺漏なく、資本主義的な意味での「必要不可欠なものの領域」に限定され、従順さを陶冶する教育が徹底された。詩人のライナー・クンツェが適切に――ただし国家社会主義の知識独裁制の経験にもとづいてだが――表現したことは、じっさいに近代の商品生産システムの、大学までも学校化された衆愚教育全体にあてはまる。「無知な者たちよ、われわれは、きみたちが無知なままでいるように、きみたちを教育してやろう」。そのうえ、資本主義は、各人がこの自己白痴化という知識形態を内面化するように仕込むことに成功した。さらに今日の流れに掉さす大勢順応的かつキャリア志向の経営学専攻の学生たちは、みずからそう証言しているように、もとより知を愛することはなく、単になんらかの退屈な「金儲け」に成功するのに役立つ知識だけをできるだけ手っ取り早く吸収するつもりなのだ。今日では大学で何を専攻しようと、それはつねに経営学の変種にすぎない。

マンデヴィルは結局、不条理な国家目的のために「私悪すなわち公益」を導入し、そのために多数派の生活利害を容赦なく犠牲にする犬のように下劣な社会（ホッブズの場合には文字どおりそうである）は、じじつ容赦のない過酷さをもってしか維持しえないことを断言する。こうしてわれわれはふたたびリヴァイアサンに到達することになる。市場における個人の陰険で貪欲な貫徹能力を全社会の美徳として宣言する詭弁を成り立たせるためには、市場の「自由」が存在するのと同様に、そのような詭弁をこととする社会では避けられない法律違反者のための監獄と絞首台の存在が欠かせなくなる。

ロンドンとかパリのような人口過密の大都市は、ちょうど穀倉が害虫を隠しているごとく悪党やならず者をかくまっているということが、その最大の難点のひとつである。（…）そして彼らが捕われた場合、証拠がおそらく明確を欠くとかなにかで不十分であり、証言があまり強くなく、陪審員やときには裁判官も同情でほろりとし、起訴者もはじめは勢いこむが裁判の時が来ないうちにしばしば気が和らいだりする。（…）善良な人間は、たとえある男が絞首刑にふさわしくても、その生命を奪うことにそうやすやすとは甘んじられないものだ。（…）以上が、極刑に値しながら何千人となくのがれている理由であるように、つかまってもやはりうまく刑を免れうるだろうと期待して、大胆に危険をおかす犯罪者がじつに大勢いる原因でもある。しかし、絞首刑に値する犯行をおかしたとき、間違いなく絞首刑にされるのだと人びとが考え、十分にそう信じこむならば、死刑の執行は非常に減少し、どんなにすさまじい暴漢といえども、〔空腹にたえかねて〕強盗に押しいるくらいならみずから首をつって死んだ方がましだと思うであろう。（マンデヴィル、同訳書、二四八頁、一部変更）

この威嚇＝幻想メッセージもまた、自由主義思想の原型になった。犯罪の社会的原因が取り除かれるのではなく、警察および司法の厳格さが示されねばならない。資本制によって生み出された貧困は「安全の問題」へと定義し直される。悲惨のただなかにあって、勝利者は市場経済の貫徹能力のあらゆる果実を邪魔されることなく気楽に享受することがゆるされるべきだとされる。こうしてマンデヴィルは、自由主義の教義の「倫理的な」規範《カノン》を完成した。これをなし遂げたその残酷な誠実さに対しては、歴史的な感謝と天才的な資本制シニシズムのパンテオンでの栄誉の座がふさわしい。

男の雌犬としての女

マンデヴィル流のシニシズムの上をゆくのは、かの有名なマルキ・ド・サド（一七四〇―一八一四）を措いて他にはない。彼が、サディズムという拷問の快楽にその名を冠する「名誉」を得たのはいわれのないことではない。直接、より過激にホッブズに連なるサドもまた、従来のあらゆる社会秩序のうちで最悪の資本主義的秩序の初期段階における資本主義的人間のモナド的様態を、虚飾を排した明快な文体で表現した。「あらゆる被造物は、その誕生の瞬間から孤独であり、相手を必要としない。（…）私の隣人は私にとっては無であり、私と彼の間にはいささかの関係も存しない」（サド。ルコフ、一九九八年、一八四頁からの引用）。マンデヴィルとまったく同様に、サドもまた、資本主義的自由主義のつねに辛うじて隠されている根本信念をふたたびなしえないほど赤裸々に表明したが、これは後のナチスの人種イデオロギーにおいてさえその一部が繰り返されえたにすぎないほどの率直さだった。

サドのもっとも広く知られた作品である、ジュスチーヌの寓意的な物語（『ジュスチーヌまたは美徳の不幸』）は、その内容および成立からみて『蜂の寓話』に非常に類似している。もともとは薄い冊子であったものが、一七八七年から九八年にかけて版を重ねる間にますます膨れ上がったが、それは、著者がエピソードを無数に追加しただけでなく、新たに哲学的補足を加えたからである。サドははじめのいくつかの版ではまだ、この物語が威嚇目的で書かれたかのように振る舞っていたが、最後にはこの（いずれにせよごく薄い）ヴェールを取り外した。彼は、マンデヴィルと同じように、虚構上の自由主義的な金《かね》の亡者の一人に肯定的にこう説明させる。

施しとか喜捨とかいうものはすべて、おれの性格にはまったく合わないのでな、かりにいまの三倍おれが金持であったとしても、ひとりの赤貧者に半ドニエの金も恵みはしないだろう。こういう決意の上に打ち建てられた堅固な主義をおれは持っているわけで、この主義からはずれる気は毛頭ないね。貧乏人は自然の秩序のなかにいるのさ。（…）貧者を救おうとすることは、確立された秩序を破壊すること、自然の秩序に抵抗すること、もっとも崇高な自然の調和の基礎をなすところの平衡を乱すことにひとしい。またそれは、危険な平等という旗印をかかげて、社会のために働きかけること、無為と怠惰とを奨励することにひとしい。（サド『ジュスチィヌ（美徳の不幸）』澁澤龍彦訳、一八六頁）

このような見解にあっては（資本主義的な意味での）弱者は破滅するほかないという非難に対して、サドは冷徹に、「かまうものかね。フランスには必要以上の人間がいることだし、すべてを大局的に見る政府というやつは、国家さえ無事ならば個人なんぞには洟《はな》もひっかけないものさ」（同訳書、二六頁）と応じる。そして、「では、私たちは、生れ落ちると同時に圧し殺されていた方がよかったのですわ」（同上）という社会の犠牲者の深いため息に対しては、啓蒙の理性の痛烈な声が応える。「まあそんなところかな」（同上）。『閨房哲学』においてサドは、「労働貧困層」と彼らの「過剰な」、あまりにも多すぎる子孫に対して、まさにある種の実存的憎悪をつのらせ、マンデヴィルに劣らず、救貧院のためのごくわずかな国家援助に対してさえ不満を煽り立てる。

だから、あの厭わしい養育院などというものは、情け容赦もなくぶっつぶしてしまうにかぎるのだ。諸君は厚かましくも、あの貧乏人のふしだらの結晶をば、養育院のなかにかくまってやろうとしている。それこそは恐るべき汚水溜であって、諸君の財布のみを当てにしている不愉快な新しい人間の群れを、毎日のように社会に吐き出している有様だ。いったい、そんな人間の面倒をそれほどまでに見てやって、何の役に立つのだろうか、と僕は質問したいね。（…）あり余る人口は、ちょうど余計な枝のようなもので、さんざん幹の養分を吸い取ったあげく、ついには幹を枯らしてしまうことになるのがおちなのだ。いかなる政府においても、人口が生活の資源よりも優勢な場合には、きまってその政府は衰えてしまうものだということを想起するがよい。（…）放蕩の恥ずべき結晶を迎え入れるための収容所なんてものは、どこにもありやしない。放蕩の忌まわしい結晶など、人間の排泄物と同様に棄てられてしまうのだ。（…）（サド『閨房哲学』澁澤龍彦訳、五四―五五頁）

ここにすでに、ようやく数十年後に産業革命の大きな転換危機の時代に「人口論者」マルサスによって「科学」へと高められることになる、かの冷徹な論証の絞首索がみられる――それはつねに、すでにホッブズが提示していた例の「自然の声」を引合いに出すことによってである。サドはそれどころかもっと先へと進む。彼は、啓蒙的な「リベルタン」〔十八世紀フランスに象徴的な、反宗教的で、もっぱら快楽を追求する自由主義者〕として途方もない作用をおよぼす思想を定式化したが、社会ダーウィニズムは二十世紀の初めにまずこの思想を体系化し、最後にドイツにおいて社会的な殺人行為に転じるのである。

ギリシャの多くの共和国では、生まれた子どもを慎重に検査して、将来国家の防衛に役立ちそうもないと認められた子どもは、さっそく殺されてしまったものであった。彼らはこんな人間の屑を大事に育てるために、馬鹿馬鹿しく金をかけて養育院など建てる必要はないと考えていた。（…）国家はこの極端に余計な出費を切り詰めることが望ましい。生まれたときから、いつか共和国のためになりうるという前提条件が欠けている人間には、生きる権利はない。その人間にただちに決着をつけるのはつねに最善の解決策である。（…）人類は揺籃時代にすでに浄化されねばならない。けっして社会の役には立ち得ないと諸君が予知した者は、社会という母親の乳房から引き離されねばならない。（…）（サド、同訳書、澁澤訳、一八六―八九頁、ただし中間部は拙訳）

この主張が資本主義のありきたりの論理を徹底した以外のなにものでもないにもかかわらず、マンデヴィルの場合と同様に、このように辛辣な率直さはひょっとしてラディカルな批判として読まれるべきではないのかという疑念がふたたび湧き上がる。ここでは、近代のブルジョア的知性のあり方の奇妙な特徴が幅を利かせている。すなわち、モラルをこととする「善意の人」は、哀れなモラルによって件《くだん》の非合理的で破壊的な資本の社会的関係形態の法則だけを隠蔽し、この関係形態の強制をなんとしても手放すつもりはなく、さらにこの関係形態で彼らのブルジョア的利害を養うのであるから、彼らを軽蔑するのは当然のことなのだが、これとは反対に資本主義的競争の貫徹性に対する率直でシニカルな告白がある種の英雄行為としてあらわれるとき、この軽蔑はひどくあいまいになる。本来は真理でないものが肯定的に（居直って）はっきり口にされると、それに対する批判は突如としてほとんど不可能になるように思われる。

このあいまいさは今日まで保たれており、ポストモダン的な「過剰肯定による社会批判」において新たな勝利を謳歌しているが、これがいつなんどきふたたび「無邪気な」、いうところの「自然の自然」に依拠した殺人イデオロギーへと反転しないともかぎらない。この件に関しては、あいまいな態度で済ますわけにはゆかない。じじつ、サドもそうはしない。ことがらにふさわしく、いかなる冗談やアイロニーもまったく交えずに語る。彼の述べていることが文字どおりそのまま彼の意図であることはあきらかであり、サドは彼独自の、ほとんどもうポストモダンといってよい「演出された」極悪非道ぶりを単純に楽しんでいる。「労働貧民」に対するシニカルな憎悪と「役立たず」や身体障害者などを社会的に根絶すべしといった妄想が同時代の言説の結果を反映しているにすぎないことは、他の多くの文献（たとえばマンデヴィル）からも見てとれる。ここから帰結されるのは、サドのその他すべての理念がわけても残酷の祝祭であり、表裏のない肯定的な言説として理解されねばならないということである。左翼ブルジョア知識人たちは代々、サドのシニシズムをもてあそび、「間接的に」彼の批判的能力をでっち上げるという文学的な戯れに終始している。

しかしながら、マンデヴィルとは対照的に、サドの率直さが善良なるブルジョア社会から許容されなかったのは、わけても、彼がこの率直さをおめでたい国民経済の公認イデオロギー（国家によって限度内に保たれた利己的な不道徳による経済的繁栄）を超えて耐え難いほどにまで推し進めたからである。この許しがたさはひとつには、「安全」と所有の問題にかかわる。サドが、資本主義的な私的所有の形態を問題にしないのは自明のことであるが、その一方で、非常に極端な結論を引き出して、窃盗（それはじじつブルジョア的私的所有を否定するものではなく、逆に私的所有を論理的に前提している）を許可する。それゆえ『閨房哲学』では、泥棒はその行為によって、「数ある自然の運動のなかでもっとも根源的かつ神聖な運動、すなわち相手かまわず他人を食い物にして、己れ自身の生存を確保するという運動にしたがったまでなのである」（同訳書、一五二頁）といわれる。「強者の権利」という自由主義的イデオロギーは、そこで初めていかなる方法によってももはや制限したり、手なずけたりすることを許さない過激化した姿をあらわす。

あなたがたは私たちに、他の人からして欲しくはないことを他人にしてはならないと命ずるこの伝説的な自然の声のことを語るが、このようにばかばかしい助言はつねに人間によって与えられたものである。しかも弱い人間によってである。強い人間は、そのような話を語ることはけっして許さないであろう。(…)わたしを信じなさい。万物の母である自然は、私たちにつねに私たちについてしか語らない。自然の声ほど利己的なものはない。そして、私たちがそこでもっとも明瞭に耳にするのは、自然が私たちに与える、変わることのない神聖な忠告である。すなわち、私たちは、誰の費用であろうとかまわずに楽しむべきだというのである。しかし、他の者たちはこれに応えて、仕返しをするかもしれない。(…)そういうことなのだ。強者はつねに正しいであろう。永遠の戦争、永遠の破壊というこの本来の状態のために、自然の手が私たちを創造したのだ。(…)一方を傷つけることによって他方に役立つものが犯罪であるというのであれば、自然にとっては傷つけられた側の方が受益者よりも貴重であるということがまず証明されねばならないであろう。ところが自然の目には、すべての人間は平等であるから、そのような依怙贔屓は考えられない。したがって、一方を傷つけることによって他方に役立つ行為などというものは、自然にとってはまったくどうでもよいことなのだ。(サド、一九八〇/一七九五年、一七五—七六頁、二一三頁)

したがって、サドは、泥棒をではなく、盗まれるがままにした「無頓着な者」を罰することを推奨する。かくして、サドは最終的には殺人をも正当化しないわけにはゆかない。「我がフランスで山鶉《やまうずら》狩りがおこなわれるように、スパルタでは農奴狩りがおこなわれた。非常に自由な民族にあっては、殺人はもっとも高く評価されている」(同書、二八二頁)。それゆえ、市民は「万物の母なる自然の明確な同意を得て」少なくともある種の場合には「相互に命を狙い合う、完全な自由をもつ」(同書、二五〇頁)ものとされた。自由なブルジョアのための自由な行動である。じじつちっぽけな物質にすぎない人間は、競争の掟と強者の権利のもとではいつでも「変身」させられうる。『ジュスチーヌ』ではこう言われる。

さて、すべての物のかたちは自然の眼には同等である。無限の変化が繰り返される巨大な坩堝《るつぼ》のなかでは、一切のものは消滅するということがない。そこに投げこまれる物質のすべての部分が、たえず異なった形状のもとに再生される。(…)こう考えてみれば、今日ひとりの女を形づくっている肉のかたまりが、明日さまざまな何千匹もの虫の形になって再現したからとて、永遠の創造者たる自然にとっては、どうでもよいことじゃなかろうかね?(…)ひとりの人間の罪と呼ばれる行為が他の人間を蠅や萵苣《ちしゃ》に変化せしめたとて、それがいったい自然にどう響こう?(サド『ジュスチイヌ(美徳の不幸)』澁澤訳、六八―六九頁)

この意味において、元来自然はそもそも為されうることはすべて許す。というのは、考えられうること、実行可能なことはすべて、自然に属しているからだ。「その気になれば、われわれはこの小娘を、犯罪の影すらみせずに、押しつぶすこともできる」(サド、一九九八/一八七八年、三一五頁)。サドはあるヴィジョンのなかで――そこに二十世紀への予言的な眼差しが存することは否定しえない――「自然」を極限にまで推し進める。「自然が、自然の啓示の盲目的な道具であるわれわれに、万有に火を放つように命じたとして、もしわれわれがそれを拒絶すれば、それこそ唯一の犯罪ということになろう」(同上)。じじつ、辟易するほど繰り返されるサドの根本理念は、「他の手段による競争の継続」に帰着する。そしてこの競争の継続はその非合理的な自己矛盾に身を任せることによって、ブルジョア社会の枠を吹き飛ばす。これは外部への放電、すなわち帝国主義戦争として、あるいはリヴァイアサンの競争主体そのものへのひそかな撤退としてあらわれることがある(サドによって享楽的に描写された恐怖のうちで実現しなかったものがあっただろうか)。このヴァリエーションをときには完全に代表したのも、極端な観点に立つ自由主義だった――むろん、リベルタン的(自由主義的無神論者の)大御所、サドの場合ほどきわどくはないかたちで。今日の新自由主義的な世界において、民間の安全サービスや「ボディーガード」がますますリヴァイアサンの基本的機能を引き受けているが、これは、サドがきわめて奔放な空想のなかでのみ描写しえたように、社会的なものが社会内部で実質的に崩壊することを暗示している。

ブルジョア的自由主義の常識にとって由々しき問題だったのはひょっとしたら、サドの場合にはリヴァイアサンが原則的に問題とされたことでさえなかったことかもしれない。なぜなら、サドの思想は、たとえば社会的解放運動の宣言としてではなく、それとは反対に、競争主体そのもののプロパガンダ的な装甲化として出現したのであり、ニーチェのはるか以前に超人性および君主的人間性の無法＝自然法的権利を先取りしていたからである。しかし、サドがこの論理のニヒリスティックな首尾一貫性を怪物のナイーヴさをもって露わにしたことは、ブルジョアのお気に召さなかった。啓蒙の理性をこれほど完膚なきまでに信用失墜させたことを大目に見るわけにはゆかなかったのだ。

第二に、あるいはより許せなかったのは、サドが、熱狂的な悪意をもってタブーとされていた資本制の本質である性の根源にまで侵入し、その結果、深奥の秘密を肯定的な無邪気さで暴いたことにあったのかもしれない。「美徳の不幸」が特にジュスチーヌという女性にふりかかること、わけても女性、少年少女たちが「サディズム」の標的として性的殺戮妄想の（ときには現実の）人身御供にされることは、むろん偶然ではない。人間のセクシュアリティはつねに攻撃性の快楽と、また逆に受動的な献身の快楽の要素をはらんでいるのはたしかである（このことはしかしながら、けっしておのずからというわけではなく、ほとんど生物学的決定論にもとづいて一面的にそれぞれの性および年齢に割り当てられている）。さらに、家父長制社会における女性の従属は、歴史上多くの（けっしてすべてではないが）社会で特徴的であることもたしかだ。さらにこの点においても、台頭しつつある資本主義はその啓蒙の理性とともに女性の従属と男性の側におけるセクシュアリティの攻撃的要素を緩和したのではなく、すさまじいあり方で残酷にした。そしてサドは、この事実を狂人の炯眼をもってますます野蛮化する妄想のなかで先鋭化したのだが、この妄想は、資本主義的性関係のきわめて極端な帰結である。

つまり問題は、たとえば人間のセクシュアリティの深淵を探ることではなく、社会の構造的変化の盲目的な反映なのである。この意味でも、十八世紀の資本制初期段階の状況がきわめて率直に語られている。その際、資本主義の自己目的の人間材料となる生産者の格下げ、匿名の競争の激化、性関係の構造的変化、この三者が緊密な相互関係にある。すでにマンデヴィルは、社会的共感を示すことは「女子ども」の軽蔑すべき感情であると烙印を押していたが、サドは、(『ジュスチーヌ』の増補版で)この問題をいまや女性の否定的「自然特性」から導き出す。

(…)女たちはその器官の弱さゆえに、われわれ男以上に、共感という臆病な感情にふさわしいものとなり、またまったく意志を持たず、いかなる利得もないのに、目の前にある苦しみを嘆きかつ慰めるように仕向けられる。(…)しかしそこには、ひとかけらの美徳も無私もなく、エゴイズムと衝動以外の何ものもない。彼らの欲求を美徳であると偽ること、そしてわれわれが分別なく思い違いをしているこれらのうるわしい行為の動機を彼らの弱さと恐れ以外の何か別のもののなかに求めることはこのうえなく愚かなことだ。(…)(サド、一九九二/一七九七年、三四四頁)

またしてもイデオロギー上あらゆる権限を有する「自然」が持ち出されるが、それは、忌むべき共感をたんに無意識的な「自然の特性」として女性に帰すことによって、女性を侮蔑するためである。なぜなら、女性は男たちの冷徹な競争主体の集団を邪魔すると思われるからだ。「女性＝自然」、「男性＝文化」という方程式は、そもそもの始まりは中世末期およびプロテスタンティズムにさかのぼり、それ以来、男性的・資本主義的なイデオロギーの伝統的表現となった。その際、「文化」は貨幣というまさしく空虚な社会的抽象概念を代表する。それどころか男の競争論理の自然な障害としての女の「嫌悪を催す体質」(同書、三四二頁)は、女が人間であることに対する疑いまで生じさせる。サドによれば、女は、

はなはだ倒錯した人間なので、森の猿が人間とはっきり異なるように男と異なるこの奇妙な代物が、果たして人間の資格を要求しうるものかどうか、マコンの公会議で何回にもわたってすこぶる真剣に討議されたほどだった。(『ジュスチーヌまたは美徳の不幸』植田祐次訳、三七四頁)

だが、女性と男性が同じように「自然」であり「文化」であることは明白な事実なのに、この非合理な悪意に満ちた分類は何に由来するのか？　資本主義的近代化がはじまる前は（そのもっとも早い開始時期はじつにルネサンスにまでさかのぼる）、すなわち、市場経済と貨幣経済がまだ付随的な役割を果たしていたにすぎない頃は、物質的・経済的な再生産は、農民、職人、地主などの世帯に集中していた。このような状況下では、両性は境界の定められた、多かれ少なかれ同権を有する任務の範囲をもっており、家父長制的モデルは、この世帯を外的、社会的に代表することに限定されていた。しかし貨幣経済の爆発的な発展にともなって、世帯の向こう側に「分離した経済」が成立する――拡大した欲求を満たすためではなく、まさに抽象的自己目的として（もともとは、初期近代の軍隊の「需要」のために）。そして直接生産に携わる者たちは否応なくこの抽象的自己目的へとつながれたのである。近代商品生産システム、別名資本主義はこうしてはじめて大きな社会的規模において、「公共経済」のような何かを生みだした。さらにそれは、その初期には軍事的発展と密接に関連していたから、構造的に「男の案件」とされたのだった。

そうなると女性に残されたのは、旧来の世帯のうちの副次的な「残りもの」とそれと結びついた情緒的な要素だけであり、この情緒的な要素は、成立しつつあった男性的競争主体からは劣等とみなされた。したがって、近代の激しい女性の格下げと直接生産者の価値下落は、同一のプロセスの両面であって、構造的には、自立した貨幣経済と競争経済とに分かちがたく結びついているのである。この点を近代のフェミニズムは、そもそもそれが存在したとすればだが、たいてい現象面でのみ認識し、そこから最終的な結論を引き出すことはなかった。女性運動はフランス革命から今日にいたるまでいつも商品生産システムの内部でのみ自己を解放しようとしたのだ。ようやく最近になって、フェミニズム自体をフェミニズム的に批判するという文脈において、女性の格下げと直接生産者の価値下落との関連が、資本主義批判と家父長制批判とを概念的に統一するものとして定式化されえた。

質料（内容、自然）と形相（抽象的価値）の根本矛盾は性別に固有のあり方で規定されている。感覚的内容に関して抽象的価値形態に算入されないもの、しかしそれにもかかわらず社会的再生産の前提条件でありつづけるものはすべて、女性に委ねられる（感覚性、情緒性など）。（…）この基本構造は、私的・公的領域の教育に対応している。その結果、私的領域は理念どおりに女性用に確保され（家族、セクシュアリティなど）、他方、公的領域（抽象的労働、国家、政治、経済、学問、芸術など）は男性によって占められる。理想としては、妻が、公的領域で活動する夫の社会的な「緩衝材」となることであろう。（ショルツ、一九九二年、二三頁以下）

事実、女性はこうして私的領域と家庭領域に固定されるだけでなく、つまり、資本主義的にみて根拠のない活動（「家事」）と「共感機能」（子どもの世話や老人の介護など）に責任を持たされるだけでなく、それとともにいわゆる「自然要因」を代表することにもなる。そのかぎりでは、女性は男性に構造的不快感をもたらす。というのは、女性の存在は、独裁的な競争主体につねに、世の中には資本主義的な自己目的という権力行使の要求からのがれ、多額のコストをかけさせ、厄介なことをしでかす何かが存在することを想起させるからだ。サドの時代には、この問題はまだ社会的に一般化されていなかった。この問題はさしあたり身分上のブルジョア階級、あるいは貨幣経済に包摂された貴族、つまり支配主体そのものの家族に関係していた。すなわち、「労働貧民」とその妻子はまだ扱いにくい「不自然」の形態をとっていたから、彼らは飼い馴らされるべき「自然」の「原料」とみなされた。つまり女性と「労働貧民」は、彼らを男性的競争主体に服従させるために、同じような教育が必要とされる。これに関連して、たとえばジャン＝ジャック・ルソー（一七一二―七八）は教育小説『エミール』のなかで次のように述べている。

女性の教育はすべて男性に関連させて考えられなければならない。男性の気に入り、役に立ち、男性から愛され、尊敬され、男性が幼いときは育て、大きくなれば世話をやき、助言を与え、なぐさめ、生活を楽しく快いものにしてやる、こういうことがあらゆる時代における女性の義務であり、女性に子どものときから教えなければならないことだ。（ルソー『エミール』下巻、今野一雄訳、二一一頁）

しかし、女性を服従させることは市民の平等原理といかにして両立しうるのか? かの有名な「友愛」(fraternité)のドイツ語訳は「兄弟愛」(Brüderlichkeit)であるが、これには「姉妹愛」(Schwesterlichkeit)は含まれない。したがって、「友愛」の精神にのっとって女性が自由と平等を請求することはまったく問題にならない。というのも、平等はつねに、その都度「万物の母たる自然」が設定するとされるものだけにしか関係しないからであり、女性はしたがってまさに、必要とあれば女性に帰するとみなされる自然にのっとって行動することを余儀なくされることによって、市民の平等に与《あずか》るのである。ルソーの場合には、これは無邪気な家庭的な主婦の役割を意味しており、ここでは女性が自然の本性として家族に従属することの有用性が表現される。しかし、母親像はすでにそもそも初めから、女性の別の(性的)側面である娼婦像と相対していた。サドの思想がときに「黒い化粧を施したルソー主義」と理解されるのもいわれのないことではない。なんといってもサドは、女性の性的側面をまさに極限にまで推し進めたのだから。

セクシュアリティはすなわち、男性的競争主体の一部に他ならないのだが、それ自体は自己の自然性を否認することができず、それゆえ分裂した経済という抽象的で非感覚化した世界関係に対しては得体の知れないものとしてあらわれるほかない。セクシュアリティが女性で、自然として含意される場合には、男性的競争主体はそれ自身のセクシュアリティの形をとって服従するものに対して、腹立たしいとは思いながらも、自身の社会的独裁を脅かしかねない譲歩を余儀なくされる。単に自然の本性一般としてではなく、また単に軽蔑される共感感情の担い手としてでもない「分裂した」女性は、なによりもセクシュアリティの代表者として憎悪されることになる。

要するに、ここに二重の、それ自体矛盾した近代イデオロギーの自然概念が示される。なぜなら、女性は虐げられる自然を代表する一方、他方では、「文化」を代表する男性的・資本主義的な主体もまた自然であり、したがって自然によって規定されることになるからだ。つまり、様式化された、孤独な競争＝肉食獣という形で。二重のカムフラージュで資本主義的「文化」は自然から隔離されるが、これはそうすることによってあらゆる文化をふたたび(イデオロギー化された)自然へと転換するためであり、その一方で同時に資本制の社会的形式が自然に投影される。ジェンダーへの（役割の）振り分けに際しては、このイデオロギーの二つの対立する自然概念は、男性と女性というまったく異なる対立的な「自然」としてあらわれる。この二つの性はしたがって、「生まれつき」異なる種かあるいは別世界の存在であるかのごとく相互になじみがないのである。

もちろん現実の人生は、この不気味なほど疎外された性関係に一〇〇パーセント刻印されているわけではなく、人間は、あらゆる資本の論理にもかかわらず、異性に惚れ込むことをやめない。それでもなお、非常に親密な、一点の陰もないようにみえる恋愛関係にも、例の分裂ならびにそれと結びついた、いつなんどき暴力的に発現するかもしれない両性間の憎悪という腐食化要因が混じり込む。

そしてサドは、この資本主義の刻印を帯びたセクシュアリティの暗黒面に関する比類のない語り手となった。サドの根本思想によれば、官能という避けがたい性の形式を監督下におくためには、官能はできるだけ純粋で生理学的な行為に還元されねばならないことになる。たとえば、『ジュスチーヌ』の初稿では次のように言われる。「おれが必要に迫られて女を使うのは、ちょうど物を入れる必要があるときに器を使うようなもの」（『ジュスチィヌ（美徳の不幸）』澁澤訳、一八三頁）。つまり飼い馴らされたセクシュアリティからは、あらゆる危険で情緒的な要素が拭い去られねばならないし、このセクシュアリティはある意味で（資本主義的生産過程に類似した）機械的な執行へと転換させられねばならない。これに応じて、『閨房哲学』のなかの従順な女にはこの機械的な執行が気に入る。

私と同じような心づもりができていれば、どこでもやってもらいたいと願うものよ。機械がどの部分にねじ込まれようと、それをそこで感じるのは幸福なことだわ。（サド、一九八〇／一七九五年、一八九頁）

セクシュアリティの生理学的・機械的な還元は当然ながら対象物の任意の交換性を前提しており、これまた商品生産の論理と匿名の競争と類似している。セクシュアリティは原理的にひとつの商品であり、その楽しみは、社会的モナドにふさわしく、孤独な楽しみでなければならない。

> むろん媾合の行為がつづくかぎり、僕だってその行為を共にするためには、相手の必要を感じるだろうさ。しかしその行為が実行されてしまえば、相手と僕とのあいだには、いったい何が残るというのだね？　相手の女なり僕なりが、この媾合の結果として、どんな義務に縛りつけられねばならないのだね？（…）似たような相手は星の数ほどいるし、もっと上等な相手だっているんだから、失恋の痛手はすぐ消える。男だって女だって、すべて似たようなものだ。かように、健全な頭脳をもって考えれば、どんな恋愛だって手に負えないようなものは一つもない。（…）愛の楽しみの際にひとは何を望むだろうか？　僕たちの周囲すべてが僕たちのことだけにかかわり、僕たちのことだけを考え、僕たちのことだけを配慮してくれることだ。僕たちにサービスをする女たちが自分で快楽を得てしまったら、これはすなわち、彼らは僕たちよりももっと自分自身にかかわり、その結果、僕たちの楽しみを曇らせることの証明じゃないか。（『閨房哲学』澁澤訳、一〇三頁、一〇五頁、後半は拙訳）

ちなみにホッブズにあっては、男女間の性的関係は一種のソドミー〔異常性愛の総称。『旧約聖書』にあらわれる悪徳の都市ソドムにちなむ〕としてあらわれる。「女の定義は、雌犬つまり雌狼に等しいということだ。女は、その女を渇望するすべての者たちのものでなければならない」（ホッブズ、一九六五／一六五一年、一三一頁）。というのは、当然のこととして服従させられる自然本性は「やられる動物」という受身の役割を引受けねばならないが、ちなみに、やはり服従させられた男や少年も性的対象となる（この形式においてのみ、サドはホモセクシャルな放埒を理解している）。しかし、対象が欲しなかったり、拒んだり、あるいはまた危険な情緒的結びつきを求めて、じっさいにそのような行動に出たとしたら？　そのときには、「残酷という快楽」が始まる。ただしそれが機能するのは、「セックス・マシン」の広範な匿名性が確保されている場合だけである。こうしてサドもまた、女性を「公共妓楼」で実施される売春という否定のユートピアへ巻き込むことを空想することによって、「女性の性的自由」を礼賛することになる。

いかなる所有行為も、自由な人間に対して行使されてはならない。一人の女を専有することは、奴隷を所有することと同様不正なことである。すべての人間は生まれながらに自由であり、平等の権利をもっている。この原則をけっして忘れてはいけない。したがって男性にせよ女性にせよ、異性を専有すべき正当な権利はけっして与えられてはいない。（…）純粋な自然法則にしたがえば、女は自分の身体を欲する者に対する拒絶の理由として、他の男に対する愛情を口実にすることさえできない。なぜなら、この理由は一つの排他的行為となるからである。女がすべての男のものであることがはっきりしている以上、どんな男も一人の女の享楽を拒否されてよいわけはないからである。（…）女を望む男の情熱に、女を屈服せざるをえなくするような、そんな法律を制定する権利をわれわれがもっていることも瞭《あき》らかである。強姦すらこの権利の一つの帰結であるからして、われわれはこの手段をも等しく使用することができる。（…）ある男はある女または娘を楽しみたいと思った場合には、その女を先述の妓楼へくるように誘うことができるようでなければならない。（…）しかしある年齢以下の娘は、男と接することによって必ず健康を害するものである、といって余の説に反対する人があるかもしれない。だがこのような思いやりは、一顧だに値するものでもない。諸君は一度享楽に対する権利をわれわれに与えてしまった以上、もうこの権利が享楽によって生ずる諸結果とはぜんぜん無関係であることを知るべきである。このときすでにこの享楽が、無理強いの享楽の対象となるべき相手にとって有益であるか有害であるかは、問題にならないのである。（『閨房哲学』澁澤訳、一五八―一六〇頁）

表面的にだけみれば、「すべての人間は生まれながらにして自由である」、したがって「男性にせよ女性にせよ、異性を専有すべき正当な権利はけっして与えられてはいない」という二枚舌の宣言は、サドの社会的かつ性的な畜殺妄想と矛盾する。なぜなら、ブルジョア的自由が、自己放棄をも辞さないまでに無条件に「社会的自然法則」といわれるものに服することにおいてのみ存立しうるように、「平等」もまた、あらゆる主体がひとしく自身の原理的に不平等な「自然」を享受し尽すことが許されるという点においてのみあらわれる。つまり、弱者は蹂躙されるためにその弱点を、強者は弱者を踏みにじるためにその強みを発揮するのは自然の法則だからである。

男性と女性はまったく異なる「自然」であることになっているから、その結果、両者相互の自由と平等はそれぞれの「自然」にしたがって行動すること以外にはありえない。男性には、一人の女性を専有することは許されないが、それは、その女性が恋愛関係において自立した主体として認められるからではなく、この一方的な占有は自分自身および他者の性的「自然」に反するとされるからだ。したがって女性の自由と平等は、女性が女性に定められた「自然」に則って一般的な性の奴隷として自身を差し出すことに存する。女性がこの「自然」を拒絶する場合には、いかなる野蛮な行為も許される。

ここには、現代のあらゆる強姦者の原妄想だけではなく、ブルジョア的自由一般の陰険な弁証法がみられる。「リベルタン」であるサドは、性的暴力妄想としての自由主義を論理的に徹底化したのだ。サドの「性的国民経済学」は現実には存立しえないとしても、その極端な帰結が資本主義的な性関係の構造のなかに潜んでおり、その核心は、あらゆる表面的な変化にもかかわらず現代の商品生産システムの基礎のうえに廃棄されずに残っているのだ。

見えざる手

「諸価値の転換」とともに、自由主義はまず（反）道徳的な出発点を獲得した。マンデヴィルでさえ、彼の考えが社会通念に反していたことにいくらかショックを受けたらしい。わけても、自由主義思想の秘密を吹聴したことで冒瀆罪に問われて、告訴されたからである。慌てたマンデヴィルは（容赦のない自己主張と先鋭化ゆえに監獄行きになったサドとは対照的に）少なくとも、「労働貧民」をおおっぴらに嘲笑することと並行して、同時に一種の社会的ボーナスを約束した。すなわち、「私悪」の利用は、国家という抽象概念にとってだけではなく、国民にもいくらかは「社会的な益」として役立つはずだというのである。

国民全体の正直と倹約がもたらすものの一つは、古いものがまだ役立つかぎりは、誰も新しい家を建てないし、新しい材料を用いないこと、これは疑いのないところであろう。これによって、石工や大工や職人などの四分の三は、仕事を失うであろう。建築業がひとたび破滅すれば、華やかで富裕な社会よりも健気で正直な社会を好み、臣民を豊かにするよりもむしろ有徳にしようと努める立法者によって、奢侈に貢献するゆえにきびしく禁じられた絵画や彫刻やその他の技芸はどうなるであろうか。（マンデヴィル、前掲訳書、二〇四頁）

このような見かけ上の譲歩も、立論のなかに一種のほくそ笑みが混じらないではすまない。というのも、ここですでにマンデヴィルは、当時まだ完全には定着していなかった人間の社会的未成熟を前提しているからだ。彼はあたかも、人間は「仕事を与える」資本家なしでは幼い子どものように途方にくれて立ち尽くすほかなく、また彼ら自身の需要や能力によって家を建てたり、技芸作品その他を仕上げることはできないかのようなふりをする。これをもってマンデヴィルはすでに、例の全面的な、その裏面はまさに大衆の全面的な賃金依存であるところの「世界の私物化」を前提している。資本の価値増殖という自己目的が人間と自然の間に割り込んできて、人間の協同能力を没収し、これを資本形態に転化する。その結果、各人は、なんらかのかたちで「金儲け」にかかわらなければ、自分自身ならびに相互のためにもはやなにもできなくなる。

作業能力、生産手段、天然資源は、それらが抽象的な利潤追求にとって「利益があがる」ように活用されえない場合には、むしろ放置されるか、それどころか破壊されるのはまったく自明のこととされる。そうなると家を建てるのは、もはや材料、能力、需要の有無に拠るのではない。前資本主義社会においては、需要のための生産の社会的余地はたいていどちらかといえば外的に、支配者の諸要求（たとえば貢物、税、賦役など）によって奪われた。しかしマンデヴィルは、この要求が直接個人の再生産を大量に生みだすと宣伝する。その結果はといえば、「外部の権力」の生活への介入は完璧になり、経済の碾臼《ひきうす》によって回されることのない財はもはや存在しえなくなる。市場によって生産条件をみずから制御することができない人間は、「仕事をもつ」ためには「投資者」を渇望するほかなく、経済的には麻痺していて自立できず、社会的には自閉症的な存在へと変身させられる。

この不条理は十八世紀の啓蒙思想全体に隠された中心核である。これに関する立論部分において、マンデヴィルはすでに単なる道徳上の正当性を超越する。大衆の生活が、資本主義の利潤産出過程で生ずる廃棄物としてしか許されないことも、資本のもたらす「福祉要因」のひとつであると言いくるめられる。同時に、社会的「システム」の思想が暗示されるが、そこでは、私悪と公益と称されるものとの間のインチキじみた弁証法が、(サドにおいてすでに暗示されていた)社会的マシンの歯車装置へと姿を変える。それとともに、市場経済の濃密化と客観化を伴う自由主義の次のイデオロギー上のペテンが生ずる。この新しいシステム思想に着手した天才の一人がイマヌエル・カント(一七二四―一八〇四)であり、ひょっとしたら彼は、近代化の歴史においてもっとも強い影響をおよぼした哲学者かもしれない。つまり、彼もまた利己的な個人の競争の擁護者なのだ。一七八四年に発表された「世界市民的見地における普遍史の理念」という論文のなかで、競争はまさしく神の法則にもとづくものとされる。

自然のあらゆる素質の発展を実現するために自然が用いる手段は、社会における自然素質の敵対関係であり、しかもそれはこの関係が最終的に社会の合法則的秩序の原因となるかぎりでのことである。私がここで理解する敵対関係というのは、人間の非社交的社交性のこと、すなわち人間が社会のなかに入ってゆこうとする性癖であるが、同時にこれは社会を絶えず分断する恐れのある一般的抵抗と結びついている性癖のことでもある。(…)ところがこの抵抗こそは、人間のあらゆる力を呼び覚まし怠惰へと傾く気持を乗り越えさせ、確かに一緒にいるのはいやだがしかし放っておくこともできない仲間のもとで、功名心や支配欲や所有欲に駆り立てられ一つの地位を獲得するまでに人間をし向ける当のものである。このとき、粗野な状態から抜け出て、人間の社会的価値を本質とする文化的状態へのほんとうの第一歩が生じ、またこのとき、あらゆる才能が少しずつ伸ばされ、趣味が形成され、また絶えざる啓蒙によって思惟様式の構築が始まる。この思惟様式というのは、道徳的善悪を見分けるのにまだがさつな自然素質をしだいに明確な実践的原理へと変え、これによって、社会との生理的心理的に強制された一致状態を最終的には道徳的全体へと変えうるもののことである。誰でも利己的にうぬぼれていると必ず出くわさざるをえない抵抗があり、この抵抗を生じさせる非社交性の諸性質は、確かにそれ自身けっして好ましい特性ではないが、これを欠いて申し分ない協調・寡欲・相互愛のある牧歌的な羊飼いの生活を送るならば、才能はすべてその萌芽の状態でいつまでも隠されたままだろう。人間は放牧している羊のように温厚ならば、家畜がもつ以上の高い価値を自分の存在にあまり認めることはなく、人間の目的に照らしてみた創造行為の空白を理性的自然として充たしえないだろう。だから、仲違い、人を妬んで競争を好む虚栄心、飽くことを知らない所有欲もしくはさらに支配欲でさえも、自然が与えてくれたことに感謝しなくてはならない。これらがなければ、人類にあるすぐれた自然素質は、すべて永久に発展されずにまどろんでいることだろう。人間は協調を欲するが、自然は人類にとって何が善であるかをもっとよく知っており、不和を欲している。人間はのんきに楽しく暮らしたがるが、自然が人間に求めているのは、だらだらとして怠惰な寡欲の状態から脱出し、仕事と労苦に身を投じることである。しかしそれを自然が求めるのは、また逆に人間がこの仕事と労苦を賢く免れる術を見つけだすためでもある。こうしたことを求める自然の動機、すなわち非社交性や一般的抵抗は、これほど多くの災禍が生まれてくる源であるが、同時に新たに人間の力を引き締め、したがって自然素質をさらに発展させるよう駆り立てている。だからそれは賢明な創造主の配剤をよく示すもので、まさか創造主のすぐれた配置にへたに手を出すかそれを妬んで堕落させてしまう悪霊の関与でもないだろう。(カント「世界市民的見地における普遍史の理念」福田善一郎訳、カント全集第一四巻、八―九頁)

このように、カントもまったくホッブズ流の論証をおこなう。カントは、啓蒙の表看板《ファサード》の背後で「ワンワン吠え立てる犬人間」というホッブズと同一の理想を信奉することを公言する。また、ラルフ・ダーレンドルフのような現代の自由主義者はこの一節を満足げな同意を込めて繰り返し引用する(ダーレンドルフ、一九九二年、四八頁)。近代化の歴史におけるすべてのイデオローグと同様に、カントも現にある資本主義の諸形態を、それらが近代の負の「成果」

としてすでに定着していれば、人類一般の発展法則とみなす。彼もまた、大衆の「生まれつきの怠惰」は有益な競争圧力によって克服されねばならないとする徹底した君主思想を代表している。カントは今日にいたるまで、ブルジョア思想において、民主主義の倫理的諸原則の尊敬すべき創始者として認められているが、調和のとれた資本主義の「道徳的全体」は「病的な強制による一致状態」から生じると考えるとき、彼はみずから民主主義の真の性格を明かしているのである。

協同組合による商品形態をとらない生産様式はそのメンバーを「牧歌的な羊の生活のなかで眠り込ませる」であろうというカントの推測もまた、自由主義の先駆者たちの場合と同様に、あらゆる「より高次の努力」や人間のあらゆる自発性を市場関係の通俗性における自己主張と同一視する。勇気や活力は、市場経済的な凡庸さに引き渡されて、もっとも低劣な本能によってしか動員されえない。そのほかにも、羊のメタファーをともなう自由主義には用心したほうがよい。というのも、世界の多数にとって、市場経済は、人間を非合理的な経済的野心をもつ羊の群れに格下げし、定期的に毛を刈り取られるか屠殺される以外の何か別のものを意味することはけっしてないからである。

しかしながらカントの競争賛歌において特に注目すべきは、彼が、マンデヴィルの場合にはあいまいであった暗示を超えて、もはや単なる「私悪と公益」の道徳的調和ではなく、そのような悪とか益などとは無関係にそれ自体のために存在する抽象的な理性のシステムのような何かがはたらいていることを見ている点である。カントの理性は、資本の怪物的な理性である。それをもってカントは、支配階級の単なる社会的パターナリズム（保護＝支配の関係）を超越し、「類にとって何が良いかを知っている」資本制の強制権力として、自然そのものを、最終的には「賢明な創造主の配剤」を主張する。ここに、ホッブズ以来の、社会的なものの自然化において、ある種の反転が生ずる。すなわち、「自然的な人間」はもはや抽象的エゴイズムの単なる資本主義的な肉食サルではなく、市場は人間存在のいわば物理的事実でもない。そうではなく、この大きな全体の内的法則性が、人間の単なる主観的自然を超えた「第二の自然」の唯一大きな構想としてあらわれ、また世界を包括する資本の強力なメカニズムが、「自然な」各人のエゴイズムの主観的要因をあやつり導く「神の手」の所産としてあらわれる。別の言い方をすれば、「公益」はもはや多くの資本主義的な個人意志から偶然生じた肯定的な総合力ではなく、まさしく逆であって、「ばらばらにされた各個人」の多くの利己的な意志による行為こそ、神の摂理によって定められた総連関の結果、すなわちシステムの「より高次の自然」の結果なのである。

この理論的な（いわば資本神学的な）拡張――そこでは、自由主義イデオロギーは組織として閉じているが、それでもマンデヴィルやサドのようにかなり厄介な、単なる(反)道徳的正当化は克服されている――は、資本主義的市場関係の現実社会的な進展を反映している。これは、新種の諸要求に焦点を合わせることから、それ自体完結した客観的な、自明の諸条件をすでに織り込んだ妄想システムへといたる進展である。カントのいう「賢明な創造主の配剤」はただちに、かの有名な、諺にもなっているアダム・スミスの「見えざる手」を思い起こさせる。この「見えざる手」という言葉が初めてあらわれるのは、スミスの経済学の主著『国富論』ではなく、それより一七年前の一七五九年に出版された『道徳感情論』においてである〔水田洋によれば、スミスはこの言葉を三ヵ所で用いており、初出は『哲学論文集』中の「天文学史」における「ユピテルの見えない手」である。『道徳感情論』岩波文庫、下巻二五頁を参照〕。したがっていかにも特徴的なことだが、この言葉は自由主義を道徳的にこじつける文脈においてあらわれるのであり、このこじつけはスミスの資本主義的生産様式の弁護を特徴づけている。その際スミスはすでに、人間の意志を超えてそれ自体独立したシステム連関の次元で論を展開する。

> われわれは、地位ある人びとの邸宅と家計を支配している美しさと快適さに魅惑されるのであり、そして、いかにすべてのものが、かれらの安楽の促進に、かれらの欠乏の阻止に、かれらの欲望の充足に、かれらのもっともつまらぬ欲求を楽しませ慰めるのに、適合させられているかということに、感嘆するのである。もしわれわれが、これらすべてのものが提供しうる真実の満足を、それ自体で、それを促進するのに適合させられた配置の美しさとはべつに考察するならば、それはつねに、軽蔑に値することこのうえない些末事と、見えるだろう。だがわれわれはめったに、それをこの抽象的で哲学的な見方では見ない。われわれは自然にそれを、われわれの想像のなかで、それを生み出す手段である組織、機械または管理の、秩序および規則的で調和的な運動と混同する。富と

地位の与える快楽は、これを複合的に考察してみると、なにか偉大で美しく高貴なものの達成は、われわれがそのために好んで投じるのをつねとするあらゆる苦労と懸念に十分に値するものとして、想像力に強い印象をあたえるのである。そして、自然がこのようにしてわれわれをだますのは、いいことである。人類の勤労をかきたて、継続的に運動させるのは、この欺瞞である。最初にかれらを促して土地を耕作させ、家屋を建築させ、都市と公共社会を建設させ、人間生活を高貴で美しいものとするすべての科学と技術を発明改良させたのはこれなのであって、地球の全表面をすっかり変化させたのは、これなのである。(…)高慢で無感覚な地主が、かれの広い畑を眺め、かれの兄弟たちの欠乏についてはすこしも考えないで、そこに生育した全収穫を想像のなかでかれ自身が消費してみても、なんの役にもたたない。目は腹より大きいという、素朴で大衆的なことわざが、かれについてよりも十分に立証されることはけっしてないのである。彼の胃の能力は、かれの諸欲求の巨大さにたいして、まったくつりあいがとれず、もっとも貧しい農民の胃よりも多くを、うけいれはしないだろう。残りをかれは、かれ自身が必要とするわずかなものをきわめて念入りに準備してくれる農民たちに、分配せざるをえない。(…)土地からの生産物は、あらゆる時代に、それが維持しうる住民の数に近いものを、維持するのである。富裕な人びとはただ、その集積のなかから、もっとも貴重で快適なものを選ぶだけである。かれらが消費するのは、貧乏な人びとよりもほとんど多くないし、そしてかれらの生まれつきの利己性と貪欲にもかかわらず、かれらは、自分たちのすべての改良の成果を、貧乏な人びとと分かちあうのである。(…)かれらは、見えざる手に導かれて、大地がそのすべての住民のあいだで平等な部分に分割されていたばあいになされただろうのとほぼ同一の、生活必需品の分配をおこなうのであり、こうして、それを意図することなく、それを知ることなしに、社会の利益をおしすすめ、種の増殖にたいする手段を提供するのである。神慮が大地を、少数の持主に分割したときに、それは、この分配において除外されていたように思われる人びとを、忘れたのでも見捨てたのでもない。これらの人びともまた、大地が生産するすべてにたいする、かれらの分け前を享受するのである。人間生活の真の幸福の本質であるものにおいては、かれらはいかなる点でも、かれらよりもはるかにずっと上だと思われるだろう人びとに、劣らないのである。肉体の安楽と精神の平和において、生活上のさまざまな身分は、すべてほぼ同じ水準にあり、そして、公道の傍で日なたぼっこをしている乞食は、国王たちがそれを得るために戦っている安全性を、保持しているのである。同一の原理、同一の体系好み、秩序の美や技術と工夫の美への同一の顧慮はしばしば、公共の福祉を促進するための諸制度を推挙するのに寄与する。(…)われわれは、そのように美しく雄大な体系の完成を眺めて喜び、そして、その諸運動をいささかなりとも撹乱したり妨害したりしうるような、いかなる障害をも除去するまでは、不安なのである。(スミス『道徳感情論』下巻、水田洋訳、二一一—二一六頁を一部変更。強調は訳者〔渡辺〕)

日向ぼっこをする乞食の「簡素な生活」の幸福を主張し、それによって危険を伴わないやり方で自己の社会的感傷を満足させる裕福な中産階級の固定観念がその頂点に達するのは、次のような父性愛《パターナリスティック》に満ちた断言——すなわち、資本主義の「腕利き」が憑かれたように行動して、その結果獲得するのは最大の改善と最善の分配なのだから(まったく自明のこととして、乞食の存在が前提されている!)、いかなる批判も無用である——においてだけではない。むしろスミスは、そもそも感覚的欲求とその充足をさげすむのだが、それは、非依存的でそれ自体独立した「秩序の美」を、経済の「マシン」の輝きを、そして「規則的で調和のとれたシステムの動き」の輝きを賛美するためである。

有益とされる「見えざる手」の効用は、スミスにとって、みずからの他には何者をも許容しない世俗化された神を崇拝することより重要なわけではないことは明白である。だからこそ、「諸運動の規則性を妨げたり阻止したりする可能性のある、いかなる障害も除去する」という暗然たる脅迫は欠かせないのだ。

この「見えざる手」の賛美は、近代経済の世界像が体系としては機械的な物理学のうえに構築されていることを示している。アダム・スミスに関する伝記と注釈が一致して強調するのは、次のような関連性である。

当時の英国の哲学、およびスコットランドの啓蒙主義は、形而上学(現代の心理学)と倫理学を、コペルニクス、ケプラー、ガリレイ、ニュートンらが打ち立てた機械的な世界像のなかにはめ込もうと努めた。彼らは、宇宙を、ひとたび始動させればおのずから調整されるひとつの巨大なマシンとみなした。このようなわけで、スミスは、経済の推移をモデルとして特徴づけるために、同じメタファーを用いる。（レクテンヴァルト、一九九三年、XXXIV頁）

機械的なニュートンの宇宙に、機械的なスミスの市場経済が対応する。これによって、資本主義的思考は単なる正当化イデオロギーから完結したシステム概念へと突き進む。その際カントとスミスはそもそもの初めから、ドイツの哲学者ゴットフリート・ヴィルヘルム・ライプニッツ（一六四六―一七一六）によってあらかじめ定められた神の計画による世界の「予定調和」という思想を受け継いでいる。それによれば、神は、あらゆる世界の実体を、「各実体が、存在すると同時に受け取るそれじたいの法則にのみ従うことによって、他の実体と、あたかも相互感化作用が生じるかのごとく、あるいはまたあたかも神がつねに神自身の手で介入するかのごとく、完全に一致したままであるように創造した」（ライプニッツ。シュテーリヒ、一九六六年、二九三頁からの引用）。抑圧的な近代化を世界理性という「必然的な」システムに解釈しなおすためには、この理性的判断（屁理屈！）を、「抽象的な労働」という、歴史のなかから血まみれになって立ちあがる世界に関連づけさえすればよかった。まず全体的市場の盲目のシステム・プロセスは、肯定的反省において近代のシステム思考のような何ものかをつくりだすことができたのだが、その出発点にはライプニッツ、カント、スミスがいて、その終点には今日の社会学的システム理論（たとえば、ニクラス・ルーマンのような）がある。このシステム理論の客体化された諸カテゴリーは、人間を人間独自の社会システムの「環境」へと格下げし、歴史生成のあらゆる痕跡を消し去ってしまった。

こうして、アダム・スミスは、市場経済の客体化を認めて、これをシステム概念として熟慮したのちに、この「見えざる手」によってつくられたシステムの内的法則性を発見し、記述し、これを人びとに彼らの行動規範としてふたたび与えることに勇んで取りかかることができた。これが、いわゆる国民経済、つまり国民経済学のもともとの誕生であったが、国民経済学は、人類の歴史的な妄想システムの自然科学的な方法による探求であると主張すると同時に、このシステムが存在する必然性をつねに新たに「証明する」のである。

アダム・スミスはその際、当時としては時代に先んじて（イギリスにもっともよく該当したのは事実だが）、すでに全面的に完全に資本主義化した社会と、それゆえ広域にわたる商品生産システムを前提する。このシステムのためにスミスは、あらゆる自由イデオロギーを超越して、関与する人間の意思に左右されることのない機械的な自己調整の原理を要請する。ここには、自明とされた社会史的な「法則性」における啓蒙思想の根源がみられる。ただし、これは客体化された市場経済の似非自然法則的な要請なのだが、奇妙なことにマルクス主義もこれに対して肯定的な立場をとることになる。スミスによれば、ねじを巻かれて客体化された自己調整のぜんまい装置とは、経済社会の動きをコントロールする価格メカニズムである。スミスは調整原理として商品の「自然価格」の名をあげる――他の方法がありえようか。もろもろの商品において資本は具現化されるのだから。

ある商品の価格が、それを産出し調製し市場に運ぶのに用いられた土地の地代、労働の賃銀、資本の利潤を、それらの自然率にしたがって支払うのにちょうど過不足のない場合には、その商品は、自然価格ともいうべき価格で売られているのである。（スミス『国富論』Ⅰ、大河内一男監訳、九四―九五頁）

スミスはここで、最初は歴史的結果であったものを公理としてこっそり潜り込ませる。すなわち、あらゆる人間の再生産は、そもそもある生産物が製造されるやいなや、とにかく関与せずにはすまない資本制の収益カテゴリーという記号のもとでのみ可能になる、というものだ。生産のきわめて複雑な歴史的形態は、資本制の収益カテゴリー抜きでも存在したにもかかわらず、スミスにとってはこれはもちろん分業一般の「自然の」成果である。スミスは、この「自然価格」を前提した後に、この市場価格の変動による価格の自動的なメカニズムを、何百万人もの競争行為の合力であると主張することができる。

どんな商品でも、それがふつうに売られる現実の価格は、その市場価格とよばれる。市場価格は、自然価格を上回るか、下回るか、ちょうどそれと一致するか、のいずれかである。（…）市場にもたらされる数量がちょうどうまく有効需要を満たしている場合は、市場価格はとうぜん、自然価格と同一になるか、そうでなくても、ぎりぎりまでそれに近くなる。（…）市場にもたらされる商品の数量は、自然に、その有効需要に適合するものである。その数量が有効需要をけっして超過しないということは、およそ商品を市場にもたらすために土地、労働または資本を用いるすべての人びとにとっての利益であり、また数量がその需要を満たすに足りるということは、他のすべての人びとにとっての利益なのである。（…）それゆえ、自然価格というのは、いわば中心価格《セントラル・プライス》であって、そこに向けてすべての商品の価格がたえずひきつけられるものなのである。（…）どんな商品でも、それを市場にもたらすために年々用いられる勤労《インダストリー》の全量は、このようにして、自然に有効需要に適合するものである。

（スミス、前掲書、大河内監訳、九六―九九頁）

この自動的な価格メカニズムの基準は、今日にいたるまで「科学的な」国民経済学の基礎であり、また全体として自己調整機能をもつ「すてきなマシン」[*1]に国家が経済的に介入することを拒む自由主義イデオロギーの要請として残った。これは、二重の観点から天才的な思いつきである。第一に、人間は、つねにどこかで変更可能な、脆弱な、異論の余地の残る個人的支配にもはや拘束されず、また抽象的・イデオロギー的に演繹された資本主義的要求の似非自然性にも拘束されず、その間に現実に存在し、かつまったく非個人的なメカニズムの「支配」に拘束されること。第二に、この自動的な調整システムがいったん社会的に設置されると、これによって、それじたい資本の不合理な運動法則と両立しえない人間自身の感覚や欲望は（ほくそ笑みとともに）ナンセンスであるとされ、また人間の生活とはそういうものなのだとほとんどすっかり説得されてしまうことである――つねに、価格メカニズムの「自然法則性」は、商品にされた労働力の価格にも当然あてはまることが示されることによって。

倒錯した人間像に対して、また単なる理念としての自由主義の倒錯したアンチ・モラル（反道徳）に対して、さらに反証をあげることができる。現実に機能しているシステム法則に則った価格メカニズムの冷酷さに対して人は、いったん唾棄すべき労働家畜にされてしまうと、もはや反論できなくなる。貨幣の流通形態が全面化され、そうして歴史的な罠が閉じられるやいなや、批判のメタ観点をとること、また資本制の要求全般のグロテスクで恥知らずな言動を認識することは、思考においてすら途方もなく困難になる。

それゆえ、賃金に依存する「自由奴隷」は、いかに彼らの行動の動機が自立して個性的であろうとも、「すてきなマシン」の指図に反するならば、それはかならずや自分自身が傷を負うか、それどころか他者に対して「非道徳的な」振舞いになるであろうことが証明されて、非難されうる。自分を売るつもりのない者は飢え死にするだろう。というのも、システムの外側にはもはやいかなる場もないのだから。そして、自分を売る者は、価格メカニズムの「見えざる手」が彼に分け与えるものを受け取らねばならない。このメカニズムの枠内で「あまりに高い」賃金を要求すれば、自己調節の社会マシンは失業をもって罰する。さらに、労働市場のぜんまい仕掛けは労働力の価格引下げに向かい、労働者は惨めな生活水準を余儀なくされる。そうなると、反抗的な賃金奴隷は、現に失業している者たちに対して「非連帯的」だと非難されるのである。

若者たちが怒るのも無理はない。自身の素質や能力に応じて、自然科学者や看護士になりたいと思う者に、車のセールスの仕事があてがわれたり、またグラフィック・デザイナーやジャーナリストになるための教育を望む少女がスーパーマーケットのレジ係のような意に染まない仕事を与えられることがある。さらに、労働市場の価格メカニズムゆえに空間的な移動を強いられることもあり、数時間にもおよぶ通勤時間はもとより、週末以外は家族から離れての単身赴任、さらには社会的な基盤をすっかり失って仕事を求めて労働市場をさまよう者までいる。「わが命　わがすべて　取らば取れ」〔賛美歌二一番「神はわが砦」第四節の一部〕というルーテル派の賛美歌の箴言は、プロテスタントの神よりも、資本の世俗化されたバール神〔古代セム族の、豊穣あるいは生産生殖の神。ユダヤ教からは邪神として否定された〕によってはるかに容赦なく遵守するように求められる。

そして、もっとも「すばらしい」のは、これらすべてのことに対して誰かが責任を取ることはありえないということだ。マンデヴィルのどちらかといえば主観的なシニシズムと比較して、客観的に探し出されたシステムの合法性が引合いに出されるのは、大きな進歩である。さらに、経営者、官僚、裁判官、および市場経済の諸要求の執行者たちは、いかにも人間的に自分たちを犠牲者と同一視し、客観的現実の運命の力に委ねられている点では同じなのだと反論する。彼らは、気の毒そうに肩をすくめて、「見えざる手」が残念ながら、まことに残念ながら、それを要求するのであり、自己売春の本性にしたがって、「有効需要」に適応することが人間には「もっとも自然」でふさわしい、と言うのが常なのだ。人生とはそうしたものさ《セ・ラ・ヴィ》、と。

生活、賃金などの相対的改善は、資本制の世界マシンという条件下では、マシンが快調に運転される期間のみ、すなわち「抽象的な労働」がうまく利用されている場合にのみ可能なのである。だが、この相対的な改善はいつでも、市場のメカニズムによってふたたび撤回されうる。それどころか「見えざる手」が最後の信者に対してさえ何のチャンスも報酬も分け与えず——これは最後の信者にもすでにわかっているのだが——、危機においてやみくもに暴れまわって、荒廃を後に残したとしても、このことは地震や津波のような自然災害として扱われて、社会みずからが招いた欠乏に大衆が苦しむなかで涙ながらに（危機管理においては効果的な）「連帯」が呼びかけられる。その際、「見えざる手」の営みに終止符を打とうとする考えすら呼びおこされることはない。

最大多数の最大幸福

あらゆる近代イデオロギーの原イデオロギーあるいは中核イデオロギーとしての自由主義は、商品生産システムおよびその活動形態としての「抽象的な労働」（貨幣のための収益労働）という、同一の公理にもとづく基礎を無批判に前提しているが、この自由主義は、トーマス・ホッブズからアダム・スミスにいたる時代にはすでにその中心的な矛盾の集大成だった。すなわち、「自由な」、何ものにも煩わされない個性をもつ個人が要請される一方で、「リヴァイアサン」という抑圧的な強制怪物が想定された。自己責任、および自立しているとされた主体間の契約交渉（労働契約、取引契約など）の原則がある一方で、自己調整的な価格メカニズムをもつ資本の、主体のない自動的な社会マシンが前提された。「見えざる手」という、幸福をもたらし、福祉を向上させる効果が約束される一方で、人為的（もはや自然に起因するものではない）かつ歴史上例のない大衆貧困が世界規模で生みだされた。

特に、自由主義にもとづく自己責任の要請の背後には、底なしの、挑発的な、しかし同時に総体的に客観化されたシニシズムがひそんでいる。というのは、求められる自発性は抽象的な個人に関係するものであるにもかかわらず、抽象的個人からは、社会的協同や自身の生活という自己決定できるあらゆる手段が奪い去られているからだ。このような条件のもとで「自己責任」が意味するのは、「市場の指図」に身を委ねること、いかなる場合でも（人間の尊厳をひどく辱める場合ですら）「仕事」を貪欲に探すこと、永遠に求められる不当要求を「最善のものにする」ことにほかならない。その際、この不合理な社会構造がいつか問題になるだろうとは夢にも考えられないのである。

すでにライプニッツは、常軌を逸した不当要求に満ちた近代世界を「あらゆる可能なもののうちの最善」と呼んだ。そして、市場経済の使徒たちはそこから、システムにはたしかに多くの欠陥があるが――それどころか多くの点でおぞましいと言ってもよいが――それでも従来知られているあらゆる可能なもののうちでは最善であることは間違いないとする「洗練された」自己確認をつくりだした。資本制の収益カテゴリーが社会の本体部に根を下ろし、生活の基準線として設定される度合が強化されればされるほど、資本制の理性的判断（屁理屈）のトーンはますます逆説的になり、一見すると穏やかなものになる。自由主義のイデオローグたちは、「最善のみを欲する」博愛主義者を自認するが、それは、市場経済の強靭な条件のもとでであることはいうまでもない。

冷笑家によれば、またシステム神学の機械論者によれば、楽観主義の職業的信奉者、加持祈禱者、旅行添乗員、万事をまるくおさめるショーの司会者たちが近代化の歴史の舞台に登場する。先陣を切るのは、驚くべき「幸福の哲学者」ジェレミー・ベンサム（一七四八―一八三二）である。ベンサムはイギリスの法学者で、「最大多数のための最大幸福」という道徳的原理を説いた。この原理もスコットランドの啓蒙主義に由来する。しかも、アダム・スミスの師であった哲学者フランシス・ハチソン（一六九四―一七四七）にさかのぼる。資本主義はいまや、伏せていた目を好意的に上げて、誰にでも「自己の幸福をつくる」権利を与えるかもしくは与えるものとされる社会であると解釈される。それどころかこの「権利」は、「幸福の追求」という決まり文句のもと、一七七六年七月四日のアメリカ合衆国の有名な独立宣言にその名をとどめることになった。

われわれは、すべての人間が平等につくられ、造物主によって一定の譲り渡すことのできない諸権利を与えられていること、これらの権利には生命、自由、幸福の追求が含まれていることを、自明の真理とみなす。(フェルスター、一九八七年、四二頁からの引用)

ベンサムは、それをもって資本主義的要求が甘美な約束へと解釈し直されるこの幸福イデオロギーを、はじめて体系的に一つの理論へとつくり上げた。価格メカニズムの自動性が条件として導入され、「見えざる手」の崇拝が組み込まれたのちに、いまやふたたび全体の主観的側面を考慮することができるようになった。すなわち、資本主義的利潤追求の観点における博愛道徳である。その際ベンサムは、いくつかの段階を踏んで、まったく整然と論を進める。さしあたり彼は、「最大多数のための最大幸福」は、「最大功利」を産みだすものとしてのみ理解されうることを確認する。それゆえ彼の幸福哲学は功利哲学と理解されるのであり、「功利」とはラテン語のウティリス(有益な)の意である。つまり、社会の利益の最大化が問題なのだ。次に、この利益はいったいどのように客観的に計測しうるのかという問いが立てられる。ベンサムは躊躇することなく答える——尺度は貨幣である、と。

ここで私は、すべてを貨幣に関連させて語るにあたって、多感で思いやりのある友人の了解を乞いたい。私はやむをえずそうするのであって、諸兄には、やむをえない場合にのみそうするように願いたい。寒暖計は、外気温を測るための道具である。気圧計は、気圧を測るための道具である。これらの道具の精度に満足しない者は、他の道具を見つけなければならない。あるいは自然科学に訣別しなければならない。貨幣は、痛みもしくは快楽の量を測る道具である。（…）それゆえ、私が本書においてすべてを貨幣価値で測るのをみて、驚いたり、腹を立てたりしないでもらいたい。（ベンサム、一九八一／一八四三年、二六九頁）

利益の最大化およびその尺度としての貨幣の最大化による幸福の最大化――この魅力的な仮構にそそのかされて、ナイーヴな人はひょっとして、資本主義によって生み出される大量の貨幣はなんらかの公正な原理にしたがって配分されるのではないか、と考えるかもしれない。そのようなおめでたい人向けに、幸福の哲学者はすぐに閂《かんぬき》をかけねばならない。

それゆえ、最大多数の最大幸福を目的とした憲法の導入にあたっては、富者からその富を取り上げて、これを貧者に委譲する十分な根拠があるという結論を引き出さねばならないであろう。（…）しかし、第二、第三段階の影響を考慮するならば、相反する結果が生ずる。すなわち、最大幸福に代わって、まず幸福の完全なる破壊が生じ、生存の破壊がそれに続くであろう。第二段階の悪は、一般的な世情不安と確信にまで膨れ上がる危険による幸福の破壊であろう。第三段階の悪は、人びとが自身の仕事の成果を享受しえない――それによって仕事に対するあらゆる意欲が消え去るであろう――ことの確信による生存の破壊であろう。平等が――はっきりいえば、(悪)平等主義システムが――最後まで首尾一貫して貫徹されることによって、あるいはこのようなことが起こりうることを前もって覚悟しなければならないことによって引き起こされるであろう幸福の破壊はまったく別として、必要な生計費の確実な維持のために必要とされる備蓄、すなわち富の恒常的な根幹部分を自由に使用するための基礎となる備蓄が消失するとなれば、それによっても幸福の総和は減少するであろう。（ベンサム、同書、二六七頁）

ひとことでいえば、下に向けた配分の見直しは悪であって、富の実質的な損失をひきおこす。資本制の「大立者」は侮辱されたと感じて引き下がり、「仕事を与える者がいない」というまったく悲惨な状態に人類を引き渡すかもしれない。それゆえ、「幸福の総和」へと突然変異した、利益の源泉である資本の蓄積運動は、けっして妨げられてはならない。この見地からすれば、資本主義下の人間材料たちが控えめに豊かさを要求することさえ、破滅をもたらす「平等主義」とみなされうる（ちなみに、これはそもそも資本主義的な富という抽象的形態によってはじめて可能になる考えである）。ベンサムはすぐさま、「最大多数の最大幸福」にあっては、力点はかなりシビアに「可能な限り」に置かれることを認めざるをえない。すなわち、「すてきなマシン」の運動法則と両立しうる範囲での可能性である。人は、できることは何をしてもよい。しかし、個人にとっては（特に資本主義の幸福のピラミッドの底辺地域に位置する個人にとっては）「可能な幸福」はかなり小さくなるであろう。厳密にいえば――それどころか残念ながら唯一可能な幸福の割当て分として残されるのは、餓死かもしれない。

万人の生計を確保するために十分なものがないとすれば、その結果は死である。そしてそのような自然死（！）にいたる過程では、たとえば刑罰目的で課されるきわめて痛ましい暴力による死にともなう苦しみよりもはるかに苛酷な苦難の道が待ちかまえている。そのような試練に苦しむ代わりに、何かをなさざるをえない人間としては、むろん必然的に、機会があるかぎりは、みずからを護るために他人を犠牲にしてあらゆる可能なことを企てるであろう。この目的のために講ぜられる骨折りの程度に応じて、あるいは、そのような骨折りの意図が受容れられる程度に応じて、むろんあらゆる他者の財産の安全は減少する――そして、おそらくは身体の安全も。

（ベンサム、同書、二六〇頁）

したがって慈悲深い「幸福の哲学者」ベンサムは、「直接普遍的な目的にしたがえば、つまり最大多数の最大幸福にしたがえば」、「個別の諸目標」の序列で第一位を占めるのは、いずれにせよ「安全」であることを認めざるをえない。安全の問題はベンサムを不安に駆りたて、彼はそのことで頭を悩ます。ベンサムは、マンデヴィルのような冷笑家とは異なって、信念を持つ心底善良な博愛主義者であったから、絞首台とか無慈悲な仕打ちを指し示して満足するようなことはけっしてできなかった。そのうえ、「最大多数」の「可能な」幸福が、遺憾なことに、ごく少数にしかゆきわたらないひどい状態になった場合には、警察、軍隊、裁判官、絞首刑吏などの数や装備はそもそも十分かどうかを、問題点として考えざるをえない。

つまり博愛的自由主義は問題を抱えていた。資本主義の人間材料に対しては、つねにゲームのルールを守らねばならないこと、また潔く負けねばならないこと、そして「幸福の総和」の領域には手出しをしてはならないことなどを、できるだけ優しく教え込む必要があった。安全の問題はこうして、政治的な問題にとどまらず、とりわけ教育上の問題になる。この点で、マンデヴィルは修正されねばならなくなった。彼が「慈善学校」の問題を、必要不可欠な知識とか余計な（それどころか危険でさえある）知識の観点からのみ見ていたかぎり、的をはずしていたからだ。この観点は「もちろん」維持されねばならなかったが、いまや教育学の要請がこれに加わった。人間材料をたんに外側から、純粋な強制権力にもとづいて規律に服させるだけで済ますわけにはゆかなかったからである。課題のひとつは、知識の機能化、制限、管理であり、もうひとつ（ひょっとしてより重要なこと）は、教育的な仕上げ、規律を教え込むこと、資本主義の目的のための正確な調教、そして不当要求に慣らすことだった。飴と鞭の適用を超えて、体系的な洗脳の時期が到来していた。

このようなわけで、近代化がさらに進展する間に近代教育学が成立し、就学制度、国民教育学や産業教育学が予期せぬ発展を遂げ、さらに洗脳をこととする、偉大で博愛主義的な教育学者や理論家があらわれたのも驚くにはあたらない。ジャン＝ジャック・ルソーはすでに『エミール』という教育小説を書いていたが、この小説は、「自然に即した」教育学という口実のもとに、近代の行動様式を教え込むことと、（先に示したように）特にジェンダーの役割を説いている。ルソーとフランス革命は、イギリスの自由主義とは異なって、近代化の「政治的」側面に目を向けており、ルソーは、強欲なブルジョアジーを軽蔑して、これに対して厳密に政治的自由主義の「市民道徳」を説いた。だがしかし、これはまさしく同じメダルの裏面にすぎない。そして、ロベスピエールの「美徳＝独裁」には、ルソーのナイーヴな意図に反して、共通の出発点として絶対主義と自由主義とをつなぎ合わせる――フランスのジャコバン主義に姿を変えて――ホッブズの「リヴァイアサン」がふたたび姿をあらわす。したがって、イギリスの経済自由主義とフランスの政治的な革命自由主義とが、外見上の対立にもかかわらず、ふたたび国民教育学の問題と洗脳方法の仕上げ段階で出会うのは偶然ではない。ルソーの「自然」には（彼自身には意識されていないようだが）、たしかにつねに自由主義の「自然の秩序」と資本制の「第二の自然」が入り込んでいる。

　何が「自然であるか」については、近代化過程における大部分の大思想家たちは、機械論的な世界像の文脈において理解していた。ニュートンの物理学的な世界マシンにスミスの市場経済の社会的な世界マシンが対応していたように、いまやホッブズの怪物「リヴァイアサン」もしだいに国家マシンへと変身する。全般的な洗脳のための教育学の任務は、社会史家のヴォルフガング・ドレーセンが述べるように、首尾一貫して「教育学的マシン」たることである。そして、このマシンの設計において、幸福と功利の哲学者ジェレミー・ベンサムほど独創的で、成功を収めたものはいない。

　機械的世界像においては、人間自体を機械的な対象として見、かつ取り扱うことはわかりやすい。フランスの哲学者ジュリアン・オフロア・ド・ラ・メトリ（一七〇九―五一）は、初期の唯物論者であり、すでに一七四八年に『人間機械論』と題された書物を公刊した。「道徳的な機械」としてのギロチンもこの文脈で言及されねばならない。そして、世界マシンの一部である人間そのものがひとつのマシンであり、人間の活動のすべてが「機能」であるならば、教育学的洗脳の意味で、ある種の機械的な処理も勧められる（かならずしもギロチンである必要はない）。この考えを安全問題と資本制の調教意図とに関連づけるならば、そこから、教育の対象を永遠に監視し観察するという課題が生まれる。怠惰と享楽欲をもつ「罪深い」人間は、資本制の不当要求につねに新たに反抗する危険性があり、彼自身の「幸福」を損なうものであるから、たえず監視下において、監視されていると感じさせなければならない――「罪深い」人間が完全に死んで、「新しい人間」が無表情に、要求には絶対的に応える存在として四六時中機能するようになるまでは。忘れてならないのは、これらすべてが「自由」の名のもとに、すなわち買うことと自身を売ることのすべてを含む自由の名においてなされることである。

さて、各人に一人の警官と一人の教育者を配するのでは、あまりにも費用がかさむことになろう。そのうえ、誰が教育者を教育するというのか? ベンサムは、幸福と功利の哲学者という二重の特性において、洗脳を同時に最適化する際に必要とされる教育費用を削減するために、後々まで残る貢献をした。監視は手間がかからず、単純でなければならない。長期的にみれば、患者たる人間が可能なかぎり彼自身の監視者になるべきであろう。市場の自己調整メカニズムは、自己調整的な個人からなる自己調整的な社会によって完全なものにされねばならない。これもまた、人間は「みずから招いた未成年状態」から抜け出て、「他人の指導なしに自分自身の悟性を用いる」(カント『啓蒙とは何か』福田訳、第一四巻、三二頁)べきであるという、カントの啓蒙的命令の隠された意味である。ここで意図されていたのは、資本制の「理性のシステム」にたんに外見だけ服従するのではなく、それを内面化すること、資本制のなかで自己調整的になることにほかならない。すなわち、各自が自分自身の警官であり、教育者であり、看守であり、奴隷狩りの勢子《せこ》になることである!

カントに続いて、資本制の世界理性を全体的な世界精神へと体系的に洗練した偉大な近代化の哲学者ゲオルク・ヴィルヘルム・フリードリヒ・ヘーゲル(一七七〇―一八三一)の場合にも、彼の有名な命題に共通点を見いだすことができる。すなわち、「自由とは必然性を認識することである」という命題には、じつに自由主義の精神が要約されている。ベンサムは、この命題が単なる説得や処罰によって可能になるとは考えなかった。彼は、絶対的な監視と管理を体制のなかに、特に調教施設自体の建築様式のなかに移すという、まったく天才的なアイディアを思いついた。その成果がパノプティコンである。これは、技巧を凝らした原理と設備をそなえた見事に案出された建物で、これをベンサムは一七八七年にある友人への書簡で説明している。これらの書簡にさらに二編の論文がつけ加えられて、一七九一年に出版された。「パノプティコン」は、蝋人形や珍品を陳列する部屋であり、古代ギリシャのもともとの意味では、「すべてを見通せる」部屋を指す。これは、よく知られているように、あらゆる種類の展示に適している。ベンサムは、ミシェル・フーコーが推測するように、ヴェルサイユ宮殿内の動物園の構造をみてこのアイディアを思いついたのかもしれない。

つまり最初の動物飼育場では、その各種の構成要素（動物小屋）は、それが伝統的方式だが園《その》のなかにばらまかれてはいず、中央には八角形の高い別棟が設けられ、国王の客間一部屋だけがその二階にあって、建物のすべての側面は大きい窓で七つの檻に通じ（八番目の側面は入口にあてられた）、それぞれの檻には異なる種類の動物が閉じ込められていた。（フーコー『監獄の誕生』田村俶訳、二〇五頁）

これに似たような配置をベンサムのパノプティコンは描いている。それは、「動物が人間に置き換えられた動物飼育場」（同書、二〇五頁）である。これはいったい何なのか？　まずはもちろん新種の監獄である。しかし、ベンサムの選ぶところははるか先をゆく。彼は、自分のアイディアを「監視施設《インスペクション・ハウス》」と命名する。監視と管理の建物である。たしかに『パノプティコン、あるいは監視施設』においては、きわめて詳細にパノプティコンの幅広い可能性が挙げられている。ベンサムのアイディアは、

いかなる種類のものであれ、任意の人びとが監視下におかれるあらゆる施設に適用可能である。特に、更生施設、監獄、作業場、製作所、工場、救貧院、精神病院、病院、学校に〔適用可能である〕。（ベンサム、一九九五／一七九一年、二九頁）

パノプティコン　被拘禁者は自分の独房のなかで，中央の監視塔に向かって祈りをささげている（N. アル＝ロマン『懲治監獄の計画』1840 より）

ベンサムの功利的妄想はフル回転する。

建物は円形である。囚人たちの部屋が、中心から放射状に円周に沿って並んでいる。それらの部屋を、独房と呼んでもよいだろう。これらの独房は互いに仕切られており、囚人は、円の外周から中心へ続く仕切り壁によって囚人相互間のいかなるコミュニケーションも絶たれている。(…)監視人の部屋は中央に位置する。監視人の部屋を、監視室と呼んでもいっこうにかまわない。もっとも良いのは、中心と外周の間に無人の空間を置くことである。各独房の間には、建物の外側から中央の監視室にいたる通路を確保するために、十分な広さをもたせる。各独房には外へ向かって窓が一つ設けられるが、この窓は、独房を明るくするためだけではなく、監視室にまで十分な光が届くように、十分な大きさを備えている。独房の内側には鉄格子がはめ込まれるが、それは監視室から独房への視線が妨げられることのないように設置されねばならない。(…)監視室の窓は、監視室のなかに人がいるかいないかを、囚人が自分の独房からは見ることのできないように、ブラインドによって隠される。(ベンサム、同書、三五―三六頁)

この精緻な配置は管理を合理化し、完璧にする。すなわち、囚人はつねに見えるようになっているのに対して、彼らには「看守」の姿は見えないのである。自由主義のあらゆる功利性の無邪気さにおいて、ベンサムは細かな点にも気を配る。彼は、排泄物の処理と再利用のための磨きぬかれた技術システムを忘れないのと同様、警報装置も忘れてはいない。ヒューマニズムに満ちあふれたベンサムは死刑に反対するが、その根拠たるや、そうすれば「幸福と功利の総和」のための労働力が失われないからだというのである。というのも、囚人たちの労働力は社会全体の教化と模範として最大限に利用しつくされるべきだからである。こうして、ベンサムは、当時少なからぬ監獄でふつうだった、犯罪者の教育目的の踏み車《トレッドミル》〔いわば人力水車であって、小は井戸水の汲み上げから、大は鉱山や教会建設時に用いられた〕を一般化するだけでなく、これをあらゆる種類の有用な機械に連結することにたいへんな関心を示した（ドレーセン、一九八二年、九四—九五頁を参照）。休憩は最小限に短縮されねばならない。これもまた二重に計算されていた——功利哲学的に、そして教育学的に。

一五時間労働の場合には、最長で六時間の睡眠が許された。これは、囚人の生産性を最大限に利用しつくすことだけが問題なのではなく、囚人の願望や空想を妨げることも重要だった。疲労困憊していれば、彼らはベッドでただちに寝入るであろう、とベンサムは書いている。というのも、さもなければ、囚人は監視人や教育者から逃れることを想像するかもしれないからである。（ドレーセン、同書、九四頁）

さらに、労働は、疲労が巧みに隠されて意識されないように、変化に富んだものでなければならない。しかし、これでもまだけっして十分ではない。囚人からは看守の姿は見えないが、つねに監視されていると感じさせなければならない。また、彼らにはほとんど休む暇が与えられない。しかしそれだけではない。彼らはできるだけ相互に孤立していることが肝心なのだ。それゆえベンサムはまた、隔離房監禁を発明した。それどころか彼は、この場合囚人の両目に眼帯をかけさせるか、または耳に小さな玉を詰めることを提案している。彼は「刑法の諸原則」のなかで、満足げに次のように説明する（あたかも彼は、ドイツ連邦共和国の民主的な司法機関が逮捕された赤軍派のメンバーをいかに扱うかを予見していたかのごとく）。

孤独な拘留は特に、暗闇とごくわずかな食事とがこれに加わると、拷問以外の何ものでもない。しかしこのような拘留が、拷問という言葉によって喚起される一般的な憎悪の的になることはない。（ベンサム。ドレーセン、九五—九六頁からの引用）

この原則は、その一部を変更すれば、監獄以外でも適用可能である。たとえば学校で。教室の通常の配置は、ベンサムのパノプティコンに起源をもつ。生徒は各人の席をもち、横並び方式と対面方式が任意に組み合わされうる。教師の机は一段高いところに置かれて、全体を一望することができ、〔監獄内の〕監視室から見るように、教室内のすべてのなりゆきを容易に把握することができる。ベンサムがほくそ笑むのが見えるようだ。

〔生徒たちが〕ふざけたり、監視の目を盗んでおこなうおしゃべりはすべて、またいかなる散漫も、中心に位置する教師はこれらを効果的に防止することができる。その際、個々の生徒間を仕切る壁か遮蔽物があればさらによい。（ベンサム。ドレーセン、同書、同頁からの引用）

殴ることに関しても、博愛主義者ベンサムは、従来よりも理性的で有用なものにすべく努力した。打ち負かした敵に対する残虐行為はよくあることで、まれではなかったのは事実としても、無防備なものを殴ることは多くの文化圏で恥ずべき行為とみなされてきた。しかし、自分の子どもを殴ることが習慣として残っていたのは、ほとんど西洋のキリスト教文化圏だけであった。そして、このうるわしい慣習は近代化の歴史において家族、学校、監獄、軍隊での一般的な殴打教育学の饗宴にまで高められ、それははるか二十世紀にまで及んだのである。この点に関して、プロイセン＝ドイツが時代の最先端を歩んでいたのはたしかだが、リベラルな功利主義者ベンサムは、この分野においても技術的な合理化の視点を持ち出すことにかけては他の追随を許さない。しかも、ほんとうの殴打マシンを導入することによって。

籐もしくは鯨のひげでできた弾力性のある鞭を一定の回数駆動する機械をつくるべきであろう。殴打の回数とその強度は法律によって規定されるべきであろう。犯罪者の身体はこの鞭の打擲《ちょうちゃく》にさらされるが、打擲の強度と連続回数は裁判官によって定められる。こうして、いかなる恣意も避けられる。役人が、処罰の実施を監視するものとする。複数の犯罪者が同時に罰せられることになれば、時間の節約になるし（！）、処罰光景は恐怖感を

高める効果があるかもしれない。（ベンサム。ドレーセン、同書、八八頁からの引用）

ひとことでいえば、「最大多数の最大幸福」である。というのは、これらすべての処置によって、安全と、それにともなって資本主義社会の幸福が増大するからだ。ベンサムは、さらなる洗練を求めて、この分野における科学的研究のために尽力する。「懲罰」という微妙な複合体がいかなる社会的論理の文脈にあるかについて、彼はいかなる疑いも許さない。

懲罰に際して生まれる苦痛は、その利益を期待する資本のようなものである。（…）たとえば、紐や鞭での打擲によって生ずる打撲傷や腱断裂などの種々の結果にみられるような、懲罰のさまざまな形態の作用を調査し、苦痛のさまざまな段階の報告をおこなう者があれば、それによって、大きな社会貢献がなされることになろう。（ベンサム。ミレール、一九九六年、一九頁からの引用）

だが、これでもってパノプティカルな（全体を一望監視できる）世界は完成したわけではない。ベンサムはさらに、包括的な身元確認チェックの原則を導入する。囚人はすべて、いかなる時もただちに識別され、捕縛されることが可能でなければならない、パノプティコン内部で、また社会という全体的パノプティコンにおいても同様に。ベンサムは、倦むことを知らない嗅覚をもって実例を蒐集し、彼の原理を説明し、それに磨きをかける。

日本の首都では、全員が自分の衣服に名前をつけることになっている。（…）イギリスの大学では、学生たちは特別の制服を着用している。慈善学校では、全員が制服を着用するだけでなく、番号札をつけられる。兵士については、いうまでもない。貧民に制服を着せるのは最低限のことであろう（ベンサム。ミレール、同書、三二頁からの引用）。

ベンサムは一八〇四年に、カルー卿宛の書簡のなかで、イギリス市民全員に例外なく強制的に、番号もしくは各個人を特定できる名前を入れ墨で彫ることを提案しさえしている（ミレール、同書）。いまなお残されている大問題は、誰が監督官を監視し、誰が教育者を教育するのか、である。これに対しても、アイディアに富んだリベラルな博愛主義者は二つのちょっとした手段を用意している。まず彼は、監獄を含むパノプティカルな施設を民営化して、利益が出るように私的資本家に経営させることを提案する。サッチャー女史が歓迎の挨拶を送るだろう！　その際ベンサムは、合理的な簿記会計の原則をきわめて厳格に適用することがぜひとも必要だと考える。自由契約の監督官との間で、「年間あたりの平均死亡率」の上限を確定する諸契約が締結されるべきである。さらに、施設長は個々の脱獄者に対して金銭的な責任を負うものとされる（ドレーセン、前掲書、九五頁）。第二の手段はしかしながら、ベンサムがその著書『刑法の諸原則』で説明するところによれば、生じたことすべてを完全に公開することである。

公開は、濫用に対するもっとも効果的な手段である。（…）パノプティコンはいわば透明で、特に権限を有する役人はいつでも立ち入り可能であり、定められた時間あるいは特定の日には一般にも公開される。見学者は中央監視室に案内されて、監獄の内部を見わたすことができる。見学者は拘留条件の証人となって、被拘留者の状態を正確に判断することができる。（ベンサム。ドレーセン、同書、八四頁からの引用）

このようにして、教育者も教育される。そして、社会全体が相互に監視しあう。すなわちベンサムは、公衆を体系的に無批判な存在にすることを計画する。それどころか、公衆が全面的に個人を管理することによって、資本主義によって人為的につくりだされる貧困問題を支配システムの肯定へとすりかえることが可能になる。フランスの社会哲学者ジャック＝アラン・ミレールがパノプティカルな自由主義思想の悪魔の論理を特徴づけるところによれば、資本主義的理性が公共となり、公共が資本主義的理性になるのである。

パノプティカルな世界はしたがって、打算的な理性を万物の支配者にする。この支配は監獄の支配である。(…)このようにみると、パノプティコンは理性の寺院を、かがやく透明の寺院をつくるのだ。(…)公共の目は内部の目を監視するだろう。(…)かくして、排除の場所としての監獄はふたたび社会的空間に組み入れられる。監獄は社会的空間のもっとも輝かしい、もっとも親しい場所になる。(ミレール、一九九六年、一七頁)

ベンサムの偏執狂的な書物は、狂人の見解表明であることはほぼまちがいない。だがそれは、まさしく内的首尾一貫性をそなえた、資本主義的理性をもつ狂人の発言である。こうして幸福の哲学者は、自身の教義にふさわしく、残りものを完全に活用してその生を全うした。すなわち、功利性とコスト節減のために、死体を標本化して立像として教会や劇場に設置することを提案した後に、彼はみずからの身体を解剖学のために遺贈した。それだけでは十分ではないと考えた彼の友人たちはさらに、功利性の精神に照らして、ベンサムの骸骨を理性的な活用に供した。彼らは、骸骨を蝋で覆って、これにベンサムの衣服を身につけさせた。こうして、ベンサムは(運搬可能なキャビネットに入れられて)、「一八三〇年のロンドン人」として今日なお教育目的ならびに展示用として多方面で設置可能になっている。ベンサムは資本主義の全体主義的で抽象的な功利性＝理性を彼自身に適用したのみならず、自己教育や自己抑圧の構想を後世に残すことにも成功したのである。

この狂った理性の意図は、基本となる四点で確定される。第一に、完全な可視性の原理においてであるが、「今や、可視性がひとつの罠である」(フーコー、前掲訳書、二〇二頁)。全員が、この瞬間ほんとうに監視されているのかどうかを知ることとなく、つねに監視下におかれる。こうして、自分が監視されていると信じる者は自身の行動をコントロールする態度が習慣化されうる(ここで、ベンサムの時代にはまだ自明ではなかった、資本主義の常態との類似性が分裂症的な妄想をともなって明白になる)。

第二に、個人間の孤立の原理において。ここでも次のことが妥当する。すなわち、行動様式がいったん習慣化されたならば、隔壁や仕切り板は取り外してもかまわない。その際、各個人は、孤立した存在であることを知覚し、それにしたがって行動することをやめることはない。ホッブズ以来イデオロギー的にのみ要請されてきた「ばらばらにされた個人」は、こうして意識的にパノプティカルな過程を経て生みだされ、自己知覚として脳内にしっかりと固定される。

第三に、諸機関、組織形態、建築物、座席秩序などによる行動様式の極端な客観化の原理において。その結果、「身体、表面、光、視線などの慎重な配置のなかに」存する資本主義の諸命令は、自動的に「個々人が掌握される関係を、その内的機構が生み出すところの装置のなかで」（フーコー、同訳書、二〇四頁）強制される。

最後に、第四の原理、すなわち、自己調節的な市場経済のマシン総体のマクロ次元のみならず、日常的な直接性のミクロ領域にも及ぶ、権力、支配、規律遵守の徹底、影響力の行使などによる非人格化の原理において。メカニズムが全体的に透明で、簡素であり、さらに完全にオープンであれば、ベンサムが誇らしげに述べるように、無教育な、それどころか愚かな人間にも管理の実践が可能になる。「ほとんど任意の個人がこの機械装置を動かすことができる。したがって、その管理責任者が不在であれば、その家族でも側近の人でも友人でも来訪者でも召使でさえも代理がつとまるのだ」（フーコー、同訳書、二〇四頁）。

国家社会主義では、「いかなる料理女でも国家を統治できる」（あるいは、少なくともこの能力が目標とされる）というレーニンの言は、パノプティカルな論理に照らしてみると不気味な意味をもつことになる。ここでは料理女の解放が意図されているのではまったくなく（カントが『啓蒙とは何か』において、後見を必要とする未成年状態を脱した」成人を要請しても、人間の抑圧的諸原理からの解放がみえないのとまったく同様に）、各個人に対しては社会的な労働・価値増殖マシンの首尾一貫した自立が意図されていること、さらに、管理機能を果たすのが料理女であれ専門家であれ、そんなことはどうでもよいのだということが、不意にあきらかになるのだ。

したがって問題は、「すてきなマシン」の機能様態としての、主体と客体の自己抑圧的なアイデンティティを打ち立てることなのだ。自由主義的「自己責任マシン」の一体化した主体＝客体は、管理することと管理されることを同一視する。すなわち、全員が、主体のない理性の名において、つまり「労働」と「価値増殖」の自立したシステムという理性の名において、自分自身を管理し、自他相互に管理しあうのである。

それゆえ教育の専制的管理は、その完成の暁には教育の自己専制的管理となる。この負の自己規定は、物質的に、組織的に、社会心理学的に社会のミクロ体に刻印された行動規範の巨大なネットによって支えられ、形成され、あらかじめ定義されるが、この行動規範の抑圧的な特性はもはや意識的には知覚されない。「料理女」は無頓着に統治に加わるが、それは、彼女が公けのものとして客体化された管理メカニズムに積極的かつ習慣的に関与することによってであり、他の全員とともに毎日毎日自己抑圧のぜんまい仕掛けのねじを巻くことによってであり、すなわち、まさに彼女が自分自身を管理することによって彼女自身が管理されることになるからである。

だが、従来理解されていたのとはまったく異なる意味でレーニンの「料理女」を想起することは、ベンサムを読むときに生じる恐ろしいことのひとつにすぎない。ベンサムにみられるこの恐怖はむしろ、われわれが彼の思想を肥大化した近代化の専横に関連させるよりは、きわめて広範に発展した自由主義的＝民主主義的な市場経済に関連させてはじめてほんとうにあきらかになる。つまり、次のような疑念がおのずと湧いてくる。パノプティコンのあらゆる原理はまさに「自由な」西欧世界で（西欧世界においてのみ完全に！）とっくに定着しており、われわれが今日そもそも全体的な市場経済に耐えられるのはひとえに、われわれが自動的な自己調整ゆえにすっかり飼いならされて零落し、かつての犠牲者たちの後裔となっているからではないのか、という疑念である。

ベンサムがオーウェルの『一九八四年』をほぼ二世紀前に先取りしていることは、一目瞭然である。しかも彼は、単に自由主義者としてではなく、民主主義者としても（当時はまだ前代未聞の組合わせだった）先取りしていたのである。というのは、彼はアメリカ合衆国の代表民主主義を模範として推奨していたからだ。ベンサムにとって、民主主義は真の自己統治として完璧にパノプティカルな諸原理と調和した。民主主義とは、パノプティカルな嫌がらせを受けて自己調整をおこなう主体の統治形態であり、そこでは主体は、貪欲に市場経済の不当要求を渇望し、資本主義の利益に食いつくように訓練されており、機械仕掛けの環境というコルセットに押し込められて「自由に」相互交流をおこなうのである。つまり、自己調整システムのパブロフの犬として、システムによる命令であるベルの合図に自動的に唾液分泌過多をもって反応すること（雄々しいとされる肉食獣の真の「第二の自然」）によって、まさに自己規定されている人びとである。民主主義とはしたがって、凝り固まった強迫にほかならならず、かの市場経済システムの悪霊の「見えざる手」の幸福強迫以外のなにものでもない。この悪霊を、絢爛豪華な理論を駆使して新たな世俗の神として呼び出していたのは、イマヌエル・カントとアダム・スミスであり、この悪霊の狭量で仮借ない歴史上の峻厳な教師になりえたのは、ジェレミー・ベンサムのような取るに足りない輩《やから》だった。

　進歩した資本主義は、その構造からしてすでに凝り固まった強迫の諸要素を内包している。資本主義のあらゆる公共施設にはパノプティカルな痕跡が刻み込まれている。全面がオープンで見通せるモダンなオフィス空間では、従業員たちが大々的に衆人環視の的になっているが、これはまさにパノプティコンの一要素をなす。それはちょうど、ファーストフード・レストランの外から覗き込める大きなオープンキッチンと同じで、レストランの従業員はつねに公衆の目にさらされている。生涯をとおしてつねに求められる成績採点、価値評価、業績証明、さらに、番号、名札、身分証明書、ＩＤカードシステム、これらはすべてパノプティカルな原理の「成果」なのだ。

　さて、以下の点を明らかにするために、コンテストを開催するのも一興かもしれない。つまり、われわれにはもはやそのようなものとして（近代化強迫によって腐食した行動痕跡として）意識されていない、われわれの民主的な環境下にある隠されたパノプティカルな要素、指示、建築物、機関などをふたたび可視状態にするために、そして、自由主義的全体主義という民主主義の最終段階を批判的に把握するために。すなわち、何よりも近代化を最優先したことは、ベンサム以降、市場経済的民主制の、あるいは民主的市場経済自体のプロトタイプの寄せ集めにすぎなかったことを理解するために、またわれわれはいまや選択の余地なく唯一可能なベンサムの全体刑務所のなかにいるからこそ、自由なのだということを理解するために。巷にはかつてないほど「監視者」があふれているが、われわれに無意識のうちに全面的かつ絶え間ない監視の印象を与えるキュクロプス〔ギリシャ神話にあらわれる人食い巨人族で、額に一つの目をもつ〕の巨大な目、「ビッグ・ブラザー」〔オーウェルの『一九八四年』に登場する独裁者〕の目はもはや人間の「監視者」の目ではない。その目は、われわれが内面化した、資本制のシステム基準による主体のない目、すなわち、自己監視しつつ、油断なく内部に視線を向ける、いわばわれわれの「第三の眼」なのである。

バウンティ号の反乱

自由主義の二枚舌は、「自由」と「福祉」の二重の嘘を手段として用いることによって、彼らのウサギとハリネズミのゲーム〔既出のグリム童話。ここでは自由主義の二枚舌が、競走区間の両端に位置してウサギを騙すハリネズミ夫婦に仮託されている〕を欺瞞的に定式化する。すなわち、もはや見逃しようのない貧困者の群れに直面して、物質的な福祉の向上〔の必要性〕が話題になると、ブルジョア的「自由」が道徳的価値として主張される。どこかで「自由な奴隷制」という抑圧的で自己破壊的な要因が明るみに出ると、慰撫のためのボーナスとして名目的な生活水準の向上が約束される。その際、公共の諸機関が、統計の捏造、潤色、見え透いた修正などをおこなうのに躊躇することはない。あばら屋は、必要とあれば「花咲く風景」として描かれる、あるいはいくらか汚れたと言われるかもしれないが、快活で、絵のようにすばらしいものとされる。この点では、すでに自由主義的なシニシズムの古典作家たちは、オーウェルの著作に見られるように「真実めいた嘘をつく」ことにかけては真の世界チャンピオンである。たとえばアダム・スミスは、前産業期および初期産業期の資本制の悲惨のさなかで臆面もなく次のように主張する。

> 大ブリテンにおける労働の賃銀は、現在では、労働者がその家族を養えるのにちょうど必要な額を明らかに上回っているようにみえる。(…) 労働の実質上の報酬、すなわち労働によって労働者が獲得できる生活の必需品および便益品の現実の量は、現在の世紀をつうじて、おそらくその貨幣価格よりもいっそう大きい割合で増加しているだろう。(スミス『国富論』I、大河内監訳、一二四頁以下)

読者は目をこする。なぜなら、ほんの数頁前では、同じ著者が「不自然な」暴動と結社に対する怒りに駆られて、思わず次のように述べているからだ。

ところが職人たちの団結は、それが攻撃的であろうと防衛的であろうと、つねに頻繁に人びとの耳にはいりやすい。職人たちは、争点を迅速な解決にもちこむために声高くさわぎたてるような手段に訴えるのがつねであり、ときにはたいへんショッキングな暴力や不法行為に訴えることもある。かれらは絶望的になり、絶望的な人間の愚かさと無謀さをもって行動する。（スミス、同訳書、一一五頁）

ここには許すべからざる矛盾があるのは「あきらか」だが、スミスも彼の学問上の注釈者たちもこの矛盾をかくべつ問題にしていない。というのも、彼らにとっては、十分とされる生計費とすばらしい実質賃金上昇が、「飢えている人間の絶望」と完全に調和しうることは「自然」であると思われるからだ。この問題は、スミスが何をもって生活水準の向上と理解しているかをみれば、すこしは解明されよう。

たとえばじゃがいもは、現在ではわが王国の大部分で、三、四十年前の価格の半分もしない。同じことが、かぶ、人参、キャベツについてもいえる。（…）比較的粗い亜麻布や手織物の製造は大いに改善されて、労働者たちは、より安価で良質の衣服を供給されるようになっている。（…）もっとも石鹸、塩、ろうそく、なめし革、醸造酒は、たいへん高くなっている。しかしこれらの品物のうち、労働貧民がどうしても消費しなければならない必要量はきわめてわずかであるから、これらの価格の騰貴が他の非常に多くのものの価格の下落を相殺するようなことはない。贅沢が最下層の人びとにまで広がっているとか、いまでは労働貧民たちは昔かれらが満足していたのと同じ衣食住ではもはや満足しないだろうというようなよく聞く不平は、労働の貨幣価格ばかりでなく、労働の実質上の報酬も増加したのだということを、われわれに確信させるのである。（スミス、同訳書、一三一―一三三頁）

「豊かさが向上した」しるしとして、じゃがいも、かぶ、粗麻布は潤沢（中世後期の比較的豊かな時代はとうに忘れ去られている）であるのに対して、石鹸や塩はほとんど手が出ないほど高価。しかし貧乏人にとっては「さほど重要ではない」（ほんの数十年後にフリードリヒ・リストがドイツの状況に関連して述べたことを想起されたい）――このほとんど驚嘆に値する自由主義のそっけなさをなお凌駕するのは、次の例だけである。つまり、「稼ぎのいい連中」が人間材料の増大する不満をあつかましくも嘆くことを、スミスはもっぱら、豊かさは増大しつつあるという彼自身の主張の正当性の証明と考えていることだ。スミスは無邪気にこうつけ加える。「この国では労働の賃金が普通の人道にかろうじてかなっている程度の低さのところはどこにもない、ということの明白な徴候がたくさんある」（同訳書、一三四頁）。

自由主義の歴史上の主任イデオローグたちが、資本主義の制限下でつくられた人為的な貧困の言い訳としてもちだすのは、奇妙な慰めである。すなわち、市場経済において貧困化した、および貧困化しつつある人びとはつまり、彼らの貧困の「相対的な富」を喜ぶべきだというのである。その根拠たるや、この相対的な富のお陰で、資本主義の条件下での飢えの苦しみは、あらゆる前資本主義の生活条件をはるかに上回っているというものである――このような嘘と歪曲は、しだいに近代の大衆意識のなかに深く埋没してしまうほどの成功をおさめたのである。すでにマンデヴィルが、『蜂の寓話』の続編にあたる論文のなかで、このもともと奇矯な論証をおこなっている。

> 教区民の厚いガウンとその下に粗製のシャツを着て歩いている、貧乏人の質素な服装に奢侈を見いだすような者は、笑われるであろう。しかしながら、もっともありふれたヨークシア産の織物を得るのでさえ、なんと多くの人びと、いかにさまざまな商売、なんといろいろの技術や道具が用いられなければならないことか。（マンデヴィル『蜂の寓話』泉谷治訳、一五五―五六頁）

半世紀後、アダム・スミスは『国富論』において資本主義の分業を祝賀するにあたって、その時代の貧民に例の不合理な慰めを施すために、まさしく同一の論拠を利用している（それどころかスミスは、マンデヴィルを典拠を示さずに書き写したことはあきらかだ）。

ここで、文明が進み繁栄している国の最も普通の手工業者、または農村の日雇労働者の衣食住がどのようにととのえられているかを観察してみよう。そうすれば、このような生活物資の調達のために、たとえわずかその一部分にすぎなくても、自分たちの勤労の一部を用いた人たちの数がはかりしれないほど多い、ということがわかるであろう。たとえば、農村の日雇労働者が着ている毛織物の上衣は、見た目には粗末であっても、非常に多数の職人による労働の生産物なのである。この質素な生産物でさえ、それを完成するためには、牧羊者、羊毛の選別工、梳毛工《そもうこう》、擦毛工《さつもうこう》、染色工、あら梳き工、紡績工、織布工、縮絨工《しゅくじゅうこう》、仕上工、その他多くの人たちがすべて、そのさまざまな技術を結合しなければならない。（スミス『国富論』I、大河内監訳、二二頁）

資本主義の貧困はしたがって、みすぼらしい着衣さえもがかのひどく複雑で驚嘆に値する「すてきなマシン」、すなわちあらゆる人間を機械の歯車に変えた「マシン」の所産であることで慰められることになる。そして、この考えを納得させるために、マンデヴィルとスミスはまたもや仲良く、前資本制、つまり非資本制のもとでみられたとされる生活条件の恐怖をやさしく壁に描いてみせる。すでに「ドングリを食べる」先人たちのイメージを利用していたマンデヴィルはここでは、当代の貧民たちに彼らの「厚ぼったい粗末な服」という「相対的な贅沢」の魅力を認識させるために、ふたたび暗い過去に目を向けさせる。

原始時代においては、人間があらかじめ準備をせず大地に実る果実を食べて生き、そしてほかの動物たちと同じく、共通の親の膝で裸のまま休んだことは疑いない。（マンデヴィル、前掲訳書、一五五頁）

アダム・スミスは、時代に即して「野蛮な」アフリカに目を向けさせるが、マンデヴィルと同じ意図をもっていることは疑いない！　アフリカは十八世紀以来、ヨーロッパの近代化およびその哲学的主唱者の意識においては、線型的に考えられる人類の発展の「もっとも低い段階」に位置づけられてきた。発展の頂点に立つのは、「もちろん」資本主義である。つまり、アフリカ、オセアニア、アメリカ大陸の「未開人」はそもそも「野蛮で」、未開の有史以前と同一視されて、いわば現存する視覚教材だった（ちなみに、哲学者たちもこの見解に与《くみ》していた）。アダム・スミスの頭にあったこの動物人間は、資本主義の貧困を相対化するための比較の尺度としてまさにうってつけである。

> それでも、おそらく次のことは真実であろう。すなわち、ヨーロッパの君主の暮らしぶりが勤勉で倹約な農夫のそれをどれほど凌いでいようと、その程度の差は、この農夫の暮らしぶりと、一万人もの裸の野蛮人の生命と自由の全体的支配者であるアフリカの多数の王侯の暮らしぶりとを比較した場合ほど大きくはないであろう、ということである。（スミス『国富論』I、大河内監訳、二二―二三頁、一部変更）

マンデヴィルやスミスのようなイデオローグにとって、信憑性の点で不運だったのは、貧困化を強いられて屈辱的な扱いを受けていた同時代のイギリス人の少なくとも幾人かが、頭をじかに大地に横たえて眠る「裸の未開人」という捏造された仮構を独自の観点から検証する状況におかれたことである。すなわち、戦艦や商船隊の乗組員たちは、刑務所の規律基準に照らせば「自由な」イギリス人とみなされていたが、上官からはステッキで殴られ、しばしば腐った食料を与えられ、「労働貧民」という哀れむべき範疇に分類されていた。そして彼らは、しばしば「未開人」とその実際の生活ぶりに直接触れる機会を得たのである――「未開人」の生活環境が植民地主義の奴隷化によってまだ破壊されていないかぎりは。

そこから明らかになった比較は、マンデヴィルやスミスのものとはまったく別ものだった。さらに、自由主義のイデオローグたちの仮説がインチキであることを間接的に暴く有名な事件がある。「バウンティ号の反乱」である。この種の事件は、これが唯一でないことは疑いを入れないが、この事件は範例的な意味を持つ。これを単なる冒険物語あるいは子ども用の読み物とみなすならば、本来の背景はあきらかにならない。しかし、残された史料から、この事件の背景はあきらかになる。一七八九年四月二十九日、ほぼ二年の航海の後に、「バウンティ号」（「恩恵」の意）の乗組員の大部分が南太平洋上で船長ウィリアム・ブライ少尉と将校たちに対して反乱を起こした。

ブライは有名な探検家ジェームズ・クック（一七二八—七九）の第三次大探検旅行——このときクックは島の住民たちによって打ち殺されている——に航海士として乗り組んでいた。ブライが「バウンティ号」の指揮を引き受けたとき、彼はイギリス海軍の尺度にしたがって、部下に譲歩することを知らない「剛の者」を自認していた。「バウンティ号」とその運命をめぐる小説ではしばしば、ブライの虐待に耐えられなかったことが反乱のそもそもの原因とされている。しかし、それでは歴史はけっしてあきらかにならない。この反乱に関する記録にもとづいた史料は、一七九一年および一七九三年にヨーハン・ラインホルト・フォルスターとその息子ゲオルク・フォルスターによってドイツ語に翻訳された。後者は著名なドイツの啓蒙主義者で、ジェームズ・クックの二回目の航海（一七七二—七五年）に加わっていた。この史料の新版の発行人兼編集者であるヘルマン・ホーマンは、ブライはあきらかに「そもそも当時にあって、船の指揮官としては可もなければ不可もなく」、けっして「残忍な人間」ではなかったと、ブライ船長を擁護する（ホーマン、一九七三年、一五—一六頁）。当時「イギリスを超えて広くセンセーションと活発な賛否両論を呼びおこした」（同書、一三頁）反乱の実際の動機についての驚くべき情報を、ブライ船長自身が彼の信頼すべき報告書のなかで記している。

さて、人は、いったいそのような反乱が起きた原因は何だったのかと尋ねるであろう。この問いに対しては、私は推測で答えるしかないのだが、おそらく反乱者たちは、イギリスで望み得る以上のもっと幸福な人生をタヒチ島で期待したのであろう。私の考えでは、このことに加えて、数人の水夫たちがタヒチの女性と関係を持ってい

> たことが不幸な事件の主要原因だった。タヒチの女性は美しい肢体をもち、柔和で、快活で、感情豊かで、そのうえ、愛され賛嘆されることに関してもとても巧みだった。タヒチの人びとはわれわれの仲間にたいへん好意的で、彼らのところに留まるようにうながした。それどころか、島のかなりの土地を約束してくれた。このような事情を勘案すると、幾人かの水夫たちが世界でもっともすばらしい島に腰を落ち着ける気になったのは不思議ではない。島では労働の必要はないし、放埒に対する刺激も想像できないほど強い。（…）ソサエティ諸島を訪れたさまざまの船でも脱走事件が起きたが、指揮官はいつも、酋長から逃亡者たちを引き渡してもらうことに成功した。ひょっとしたら、私の部下たちも、脱走がいかに危険であるかを知っていたからこそ、小さいとはいえ、船全体を奪取することを思いついたのかもしれない。（ブライ。ホーマン、一四八―四九頁からの引用）

ここでのブライ船長はもちろん、「労働」という公式のブルジョア世界ならびに、資本の目的のために身を捧げるつもりのない人間材料たちの「放埒」に対する資本主義的なアナテマ〔本来は「教会からの追放」を意味する〕を代表しているのであるが、自身を弁護するためにやむをえず口を開いて、反乱を企てた脱走兵たちは、「未開人」のところでさえ、文明化されたイギリスにおけるよりはましな生活を期待しうると考えていたことを明かす。どうやら、ごくふつうの水夫や下士官たち（それどころか、反乱の首謀者クリスチャン・フレッチャーは、ブライによれば「良家の出」だった）は、「未開人」を資本主義やイギリス海軍の要求するところと比べたら、前者のほうが野蛮の度合は半分くらいと考えたらしい。このようなわけで、「バウンティ号」の反乱は結局、自由主義を擁護するイデオローグたちにとっての歴史的な屈辱として読めるのである。

ところで、「バウンティ号」はどうなったのか？　反乱者たちは乗っ取った船でタヒチに向かったが、彼らにはタヒチ島がイギリス国家の介入に対して安全とは思えなかった。そこで、彼らは現地の女性と冒険心に富んだタヒチの男たちを船に乗せて、しばらく太平洋上をさまよった後、ついに隔絶した小さな島ピトケアンに定住する。このユートピア的なミニチュアは破局を迎える。しかし、それは経済的な破局ではない。白人の水夫たちが、彼らの主人から逃れてきたばかりだというのに、「現地人」に対してひどく劣悪な白人流儀の権力顕示欲を発揮し始めたからである。殴り合い、殺人、飲酒癖、狂気が始まった。一〇年を経てようやく、反乱者の最後の生き残りであるジョン・アダムスは、ピトケアン島の一〇人の女性とその間に誕生した一九人の子どもたちを、「キリスト教的共同体」のイメージを用いてサバイバル可能なコロニーとして形成することに成功する。その後の数十年間、ピトケアン島の人間はときに発見されることはあったが、ふたたび忘れ去られた。反乱は時効になった。一八二五年十二月にピトケアン島に上陸したイギリス海軍の船長ビーチーは、彼がそこで見いだした「奇妙かつ感動的な事実」を書き記している。

彼は島のなかを歩いてまわった。島には、パンダーヌスやココヤシで周囲を囲まれた、簡素だが清潔な小さな家々が立ち並んでいる。移住者たちの間には、豊かさがゆきわたっているようにみえる。住民は、鶏と豚を飼い、ヤマイモ、バナナ、タロイモの畑をもっている。島の住民はイギリス人とポリネシア女性の混血であり、友好的で感じのよい顔の造作をしている。その立派な四肢には、敏捷さと力強さが備わっている。（ホーマン、前掲書、二九八頁からの引用）

ビーチー船長はこのように述べているが、実際にはそうではなかったであろう。最終的には「バウンティ号」の冒険とピトケアン島のコロニーを成功した小さなユートピアとみなすことはできない。簡素な生活手段と熱帯の気候に恵まれてはいたが、あらゆる社会的能力から切り離されていたから、それなりに生き延びてゆく状態を超え出ることはできなかった。「バウンティ号」の反乱は肯定されるべき範例ではなく、否定されるべき範例だった。そこで決定的なのは、島ユートピアではなく、ヨーロッパの資本主義が全面的に否定されたことである。すなわち、いわゆる「自然民族」という条件下での、多くの点で刺激のない自給自足経済の生活でさえも、資本主義の労働地獄や近代化のパノプティカルな構造よりは好まれていたという事実である。ヨーロッパの「労働貧民」のくる病の子どもたちと比較しただけでも、「立派な四肢」をもつピトケアン島の子どもたちは相対的に幸福といってよかった。今日でもなおピトケアン島では、反乱者の子孫約二百人がおそらくあいかわらずひどく質素な、そしてかなり単調な生活を送っている――また、これも変わることなく（あるいはまたもや）島の住人の暮らし向きは、ロンドンやニューヨーク、モスクワやリオのスラムに居住する多くの人びとよりも「相対的にみて良い」であろう。

勃興しつつある資本主義社会のファンタジーに養分を与えたのは、「バウンティ号」の真正な反乱だけではなかった。島ユートピアは全欧州規模で、市場経済的社会モデルの支持者からも批判者からも利用された。じじつこの点にかけては、大英帝国の「海洋資本主義」は模範を提供した。今日にいたるまであらゆる子どもに親しまれた二冊の真の「世界的な書物」はこれを題材としている。すでに一七一九年にダニエル・デフォー（一六六〇―一七三一）が『ロビンソン・クルーソー』を出版し、一七二七年には、ジョナサン・スウィフト（一六六七―一七四五）の『ガリヴァー旅行記』が出ていた。範例となる大きな力をもつ書物に関してしばしば生じることだが、この二つの物語も青少年の冒険読み物として広く知れわたった。その一方で、それらは同時にある意味で社会改革や社会批判の歴史的なモデルともなったのである。

デフォーとスウィフトがまさに正反対であったことは、ほとんど知られていない。デフォーは、プロテスタントの一派である「非国教徒」に属する家柄で、彼自身は中産階級の商人であったが（ただし破産寸前の）、ブルジョア的世界像を設計する理想的な前提条件をもたらした。デフォーは、後の「バウンティ号」の物語と同様に、まさに実際の事件（難破したスコットランドの水夫アレクサンダー・セルカークの体験）に想を得て『ロビンソン』を書いたのだが、そこでデフォーは黎明期の市場経済の肯定的図式を与える。すなわち、デフォーは、「無思慮で、神を恐れぬ船乗りクルーソーが、自己の魂の敬虔な主となり、未開人を人道的に改宗させるまでになる内的変遷」（ライジーガー、五六二頁）によって、計画的に無から快適な世界をつくりだし、そのうえさらに、有色人種のフライデーという名の「原住民」を取引と「労働」をとおしてすばらしいブルジョア的行動様式へと文明化するという、合理的な白人種の勤勉な人間像を描く。ルソーが『エミール』のなかで『ロビンソン』を教育プログラムにおける必読書に指定したのも、いわれのないことではない。

「デフォーの主人公ならびに物語の形式は、一般に十八世紀の最も重要な発展の一つであるところの、自己責任を有する個人の形成を反映しており、個人は、全員を拘束する社会道徳たるコモンセンスにしたがって思考し、行動する」（パッへ、一九七九年、四〇一—〇二頁）。これは、デフォーの別の小説『モル・フランダーズ』の登場人物についてのものだが、ここでいわれていることは、ロビンソン・クルーソーにはなおいっそうあてはまる。ただし、ここでブルジョア民主制の天真爛漫さで、啓蒙思想を価値認定するものとして肯定的にいわれることは、後にカントやベンサムがみずから正体を明かす省察に照らしてみてはじめて顕著になる。すなわち、「コモンセンス」は資本主義的世界マシンの似非道徳的な姿として解読される。根本において、「ロビンソン・クルーソー風の冒険物語」は資本主義国民経済学のプロトタイプを提供した、すなわち、抽象的個人と、社会状況のイデオロギー的自然化とを強く喚起するメタファーを提供したのである。しかしこのプロトタイプは、ホッブズの場合とは異なって、陰鬱な人間像の精神に発するのではなく、進歩オプティミズムの初期ヴァージョンである。そこには一抹のブルジョア的な親切心も含まれているが、これは、自由主義の身の毛のよだつゴルゴン〔ギリシャ神話にあらわれる三姉妹の怪物。毛髪は蛇、黄金の翼、真鍮の爪、猪の牙をもち、見る者を石に変える。メドゥーサを除く他の二人は不死とされる〕の姿をカムフラージュするためにしばしば用いられる、誠実を気取った仮面である。

『ガリヴァー旅行記』は、『ロビンソン』とはまったく対照的に、風刺的なメルヘンである。そこでスウィフトは、探検旅行以来広められた、遠い世界の奇怪な想像上の生物についての、船乗りの現実離れした大げさな冒険談を包み紙として利用して、資本主義の近代化＝社会を徹底的に嘲笑する。主人公はたとえば、「ブロブディンナグ」という巨人国の王に、故国イギリスの事情や人間性を説明した後で、次のような注釈を加える。かの地の「原住民」の大多数は、おそらく「自然がかつて、地上の表面を這いずり回ることを許した、小さな、忌むべき害虫のうちでももっとも有害な種類」（スウィフト、一九九一／一七二六、一八九頁）であると。また、言葉を話す馬の国では、人間は、非社会的な本能に駆られた汚らわしい動物の一種であり、糞便にまみれた家畜小屋のなかに「光り輝く石」を積み上げて悦に入っているさまが示されることによって、利潤最大化のモチーフが戯画化される。そのかぎりでは、スウィフトの『ガリヴァー旅行記』は、最近のドイツ語版の序文でいわれるように、意識的な「アンチ・ロビンソン・クルーソー」であり、この意味で、デフォーの「市民の美徳」に対するパロディである。

鬼火のように揺れ動くスウィフトのポレミックは歴史的に孤立している。そしてまた、スウィフトの著作には、時代に制約された多くのいかがわしい思想が入り込んでいる。しかしながら彼の悲観主義的な人間像は、ホッブズとは対照的に、人間が資本主義に身を任せるかぎり、人間は犬畜生と呼ばれて当然だということに正確に狙いを定める。したがって、ダブリンのセント・パトリック大聖堂の主席司祭が、無神論者と非難され、その墓石には「激しい憤怒」という誇らしい言葉が刻まれているのも不当ではない。彼は、『ガリヴァー』のほかにも「自由な」資本主義を弾劾する文書を残したが、これは二百五十年以上を経てもなおその的をはずしてはいない。一七二九年、マンデヴィルの『蜂の寓話』が出版されたのとほぼ同時期に、スウィフトは、貧しい家の子どもたちを「役立たせる」ために、ブルジョア社会に向けて記憶されるべき「ささやかな提案」を公表した。

> このダブリンの町を歩き、または田舎を旅行する人びとにとって、街路や人家の戸口に女乞食が群がり、襤褸《ぼろ》を着た三人、四人、六人の子供たちが後にくっつき、道行く人に施しを乞うている様を見ることは、実《まこと》に憂鬱な光景である。（…）この夥しい数の子供らが（…）この国の悲惨な現状にさらに大きな苦痛をつけ加えるものであることには、誰も異論がないと思う。（…）商人の話によると、十二歳前の子供はてんで売物にならない、十二になっても相場は三ポンド、せいぜい三ポンドと半クラウンくらいのもので、これでは両親にも国にもちっとも利益にならない、少なくともその四倍の費用が食物と衣料とにかかっているのだから。そこで、ここに私見を述べさせて頂く次第であるが、これに対してはおそらくご異議はあるまいと思っているのである。ロンドンで知合になったたいへん物識のアメリカ人の話によると、よく育った健康な赤ん坊は丸一歳になると、たいへん美味《うま》い滋養のある食物になる。シチューにしても焼いても炙《あぶ》っても茹《ゆ》でてもいいそうだが、フリカッセやラグーにしてもやはり結構だろうと思う。それゆえ、以下私見を述べて大方のご考慮を煩わす次第である。（…）十二万の子供のうち二万は子孫繁殖用に保留しておく、男はその四分の一でよろしい、それでも、羊や牛や豚よりも割がい

い。（…）残った十万を丸一歳になったら国中の貴族、富豪に売りつける。母親に忠告して、最後の一月《ひとつき》はたっぷり乳を飲ませ、どんな立派なお献立にも出せるように丸々と肥らしておくことが肝要である。友人を招待するなら赤ん坊一人で二品の料理ができる。家族だけなら、頭の方でも脚の方でも四半分で相当の料理ができる。小量の胡椒、塩で味をつけ、殺してから四日目に茹でると丁度よい、特に冬分はそうである。（…）この食物が少々お高いものになることは事実である、だから地主さん方に適当な食物で、親たちの膏血《こうけつ》をすでに絞った彼らだから子供を食う資格も一番あるというものだろう。（スウィフト『貧家の子女がその両親ならびに祖国にとっての重荷となることを防止し、かつ社会に対して有用ならしめんとする方法についての私案』深町弘三訳、九七―一〇〇頁）

スウィフトは単刀直入にマンデヴィルなどのような資本主義的人間像の擁護者に攻撃の照準を当てる。この胆汁のように苦い風刺は、今日でも現実離れしてはいない。なぜなら、資本主義の「やり手たち」はことごとく、その親切ごかしの殊勝さもろとも、ヘロデ王以上に子どもたちの死に責任があるからだ（ヘロデ王は、イエスの誕生を恐れるあまりベツレヘムの幼児を全員殺させたとマタイ伝には記されている）。たとえ彼らはみずからの手で子どもたちを虐殺したり貪り食ったりはしなくとも、子どもたちはいつも間接的に、主体のない「すてきなマシン」の作用をとおして人肉食いの餌食となっているのである。

十八世紀に目を向けることは、われわれ自身の未来の地獄に目を向けることを意味する。われわれ人間は「犬のような存在」であることをやめることができるだろうか？　この責任を問うことは、「学問的な」客観化をもって拭い去ることはできない。あらゆる関与者はつねに「その時代の子」であるように、彼らはこの時代の立役者なのだ。釈明は無用である。デフォー、マンデヴィル、スミス、カント、ベンサムなどのお歴々は、彼らの理念をもってすでに存在した市場経済の客体化に応じたのだが、逆にこれらの理念そのものも強力な作用をもって、このパラノイア的な監獄システムの客体化をさらに進めることに貢献したのである。多かれ少なかれ名を知られた大部分の啓蒙の近代化＝哲学者たちは（大フランス革命の代表者たちも同様に）、時代遅れの統治の抜け殻にのみ「反対した」のであって、統治そのものには反対しなかった。逆だった。彼らは、新しい統治システムの主体のない土台を、すなわち、資本の世界マシンを世俗の偶像に彫琢した。そして、彼らの理念、すなわち、「抽象的な労働」と全面的競争という偶像イデオロギーとしての自由主義の精神的基礎づけが、今日一般的な思考形態へと流れ込み、悪夢のように人間の脳に居坐っている。スウィフトの必死の風刺、他方では「バウンティ号」の反乱が示すのは、マルクス主義者たちの「史的唯物論」がそう信じ込ませたがっていたのとはちがって、この発展がけっしてもともと必然的かつ直線的な「進歩」ではなかったことである。

しかし、特に言及されるべきは、全面的な競争という資本主義イデオロギーは、いわれるところの人間の本性とはなんら関係がないことである。ずっと以前から、大部分の人間は個人的には、常軌を逸したなんらかの競争で「勝者」でありたいとか、貨幣という抽象形態の不条理な財産をためこむとか、あるいはまた黄金の便器で排泄するといった野心をもってはいなかった。近代化の歴史からなにかが取り出されうるとすれば、それは、材料に格下げされた人間の心底からの願いである。すなわち、もういいかげんにのんびりさせてくれ、疎外された構造という盲目的な権力に身をさらすのはもうごめんだ、自律的な「発展」というダイナミズムによって安らぎを奪われ、こづきまわされるのはもうごめんだ、もういいかげんに世界マシンのスルタン（サルタン）どもの面《つら》を見るのも、教育学者や人間管理者たちが訓戒を垂れたり、競争へ駆り立てたりする駄弁をたえまなく聞かされるのもうんざりだ、という思いである。

訳注

＊1　「すてきなマシン」（schöne Maschine）とは、資本の価値増殖を自己目的とする資本主義を、つまり資本主義のシステムおよびその機構全体のはたらきをアイロニカルかつシニカルに指し示す概念であり、本書中では「自己目的マシン」、「社会マシン」、「国家マシン」、「世界マシン」などと形を変えても用いられる。著者は、この概念の着想をアダム・スミスから得たらしい。すなわち、スミスの「これほどすばらしく見事なシステムの完成を目にすることは、私たちに喜びを与えてくれる」（『道徳感情論』、傍点は訳者）から「すてきなマシン」が取り出される。スミスはさらに、「私たちは、このシステムの運動の規則性をいささかなりとも妨げたり阻害したりする可能性のある障害物をことごとく除去しないうちは、安心できないのである」と続けるが、

いわば本書全体がこのスミスの言との全面的な対決の試みであると言えるかもしれない。

(http://www.opentheory.org/proj/gegenbilder_5-/v0001.phtml#schoene_maschine を参照)

第三章　第一次産業革命の歴史

アダム・スミス、サド侯爵、イマヌエル・カント、あるいはジェレミー・ベンサムのような理論家が自由主義の精神的建造物の建設にたずさわっていたころ、資本主義的生産様式はすでにその活動範囲を拡大し、その客観化の程度を強めてはいたが、まだ成長しきってはいなかった。敏捷な理念が歴史的に先を急いですでに完成したものとして描いたところのものは、比較的鈍重な社会的実体としてはようやく生成途上であり、現実にはまだとうてい総体として完結していなかった。近代的な意味での市場経済は、あいかわらず広範にわたるラティフンディウム（私有大農地）資本主義の農業世界市場、重要な繊維部門、そして石炭、鉄、鋼などの鉱山関係の基盤産業にかぎられていた。絶対主義的な国家機構の悪夢、フランス革命とナポレオン戦争の恐怖、これらは、同定するのが困難なあり方で、成長しつつある私的資本主義の社会的戦慄と混じり合っていた。自由主義と絶対主義との長く続いた父親殺し的な対立は、さしあたりは見通すのが困難な、資本主義の幸福の哲学者や「道徳家」たちの皮相な博愛主義と同様に混乱していた。この歴史的な混乱のただなかにはまり込んでいて、そこでなお状況を打開しなければならなかった者は、たしかに社会の錯綜状況からたやすく共通点を見いだすことができなかった。その結果、苦境は増大し、もはややむことがなかった。だが、いかに道筋をつければよいのか？

他を顧みずに私利を追求する、中産階級に属するますます多くの者が市場でチャンスをうかがう一方で、新しいシステムのダイナミズム、匿名の競争の脅威、悲惨、そして絶望は、大多数の者たちの間に将来への不安を呼び起こした。自由主義が幸福を約束してくれたにもかかわらず、多くの人びとを恐怖に陥れたのは、この成長しつつある社会経済的な鬼子の見逃しえない奇怪さと――まだすっかり食い尽くされてはいなかったものの――信じられないほどの大食漢ぶりだった。資本主義の啓蒙の理性は、この状況下にあって、達成した基盤をもはや危険にさらさないために、急いで大がかりな社会理論をもって決着をつけた。ヘーゲルの宣言によれば、世界精神はヘーゲル自身において、そして立憲政体のプロイセン国家において具現され、それをもって完結することになる。もはや新たな大変革はない。そうなると、商品生産システムのブルジョア社会を拡充し、倫理化し、その必然性の認識を普遍化することが必要になる。

啓蒙の理性は防御姿勢をとって身を隠すことによって、しだいに「実証主義的」になった。つまり啓蒙の理性は、その活動範囲を資本主義によって定められた「肯定的《ポジティヴ》な事実」に限定し、他のものはすべて不毛の形而上学的な夢の国《ヴォルケン・クックックスハイム》〔アリストファネスの『鳥』にちなむ〕に追放しようと努めた。要するに、資本主義とその市場経済の「犬のような隷属根性」が歴史的な橋頭堡を制圧し、社会的に十分に明らかになった後に、お歴々はいまや「リアリズム」の教えを説くことができた。それ以来資本主義は、範例となる尊大な人物や大口をたたく現実主義的政治家に事欠くことはなかった。市場経済と共和国、あるいは市場経済と「立憲君主制」という――この公式は、後になってようやく「市場経済と民主主義」と名乗ることが許された――組合せ以外の別の社会形態を人びとが念頭に浮かべるのを二度と許してはならない。「抽象的な労働」と貨幣という基盤関係を有する資本主義の自己目的マシンはいまや表立って弁護されることはもはやなく、自明のものとして前提され、それに対するいかなる原則的な批判ももはや真剣には取り上げられることはなく、少なくとも公式の学問のパンテオンではもはや許されなかった。

それゆえ、ブルジョア思想はその重点をますます組織科学および自然科学に移した。社会形態は永遠に完結したからもはや前進してはならないとされ、発展は技術・自然科学面においてのみ追求されるべきものとされた。十九世紀の進歩信仰はしたがって、技術に対する皮相な感激にもとづいていた。「考えられるかぎり最善の世界」における社会的破局は婉曲に「欠陥と誤謬」と呼ばれ、これらの破局はテクノクラートの知性によって確実に徐々に取り除かれるであろうと期待された。理性はマシンのなかにもぐりこみ、そしてみずからマシン化した。すなわち、もはやたんに比喩的な意味ではなく、文字どおりそうなった。それは資本主義の理性であったから、そこで資本主義のマシンが出てきたのは当然だった。

この傾向は過去数世紀の間に成立していた世界像と完全に一致した。第一次産業革命が始まる前にすでに、資本主義のマシン体制の心的イメージは出来上がっていたのである。ニュートンが宇宙を物理学の、スミスが社会を「すばらしい」経済学の世界マシンであると説明し、サドが匿名のセックス・マシンを発明し、それどころかラ・メトリが人間そのものをマシン（人間機械）と定義した後では、資本主義の「世界精神」が自身の姿に似せてテクノロジーの発展に切り替えられたのは、理の当然だった。同時に、この資本主義的思考の決定的なメルクマールもまた客観化されただけでなく、競争のダイナミズムによって推進された。資本主義的企業の数が増加し、大規模な市場のネットワークが密になればなるほど、競争は「沈黙の強制」（マルクス）として、目に見えてますます顕著に感じ取られるようになる。市場関与者は、市場に出す商品の競争力を維持しようと思えば、永遠の「生産力発展」を余儀なくされた。競争のモーターが始動するのに応じて、第一次産業革命の出現は不可避となった。

アダム・スミスにとっては、彼が機械を知っていたとしても、新しい生産力の主要利点はおもにまだマニュファクチュア的分業にあった。だがやがて、機械の導入が企業による分業の進展を規定することになる。産業革命がイギリスで開始されたのは偶然ではない。イギリスでは、もっとも進歩した資本主義を有する国として、すでに自由主義理念が育まれていたからだ。それゆえ、イギリスはまっさきに技術革新の国となった。一七三三年にジョン・ケイが飛び杼《ひ》を発明し、一七六五年にはジェームズ・ワットが蒸気機関を、一七七一年にはリチャード・アークライトが木綿紡績機を発明した。十九世紀初頭のイギリスでは、個々ばらばらに使用されていた新しい機械力がすでに一体化されて、産業システムの端緒が開かれていた。繊維製品の製造が必然的に最初に機械化されたが、蒸気機関はほどなく他の生産部門でも多面的に使用されるようになった。

大陸ではさしあたり人びとは対岸の見物者だったが、好感をもってはいない隣人のところで惹き起こされた巨大な力に驚嘆した。この巨大な力が新しい時代を招来したことは、誰の目にも明らかだった。一八二〇年頃、ゲーテはその教養小説『ヴィルヘルム・マイスターの遍歴時代』のなかで、紡績工と織工の住む村を描いている。そこはまだ競争に巻き込まれておらず、大詩人がいくらかくつろいで如才ない調子で描写しているように、人びとは彼らの「簡素ではあるが清潔な」家で、仕事中になおなごやかにともに歌ったりおしゃべりをすることができた。「それに合わせて、籠に入れて吊るされている鶸《ひわ》や五色鶸がさえずる。多くの紡ぎ女の働いている部屋ほどに活気のある生活像を見つけるのは容易ではあるまい」（ゲーテ『ヴィルヘルム・マイスターの遍歴時代』下巻、山崎章甫訳、六二頁）しかし、ゲーテによって描かれた機織職人たちの気分が示すように、すでに産業競争の黒い雷雲が見えている。

彼らは平和を喜びはしたものの、迫ってくる別の危険が心配だった。田舎でも機械がしだいにふえ、勤勉な手がそのうち不要になることは否定できなかったからである。しかし、いろんな慰めや希望の種も持ち出された。（ゲーテ、同訳書、六〇―六一頁）

イギリスで産業化がとっくにフル回転していた頃、ドイツではようやくいくつかの蒸気機関があったにすぎない。とりわけ小国では〔当時のドイツはまだ領邦国家である〕、ツンフトがその影響圏を比較的長く保つことができたから、マシン体制の導入は十八世紀には妨げられた。じじつ、たとえばザクセン選帝侯国では、機械の使用は一七六五年まで一般的に禁止されていた（アーベントロート、一九六五年、一三頁）。ツンフトへの加入強制の廃止もさしあたりは生産方式をほとんど変えることはなかった。産業化へのきっかけは、ようやく一八二〇年をすぎてから訪れた。しかも、外からである。というのは、「安いイギリスの布」という競争相手の存在が、その後の数十年間に激しく痛切に感じられるようになったからだ。一八四四年のシュレージエンの織工暴動に先立って、および暴動に対する反応として、ドイツでも産業化の問題がしだいに一般の意識にのぼるようになった。

ヨーロッパ全域でそうであったように、いわゆる社会的貧困という社会問題に関する議論が、機械の導入の問題と混じり合うのは避けられなかった。「すばらしい」社会マシンが、蒸気力という技術発展による機械といっしょになって人間を蹂躙し、社会的に圧殺することが許されたこと、これは前代未聞であり、反道徳的であり、どうにも解せないと思われた。それにもかかわらず人びとは、徐々に熟した競争現象をすでに一種の自然の暴力として受け容れた。じじつ、『アーヘナー・ツァイトゥング』〔アーヘン新聞〕は一八四四年二月に、シュレージエンの問屋制前貸し人の残虐性を外国との競争ゆえの避けがたい必然性として正当化したが、その際、いくばくかの博愛的なそら涙を流して見せるのを忘れはしなかった。

種々の事情によってどこからか強力な競争相手が参入してくれば、価格は下落せざるをえない。このような事情があてはまるのは特に、より大きな資本によって価格引き下げが進展する場合である。外国製品が、関税をかけられてもなお価格面で有利であれば、外国産業は国内産業を圧倒するであろう。そうでなくても、外国産業はやはり国内企業家に賃金を押し下げることを強いるであろう。じじつその結果、国内企業家は外国の競争相手に対抗するためとはいえ、労働者の賃金を下げざるをえなくなる。オーバーシュレージエンで生じたのはこのような事態である。不幸な者たちを支援するのは気高いことである。博愛主義者はすべからく早急に、この悲惨に救援の手を差し伸べられんことを。（クローネベルク／シュレッサー、一九八〇年、七四頁からの引用）

今日ふたたびはるかに高次の発展段階でおこなわれているような、一種の「産業立地論争」が開始された。始まりつつある国際競争の現実のさまざまな強制が、紡績労働者たちをさらに低い貧困水準にとどめるために、社会的恐喝の手段として利用された。議論の結論は、資本主義的生産様式を維持することの不可能性ではなく、資本主義的生産様式はいつかきっと機械力そのものによってもたらされる自然科学と技術によって救済されるという希望だった。資本主義の経済的秘儀に対する無知は、さしせまった社会的作用に反論する論拠として、機械による労働節約という喜ばしい効果を説くために、常識を持ち出す。たとえば、『プリヴィレギールテ・シュレージッシェ・ツァイトゥング』紙は一八四四年一月、織工の悲惨に直面して、産業の将来について詳細に論じた。

機械はすでに存在する。それらは進歩した時代の産物であり、国民文化と国民産業すべての成果である。(…)一台の機械が一日あるいは一時間で生産可能な量を、百人の紡績工の手ではまるまる一週間かけても生産できないのであれば、自然の力によって、機械の力によってなしうる活動のために百人の人間の力を投入するのは馬鹿げてはいないだろうか。機械によってなしうることはすべて機械に任せる、そして、人間の力、高貴な人間の力は、機械の力では達成しえないような仕事のために用いるという原則は、まったくもって人間的な原則である。機械は人類救済のために神の手のなかにある手段であり、機械は人間の尊厳性を呼び起こすためのものである。

(クローネンベルク/シュレッサー、同書、七〇頁からの引用)

ただし、現実に苦境にある生身の織工たち自身については、未来の産業化を賛美するこの文化記事は、さしあたり彼らをどこかに強制移住させるべきだとの提案しかしていない。しかし、新しい機械の結果生じた悲惨化とさしせまった大量失業をあっさり無視するわけにはゆかなかった。近視眼的でナイーヴな進歩信仰という、始まりつつあったテクノロジーへの陶酔に対しては、どちらかといえば頼りない論拠とはいえ、すでに警告を発する声もあった。たとえば、経済学者カール・フォン・ロテックは一八四〇年の『国家事典』のなかで、ドイツにおいて予想される産業革命の社会的結果についていくらか気遣わしげにこう述べる。

心底から熱狂的に称讃するようにとうながされることがらは多いが、それにもかかわらず別の一面が残されている。この観点からすれば、機械の影響はどこかはっきりしないものとして、いやそれどころか有害にさえ思われる。今日ようやく、妬まれて憎悪される金持と侮蔑され恐れられる貧乏人との間に、敵意に満ちた国民間の分裂が生じている。貧乏人はいまや、金持のところでの実入りのよい仕事を失っただけでなく、自由な、あるいは独立した生産者として収入をもたらす仕事の可能性をも失った。両手を使って(さらにごく簡単な道具を用いて)

一心不乱に仕事をすることで生みだすことのできるものが、もはや彼自身とその家族を養うのに足りないのである。（トロイエ／マーネゴルト、一九六六年、一九四―九五頁）

しかしながらこの種の悲観的な考察は散発的にみられるだけであり、いかなる首尾一貫性もなかった。まだほとんどそれとは身元確認されていない資本主義は、第一次産業革命という形で社会の自然現象となったが、この自然現象のパラドックスがいまや完全にその効力を発揮し始める。それまでは可能とはとても思われなかった労働節約が、マシン体制によって、社会的福祉を向上させ、社会的諸問題を解決するものとしてあらわれえなかったのはなぜなのか？これは決定的な大問題だったし、今日にいたるまでそうである。

経営学の理性

資本主義の怪物が生まれる前に、たしかにすでに比較的少量の手仕事による製品のための市場は存在していた。すなわち、数の上では圧倒的に多い農民と同様に、職人たちは家族を基盤にした生産様式で組織されていた。ということはつまり、諸活動が非常に広範にわたって社会的に協同しておこなわれることはなかった。生産におけるネット化の程度は低かったから、社会化における不備を交換およびそれにともなう市場によって切り抜けることが必要だった。しかしこれらの市場は、（輸送手段の困難ゆえに）その大部分が地方あるいは地域に限定されていただけでなく、いかなる競争メカニズムもなかったから、資本主義的市場経済とはそもそも比較しえないものであった。

なぜ競争がなかったのか？　それはまったく単純な理由によるもので、これらの市場はシステムとして自立していなかったからである。職人は、互いに別々に、各自が独立して生産しており、したがって社会化がようやく生じえたのは、完成品を交換する市場を介してであった。しかしこの交換は、匿名でもなければ、盲目のメカニズムにしたがうものでもなかった。というのは、交換し合う者たちは互いに顔見知りであり、特定の団体（ツンフトや協議会など）に組織された相互間のメタ・コミュニケーションをも有していたからだ。これらの団体はある程度市場の規模を「計画した」。すなわち需要と生産は意識的に比較検討して、決定された。これの意味するところは、生産者の数は厳格に限定されていなければならないことであり、一定の人口と一定の需要水準に相関していた。人口が増えた場合にのみ、それぞれの生産部門の生産者の追加が認められた。こうして、生産と消費相互のバランスがつねに保障されることになり、それに応じて、相互の購買力のバランスもまた保たれることになった。このようなシステム（巨大な農業の現物経済〔自然経済〕の周辺部にのみ存在した）にあっては、競争のための場はまったく存在しなかった。

このきびしい規制は必然的に生産方法にも適用された。というのは、じっさいの生産は個別におこなわれたから、その際つねに競争の可能性が、つまり改良された生産手段によって同業者を出し抜いて、市場におけるより多くのシェアを獲得しようとする可能性がひそんでいたからである。しかしこのようにして他人のパンを取り上げることは、恥知らずとみなされた。この道義的な合意を強調するために、大部分のツンフトは、道具および生産方法を技術革新によって変更することをきびしく禁じていた。じじつ、たとえばトルンの町のツンフト規制には次のようなものがあった。「何人《なんぴと》も何か新しいことを発明したり、案出したり、用いたりしてはならず、各人は市民愛および兄弟愛をもってその隣人に倣うものとする」（アイヒベルク、一九七五年、一八頁からの引用）。このようなやり方では、個々の生産単位の経済的打算はまったくありえなかったし、したがってまた今日「経営学」と呼ばれるものもありえなかった。その代わりにあったのは、伝統的に明文化された技術的な作業過程、原料加工のための一種の処方箋をまとめたものだけであり、これらの文書には、生産における社会関係（夫と妻、両親と子ども、親方と職人・徒弟、主人と下男下女）についての道徳的な教訓が混じり合っていた。ツンフト委員会、参事会会議などは、この社会経済的な機構を監視し、争いごとを調停し、場合によっては変更を加えてこれを管理することになっていた。

このシステムは、それが社会的バランスを志向し、あらゆる社会構成員が「なんとか暮らしてゆける」（ただし限定されて）という方向性をもつかぎりでは、租税によって経済的に搾り取られたものの、構造的に封建制によって邪魔されることはほとんどなく、それ自体はけっして非合理的でも破壊的でもなかった。しかし、このシステムは偏狭で、近親婚によって白痴化し、けちくさく、化石化するほど静的でもあった。このシステムが破壊されたのは、内部からではなかった。構成員自身の解放運動によって彼らの限定された地平が超えられたのではなく、途方もない外圧によって、すなわち、絶対主義的国家機関の要求によって、後には自由主義にもとづく自由な企業家によって、このシステムは破壊された。大規模な匿名の市場の成立とそれに結びついた貨幣の独立がそれまできわめて厳重にタブー視されていた競争を自由化することによって、同時に「経営学」が誕生した。つまり、他のすべての生産単位に対する、個々の生産単位の部分的な経済的打算《もくろみ》が生まれたのだが、そこには調整機能をもつメタ・コミュニケーションの制度は存在しなかった。独自の機関を有する近代国家はすなわち、古いツンフト委員会や参事会会議の拡大版や改良版ではなく、それとは逆に、絶対主義の所産である、外部の、未知の権力であって、この権力は生産者相互間の自律的なコミュニケーションを破壊し、結局は生産者を抽象的で独立したシステムの法則に服従させたのである。

この文脈において、労働を節約する機械の導入が原理的に可能にする歴史的なオルタナティヴをあきらかにすることはきわめて重要である。発明に関する人間の空想や活動を未来永劫に妨げることは不可能だが、これは必然的に全面的な競争へゆきつくことを意味しない。労働節約の効果は、生産が現在の水準にとどまるのであれば、文字どおりに受け取ることができる。つまり単純に、より少ない労働でより多くの余暇時間をもつというすばらしい可能性である。

したがって、家族による生産単位やツンフトの臆病な偏狭性は、生産力の発展に関する意識的な合意――一方では生産と需要の関係、他方では労働時間の短縮と余暇時間の拡大の関係がたえず新たに議論されて、共同体として定められる合意――によって打破されえたであろう。そのためにはもちろん、独立分離していた生産者たちが、市場を介した関係とレーテ〔評議会もしくは労兵評議会と訳されるドイツ語で、ソヴィエトと同義。詳しくは本書第6章「失われた夢と資本主義の狂暴」を参照されたい〕における討論の二元論を、対話を通して計画されて一体化した生産によって止揚すること、それとともに、市場規模をではなく、社会的な生産自体をいまやみずからの決定によって直接確定することが必要とされたであろう。すなわち、この方法によってのみ、生産力発展の結果として生じる生産の上昇を、全員に対する労働時間の短縮でつり合いをとることが可能になるであろう。

技術革新をこの意味で共通の話合いによって実行にうつす可能性があったことは裏づけられている。いわゆる中世においても、技術上の発展がはっきり確認されていることからみて、この発展を生産者の自律的な解放運動によって推進することも可能であったろう。じじつ、中世の社会組織およびツンフトでさえ、全面的に発明反対の立場をとってはいなかった。この時代にもたとえば、水車や鉱山の押上げ機のような労働を節約する技術革新があった。ただし、革新によって他の社会構成員の「食料」を完全に奪ってはならないという原則が生きていた。したがって原則的には、生産力をこの意味で制御し、共同体として発展させることは可能であったろう。

しかし、この可能性の検討および検証がなされえないうちに、絶対主義によって解き放たれた、大規模で匿名の市場と関連した企業間の競争が否応なく強引に押し寄せてきた。イギリスの地主「ジェントリー」や私的小作人は〔たとえばツンフトにおけるような〕生産者の古いコミュニケーション・システムをほとんど持っていなかったが、この点では、奴隷を所有するラティフンディウム〔私有大農地〕の農業資本家、国家マニュファクチュアの管理人や繊維生産における資本制の問屋制前貸し人、あるいは始まりつつあった産業システムの最初の「自由な」企業家たちも同様だった。彼らすべてにとって、機械導入の問題はまったく別のことを意味した。つまり重要なのは、匿名の市場で競争する企業の経営額的理性の観点にほかならなかった。

この観点に立てば、機械の能力を労働節約のために、よりによって生産者により多くの余暇を与えるために導入するなどということはまったく非常識であり、とんでもないことだった。生産性向上による利益はむしろ、現在の市場占有率をさらに高めるために、もしくはそれを維持するために、余すところなく競争目的に支出されねばならない。生産者間になんのコミュニケーションもなく、生産と消費の関係が意識的に議論によって調整されないところでは、一つの法則が存在するだけである。すなわち、「競争能力」を高めるために、いかなる犠牲を払っても実施されるべき、経営観念で凝り固まった「コスト削減」の法則である。匿名のすべての市場参加者はつねにこの強制下にあったから、生産力もまたつねに発展したのだが、〔生産者間の〕コミュニケーションがまったくなかったために、逆説的な結果が生じた。

この資本主義的生産力発展の社会的な逆説はいくつかの領域でみてとれる。必要な労働時間を全員のために短縮する代わりに、経営学の「理性」が求めたのは、一方の人びとを完全に「失業」状態に置き、あらゆる生活の糧から切り離すこと、その一方で、現に「職場」があるから、失業者よりは幸福だと思い込んでいる人びとには、逆に労働時間を延長し、労働の強度を高めることができるようにすることである。というのは、こうすることによって、競争が有利になるからだ。より少ない労働力でより高い生産性を保ちつつ、同時にこれらの労働力をより多くより長く働かせることが意味するのは、一方では（生産手段と労働力の一定の比率のために見込まれた）資本経費、他方では生産実績もしくは達成可能な収益、この両者の経営上の比率の付加的改善である。そして、経営学の経済的打算にとって重要なのはひとえに、この抽象的な、貨幣で表現される投入《インプット》と産出《アウトプット》の比率だけなのである。

しかし、この経済的打算の社会的結果は、それが逆説的であり、経営学の理性が社会的な狂気であることを暴露するだけではない。資本主義的生産様式はまた、それによって解決不能の、論理的に当然の自己矛盾に陥る。すなわち、一面では「抽象的な労働」の蓄積を経済的な「価値」の蓄積へと転換することが資本主義的生産様式の不合理な自己目的であり、この価値は、貨幣資本そのものが飛躍的に増加することにおいて明らかになる。別の面ではしかしながら、この狂った理性は増大する生産力発展にともなって、人間の労働をたえず技術的・科学的な駆動力で置き換え、「価値創造」そのものの実質を空洞化する。ますます少数の労働者がますます多くの製品を製造するならば、このプロセスはある一定の時点からはもはや「価値創造」および貨幣の増大としてあらわれることはなくなる。市場では、この不合理は結局、増大する大量の製品と減少する購買力の著しい不均衡としてあらわれるほかはない。

カントとスミスが地上の神に祭り上げていた、主体がなくコミュニケーションのない資本マシンもしくは市場マシンの「見えざる手」は、とどのつまり一般的な福祉に届くことはまったくありえず、根本的な自己矛盾へ、そして独立した市場システムの社会的危機へといたるほかはない。資本主義には危機が生ずる可能性が内在していること、これに関してはまったく疑問の余地はない。それは、社会の諸制度における人間的コミュニケーションが、匿名の市場における商品とその価格相互間の逆説的なコミュニケーションによって置換されたことの報いである。生産者と消費者、買い手と売り手の間には共通の社会的コミュニケーションが存在しないから、両者はもはや同一ではなく、ばらばらになる。それどころか各個人においてさえ、消費者としての立場にたつときと生産者としての立場にたつときとでは対立する利害を示す（たとえば、東ドイツが西ドイツに併合された後、旧東ドイツの住民は西の商品を好んで消費することによって、彼ら自身の生産基盤を破壊することに手を貸した）。無言の価格メカニズムが人間相互の意識的な合意にとって代わる。そして、そこに生まれる、話合いも交渉もありえない盲目的なシステム・プロセスは、論理的な首尾一貫性をもってますます同じディレンマへとゆきつく。なぜなら、このシステム・プロセスはつねに同一の、あらかじめ組み込まれたプログラムを繰り出すことしかできないからだ、まさに機械のように。

したがって、一方には人間の能力の向上、他方にはつねに新たな貧困と危機の可能性、この両者の間にぽっかりと口をあけた資本主義の歴史的な不均衡は、経営学的打算という社会的に不合理な理性から説明されうる。この理性の狂気は、理性が生産力発展の社会的性格を体系的に否認し、逆方向にねじ曲げることに存する。したがって機械力の発展は、昔からの手工業的生産者の間にネットワーク化された生産自体の共同体的管理に関する事前のコミュニケーション状況をもたらすことはなく――そうあることが必要で、かつ意義深いことだったであろうが――、それどころか、事前に代わる事後的なコミュニケーションさえも破棄するという結果を招いた。

技術的・科学的な能力の向上はこのようにして、ライバル同士の全般的な排除闘争において消耗を余儀なくされるのであるが、他方、人間は、自身の限定された、経済的に非社会的なエゴ的打算という盲目の全合力によって、たがいにグロテスクな自己損傷へと駆り立てられる。そして、この破壊的な論理は分かちがたく資本主義の本性の一部となっているから、じじつ今日まで有効なものとして残されており、さらにその効力を発揮している。後から加えられた社会・経済・政治的な調整の試みはすべて、結局はいつも、途方もない経営学的な合理性といういわば浸透性の内圧に屈することになる。

悪魔の碾臼《ひきうす》

経営学的打算の指示のもとで、第一次産業革命は資本主義の社会的破局を緩和するどころか、強化しえたにすぎない。周辺国の農業資本主義の安い奴隷労働の競争と分業による国家マニュファクチュアの競争は、マシン体制の競争によって高まった。それゆえ、新しい産業時代の開始時点からしてすでに道は、当時よりもはるかに高いレベルで今日新たに観察されうるような、最初のテクノロジーによって推進される構造的な大量失業へと通じていたのである。しかし、十九世紀初期には、この失業はまさに初めて成立しつつあった産業システムの転換にその原因があり、この波に襲われたのは、わけても没落しつつあった手工業者であって、彼らは最終的に敗北するほかなかった。そのうえ、失業は大きな、相変わらず範例となる繊維産業の生産部門に集中していた。その一方で、他の産業分野では旧来の状態がなおずっと長期間もちこたえた。

イギリスにおいても大陸においても、繊維手工業はすべて、安価なイギリスの工場製品によって壊滅させられた。一八二〇年にゲーテによって描写された紡績工や織工が事態を悲観的に見ていたのは正しかったのである。さらに、一八四四年のシュレージエンの織工の反乱は間接的に、機械との競争によって引き起こされたものでもあった。問屋制前貸し制度全体とそれに依存する家内産業は消滅し、大きな、続々と導入される蒸気駆動の機械群を備えた工場によって置き換えられた。シュレージエンやボヘミアの織工居住地で典型的にみられたように、問屋制前貸し人の搾取により、「労働貧民」は完全な失業者となり、すべての地域は社会的に荒廃した。

大量失業と漂流する貧困の最初の大きな波は、十六世紀以来地方住民の間に生じていたが、その原因となったのは、世界市場向けの奴隷所有ラティフンディウムの競争であり、また利潤をもたらす牧羊のための土地を必要としたイギリスの地主の残酷な駆逐行動であった。破滅させられ、追い払われた地方住民たちは都市へ、わけてもロンドンへと流れ込み、そこで拡大しつづける貧民街（「泥沼地区」）に幾百万もの「仕事のない」社会の澱《おり》をつくりだした。こうして諸都市はますます巨大化し、膨れ上がった。これと同じプロセスを、今日われわれは第三世界のいたるところに見いだす。すなわち、ある者たちは奴隷的条件で世界市場プランテーションへと強制され、また別の者たちは一〇〇〇万から二〇〇〇万の人口を擁する都市のスラムへ移住し、これらのスラムはやむことなく拡大の一途をたどる。このような「第三世界」の悲惨な光景がまさに当時のロンドンであった（そして、新自由主義的《ネオリベラル》な政権のもとで今日ふたたびそうなっている）。

産業革命とともに大量失業の大きな第二波がやってきて、その波はやがて繊維手工業全体を呑み込んだ。かつての農民たちの悲惨な群れに、仕事を失ったかつての繊維生産者たちが加わった。市場での競争によって、このプロセスは大陸でも大々的に拡大した。失業者のごく一部は、成立途上の工場体制のなかに新たな生活をみつけた。だが、なんという条件であったことか！　完全に生活基盤を失った人間は、なんとしてでも自身を売りこまねばならず、筆舌に尽くしがたい劣悪な労働形態にしたがうほかはない。半奴隷的な農業労働者、乞食、浮浪者、労役所や貧民収容所の入所者、零落した臨時雇いの労働者たちとならんで、「労働貧民」という新しいカテゴリーが生まれた。工場プロレタリアートである。

人間を貶めるこのような事態に対して、すべての知識人が、偉大な啓蒙哲学者たちのように、無知でシニカルであったわけではない。ギヨタン博士のブルジョア的な「道徳的な機械」〔ギロチン〕が活躍し、能天気な自由主義者ベンサムがコスト削減のために殴打マシンを考案したのとほぼ同時期に、イギリスの神秘思想家で初期ロマン派に属するウィリアム・ブレイク（一七五七―一八二七）は、始まりつつあった工場体制の悪夢を陰鬱な詩のなかで攻撃した。

かつて神の 顔《かんばせ》が輝いたことがあったか
この陰鬱な地上で？
イエルサレムは建立されたのか
悪魔《サタン》の暗い碾臼《ひきうす》の間に？

近代の文献学者たちに（「きわめて文化的な」同時代人にも）しばしば奇矯と思われているブレイクの詩は実際に、イギリスの社会史家エドワード・P・トムスンが述べるように、「独自の、しかも長い民衆的伝統の真正なる代弁者」（トムスン『イングランド労働者階級の形成』市橋・芳賀訳、六四頁）であった。右の詩節の最終行はまさしくそのものずばりであることがあきらかになった。すなわち、「悪魔の碾臼」[*1]は工場の名称として人口に膾炙し、資本主義によって貶められ侮辱された人びとが心の底から共感できる言葉になった。というのは、第一次産業革命の「職場」はじじつ真に地獄の穴倉だったからだ。際限のない経営学的打算はまさに、労働を節約する機械によって過酷な労働秩序を強制し、労働者の肉体を完全に収奪した。これは、直接の労働条件だけでなく、一般的な生活条件についてもあてはまった。私的資本主義的な産業の工場体制は国家マニュファクチュア・システムの最悪の現象を継続し、これを凌駕し、さらに普遍化したのである。

イギリスにおける第一次産業革命の工場地獄については、溢れんばかりの証拠文書と研究調査がある。この点で今日まで凌駕されていないのは、一八四五年にある若いドイツの知識人によって書かれた例の著作である。彼はヴッパータールの紡績工場経営者の息子として、仕事柄しばらくイギリスに滞在していた。そして強い関心をもって、工場体制の新しい「労働者問題」を自身の観点から研究した。この二十五歳の青年フリードリヒ・エンゲルスによる『イギリスにおける労働者階級の状態』は、当時の工場環境を確固たる視点から記述することによって同時代の注目を呼びおこしただけでなく、経営学的な合理性一般の社会的な破壊メカニズムについて根本的な洞察を提供した。

目を射るのはもちろん、特に例の「悪魔の碾臼」の観点である。この「悪魔の碾臼」は西・中央ヨーロッパの資本主義国では一般的に、今日では克服されたと考えられており、ひどいけれどももう遠い過去の不快なメルヘンとして、退屈しつつも一応は認知されているものである。それはすなわち、わけても非人間的な長時間労働の、児童労働の、絶対的な悲惨の生活条件などによるショックである。十六世紀以来の初期資本主義は労働時間を段階的にますます延長して、この点において産業資本主義的な工場体制はもはやとどまるところを知らなかった。経営学的打算は一日の労働時間を、一二時間、一四時間、一六時間、さらに一部ではそれ以上にまで延長したが、その際、もっとも過酷な扱いを受けたのは子どもたちだった。市場経済の野蛮な子ども喰いの実態は、(スウィフトの場合のような)社会から脱落して物乞いせざるをえない貧困という間接的な形態から、工場において子どもたちが文字どおり身を削る直接的な形態へと移った。そのような地獄の拷問には、この状況を調査するために派遣されたもともとはまったく自由主義的な、企業家に好意的であった〔政府の工場調査委員会〕委員さえもがしりごみした。エンゲルスは、政府委員であったラウドン博士のある関連調査報告から引用している。

子どもが非常識的なほど、また血も涙もないほど長時間働いていること、人間にはとても耐えられないような量の仕事をおとなも引きうけなければならないこと、こうしたことが十分明白に証明されたと思う。多数の者が若死にし、また死なくても、生涯にわたって体質に欠陥をかかえることがその結果である。(エンゲルス『イギリスにおける労働者階級の状態』上巻、一條・杉山訳、二九八頁)

つまり労働を節約する機械が社会的結果として「福祉を向上させる」という市場経済の現実とはこのようなものだったのである。抽象的な人間の労働量を渇望する資本マシンの際限のない貪欲はじつに、考えられるかぎりのおぞましさを呈した。若きエンゲルスは怒りに燃えて次のように確言する。

子どもが監督によって裸のままベッドからつれだされ、服を腕にかかえたまま、殴られたり、けられたりしながら工場へと追い立てられたとか、子どもが眠っていたところを殴り起こされたとか、それでも子どもは仕事をしながら眠ってしまったとか、眠り込んでいるあわれな子どもが、機械が止まったあと監督の叫び声で跳ね起きて、目を閉じたまま自分の仕事の操作をやりなおしたとか、もしこれら個々の事例の野蛮さをはじめて読むならば、また子どもが疲労困憊して家に帰ることもできず、乾燥室で羊毛の下に隠れて眠っているのを、ベルトで殴って

> やっと工場から追い払うことができたとか、何百人もの子どもが毎晩つかれきって家に帰ってくるので、眠いのと、食欲がないのとで、夕食をたいらげることができなかったとか、(…)さらに何百ものほかの、いまわしくて、破廉恥なおこないが、すべて宣誓のうえで証言され、何人もの証人によって確認され、委員自身が信頼しうると言明している人びとによって供述されているのを、もしこの一冊の報告のなかで読むならば、(…)ほかならぬ委員がブルジョアジーの味方で、あらゆることを意志に反して報告していることをもし考えるならば、どんな犠牲を払っても、自分の財布をいっぱいにすることだけが大事であるのに、博愛と献身を鼻にかけるこの階級に、憤慨したり、うらみを抱いたりせずにいられようか?(同訳書、下巻、二五—二七頁)

あるいはエンゲルスは、これらすべてを理解し、それを「自然だ」と考えるには、ベンサムをまだ十分には読み込んでいなかったのかもしれない。しかし、非人間性がかくも冷酷であったのはまさに、この冷酷さがたんに主観的な利得欲に由来するのではなく、競争と経営学的な合理性の構造的な前提条件に由来するからであって、この合理性はいかに温和な人間をも、その経済的に規定された行動の結果によって、サディスティックな強制収容所の監視人でさえこれ以上悪質なことを思いつけないほどの獣性へと変容させるのだ。

繊維工場で働く子供（エンゲルス『イギリスにおける労働者階級の状態』より）

そもそも児童労働が大規模に「投入」されえたのは、またもや機械のせいであった。機械そのものが労働を節約しただけではなく、人間の筋力をも蒸気の力に置き換えた。子どもは競争力が強くなく、組織化能力をほとんどもたない。それゆえ、児童労働は、際限のない労働時間延長と同様に、経済的打算からごく自然に導入されたのであったが、経済的打算はさらに磨きがかけられて、いまや成人男子を、児童の安い労働価格と競争せざるをえない状態に追い込んだ。これによって、自営手工業者の破滅は飛躍的に促進された。なぜなら、機械投入と安い児童労働の組合わせに対して、手工業者は太刀打ちできず、その収益は最低限度の生活費に届かない惨めな水準に落ち込んだからである。その様子は、十九世紀初頭におけるヴュルテンベルクの〔成人男子の〕繊維労働者の賃金に関する調査によれば、「ヴュルテンベルクの紡績工が手仕事で六時から二十二時までの労働時間で得る収入は、工場の子どもが機械紡績で十二時間ないし一四時間労働で得るのと同等だったが、これは、成人女工の賃金の半分から三分の一であった」(フィッシャー、一九九二年、一四〇頁)。

したがって多くの場合、成人男性は失業する一方で、子どもと女性は低い賃金で工場で酷使された。このような状況をたんに歴史的錯誤に帰して、今日では根本的に克服されていると考えるのは自己欺瞞である。少なくとも工場体制のきわめて劣悪な残酷さを緩和するのに、西側の中核国においてさえ百年以上にわたる激しい論争を要したことが示すのは、唯一、次のことである。すなわち、経済的打算に依拠する自由主義は、鎖から解き放たれるや、原則的にいかなる主観的な感情にも左右されることなく、「悪魔の碾臼」という資本主義のおぞましさを繰り返す傾向があることである。際限のない労働時間の延長と際限のない児童労働の投入が、技術水準に関係することは比較的少なく、経営学的な合理性の構造にもとづく論理的な結果である。したがって、この合理性そのものが市場経済からの解放を目指す反乱によって破壊されないかぎりは、いつでもふたたび不意に出現しうるのである。

児童労働は実際には、世界市場で歴史的に勝利を収めたごく少数の国々でしか除去されえなかった(これらの国々においてさえその除去は一時的であったにすぎない)。人類全体からみれば、初期産業化時代の労働力搾取による貧困に、わけても残酷な児童労働に終止符がうたれることはけっしてなかった。今日でも資本主義の周辺国では、この方法で中核国の高い資本投下に対抗する競争力を維持しようとしている。

経済的打算がいったん認知されて、疑う余地のないものになるやいなや、一般社会における社会的意識は経済的打算の結果を取り繕い、歪めた形でなんとか知覚しようとする傾向がある。これを肯定的にとらえる非常に頭の良い人たちだけが、あからさまなシニシズムによって、彼らがこの事態を見通していることを示すのだ。初期産業化時代の企業家は総じて、自分自身を大真面目に、物乞いをする子どもたちを路上から拾い上げて、「有益な」活動に引き渡す慈善家とみなしていた（ベンサム的功利性である！）。自由主義的な経営理論家のアンドルー・ユア（一七七八―一八五七）は悪魔の碾臼のなかにいる子どもたちを観察して、次のような楽園的な光景を目にしたという。

ミュール紡績機の紡車がもどってくるやいなや、彼らが切れた糸をすばやくつなぎあわせるのを観察するのは、（…）とても喜ばしい（delightful）ことであった。このような元気のよい（lively）妖精たちの労働は、練習すれば気持よく、上手になれる遊技に等しいようである。（エンゲルス、同訳書、下巻、二八頁）

今日、資本主義の周辺国におけるものの見方もこれとさほど異なってはいない――さらに間接的には西側の慈善団体においてもそうである。彼らはおしなべて、市場経済とそれに固有の経済的打算を攻撃することなど夢にも考えない。このシステムが、国家社会主義の崩壊後、「他に選択の余地はないもの」と思い込まれるようになってからは、キリスト教関係の児童救援機関においてさえ、同じく驚くべき、大勢順応的なイデオロギー上の方向転換が生じた。資本主義の周辺諸国における工場での児童労働はいまや、初期産業化時代の企業家側からなされたのとほとんど同じ論拠で正当化される。しかも、それに代わるものといえば、物乞いか、売春か、あるいは家族のさらにひどい悲惨が待ちかまえているというのである。市場経済の内部でのみ、それは正しい。だが、そのようなオルタナティヴを甘受して、自身の信用を失わずにいられる者がいったいどこにあろうか。つまり、自由主義の「専門家《エキスパート》」にみずからすすんで鼻面を引き回させる救援機関は、市場経済の模範生として「経済的必然性」について小賢しく弁じたて、今日なお基本的には繊維産業に集中しているグローバルな児童労働の（ナイーヴにも実現可能と考えられた）緩和と社会的改善だけを目指す。これによって、この機関が意図せずして証明するのは、再生産の一般的形態としての市場経済をいかなる形式であれ原則的に容認することは、信念を持つ善意の人をもまったく自動的に資本の怪物に変身させることであり、この怪物は、ベンサムのように落ち着き払って、人類の幸福に参画していると信じているのだ。

そして、「悪魔の碾臼」は幾百万もの子どもたちにとって来る日も来る日も回され続けるのであり、この地獄の終わりは、援助活動が資本主義的生産様式とその市場経済のラディカルな批判と結びつくことによってのみ可能になる（だが、この批判は拒絶される）から、啓蒙の狂った理性に対して非合理的に反応するテロリスト――それがいかなる政治的色彩をおびていようと――の「罪のないものはいない」という言葉は、狂った理性のブーメランとして急所を突くのである。たまたま居合わせた通行人を木っ端微塵にする爆弾は、子どもたちの身体をやむことなく市場経済の犠牲にするのと同様に道徳的に非難されるべきだ。だが、その通行人は、なんら個人的な責任はないとはいえ、ふだんそれに思いをめぐらすことなく子どもたちの収奪につねにかかわっているのである。社会マシンがこのような結果をもたらすのを見て、若きエンゲルスは最初の著作のなかでこう叫ぶ。

それは個人の行為とまさに同じように殺人である。ただし暗々裡の悪辣な殺人、だれも防止できない、殺人とは思えないような殺人というだけのことである。それというのも、殺人犯の姿が見えないからであり、全員が殺人犯でありながら、それでいてだれも殺人犯ではないからであり、いけにえの死が自然死に見えるからであり、そしてこの殺人は作為犯というよりも不作為犯だからである。しかしそれはやはり殺人である。（エンゲルス、同訳書、上巻、一九〇頁）

しかしこれはたんに、世界規模で今日まで克服されていない、経済的打算の本質に固有の、無限定の労働時間ではけっしてないし、「悪魔の碾臼」の性格を構成する無限定の児童労働でもけっしてない。労働時間がいくらか短縮され、児童労働が廃止されたとしても、例の、それ自体においては止揚しえない、カール・マルクスが「疎外」という一般的な概念で呼んだ経営学の諸要因は取り残されるであろう。すなわち、「暗い悪魔《サタン》の碾臼」のなかで金《かね》を稼がねばならない者は結局、そもそうとは気づかずに自分自身と疎遠になる〔疎外される〕ほかはない。これはけっして見通すのが難しい事態ではない。というのは、資本の価値増殖という客体化された自己目的は、経営者に対するのと同じように、賃労働者たちからも、彼らの活動の目的＝手段関係に関するあらゆる自己決定を剝奪するからである。まずはじめに生産と消費の分離、さらに内容上の意味と目的について意識的な了解のない、匿名の市場のための匿名の活動は、競争に強制的に追い立てられて、あらゆる関与者の活動を「抽象的な労働」にする。二十八歳の亡命者カール・マルクスは一八四四年に、「労働者は、仕事を離れてようやく正気になり、仕事中は我を忘れていると感じる」（マルクス『経済・哲学草稿』）と記している。一方、若きエンゲルスは、一年後に出た自著のなかで初めて、金を稼ぐために労働する人間を今日までけっして解き放つことのなかった生活感情――それは今日では無意識のなかへ滑り込んでしまっているのだが――を的確に表現した。

毎日朝から晩まで気の進まぬことをしなければならないことほど、ぞっとすることはない。そして労働者が人間的な感情をもっていればいるほど、彼らにとって労働はますますいとわしいものとならざるをえない。労働のなかに存在する強制を、労働者が自分にとっては無意味だと感じるからである。いったいなんのために彼らは働くのか？　創造の喜びからか？　自然の衝動からか？　けっしてそうではない。彼らが働くのは金《かね》のため、労働そのものとはまったくなんの関係もないことがらのためである。（エンゲルス、同訳書、上巻、一三〇頁）

工場やオフィスは、あらゆる独自の生活表現から切り離されて、抽象的な時間と抽象的な活動の機能主義的な空間と化す。空間の区切り方、そして機械類の配置の仕方はすでに客体化された強制下におかれているが、これらはすべて競争のためである。私は工場で働いた経験があるが、そこでしばしば気づいたのは、特に女性たちは（「家庭」を気持よく整えるように女性を条件づけている、後天的に獲得されたジェンダーの役割にしたがって）、感動的なやり方で、なんらかの「快適さ」の要素を悪魔の碾臼のなかへこっそり持ち込もうとすることである。たとえば、アドヴェンツクランツ〔待降節の飾り輪。モミやトウヒの枝で編んだ輪で、クリスマスを迎える四週間前からローソクを灯して飾る〕を機械の置かれた作業場に架けたりする。もちろんそうすることによって、資本主義の機能空間の非人間的な形態が、いっそうグロテスクに強調されるだけなのだが。

ここでは労働になんらかの社会的な意義が求められているわけではなく、すべては、貨幣の自己目的の成就に向けられている。機能的空間の非人間化は、人間の共同作業からおのずと発せられるのではないから、この点では多かれ少なかれ「従業員」と経営陣との間に暗黙の闘争が生じるが、その歴史はまだ書かれていない。私は旧東ドイツ出身の知人から、チューリンゲンの玩具工場の労働者たちの統一後の様子を聞いたことがある。西ドイツマルクの奇跡を待ち望んでいた彼らは、びっくり仰天することになった。従業員の半数が即刻解雇されたのは別として、工場に残ったもののうち、まず最初に彼らのささやかなコーヒー・コーナーと「雑談用の場所」が「効率を妨げるもの」として撤去され、工具類を私用に使うこと（従来はあたりまえだった）が禁じられた。

すべてが同じことを証拠立てている掲示、警告、規則などのコレクションを提示することは簡単であろう。つまり、資本主義の機能的時間においては人間としての自分自身を不可視にするように、可能なかぎり余すところなくエネルギーの全力投球マシンに変身するように、その結果「仕事中は我を忘れる」ように、「従業員」に対して直接または間接の圧力がかけられていることが証明されよう。エンゲルスはあるイギリスの工場の就業規則を引用している。「他の労働者と話をしたり、歌を歌ったり、口笛を吹いているところを見つかった労働者には、（…）罰金を課する。仕事中に持ち場を離れた者も同様である」（エンゲルス、同訳書、下巻、四五頁）。まったく同様の規定はドイツの産業化の歴史でもみられる。いたるところで、人間材料に対する資本主義の「教育要求」は工場の罰則のシステムと結びついていた。つまり、あらゆる種類の「違反」に対して賃金カットがおこなわれた。たとえば、一八一七年にドイツで最初に創立されたヴュルツブルク近郊の機械工場「ケーニヒ・アンド・バウアー」の『赤い処罰書』が残されている。労働者は、八ペニッヒから二〇グロッシェン〔ほぼ現在の六〇〇円から一八〇〇円に相当する額〕の罰金および名前の公表でもって罰せられたが、それは以下のような「違法行為」の廉《かど》によるものであった。

連れだって便所に行ったこと、錐《きり》を探すと称して歩きまわったこと、月曜の午前は病気で午後も健康ではなかったこと、牧師様を侮辱した廉で地方裁判所に召喚されたこと、無駄口をたたいたこと、結婚で十二時間欠勤し、さらに寝過ごしたこと、子どもっぽい悪ふざけをしたこと、不従順であったこと、食堂で殴りあったこと、果物の芯を窓から投げたこと、おせっかいをしたこと、作業中に眠ったこと等々。（デーネケ、一九八七年、一一三―一四頁からの引用）

さらに、ヘーヒスト〔オーストリア〕にある「カール・シメオンスのゼラチン工場の工場一般規則」（一八六九年）には、以下のようなものが見られる。

労働者には、親類あるいは部外者に飲食物を持ち込ませることは、許されない。（…）労働者には、部外者といかなる会話を交わすことも禁じられている。（…）労働者には、特別の許可なしに終業後および休憩時間中に作業現場に居残ることは認められない。（…）あらゆる仕事部屋および作業場ではつねに静寂と平穏が保たれねばならない。口笛、歌唱、不必要な談笑、物の売買、ゲーム、これらは禁じられている。（アイラー、一九八四年、二六四―六五頁からの引用）。

今日でもなお本質的にこれと同種の（実際には、その間にさらに抽象化・一般化されたかたちで）、それ自体非合理な規定はあふれるほどあり、これらの規定の背景には、調教と他者決定という同一の性格がある。多くのことは、特別に明文化する必要さえない。私はかつて、「仕事中に」誰かが腰を下ろしたり、新聞を読んだり、あるいはふざけあったりすると、「資本の下士官」（マルクス）たる班長や職長が落ち着かなくなるのをしばしば経験した――たとえそれが、原料の搬入が滞《とどこお》ったとか、機械を新たに設置する間まったくなにもすることがなかった時でさえも。

より新しい、ポストモダンの管理《マネジメント》構想は、表向きはほかならぬ生産者の福祉向上をとおして資本の自己目的を鼓舞しようとするが、この構想にはそれ自体、総じて硬直して虚偽的なところがある。労働環境を改善するという目的は、人間にとってはそれ自体外的なものであるから、彼らが「仕事中に」人間であることをやめるかぎりにおいてのみ「正気で」ありうるし、貨幣の疎遠な自己目的を内面化することができる。もちろんこれによって、機能主義的な還元から逃れられるわけではない。たとえば、壁の色が、業績を向上させるために（と称して）、「心理学的な考慮」の末に選択される場合、それによって人間材料の調教が洗練されるにすぎない。同じことが、「脱ヒエラルヒー化」の形態にもあてはまる。「脱ヒエラルヒー化」はひとえに、ベンサム・モデルにしたがって、人間を自分自身の監視者にし、駆りたて役にすることを唯一の目的としている。

ドイツ民主共和国（旧東ドイツ）の国家社会主義にまったく類似の調教概念が存在したことは、商品生産をおこなう近代の社会構成の内的近似性を示している。「労働満足度」――この調査のために経営心理学者が「従業員」に差し向けられた――という国家社会主義的なカテゴリーはまさしく疎外が存在したことの証明であり、この疎外は抽象的な価値増殖過程から切り離すことができない。この抽象的な価値増殖過程が、盲目的な競争メカニズムによるものか、あるいは国家官僚的に実行されるかはどうでもよいことである。ただし、不本意ながら東ドイツの国家官僚統制は、「仕事中に」、西欧資本主義において無言のうちに全面的に強制される競争よりもあきらかに多くの隙間を、人間材料の個人的な壁龕《へきがん》〔ひそかな自由空間〕のために認めていた。この点をとらえて、西側のイデオローグたちは「効率が不十分」と解釈した。それによって国家社会主義は、商品生産システムの社会的形態において自身に課していた基準で測られたのである。

「悪魔の碾臼」において、公共の利益を損なうベンサムのような狂人の夢がついに社会的に一般化されたことは、容易にみてとれる。「抽象的な労働」がまず教え込まれた、国家マニュファクチュア、世界市場＝奴隷プランテーション、労役所、精神病院など、本来は犯罪者のための例外的なケースがいまや社会のふつうの状態にまで侵入した。ベンサムのパノプティコンのあらゆる要素が、工場体制のなかにふたたび見いだされる。人間材料に対する「従業員」〔Beschäftigte。この語は今日ではごくふつうに用いられているが、著者はこれを「労働するものが自由時間をもてないようにする」という意味に解している〕という表現からしてすでに、工場労働やオフィスワークの起源が、踏み車《トレッドミル》や苦労して考案された労働拷問機械をそなえた十八世紀の監獄や精神病院にあることを示している。これらの機械はいまや蒸気の力によって強化されて、全人類に襲いかかり、人類を、ベンサムによって要求された資本主義的「功利性」に引き渡すことができたのである。イギリスでは、このような種類の、利用し尽くされる人間材料をいかにも特徴的に「ハンズ」〔元来は「両手」のことだが、「労働者」の意で用いられる〕と呼んだが、このことは、個人が粉骨砕身する労働力単位へと還元されることを説明してくれる。

ベンサムのパノプティカルな妄想システムは、資本の機械ユニットのなかに身を潜ませることができたし、それゆえ人間の生活の技術的対象化ならびに前提条件として登場しえた。これこそまさにベンサムが欲していたことだった。すなわち、資本主義の不当要求は、脱人間化されて〔たとえば、企業家が労働者に直接要求するのではなく〕、物的構造のなかにあらわれるものとなり、まさにそうなることによって、「内的人間」（超自我）の行動規範になる。そのためには、建築面および構成面でのパノプティカルな完成に加えて、いまや無邪気に第二の物質的自然としてあらわれえた技術的進展という母型《マトリックス》以上にふさわしいものはなかったであろう。こうして資本主義の世界マシンの自己目的は、社会経済的な装置から文字どおり技術的な装置へと翻訳されえたのだが、この装置は、必然性とされる生産力向上そのものの背後に暴力を隠すことになる。このことを、後の少なからぬ社会主義者たちとはちがって、アンドルー・ユアのような同時代の経営コンサルタントはよく認識していた。一八三五年にユアは、その著書『工場《マニュファクチュア》の哲学』のなかで発明家兼企業家アークライトによる紡績機械の配置についてまったく腹蔵なく批評している。

> 私の考えるところでは、アークライトの主要な問題は、綿花を取り出して長く続く糸を編み上げることのできる自動メカニズムを発明することにあったというよりはむしろ、（…）人びとに不安定な労働日の習慣をやめさせて、彼らを複雑な自動機械の不変の秩序に順応するように仕向けることにあった。大事なことは、工場規律のシステムを計画し、管理することだった。（…）それまでは気まぐれな労働意欲が習慣化していた労働者たちの手に負えない性格を意のままにするためには、じっさいナポレオンのような神経の図太さと野心をもつ男を必要とした。

（エーマー、一九八四年、一五三頁からの引用）

資本主義の機械体制《システム》をもってようやく、人間とその社会性を死んだ機能メカニズムへと還元し、これを完成するための最後の一歩が踏み出された。もっともこの完成には、その後も資本制の産業主義そのものにもとづいて再度長い発展を経なければならないのだが。一八四五年、フリードリヒ・エンゲルスはこの最後の変換の初期段階を次のように描いている。

機械を監視し、切れた糸をつなぐことは、労働者に頭をつかわせるような活動ではないし、また別の面では、労働者が精神をほかのことにつかわせないようにする種類の労働でもある。(…)おまけに労働者は一瞬も仕事から離れることができない。蒸気機関は一日じゅう動いている。紡車や、ベルトや、紡錘はたえず耳のなかでブンブンとうなり、ガチャガチャと音をたてている。(…)労働者は朝五時半には工場にいなければならない。(…)彼らは命令にしたがって飲み、食い、眠らなければならない。(…)暴君的なベルが彼らをベッドから呼びおこし、朝食や昼食から呼びよせる。（エンゲルス、前掲訳書、下巻、四一―四四頁）

しかしながらこの「労働」の非人間性は、技術的な生産力そのものから生じるようにはみえない。そしてこの箇所で、近代の生産力に反対を表明するという罪を犯したくないエンゲルスは立ちすくみ、その後なにがしかの論拠を示して、姿をくらましてしまう。

整然たる大工場では種々さまざまな操作がかみあう必要があるが、それを確保するためにはこのような規則が欠かせないのだ、と私はいわれることであろう。軍隊の場合と同様に、ここでもあのような厳格な規則が欠かせないのだ、といわれることであろう。よろしい、そうかもしれない。だがあのような恥ずべき圧制がなければ成立しない社会秩序とは、いったいなんなのか？　目的が手段を神聖化するか、あるいは、手段が悪ければ目的も悪いという結論が完全に正当化されるか、このどちらかである。（エンゲルス、同訳書、下巻、四六頁）

ここに初めて、おずおずと、まだ否定的な言いまわしで「労働の軍隊」という例のメタファーがあらわれるが、これはほどなく『共産党宣言』において肯定的な位置を占める。すなわち、結局は「変節」し、みずから抑圧的な近代化イデオロギーにゆきつくことになる、後のマルクス主義の自己欺瞞が予告される。若きエンゲルスはここではまだそのような展望に恐れを抱いて後ずさりしているが、この展望はたしかにあらがいがたくつきまとう。なぜなら、機械のなかに実体化された資本の社会的抽象作用（生産力）と、人間の能力としての新たな生産力とは、概念的に切り離しえなかったからである。

エンゲルスが身をおき、また移動した知的環境は（イギリスだけではない）、「社会主義」――ブルジョア的博愛主義のより首尾一貫した部分が社会主義へ変身し始めた――の新しい前兆のもとにおいても、人間材料は抽象的な価値生産の機械に服従し、「労働規律」を遵守すべしというまったく自由主義的な教義《ドクトリン》を内面化していた。ただし、この規律化は「抽象的な労働」という見知らぬ神のためになされるものとされた。エンゲルスはまったく無邪気に、自由主義と社会主義のアマルガムである「教育労働」を称賛するのだが、そのアイディア提供者のなかでも際立っているのが、ほかでもない功利哲学の博愛主義者で労働刑務所イデオローグのジェレミー・ベンサムなのだ。

もっとも偉大な最近の二人の実践哲学者であるベンサムとゴドウィン（ウィリアム・ゴドウィン（一七五六―一八三六）はイギリスの政治哲学者で、社会主義的傾向をもった無政府論者だった。このあと本書で言及されるマルサスは、ゴドウィンに反論する目的で『人口論』を著わした）は（…）プロレタリアートのほとんど独占的な財産である。たとえベンサムが急進ブルジョアジーのあいだで人気を博しているとはいっても、ベンサムを進歩・発展させることができたのは、やはりプロレタリアートと社会主義者だけなのである。プロレタリアートはこのような基盤の上に独自の著作をものしたのである。それらはたいてい雑誌やパンフレットから成っていた。（エンゲルス、同訳書、下巻、一四九―五〇頁、一部変更）。

ここでふたたび先に述べたことに出会う。若いエンゲルスのために言っておく必要があるのは、彼は一八四五年にはベンサムの文書ならびにその真の意図をほとんど、あるいは断片的にしか知らなかったであろうということだ。このことは、エンゲルスが彼の本の別の箇所で、失業貧民のためのいわゆる労役所の設備とその様子について腹を立てていることからもあきらかである。

> 監獄の食事でさえ全般的にこれ〔救貧院の食事〕よりはましである。そのために、救貧院にいる者はわざとなにか罪を犯して監獄に入る。救貧院とて監獄なのである。分担の仕事をしない者はなにも食べさせてもらえない。外出しようと思うと、まず許可を願い出なければならないが、それはその者の品行や監督の意見によって拒絶されることがある。（…）被救恤民〔受救貧民のこと〕は救貧院の制服を着て、保護のないまま監督の恣意にゆだねられている。（…）グリニッジの救貧院で一八四三年の夏に、五歳の少年が罰として三晩も死体安置所に閉じ込められ、棺桶の蓋の上で眠らなければならなかった。同じことはハーンの救貧院でも、幼い少女にたいしておこなわれた。（…）ケント中でももっとも美しい地域の一つにあるこの救貧院は、すべての窓が内側に、中庭の方に向いている。（エンゲルス、同訳書、下巻、二三五頁）

あきらかにエンゲルスはここでそれとは知らずに、ベンサムのパノプティコンを描写している。パノプティコンの構想とその実現はこの当時すでに自明のものになっていたのである。しかし、無知は免罪符にはならない――もちろんこの奇妙な関連ゆえにエンゲルスの書物の重要性と彼の記述の真実性が損なわれることはないとしても。マルクスとエンゲルスはのちにしばしば、まったく正当に「小市民的社会主義」の浅い半睡状態を批判し、つねに自由主義のおぞましさを糾弾したが、しかし、新たな生産力の資本主義的特性を技術的かつ構成的な次元で（いわばベンサム次元で）批判的に調べ上げることはしなかった。「労働の軍隊」という抑圧的なイデオロギーが繁栄しえたことによって、社会主義の初期には、自由主義との無意識かつ潜在的なドッキングがあったことがここにみてとれる。

機械破壊者たち

第一次産業革命の犠牲者たちは、もちろん前世紀の農民や職人たちと同様に、戦うことなくおとなしく不利益を甘受したわけではない。これらの反乱者たちは長いことブルジョア歴史学においてもマルクス主義理論においても十分に光を当てられないままだった。機械の進歩と近代化が強調されたために、まったく自主的な、公式の歴史の「下側で」進行した大きな戦闘的な大衆運動の理解は遮られて、その結果、この運動の輪郭は今日まで幻のようにしか見えない。ひとつには、この運動が、まだ口伝えの古い民衆文化の伝統を受け継いでいて、文書による公式の証拠を残さなかったこと、また、これらの証拠が機械論的な世界観をもつ資本主義の人間管理者や督励者の憎悪を買って、廃棄されたこと、さらにまた、そのようなものに対する関心がまったくもたれなかったこと、などのためである。したがって、多くの証拠文書はおそらく今日まで掘り起こされておらず、〔またそれらが発見された場合には〕まったく新たに解釈される必要があろう。後の労働運動の観点からすると、この運動はつねに不完全な（したがって、完全には真に受けることのできない）「先駆け」にすぎなかったからである。

ようやく最近になって、皮膚感覚の日常生活史ならびに社会史への方向性がより強まったことで、初期資本主義の貫徹時期のもうひとつの像《イメージ》が示唆されるようになったが、この像《イメージ》はまだけっして十分に解明されていない。しかも、この問題は現在、アカデミックな学問ツンフトが「選択肢のない」市場経済へと無思慮に方向づけられることによって、埋め立てられようとしている。西側の「新左翼」の挫折の後、また東側の国家社会主義の没落の後、資本主義の要求するシステムの神聖化が最近の一般的な大勢となった。その結果、ベンサムの人間調教のメカニズムと産業化の歴史によるこのメカニズムの客観化を新たに究明すること、そして冷酷に貫徹された強制システムとしての市場経済に対して歴史的な訴訟をおこすことは、ほとんど反時代的で、出世にもほとんど有利になるとは思えない状況をつくりだしている。

公式の歴史が実際の歴史と接点をもつことはほとんどない。近代ブルジョア社会が描く歴史的自画像はあいかわらず歪んでおり、この歪んだ像が歴史意識のなかにあらわれることはじつほとんどない。現実には、第一次産業革命にいたる全過渡期は、ヨーロッパ全土における永続的な、あるときは極秘裏の、あるときは公然たる内戦によって特徴づけられていたのである。この執拗な対立の途方もない激化と好戦的態度は歴史書と時代概念のなかでは入念に消し去られた。

問屋制前貸し人と国家マニュファクチュアの前産業的資本主義からしてすでに、数多くの暴動と社会的反対運動に彩られていた。シュレージエンの織工の反乱は唯一の例ではなかったし、特殊な例でもなかった。むしろ、たまたま文学的な処理が施されたために際立つことになった平均的な事件だった。すでに産業化が大々的に推進される以前に、一般的な不安定化の公式は妥当していたのである。すなわち、「社会的な事態の深刻化に対する不安が十八世紀を貫いていた。(…)反乱、ストライキ、申合わせ、騒乱、反抗的な狼藉——あらゆる概念は、つまるところ同一の不確かな状態をあらわす異なる形式を意味していた」(シュチュルマー、一九八六年、一五三頁)。

この社会的反乱は、第一次産業革命とそれに結びついた資本主義的打算の徹底化によってまさしくかき立てられた。大陸における紡績工と織工の反乱(シュレージエンの反乱のほかに有名になったのは、一八三一年のリヨンの絹織工の暴動である)がなお前産業的な十八世紀の残響を保持していたのに対して、産業化の進んだイギリスでは新しい社会運動が展開された。この運動は、漸進的な産業化の趨勢のなかで西・中央ヨーロッパにも広がり、そこでは職人暴動と一般的な「パン騒動」という非常に古い形と混じり合った。この「パン騒動」はイギリスでも、食料品の価格上昇に対抗して定期的に頻繁に生じた。そして、今日この言葉は、第三世界における無数の自然発生的な暴動をあらわすものとしてふたたび一般的になっている。これは基本食料の過激な値上げに対する反応として再三突然燃え上がるのだが、この食料品値上げもともとはといえば、国際通貨基金(IMF)とその新自由主義《ネオリベラリズム》の先駆者たちが資本主義の周辺に位置する重債務国につねに新たに通達を出して、強制するものなのだ。

しかし、第一次産業革命以降の社会的暴動の中核をなしたのは、イギリスに端を発した「機械破壊者」、または「ラッド将軍」にちなんで命名された「ラッダイト」の運動だった。この人物は、ネッド・ラッドあるいはラドラムという名の戦闘的な靴下編み工たちの伝説的なリーダーであるが、彼が実在したのか、あるいは社会的な大衆運動がつくり上げた「虚構の人物」なのかは判然としない。このラッドに関しては、無数の報告や格言詩（一行に四強音をもつクニッテル詩行や、語頭の子音を交換する語呂合わせのような交換韻がよくみられる）が流布しており、たとえばトムスンは次のような例を引用している。

ラッドのほかに将軍はいない
ラッドはいつでも貧者の味方

ラッダイト運動は、たとえば社会民主主義を奉じる政治学者ヴォルフガング・アーベントロートが主張するのとはちがって、非歴史的なその場限りの意識に刻印されていたのではけっしてない。アーベントロートは、十九世紀初めの数十年間に「後から加わった」ラッダイトの活動家たちには、「そもそもイギリスにおいて数十年前に類似の抗議運動が存在したことは、なにひとつ知られていない」（アーベントロート、一九八五年、二九頁）と述べているが、これは逆であって、証拠類をみれば、ラッダイト運動は非常に強い歴史的な伝統に刻印されており、意識的に非常によく知られた社会暴動の伝統のなかに位置することが推論できる。トムスンによれば、イギリスではさまざまな種類の、さまざまな理由による比較的大きな騒動がすでに、一七〇九年、一七四〇年、一七五六—五七年、一七六六—六七年、一七七三年、一七八〇年、一七八二年、一七九五年、そして一八〇〇—〇一年に生じていた。ここには、無数に生じた比較的小規模の、局地的な反乱行動は除かれている。手段としてあげられるのは、ストライキ、デモ、放火、略奪、脅迫状、さらに、十八世紀の段階でもすでに機械類や工場施設の破壊などである。「羊毛を刈り取る最初の機械は一七五八年にイギリスの労働者によって破壊された」（アーベントロート、一九六五年、一三頁）し、さらに「一七六九年には、ロンドンにあった機械を備えた製材所の破壊に対応して、機械類の打ちこわしや工場建物の破壊を罰する最初の法律がイギリスの議会によって発布された」（ヴルフ、一九八七年、二〇頁）。その際、パン騒動と連動して、あきらかに高度に組織化されたグループの攻撃的で反権威的な精神が示された。それはたとえば、一七六六年の韻を踏んだ脅迫状のなかに宣言されている（トムスン、一九八〇年、一一九頁）。

俺たちは三千を超えるちょっとした軍隊、
闘うために固く団結している。
いまいましい、俺たちはやるぞ、
国王の軍隊をびびらせてやる。
国王と議会の出方次第じゃ、
イングランドをゴミの山に変えてやる。
そして、物価が下がらなければ、
そのときにゃ、見てろよ、議事堂に火をつけて
世直しをしてやろうじゃないか。

この戦闘的な社会暴動は、十九世紀初めの第一次産業革命期のラッダイトによってふたたび開始され、一八一一－一二年および一八一七年を頂点として数十年にわたって戦いぬかれた。ノッティンガムシャー、ヨークシャー、ランカシャーなどの繊維工業の盛んな諸州では、企業家たちは「ラッド将軍」の署名入りの脅迫状を大量に送りつけられた。それらの脅迫状ではしばしば、ほとんどおもねることなく「いまいましいイノシシ狩りの猟犬め」（トムスン、一九八七／一九六三年、六二一頁）という呼称が用いられ、「われわれは貴様らの建物に火をつけて灰にしてやる」（トムスン、

同書、六四六―四七頁）といった予告がなされた。一八一一年三月には、ノッティンガム州で最低賃金を求め、新しい生産方式の導入に反対する大規模なデモが起き、これに「機械打ちこわし」が続いた。

一八一一年三月十一日の靴下編み工たちのデモが警察によって暴力的に鎮圧されると、デモ隊はこれに呼応して同夜のうちに六〇台の靴下製造機を破壊した。この暴力行動はほぼ一年間続いた。この間に、約千台の靴下製造機が破壊され、規格外の製品が廃棄された。そのさい労働者たちは例外なく組織的かつ計画的に行動した。（ヴルフ、一九八七年、二二一―二二二頁）。

ヨークシャー、すなわち「ラッダイト運動の第二の大きな中心地では、（…）ラッダイトは高水準の技能を有する職人および専門工のもっともよく組織されたグループおよび剪断工から構成されていた」（パウリーニ、一九八三年、二三七頁）。ここで問題になっていたのは、起毛機と剪断機の導入反対、すなわち生産技術の導入に反対する闘いであり、剪断工がその資格を奪われ、賃金の大幅引下げを恐れるのはしごく当然だった。闘争はエスカレートして、ついに公然たる内戦になった。

ノッティンガムの靴下編み工とはちがって、ヨークシャーの剪断工たちは、小企業主だけでなく、けっして脅しの効かない、比較にならないほど打倒困難な大規模な企業主と対決せざるをえなかった。一九一二年四月、ラッダイトは力比べを開始し、武装した一五〇名のメンバーがローフォールズのウィリアム・カートライトの工場を攻撃した。このような攻撃を予想していたカートライトは、前もって工場内に兵士と武装労働者を配置しておいた。ラッダイトが中央通用口に殺到しようとするが、カートライト工場の連中によって撃退された。攻撃側には、少なからぬ負傷者と二名の死者が出た。これまでラッダイトたちの機械打ちこわしは選択的で限定されたものだったが、最初の血が流されるや、運動はエスカレートした。二名の射殺された労働者の報復として、彼らは、ホースフォールというもっとも憎悪されていた企業家の一人を殺害した。このホースフォールは、「馬の腹帯の高さになるまでラッダイトの血を流して」やると挑発的な言辞を弄していたからである。(…)〔しかし〕この殺害によってラッダイト運動は住民のあいだで共感を失い、このことがまた事態をさらに先鋭化させた。いまや、略奪が日常化し、内戦同様の対決となった。運動はますます拡大して、不作、戦争、経済危機などによって引き起こされた極度の物不足に反対する暴動へと発展した。これに対して政府は、大々的な軍隊の投入ならびに機械打ちこわしに対する死刑導入をもって応えた。(ヴルフ、同書、二三一―二四頁)

ラッダイトがみずからそう名乗っていたように、「正義の軍隊」はあきらかに住民の間でひきつづき強い支持を得ていた。トムスンの見解によれば、重大な軍事的衝突の後にも、「靴下編み工や剪断工が余儀なくされた社会的孤立を誇張すべきではない。ラッダイトによる「暴力的侵害」の時期全体にわたって、ミッドランズやウェストライディングでは機械の破壊者は世論の支持を取り付けていた」(トムスン『イングランド労働者階級の形成』市橋・芳賀訳、六五一頁)。自国民に対して正規の軍隊が投入され(市場経済の「レッセ・フェール」の貫徹におけるハイライト)、「ラッド将軍」が軍事的に敗北したにもかかわらず、その後も暴動、ストライキ、放火、機械打ちこわしは十九世紀の四〇年代にいたるまで続いた――じじつ、イギリスにおける第一次産業革命全史の伴奏音楽として。

一八一八年に、綿紡績工と織工の大規模なストライキが燃え上がった。「彼らは織機の杼《ひ》を集めて、教会堂や作業場にしまい込んで鍵をかけた。しかも、マンチェスターだけでなく、あらゆる織物の都市において。(…)このストライキは親方側の短命に終わる譲歩と、織工の指導者若干名の起訴と投獄をもって終わった」(トムスン、同訳書、三二九頁)。一八一九年には、軍隊がデモ隊に発砲して、悪名高い「ピータールーの虐殺」が起きた。一八二六年には新たに機械織機が壊され、一八三一年にも、二三人の男たちが紙製造機を破壊した廉により断頭台の露と消えた。同じように粘り強かったのは、「労働を節約する」機械の設置、賃金引下げ、悪化した労働条件などに反対する農業労働者たちの攻撃的な抵抗である。フリードリヒ・エンゲルスが体験したように、農民や農業労働者は、ラッダイトの反乱の後なお二〇年も、同一の手段で農業資本主義に立ち向かった。

彼らの好む社会戦争の方法は放火である。（…）一八三〇年から三一年にかけての冬に、（…）借地農は、畑の穀物や干し草の山、さらには窓の下の納屋や家畜小屋にまで火をつけられた。ほとんど毎晩のようにそのような火事が何件かおこり、借地農や地主のあいだに恐怖が広がった。犯人はまったく、またはごくまれにしか見つからなかった。そして人びとはこのような放火を一人の神話的な人物のしわざとして、その人物をスウィングと呼んだ。スウィングとはいったい誰だろう、と彼らは頭をいためた。（…）その年以来、冬が来るたびに、放火は繰り返された。（…）一八四三年から四四年にかけての冬には、放火がいま一度異常に頻発した。（エンゲルス、前掲訳書、下巻、一九三―九五頁）。

「スウィング」というのは、どうやら「ラッド将軍」によく似た人物だったらしい。この伝説の発生は、資本主義と第一次産業革命に対する反逆が民衆のなかにいかに深く根を下ろしていたかを示している。ラッダイトが制圧されてから四〇年経ってもなお、「深夜の集会、軍事訓練、扇情的な演説」が、さらに、一八一二年に隠されたラッダイトの武器が「その後の危機の際にふたたび掘り出された」（トムスン、前掲訳書、五八八頁）ことが語られた。攻撃的で、まさに英雄的なこの抵抗の歴史はふつう、自由主義理論からもマルクス主義理論からも（力点のおきかたに違いはあるが）「不可避の近代化」に反対する「後ろ向きの」、「無意味な」反逆とみなされている。

一面では、ここにふたたび、人身《ひとみ》御供《ごくう》をあたりまえと考え、ある種の偶像崇拝者としてロボットのような「抽象的な労働」の近代化モロク〔モレクともいう。子どもを人身御供にして祀った古代セム族の神。『旧約聖書』の「レビ記」一八章二一節、「列王紀下」二三章一〇節を参照〕を信奉する「近代化推進論者」に共通の機械論的な世界像があらわれる。今日またもや、「必要不可欠な構造変化」について平然と語られているが、この「構造変化」はまったく自由主義的な伝統にのっとって、人間の欲求を無視した盲目的な発展という「自然の法則」として解釈され、実行される。別の面では、「機械打ちこわし」は一見すると「未成熟な運動」のたんなる無知（ほどなくマルクスもあっさり退けることになる無知）のようにも見える。自分たちの直接の経験から、「機械」に対して短絡的で「誤った」敵対像をつくりあげた、というのである。ただしこの経験は、「学問的」にみても、魔法でかき消されるようなものではない。若きエンゲルスは自著のなかで、バーミンガムのエドワード・P・ミードの詩『蒸気王』を引用している。この詩は現実の体験とマシン体制に対する憤怒の同一性を証拠立てる文書である。

一人の王がいる、怒り狂った一人の君主が。
詩人の夢見た姿の王ではなく、
白人奴隷が知っている暴君だ。

彼は一本の腕を、鉄の腕を持つ。
彼は一本しか腕を持たないが、
腕のなかには魔力がこもり、
何百人でもうちのめす。

昔、ヒモンの谷に住んでいた
こいつの先祖の残忍なモレクのように
その腹わたはあかあかと燃える火、
子どもはその餌。

彼に仕える聖職者団は人間性を欠き、
血に飢え、おごり高ぶり、怒り狂う。

こいつらが――おお、なんたる恥辱――巨大な腕をあやつり、
血から黄金を魔法でつくりだす。

やつの残忍な代官、高慢な工場の殿様、
黄金でふくれ、血にまみれ、
人民の怒りで倒さねばならぬ、
この化けものの神様といっしょに。

（浜林正夫訳）

ここに見られるのはほんとうに御しがたい愚直さにすぎないのだろうか？　エンゲルスによれば、この詩は工場体制に関する当時の労働者たちの考えをあらわしており、これはとにかく機械のたんなる直接性とは別の何ものかである。じじつ、この『蒸気王』では、「誤った」とされたり、否定的に神話化された自然科学的・技術的な因果関係よりもはるかに多くのことが意図されている。むしろ問題は、マシン体制という具体的な形態に一致すると考えられる資本の社会的抽象化である。これは根拠のないことではない。なぜなら、資本主義の生産機構はまさに、新しい工業力がすでに非合理な経営学的自己目的に「翻訳され」、具体的に仕上げられた結果だからである。それゆえ、さらに発展した生産力の資本主義的な現象形態には、のちに内面化されて自明性にいたるような技術上の「潔白」はけっして証明されえない。

そのかぎりでは、ラッダイトはある意味でたしかに「高次の意識」を有してはいなかったが、それでも工場体制の社会的性格に対しては、後の、ブルジョア的な科学崇拝をともなう「公式の」労働運動よりも繊細な感知能力をもっていた。「ラッド将軍」を理想化し美化するのは、むろん誤りであろう（それによって、いかなる歴史的社会運動も結局は痛い目にあい、自分たちの可能性のあるポジティヴな位置価値をあいまいにしてしまうからだ）。この点では、ラッダイトの反乱の（不可避の）両義性を際立たせたトムスンに私は同意する。すなわち、ラッダイトは「反動的」

でもなければ、(自由主義的な意味においても社会主義的な意味においても)「進歩的」でもなかった。彼らはそもそも、われわれが百年以上も前から慣れ親しんでいる社会科学的なカテゴリー・システムには適合しないのである。

これらの社会反乱は、たとえばアーベントロートに見られるような、「非合理的に反応する」無知蒙昧の徒の稚拙で突発的な行動ではまったくなかったことである。むしろ、歩哨、伝令、通信員などを備えた、すべてが巧みに編成された組織体であり、敢行された無数の作戦行動においては、武装グループとして覆面をして変装しただけでなく、社会の将来について綱領に即した議論をもおこなっていた。彼らの秘密のリーダーたちは、報告と証言によれば、「抜け目なく、ユーモアに富んでいた。彼らのなかには、「勤労諸階級《インダストリアス・クラスズ》」のなかでも、ロンドンの職人についで、もっともはっきりとみずからの意見を表明できるものがいた」(トムスン、前掲訳書、六四五頁)。

この運動と反乱が後ろ向きの要素を孕んでいたことは疑いない。容易に証明されるように、ラッダイトの過去に向かう動機はもちろん旧来の職人的な生活世界であり、それとともに部分的にはその世界を社会的に制限するものだった。このことはたとえば、見習い期間(剪断工の場合には七年)を完全に遵守すること、さらに、見習いを経ていない労働者を雇わないこと、といった要求のなかにみてとれる。それによって、工場体制による急激な賃金水準の下落を阻止しようとしたのである。この運動を担っていたのは、社会的にみて格下げされたかまたは格下げが迫っている職人、および工場労働者すなわちマニュファクチュア労働者であって、労働者たちはまだ職人的な基準を保持していて、現在と過去とを比較することができた。ラッダイトを支持していたのは、小規模親方(マイスター)、小規模の商人、繊維産業以外の他の生産部門の労働者であったが、支持者のなかには、聖職者、兵士、大学教育を受けた者さえいた。これは、この反乱がたんに局地的な利害を表現していたのではないことを示唆している。

前産業期の資本主義は、すでに以前から〔生活環境の〕悪化と脅威と感じられていたが、第一次産業革命はこれをさらに一般化するものとして体験されたことは明白だった。その際、前資本主義の生活環境への漠然とした思い出ゆえに、古い時代が「黄金時代」として理想化されたことがあるにしても、人びとは徐々に開始された資本主義の産業化を心底忌み嫌ったという確固たる事実は残る。というのは、「証人たちは、工場体制への全般的な嫌悪の点で一致していた」（トムスン、同訳書、六二七頁）からである。彼らはこの拒絶を、彼ら自身の経験を、そして彼ら自身の感覚を、自由主義的な「専門家」やベンサム流の、人間を人間と考えない酷使者の自由にさせるつもりは毛頭なかった。

今日まで、大勢順応的な歴史学はかたくなに、第一次産業革命期の社会暴動はたんに神話に騙されている（しかもその意義は軽視されている）のであり、大多数の人間は「妄想」ゆえにみずからすすんで命を賭けたのだというブルジョアの神話を堅持している。トムスンは、資本主義の工場体制における人びとの生活状態はとにかく「それ以前の時代よりもひどかったわけではない」（トムスン、同訳書、三一八頁）と無邪気に考える近代の擁護者を挙げている〔エンゲルスの『イギリスにおける労働者階級の状態』（一八九五年の英語版）に序文を付したW・O・ヘンダーソンとW・H・チョロナーを指す〕。じつにみごとな論拠というほかはない！

まだ市場経済の強制に追い回されていなかった過去への、多かれ少なかれ理想化された記憶だけが問題なのではないし、また現実に経験した賃金引下げや労働条件の悪化だけが問題なのでもない。むしろ、社会的な反対運動は、トムスンによって名づけられて有名になった表現、すなわち「平民文化と道徳的経済」（トムスン、一九八〇年）を肯定的な基準として適用したのである。ラッダイトとその共鳴者たちは、「記憶にとどめられていた村落の権利や、法の前の平等という観念の継承者」だった。彼らは「道徳的な正義感」にもとづいて方針を定め、また「公正な価格」および「適切な賃金」という概念同様に、「労働と余暇のリズム」を含む「文化モデル」にもとづいて方針を定めたのであって、これは、いわゆる労働市場の盲目的メカニズムの諸法則とはまったく相容れないものだった。人びとは、なんらかの「気ままな力比べ」に身を委ねるつもりはなかったし、彼らは経済自由主義を自由とは感じず、途方もない欺瞞だと感じた。それゆえ彼らは、「労働者の地位の喪失、わけても独立の喪失、親方が所有する生産手段への労働者の全面的な依存、（…）労働の規律と単調さ、（…）余暇およびアメニティの喪失、「道具」の地位への労働者の引き下げ」（トムスン、同訳書、二二三七頁）、これらすべてと闘ったのである。

これらの基準はただ後ろ向きというのではけっしてなかった。彼らは、資本主義の市場システムと工場体制によって根底から破壊された人間の自由の基本的かつ普遍的な条件を訴えたのだ。このプロセスが、道徳的規範の損傷としてだけではなく、耐え難い生存の苦しみとしてどれほど強く感じられていたかは、ドイツの状況についての報告からも再三あきらかになる。たとえば、バーデンおよびヴュルテンベルクにおける産業化の初期に関する調査報告には、次のような記述がみられる。

工場への道はともすれば、そのような可能性が提供されたかぎりでは、熟練手工業者にとっては、彼らの「名誉」を損なう一歩と見なされた。彼らは工場労働よりも自己決定できる窮乏生活のほうを選んだ。というのは、たしかに工場労働は平均すると、自分の家の「作業場」よりも高い賃金をもたらしたが、工場では四六時中監督者に監視されていて、長い労働日のあいだじゅう総じてより高い労働強度が要求されたからである。(ヒッペル、一九九二年、一七八—七九頁)。

工場での賃金が、手工業生産者の大量破産ゆえに「高く」なっていることは別として、ここには、本来いかなる人間にとっても自明であるはずの、全面的な他者決定に対する根本的な衝撃がみてとれる。資本主義の事情による「外的強制」はまだ内面化されていなかったから、嫌悪をもって退けられた。シュレージエンの織工暴動に類似した動機が内在していたことは、一八四四年六月の『ドイチェ・アルゲマイネ・ツァイトゥング』紙の非難めいたもっともらしい詭弁に間接的にみてとれる。

仕事はほとんどなく、競争は激しく、だが生活費はとてつもなく高騰した時代にあっては、織工たちは、その日暮らしをしているその他すべての日雇労働者より辛い目にあっていたわけではない。どうして織工たちの困窮が日雇労働者たちよりもひどかったのかといえば、その理由の大部分は、彼らが他の仕事を嫌悪していたことにある。織工の若者や娘たちは何百人でも、自営農民のところで喜んで雇ってもらえたであろうし、道路工事やその他の仕事を見つけることができたであろう。しかし、織工たちは厳しく働かされ、〔規則に〕服従しなければならなかったであろう。だが、彼らは、自分の気に入るだけの量を、しかるべき時間しか働くつもりがなかった。
（クローネベルク／シュレッサー、一九八〇年、一八五頁からの引用）

このような隠された、間接的な表現からあきらかになるのは、ラッダイトが、ヨーロッパ全域に広がっていた、経済的な破滅を甘受するつもりのない、根本的な反対姿勢を堅持する生産者たちのうちでももっとも戦闘的な一部にすぎなかったことである。もちろん、「平民文化と道徳的経済」はまだ家族的な生産単位に結びついていたが、しかし、もとよりそれはより高次の組織形態を排除するものではけっしてなかった。このことは、すでにラッダイトの反乱そのものが連合して各地に枝を伸ばしていたことに見てとれる。「腹の底から出てくる」怒りによって拒絶されたもの、それは、ひとえに貨幣の法則にしたがう規律服従と他者決定だった。この社会的な意味における「名誉」の概念は、今日では時代遅れのものとしてあらわれる。したがって、資本主義の「職場」に心ならずも身を落とすよりはむしろ飢えるか暴動をおこすことを選ぶことに対しては、たいていの人はおそらく首を振って聞き流すだけであろう。むろんこのことが示すのは、人間がいかにあさましく品位のない存在にされてしまったかであり、また、人間が「職場」を渇望するのは、彼らが共同体的に組織された、自己決定による自身の生活の再生産をもはやまったく思い描くことができないからだということにほかならない。

女性が、この社会的名誉概念から原則的に排除されていたわけではけっしてない。たしかに、農民的・職人的な、家族と結びついた生産様式はもちろん女性解放の観点からも理想化されえない。この生産様式は、本質的に家父長的だったからである。しかしながらこのことは、女性の無権利、特に無権力を意味するものではけっしてなかった。というのは、生産における女性自身の持ち場において、女性は完全に決定に関与することができたからだ。自己決定による生産力発展が原則的に排除されていなかったように、原則的には女性もまたこの生産力発展に関与し、共同決定に加わることが可能だった。

「公的」社会における女性の自立した場を否認したのは、じつに資本主義が最初なのである。それは、女性を主婦としての存在に義務づけるためであり、主婦の地位は、女性を一面では母性へ、他面ではサドの意味での「セックス・マシン」へと格下げするためだった。女性が主婦であるのと同時にさらに（たいていは男性よりも低い）賃労働に従事した場合でも、彼らは上記の二つの役割に固定されたままだった。それゆえ、市場経済の上昇を女性解放の条件であるとするのは、とんでもないペテンなのだ。ひょっとしたら下層階級の女性は、資本主義が社会的反乱という大衆の抵抗に遭遇した例の変革期にこそ、のちに飼い馴らされ、適応させられる「近代化」の過程におけるよりもはるかに解放されていたのかもしれない――彼女たち自身の意識においてはもちろんその時代の男性の水準と同様に低かったとしても。フランス革命の人民運動においても、「下層の女性たち」の攻撃的な役割が知られている。パン騒動およびマニュファクチュアや工場の規律化に反対する行動の際にも、しばしば女性が最前線に立った。産業化の初期の時代を通じて、女性は騒動の扇動者として登場した。当時の警察の報告書には、これを示唆する記述があふれている。たとえば、フランスのある検察官は一八三一年の（リヨンではなく、サン・エティエンヌの）機械打ちこわしに関連して、こう嘆いている。

きわめて残念なのは、女たちがとりわけ頑強に国民軍と戦ったということを確認しなければならないことである。彼女らは前掛けに石をいっぱい入れて、みずから石を投げたり、投石用の石を手渡したりした。（…）女たちのなかには恐ろしい輩《やから》がいた。（ペロー、一九八一年、八二頁からの引用）

ラッダイト運動の前および最中のイギリスにおいても、女性は完全に自意識を有する行動者と呼ばれていた。これに関してトムスンは、あちこちで直接間接にラッダイトの反乱に触発されて発生した無数のパン騒動の例を挙げている。

ノッティンガムでは一八一二年に、女たちが旗ざおの先にパンを突き刺して通りを行進した。パンには赤い縞模様が描かれ、黒の縮緬《ちりめん》がつけられていたが、それは、粗麻布を身にまとい、おのれの血をすする飢饉をあらわす標章《エンブレム》であった。(トムスン、一九八〇年、一二八―一二九頁)。

むろん、このような証拠文書から、社会暴動における全面的な女性解放を推論してはならない。キリスト教的西欧に特有の家父長制は、宗教改革以降の初期近代化によって先鋭化され、おそらく他の社会層におけるのと同様に、反抗的な手工業者の家族、「労働貧民」、あるいはスラムの住人のあいだに深く根づいていた。それでも、「古くからの法」(女性の地位をけっして一義的に否定的に規定してはいなかった)による自己認知と、女性が参加した社会反乱との結びつきのなかに、「突破口」の可能性を認めることができる。家父長制批判に関しては、「主として大都市部の専門職業人と急進的な職人のあいだには断固とした少数派の伝統もみられた。この伝統にのっとって、彼らはフランス革命以前に知られていたいかなるものよりも遠大な要求を提出した」(トムスン、前掲訳書、四九三頁)。これは未来の社会発展のあらゆる他の問題についてもいえる。

ラッダイト、およびヨーロッパの他地域で「機械打ちこわし」に加わった暴徒たちは、資本主義の他者決定にたいする彼らの抵抗と反乱によって、すでに単なる社会保守的な思想の限界を踏み越えていた。それまではむしろ完全には意識されることなく伝統のなかでまどろんでいた「平民文化と道徳的経済」という価値基準は、そもそも資本主義の不当要求を拒絶することによってようやく意識化され、綱領的な形態をとったのである。そのかぎりでは、ラッダイトの、職人的世界の社会的(技術的ではない)伝統とのかかわりは、伝統を超えたそれ以上の意味を有しているのかもしれない。このことは、十八世紀以来すでに伝統となっていた反乱のメンタリティにもあてはまる。というのは、「正義の軍隊」の反権威的で、「反抗的で」、辛辣なアイロニーを宿す精神はおそらく、古くからの職人的な「敬意を払いあう精神」とはほとんど関係がなかったからである。

まさに、目覚めつつあり、前進しつつある意識の意味で――これを指摘するのはトムスンだけではない――、ラッダイトは、機械と産業に対して盲目的に敵対したのではなかった。たとえば剪断工は、「もしその際に補償措置が、つまり、彼らの職業上の存在を保護する措置がとられるならば」(ヴルフ、一九八七年、二三頁)、起毛機の導入にはっきりと賛成するつもりだった。機械破壊の対象は完全に選択的になった。賃金抑圧や工場での酷使を広言する企業家が攻撃の対象とされ、機械そのものに向かうことはなかった。

根本において、ラッダイトが欲したのは、「産業の成長は、倫理面の優先順位によって規制され、（…）人間のニーズに従属しなければならない」（トムスン、前掲訳書、六五六頁）ということだった。それゆえ、この暴動が、「隠された革命目標の寸前につねに踏みとどまっている、準体制転覆的な運動であった」（トムスン、同訳書、六五七頁）とすれば、それは、この運動が、非合理的な経営学的「理性」を暴露し、新しい生産力を、じっさいに「労働を節約」し「福祉を向上させる」ために、オルタナティヴな、ベンサム流の調教とは正反対の方向に動員することを要求する一歩手前にあったからである。あるいは、まさにそれゆえに、この運動はかくも残酷に弾圧され、いかなるささいな譲歩も拒まれたのかもしれない——芽生えたばかりの不分明な思想を永久に圧殺し、消し去るために。

資本主義における貨幣と市場マシンの独立に対する闘争と並行して、当然ながら、私的資本主義の法律上の「生産手段の所有権」も新たに定められた——もちろん、国家権威にもとづくイデオロギーをそなえたのちの社会主義者の場合とはまったく異なる意味で。ラッダイトは「国家プランニング」を思い描くことさえできなかった。彼らは生産者の自律的自己了解を目指していたが、これは完全に練り上げられておらず、彼らの運動には、このような理念をより具体的に発展させるための、また、過去に囚われた「公正な価格」ならびに「公正な賃金」という結局は幻想にもとづくイデオロギーを経験と熟慮によって克服するための、時間的猶予がまったく与えられていなかった。

絶対主義時代に大衆から搾り取られた貨幣《かね》の力は大衆の手には届かず、それゆえ大衆は新しい生産力を手に入れることができなかったことを、一八一八年にはっきりと注目すべき思慮深さをもって一人の綿紡績職人が嘆いている〔これは著者クルツの勘違いと思われる。トムスンの邦訳書では、引用部分の語り手はトムスン自身である〕。「蒸気機関が使用されるようになり、それを購入したり、（…）労働者を収容できる大きさの建物を建設するには、莫大な資本が必要になった」（トムスン、同訳書、二三六頁）。零落し、格下げされ、税金と物価高騰によって身ぐるみ剥がされた人間は、第一次産業革命当初には、集団的に、かつ（考えられる）共同提携によって合法的に新しい生産力を入手し、この生産力を、絶対主義から受け継いだ市場経済と経営学を超えて、自立的に打ち立てるという課題を成し遂げる可能性をもはやもっていなかった。

なかば後ろ向きの、職人的伝統にのっとった動機と、なかば未来を孕んではいるが、まだ判然としない、経営学的な見かけの合理性および「市場法則性」に対する批判とをともなった反乱の両義性《アンビヴァレンス》のなかに、今日まで実現していない歴史的な可能性がある。すなわち、盲目的な価格メカニズムを超えて、直接の人間的なコミュニケーションを通じて、自己決定できる社会の実現をめざすために、市場マシンと自由主義イデオロギーという似非自然法則に身を任せることを拒絶することである。

人口の法則——地上から失せろ！

ラッダイト運動は、工場体制と資本主義の不当要求一般に対する、相対的にみて非常に意識的で、衝撃力をもった社会的反乱かつ大衆運動であった。先に言及した大陸における運動は、「機械打ちこわし」よりはむしろ「パン騒動」の特徴を帯びていたが、反権威的な衝撃と自己決定を動機とする点においてはまったく同様だった。ドイツの頑迷固陋な地方においてさえ受動的な社会的誇りが保持されていただけでなく、個別例として際立つシュレージエンの事件を超えて広く、社会的格下げ、「貧困化」、さらにパンの価格高騰に抵抗した、反抗的な職人、工場やマニュファクチュアの労働者、農村住民たちが存在した。たとえば一八四七年の四月にはベルリンで、いわゆる「ジャガイモ暴動」（プライス、一九九二年、二七頁）が発生した。類似の暴動は、地域的なレベルで無数に記録されている。ドイツの国々〔領邦国家〕においても、「集団抗議や抗議の脅迫のそもそもの出発点は、公正な秩序という伝統的なイメージだった」（ランゲヴィーシェ、一九九二年、四三三頁）。ここにおいてもまさに問題になるのは、資本主義と始まりつつあった産業化が、永遠につづく事態の悪化として体験されたことである。イギリスとの類似には驚くばかりで、当時のドイツでも社会革命的な脅迫状が用いられたことが記録に残っている。たとえば、一八四七年、南西ドイツのエーバースバッハの市参事会〔議会〕に次のような書状が送られてきた。

親愛なる市民よ、参事会ならびに市長が問題をなにひとつ解決しようとしないことを諸兄がまだ知らないというのなら、私はそのことを諸兄に告げずにはおれない。なぜなら、われわれには共同体の資金があるにもかかわらず、参事会ならびに市長は貧しい市民のことを気遣うことがないからだ。だが、一つだけ別の方法がある。参事会の面々よ、諸兄がパンと果物とジャガイモを用意しなければ、われわれは諸兄を打ち殺すだろう、公衆の面前で。（ランゲヴィーシェ、一九九二年、四三二―三三頁からの引用）

「労働貧民」の深い怨恨、脅迫状、シュレージエンの織工暴動、多くの地方におけるパン騒動、自由競争の拒絶、そして、住民の大部分にとってはあいかわらずどこにも見えない市場経済の「福祉向上効果」。この時代がドイツではのちに「ビーダーマイヤー時代」と呼ばれたのは、特徴的である。もともとこれは揶揄的な名称だった（考案者は作家のルートヴィヒ・アイヒロートで、彼は一八五〇年以降シュヴァーベン地方の学校教師「ゴットリープ・ビーダーマイヤー」という架空の人物の名を借りてパロディ詩を出版していた）。ところがこの名称は、歴史学および精神科学分野において脱皮を遂げて、くそまじめな時代概念をあらわすものになった。そこには二重の意味で、ドイツにおける市民社会の社会的無知があらわれている。すなわち、ひとつは、市場経済化と産業化という同時代の「進歩を担う者たち」、すなわち「中間階級」に属する偏狭固陋な有産・教養市民による危機抑圧であり、もうひとつは、のちのアカデミックな学問による現実の歴史の隠蔽である。そこでは、社会的な戦争および戒厳状態という現実が「必要不可欠な」近代化の犠牲という周辺的現象に格下げされる。

文学上のビーダーマイヤー期の典型的な代表者としては、ルートヴィヒ・ウーラント（一七八七―一八六二）があげられる。ウーラントは一八一一年以降はチュービンゲンの弁護士として自由主義的なイデオローグであり、ヴュルテンベルク州の自由党代議士となり、当然ながら市民的愛国者で（「みずみずしいオークの森には／ドイツの神が息づいている」）、わけてもビュルテンベルクに対する郷土愛に満ちあふれていた（「古き、良き酒あるところ／ビュルテンベルク人たるものは、これを飲み干す」)。同時に詩人としては、「シュヴァーベン地方の後期ロマン派のもっとも重要な代表者」(ゲーロ・フォン・ヴィルペルト『ドイツ詩人事典』)であった。いかにもドイツ的なバラード作者であり、また後世にまで長い影響をおよぼした、軍隊調で涙腺を刺激する流行歌(「私には戦友がいた」)の作者であるウーラントが、社会イデオロギー的な観点からみて「重要」であり、ビーダーマイヤー的世界観を代表していることは、彼の詩「貧者の歌」が示している。

金持の庭には花が咲き乱れ、
黄金の種が育つ。
私が憂いと辛苦で踏み固めた道が
実ることはない。

だが、私は憂いと苦しみを露わにすることなく、
愉快な人びとのただなかで
誰にでも良き一日を願う
親しく、心を込めて。

おお、偉大な神よ、あなたは
私を喜びのないまま放置はなされなかった。
この世の辛さの代わりに
後の天国で慰めが得られるように。

太陽と、月と、星はなお
私のためにかくもやさしく輝き、
そして、夕べの鐘が響けば、
私は、主よ、あなたと語る。

いつかすべての善き人びとに
あなたの高貴な喜びの広間が開かれる
そのとき、私もまた晴れ着をまとって
食卓に就こう。

この詩が飢餓暴動と社会戦争の時期に書かれたことを考えると、その破廉恥で能天気な無邪気さに驚くほかはない。ハインリヒ・ハイネの「織工の歌」や「蒸気王」の詩、あるいは十八世紀のイギリスの扇動的なクニッテル詩行と比較すれば、ここでわれわれが対面するのは、十九世紀ドイツの自由主義的・愛国的な、安逸をむさぼる、社会的に無知蒙昧な精神である。市場経済に起因する大衆貧困と大量失業は、この連中の頭のなかでは、安っぽいセンチメンタリズムを生みだす。辱められ、侮辱された者たちが資本主義のゲームの規則にしたがって自分の運命に甘んじて、「誰にでも良き一日を願い」、そして結局は、ほがらかに、言語に絶する忍耐をもってより良き来世を（あるいは、残念ながら必要不可欠な「構造適応」の至福に満ちた効用を）待ち望むかぎりは。

今日にいたるまで、市場経済という名の宗教とその聖殿のいかなる危機に対しても、一面ではかたくなに所有身分にしがみつき、他面ではセンチメンタルな瑣末視と抑圧で応ずるドイツの中産階級のメンタリティはなにひとつ変わっていない。世界は市場経済的であるべし、だが同時に、高潔で、すすんで人助けをし、善良であるべし。私はつい最近、だいじに育てられたある幼い少女のことを耳にした。その子は赤頭巾ちゃんのメルヘンを繰り返し幾度も読んでもらいたがるのだが、「でも、悪い狼の出てこないのを」というのである。子どもは真実を語る。というのも、これは、ドイツにおける二百年のビーダーマイヤー性と資本主義の危機の歴史のモットーではないかと思われるからである。

残念なことに、狼のいない資本主義は存在しない。このことを、愚直な小市民《ビーダーマイヤー》の胸のうちに存する第二の、さほどセンチメンタルでなく、かたくなでもない精神は非常によく自覚している。大衆は、市場経済と産業化によって、自分たち自身の生活条件をコントロールすることから切り離されており、その一方ではまた、十分に「雇用され」ることもない。大衆は「邪魔な存在」であり、ばくぜんとした脅威と感じられた。なぜなら、市場経済はもはや比較的無害な貧困人口では満足せず、すぐに大量の貧困層を必要とするからだ。

> 急速に膨れあがる三月前期〔一八一五年のウィーン会議からヨーロッパ各地で起きた一八四八年の三月革命までの期間を指す〕の社会貧困関連の文献が示すように、（…）官吏、聖職者、国家学学者、作家、国民経済学者、地主などが頻繁に自身の見解を表明したが、圧倒的に多数の者は、この大衆貧困が歴史上新しい大衆貧困現象であって、もはや旧来の貧困ではないという点では一致していた。
> （ヴェーラー、一九八七年、二八三頁）

それでは、すばらしい市場経済に対する永遠の脅威と告発としてあらわれるほかなかったこの膨れあがる大衆貧困と大量失業をどうすればよいのか？　不安から生まれた貧民侮辱が、やがてふたたび上流階級の常套句に加えられた。たとえば、市場経済と国民政治の改革者であったプロイセンのシュタイン男爵（一七五七―一八三一）である。国家社会主義のドイツ民主共和国（ＤＤＲ）は、この改革者を不可解な（あるいは、あまりにもわかりやすい）理由から、閲兵式歩調〔膝を曲げずに足を振り上げる行進スタイル〕に象徴される歴史上の功労者の一人として祭り上げたのだが、じつはこのシュタインこそ、「氏素性の知れぬ不道徳なならず者たちが殺到すること」に怒り狂った人物だった。ならず者たちの「数はますます増大し、この最下層の者たちの要求はますますエスカレート」した。彼らは「無産の平民」であり、「嫉妬と強欲」を養い、所有権と秩序を脅かす、とシュタインは言う（ヴェーラー、同書、二八二頁）。この男爵は、有産階級の者たち全体がまさに言いたかったことを語ったのである。貧民たち、つまり「転落した者たち」の群れが、それでも動ずることなく市場を信仰するブルジョア層に、いかに厄介で脅威を与える害虫と考えられていたかを、『マンチェスター・ガーディアン』に宛てた一淑女の手紙が示している。この手紙を、エンゲルスは『イギリスにおける労働者階級の状態』のなかで引用している。

少し前から、わたしたちの町の大通りで多数の乞食に出会います。ぼろぼろの服を着て、病気らしい姿にものをいわせたり、傷や身体の切断箇所をあらわにして、吐き気を催させたりして、しばしばひじょうに恥知らずな、わずらわしいやり方で、通行者の同情をさそおうとしております。救貧税を支払っているばかりか、慈善施設にも多額の寄付をしているので、このような不快で恥知らずなわずらわしさから保護される権利をもつだけのことはしたはずだ、とわたくしは考えております。安心して市に出入りできるくらいの保護も市の警察がしてくれないのならば、いったい何のためにこれほど高い税を支払って市の警察を維持しなくてはならないのでしょうか？

（エンゲルス、前掲訳書、下巻、二一六頁）。

まさに頃合いを見計らったように、この問題に対するブルジョアの決定的な回答が寄せられた。むろんそれは、もっとも進んでいたイギリスからであり、イギリスにおける第一次産業革命は、もっとも強く、根の深い構造的大量失業をともなっていた。「労働貧民」問題の解決はいまや、「過剰人口」問題の解決によって補完されねばならなくなった。しかも、できることなら最終解決として。偽善的なモラルを垂れつつ、このような社会的最終解決を考え出すのは、経済自由主義を奉ずる牧師を措いてはありえなかった。この牧師こそ、トマス・ロバート・マルサス（一七六六―一八三四）である。この英国国教会の聖職者は国民経済学者となって、じつにあっさりといわゆる人口法則（人口論）を案出したのである。

ベンサムが「従業員」の調教担当だったとすれば、マルサスは「過剰人口」とかかわる役目を担った。彼は、市場経済の資本主義世界に新たな恐ろしい口実を提供するために、じつに多くのことを語る。そしてまたもや、科学的論拠として資本主義的状況の自然もしくは「自然性」が持ち出される。社会的なものの似非《えせ》自然化は十八世紀においては、特にアダム・スミスにあってはまだ、機械論的なニュートンの世界像の意味における、むしろ物理学的なメタファーで根拠づけられていたのだが、いまやマルサスは、社会的危機の生物学化への最初の大きな一歩を踏み出す。そこでは、サド侯爵の妄想が継続される。というのは、イデオロギーにもとづいて構成されたマルサスの人口法則は、生物学的とされる社会発展の根本法則として説明されるからだ。マルサスは、生物学的自然から恣意的に「すべての生物がそのために用意された養分を超えて増加しようとする不断の傾向」（マルサス『人口の原理』大淵ほか訳、三頁）を取り出す。彼は、これは必然的に人間にもあてはまるとする。「自由があるところではどこでも、増加力が発揮される。そして過剰な結果は、後に空間と養分の不足によって抑圧される」（同訳書、四頁）。人口は、制限されなければ、二五年毎に倍増する、つまり幾何級数的に増加するのに対し、食料はせいぜい算術級数的にしか増加しえないとする。

つまりマルサスは、資本主義のもとで生みだされた人為的な貧困を、それどころか人間の「過剰」を、一定の条件が整えば「爆発的に繁殖する」ウサギやビーバーの次元へと移すために、問題を社会的関係という構造から切り離す。マルサスによれば、「生物」は、生活環境が良好すぎれば、つねに増加するという。こうして、残念なことにマルサス氏はこの認識に立って、自由主義的なすべての博愛主義の名において、「社会の下層階級に広くゆきわたっている貧困と窮乏は絶対に救済できない」（同訳書、第二版への序、v頁）と告白することになる。アダム・スミスの自由主義的な豊かさの約束のちょっとした修正は、もともとすでにベンサムが先取りしていたのだが、ベンサムの場合には、まだこれほど決定的に「生物学的」な根拠づけがなされてはいなかった。

マルサスはあっさりと、彼の説は資本主義の条件下でしか妥当しないことを認めるが、しかしこの条件は周知のごとく、「自然の」かつ変更不能の条件であり、じつによくすべてにあてはまる。自明のことだが、マルサスはこの変更不能性を悲劇的と考えており、その際キリスト教徒として少なからぬ涙を流す。だが、不可避であることは、まさに不可避なのである。というのも、「自然の法則（…）が不変であるということは、あらゆる人間知識の基礎である」（同訳書、三七一頁）からだ。

万事を生物学化する「賢明な」牧師は、ありうる異論とも対決する。人口増加の「予防的妨げ」はもちろん、出産を阻止することであろう。初期資本主義的絶対主義は、「人間材料」をたえまなく生産するために、厳格に古くからの避妊法を禁止し、避妊に関する知識を隠蔽していた。これは、失うことを心配せずに、ベルトコンベア用の「兵士と労働者」を入手するためだった。第一次産業革命と「過剰人口」の問題に直面して、マルサスはいまや、それは誤りだったと言う。しかし、自明のことながら、自由主義的なキリスト教徒であるマルサスは、意図的な避妊とかつての（特に青年期の）実際にはさほど問題ではなかったホモセクシャル関係を含む「変則的な」性関係を前近代の状態へ戻すつもりはない。

子どもの出産を妨げるほどの乱交は、もっとも明瞭に人間性の尊厳を損なうように思われる。それは男性にも影響を与えずにはいないが、女性の人格を堕落させ、そのもっとも優しい特性を破壊する傾向ほど明らかなものはありえない。（…）乱交、不自然な情欲、姦通、および密通の結果を覆い隠すための不当な方法は、明らかに罪悪の項目に入る予防的妨げである。（マルサス、同訳書、一一一一一二頁）

マルサスは、その主著のなかでほぼ千ページにわたって再三、いかなるかたちであれ子どもを望まない性関係は「いちじるしく不自然かつ不道徳」で、「嫌悪すべき」ものであると烙印を押して、とどまるところを知らない。その代わりに彼はもったいぶって、「過剰な」大衆に向かって大真面目に「道徳的抑制」生活を提案する。彼らの義務は、「情欲を理性に従わせること」（！）であり、「きびしい純潔の」（マルサス、同訳書、五四一―四二頁）生活を送ることであるとし、それは、「（結婚すれば当然予想できる）子どもの扶養能力をもつまで結婚を延期すること、（…）そして、結婚せずにいる間、道徳的行為を履行すべき強力な義務のあること」（同訳書、五五一―五二頁）を認識するためである。むろんマルサスといえども、これらの要求が不合理であることは承知している。じじつ彼は警告のために言ったのであるという。というのは、聞く耳を持たぬものは、痛い目にあわせねばならないからだ。彼はほとんど愉快そうに、ある種の喜びをもって、その場合に残念ながら生じる「自然の必然性」を描写する。

（…）戦争――大都市や工場における静かではあるが確実な生命の破壊――そして多くの貧民の過密住宅と不十分な食物――は、人口が生存資料を超えて増加することを阻止し、たしかに最初は奇妙に思える表現を用いてよければ、それらは強力で猛威を振るう流行病の必要に代わって過剰なものを一掃してくれるのである。（マルサス、同訳書、三五七頁）

おお、マルサス氏よ、自由主義者がそう言えば、それはまったく奇妙であるどころか、まったくありふれたことのように聞こえる。なんといっても、「すてきなマシン」の推進者が「過剰な」人口を、戦争によって、またひっそりとではあるが確実な工場での人命の喪失によって〔エンゲルスの『イギリスにおける労働者階級の状態』には、工場における病気以外の機械事故による多数の死亡例があげられている〕、また貧民たちの狭隘な住居と不十分な食料によって激減させるために献身的な努力をはらう際に、ほんの少しでも疫病が手を貸してくれれば、彼らが喜ぶことは容易に理解できる。この意味で、マルサスのたとえば天然痘に対する愛情のこもった共感もじつによくわかる。というのは、「天然痘はたしかに、人口を生存資料の水準に抑止するために、自然が過去千年の間切り開いてきた水路の一つであり、しかも非常に幅の広い水路である」（同訳書、五六七頁）。

マルサスはまた、次のような異議に遭遇した。すなわち、資本主義経済の工業・農業危機においてはまさに収益が落ち込むから、生産手段が一〇〇パーセント稼動することはなく、したがって、食料生産が能力の限界に達して生活水準を限定することはありえないのではないか、というものである。これに対してマルサスは、そのように考える者は「国民経済の法則」を理解していないのだと反論する。というのは、人間の労働は、「理性的な」システムにおいてはとにかく商品なのであり、「市場にもたらされる他のあらゆる商品からの類推によって」（同訳書、五五五頁）市場の法則に屈するほかないからだ、とされる。同様に、社会は「つねに所有者階級と労働者階級からなるであろう」（同訳書、六五三頁）し、食料は、所有の自然必然性（因果律）にもとづいて、利潤可能性という経営学的法則のもとでのみ生産されうると想定することには根拠があるという。

また最近、下層階級の一部に、土地は人民のものであるとする（…）思想が広まっていることも広く知られている。（…）（この学説は）はなはだしい無知を示している。（…）地主か農業家の個人的利害からみて、賃金の価値以上に生産しない労働者が耕作に用いられることはありえない。そして、もしこれらの賃金が平均して十分でないならば、人口と生産物がともに停止するにちがいないことは明白である。（マルサス、同訳書、三九〇―九一頁、四六四頁）

「適切な利潤」がなければ、需要や物的生産手段の有無にはまったくかかわりなく、いかなる生産も無意味であるとされる。マルサスはつまり、よく知られた自由主義的な国民経済学の「自然法則」を、産業危機および構造的大量失業という新たな条件のもとで再度公式化する。彼は人差し指を立てて、「重大な誤り」について教え諭す。

労働の市場価格がいつも家族を人並みに生活させるに十分であり、働く意思のあるすべてのものには職が与えられるべきだということ。（…）結論として、これはもっとも単純明快な需要供給の原理に矛盾する。（…）しかし、原因が何であれ、いまでは制御できない事情によって失われた商品と労働に対する活発な需要を直ちに回復するなどということは、個人あるいは国民のいかなる努力をもってしても実行可能ではない（…）労働供給が全体として需要を上回るならば、社会の各階級がすべて十分な給料を得、完全に雇用されることは絶対に不可能であると明言できよう。（マルサス、同訳書、四二五頁、四二九頁、四三六頁）

人びとは、みずからの意志に反して、数世紀にわたる残酷な強制によって資本主義的環境へ追いたてられ、さらにそれにともなって他者によって決定される「職場」へと強制され、それでも再三、未来には幸福が待っているからとなだめられた挙げ句の果てに、いまやマルサスはそっけなく、「すてきなマシン」は産業革命の段階ではその作用をコントロールすることはもはやできず、それゆえ資本主義のバール神〔本書八六頁参照〕のために強要された「雇用」さえ保証されえないことをわからせようとする。マルサスが、食料品の過剰生産（資本主義的に限定された大衆購買力からみて）による危機を、それに続く技術的にみて造作なく可能な生産の停止と同様に自明なこととみなすとき、生物学的な自然法則と称するものの要請とはなはだしい矛盾に陥ること——この非合理に対してマルサスはなんの痛痒も感じない。なぜなら、彼は超自由主義の社会的無知で武装しているからだ。逆に彼は、貧困と飢餓は、もっぱら貧民たちの生物学的な繁殖衝動に帰せられうることが「証明」されたと考える。

> 貧困の主要かつもっとも永久的な原因は政治形態や財産の不平等な分配とほとんどあるいはまったく直接的な関係を持っていないこと、また富者が貧民のために仕事や生計の途を提供する能力を実際には持っていないので、貧民は当然それを要求する権利を持ちえないことは、人口原理に由来する重要な真理である。（マルサス、同訳書、六五一頁）

博愛主義者マルサスはそれゆえ、産業危機は不可避なのだから、「貧民の雇用を重視しすぎる」（同訳書、六三〇頁）のはまったくの誤りであると考える。望ましいのは、「貧窮の標準」（同訳書、六〇一頁）を原則として受け容れ、「労働者階級に彼らの境遇の真の性質に関する知識を与え、辛抱して不可避的な窮迫に耐えるよう彼らを鼓舞する」（同訳書、五八三頁）ことであるというのだ。

人間間の不可避の法則によって、一部の人間が欠乏にさらされることは明らかにされている。これらは、人生と

いう大きな富くじで空くじを引いた不幸な人びとである。（マルサス、同訳書、三八六頁）

このことでマルサスがキリスト教徒としての血涙をしぼる前に、彼はまたもや、イギリスの貧民法に見られる破滅的な誤りを批判することになる。のちの「福祉国家制度」のこの惨めな先駆けは、実際的な援助というよりはむしろ抑圧の道具であった。というのは、「過剰な」貧民は筆舌に尽くしがたい条件のもとで、例の、エンゲルスその他によって描写された監獄に類似した、ベンサム式の救貧院に閉じ込められたからであり、その結果、多くの者たちは路上で死ぬほうを選んだ。しかし、この種の抑圧的な「福祉」でさえ、すでにサドが憎悪を込めて述べていたように、自由主義的な思想にとっては依然としてはるかに過剰なのである。「われわれは貧民に膨大な金額を気前よく与えてきた」（同訳書、五九九頁）と、マルサスは嘆く。そんなことをすれば、これらの「ふしだら」で、「だらしのない」連中をただ「気楽に」し、「倹約精神の欠如」へ誘導するにすぎず、その結果、裕福な者たちの税金は「酒場」へと運ばれるであろう（同訳書、四一八頁）と。この税金の無駄遣いにきっぱりと閂《かんぬき》をかけるためには、「要求思考」に終止符を打ち、基本的な「諸権利」という誤った観念を清算しなければならない、とされる。

人間が持っていると一般に考えられながら、実際に持ってはいないし、また持つことができないと私の確信する一つの権利がある——それは自己の労働では正当に購入し得ない場合の生存権である。われわれの法律はなるほど、人がこの権利を有しているといい、また正規の市場で仕事や食物を得ることができない人びとにこれらを与える義務を社会に負わせている。しかし、そのようにすることは自然法則に背反しており（…）（マルサス、同訳書、五七五頁）

それゆえマルサスは（この点では、サドとまったく異口同音に）、まだ生ぬるい貧民法を廃止し、社会状態を盲目的な市場の力にすっかり委ねることを提案する。市場の力は淫らな人間の繁殖衝動に効果的に作用し、ごくひっそりと碾臼は回されて「人口法則」が執行されるであろうと。「自然の本能」はそれゆえ効果的な法則力を発揮することになる。

与えられるべき救済の増加を縮小ないし停止させる大幅な変更を現行制度に加えるためにも、それに先立つ一つの手段として、われわれは正義と名誉にかけて貧民の被扶養権を正式に否認しなければならないと思われる。この目的のために私は、この法律施行日から一年をすぎて行なわれた結婚から生まれた子ども、および同じ期日から二年間に生まれた私生児は、教区の扶助を受ける権利を絶対に与えられるべきでないことを宣言する規定が定められるよう提案したい。(…)これは、おそらくだれも誤解しないであろう公平、明瞭かつ正確な警告として効果を表わすであろう。(…)私の提案した公けの警告が発せられ、救貧法の制度が将来の世代については消滅してしまった後に、家族を扶養しうる見込みなしにだれかが結婚しようとした場合、彼がそうすることはまったく自由であろう。この場合に結婚することは、私の考えでは明らかに非道徳的な行為ではあるが、しかし社会が正当に阻止したり処罰できるような行為ではない。なぜならそれに対して自然の法則が準備した処罰は、この行為を犯す個人の上に直接かつもっともきびしく下される。(…)それ故、彼は自然の処罰、すなわち困窮という処罰に委ねておけばよい。彼はもっとも明瞭で正確な警告を無視して過ちを犯したのであり、(…)自分以外のだれに不平をいう正当な理由も持ちえない。彼にはすべての教区扶助が拒絶されるべきであり、彼は私的な慈善の不確かな援助に任されるべきである。彼は、神の法則である自然の法則の再三にわたる訓戒に背いたために、この法則が彼とその家族を苦難に陥れたこと、彼の労働が正当に購入するもの以上には、わずかな食物たりとも社会に請求する権利を持たないこと、(…)を教えられなければならない。(…)私生児に関しては、適当な警告が与えられた後には、彼らは教区扶助に対するなんらの請求権も認められるべきでなく、完全に私的な慈善の援助に任されるべきである。(…)幼児は、比較的にいえば、社会にとってあまり価値がない。それは他の幼児が直ちにその場所を埋めるからである。(マルサス、同訳書、五八七―八八頁)。

以上のことすべてがいかに痛ましかろうとも、そこには何といっても美点もあるのだと、マルサス氏は確言する。というのは、当然ながら氏は、人間材料たちの「生来の怠惰」については、マンデヴィル、カント、サド、スミス、ベンサムらの諸氏、および啓蒙哲学すべてと見解を一にしており、人間材料には「必然の法則」、すなわち「窮乏および窮乏への恐怖」(同訳書、三七七頁)を覚え込ませねばならないと考えているからだ。もともとふしだらな連中がよからぬ考えを起こさぬように、彼らは「生存のために絶対必要な品物と交換するのに、自分たちの労働を提供する必要に迫られる」(同訳書、三八七頁)ようにしなければならない。結局のところ、ブルジョア的自由主義的な文明において、人はもはや「正規の労働価格が存在しない野蛮な状態に」(マルサス、一九二四/二五/一八二六年、第一巻、三二頁)あるのではない。この意味でマルサス氏は、上記の「すてきなマシン」の組立工たち全員と同様にまったく安堵している。「私はつねに人口原理を訓練と試練の状態に特に適した法則と考えてきた」(前掲訳書、六九五頁)。

ここできちんと確認しておきたいのは、マルサス理論のこの版はすでに「最緩和版」であることだ。というのは、一八〇三年の第二版の序文でマルサスは、「初版のもっとも苛酷な結論のいくつかを和らげようと努めた」ことを断言しており、また一八二六年の第六版の後書きでも再度、「もっとも反対の多かった章句を削除したし、さらに本版でも同種の修正をいくつかおこなった」と述べているからである。

マルサスの理論とプランは、啓蒙の理性と資本主義の「自然法則」の名で人類に向けられた宣戦布告である。全面的な社会的殲滅の脅威がこれほど包み隠さずに明言されたことは、かつて一度もなかった(サドの場合はまだ単なる文学的放縦とみなすことができた)。このように語ることがはじめて可能かつ「必然的」になったのは、啓蒙主義者たちがかの世俗化された神性を経済の「世界マシン」の姿にかえて玉座に祭り上げていたからである。そして、社会的大衆反乱に対する市場経済的・資本主義的な社会の回答としての、また「上からの」社会的内戦と「貧民ならびに失業者問題の最終解決」のプランとしてのこの宣戦布告は、それがもはやマンデヴィルのような眩惑的な文学的シニシズムによってではなく、ときに裏声となる説教者の宗教的狂信のトーンでなされたから、なおのこと痛烈に響いた。

「良き社会」におけるこの理論の成功は甚大だった。絶えざる脅威となり、ときに顕在化する社会反乱に直面して、マルサスの著作に鼓舞された富裕階層のあいだで高尚な競争がもちあがり、いったいどうしたら「過剰人口」をもっとも博愛的かつ目立たずに抹殺しうるかをめぐって、相互に相手を上まわらんとする提案合戦となった。一八四四年にフリードリヒ・エンゲルスが『独仏年誌』で報告するところによれば、並みいるライバルたちの提案を蹴落としたのは、一八三八年に「マルクス」（カール・マルクスとは別人である）という筆名で公刊されたパンフレットで、そこには、「貧民の子どもたちを苦痛なしに殺戮するための国家施設」（メーク、一九五六年、六二頁からの引用）が提案されている。かつてスウィフトにあっては胆汁のように苦い風刺であったものが、いまや現実のものとして、野獣化、抹殺、自己破壊への道をいそぐ社会で、善良なる市民のまじめな熟慮の結果としてふたたびあらわれたのだ。

けっして忘れてならないのは、マルサスが、近代資本制の市場社会とその自由主義イデオローグを代表して、出口のない危機に対応すべく最後の決定的な言葉を語ったことだ――このような状況にあっては、自由に処分されるのは、つねに当該の人間存在のほうであって、けっして市場システムではない。社会的なものの「自然化」においてひとたび「危機の生物学」への一歩が踏み出されたからには、もはやそれを止めるものはなにもなかったし、マルサス流の帰結は今日にいたるまで、日常的にも知的にも自明となった全面的な市場経済のなかにひそんでいる。

このことは特におおやけのアカデミックな歴史家の歴史回顧にみられる現象で、彼らは今日ふたたび、前産業期の資本主義および第一次産業革命時代の社会的内戦を擁護して幻惑したり、その規模を過小評価したりするばかりでなく、大きな変換危機を説明するために、まったく自明のものとしてマルサス流の論拠を中心に据える。たとえばベルリン自由大学の経済・社会史教授ヴォルフラム・フィッシャーは、バーデン地方の産業化に関する比較的最近の研究において、第一次産業革命期の大量貧困が社会批評家および資本主義批評家によってまったく誤って解釈されてきたことはまちがいないと考える。

すべてではないにしても多くのものは、工場の新しい生産方式に〔大衆貧困の〕原因があると信じていた。（…）

今日では、それは明確に論駁されている。われわれは、かつて工場労働者が日雇労働者よりも多く稼いでいたことを証明できるだけではなく、貧民の増加の諸原因をも知っている。すなわち、人口、特に下層人口が職場の数よりも急速に増加し始めたのである。(フィッシャー、一九九二年、一三九頁)

ここでは歴史的な真実と厳密性が、文法と同様にないがしろにされている〔フィッシャーの原文には文法上の誤りがみられる〕(部分的には、彼の市場経済追従的な論拠に対する反証としてフィッシャー自身のデータを引合いに出すことも可能であるにもかかわらず)。著名な社会史家であるハンス゠ウルリヒ・ヴェーラーもまた、世評の高い『ドイツ社会史』においてフィッシャーと同一歩調をとる。

その間に、基本的な要素を満たし、かつ経験的な研究結果によってますます裏づけられる説明モデルが進展をみせる。その際、新しい大衆貧困には現に歴史的な根拠があることを前提しなければならない。いかなる貧困の解明においてもまず最初に考えるべき根本事実は、十八世紀中葉前に始まってその後百年以上にわたって続いた甚大な人口増加である。このヨーロッパの人口統計学革命の膨張の第三波——この革命の性格と影響は中央ヨーロッパで記録に残されている——から、人間に露命をつなぐことを可能にするために、社会政治的かつ経済的状態の枠内でドイツ社会が自由に使えたあらゆる資源に対するやむことのない上昇圧力が出てくる。人口増加がそもそもこの範囲でかくも長期間持続しうるには、いくつかの促進的な因果要因の複雑な相互連関が必要とされたが、諸要因のなかでも特にふたつの経済的条件が必要とされた。すなわち、まず第一に、農業資本主義の浸透、農業の近代化、(…)がまず職場を創出した。(…)第二に、収益の増大、生産性の改善、市場比率の上昇、これらが膨張する人口を養うのに寄与した。同時に、産業化の発端となった問屋前貸し制度は(…)多くの人間にパンと生存チャンスを与えたが、それは——数十年前から危惧されていて、一八二〇年代以降は以前にもまして激しく議論されたように——三〇年代に入ってある種の飽和限界に達した。さまざまな経済部門が仕事を求める者たち

> の群れを吸収しうるのはますます困難になった。人口と潜在的労働力の増大が、所与の社会経済的・政治的条件下で当時可能であった経済成長に先行したのである。（ヴェーラー、一九八七年、二八四頁）。

ヴェーラーとフィッシャーは、近代化の歴史に関して自明のごとく前提されているマルサス流の立論を完璧に代表している。しかも両者はけっして特殊例ではなく、歴史家の同業組合《ツンフト》におけるアカデミックかつ国家に忠実な学問営為の主流に属する。実証主義精神は、資本主義の不当要求にしたがって構成された歴史全体を否認し、あたかも何もなかったかのごとく、客観化された結果を引合いに出し、しかもその結果の解釈は事実を逆立ちさせて、数百年におよぶ社会運動の、憤怒に満ちた必死の抵抗を真摯に受けとめることはない。

こうして、人間は、自身が有する生産・生存条件の支配権を暴力的に奪われ、「価値増殖」のためのたんなる燃料へと転換させられるのだが、いまいましいことに、この燃料への転換は、「職場」や「生存チャンス」を与えられることがあたかも至福に満ちたものであるかのようになされる。その一方で、絶対主義的「人口政策」によって強制された、近代化の戦場要員としての追加的な「人間の生産」は、社会的要因とは無関係の「人口爆発」という自然現象とみなされる。フィッシャーとヴェーラーは、マルサスと同様に、純粋な人口増加が初期資本主義の生産力をいわば追い越したと想定する。実際の事情はまったく逆である。すなわち、資本主義的生産力は人口よりもつねにはるかに迅速に増大した。だが、生産性成長の不釣合いなほど過大な部分が、絶対主義的な軍事機構と匿名の大市場における競争のために浪費され、その結果、社会的総生産（絶対量のみならず、一人当たりでも）における大衆の割当て分は、前近代の水準以下にまで落ちこんだのである。

貧困と飢餓の危機は、人口増加と生産力の不均衡によるものではなく、ひとえに、経営学的合理性と国家官僚的な利益吸上げに応じた資本主義的搾取に起因する。二十世紀においてもなお、生産性は大衆の生活水準よりもはるかに迅速に成長しているのに、大衆の生活水準は第三次産業革命の頂点にある今日においてさえ広範にふたたび急激に落ち込んでいる。この生存資源の資本主義的な限定はヴェーラーにあっては、中立的に、実証主義の衣をまとって、婉曲的に、「社会政策的・経済的な体制の枠組み」として、あるいは、あたかも「神から授かった」かのごとき「所与の社会経済的・政治的な条件」としてあらわれる。またもやマルサスの場合とまったく同じである。弁明的論拠においてはむろんそうであるほかあるまい。弁明的に論証しようとする者にとっては、「市場比率の向上」それ自体がすでに「肯定的要因」とみなされ、「生産性の改善」と同様の意義をもつことになるからだ。

同様に、第一次産業革命期の工場労働が賃金水準の改善をもたらしたと主張するのは、故意の歪曲である。工場労働に従事する子どもでさえ、たとえば一人前の職人よりも経済的にはよりよい状態にあったことは何を意味するというのか？　それが示すのは、第一次産業革命が数十年以上にわたって、工場に吸収できた以上にはるかに多くの人間を破滅させたことでしかない。機械の競争によって職人はまず初めに貧困化の最底辺へと押し下げられた。これが産業化の結果でなかったとでもいうのだろうか？　工場賃金は、この社会の破局的条件のもとで、日雇労働者、手織工、農業労働者などの収入よりも相対的に高かったにすぎない――賃金水準が全般的に情け容赦なく引き下げられる状況下でまさしく相対的にである！　たとえばカール・マルクスは、一八四八年のブリュッセルでの講演で、同時代の史料にもとづいて、イギリスでは「手織工の賃金は一八一五年から五三年までに週給二八シリングから五シリングに下落し、機械織工の賃金は一八二三年から四三年までに週給二〇シリングから八シリングに押し下げられた」（マルクス『賃金・価格および利潤』）ことを示している。フィッシャー教授の用語法では、そこから、すばらしい第一次産業革命によって工場労働者は手織工をはるかに上回る収入（手織工のほぼ三分の五）を得ていたという、能天気で非人間的な結論が引き出されることだろう。

ひょっとしたら、これらの紳士方は、たとえマルクスの言がまったく事実に即していて、きちんと証明可能であったとしても、これをもはや受け容れたくないのかもしれない。しかしその場合には、彼らは少なくとも彼らの身元保証人であり、黒衣《ブロンプター》であるマルサスの言を信じないわけにはゆくまい。というのは、マルサス自身、イングランドの上院に提出された報告を手がかりにして、収入と購買力水準の低下を彼らしく平然として認めたからである。「これらの報告に目をとおしてみると、ある場合には、小麦価格が三分の一かあるいは半分近く上昇している時に、織物工の賃金は三分の一あるいは半分近く下落していることがわかるであろう」(前掲訳書、五〇九頁)。そして、マルサスがここでイギリスにおける第一次産業革命について報告していることは、そっくりそのままタイムラグをもって大陸およびドイツにもあてはまる。何ごとかを弁護し、かつマルサスに依拠して論証しようとするならば、フィッシャーやヴェーラーのように調査結果をひどく歪曲するのではなく、少なくともマルサスのように率直で、粉飾ぬきであるべきだろう。

社会解放か、公民による国民革命か?

イギリスとフランスではすでに絶対主義がブルジョア国民国家を形成し、産業革命の開始とともに、自由主義が絶対主義を亡きものにせんとする父親殺しがとうに広範に遂行されていたが、ドイツではこの二つの展開が同時に生じた。それゆえイギリスやフランスとは異なって、ドイツの「すてきなマシン」の闘士たちはまず、不撓不屈に見える領邦国家の絶対主義と戦うと同時に、間歇的に勃発する下からの社会反乱とも戦うという二正面作戦を余儀なくされた。社会的かつ歴史的な前線の不安定要因はこの状況下で特に明白になった。相互に絡み合い、対決する、さまざまな刺激と動機のいわば構造的な境界線は、後になってようやくいわゆる近代を超えた見地から解きほぐされるのであって、当然ながら当時の闘争当事者にはみずからの歴史の進展は未知のままであるほかはなく、彼らがこの境界線を十全に意識することはまったくありえなかった。この矛盾する状況下で、ヨーロッパとドイツの産業化の歴史に名をとどめることになる、いわゆる「一八四八年の革命」が生じた。

まず第一に、資本主義的生産様式の「原創始者」としての絶対主義が存在していたが、その貴族的な外見はますます稀薄になりつつあり、すでに十七世紀にはイギリスの、十八世紀にはフランスとアメリカのブルジョア革命によってひどく零落していたし、ブルジョア社会に対する絶対主義の国家主権要求に関していえば、絶対主義は経済的にはすでに「自由な企業」の利益のために廃棄されていた。第二に、資本主義のさらなる発展の槍の穂先としての自由主義的共和派が存在したが、彼らは一方では、貨幣と市場の可能なかぎり無制限な自由を、報道関係、選挙権、ブルジョア的法治国家などと結びつけようとし、他方では、人間材料が依然として「抽象的な労働」と彼らに強制された諸法律を拒むかぎりは、彼らの社会反乱に対して強力な「リヴァイアサン」を装備しようとした。

外見上は対立していたようにみえる絶対主義と自由主義は、共通の経済的基盤に立っていたが、その政治的形態は一致していなかった。ヨーロッパの西側（イギリスやフランス）では、絶対主義はすでに国民国家の形態をとっていたが、その形態はまだ絶対主義の必要とするものに合わせて裁断されておらず、機能的に理解されていたにすぎない。いまや、絶対主義を超えて、自由主義そのものが国民国家を担うようになる程度に応じて、国民国家の価値位置も変わった。すなわち、ナショナルな準拠枠は、それまで与えられていなかった独自の非合理的な「アイデンティティ」を獲得した。絶対主義が支配するかぎりは、国家と市場の構造的な二極性は絶対主義と自由主義の対立としてあらわれた。しかしいまや、自由主義自体が双方の極を占めようとしていた（あるいは、すでにこれを実現していた）。そのために自由主義は、国民経済と国民国家性を強引に統合する、アイデンティティ確立のための構造を必要とした。それゆえ、そのための基礎をなすと推定される歴史的な実体もしくは存在が求められ、いわゆるネーションが見いだされた。ネーションとは、一定の地理的単位と言語のような文化的共通性を、それまで知られていないやり方で、「すてきなマシン」とその国家（政府と議会）のための主要な活動領域および外部との境界線として画定するという、けっして一義的には定義しえない連関なのである。

このナショナルなアイデンティティという作業仮説は、十九世紀前半には自由主義的なブルジョアジーにとって（特に資本主義の発達が遅れていたドイツでは）、高度に社会心理学的かつ情緒的な意味をもっていた。あらかじめまったく別の連関（都市国家、王侯・領主支配など）へ方向づけられていた「愛国心」という隷属感情は、いまやネーションという新しい、より抽象的な準拠枠に結びつけられた。ナショナリズムは、ブルジョア的商品生産時代の愛国心である。したがってこの感情が、まず主として例の自由主義のイデオローグや資本主義的近代化推進の役割を担う者たち――たとえば、ドイツの領邦国家で典型的にみられる、ルートヴィヒ・ウーラントのようなタイプの、ドイツ風を誇示し、ばくぜんとビーダーマイヤー的〔小市民的〕生活を送りつつ憲法制定を求める愛国者に体現されるような——にふさわしかったことは奇異なことではない。これに対して、絶対主義に由来する、資本主義的近代化の社会的・イデオロギー的部門は、特にライン川の東ではまだ長いことブルジョア的国民思想に対しては保留されたまま残り、その権力要求の根拠をむしろ王侯の家系の座標系に求めた——この座標系によって設置された国家機構ならびに市場経済はおのずから国民経済的な連関へとまとめられたにもかかわらず。

そして第三点としては、「無産階級層」によって担われ、公的なブルジョア社会のまったく外側で行動する、下からの社会運動と大衆反乱があげられる。この運動を担った独自の知性は歴史的にほとんど発言を残しておらず、ごくわずかな証拠文書が伝えられているにすぎない——そのうえそれらは改竄され、隠蔽されている（グリム兄弟でさえ民間メルヘンをブルジョア的に捻じ曲げて、手を加えたことはよく知られている）——ので、われわれには彼らの「政治社会的な感情収支」については、トムスンが、余暇や「正当な収入」その他において「道徳的経済と平民文化」の方向性として示したものについてしか言及することができない。いずれにせよ、この運動はブルジョア的な「進歩」という表象世界ならびにその概念とはまったく無縁であったし、むしろ敵対していたというべきだろう。そして、この運動は新しい自由主義的な意味においてもナショナリスティックではなかった。

社会反逆者たちを、あたかも彼らが近代のナショナリズムがそもそも定着する以前にそれを超越していたかのごとく、彼らをナショナルなあるいは地域的なルサンチマンから自由な存在として彼らの世界から抽出して標本化し、彼らはある種の歴史的超意識を有していたなどと喧伝することは、もちろんまったくの誤りであろう。しかし、ラッダイトがときに自分たちを「自由に生まれついたイギリス人」と呼んだのはあきらかに、発展したブルジョア的な国民感情のメタファーというよりはむしろ、社会的自律のメタファーであった——フランス人に対する（ブリテン島への侵攻に対する古くからの恐怖ゆえの）、あるいは「汚らしいアイルランド人」に対するルサンチマンがあったとしても。しかし、よそ者に対するひどい敵意の要素と、ブルジョアジーの時代の本来のナショナリズムとは区別されねばならない。そのうえ、すでに十八世紀のイギリスの民衆暴動は、その社会的動機がたとえば「反カトリック」の変装をしていたところでは（ロンドンの、いわゆるゴードン暴動〔一七七八年カトリック教徒の身分上の差別が一部撤廃されたことに対し、プロテスタント協会の狂信的指導者、ジョージ・ゴードン卿が反対運動を起こし、一部が暴徒化した〕の場合のように）完全に社会的な区別があった。

> 金持に仕返しをしようとするこの欲求がさらにおおっぴらに見られたのは、ゴードン暴動のときである。扇動者たちは声高にカトリック全般に対する憎悪をかきたてたが、それにもかかわらず市の西部にある高級住宅地に住むカトリック教徒たちの家だけが襲撃されて、人口密度の高いカトリック地域は被害を受けなかった。（…）同じく、暴徒たちはカトリックの高位高官、工場経営者、商人、食堂経営者だけに狙いをつけて、カトリックの職人や賃金労働者——つまり、彼らと同等の身分の者——には手を出さなかった。これは、当時の他の都市暴動の場合にも明らかに証明される、社会身分上の区別である。（ルーデ、一九七七年、六一頁）

後の時代の、特に二十世紀の本来的な国粋主義的かつ人種差別的な運動の場合には、そのような区別はもはや見られない。なぜなら、その運動はもはや生存確保そのものに由来するのではなく、競争というすでに資本主義的観点から出てくるからであり、この観点は、社会的な帰属とは無関係に、殺人的でイデオロギー的な敵のイメージへと翻訳される。しかし、十八世紀のロンドンで暴動を起こしたスラム街の住人たちが近代の意味でナショナリスティックではなかったとすれば、十九世紀初期のラッダイトの反乱は、彼らの「道徳的経済」を有していたから、なおのことナショナリスティックではなかった。「無産階級層」の運動における不分明で後ろ向きの動機は、全体としてナショナリスティックではなく、むしろ民俗文化的、宗教的、家族的な性格を有しており、したがって、近代の特殊なルサンチマンにまだすっかり浸されてはいなかった。

先に述べたように、これらの運動は安定することはなかったし、また最初の発端を乗り越えて、ブルジョアの近代化マシンに対抗して独自の解放的な世界解釈を形成することもできなかった。しかし、世紀転換期から一八五〇年にかけての産業化初期の段階での大衆窮乏は、とてつもない規模に膨れあがり、反乱は再度広範囲に燃え上がろうとしていた。新しい生産力をめぐって、解放をめざす、社会的な自己決定と自己了解の理念あるいは動機は——近代化の機械的で範疇的なシステムに対抗して——引き続き目前に迫っているようにみえたから、絶対主義と自由主義はこの「危険」に対してただちに行動を起こし、共同して事態に対処した。今日までその解放が待ち望まれている、全体主義的な市場システムに対抗する社会解放の実現されえなかった理念は、公式の精神史では、貧困化して飢えた大衆の「無分別」として表現されてきたにすぎない。マルサス氏はまたもやまったく誤解の余地なくこう断言する。

私は最近〔一八〇〇年および一八〇一年〕の凶荒時に労働者と若干話し合ったなかで、穀物問題に関する彼らの根深い偏見に気づいて、実をいうと大いに落胆した。また私は、真に自由な政府とこれほどの無知とはほとんど絶対に両立しえないと痛感した。その思い違いは、それにもとづいて行動したとすれば、なんとしても権力によって阻止されなければならないような性格のものである。（マルサス、同訳書、五九七—九八頁）

この問題が接続法（仮定法）のままではすまされえなかったことは、すでに知られている。マルサスは、「無分別な」人間材料たちに「政治経済学のもっとも単純な原理のいくつか」（同訳書、五九七頁）を教授することに絶望するやいなや、絶対主義との、ならびにほとんど軍事独裁といいうるものとの、自由主義的な対立をすすんで忘れ去る。なぜなら、資本主義的諸原理が受け容れられずに社会反乱が生ずる場合には、利害と理念のあらゆる対立よりも、暴力をもってしても体制を救護する義務を優先せざるをえないからである。

才能のある不満家が下層民に向かって、彼らの貧困と困窮がすべて政府の不正にのみ起因していることを説得できる間は、（…）新たな不満と新たな革命の種が絶えず蒔かれるであろうことは明白である。（…）暴徒は一般に、現実の苦難に対する憤りによってあおられてはいるが、その発生源についてはまったく無知な過剰人口の産物であり、自由にとってこれほど致命的な怪物はない。（…）自由の友として、また当然に大規模な常備軍の敵として、私ははなはだ不本意ながら、最近の飢饉の間に人びとの困窮は、この国の大規模に組織化された兵力がなければ、（…）彼らをもっとも恐ろしい蛮行に走らせたであろうと認めざるをえない。こうした時期が再発するとすれば（この国の現状からは、その再発は懸念すべき十分すぎるほどの理由がある）、われわれの眼前に開ける見通しは極度に憂うつなものである。イギリスの立憲政体は、もしその進歩が民衆の暴動によって阻止されなければ、ヒュームの予言した安楽死へ向かって足早に進んでいるとみられよう。そしてそうならないとすれば、想像するになおいっそう恐ろしい光景が現われるであろう。イギリスの選ばれた自由の守護者たちは、これらのもっと恐ろしい害悪を憂慮したからこそ、近年生じている権力の漸進的侵害におとなしく黙従したのだと思うしかあるまい。退廃の影響こそ大きかったが、イングランドの郷紳たちは、もし生得の自由権が国王からよりも、人民からの大きな脅威にさらされていたという正真正銘の恐怖によって刺激されなかったならば、このようにして彼らの生得権の一部を放棄したと信じたくなるほど卑劣であったとは考えられない。暴徒から保護してもらうという条件で、彼らは政府に屈したように思われる。もしこのような暴徒が現実的にも想像上も存在しなかったとすれば、彼らは物憂く沈痛な屈服をけっしてしなかったであろう。（…）専制政治のもっとも見事な擁護者は明らかに、貧民の困窮と社会が被るほとんどすべての害悪を人間の制度と政治の不正とに帰する一般の論者である。（…）これらの理由から、自由の真の友、真の人権に対する熱烈な擁護者は、相当程度の専制政治を養護する人びとの間に見いだされるかもしれない。本質的には悪い主張も、それに対立するものがもっと悪いという理由だけで、またちょうどその時にどちらかを選ぶしかなかったという理由だけで、善良高潔な人によって支持されるかもしれない。（マルサス、同訳書、五七〇―七七頁）。

つまりマルサスは、あらゆる公式の粉飾にもかかわらず、少なくともイギリスでは社会的内戦がじじつ存在したことをまったく率直に認める。彼の言葉は――この見解は一般を代表するものとみなしてよい――自由主義が、資本主義の市場マシンの内外における〔貧民からの〕社会的自己決定の要求に対して反射的に、その発端から今日にいたるまで宣伝されている抑圧的な国家怪獣の「必要性」を確保しようと意図していることについて、いささかの疑念も生じさせない。すなわち、人間の生活をその支配下におこうとする、貨幣の経済自由主義的な自由は、あらゆる他の基準を超越していなければならなかったし、必要とあらば軍事力を用いてでも、社会的に格下げされた大衆から守られねばならなかった。危急の場合にはしたがって、自由主義は躊躇することなくリヴァイアサンの腕のなかに身を隠したのだが、この怪獣の陰鬱な暴力威嚇は、人間材料たちに対する、特に第一次産業革命期には「過剰人口」に対する最《ウル》後の手段《ティマ・ラツィオ》となった。

このことは、十九世紀半ばの切迫した危機的状況にあっては、もちろんイギリスだけにあてはまったわけではなく、いたるところで、特にドイツでそうだった。絶対主義に対して公民的な立場から反対派にまわったブルジョアジーはすぐに国家権力と融合した。反ブルジョア的社会反乱に反対する勢力であれば、いかなる権力であろうとかまわなかった。一八四八年のブルジョア革命における学生たちの「進歩主義」に関しては、民主的な立場からの多くの賛辞がみられる。だが、この「進歩主義」は、その大部分が厳格に「公民的自由」に限定されていた。学生たちは、絶対主義的な検閲に反対して戦ったが、またしばしば絶対主義と共同して、あらゆる下からの自主的な社会運動にも応戦した。たとえばその典型例として、チュービンゲンにおける「学生安全監視団」が、社会的無産層のいわゆる「ゴーゲン反乱」の鎮圧に決定的な関与をしたことがあげられる。

学生は教養市民層の一部であり、彼ら自身もそう感じていた。彼らの政治目標の方向は政治への参加と共同決定権、さらに自由権と憲法の拡充に向けられており、社会的責任はなんら感じていなかった。このことを如実に示すのは、一八三一年と一八四七年の二度にわたって学生たちが下町で生じた社会暴動の鎮圧のために軍隊式の隊列を組んだこと、そして彼らの目からみると自立していない暴徒、つまり、貧しいぶどう栽培農民「ゴーゲン」、手工業の職人たちとは明確に一線を画していたことである。逆に非常に奇妙に思われるのは、地方当局が、二回とも公式には存在しない、禁止されていた学生組合に救援を求めたことである。（ジィーバー、一九九二年、九七

頁)

これこそブルジョア自由主義的な革命の甘美でささやかな秘密であり、ドイツの左翼は、社会的解放の問題を本気になって考える準備さえ整えられずに、革命の美化された伝統から再三のろのろと自由主義的啓蒙的な家畜小屋へと家路をたどったのである。したがって、「左翼」はもともと厳密にいえばつねに自由主義の「左派」にすぎず、それゆえ反資本主義的首尾一貫性においては麻痺していたとたしかにいえるのだ。このような主張は誇張しすぎていると思われるかもしれないが、一般に隠蔽されている関連を明るみに出すためには、このことを強調しないわけにはゆかない。その際に問題になるのは、一見「沈黙した」(実際のところは、公的な世間一般と学問上の解釈史によって沈黙させられた)社会反乱の、絶対主義と自由主義のあいだの資本主義内対立との関係である。この二重底の、まさにパラドクシカルな関係から、後の全歴史が展開されたのである。

資本主義内の二つの党派は、社会反乱の緊急時には「労働貧民」と飢えた大衆に対して団結した。同時にまた両者は、無産層とその社会動向に対しては抜け目のない行動をとった。イギリスでは、金融・産業の経営者の政党であった自由主義的な「ホイッグ党」に対する反感をあおるために、新しい工場労働者に対して「白い奴隷」という(言外に人種差別的な響きのある)イメージを考え出したのは、保守的な地主の政党である「トーリー党」だった。ホイッグ党は逆に、大衆の惨めな状況の原因を時代錯誤的な社会制度と古くからの大農地所有者である「ジェントリー」の行動様式に帰した。しかし、イギリスではすでに十七世紀に絶対主義からの離脱に成功していたために、両党の戦術的な対立は資本主義的近代化の内部でかなり徹底した議論がなされており、むしろ修辞上の論争になっていた。同時に、イギリスの社会反乱は一八四八年までは、大陸の同種の運動よりもはるかによく組織されており、より激しい痛打を浴びせていたから、政府と野党は、すなわち、トーリー党とホイッグ党、「王党派」と自由主義的ブルジョアジーはこぞって迅速に、マルサス的な意味で共通の体制利害のためにいっそう固く団結した。

イギリスは十九世紀前半に、大きな、部分的にはドイツ同盟の諸国家におけるよりもはるかに大きな、暴力をともなう抵抗と反乱の波に洗われたが、この反乱はともかく革命には至らなかった。それはなぜか？　イギリスでは何が〔ドイツとは〕異なっていたのか？（…）イギリスでも一八四八年の春には大規模な示威運動が生じ、反乱の試みがなされた。しかし、フランスからロシアとオスマントルコ間の国境線にいたるまでのヨーロッパの革命地帯とは異なって、イギリスの運動はすぐに、革命のあらゆる試みを封じ込めんと断固たる行動に出た政府とブルジョアジーの同盟軍に遭遇した。（ランゲヴィーシェ、一九九二年、四三六頁）

しかしこのことが意味するのはまさに、イギリスではブルジョア（自由主義的）革命はもはや必要とされなかったということである。なぜなら、ブルジョア革命は基本的にはすでに成し遂げられていたし、いまなお息の根を止められていない社会解放運動を最終的に壊滅させることが自由主義であるとみなされていたからだ。これはしかし同時に、次のことを意味する。つまり、大規模に生じつつあった反資本主義の運動と社会的反乱は、少なくとも理念上の観点からすれば、この〔一八四八年の〕革命とは、あるいはそもそも近代の革命概念とは、通常考えられているよりももともとはるかに関連性が少ないということである。この事情は、完全な事実であるにもかかわらず、歴史家たちにはまったく知られていない。「初期産業社会の困難な社会問題から直接革命へいたる道はどうやら閉ざされているように見える」（ランゲヴィーシェ、同書、四三一頁）。これは何を意味するのか？

公認の近代意識は、いわゆる革命を、過激さの権化、極致とみなす傾向がある。これは「マルクス主義」にもあてはまる。前産業期の資本主義と初期産業化が引き起こした社会反乱についていえば、あたかもこれらの反乱が「本来の」（国民的・政治的な）革命にまでは高揚しえなかったかのようにみえる。しかし、ひょっとしたら彼らの目標はまったくそこにはなかったのかもしれない。彼らの目標に関していえば、それは意識的でも無意識的でもなく、まだきちんと整理されていなかった。そのために彼らはさほど過激ではなく、それどころか「改良主義的」だったのだろうか？　けっしてそうではない。イギリスのラッダイトのことを想起すればよい。

ここでしっくりこないのは要するに、これらの運動に冠された概念体系である。これらの運動の過激性はあきらかに別種のものだった。彼らはそもそも資本主義的な意味で「近代化」しようとは欲していなかったから、「公民性」や「国民国家性」のなかにもぐり込むことも、彼らにとってけっして自明の目標ではありえなかった。ひょっとしたら、彼らを待ち受けているのは「抽象的な労働」の人間材料としての永遠化であることを、彼らは知っていたというより予感していたのかもしれない。資本主義の要求と市場システムの危機、この両者の不当性と耐え難さに反対する反乱が独自の輪郭を明確にするかぎり、その反乱はつねに、トムスンの言及した例の「平民文化と道徳的経済」を志向しており、自由主義的な「公民の自由」や国民感情とけっして同一ではなかったことには十分な根拠がある。なぜなら、後者は、搾取と他者決定という憎悪されたシステムの次の発展段階の様態にすぎなかったからである。公民や国民になることが意味したのはひとえに、形式的なみせかけの解放の罠に落ちることであって、結局は、賃金労働の形態で「金《かね》を稼ぐもの」として、資本という不可解で主体のない社会マシンの永遠の奴隷になることだった。たしかに、社会反乱の担い手たちはこの諸関連についてまだ明確な概念を持つことができなかった。だがしかし、彼らの暴動は本能的に反絶対主義、同じく反自由主義へと向けられており、それゆえ資本主義内の「政治的」紛争線の外側にとどまった。

だからといってこの点に関して私は、社会反乱が、成立しつつあったブルジョア社会において表面的にそれとわかる紛争状況の外側で、「純粋」かつ完全に自立した意識を有していたと主張するつもりはない。動機、理念、運動は、それぞれが完全に相互に隔絶された状態ではありえなかった。それでも、歴史的な観察にあたって、現実に散在する例外状況を度外視すること、そして、社会反乱の衝撃といわゆるブルジョア民主革命との間に境界線——具体的・歴史的なプロセスにおいてはあらわれるが、しかしけっして一義的にあきらかではない——を引くことは、社会的な認識のためにはまったく正当なことである。

この間の事情を理解するためには、二つの相互に両立しえない衝撃と運動が歴史的に重なり合って錯綜していたことを念頭におく必要がある。すなわち、第一に、資本主義的要求一般（まだ出来上がっていない政治形態を含めて）

に反発する社会反乱であり、第二に、絶対主義と自由主義とのあいだの相対的な、政治様式に関連した資本主義の内部紛争である。この紛争の歴史的な尖端に「革命」の名が与えられたのだが、これはフランス大革命の原体験にもとづいている。ただし奇妙なのは、ブルジョア「政治的な」、国民国家的な革命は、もしこの革命が反資本主義的な社会反乱という本来この革命とはまったく異質の衝撃によって充電されなかったならば、かつて一度たりとも世界を震撼させる力を展開するにはいたらなかったであろうことだ。自由主義そのものは、絶対主義との関係においては、全般的にみてつねに「改革主義的」だった。噴火は、自由主義的な改革運動が——「偶然に」と言いたくなるところだが——外部の、異質な社会反乱と一種の共振を起こした場合にのみ生じたのである。

それどころかこの問題はもっと逆説的に表現することもできる。すなわち、資本主義の歴史の「機関車」であった近代化という偉大なブルジョア革命は、本質的に反近代化、反市場経済、反「抽象的な労働」を志向していた社会反乱と連携することによってのみ可能だったのだ。ただしその際、社会的な解放をめざす「反近代」と反動的な「反近代」との間に原則的な区別が立てられなければならない。絶対主義、その官僚機構、その王侯的・君主的な表看板、そして、かつてはみずから資本主義＝市場経済の近代化のペースメーカーであった官僚機構、これら三者はいまや、ブルジョア自由主義と生まれたばかりのナショナリズムに対する最後の防御戦において、彼らの頭越しになされようとするさらなる資本主義的近代化に対抗する、保守的な、さらには反動的な立場とイデオロギーの確立を目論んでいた。このような情勢のなかから、その後の変容を経て、近代の保守思想が成立するのであるが、この思想は後に民主的世界を基盤にして、極右的、エリート的、反解放的、かつ、きわめてナショナリスティックな運動において、特殊な反近代主義の動機をますます強めてゆくことになる。

民主的な近代化推進論者は同時にブルジョア的自由の手品師であったが、彼らは、反動的かつエリート的であるにすぎないこの反近代主義を考えられうる唯一可能な反近代主義であるとし、解放をめざした古い社会運動の反近代を故意に秘匿し、さらには社会的記憶から抹消することの重要性をよく理解していた。古い社会運動の後ろ向きの動機（しかもこの動機は、すでに述べたように、けっして唯一の動機ではなかった）はしかしながら、資本主義内の反動の動機とはまったく異なる性格をもっていた。前者は、後者とは対照的に、反権威的で反エリート的だったが、それは、彼らが工場体制の「実力者」に対して自己決定の動機をかたく保持していたからだ。「左派の」、表面的には反－反動的な自由主義のイデオロギー上の大きな統合成果は、社会運動をブルジョア内部の対立へと強制的に転換させて、見かけ上の二者択一を迫ることになる。すなわち、商品生産の強制システムにもとづくブルジョア自由主義と法治国家体制か、あるいは反動的な絶対主義か（二十世紀においては、極右の独裁と野蛮）という二者択一である。

このようにして、ブルジョアの「近代化推進論者」はしだいに、社会的理念を資本主義内部の対立へと還元することに成功した。これは、十八世紀後半から十九世紀初めにかけてはまだ自由主義の観点から、独立した社会反乱と呼ばれた。自由主義陣営は、すでに社会反乱を完全に阻止することはできなかったから、その効力をできるだけ保守的・絶対主義的な陣営を弱体化させるために巧みに操作しようとした。すなわち、社会反乱を緊急時には絶対主義的な国家と共同して散弾砲で弾圧する一方で、自由主義的・ナショナリスティックな改革努力のなかで一種の抵当物件として利用したのである。

これが、フランス革命ではあやうく失敗するところだった。社会反乱は当時（数十年後のイギリスにおけるのと同様）猛烈な勢いであったから、じじつ一時的にコントロールを失った。それゆえ、結果的にはブルジョア革命だったにもかかわらず、この革命もまた皮肉なことにそれ以来すべてのブルジョア層と彼らの政治的支持者にとって妖怪となった。この最大の革命にあって「恐ろしい」意味で革命的だったのは、革命の担い手たちの行動にほかならない。彼らはもともと後の（国民的および国家的な）路線上の革命とはまったく別のものを欲していたのだ。自由主義者たちはごくわずかな例外を除いて、この革命においても、また別のいかなる革命においても、自身のだいじな身体を当面のアンシャン・レジーム（旧体制）の弾丸の前に晒すことはなかった。しかしながら現実の民衆蜂起は――その関心は公民的改革とはまったく縁遠かったのだが――意図せずにこの改革のために、旧体制のなかに決定的な突破口を開いた。自由主義（者）が権力の座にあったとしても、まったく同じように反乱の犠牲となりえたであろう。じじつ個々のケースでは、多くの「自由な企業家」やブルジョアの奴隷酷使者たちが反乱の犠牲となった。しかし、ブルジョアジーは政治的にはまだ絶対主義の陰に隠れていたから、自由主義者たちは大衆運動の波によって、本来は反資本主義を志向していた権力の座へと打ち寄せられたのである。

この不条理な情勢が生まれる「可能性の前提条件」はもちろん、組織的にも理念的にも確固たるものとなっていなかった社会反乱の能力の欠如だった。だがしかし、それは同時に、自由主義（者）が権力の座に就いてからの、あるいは絶対主義的機構と肩を組んだ残酷な、軍事的かつ独裁的な弾圧政策の結果でもあった。イギリスのラッダイトの場合にみられるように、社会反乱が比較的大きな自立性と堅固さを示したところでは、その反乱の矛先はすでに、より高度に発展した資本主義に向けられたが、資本主義の側からすればもはや「フランスの」ような窮境に陥りたくはなかったから、社会解放の軍事的な行動に対しては最初からリヴァイアサンのあらゆる暴虐を解き放った。それによって、近代革命史の原理的なサンプルが描写されたようにみえる。

一八四八年にこの図式が繰り返されたが、それはすでにそれまでの近代化の歴史によって打ち破られていた。大衆の悲惨は頂点に達していた。しかし、ラッダイトはむかしの記憶にすぎなかったし、大陸ではほとんど知られていなかった。それに先立つ数十年間に、途方もない資本主義の弾圧措置によって誘発された多様な反乱は、たいへんな数の犠牲者を出していたから、じじつすでに継続性を失っており、自然発生的に直接的に反応しえたにすぎない。イギリスやフランスの従兄弟たちとは異なって、まだ絶対主義的なアンシャン・レジームとの真剣な抗争状態にあったラインの東側の自由主義にとっては、この事情から政治的操作の可能性が生じた――もっともこれはつねに成功したわけではなく、ときには直接弾圧が避けられなかったのだが。たとえば、「後のヴュルテンベルクの自由主義の偉大な指導者で、一八八一年以降はヴュルテンベルクの内務大臣」（ランゲヴィーシェ、前掲書、四三五頁）であったユリウス・ヘルダーは、ある戦略的分析においてこう書いた。

プロレタリアートは市民階級にさしあたり力を与える。というのは、プロレタリアートが市民階級にとって危険な存在になれば、市民階級は狭量な王制と官僚主義のことなどいっさい気にかけないであろう。そうなると、市民が欲すること、すなわち、市民が国家の利益だと考えることが実現されなければならない。市民は自身の意見を述べ、交渉する権利を欲する。下層階級に対する不安は、市民に、支配者層に対する法律闘争において必死の勇気を与えるだろう。この時期を市民は逸してはならず、集会や協議などによって、どこでなにが欠けているのか、どうしたら救援が得られるのかを研究すべきであろう。彼らがいま政府に提案することは実現されなければならない。さもないと、彼らは秩序の維持を保障できなくなる。(…)プロレタリアートは市民階級のために火中の栗を拾う。しかし、市民階級が勝利すれば、われわれ〔プロレタリアートとブルジョアジー〕は政治上の敵対者になるかもしれない。だが、事態はまだそこまでは進んでいない。(ランゲヴィーシェ、同書、四三四頁からの引用)

ただし、この戦略にはリスクがないわけではなかった。自由主義的なブルジョアジーは、なんといってもフランス革命のことが頭にあって内心ひどく不安だったからだ。しかし、必死の社会反乱にはイデオロギー上の弱点があることを勘案すれば、反乱の主唱者たちから解放志向の棘を抜くために、ひょっとして彼らに公民的かつナショナリスティックな意識を植えつけることが可能かと思われた。またこれに関連して、社会運動自体におけるひどく低劣な本能とモラルを失わせる諸要素を道具として利用することも可能だった。というのはもちろん、社会反乱は、反解放へ誘導しようとする動機に対して抵抗力を有しているとはけっしていえなかったからである。ドイツでは当時すでに、近代の反ユダヤ主義が芽ばえており、ユダヤ人は社会的破局のスケープゴートにされていた。一八一九年と一八三〇年には、南西ドイツ地方で俗にいう「ヘップヘップ騒動」がおきた。この名称は、かつてローマの傭兵団がイェルサレムの寺院を襲ったときの叫び声とされるものに因んでいる。ハイデルベルクとカールスルーエでは、ユダヤ人家族の家々が略奪され、家財道具が路上に投げ棄てられた。百年以上ものちの「水晶の夜《ライヒスクリスタルナハト》」〔一九三八年十一月、ドイツ各地でユダヤ人商店が襲撃・略奪されて、路上にガラス片が飛び散った〕と非常によく似ていた。その際、ブルジョア・ジャーナリズム側の激しい扇動もまた活発化したことが、ラヘル・ファルンハーゲン(ユダヤ系の知識人で、彼女の有名なサロンはロマン派文学にとって重要な意味をもっていた)の、この事件に関する辛辣な書簡にはっきりとみてとれる。

この三年来私は、ユダヤ人は襲撃されるだろうと言ってきました。複数の証人もいます。これはドイツ的な「怒りをぶちまける勇気」なのです。なぜ、ですって？　なぜなら、ドイツ人は非常に礼儀正しくて、親切で、平和を愛し、お上に敬意を払う民族だからです。（…）多数のユダヤ人に対する嫉妬の余地があれば、どこであれ。（…）数年来、あらゆる新聞はありもしないことを吹き込んでいます。フリース、リュース、その他の教授たち、アルニム、ブレンターノ（…）さらに、偏見をもつ高位高官の者たち、（…）まったくひどいものです、行為の点でも動機の点でも。「ヘップ」と叫ぶことを教えられた人びとに罪はありません。（ヴィルツ、一九八一年、七二頁以下からの引用）。

たしかに、「民族」はこれらの場合、それ自体善良でうわべだけ操作された無邪気な迫害者ではなく、それ自身のなかに陰険な奴隷根性を宿しており、この奴隷根性が社会反乱に対していわば「内側から」道を遮断し、支配的なメルヘンとの逆説的な合意のもとに、資本主義の社会的矛盾と破局を非合理なスケープゴート迫害へと誘導しようとした。そして、ヘップヘップ騒動に初めてみられたような、他の社会反乱（特にイギリスのラッダイト）とくらべてじつに恥ずべきこの症候群は、全ドイツ史についてまわることになった。さきのラヘル・ファルンハーゲンの手紙には、零落した大衆のきわめて低劣な本能と「舞台裏での」ブルジョア知識人の悪しき連携行動についての予感がひらめいており、この両者の連携が結局はアウシュヴィッツへつながることになる。この社会反乱がモラルを失していることに対しては、歴史資料の研究調査からあきらかになるように、ドイツの治安当局も断固たる態度で臨んだとはいえない。

この場合の治安当局の無為は、意図的なものとしか解しえない。また、数多くの市民が加わっていたにもかかわらず、公式には下層民や不良少年だけが犯人として問題にされたことは、同時代のジャーナリストの目には明白だった。（…）「ユダヤ人襲撃」が妨げられることなくおこなわれたことから判断して、市当局や治安部隊が見て見ぬふりをしたことは容易に想像がつく。さらに、このことがその後の調査で暴露されたこともさして驚くにはあたらない。(…) 住民への警告は比較的温和なものであり、〔ユダヤ人襲撃に対して〕多くの理解を示した。(ヴィルツ、一九八一年、六三頁以下)。

社会解放をめざす、真に反資本主義的な社会反乱の場合と比較して、反ユダヤの人種差別的な攻撃に対する資本主義当局、司法、警察機関の相対的な寛大さは、その後も世界中で再三見られるが、この事情が確固たる民族的伝統となっているドイツではとりわけその傾向が強い。今日でもなおドイツでは、左翼のデモ隊が「公共の秩序」をほんの少しでも侵害すれば、あるいは単なる意思表示(たとえば、資本主義の代理人に対するブーイングの口笛)でさえもしばしば度をすごした残虐さをもって攻撃され、追跡される。その一方で(最近でもふたたび)、亡命申請者の収容施設への重大な放火でさえ、また外国人に対する極右の魔女狩り、あるいは左翼の青少年に対する暴力行為など数多くのケースで、相対的にみてスローモーションの再生映像をみるような、ほとんどその気がないような警察と司法の介入を呼びおこしたにすぎない。このドイツの国家ならびに「治安」当局のメンタリティと伝統は遠く十九世紀にまでさかのぼる。

このようにすでに「三月前期」に偶然ひそかになされた、絶対主義と自由主義と似非《えせ》社会反乱のドイツ的な合意が、ユダヤ人迫害という倒錯した形態で「避雷針」機能としてあらわれたとすれば、これらの事件は一八四八年の三月革命の二重の意味での弱点を指し示している。すなわち、自由主義的な改革意志は社会反乱と「フランスの状態」に対する恐怖ゆえに、ユリウス・ヘルダーによって素描された戦略を採用するには強さが足りなかったこと、また社会反乱も総体的にみて、十分に首尾一貫性があって反権威的であるとはいえなかったから、自由主義に対する逆説的な関係において、フランスではすでに半世紀以上も前に絶対主義をじっさいに爆破した例の社会政治的な共振を喚起するにはいたらなかったことである。十八世紀以降に導入された概念に照らしてみて、一八四八年のドイツ革命が惨めに挫折した企てとみなされたのは当然だった。

自由主義の社会民主的な日曜学校

しかし、成立しつつあった左翼（および後の「社会主義」）を永遠に自由主義の問題に縛りつけ、長い歴史の袋小路に追いやることに決定的に寄与したのはまさに、ドイツの絶対主義に対する自由主義の歴史的敗北だった。すでにイギリスとフランスで芽ばえていた「政治的」社会主義がブルジョア博愛主義からの枝分かれであり、自由主義の内的矛盾の所産であったとすれば、それはいっそうぴったりドイツにあてはまった。自律した社会反乱とこの自由主義の「左派の」枝分かれはどこからみても同一ではなかった。そもそも両者の間にいかなる関連があったのかはっきりしていない。いずれにせよ両者は、反資本主義の基盤となる歴史が闇に包まれているために厳密には定義しえず、その全体状況はもともと解釈が必要なものとして残されている。

イギリスに関していえばトムスンは、ラッダイトは「一時的な運動」の性格を有していたと認定し、それによって（事実解明的な批判をおこない、社会反乱の独自の性格を支持したにもかかわらず）暗黙のうちにラッダイトの反乱を後の、より政治的民主的な労働運動の「先駆け」と理解するかぎりでは、彼は伝統的なマルクス主義概念の地平にとどまっている。その原因はおそらく、トムスンにとってはジャコバン主義（過激急進）的民主的な革命概念がなお問題のないものとしてあること、またほとんど不可避的に諸々の社会運動の（公民的な）「政治化」が運動のさらなる高度な発展としてあらわれることにある。たしかに当時のイギリスの人民大衆のなかにはジャコバン主義的民主的潮流の存在が立証されうるし、またラッダイトの衝撃とブルジョア民主的な衝撃が数多く結びつき、部分的に重複して、重なり合っていたことは事実であろう。しかし、ラッダイトの反乱の主要目標が資本主義的規律化の拒絶にあったことがあきらかだとすれば、その際に民主主義概念がそもそも大きな役割を果たしたのかどうかは非常に疑わしい。もし果たしたのならば、民主主義概念は公民的な意味とはまったく別の意味において理解されたのではあるまいか。

トムスンはみずから、社会反乱という解放を志向する反近代と民主主義的・左翼自由主義的なブルジョア革命とのあいだの論理的な境界線を容易に推測させる史料を挙げている。たとえば、イギリスのジャコバン主義者の手紙のなかに次のような一節がある。「われわれは、機械破壊者、工場放火者、恐喝者、私有財産の略奪者、あるいは暗殺者との、すべてのいかなる関係をも否定し、拒絶する」（トムスン、一九八七／一九六三年、六八八―八九頁）。この心底からの嫌悪はすっかりそのまま逆に、ジャコバン主義者に向けられたかもしれない。

実際には、社会反乱とのちの「社会主義的な労働運動」との関係はきわめて問題のあるもので、「より高次の」と呼ばれる「政治的」意識へ向かう、多かれ少なかれ直線的な発展として理解されうるものではけっしてなかった。それはたしかに変換ではあったが、深い断絶にひとしく、けっしてより大きな解放志向の意識へ向かうのではなく、むしろ逆の変換だった。社会民主主義の生みの親やマルクス主義の教父たちは、社会反乱の指導者や主唱者だったのではなく、方向を見失って道徳的にショックを受けた自由主義者であったことは、忘れられがちである。「野蛮な」、解放志向の、反近代的な社会運動はまた、のちの労働運動マルクス主義によってひどく侮蔑的かつ慇懃無礼に回顧されたが、それはまさに労働運動マルクス主義がみずからの恥を隠さねばならなかったからだ。つまり、社会反乱が鎮圧され、国家テロによって葬り去られた後になってようやく、近代社会主義はむしろ無産者層の真っ正直な改革グループのなかから成立し、いわゆる労働者協会に組織された。「これらの協会はたいてい、進歩思想を持つ善意のブルジョアによって率いられている」（ロヴァン、一九八〇年、四頁）。たいていはこのようなやり方で設立された労働者協会を、ブルジョア博愛主義の一種の社会政治的な日曜学校と名づけてもなんの不都合もない。じじつすでに、近代の労働運動による社会主義は反逆者というよりはむしろ本来的には自由主義の日曜学校の生徒たちであり、彼らの祈禱書のなかには、エンゲルスもまったく無邪気に報告していたように、ベンサムの書物さえ含まれていた。

根本において、これらの努力は、自由主義の利益のために無産者層に影響をおよぼそうとし、彼らを工場の外でも「教育し」、ベンサムやマルサスの意味で彼らに「国民経済学」のある種の「必然性」と基本概念を教え込み、社会反乱を阻止または緩和し、資本主義の矛盾と制限の原因を一方的に絶対主義的な保守主義に帰そうとする、自由主義の試みから生まれたのである。ここにわれわれは、その全歴史を今日まで刻印することになる社会民主主義の内奥の精神をみることができる。だが、予期せぬことがしばしば生ずる。すなわち、いわば上級教諭の姿をした秘密諜報員として「危険な」社会グループに送り込まれた自由主義的な知識人たちのうち幾人かは、彼らの経験をとおして「敵側に寝返った」のである。彼らは自由主義のひどい矛盾と社会的な偽善を暴露し、結局は彼らの自己理解を変えて、自由主義に対して社会的な批判を加える側に肩入れすることになった。

この変身において、歴史上もっとも卓越した人物としてあらわれたのが、カール・マルクスとフリードリヒ・エンゲルスである。しばしば忘れられていることだが、マルクスとエンゲルスはもともとは自由主義者だった（マルクスはケルンの労働者協会の議長だった）。さて、これらの新しい革命的知識人の「危険な階級」との結びつきから生じえた歴史的オルタナティヴを明らかにすることはきわめて重要である。わけても重要なのは、新しい生産力がいかなる形態で取り上げられて、さらに発展させられるべきかという点である。つまり、資本主義的工場体制に反対する社会反乱の、視野が狭くて後ろ向きの要素をひとまず度外視すれば、その一般化能力と将来性のある動機として特に、余暇と具体的な欲求にむかう活動（「抽象的な労働」に代わる）、および協同の自己決定と自己了解（盲目的な市場メカニズムおよび／または官僚的監督への依存に代わる）の要求が蒸留分離されうる。それでは、自由主義に対する新しい理論的批判は、反近代的社会反乱のこれらの解放志向の動機に概念を与えることができて、それらの概念を新しい生産力でもって仲介することができたのか、あるいは、この新しい理論的批判は、一緒に引きずってきた抑圧的な自由主義的思想の要素によって混交されたままになったのだろうか？　いいかえれば、成立途上にあったマルクス主義／社会主義は社会反乱を解放をめざす意識的な反近代へと導いたのか、あるいは、私がすでに暗示したように、それは逆にみずから商品生産システムとその「抽象的な労働」にもとづく第二の近代化理論になったのか？

マルクスの理論はこの点に関しては高度にアンビヴァレントなままにとどまった。もちろん、自由主義から社会主義への理論・実践両面での移行を認識するためには、個人的な事情と歴史的な状況とが考慮されねばならない。マルクスとエンゲルスはイギリスの社会反乱の頂点に直接かかわることはできなかった（ラッダイトの運動が最終的に鎮圧されたとき、一八一八年生まれのマルクスはまだ乳飲み子だった）。しかしまた、マルクスが、当時の支配的な、彼自身の思想の出発点であった自由主義の教義からなんらかの要素を社会主義的思想領域へまったく持ち込まなかったとは言えないであろう。

マルクスもまた例の、すでに若きエンゲルスの著作において端緒的に観察される、マシン体制の「実証主義的」規定を完全には否定することができなかったのは、まさに「史的唯物論」の形態をとった、資本主義の諸矛盾の哲学的一般化が、技術的な生産力を歴史全体の推進力としてあまりにも絶対化したからである。マルクスはつねに社会反乱に対して共感を表明してはいたが、「機械破壊者」たちの意識についての彼の否定的な判断はやはり、彼がラッダイトの衝撃を基本的には「生産力」に対する混乱とみていたことを示している。マルクスは、資本の社会的抑圧と非合理的な組織形態が完全に資本の技術的な形態にもあらわれたことをときおり暗示してはいるものの、社会反逆者たちにとって顕著であったこの観点は、マルクスの理論では十分に光があてられないままだった。いやそれどころか、彼が「資本主義的生産過程そのものの機構によって訓練される（…）労働者階級」（マルクス『資本論』第一巻、大内・細川監訳、九九五頁）という言葉を発するとき、マルクスが〔労働者の〕産業的な規律化をひそかに望んでいたことは明白である。のちの労働運動マルクス主義にとっては、そもそも人間的能力としての新しい生産力と生産力の資本主義的技術的現象形態とのあいだにもはや区別はなかった。資本主義の社会的な諸悪は、まったく外的に、社会学的な次元で理解され、工場体制やマシン体制（消費のための生産物とまったく同様に）という具体的な形態は直接的に獲得しうる富としてあらわれた。

このものの見方は、自由主義の実証主義的な、技術的自然科学的に短絡した進歩概念にそのルーツがある。そして、その結果はあらわれた。というのは、多かれ少なかれ無批判的に理解された工場体制の技術的な形態とともに、自由主義がプロテスタンティズムと絶対主義政権から継承し、資本主義にあわせて彫琢した、「抽象的な労働」概念も広範に引き継がれたからである。たしかにマルクスは「抽象的な労働」概念をもともと批判的にとらえていたが、しかしながらその肯定的な理解に対して明確な一線を引くことはけっしてなかった。マルクスにあっては、労働概念についての批判面と肯定面の境界はつねに溶けあって、明確ではなかった。労働運動マルクス主義の解釈では、そこからプロテスタント的な労働倫理の肯定的な変容が生じた（旧東ドイツの教科書で、「抽象的な労働」が経済的な国家教義になったのはじつに逆説的といわねばならない）。これはすでに本来の社会反乱の動機に対する根本的な変更だった。自由主義の厳格な教師たちは社会反乱の担い手たちについて、彼らに教育的な見地から行動を強制し、餓死しない程度のわずかな食料を割り当てておかないかぎり、彼らは週に三日か四日しか「労働する」つもりがない、あるいは「きまぐれで発作的な労働意欲」しか示さないと言ってつねに非難していたのである。

マルクス主義が、「労働者階級の立場」を代表していると多少なりとも誇りにしていたことは、労働者階級にとってはまったく不名誉なことだった。というのは、資本主義の成立史における反逆的な社会運動はもともと、そもそも貨幣の軛《くびき》のもとで「労働者階級」へ組み込まれることに対して激しく抵抗していたからだ。じじつ、十八世紀および十九世紀初めの社会的大衆反乱を、例の（まさに「左翼からの偏向者」に対してインフレ気味に用いられた）極左的あるいは改良主義的「小市民性《プチブル》」という俗受けするマルクス主義の項目に分類することは、悪意ある歪曲だった。なぜなら、直接生産者と「労働貧民」によるこれらの反乱は、進歩した資本主義的条件下での、ただ勤勉なあるいはすっかり分別をなくした小所有者や「中間層」とはまったく無関係だったからである。社会的なカテゴリー化において、ここに隙間が開いているのは偶然ではない。なぜなら、この問題は近代の学説史においてほとんどその席が確保されなかったからだ。抑圧的なベンサム流の近代化を根本から拒絶することは正当かもしれないということは、近代の労働刑務所を称揚する詭弁家のいかなるイデオロギー陣営でも検討することが許されなかった。

それにもかかわらずマルクスは、今日にいたるまで並ぶもののないやり方で「すてきなマシン」の機能メカニズムを批判的に暴露しただけでなく、反逆的かつ解放をめざす反近代《アンチモダン》の動機へとつながる、夢のような仲介役を果たした。この反近代《アンチモダン》は、奇妙にとらえどころのない矛盾したかたちで彼の理論のなかへ入り込んだ。しかも、資本の自立した自己目的的な形態における社会的な「物神崇拝」の暴露というかたちをとって。この暴露は、貨幣による無意識の社会化をラディカルに批判し、またそこから解放された「自由な人間のアソシエーション」を目指すのであり、このアソシエーションは、商品、貨幣、国家を超えて、意識的な自己了解によって再生産され、そして、新たな生産力を、果てしない抑圧や競争、労働の恒常的なせわしなさ、際限のない蓄積のためにではなく、余暇と楽しみのために投入する。マルクスがこの動機をすでに初期に夢のメタファーのなかへ据えたのはいわれのないことではない。「そうすれば、世界がずっと以前からある一つの事柄について夢をもっていたこと、そしてその事柄を現実に手にいれるためには、ただそれについての意識をもちさえすればよいことがわかるであろう」（マルクス『マルクス＝エンゲルス全集』第一巻、一九五九年、「マルクスからルーゲへ」花田圭介訳、三八三頁。章末の訳注も参照）。[*2]

マルクスは、その資本主義の物神崇拝批判——それはまた労働と成果の妄想批判を含意している——において、解放をめざす社会反乱の反近代《アンチモダン》に、ある意味で未来志向の概念を提供し、また彼らの偏狭固陋な、後ろ向きの諸要素を克服しうる理論的な手がかりをもたらした。しかし、この架橋は当時はうまくゆかなかった。なぜなら、もっともよく組織され、もっとも意識的であった社会反乱はすでに消え去っており、マルクス自身が彼の理論の自由主義的な要素の妨げになっていたからである。哲学は社会転換の頭脳であり、プロレタリアートは社会転換の心臓であるとするマルクスのイメージは、社会反乱と資本主義的物神崇拝のラディカルな批判との融合としてではなく、自由主義的な労働者の日曜学校とマルクス理論のいくぶんか自由主義に染められた要素との統合として実現された。その結果が、社会民主主義である。

ラディカルな、解放をめざす反乱と近代の物神崇拝の理論的批判とをラディカルに、つまり抑圧的で非合理的な近代化の歴史の根源にまで達する場で融合させることは、今日にいたるまでまだ実現していない。「労働者階級の立場」といえばひどく戦闘的に聞こえるが、じっさいに確立されたのは、ブルジョア的資本主義世界内部での、そして意識を失った永遠の近代化内部での立場だった。たしかに、労働運動マルクス主義においてはときおり、社会の諸階級一般と共同して自己自身をも止揚することが「労働者階級」の課題であらねばならないことが想起された。だがそれは、漠然とした、予測できない将来へと延期された課題のままだった。現実の歴史では、「労働者階級の立場」は「労働」の立場、すなわち、抽象的で抑圧的な原理の立場となった。この原理を、自由主義は「労働貧民」につねに強制しようとしてきたのだが、政治的・組織的な自立をめざす日曜学校の生徒たちはいまや皮肉にも彼ら自身のためにこの原理に異議申立てをおこなって、これを彼ら独自の原理として動員しようとした。

たしかに、「良い生活」を志向する社会反乱があったとしても、肯定的な労働概念を克服することはできなかったであろう。彼らもまたもちろんプロテスタントの遺産から自由ではなかったし、この点ではイデオロギー的に弱かった。なぜなら、彼らはある意味では彼ら自身の「超自我」の要素への反証をあげなければならなかったからである。しかし、「抽象的な労働」に対する反乱は、それにもかかわらず可能だった。なぜなら、農民的・職人的な肯定的労働概念は具体的な欲求にもとづいており、余暇という伝統的な文化がゆきわたっていたからである。これに反して社会民主主義はもはや、その肯定的な労働概念を自由主義の労働概念から峻別することができなかった。

こうして社会的解放の概念は、その後は資本主義的活動原理のなかへ幽閉されたのである。商品生産の社会マシンという廃棄されない社会形態内部での社会学的な視点にもとづく「労働者階級」の利害観点は、生産者の自己意思を市場経済の踏み車《トレッドミル》へ縛りつけた。この客体化された抑圧形態、つまり、資本主義の諸目的のために構築された機構と工場体制、「抽象的な労働」、経済的価値、そして、やむことなく脈動する資本主義の自己目的というコンテクストにおける全面的な社会的媒体としての貨幣、これらは誤って利害闘争の「中立的なもの」と見なされた。すなわち、これらはもはや不当な要求として拒絶されたり克服されるべきものではなく、肯定的に装備されるべきものとされた。

これらの装備はいったいどのようになされるべきかという問いに対する答えは、自由主義とその廃棄されない諸矛盾のなかから取り出された。すなわち、国民国家性にもとづく民主的な「公民革命」によって、である。資本主義の不当要求を払いのけることによる、また新たな生産力を自己決定によってオルタナティヴに使用することによる、直接的な現実的解放の代わりにナショナルな公民性への期待による、さらにこの公民性が「労働貧民」にも祝儀として振る舞われることへの期待による、間接的で非現実的な解放があらわれた。したがって、マンデヴィル、スミス、その他の非現実的で半ばシニカルな約束は真面目に受け取られ、「公民的に」請求されたのである。一八四八年の革命の敗北がこの方向性の後押しをすることになった。なぜなら、自由主義から離れた「左派」――これが社会主義に生まれ変わることになる――は、古くからの、ドイツではあいかわらず絶対主義的な権力の暫定的な勝利を、解放をめざす社会反乱の視点からではなく、実現されていない自由主義的理念もしくはイデオロギー上の約束という視点から解釈したからである。

したがって、反近代の社会運動と自由主義的な近代化との逆説的な内的関連は誤解されて、国民革命あるいは国家革命に対する「自由主義の裏切り」（もしくは、社会学用語でいえば、資本主義的ブルジョアジーの裏切り）と思い込まれ、見かけ上は「自由主義の裏切り」として解決された。じっさいは、父親たる絶対主義を殺した息子である自由主義にとって、社会的に衝撃を与える絶対主義機構の倒壊にぜひとも着手しなければならないという必然性はまったくなかった。倒壊作業はいつでも、自由主義思想とはなじみのない、逆方向の、解放をめざす反近代の社会反乱との社会的共振作用によってのみ可能だった。自由主義そのものが目指していたものは、漸進的な改革推進においても発展させることができた。なぜなら、同じ社会基盤がさらにそのまま発展することだけが肝心だったからである。

しかし、社会主義あるいは「社会民主主義」に転じた自由主義の左派は、反絶対主義の立場に立って、形式的な、国家公民としての「解放」を手に入れることに執心しつづけた。こうして、自由主義左派は、相対的にリベラルで国家公民的であるにすぎない（君主的な）絶対主義との対立に、誤った「観念論的な」首尾一貫性を添加し、「ブルジョア革命」における不透明な諸矛盾のイデオロギー上の遺産相続人になった。それ以来、自由主義左派は、永遠に完結しない革命の主体としてブルジョア革命を補修していると思い込んでいるのだが、すでにとっくに「すてきなマシン」の歯車にからめとられているのである。繰り返し過去へと戻って前進することなく自分自身に投げ返される、今日ではとうにがたのきた歴史のブーメランのように、自由主義左派は「未完のプロジェクト」（ハーバーマス）としての「近代」を無限に繰り返しているが、それでもやはり支配から自由な「コミュニケーション行為」という目標にはいまなお到達していない。この行為は、資本と「抽象的な労働」——自由主義左派はこれらと戦うことを義務づけられている——の物神崇拝的な形態によってアプリオリに挫折させられているのだ。実際にはベンサム流民主主義か絶対主義的（もしくは後の「極右」の）独裁しかありえないブルジョア内部の見かけ上のオルタナティヴに凝り固まった社会＝形式民主主義は、それが真剣に社会的解放という目標を引合いに出したかぎりにおいて、終始一貫して「不幸な意識」（ヘーゲル）の古典的な事例となった。

実現されていないと考えられた自由主義的な公民理念に対する社会主義の歴史的な固執は、二つの事情によって決定的に強められた。そのひとつは、（ドイツにおいてのみならず）自由主義の最左派だけが「民主的」だった、つまり、賃金労働者も公民的自由を享受し、完全な投票権を（不当な要求をする体制への参加をみずから義務づけるために）もつべきだとする見解をすすんで容認したことである。成立しつつあった社会主義はつまり、公民革命における「民主的」首尾一貫性を強く主張したのだが、それによってベンサムが仕掛けた罠に落ちていることには気づかなかった。というのは、ベンサムは、時代にはるかに先駆けて、「抽象的な労働」を厳格に掌握しつつ、公共性全体と「否定的な自己決定」によって、資本主義的諸原理の名のもとに、人間を自動的に自己抑圧し、自己調節させ、さらに、反抗的な者たちの暴動を彼ら自身の頭の中で爆発させる――すなわち、労働を内面化することによって暴動を事前に抑止する――機会を認識したかぎりで、まさしく民主主義者だったからである。社会主義がじつ「抽象的な労働」のシステムを肯定的に脚色したのちは、社会主義は公民革命の自由主義的・民主主義的な理念にもとづく首尾一貫した行動によって、自己調節的なベンサム流民主化の一変種となったのだが、みずからはその自覚がなかった。

もうひとつは、このまがまがしい方向性に拍車をかけたのは、またしても「史的唯物論」の歴史哲学的な教義だったことである。自由主義イデオロギーのもとで理解されていたような民主主義とネーションに対するマルクスとエンゲルスの関係は、資本主義的労働概念に対する彼らの関係と同様にアンビヴァレントだった。マルクスとエンゲルスは、政治的国家マシンの「民主的」かつナショナルな形態は依然として抑圧的に機能し、この抑圧機能が必然的に人間を資本の経済的世界マシンに隷属させることに変わりはないとみていた。ただし彼らは、その際に生じる資本主義的行動規範の「内面化プロセス」を考慮に入れていなかった。自由主義から受け継がれた機械的な進歩思想は、「史的唯物論」の姿をとって、資本主義的生産様式をあっさりと「必然的な発展段階」と定義し、まったく単純に、絶対主義に代わってブルジョア民主主義と国民国家性をさらに発展させることが歴史的な「順番」となるとしたのである。

特にマルクスは、克服されるべき資本主義の「核心的実体」と認識していた「抽象的な労働」に対して距離を保ったのと同様、たしかに公民性とネーションという発展した資本主義的形態に対しても距離をおいた。しかし、マルクスは、近代の物神崇拝に対する彼の不明確な批判がそうであるように、この距離を維持することによって、彼の同時代人にとっては（今日のほとんどすべての社会主義者、民主主義者、その他の自由主義的「二重思考《ダブル・シンク》」の不幸な精神の相続人たちにとっても）まったく不可解な理論的メタ次元にとどまり、このメタ次元においてマルクスはエンゲルスとともにさまざまの机上演習用の箱庭戦略を案出した。たとえば、すてきな「労働者階級」はまず最初に、商品生産システムの、「歴史的必然」とされる公民的でナショナルな枠組みを、必要とあらば「首尾一貫しない自由主義的なブルジョアジー」に抗して貫徹しなければならない。ただしそれは、後にその枠組みを引き続きみずからふたたびまったく別の諸目的のために爆破させるためである。かくも不自然に論拠づけられた作業仮説から明確になるのは、いかにマルクスが彼自身の哲学的教義において宿命的な歴史決定論の罠にかかり、解決不可能な矛盾にまきこまれていたかである。

続々とやってきたマルクスの信奉者たちは、もちろんこのような込み入った理論的な詳細を必要とはしなかった。彼らはまったく直接かつ肯定的に「抽象的な労働」、民主的公民性、ネーションを社会主義的な目標ならびに原理として我がものとしたのであって、その際なんらかのメタ批評的な相対化を認識することはなかった。四八年革命後から（時間的には近接した）社会民主主義とドイツ帝国の成立にいたるまでの時代にあっても、後に著名になる労働運動の指導者たちはみな、社会民主主義の家長であったアウグスト・ベーベル（一八四〇―一九一三）がその回顧録で記しているように、自由主義イデオロギーの欠陥によって歪曲されてしまっていた。

運動が占めていた範囲、そして運動が獲得することのできた大きな意義は、比較的先見の明のある自由主義者たちをして、時期を逃さずに彼らの注意を労働者へと向けさせて、労働者を彼らの政治的目標のために獲得せしめたことである。（…）かくして、自由主義者たちは一八六〇年以降、労働者たちの労働者協会設立への渇望を利用し、これらの協会を助成して、そのトップには自分たちにとって信頼できると思われる人物を配するように努めた。（…）それゆえ、労働者たちは、自由主義の主唱者たちがその設立を援助した協会に大挙して殺到した。（…）当時、機械技師たちはベルリンの労働者のなかのエリートであり、進歩党の本来の親衛隊とみなされていた。（ベーベル、一九四六／一九一〇年、五四―五五、六四頁）

ベーベルは、一八四八年にはまだ子どもだったから、すでに時代的にはずっと以前のイギリスの産業化、三月前期、および四八年革命において、自由主義的な労働者協会がある役割を果たしていたこと、また彼の尊敬する師匠がこの流派から出ていたことについては、どうやらまったく知らなかったようだ。これに関連して彼になおのことほとんど知られていなかったのは、この自由主義の日曜学校の歴史からはまったく独立に、資本主義に反対する軍事的な社会的大衆反乱の偉大な時代がかつて存在したことである。したがってベーベルにとっては、マルクス主義者（ラサール主義者も）が自由主義的な進歩党との臍《へそ》の緒を切ることは、資本主義に対する「労働者」の初めての自立した運動と思われたし、マルクス主義者が「政治的には」自由主義のふところから誕生したことは自明の前提と思われた。そのうえ、成立しつつあった労働運動マルクス主義は、組織面でもなお数年間は自由主義の影響圏内にとどまった。

リープクネヒトとその友人ベーベルは、政治的な、国民経済学的な教育を基盤に据えることによって労働者の統一を組織する一方で、彼らはなお長いこと「民主的な」、つまり、自由主義左派の諸政党と結びついたままだった。とりわけ、ザクセンとヴュルテンベルクにおいては。しかし、しだいにリープクネヒトとベーベルは、自由主義左派は民主的かつ反プロイセン的な路線でドイツの統一を実現することはできない、と確信するにいたった。（ローヴァン、一九八〇年、一二頁）

自由主義との臍の緒を苦労して断ち切ろうとしていた社会主義が、ブルジョア社会の、新たな、より近代的な座標系を設定するという自由主義の課題を引き受けていたことを、この引用文以上に明確に表現することはできまい。これに対して、社会反乱のさらなる発展としての社会解放運動は、「ドイツの統一を打ち立てる」といった型の課題に対しては、完全な無関心を通告することしかできなかったであろう。というのは、「抽象的な労働」をラディカルに拒否することと、余暇と社会的自己決定のために新たな生産力をオルタナティヴに動員し、これを発展させることは、必然的に、国民国家的な枠組みをラディカルに拒否することと同一であったろうし、また社会的連関の別の形態に進路を向けることと同一であったであろうからだ。それはたとえば、ブルジョア的・「国家的《ナショナル》」な準拠空間から独立した自己管理＝統一体であるレーテや委員会を利用することによってである。

社会主義者と労働運動マルクス主義者は自由主義的な国家呆《ナショナルぼ》けに感染し、そこでさらに一見「科学的な」史的唯物論の歴史決定論に強力に後押しされて、ブルジョア社会の熱狂的な国家馬鹿《ナショナル》と化した。そして、この精神的障害は〔ヨーロッパの〕東西で今日まで残ったのである。旧東ドイツが、その衰退期においてなお「社会主義的ドイツのネーション」を創造しようとした奇妙な努力もこの部類に属する。次の引用は、『マルクス・エンゲルス全集』(MEW)第一巻の、称賛の辞が並べられた序文にみられる、マルクスとエンゲルスのネーションについての見解に関連する部分をみずからに都合よくまとめたものである。

真に愛国的な思想と行動が、もっとも偉大なドイツの科学者であり革命家である彼らの人生を満たしていた。その輝かしい一例を彼らは、一八四八年から四九年にかけて、闘争の最前線で情熱的に、民主的な基礎にもとづくドイツのナショナルな統一を求める戦いのなかで示してくれた。(ドイツ社会主義統一党中央委員会付属マルクス＝レーニン主義研究所、一九七八年、xv頁)

この宗教的な、滑稽な表現の悪しき花束は、ひょっとしたら、マルクスとエンゲルスによる史的唯物論のエッグダンス〔危険な遊戯の比喩〕および戦略的な箱庭遊びに対する正当な罰かもしれない。この箱庭遊びによって、彼らは自由主義的遺産を社会主義のなかへ持ち込み、さらに、危険で民族的《ナショナル》なアイデンティティ妄想に、機械的に巻きもどされる歴史のぜんまい装置における「相対的進歩性」を認めたのである。要するに、解放をめざす社会反乱とマルクスの理論は歴史的な遭遇を逸してしまい、相互に迎えあうことがなかったために、マルクス主義は（矛盾していて、自己を乗り越えてゆくマルクスの思想の両立しえないすべての要素を無視することによって）商品生産システムと公民性の諸法則の限界内でのオルタナティヴとしてのブルジョア的進歩理論に還元された。資本主義の不当要求に対するラディカルな批判は、成立しつつあった「社会民主主義的」な諸政党――すでにその名称からしてベンサム・システムのトリックにひっかかっていることを暗示している――においてはシステム内在的な「社会政策」によって代替される一方で、誤認された急進性は公民的・国民国家的なレトリックに転位した。自由主義が絶対主義の頭から出てきたように、公民＝社会主義および国民＝社会主義は自由主義の頭から生まれたのである。国民と社会主義との概念結合が二十世紀におそるべき変容を遂げるであろうとは、むろん一八四八年からその後の数十年間にだれひとり予測しえなかった〔のちの国民社会主義（ナチズム）をさす〕。しかし、イデオロギー上の可能性は当時生まれたのである。そして、自由主義と絶対主義との対決が歴史的には同一家族内の父親殺しであったように、社会主義と自由主義との対決もまたそうだった。絶対主義、自由主義、社会主義、これら三者のあらゆる外見上の対立にもかかわらず、問題はやはり、三者に共通する例の市場経済的連続体なのである。マルクスは、この市場経済的連続体を近代の物神崇拝と呼んだが、この連続体は、一八四八年以後は賃労働と経営学的合理性の政治経済的形態において、反駁されることなく、関係するあらゆる諸力にとって中立的な社会的自然基盤となった。あるいは、こう言ってもよい。それ以降、社会主義のおぞましい点はすべて、絶対主義と自由主義から受け継がれたのだと。

自由貿易と、遅れを取り戻さんとするナショナリズム

国民国家的かつ国民経済的な基準体系への方向転換はやがて、民族主義的で非合理的な感傷癖と同じく一般的になった。民族的《ナショナル》な妄想という薬物依存症に陥ったのは、統合された自律的な社会反乱に代わって登場した社会主義政党

だけではなかった。これに輪をかけて民族主義的だったのは、〔ドイツでは〕表面的には勝利を得た絶対主義の貴族支配階級だった。理論面および文化面で、ドイツ観念論の「偉大な哲学者たち」はすでにその準備作業に鋭意とりかかっていた。織工の息子に生まれて、社会的な上昇を果たしたヨーハン・ゴットリープ・フィヒテ（一七六二―一八一四）は、一八〇七年から〇八年にかけておこなわれた有名な演説『ドイツ国民に告ぐ』のなかで、ナポレオンによるフランスの支配に強く抗議し、ドイツの「ゲルマン的」文化と言語は「ロマンス語系」の人びとのものよりも優れているというばかばかしい理論をひねりだした。そしてそれ以前にすでに、ヨーハン・ゴットフリート・ヘルダー（一七四四―一八〇三）は、「民族的なもの《フェルキッシュ》」なる理念を導入していた。そこでは「国民としての民族」はそれぞれ異なる「民族文化」によって、個々の人間の成熟と加齢のプロセスに類似した独自の発展を遂げる、いわば個人的な存在としてあらわれる。

　ヘルダーにあっては、「民族的なもの《フェルキッシュ》」はまだ明確ではなく、この概念が十九・二十世紀に帯びることになる例の恐ろしい相貌を目立たせるまでには進展しておらず、啓蒙思想のつじつまの合わない言動ならびにヨーロッパの植民地主義の残虐行為に対する鋭い批判と混じり合っていた〔「フェルキッシュ」völkisch はナチスによって特に好んで使用されたために、現在ではタブー語となっている〕。ヘルダーが『人間性を促進するための書簡』（一七九三年以降）において宣伝した「心的態度」には、「戦争に対する嫌悪」と「他国民に対する公正性の感情」も含まれる。それでもやはり、ヘルダーを歴史的に重大な結果を招いたドイツの非合理主義の共同創設者とみなすことは不当とはいえない。彼にはすでに、後に、資本主義的近代化に対する、すべての「ドイツ的」、「右翼的」、権威的・反解放的な似非批判を規定することになる例の根本的な特質がみられるからだ。つまり、〔彼において〕資本主義的な現象形態と態度が拒否されたのは、抑圧的世界マシンそのものを批判し解体する観点からではなく、これとは別の、資本主義的な現象形態と態度の観点からであった。合理主義と非合理主義、および国家と市場を、同一の歴史の場の極として認識して批判するのではなく、たんに互いに争わせて漁夫の利を占めることが意図されたように、一方ではコスモポリタニズム＝普遍主義、他方では民族的《フェルキッシュ》なナショナリズムという二極性についても同じことが生じた。

こうしてヘルダーは、商品と貨幣という抽象的な普遍主義に、誤って国民的《ナショナル》なものという「民族的な《フェルキッシュ》」根源を対置したのだが、その際彼には、「ネーション」という総合的な作業仮説が近代化という同一の社会的連関に由来していること、またこの仮説が「普遍的な」資本主義的諸原理そのものの現実の作用空間を意味していることの認識が欠けていた。第一次産業革命の歴史において、「民族的なもの《フェルキッシュ》」というヘルダーの理念はいまや、「人間性《フマニテート》」のいかなる理念をも剝奪し、ナショナリズムを国民経済もしくは国民国家と、「国民としての民族」との間の殺人的な資本主義的競争の手段にすることになる表現様式に変形された。「民族的な《フェルキッシュ》」という非合理的な感情の横溢が特にドイツで蔓延した原因は、資本主義の発展においてイギリスおよびフランスに先を越されていたことにあった。早期の国民国家形成は、イギリスでは経済的な機能主義と結びつけられ、フランスでは大革命によって政治的な抽象化と感情とが強化されていたが、ドイツのブルジョア知識階級は、ドイツの独自性を強調するために、またイギリスとフランスという「西側の」ナショナル概念とは一線を画するために、「文化国民としてのドイツ人」という「民族的なもの《フェルキッシュ》」を渇望する特別な「血と土」の概念をつくりだしたのである。

したがって、十九世紀が経過する間に重要になったのは、もはやたんに普遍的な社会化原理としての資本主義一般の社会的設置作業ではなく、絶対主義を超えた国民国家間競争の再定義だった。そして、高度にイデオロギー化されたブルジョア自由主義的なナショナリズムは、初期資本主義の諸国家における君主的な「神の恩恵」よりもはるかに高い、社会的統合と均質性の要求をともなっただけでなく、国民国家間の競争をもあらゆる点で煽り立て、激化させた。自由主義から独立した資本の経済がもはや目的のための手段ではなく一種の宗教的な自己目的とみなされたごとく、国家はたんなる支配圏（主体としての絶対的君主を有する）から、独立した競争のメタ単位へと姿を変えた。この国民国家間の競争関係は、経営学的な企業間競争に類似しているが、国民国家は経営学的な部分単位〔企業〕の上位に位置する。

歴史の進展に遅れをとっていたためにルサンチマンに満ちたドイツのナショナリズムは、「遅れを取り戻さんとする近代化」と「遅れを取り戻さんとするナショナリズム」の範例となった。「ドイツ的であること」は、より高度に発展したフランスの、とりわけイギリスの資本主義に対抗する資本主義的競争において「民族的《フェルキッシュ》」であることを強調し、これを誇ることによって、非合理的なやり方でブルジョア的「強欲」を超えたところに立つものと自らを見なすことになった。すなわち、資本主義のあさましい収益原理はあたかも〔イギリスやフランスの〕西側のヴァリエーションにのみ妥当するもののごとくあらわれ、他方、独自の（遅れを取り戻さんとする）「ドイツ的な」資本主義へいたる道は、「より高次の任務」を帯びたものとして様式化された。ネーションはしたがって、資本の機能空間および現象形態を超越した、「たんなる」資本主義に対置されるべき「運命共同体」であると、イデオロギー的にねじ曲げて解釈されたのである。

この「ドイツの」範例はのちに、第三世界における「民族《ナショナル》解放運動」の無数のヴァリエーションで繰り返されることになった。これはほとんど知られていないことだが、東欧、アラビア、アフリカでは、ヨーハン・ゴットリープ・ヘルダーが、「民族的《フェルキッシュ》」でナショナリスティックなアイデンティティ形成のための古典作家もしくはキーワードの提供者として熱心に受容されたのはいわれのないことではない。ヘルダーの植民地主義批判、またヨーロッパ以外の「民族文化」への関心は、二十世紀末にいたるまで遅れを取り戻さんとする近代化に養分を供給したのであり、それは、文化的にみずからを養い、世界市場に参加するために独立した資本マシンの人間材料にされることになる民衆に、抑圧的なアイデンティティのコルセットを支給する結果になった。ドイツの非合理主義はそのかぎりでは、その時代をはるかに超えて「大衆の国民化《ナショナル》」（モッセ、一九七六年）の促進剤として第三世界の大部分において、さらに反帝国主義的な意味で「貨幣価値化における遅れを取り戻さんとすること」のために生き続けた——とりわけさまざまな「社会主義の」仮面をつけて。すでにドイツおよびヨーロッパにおいてそうであったように、二十世紀には資本主義の周辺諸国においても、口伝された前近代の大衆文化は接収されて、ブルジョア的に整理編集され、歪曲され、ナショナリスティックで「民族的な《フェルキッシュ》」作業仮説を発明するのに悪用されたが、それは「すてきなマシン」を文化主義的に美化するためだった。マルクス主義、さらに新左翼が一九六八年以降、この「解放運動」のプロセスを解釈し直したことには根拠があった。彼らは例の機械論的な進歩概念を代表しており、この進歩概念は、資本主義的な近代化と国民《ナショナル》・国家化を「歴史的必然性」であると称賛して世に広めたのである。

たんに文化主義的かつ「民族的《フェルキッシュ》」な国民アイデンティティの形成は、ネーションにいわば存在論的な堅牢性を付与するためには、むろん十九世紀においてもいかにも不十分だったであろう。これにさらにつけ加えられねばならなかったのは、アダム・スミスとその先駆者にあってはまだ見いだされえなかったような、国民的《ナショナル》・国家的な観点をより厳密に経済学的に定義することだった。というのは、スミスの意味での「国民経済学」が、自由主義が宣伝していたような、わけても例の普遍的で資本主義的な「自然法則」として理解されていたのに対して、国民と国家に重点を置く経済学の座標系それ自体は副次的に論じられたにすぎないからである。当時のドイツの、遅れを取り戻さんとする近代化の観点からすれば、スミス流の「国民経済学」は根底から変更されねばならなかった。この意味において、イギリスの自由主義的な経済理論家たちの輝かしい集団に殴り込みをかけ、より狭義の「国民・国家経済学的《ナショナル》」な観点を主張したのがドイツの経済学者であったことは偶然ではない。フリードリヒ・リスト（一七八九―一八四六）は、抽象的・普遍的なイギリスの経済理論とは意識的に一線を画して、『政治経済学の国民的体系』（リスト、一八四一年）と題された彼の主著のタイトルからも明らかなように、単にドイツのみならず、国民と国家に重点を置く経済学一般の預言者となった。

リストは、「ジャガイモ食らいのドイツ人たち」の惨めな生活条件を強烈に描き出したが、それは彼が、資本主義的生産様式を批判しようとしたからではけっしてない。まったく逆に、彼自身は、ただひとつのこと、すなわち資本主義的に遅れたドイツの産業化しか眼中にない、筋金入りの自由主義者だった。この目的のために彼は、アダム・スミスとその後継者であるデヴィッド・リカード（一七七二―一八二三）とジャン＝バティスト・セイ（一七六七―一八三二）の経済理論を批判するが、むろん彼は、スミスの一般的諸原理を共有し、個々の国家の経済上の独自の論理に関して批判的な補足をするつもりにすぎないことを認める。

だからと言って、われわれはけっしてアダム・スミスの偉大な功績を否定しようとは思わない。（…）非凡な鋭敏を以て、彼は、従来ほとんどまったく暗黒のなかに横たわっていた科学の最も重要な諸部門に光明をもたらしたのである。アダム・スミス以前にはただ実践があったにすぎない。彼の諸労作によってはじめて政治経済学なる一つの科学を形成することができた。（…）しかしながら、彼が政治経済学の個々の構成部分の分析においてかくも重要なることをなしとげたところの彼の精神の同じ卓越のなかには、彼が（…）単に個人のみを見て国民を認めず、また単に個々の生産者の自由活動にのみ注意して国民全体の諸目的を見失った原因も、横たわっているのである。（リスト『政治経済学の国民的体系』正木一夫訳、上巻、四三〇―三一頁）

リストは「すてきなマシン」の敬虔な信奉者であるが、経済学において「国民性と国家権力をまったく無視する」（リスト、同訳書、四二八頁）ことには反対であり、「ある特定の国民が特定の世界情勢の下にいかにすれば、（…）幸福と文明と勢力とを招来しうるかを教える点に限定されている政治経済学とは対照的に、全人類がいかにすれば幸福となることができるかを教える万民経済学《コスモポリタン》」（同訳書、一九三頁、ただし一部変更）に反対する。この意味でリストは、「ドイツ国民」の産業化のために一種の二重戦略を宣伝することになる。一方では、まったく自由主義的な図式にしたがって、統一的な国民経済の機能空間の前段階としての「一国内の自由貿易圏」をつくるために、小さく分割されたドイツの領邦国家間の関税境界線は撤廃されるべきだとする。これは、リストによる決定的なプロパガンダと推進が功を奏して、一八三四年にプロイセンの主導のもとに一八の領邦国家が加盟する「ドイツ関税同盟」の創設で達成された。

他方で、リストは、成立しつつあるドイツ国民経済に対して、「一国の産業生産力」を育成するために、まだ若くて対外的には脆弱な国内産業を、保護関税システムによって、優勢なイギリスとの競争から保護することを要求する。それゆえリストは、スミスや、特にリカードが打ち立てたような、国際的な自由貿易による一般的な利点の要請に対して論争を挑む。「すべての国が産業形成において同等のレベルにあるならば、世界競争はまったくすばらしいであろう――他の国々が早期に国としての統一を果たしたことで（…）われわれよりもはかり知れないほど優位に立っていないのであれば」（リスト、一九二八／一八四一年、一九一頁）。この問題は産業革命によって先鋭化され、前産業時代の市場経済の条件とはもはやまったく比較できない、とリストは述べる。

大きな機械は多くのことをご破算にしてしまったが、それでも工場の自然発生の理論、いわゆる自然に即した工場成立の理論ほどドラスティックではなかった。紡績業や織物工場を起こすために調達しなければならない機械類が、糸巻き棹、糸車、機織機《はたおり》にかぎられていた時代にあっては、（…）国家はこの件でなんら世話を焼く必要はないと主張したとしても、それほど馬鹿げているとは思われなかった。（…）この教義には弱点があったが、（それは、）大規模な機械による紡績や織物の工場や問屋が何十万、何百万もの人間を必要とし、数百から数千人もの労働者が三十から四十もの異なる手仕事に習熟している必要がある今日の十分の一も馬鹿げてはいなかった。（…）じじつ、今日、紡績業や織物産業を興隆させようとすれば、その能力がある国々においてさえ、イギリスのように工業的に優位に立つ国との自由な競争に際していかなる障害が待ち受けていることであろうか。これを直視したくなければ、故意に目を閉じるほかない。きわめて高度に発達した機械製造によって、またかつていかなる国も持ち得なかった最大の国際貿易によって、イギリスの工場主たちは、（…）彼らの工場施設を最大限に拡充し、製品価格を最低限度にまで押し下げることができる。また外国企業との競争になった場合には、外国の新参者たちの息の根を止めるまで、〔価格を引き下げて〕輸出による利益をすべて断念することができる。（リスト、一九二八／一八四二、二三二―二三三頁）

リストは、イギリスはそれどころか、イギリスを除く世界に対して自身の産業上の覇権を永遠化するために、一種の経済戦争をしかけている、と難癖をつける。スミスとリカードは、愚かなドイツ人をうまく言いくるめるために、間違っていることを承知の上で精神的な武器として「コスモポリタン的」な自由貿易の学説を提示したのだとされる。しかしながら同時にリストは、けっして自由主義の諸原則に背くつもりはないこと、あるいは、重商主義の一面的な教養をふたたび活性化するつもりでさえあることを確言する。というのは、第一に、保護関税はたんに一時的な措置にすぎず、「ドイツの産業教育」が十分に進展して、イギリスとの競争に耐える能力が達成されるまでの一種の「教育関税」であるとされる。第二に、国内の競争は排除されるどころか、一時的に対外競争の代わりに推進されて、競争システムのあらゆる「有益な効果」を受け取るであろうという。リストは有名になった一節のなかで、産業の世界市場での競争に対するドイツの無知がさらに続くならば、ヨーロッパ大陸はイギリスの植民地に成り果てるだろう、と警告を発する。

全イギリスは測り知れないただ一つの工業都市と成るであろう。アジア・アフリカおよびオーストラリアはイギリスによって開発され、イギリスを手本とした新しい国家を建設するであろう。かくして漸次、母国イギリスを盟主とするイギリス諸国家の一世界が成立し、ヨーロッパ大陸諸国民は微弱な非増殖的民族としてイギリス世界のうちに解消されるであろう。フランスはスペインやポルトガルとともにこのイギリス世界に最良の葡萄酒を供給して、みずからは最悪の葡萄酒を飲むということになるであろう。(…)このイギリス世界に、玩具・木製掛け時計・言語学書以上のものを、また時として援軍を供給しなければならないということは、ドイツにとっては困難であろう――この援軍は、アジアやアフリカの砂漠のなかで、イギリスの工業上および商業上の支配圏を、またイギリスの文学および言語を流布することに追われて、疲れ果てるであろう。(リスト、前掲訳書、上巻、二〇六頁、一部変更)

第一次産業革命の直接または間接の結果としての大衆の悲惨状況のただなかで、リストは、十分には練られていない社会情勢の全問題を「国際競争力」の問題へと定義しなおし、それによって最初から資本主義的発展の基準にしたがって論争を規定するために、世界市場＝ナショナリズム論という一か八かの勝負に打って出る。ドイツの「労働貧民」と「過剰人口」は、彼らがまたもや社会的な反乱を敢えて起こそうなどと考えないうちに、ナショナリスティックな競争へと動機づけられねばならない、というのだ。そのために、リストは、競争力の強いイギリスの貧民たちの食事について、ひどく誇張して述べたてる。

> 週に四回ないし五回は上等の肉が出る、少なからぬ土地では毎日一ポンド〔約四五三グラム〕の肉、毎日一ポンドの小麦パン、半リットルのポーター〔ポーター（荷役労働者）に好まれたことから、この名がつけられた。スタウトと同じような黒ビールだがやや軽い〕またはエール〔薄色ビール〕。朝食には、ひき割り麦か米をミルクで調理したもの（もちろん砂糖とシナモン入り）、野菜とジャガイモは好きなだけ、さらに毎週半ポンドのバター。夕食は、ミルク入りスープ、えんどう豆、ジャガイモ、または小麦菓子つきの紅茶（ミルクと砂糖はいうまでもない）。日曜日には、プラムプディング（干しぶどう、マラガ産ぶどう、ソースが欠けることはない）。それに加えて、暖房のゆきとどいた部屋にゆったりしたベッド。これが、通常六〇万から七〇万存在するイギリスの貧民の悲惨な状態である。（リスト、一九二八／一八四二年、二四三頁）

これは、賛美されるシステムの惨憺たるさまから「外国」に対する競争憎悪へと目をそらせるために、市場経済によって文字どおりとことん飢えている民衆に羨望の唾液を流させる国粋主義的・自由主義的なデマゴーグの言葉である。リストがここで語っているのは、エンゲルスの報告によれば、監獄の食事よりもひどかった、例の悪評高いイギリスの労役所や救貧院の規定食のことなのである（たとえばそこで出される「肉」と「野菜」はしばしば、ふつうには食べられないようなゴミだった）。労役所および救貧院は再三にわたって野蛮な監獄と記述されており、証人の報告するところでは、瀕死の者でさえそこから逃げ出したといわれる。リストはおおかたの事情には通じていたとされているから、彼がここで、資本主義的産業化に反対する社会的抵抗をイデオロギー的に阻止するために、意識的にドイツの同国人をひどく欺いているといっても言いすぎではないだろう。うわべではいかにもものわかりのよいふりをしてはいるものの、彼が根本的には社会危機をいかに冷淡に見ていて、自分に好都合な論拠であればほとんどなんでも利用したかは、一年後に書かれた論文からあきらかになる。

国民の物質的な豊かさと力の根本的な源泉によって与えられるはかり知れない恩恵と利点には同時に弊害がつきものだからという理由だけで、これを断念しようとするのは、なんといってもたしかにきわめつきの愚かさということになろう。この世界では、弊害を免れているものは何ひとつないのだから。この場合には——偶然の事情（!）によって欠乏と困窮に陥りかねない国民大衆の増加をなんとしても阻止せんとするゆきすぎた慎重さゆえに——全国民から彼らの本質的な道具のひとつが奪われるであろうことを考えれば、このような断念はきわめて愚かというべきだろう。（…）ちなみに、この弊害の程度についていえば、わが国の産業事情はなんといってもイギリスの事情とは根本的に異なるにもかかわらず、イギリスの事情にもとづいて算出されているから、この弊害についての観念はきわめてゆきすぎた、誤った観念である。イギリスは全世界に代わって製造し、全世界の市場を独占しようとしている。そしてイギリスがこの目標に到達できるのは、製造コストが低いことの結果にすぎない。したがって、イギリスにおいてはすべて、イギリスでの事情にしたがって労働賃金はできるだけ低く押し下げられ、下層階級に対しては所定の賃金で可能なかぎり多くの労働をさせることがあらかじめ計算されている。（…）その代償は、何百万もの下層階級の野蛮化、窮乏、悲惨、困窮であり、これらの犠牲と引き換えに、イギリスは産業を独占するのである。（リスト、一九二八／一八四三年、二七一頁）

ここでは正反対の議論がなされていることを、どうやらリストは意に介さないようにみえる。彼は、あれこれともっぱらイギリスおよび大陸における破壊的な経営学的な合理性の結果について述べ、これをさらに呆れ返るほどひどい辻褄の合わないやり方で彼の世界市場＝ナショナリズムの論理へと翻訳する。それによって彼は、資本主義の歴史におけるすべての「産業立地」論争のイデオロギー上の始祖として疑いのない名誉を請求することができる。彼ら（始祖たち）は人びとに、つねに競争という非合理なシステムに服従することが人間の義務だと感じさせることを前提する。これは、人びとに「良い生活」に対するみずからの基本的な利害の代わりに抽象的で国家的な競争利害を植えつけて、この競争利害に奴隷的に服従することを強制するためなのだ。

ヘルダーの「民族的《フェルキッシュ》」の理念同様、「国家の産業生産力」と国の保護関税もしくは「教育関税」というリストの理念は長い影響史を繰り広げた。すなわち、一八七一年のドイツ帝国成立前後のプロイセン＝ドイツにおけるだけでなく、二十世紀になっても同様に近代化の遅れを取り戻さんとする東と南の独裁国家においても。今日にいたるまで、資本主義発展の理論家たちはリストの構想もしくはその一部を第三世界の国民国家のために推奨している。そして、リストがドイツにおいて、国民社会主義《ナチズム》下でも東ドイツでも経済の国家聖人あるいは守護聖人とされたのはけっして偶然ではなかった。これら二つの支配体制は、経済理論においても自由主義の遺産を否定することができなかったのである。たとえば、ナチス統治下で刊行されたリストの著作の前書きと序文では、ドイツの「民族としての存在《フェルキッシュ》」に新たな形式を与えるという「歴史的な使命」がリスト理解を可能にする、と言われる。すなわち、リストは「彼の歴史的・政治的世界観とその理論における啓蒙的合理主義的要素との両立不能性」を「無造作に」受け容れて、それでもなお「非合理的なネーションの力を呼びおこす」ことに成功したというのである（フォルシェピーペ、一九三八年、Ⅶ頁以下）。さらにリストは、彼に関する旧東ドイツのモノグラフィのなかでは、「アメリカの独占資本」による「国民意識の陰険な解体」に反対し、また「コスモポリタン的な」、それゆえ「西ドイツの帝国主義者たちの反国民的な政治」に反対する重要な証人として呼び出される（ファビウンケ、一九五五年、一一頁、一七頁）。リストが当然ながら西ドイツの資本主義によってもイデオロギー的に利用されたことは、敵対する両陣営が資本主義の近代化の歴史においては結局つねに「抽象的な労働」とその制度という共通の地盤に立っていたことを示している。

「民族的なもの《フェルキッシュ》」と経済主体としてのネーションという二つの理念は、断じて絶対に開放志向の性格を有してはいなかったし、これらの理念が、近代の商品生産システムの限定された機能空間との、アイデンティティにもとづく結びつき以外の何かを意味することはなかった。たとえこれらの理念がときには（最初にドイツで）西側の、「コスモポリタン的」な、抽象的な意味で経済イデオロギー的な自由主義に対抗する手段として利用されたとしても、これらの理念はなんといっても自由主義自体の近代の原イデオロギーから、つまり、自由主義の内的矛盾および自由主義の絶対主義との対決から生じたのであり、結果として、労働運動社会主義に、後には植民地地域もしくは第三世界の「反帝国主義的」運動に浸透したのである。そして、十九世紀における、遅れを取り戻さんとするドイツの近代化がナショナルな準拠空間をイデオロギー化すればするほど、その都度他の資本主義列強もまたナショナリスティックなイデオロギーを強化し、その立場をますます強力にした。資本主義、資本主義国家の「リヴァイアサン」、資本主義の自由主義的な先駆的思想家、これらがこぞって、ナショナリズムの時代とブルジョア的・国民国家的な関連領域の時代へ突入したのであって、この時代が、自由貿易理念によって（この理念は実際にはかならずしも実現されたわけではなかったが）規定された自由主義の上昇期と立憲政体期に取って代わることになった――きたるべき破局へ向かう途上で、資本主義は若い労働運動社会主義を道連れにし、この社会主義に目に見えない影響をおよぼすのである。

均衡の法則と産業雪だるまシステム

「国家運命共同体」とナショナリスティックな「産業立地」競争という呪文はたしかに、「労働貧民」と成立しつつあった工場労働者階級の大衆を資本主義体制に包み込むために、イデオロギー上の大きな手段となった。しかし、十九世紀の半ばまで市場経済と産業の膨張によって積み重ねられた大衆貧困は途方もないものであったから、一般的にはまだまったく根づいていなかった国民意識の空念仏だけでは、社会的に侮辱された者たちや「過剰な者たち」をおとなしくさせ、落ち着かせるにはとても十分とはいえなかった。マルサスのいう意味での、社会的な、それどころか物理的な殲滅脅迫を通告し、その一方で共通のナショナル・アイデンティティに訴えかけることはできなかった。体制はあいかわらず深淵の淵にあった。というのも、血なまぐさい弾圧をともなう社会反乱はすでに打ち倒されていたけれども、制御できないマグマの噴出の脅威はまだつねに漂っていたからである。すなわち、貧困は無感情《アパシー》を招くこともあるが、絶対的な悲惨と極度の飢餓は人びとを必死の行動へと駆り立てることもある。また、潜在的な内戦と軍事独裁の圧力のもとで資本主義がさらに発展するとはほとんど考えられなかった。

体制はしたがって論理的な自己矛盾の大きな罠からどうしても抜け出す必要があったし、体制が生きのびようと思えば、少なくとも大衆のための最底限のボーナスをもたらすものでなければならなかった。今日われわれはもちろん、十九世紀後半の大きな破局的転換の危機が資本主義的に克服されえたことを知っている——その犠牲者の数をきちんと数えられないとしても。一八五〇年から一九一四年までのこの相対的安定は、今日資本主義的生産様式の構造的成長圧力として（それどころか、社会的・生態学的な観点からは「成長妄想」として）知られている経済メカニズムから生まれた。イデオロギー的には、アダム・スミスをはじめとする自由主義の経済理論家たちはすでに、市場経済においては「割れ鍋に綴じ蓋」作用が自動的にはたらき、価格メカニズムは万人を満足させる生産と消費の社会的な均衡を生みだすであろうとつねに主張していた。ただし、一八五〇年以降に実際に始まった相対的安定化を「均衡」と呼べるのは、逆説的な意味においてだけである。というのは、均衡という概念のもとに思い浮かべるのは、それ自体安定した状態だからである。だが、資本主義の安定性はむしろ逆であって、際限のない運動の、かつ無目的で制御不能な活力の状態でしかありえない、一時的で相対的な均衡なのだ。

産業革命がまだ大規模に経済社会的事象を規定していなかった頃は、つまりアダム・スミスの時代までは、成長活力による危機は自由主義の公認理論において決定的ではなかった。十八世紀には、「過剰人口」問題よりむしろ「労働貧民」問題のほうが重大だった。新たな「機械体制」ゆえに破滅させられた職人（手工業者）たちの構造的大量失業によってようやく、経済危機は自由主義の対象になったのである。収益を上げることができないために、ひょっとしてもはや「ハンズ」（労働者）を長期間十分には「雇用」できないかもしれないという見通しは、自由主義の経済的思考を不安に陥れ、挑発することになった。事態は、自由主義者マルサスによる社会的な殲滅脅迫だけでは済まされなかった。それはあくまでも最終手段だった。だが、「過剰人口」をふたたび通常の「労働貧民」へと再変換し、このメタモルフォーゼを再度資本主義経済の「福祉向上」能力として売る市場の余地はなかったのだろうか？

この疑問に対してはすでに十九世紀初頭に、アダム・スミスを通俗化（かつ卑俗化）したフランス人、ジャン＝バティスト・セイによって回答が出されており、それは今日にいたるまで確固たるブルジョア国民経済学となった。セイの有名なテーゼはすなわち、いかなる供給も自然にその需要をつくりだすというものである。ただし、その妨げとなる「経済外の」介入が市場に生じなければという前提のもとで。このことは結局、可能なかぎりますます拡大させられなければならない産業革命によって途方もない規模で増大する供給に対しても妥当するとされる。それゆえ彼は、明確にマルサスに反論して、人口の増大と財貨の増大はけっして危機にゆきつくことはなく、その都度完全につねに生産力のより高い発展段階での新たな均衡が打ち立てられうる、と説く。

すでに初期にセイは、この「販路の法則」（販売と生産の一致）において、「労働を節約する」機械の導入による商品財の廉価化は、商品財の生産をたとえば（「過剰な者たち」の価値創造と購買力の欠如ゆえに）採算割れにすることはなく、むしろ逆に生産と販売の相互促進作用を鼓舞するにちがいないと予測していた。「生産された商品量とそれに起因する価格の低下がいかに大きかろうとも、それでも、生産されたある種の財の量はつねに、その財の生産者が別種の商品を購入するのに十分である」（セイ、一九七九／一八二一年、七二頁）と、彼は確信していた。それゆえ、国家が下手な細工（たとえば社会福祉立法などの）をせずに自然の成行きに任せれば、生産力向上による生産拡大のいかなる任意の段階においても、それに見合う市場の拡大は可能だ、という。セイはその主著『経済学概論』においてこう主張する。

完成した製品は同時に、その十全な価値において他の諸製品のための市場を提供することを述べておくことは有意義である。というのは、最終生産者がある製品を完成させるやいなや、彼の最大の欲求は、製品の価値が生産者のもとに留まることがないように、それを売ることに向けられるからである。しかし彼は、〔自身の製品の〕販売によってもたらされる貨幣からふたたび解放されようとして急ぐ。それは、貨幣の価値が彼のもとで停滞しないためである。いまや人は、なんらかの別の製品を得ようと努力することによってのみ自分の貨幣を販売することができる。したがって、ある製品を製造することによってのみ、同時に他の製品のための市場が開かれることがわかる。（…）この重要な真理から引き出すことのできる結論は、生産者数の増加ならびに製品の多様化にともなって、販売市場もまたつねにより流動化し拡大されるということである。（…）事業意欲を鼓舞するためには、（…）住民の購買意欲を喚起する願望や欲求を刺激する必要がある。（…）つねに革新される消費（量）をもたらす購買力を獲得するために人びとを生産的な活動へと鼓舞するのは、彼らの一般的かつ恒常的な欲求である。（セイ。ホーフマン、一九七一年、四九頁以下からの引用）

セイの革新的な点はつまり、彼が、すでにスミスによって主張されていた市場経済の均衡傾向を、任意の生産力向上ならびにテクノロジー上の「労働節約」の場合にも引き続き内在する所与のものと想定し、それによって市場と生産の限りない膨張可能性を要請したことにある。セイのいくらか混乱気味な、まだ完全な明晰さで叙述されていない定理——たとえば自営でない賃金労働はまったく顧慮されていない——は、国民経済学では徐々に「セイの法則」あるいは「均衡法則」として修正されて、さらに賃金労働者の労働市場にも適用されうるとする一般的な「供給理論」へと拡充された。

この修正ヴァージョンで言われるのは以下のことである。競争によって強いられる生産力向上は製品価格を強力に押し下げるから、市場は拡大する。なぜなら、大衆はこれらの製品をより頻繁に購入し（消費度数の上昇）、あるいはそもそも初めて購入する余裕ができる（新たな購買層の開拓）からだ。これは必然的に、一製品あたりに必要とされる労働を大幅に減少させると同時に、個々の製品における労働節約によって生み出される規模よりもより大きな規模での生産拡大につながる。つまり、市場拡大は人間の労働力が過剰になることを過剰補償するのであり、結局、拡大された生産のためには、相対的な過剰状態にある労働力を超えた、より多くの労働者が絶対的に必要とされる。「供給理論」は危機処理と「均衡のとれた」繁栄を、たとえば賃上げ、社会福祉、国家消費などの需要刺激策にではなく、供給の価格引下げ（つまり経営上の、競争によるコスト削減）による市場の自動的な拡大に期待するがゆえに、「供給理論」と呼ばれる。この供給理論が労働市場に適用されると、それは、賃金労働者もまた彼らの「労働力という商品」を、労働市場がおのずと拡大するように安価に供給されるべきだということになる（「コスト削減」はここでは「労働貧困」を個人的に背負い込むことを意味する)。これに続く生産と販売市場の拡大は結局、ふたたび自動的かつ市場的にみて適切な賃金の上昇をもたらすであろう。そのうえ、労働者は製品の価格引下げによってより多くのモノを購入することができるようになる(賃金がより低いか、同じ水準であっても)。

この定理は十九世紀のなかごろまでは、破局的な転換危機のために、ひどい物笑いの種のようにみえたのだが、逆にその後の相対的安定化の時期には、この定理の擁護者たちの見解によれば、以前にも増して輝かしい確認を得た。じじつ、構造的な「過剰人口」という危険な大衆の問題は、産業革命が繊維産業の狭い分野をますます超えて、生産部門を次々に展開するにつれて、消え去った。手工業的な繊維生産者の破滅と「安価な布」を求める市場の膨張による産業資本主義の労働力吸収とのあいだには長い潜伏期間があったが、開始された産業化の雪崩はいまやその規模を急激に拡大して、労働力を呑み込んだのである。

「ハンズ」(労働者)はふたたび仕事に就くことを許されたが、それは大々的に直接資本の命令下においてである。労働市場は長いこと大衆の意識においては公営の売春と同一視されてきたのだが、いまや大衆は大規模に雇用されるのが当たり前になった——農業生産はいまだに完全に資本主義化されておらず、また多くの手工業的生産部門も存続していたが(ただしこの部門はその伝統的な状況から切り離されて資本主義的に変形されており、したがってみずから経営学的な合理性に合わせる必要があった)。新たに成立した労働市場は市場サイクルに合わせて鼓動した。すなわち、構造的大量失業は百年以上にわたって消えて、景気変動による「抑制された」(一時的な)失業に席を譲った。失業者はつまり、もはやマルサス流の脅威となる「過剰人口」ではなく、「産業予備軍」(カール・マルクスが景気循環による失業現象をそう名づけた)となった。

この相対的安定化の波に乗って、昔ながらの技術の進歩に対する楽観主義が硬直化したブルジョア意識のなかに戻ってきた。まさに幾何級数的に鉄道交通が発達し、やがて数千キロもの鉄路がヨーロッパ諸国に張りめぐらされた。機関車や車輌の建造は産業化を速めた。万国博覧会はたえず新たな科学技術の驚くべき成果を示した。サミュエル・モースは電信を発明し(一八三七年)、ヨーハン・フィリップ・ライスとアレクサンダー・グラハム・ベルが電話を（一八六一年、一八七六年）、ルイ＝ジャック＝マンデ・ダゲールが写真を（一八三九年）、ユストゥス・フォン・リービヒが化学肥料と肉のエキスを（一八六四年）、カール・フォン・リンデが冷蔵庫を（一八七六年）、トーマス・アルヴァ・エジソンが電蓄（一八七七年）と電球を（一八七九年）、ヴェルナー・フォン・ジーメンスが発電機を（一八六六年）、ハインリヒ・ヘルツが無線交信を（一八八七年）発明した。そして、ゴットリープ・ダイムラーとカール＝フリードリヒ・ベンツの両氏は内燃機関と自動車（一八八六年）によって世界を驚かせた。化学工業と電気産業が成立した。一八八九年のパリ万国博覧会に際して、フランスの技師ギュスターヴ・エッフェルの構想にもとづいて、かの有名な、設計者の名にちなんで命名された鉄の塔が資本主義の技術物神崇拝のモニュメントとして建設された。「十九世紀の勝利」という言葉が用いられたが、たとえば自然主義的で、社会民主主義に近い立場をとる詩人、カール・ヘンケルは、一八八六年に彼にふさわしい押韻詩をつくった。

人間の精神が支配する技術進歩の背後で
謎の力がはたらいているのに気づくだろうか？
聖なる電気の力で船がやってくる
船のなかでは未来の奇跡が躍っている。

わたしの頭のなかでは灼熱の憧れが膨れあがり
新時代のイメージは電気のはたらき、
蒸気が動輪ベルトを駆動することはもはやなく
途方もない電気の力で安価に
誰もがいともたやすく生活必需品をつくりだす
そうなれば幸福はもはや夢ではない——ヴェルナー・ジーメンス、万歳！

まったく月並みなこの誕生祝いの詩が際立たせるのは、テクノロジーの上昇の風潮と意識であるが、産業基盤の拡大のみならず、資本主義の人間材料を相対的に「家畜化した」こともまたこの技術の上昇に寄与した。成立途上にあった労働運動と社会民主主義が、技術的に限定されたブルジョア的解放信仰から完全に抜け出すことができなかったのは、すでにこの運動が社会的な反対派（この運動の「社会主義」概念を含めて）を、超歴史的なもののなかへすべり込んだ「抽象的な労働」と経済的「価値」という資本主義的な実体カテゴリーにもとづいて定式化していたからであり、それら（抽象的な労働と経済的価値）を解放の視点から拒絶することはもはやなかったからである。

今日の視点に立ってようやく認識可能になる、社会民主主義以前の社会反乱の後ろ向きで欠陥のある諸要素に対するのと同様に、今日の目をもって、往時の人間に対して歴史的な超意識を要求するのはむろん不当であろう。彼らもまた、彼らの経験とその「共同主観的な」解釈の文脈においてしか身動きがとれなかったのだから。大きな社会反乱は前近代的な偏狭固陋性という問題を抱えてはいたものの、他面では原理的に解放を目指して資本主義的自己目的を拒絶した。しかし、新たな社会民主主義はかつての社会反乱とは異なって、資本主義的自己目的の拒絶をもはや共有することはなく、しかも、それ自身のイデオロギー上の出自が表向きは〔絶対主義の〕父親殺しに成功した自由主義にあること、原理的にみて社会民主主義の欠損であるこれらの「秘密」は、一八四八年以降の数十年間にはもはや批判的に論じられることはなく、廃棄もされえなかった。

さらに、途方もない社会的な困窮化圧力がたんに緩和されただけでも、それは直接的な重荷の軽減と感じられたにちがいないことを忘れてはならない。たとえば悲観的な状況においては、相対的にみて多少の改善がみられただけなのに、「痛みがやわらぐ」というのはよく知られている。しかし、このような留保は別として、これによって得られた緩和がじっさいどの程度であったか、また、同時に逆方向の感覚や経験――いわば「家畜化」――はなかったかどうか、が問われねばならない。産業革命の発展による相対的安定化が一般的な、つまり統計上の生活水準の（相対的）改善をもたらしたことはうたがいない。だが、これがどの最低基準点から計測されているかをみれば、手品であることがわかる。もとより弁明的な（近代化の実証主義的な）分析において、ハンス＝ウルリヒ・ヴェーラーはこの間の事情を、完全ではないにせよ、基本的に肯定的なものとして説明している。

たしかに工場労働者の過半数がしばしば同時代の最低生活水準のあたりにあったのは、あいかわらず事実であった。それでも一八四九年以降の産業革命期の、長期的にみれば圧倒的な成功体験は、たんに名目賃金の急激な上昇によるものではなく、一八七三年の危機にいたるまでますます頻繁になる実質賃金の安定化によるものでもあった――実質賃金は景気に左右される生計費の変動にしたがうにもかかわらず。決定的なことは、三月前期の貧困がしだいに消えたのに対して、これに匹敵する規模の新たな産業貧困は生じなかったことである。（…）一八六八年までに賃金は二倍になっていたし、一八七三年までの二三年間では三倍にもなった。（ヴェーラー、一九九五年、一四四頁）。

しかし、工場労働者の賃金が二倍、三倍になったにもかかわらず、かれらの生活があいかわらず「最低生活水準のあたり」にあったとすれば、なんとも奇妙な改善ではないか。進歩した産業的条件のもとでさえ、また蓄積の急速な上昇運動においてすら存在した、市場経済自体のいちじるしい社会的卑劣さとは別の何ものかをここにみることができるのは、体制とその盲目的な構造化プロセスの「不可避性」という内面化された観点からのみである。ヴェーラーは、労働災害（保護設備がないために頻繁に生じる）による身体障害や病気のために就業不能となった場合の長期間の無保護状態と、「衰弱して早く老いる、五十八歳から六十八歳の間の（工場）労働者が日雇労働者の賃金水準に落ち込むまで」（同書、一四六頁）の生涯において比較的高賃金の期間が短いことを、制約として挙げる。そうなると、十九世紀後半における「労働貧民」のための産業発展のボーナスについての総合的な判断は、まさに奇妙な結果になる。

産業資本主義的な労働関係はじじつ、構造的な前産業期の雇用危機と比較して、最終的には数百万人にとって新しい人生のチャンスであることが証明されるのであるが、それでもやはり——まさにその発端においては——極度の負荷と結びついていた。（ヴェーラー、同書、一四六頁）

まず第一に、ここでふたたび（純粋に人口増加に起因するとされる）「前産業期の雇用危機」が産業期の雇用可能性に皮相的に対置されるが、双方のプロセスの関連はこれに含まれない。つまり、前産業期の生産が資本主義的産業化自体の最初の打撃によって直接かつ間接的に破滅させられたことは言及されない。産業革命の潜伏過程における絶対的な大衆窮乏化の半世紀を、確たる根拠なしにあっさり「産業革命に関連するものではない」として片づけることはできない——そもそも他者決定によって「雇用される」ことを甘受しないことが、社会的自負心の本来の理念であったことは別としても。第二に、「極度の負荷」と「早期の身体衰弱」が、いかにして「新しい人生のチャンス」を与えることになるのかをあとづけることは困難である。しかも、ヴェーラーは引き続きみずからふたたび社会史の史料を開陳するのだが、それらの史料が一八五〇年以降の時代についても「市場経済は貧しくする」という表題の正しさを証明するであろうだけに、なおのこと困難である。

問題はいつも、事後の観察というイデオロギー的な視点である。すなわち、人がもはやオルタナティヴを、解放の観点に立った資本主義拒絶の立場を考える意志さえもはや持ちえない場合にのみ、資本主義の基本要求の継続は、滑稽なほどささいな副次的改善を根拠にして、「チャンスの始まり」と解釈し直されうるのである。ヴェーラーの用語法に関連して思い出されるのは、時代的にはこれ以前のイギリスの産業化をめぐるアングロサクソンの「生活水準」論争である。そこでは結局まさにあいまいな（解釈にしたがって濾過された）「客観性」の仮面のもとに、弁明的な、アカデミックな合意がなされた。エドワード・トムスンは、疑わしい評価にもとづくこの体制順応的な合意を論難する。

統計的な平均と人間の経験とが相反する方向へ展開することは十分ありうるということである。一人あたりの量的な要素の増加は、同時に（…）大きな質的動揺をもたらすかもしれない。（…）あるいはまた、炭鉱業のような産業を引合いに出すこともできる。その実質賃金が一七九〇年から一八四〇年にかけて上昇したが、それはより長い労働時間と、よりきつい労働という代価を払ってのことであり、したがって一家の稼ぎ手は四十歳になる前に「すりきれた」のである。この事実は統計的に上昇カーブを描くことになる。その家族にとって、それはますます悲惨になることと感じられたことだろう。（トムスン『イングランド労働者階級の形成』市橋・芳賀訳、二四六頁）

トムスンはここで、部分的にはヴェーラーと同様に、社会的「好景気」を相対化して表現するが、ヴェーラーとはまったく異なって、肯定的な見方をしていない。根本的にみて、一八五〇年以降の産業の相対的安定期における市場経済社会の「進歩」はせいぜい、資本主義体制の慈悲によって労働貧民が社会的に殲滅されたり餓死させられたりすることを免かれたことに見いだされるにすぎない。それでもやはり、このボーナスはかなりつつましいものであったと言わざるをえないだろう。

しかし、食料、衣服、住居など直接の生活必需品の水準だけが問題なのではけっしてない。労働時間や児童労働などに関していえば、通常労働日の労働時間が通例一〇ないし一二時間へ（より高密度化されて）「削減」されたにもかかわらず、またいくつかの法律上の制限が実施されたにもかかわらず、資本主義の状況は、この時期においても中世の水準にははるかに及ばなかった。大衆にとって、社会的自律の余地は、十九世紀前半の悲惨な数十年と比較してさえいちだんと少なくなった。これが、「陰険な悪魔の碾臼」における微々たる実質賃金上昇の対価だった。その際、「雇用」は大多数にとって、相変わらず資本主義の景気循環による度々の脅威にさらされつづけた。大多数の大衆は「福利」とはほとんど無縁であったから、彼らにしてみれば、ヨーロッパの資本主義は、雪崩のような産業革命の拡大期であった十九世紀後半においてもおよそ縁遠いものに思われた。

しかも、生産力の向上からは信じられないほど取り残されていた大衆の生活水準のわずかな向上は、完全な社会的他者決定を代償にして購《あがな》われただけでなく、深刻な文化的断絶をも伴うものだった。すなわち、自律的な社会反乱とともに、古い農民的・職人的な余暇の文化も、それと結びついた社会的可能性の文化も、自発性の文化も、実り豊かな無為の文化も、また夢見ることの文化も消えたのである。この余暇の文化は、社会的自己決定と自己了解の文脈においてさらに発展させられるどころか解体されて、徐々に資本主義的商品消費によって置き換えられた。

活動と余暇で紡がれた、文化として形成される人間の一生が、一方では資本主義的な機能空間の抽象的な労働時間へ、他方では人生の廃棄物扱いをされるちっぽけな付録のような「自由時間」へと分割されるに応じて、文化的自発性は、受動的な補償機能としての商品消費へと「物化」されはじめた。もちろん、商品消費が引き続き主要必需品に限定されていたかぎりは、この変化はまだ目立つことはありえず、貧困はそのまま決定的な問題として残された。しかし、資本主義的産業化の飛躍的な進歩とともに、文化的にも転轍機が入れられた。

他者決定による文化的断絶、また絶対的な破局から常態化した相対的な破局へと姿を変えてくすぶり続ける社会悲惨とは別に、資本主義的生産様式に内在する矛盾とその経営学的合理性は、減少することなく存続しつづけた。この矛盾は先送りされた。すなわちこの矛盾は、生産性と市場の持続的な拡大によってしか解消されえず、つねに新たな、より高次の段階でふたたび姿をあらわした。というのは、生産性向上、製品の低価格化、新たな購買層の開拓、製品の増大、さらなる労働力の吸収という一連のサイクルは、いかなる生産部門においても永遠に維持することはできなかったからである。いつかは市場は飽和状態に達するほかなかった。つまり、ありうるのは追加的な購入だけであったから、ダイナミズムは失われた。

その際、競争によって強いられたあらゆる生産性向上は、新たに必要とされた労働以上に、より多くの労働を情け容赦なくふたたび不要にした。すると、構造的な失業と「価値増殖」の内的限界という原則的な問題がふたたびあらわれて、製品あたりの「労働節約」と市場拡大との関係において生ずる過剰補償メカニズムは消えそうになった。それにもかかわらず蓄積運動が崩壊しなかったのは、ひとえに、産業化プロセスがひとつの生産部門から次の生産部門へと移ったからにほかならない。繊維生産における大きな「構造的破滅」は、それに続く多くの破滅の最初のケースにすぎなかった。ただし、潜伏期間はますます短くなった。なぜなら、産業基盤はいまやより広範により相互連関的になっていたからであり、その一方で同時に成長推進力も増大した。盲目的に進行する市場経済システムは、一方では景気変動による（「相対的」危機）、他方では構造破壊と「構造適応」圧力による、不規則な二重のサイクルを引き起こした。

　ひとことでいえば、資本主義は産業雪だるまシステムに変貌したのである。資本主義はそもそもこの形態でしか存続しえなかったのであり、その一方で、そこにはいわば資本主義の論理的な根拠にもとづいて、引き続きやむことなく崩壊の脅威が潜んでいた。結局、いかなる雪だるまシステムもいつかは崩壊するほかない。資本主義のモットーはいつもきまっている。あとは野となれ山となれ！　である。現在なんとかやってゆけて、煙突から煙が出ているかぎりは、将来について頭を悩ませる必要はないだろう。さしあたり雪だるまシステムは社会的再生産の全領域を雪崩のように巻き込むことができたから、新たな絶対的な危機地平は見えないように思われた。陰鬱な〔資本の〕自己目的の手先に堕した人間は、その後百年以上にわたって市場経済からいわば歴史的な狩り立て猟のように追い回されて、あらゆる生活領域で永遠に安らぐことのない状態へと運命づけられることになった。もっと早く頭を切り替えること、もっと早く順応すること、もっと早く働くこと、もっと早く食べること、もっと早く消費すること、つねに新たに適応すること、適応、適応、である。

訳注

＊1　「悪魔の碾臼」というメタファーのもとは、「神の臼はゆっくりと、しかし確実に挽く」（天網恢々疎にして漏らさず）にある。神の臼が悪魔の臼に変えられるとともに、踏み車《トレッドミル》との連想が生まれた。

＊2　この引用は、一八四三年九月に書かれたルーゲ宛の手紙の一部（『独仏年誌』に所収）で、直前の文は以下のとおり。「したがって、われわれの標語は次のようでなければならない。すなわち、教条によってではなしに、神秘的な、それ自身不明瞭な意識を、それが宗教のうえであらわれようと政治のうえであらわれようと、そうした意識を分析することによって、意識を改革すること」。

第四章　国民帝国体制

十九世紀が終わろうとする頃、資本主義の発展史における第二の大きな時代が世界を根底から変えた。絶対主義的統治、自由主義の台頭、さらに規律化のキャンペーン、これらによって市場経済を客体化する長い助走が終了すると、第一次産業革命の血にまみれた破局的な歴史はいまや、新たな資本主義的「世界秩序」の幕開けを告げた。国民国家的な帝国体制である。世界市場に関連した農業資本主義、工場の強制労働、繊維生産における前貸し問屋制度などを基盤とした王権官僚制に代わって、多岐に枝分かれした産業の私的資本主義にもとづくブルジョア国民国家が登場した。ドイツが対フランス戦争に勝利し、エルザス＝ロートリンゲン（アルザス＝ロレーヌ）を併合したのち、一八七一年のドイツ帝国の成立をもって、ヨーロッパで決定的な力をもつ「列強国」における資本主義的国民国家形成のプロセスは終結した。

　このブルジョア国民国家の内部では、社会的同化とはあきらかに異なる奇妙な均一化プロセスが生じた。もちろん生活水準が画一化されたのではなく、全社会グループを抽象的な経済的「利害」の共通システムへ画一的に関連づけることが重要だった。この「利害」は、すでに社会の自然基盤としての資本主義的カテゴリーを前提にしていたが、いまや、同じく抽象的な、国民と国民国家を上位に置く座標系によって古い王権構造を超えて完璧なものになった。この展開を通じて、自由主義的企業家とかつての絶対主義的国家機構（ドイツでは少なくとも形式上はあいかわらずそうだった）との間の、ますます色あせた、もともとさほど非妥協的ではなかった対立は完全に消滅した。

（…）その理由の一つとして、産業化過程にあったドイツの主要な領邦国家が一八四九年以降徐々に自由主義的な経済政策へ転じたという事情があげられる。自由な企業活動の障害になっていた、法制・政治・行政面での煩わしい制約が徐々に撤廃された。当局は、不遜な後見人イメージを目に見えて払拭した。その代わりに当局は、共同歩調態勢をとって、近代の経済的利害を直接推進する姿勢をみせるようになった。（…）もうひとつの理由は、数多くの企業家が革命の時期に強力な国家を評価することを学んだことである。すなわち、行政をはじめとして、裁判・司法制度、軍隊にいたる国家の諸制度が、プロレタリアートとの対決において信頼できる支えとみなされた。（…）この国家順応的な転換は古い権力エリートからひそかな歓呼をもって迎えられた。（ヴェーラー、一九九五年、一二一〇頁）

すでにドイツ帝国の成立以前に、自由主義的なドイツ進歩党から、「統一から自由へ」を旗印にする国民自由主義者たちの政党〔国民自由党〕が生まれていた。すなわち、プロイセン指導下の国民的統一こそ最優先課題であるとし、公民的な「諸自由」と官僚権力の（議会制の）立憲君主制による制限は、徐々に国民国家が形成されることを通じてはじめて達成されるべきものとされた。抵抗運動にとっては、言論・集会・示威運動の自由などのいわゆる公民としての「諸権利」が近代の司法システムの形成においてはほとんど唯一の進歩要因でありえたのに対して、自由主義の立場からすれば、これらの諸権利はいささかも問題にならなかった。こうして、大衆の家畜化がさらに進展し、国民意識がより深く根づくまで待つことができた。

この意味において、一八九二年になってもなお国民自由主義的な『ケルニッシェ・ツァイトゥング』（ケルン新聞）は一八四八年〔の革命〕に対する安直な回顧のなかで次のような見解を表明していた。「われわれのうちの少なからぬものは、もともと連邦主義的で自由主義かぶれの理想主義者であったが、ビルマルクによって、そして偉大で善良な皇帝によってようやく、内面的に分別ある君主主義者（！）に変わったのである」（シュルツ、一九七六年、二八六―八七頁からの引用）。重要だと思われたのはまずなによりも、国民的な統一が経済的環境において遂行されたことであり、その環境下で国家機構はより近代的な経済自由主義的諸原則を我がものとしたのである。すでにリストは、経済自由主義と、たとえば保護関税政策のような国家の介入は、原則的に両立しえないものと考える必要はないことを示していた。

絶対主義王権が新たな産業資本主義という不可逆的な現実の前に経済的に敗北せざるをえなかった程度に応じて、社会学的な意味で古い機構と産業企業家が互いに歩み寄っただけでなく、市場と国家のあいだの変更された資本主義的関係もまた、社会的諸関係と同様に、形成された。絶対主義から継承された、まだ粗雑で未分化の資本主義の身分構成はみるみるうちに解消されて、社会的な重力空間に、すなわち産業資本主義的に規定された諸制度と社会カテゴリーの「力関係」にその場を明け渡した。

〔資本主義的な〕諸制度に対する留保、絶対主義王権の諸要求、および絶対主義の表看板であった貴族自身によって目に見えない過程で生み出された資本主義経済に対する彼らの諸要求、これらは最終的に消滅した――たとえ「高慢な身分意識」と古い社会文化の雛型はまだずっと生きつづけるとしても。これは、ヴィルヘルム皇帝時代のドイツ帝国におけるのみならず、西側の国民国家、イギリスやフランスにおいてもみられる。すなわち、今日までまさにイギリスでは、身分的要素は特別につくりあげられてきており、ヨーロッパの名門貴族は依然として産業・金融資本主義に吸収された形で細々と暮らしを立てている――時代錯誤的なパロディとして、家庭の主婦たちの夢とそれに付随した娯楽週刊誌用のネタを供給するために。社会的自律を要求した古い社会反乱の解放志向的な反近代《アンチモダン》は、残酷に息の根を止められた。この社会反乱に代わって登場したのが、すでに資本主義的な収益カテゴリー志向の「労働者階級」であり、それは社会民主主義的な労働運動によって代表された。

ただし、社会の資本主義的形態は依然としてまだ広範に及ぶものではなかった。他のブルジョア国民国家におけるのと同様に、ヴィルヘルム時代のドイツではあいかわらず農業および自給自足経済的な（部分的に自給にもとづく）分野が存在した。産業資本主義は市場向けの生産においても、イギリスを除けば、まだ社会構造の過半数を占めてはいなかった。

1910年頃の基本産業分野別の被雇用者（単位は%）

国	農　業	工　業	サービス業
イギリス	9	54	37
フランス	30	43	27
アメリカ	32	41	27
ド イ ツ	34	38	28

出典：『経済学ハンドブック』(HdWW)，シェーファー，1889年，76頁に拠る。

農業に匹敵するサービス業の高い割合を、後の「ポスト産業化時代」の発展による「第三次産業分野」の膨張と取り違えてはならない。二十世紀に入るまで、この分野の驚くべき規模は、多くの人間が個人的な下僕、メード、料理番などの、「稼ぎのいい連中」の奉公人として利用されたためである。一方、奉公人たちも社会からは餓死以外の可能性を期待できなかったから、そうせざるをえなかった。総人口との割合でいえば、中世においてさえこれほど多くの奉公人はいなかった。十九世紀の二〇年代になるまでは、全ヨーロッパにおいて中級の官吏やサラリーマンの家庭にも家政婦および（あるいは）料理婦がいて、彼女たちはたいてい家の中のみすぼらしい部屋をあてがわれていたが、これはほとんど自明のことだった。第三世界において、また人類の過半数にとって、このブルジョア的封建的な状態は児童労働と同じく今日までやむことはなく、その間にこの人間侮蔑の形態は西側世界においても、まだ他地域ほどの規模ではないにせよ、ふたたび復活している。

それでも二十世紀初めまでは、産業資本主義はいたるところで同じように主導的かつダイナミックな力となり、社会の牽引分野となってさらなる発展を促した。原理的な抵抗が消滅するか、あるいは圧殺されたのちには、社会的対決は継続されはしたものの、しかしそれは社会の新たな覆いの内部においてであって、この覆いは、異なる収益カテゴリー間の利害闘争を両立しうるものにすると同時に、いまや利害闘争を産業的に客体化された生産様式という内面化された形態に限定した。ひとことでいえば、関係するあらゆる社会グループ、政党、イデオロギー、利害、願望、目標イメージ、いまやこれらすべてが産業資本主義的蓄積という同じ総体構造に関連していた。根本においてはもはや争う余地のない共通の座標系がひそかに成立していた、つまり産業雪だるまシステムと国民国家の活動領域は、以前の資本主義の創設時とは大きく異なっていたのである。

そしてこの歴史においてはすでに、貨幣利用の構造が社会の「マシン」として関係者から独立していたように、国家による規制という補完的な構造もまたそれに対応した独自性を帯びた。資本主義的に条件づけられた利害対立の調整をめぐる内部の競争、ならびに国家としてまとめられた諸国民の外部の競争は、まさに産業化された資本主義的市場経済がかくもダイナミックに拡大していたことによって、国家とその機構に新たな意義を与えた。国家にこの新たな重要性を賦与したのは、あらゆる社会階級を包括する国家主義的イデオロギーだけではなかったし、また経済自由主義と古い機構が相互に歩み寄った結果だけでもなかった。産業膨張それ自体の経済上の諸問題、さらに膨張の前提条件とその結果プロセス、これらが自由主義をしてますます国家に、リヴァイアサンとしての威嚇機能を超えて、ふたたび社会的かつ経済的な介入を認めるようにはたらきかけたのである。

それゆえ少なからぬ点で、国家活動から比較的大きな利益を勝ちとることができたのは、社会経済的に全面的な勝利を収めた自由主義的な企業家、経済政治家、および部分的にはイデオローグ自身であった。さらにこれに加わったのが、保守的な理論家と政治家で、彼らはその古い国家順応性を若い産業社会の地盤においても新たに形成しようと努めて、この状況下でふたたび有利な立場を得た。自由主義と保守主義が融合するのに応じて、自由な市場の厳格な教義《ドクトリン》は緩和された——資本主義経済を原則として（王権の）国家目的に従属させるという以前の絶対主義的な要求はむろんもはや取り戻しえなかったにしても。産業的な国民帝国の時代は、まるまる百年の間、ひとつの新たな、産業競争に関連した国家干渉主義の時代へと移り、この干渉主義が数々の波のなかで勢いを増すことになる。

父なる国家

経済的崩壊が産業雪だるまシステムの解放によって回避され、「労働貧民」がついに「抽象的な労働」の厳格なコントロール下に置かれたのちに、資本主義エリートたちは「社会問題」についての新しい観念をつくりだすことができた。結局、将来ありうる危機に際して、ふたたび類似の状況に陥りたくなければ、一般的な非常事態および十九世紀前半の大衆窮乏化の経験をなんらかの形で総括する必要があった。それゆえ、徐々に確固たる地位を築きつつあった自由保守主義は、一八五〇年以降、スミス、ベンサム、マルサスらの「古典的」時代におけるよりもはるかに、国家に一定の社会的責任を委譲する方向に傾いた。当然ながら、国家のリヴァイアサンとしての特性において、すなわち、国家の抑圧機能と分かちがたく混じり合い、結びついて。

自由主義の、産業資本主義的に純化されたかつての絶対主義機構ならびにその保守的な代表者との再婚は、大きな転換危機後に国家機能を熟考し新たにつくりあげるためにはじつにふさわしかった。この自由主義と保守主義の接近、あるいは融合は、ヨーロッパのすべての主要な国々でさまざまのあり方で生じたが、もっともはなはだしかったのは、遅れたブルジョア国民国家の形成が「上から」、つまり形式的には古い王権自体によって遂行されていたドイツにおいてであった。国家を新たな資本主義的観点からみた場合、ヴィルヘルム一世のドイツ帝国はいわば脱皮して、前衛になったのである。リヴァイアサンは、今後は危機を防止し、資本によって抑圧された者たちをなにがしかは社会的に満足させるべきものとされた。市場のむきだしの自然法則性——資本主義的生産様式は内在的に無限の拡大可能性を有するとする、すてきな「セイの法則」にもかかわらず、ブルジョアジーは内心もはやこの自然法則をすっかり信用するつもりはなかった——は、救貧院制度や刑務所制度だけでなく、国家管理による社会福祉制度によって補完された。この関連において、イデオロギー的に絶対主義のお墨付きの公認理論を特徴づけていた家父長的温情主義の観点がふたたび取り出されて、新たな装飾が施された。新たな発展段階におけるこの再登場を理解するために、ここで手短に総括しておこう。

現実には、人びとを貨幣の人間材料に変身させ、労働力を道具として完璧に利用し始めていたのは、絶対主義的官僚機構それ自体であったことはいうまでもない。いかなる自律的な運動もいかなる反抗も容赦なく弾圧された。その際、絶対主義が卑劣だったのは、以前のあらゆる支配状況と比較してより大きな権力と社会的抑圧マシンを、君主の父親的な配慮と心遣いであると偽装したことである。「臣民たち」はいわば家父長的な支配者のいわば未成年の子どもとしてあらわれることになった。この支配者像は、黎明期を迎えた資本主義体制を当面は人格的に代表していたどころかまさに体現していたのである（ちなみに、たとえばツルゲーネフの小説では、農奴たちは地主からしばしばまったく無邪気に「子どもたち」と呼びかけられる）。

これに対して自由主義ははるかに洗練された卑劣さを発揮した。つまり、自由主義は「価値増殖」という盲目的で総体的な客体化を利用して、各個人が「社会的自然法則」とされるものにみずから服従するように仕向けて、これを「自由」と偽ったのである。絶対主義による温情主義的な後見は、各個人の「自主規制」のために、これと同一の物神崇拝的な、ただしはるかに進展して自己目的と化した原理の名において退けられた。資本主義の基準という鉄のカーテンによって限定され、商品生産の社会マシンにつながれた個人は、みずから「悪魔の碾臼」のなかでマシンの操縦者に出世する「チャンス」のために、このマシンの歯車装置によって社会的に粉ごなに押しつぶされる「リスク」を「自己の責任」においてわが身に引き受けることになった。家父長的かつ温情主義的な観点は、国家による強制教育と洗脳という「教育学的な使命」に限定された。すなわち、求められる全身的な要求を外からの強制によってではなく、みずから自発的に満たすような内面化へと人間を導くことである。これらの狂った要求を拒絶するものはみな、すでに述べたように、以前絶対主義によってなされたのとまったく同様に、自由主義によって迫害された。

社会的卑劣の弁証法はテーゼとアンチテーゼの後に、資本主義的なジンテーゼを要求した。このジンテーゼは、産業革命の転換危機が示したように、「リスク」があまりにも大きくなって、体制の危機になりうるという事実を顧慮する必要があった。つまり、自由主義に温情主義的なオイルを一滴追加して塗る必要があった。あるいは、ドイツ帝国創建時の超保守的な「鉄血宰相」、オットー・フォン・ビスマルク（一八一五―一八九八）が好んで表現したところによれば、「国家の調理法には数滴の社会的潤滑油（社会福祉的要素）を加えること」（アードラー、一八九七年、四一頁からの引用）が必要とされた。むろんこの新しい家父長的温情主義はイデオロギー上の決まり文句で満足することはなく、社会的な事前の備えとなる現実の諸制度が整備されねばならなかった。そこで意図されていたのは、今後懸念される崩壊と民衆蜂起の脅威を除去するための、（定義しうる）最低限の生活水準にすぎなかったが。

しかしいまや、後見を直接人格化することは、古い絶対主義的な方法ではもはや不可能だった。少なくともドイツには「ヴィルヘルム皇帝」というそれにぴったりの人物がいたけれども、その滑稽さは低い生活水準で社会的安泰が保たれている環境ではさほど目立たなかった。新しい家父長的温情主義はより強力に制度化されるだけではなく、旧版よりさらに抽象的な性格が必要とされた。つまり、新しい温情主義を新しい国民国家という「抽象的普遍性」に関連づけ、具体的な法律のなかで法的に定着させる必要があった。リヴァイアサンの性格づけに関しても、重点の置き具合がふたたび変更されることになる。すなわち、近代の国家機構はもともとホッブズにあっては比喩的に龍のような怪獣として登場し、のちに機械論的な世界像の文脈においては市場マシンの補完物として、権力マシンもしくは「教育的マシン」と改名されていたのだが、いまや「父なる国家」を名乗るようになった。このことが意味するのは、機械的官僚主義的な怪獣が、社会福祉的な国家に感激した人類を後見する継父になったことにほかならない。

資本主義のエリートたちが当時、生まれたばかりの社会民主主義と成立途上にあった労働組合機構を、部分的にせよ少なくとも、リヴァイアサン的な基盤に立つこの新しい温情主義的な福祉国家の萌芽のなかに取り込むチャンスであることを認識しようとしなかったことは、彼らの暗愚と独善を証拠立てている。社会民主主義と労働組合はなんといっても長いこと資本主義の要求と社会範疇を担ってきたのだから。ベンサムは時代をかなり先取りしていたから、十九世紀後半の自由保守主義によってさえまだ完全には理解されなかった——彼のお粗末な知性にもかかわらず。

しかしこの場合、知的なというよりはむしろ社会的な理解力が問題だった。この時代の平均的な自由保守主義的なエリート人間にとって、人間材料の教育を完全に仕上げることは、彼ら自身が最低限の社会的譲歩をする必要性と同様に想定しえた。だが、古い自由主義的な労働者協会に由来する社会主義的もしくは社会民主主義的な「労働者階級」の組織が国家の正式な構成要素になって資本主義を共同管理し、あるいは共同統治することさえ可能だとは、とても想像できなかった。これは尊敬おくあたわざる紳士方にとっては、ほとんど彼らの従僕や家政婦と同一の食卓につくのと同じように不条理な考えと思われた。社会民主主義や労働組合はようやく二十世紀になって体制の構成要素として認められて、政権に関与するのも自明のことになった。その場合連立政権にあっては、社会民主主義者には遊技場としていつも労働省があてがわれたのは、後に女性が家族大臣のポストを得たのと同じである。しかし第一次世界大戦までは、社会主義者の政権参加はそもそも唯一の例がフランスに見られたにすぎない。一八九九年、独立社会党の議員であったアレクサンドル・ミルランは個人として（つまり連立の枠内でなく）自由保守主義的な内閣の通商大臣になった（このために即刻、党から除名された）〔一八五九—一九四三年。第一次大戦初期には陸軍大臣、戦後は総理大臣、大統領を歴任した。社会主義陣営からは激しく批判されて、ミルラン主義という言葉が生まれた〕。

しかしながら総体的には、資本主義の自由保守主義によって規定された行政は、それ自身の社会体制を誤認しており、時代錯誤もはなはだしく、あいかわらず「労働者階級」を「身分」ととらえて、これにいかなる独自の代表権を与えることも拒み（原則的に体制順応的であっても）、人間材料たる大衆をややもすると社会的かつ政治的な「家長」的立場に立って温情主義的な配慮の対象として扱う傾向があった。ドイツ帝国創建以前に、たしかにビスマルクはときおり戦術的な理由から自由主義者たちに対抗して、舞台裏でフェルディナンド・ラサール（一八二五—六四）の全ドイツ労働者協会（ＡＤＡＶ）と良好な関係を築いていた（ここからも、自由主義に由来する「社会主義的」労働運動は十九世紀の半ばには、保守主義からも自由主義からも戦術的な策略によって操作可能な大衆とみなされていたことがわかる）。しかし、全ドイツ労働者協会と「マルクス主義的」社会民主主義が一八七五年にゴータでドイツ社会主義労働者党に統合されてからは、「鉄血宰相」は事実を誤認して、社会民主主義を反国家的な勢力とみなした。すなわち、「この新しい運動が主に政治的存在感の強化と労働者の社会環境の改善に力を注いでおり、カール・マルクスが展開したような革命理念とはさほど関係がなかったことに、ビスマルクは気づいていなかった」（ロート、一九九六年、五九頁）。

すでに純粋に政治的・国家的な諸カテゴリーにおいて国家転覆の可能性はもはやない（つまり、工場体制を原則として拒絶することはできない）と認知されていたにもかかわらず、国家転覆を防ぐという口実のもと、ビスマルクは社会民主主義に対して断固たる弾圧政策を展開した。一八七八年に彼は帝国議会でいわゆる社会主義者鎮圧法を通過させ、これは一八九〇年になってようやく廃止された。当初は躊躇していた国民自由党の賛成を得て、あらゆる社会民主主義的な政治団体、労働組合、機関誌、およびいかなる「社会主義的なアジテーション」も禁止された（ただしその際、警察権力が誇示されることは比較的少なかった）。

ビスマルクの政策で注目すべき、かつその後の資本主義の発展にとって重要な点は、社会主義者鎮圧法よりはむしろ、彼が「数滴の社会的潤滑油」という表現で予告していたような新種の社会福祉立法だった。これに応じて、皇帝ヴィルヘルム一世は、しかるべきお上意識と神の恩寵で飾り立てられた一八八一年十一月十七日の戴冠演説のなかで次のように言明した。この宣言はビスマルク自身によって読み上げられた。

われわれはすでに本年二月に、社会的損傷の治癒は、社会民主主義の違法行為をもっぱら弾圧によるのではなく、ひとしく労働者の福祉の積極的推進のうえに求められるべきであろうとの信念を表明した。われわれは、帝国議会にこの新たな任務を配慮するように依頼することを皇帝の義務と考える。さらに、いつの日かわれわれが、祖国には国内平和の新たにして永続的な保障を、また援助を必要とする者たちには彼らが要求する以上の安全と援助を遺すという意識をもつようになるならば、われわれは、いっそう大きな満足をもって、神がわが政府をまごう方なく祝福してくださったあらゆる成果を回顧することになろう。(ディール/モンベルト、一九八四年、一八五頁からの引用)

つまりビスマルクは古典的な二重戦略を用いた。すなわち、リヴァイアサン的な手法にのっとった禁止圧力とならんで、彼の政府は「古典的」となった方法で自由保守主義の温情主義的かつ福祉国家的な熟慮を実行に移し、一連の社会福祉立法において一種の上からの「白色革命」を実現したのだが、これが二十世紀の現代の福祉国家の原型となった。ビスマルクの政府は、一八八三年に健康保険の、一八八四年には災害保険の、一八八九年には老齢年金の制度を法律によって定めた。

特徴的だったのは、国民自由党員、およびその間に分裂した(保守主義に近づくことによりイデオロギー的に弱められた)他の自由主義の諸グループや諸政党はどちらの場合にも、つまり禁止政策においても社会福祉政策においても、むしろ躊躇派であって、制動手の役割を果たしたことであり、原則にのっとって反対の立場をとることはなかった。〔社会主義者の〕禁止問題に関しては、彼ら自身が政権の座になく、脅威となる新たな緊急事態は予測されえなかったから、そのかぎりでは、彼らは保守的な機構に対して不信の念を持ち続けた。この平穏な状況下では彼らには、国家レベルにおけるよりも経営や企業レベルでの「家長」的立場の方が好ましかった。社会福祉政策においてもまた、彼らはその伝統にしたがって当然、ビスマルクのイニシアティヴを少なくとも弱めること、そしてあまりにも強力な国家保護を妨げることを選んだ。じじつ自由主義者たちは、もともと予定されていた社会保険のための国家補助を切り詰めることに成功したし、「労働者の代表権は（…）徹底的に制限された。（…）老齢および身体障害者保険の場合には、さらに多くの削減がなされねばならなかった。（…）老齢年金の恩恵に浴するためには、七十歳で、しかも三〇年以上中断することなく保険料を払い込んでいなければならなかったから、これに該当する労働者はほんの一握りにすぎなかった」（ロート、一九九六年、七一頁）。

ビスマルク自身も当然ながら博愛主義的な考えよりは拡大政策的な意図に導かれていた。すでに一八八〇年に彼は、彼の計画した社会福祉立法は「無産者の大衆のなかに、年金受給資格という感情を必然的にともなう保守的な考え方を生み出す」（ロート、同書、六八頁）べきものであることを確認していた。それは、それでもってあるいはなんとかぎりぎり生きてゆけるかもしれないという「感覚」以上のものではとうていありえなかった。特にビスマルクの社会福祉立法は、賃金労働者の自己決定による、社会解放を志向する、自己管理された、「相互扶助」のあらゆる萌芽を摘み取ってしまった。現代の「福祉国家」の開始以来、社会保険の保険料は国家によって強制的に徴収され、国家の監督のもとで管理されている。したがって企業と国家による分担金負担は、この副次的な領域においてさえ組織化された自発性と協同の公用徴収と引き換えにおこなわれたのである。

このように家父長的温情主義的な精神においてビスマルクは、プロイセンに起源をもつ「社会的王権」というキマイラ〔頭はライオン、胴はヤギ、尻尾は竜の怪物〕を宣伝した。このアイディアはドイツでかなり以前に考えだされていた。大きな転換危機を独自に処理するなかで社会的に介入する国家のイデオロギー上のヴァリエーションを考えだしたのは、まさに保守的でアカデミックなサークルだった。たとえば、ポンメルンの地主で、プロイセンの法律家であったヨーハン・カール・ロートベルトゥス＝ヤゲツォー（一八〇五―七五）は、ブルジョアの保守的な理念と社会主義的理念とのあいだを理論的に仲介する立場をとった（これはマルクスによって評価されさえした）。つまり彼は、資本主義的な利潤あるいは地代に関して独自の批判を展開し、国家ユートピア的なイメージにもとづいて社会問題を調整するための経済的「中央官庁」を要求したのである。

総体的にみて、自由主義と保守主義の融合に際しては、古い自由主義が逡巡していたのに対して、温情主義的な国家介入という新しい体制命令によりよく馴染むことのできた保守主義がむしろ徐々にイデオロギー上のイニシアティヴをとることになった。ただしこの傾向はけっしてドイツだけにかぎられていたのではなく、多かれ少なかれヨーロッパの資本主義全体を巻き込んでいた。国家による弾圧と社会的温情主義というビスマルクの二重戦略の基本型は、イギリスやフランスにおいても、精神史的にも社会政治的にも認められる。

イギリスではすでに一七九九年の「団結禁止法《コンビネーション・アクト》」によって、賃金労働者の利益団体はいかなるものであれ禁止されていた。この禁止法は、一八一九年に保守政府によって明確に強化され、一八二四年になってようやくいくらか緩和された結果、それ以降は穏健な「労働組合」の結成が可能になった。それでも、自由主義の影響を受けた社会主義者による労働組合の政治活動でさえも無数の報復措置と嫌がらせに遭遇した。同時にすでに早くから、産業化の恐怖に対する反応としての新保守主義的なイギリス的社会温情主義が進展した。後期ロマン派の歴史家であり著述家であったトーマス・カーライル（一七九五―一八八一）は、主人と従僕の間の相互の誠実と忠誠という古い貴族的な価値観に立って「マンモン信仰という悲しい宗教」を罵った〔マンモンは富と強欲の神。新約聖書の「マタイ伝」第六章二四節「あなたがたは神と富とに兼ね仕えることはできない」に拠る〕――この抑圧的、反解放的、右翼保守的な反近代のイデオロギー的基本像は二十世紀後半まで続いた。カーライルは、「労働貧民」が国家転覆的な反乱をひきおこすとすれば、それは、自由主義的な企業家に指導力と配慮とが欠けているためであると言う。

民衆の怒りが爆発して暴動にいたるとは、いったい何を意味するのか？　咆哮し、荒々しく叫ぶ、まるで怒りと苦痛で口の利けない人間のように。それは、賢者の耳には、口の利けない懇願のように聞こえる。「俺を導いてくれ、統治してくれ！　俺は気が狂っていて、みじめだ。だから自分ではどうしたらいいかわからない！」たしかにそのとおりである。あらゆる「人間の権利」のうちで、無知な人間たちのこの権利、すなわち、より賢明な人間によって導かれ、温和にあるいは力ずくで正道を踏み外さないようにしてもらうこの権利こそ譲渡しえない権利なのだ。自由に意味があるとすれば、それはこの権利の享受を意味するのであって、それはまたあらゆる権利の享受を包摂している。(カーライル。アードラー、一八九七年、九頁からの引用)

この奇怪かつ破廉恥な文言をもって、カーライルは社会的に責任のある「産業貴族」、いわゆる「キャプテンズ・オブ・インダストリー」(実業の将帥)を要請したが、これはイギリスではスローガンになった表現である。「下層階級への国家援助」と提携して、産業貴族たるものは「競争における品位とすべての従業員に対する人情味のある配慮を心がけよというものだ。カーライルはそれによって、「近代における企業活動の封建化を叫んだ最初の人物」(アードラー、同書、一一頁)となった。これらの理念のいくつかをベンジャミン・ディズレーリ(一八〇四―八一)が引継いだ。ディズレーリは有名なイギリスの保守党の政治家で、一八六八年、および一八七四年から八〇年まで首相を務めた。近代における有産者と無産者の関係について、「両者は、いわば別々の国民であって、両者間には類似の感情は存せず、それぞれの習慣、思想、感情において相手をほとんど知らず、あたかも異なる地域の人間か、あるいは別々の惑星の住人であるかのようだ」(アードラー、同書、一八頁)という例の名言は彼に発している。それゆえディズレーリは、ビスマルクよりずっと早い時期に、「社会的王権の原理」を宣伝していたのである。彼は、まず大臣として、後に大蔵大臣として、最後には首相として、一八六七年と一八七八年に工場内労働に対する広範な保護法に着手した。

フランスでも事情はまったく類似していた。ブルジョア革命の立法議会は、一七九一年の「ル・シャプリエ法」をもって労働者のいかなる団結をも禁じた。この禁令は公式にはようやく一八六四年に廃止されている。「フランス国民の王」たるルイ゠フィリップが四八年革命で失脚した後、ルイ・ボナパルト(一八〇八―七三)が権力の座に就き、ナポレオン三世として「フランス国民の皇帝」になると(第二帝政)、彼もまた国家介入主義的な二重戦略を追求したが、それは大虐殺ととどまるところを知らない迫害をともなった。すなわち「いかなる性格のものであれ、あらゆる結社の撲滅キャンペーンが始まった。（…）かくして、すべての政治団体のみならず、まったく経済的な協同組合もまた——そのなかには、活況を呈していた多くの消費者団体や少なからぬ生産組合が含まれていた——〈社会救済的〉な専制の犠牲となった」（アードラー、同書、三三二頁）。別の面では、ナポレオン三世もすでに戴冠以前に、保守的で「社会福祉政策的なプログラム」に磨きをかけていた。彼の場合にも、「カーライル的なある種の産業貴族が理想像として」思い描かれていた。「一面では労働者の規律と監視、他面では彼らの物質的状況の改善である。これは、ルイ＝ナポレオンの内政においてけっして否定しえない理念だった」（同書、二九頁、三四頁）。それゆえ一八五〇年から七〇年にかけてはフランスにおいても、近代の産業福祉国家としてさまざまな対策が講じられるようになった。これらの対策は、「雇用」のためには「上流階級《アッパー・テン》」の奢侈を必要不可欠とするマンデヴィルのシニカルな論拠を髣髴とさせると同時に、部分的にはすでに二十世紀の国家による景気政策を予感させるものだ。

ナポレオンのもっとも重要な社会政策上の行為は、（…）彼によって試みられた失業撲滅であり、これは公共建築物を造営する方式によっておこなわれた。（…）一五年以内に首都だけでも一五億フラン以上が公共建築物に費やされ、同様のことがリヨン、マルセイユ、ボルドーでもおこなわれた。ここで実施されたようなこれらの対策は、さまざまの重要な結果をもたらした。すなわち、「労働者《ハンズ》」の大多数には継続的にやりがいのある仕事が確保され、賃金は上昇傾向を維持し、建設業に端を発した景気刺激によって企業家の意欲はいたるところでかき立てられた。（…）これに関連して言われるべきは、この新築ブームに続いたのが、すさまじい土地投機と数百万フランもの財政援助による帝国の臣民たちの優遇措置である。（…）このほかにもなお労働者住宅の建設に国家助成がおこなわれたが、これは散発的なものにすぎなかった。福祉関連の諸施設が新たに整備されて、国家助成による国民のための公衆浴場、労働者の子どものための託児所、〔労働災害で〕身体障害者となった労働者の収容所などが増加した。（アードラー、同書、三三三頁）

したがって、ビスマルクの社会主義者鎮圧法についていえば、禁止政策を推進したことが人目を惹くのは事実だが、新しい温情主義的な社会福祉制度がそうであったように、十九世紀後半のふつうの資本主義的な統治姿勢の枠組みをほとんど逸脱するものではなかった。具合の悪いことに、ヨーロッパの近代福祉国家はもともときわめて保守的な精神とその権力政治上の目標設定から生み出された。そしてこの素姓は、今日にいたるまで民主的な福祉国家にもまだ明確にみてとれる。人間材料は自分で保険料を払い込んでいるにもかかわらず、国家の規定による施しものという形式をとるきわめて国家権威的な、たえず抑圧と監視に結びついた、社会的な特別賞与以外の何か別のものを受けとることは、資本主義の本性からしてまったく期待できない。どうやら「福祉」に関しては、特別賞与以上のものをこの社会秩序に期待するのはそもそもお門違いのようだ。

産業資本主義的な福祉国家の端緒は保守層によって推進されたというのがヨーロッパの主要国における一般的な現象であったとすれば、この発展はやはりドイツ帝国においてもっとも効果的かつ持続的に貫徹された。ドイツでは、福祉国家的な理念も国家介入主義的な理念も西ヨーロッパにおけるよりも強く、アカデミックな国民経済学のなかにまで浸透した。ロートベルトゥスほどではないにしても、どちらかといえば保守的な傾向をもつ教授グループ、いわゆる「講壇社会主義者たち」の社会政策の考え方はロートベルトゥスと類似の方向へ向かった。このグループは一八七二年に「社会政策学会」を設立しているが、ビスマルクの諸改革ならびに後のすべての福祉国家的改革一般の重要な示唆はこの学会に由来する。シニカルであると同時に扇動的な意味において、ビスマルクもみずから彼らの理念をまったく肯定的に「国家社会主義」と理解し、かつそう呼んだ。この表現は、経済学者であり財政理論家でもあったアドルフ・ヴァーグナー（一八三五―一九一七）が提唱し、宣伝したものだった。国家としてまとめられた産業体制にもとづいた、温情主義的なエリートによる権威的な「プロイセン型社会主義」の理念が、社会民主主義にも影響を与えたのはけっして驚くべきことではなく、二十世紀に入ってもなお長いこと左右を問わず公認の作業仮説として利用されることになった。

しかし、体制危機と権威的な社会的保護に関する議論に対してけっして門戸を閉ざしてはいなかった自由主義もまた、国家社会主義という時代の列車に乗り込まねばならなかった――たとえ自由主義がその伝統にのっとって、制動手室に席を占めるほうを好んだとしても。ドイツにおける自由主義思想の転換ならびに国家調整という新たな体制命令への適応を定式化したのは、組織的に分裂していたヴィルヘルム時代の自由主義の主任イデオローグ、フリードリヒ・ナウマン（一八六〇―一九一九）だった。今日なお自由民主党（ＦＤＰ）に近い「政治教育」の財団には彼の名がつけられている〔フリードリヒ・ナウマン財団〕。もともとはプロテスタントの牧師で、後に職業政治家となったナウマンは、自明のごとくナショナリストであり、教訓めいた「キリスト教的社会主義」の思想を展開した。一八九六年には、分裂したさまざまの自由主義グループを糾合して「国民社会協会」を設立する。〔協会の名称として、後のナチスの〕党名としてあらわれる「国民的・社会的」という不吉な言葉の結びつきがまず自由主義的な文脈であらわれるのはけっして偶然ではなく、まったく筋が通っていた〔ここでは、「国民的・社会的」(national-sozial)が、後のナチスの「国民社会主義的」(nationalsozialistisch)につながるものと考えられている〕。多くの点でナウマンは、十八世紀および十九世紀初頭において、市場主義を貫徹しようとする経済自由主義から遠ざかろうと試みた「社会自由主義的な」理念の創始者とみなすことができる。彼は一九〇六年に、『新ドイツ経済政策』のなかで次のように確認する。「ほぼ七〇年代の中頃に自由主義的理論からの、不経済な国家からの離反が始まり、それは国家社会主義的と呼ばれる見解にその地位を明け渡す」（ナウマン、一九六四／一九〇六年、四五四頁）。ナウマンは自由主義者としてこの傾向を無条件に支持することはできないし、また同様に、古い自由主義がその役目を果たし終えたことを断言する。

古い経済自由主義は、すでにその名が示すように、過去数世紀にわたってヨーロッパを精神的かつ物質的に変えた大きな一般的文化運動の一部である。（…）それは強制ではないが、また保護でもない！　幸運が微笑みかける者はどんどん上昇するがよいし、幸運から見放された者は死ぬがよい！　経済人間を育成しようと思えば、同情心は禁物だ！（…）各人は需要と供給にしたがって支払われる。人は市場に出向いて、これこれの価格で仕事をするといって、自身を提供するのである！　労働は入札商品となる。明日誰かがやってきて、同じことを君よりも安く提供すれば、君はお払い箱だ。というのも、別人が君のおこなう労働をもっと安価に提供すれば、君の労働はその価値を失うからだ！（…）ここでは、経済自由主義の思想を本来のむきだしの姿で見る必要がある。つまり、需要と供給である！　諸君は株式市場の株の相場のような浮き沈みを経験する！　この学説が人びとを希望で満たしえたのは、いったいどういうわけなのか、またこの学説がわれわれの労働体制全体の基礎となることが、いかにして可能だったのか？（…）当時自由主義が足を踏み入れた経済世界は、今日の自由主義が占めようとする経済世界とはまったく異なっていた。そして、自由主義の古い現象様態が自由主義の根本原理の〔当時における〕当世風の応用であったように、自由主義がそもそも生き延びるべきものとすれば、今日の自由主義もまた当世風の色調を身につけねばならないだろう。（…）自由主義は、新しい知的対決がなければ、つまりそれ自身に対する批判がなければ、その復活を維持することはできない。（ナウマン、同書、三一四頁以下、五二五—二六頁）。

自由主義が時代精神の主流となりうるためには、鏡に写る自分自身の姿に——例外的にいくらかは——恐怖をおぼえる必要があった。ナウマンもまたさしあたり、社会政策的な領域において体制に必要不可欠なリヴァイアサンの「父なる国家」への変容のなかに、社会自由主義的な適応、あるいは少なくとも芽生えつつあった国家社会主義的な理念への部分的な接近をみてとる。

「社会政策」という一般的な表題のもとにまとめられるものもまた「法と経済」の一部であり、（…）国家権力はその立案者および保証人として登場する。肝心なのは、経済生活への国家の介入であり、これは弱者保護のために必要不可欠になる。この介入をキリスト教的な隣人愛の原則で根拠づけるか、あるいは国家的必要性で根拠づけるかは、じっさいにはどうでもよい。介入の本質は、私有財産および自由労働契約という二つの原則を立てるだけでは、企業家と労働者の間の法律関係が十全には処理されないという認識である。(…)つまり、これは率直にいう必要があるが、われわれはそもそも商売上の行儀作法の教えをまず学ぶために、国家の強制を必要とするのである。いまだなお繊維部門および男性向けの他の産業分野では一部でまったく非人間的な労働時間が存在し、女性の搾取はなお甚だしく、また家内労働に従事する子どもたちにはほとんどあらゆる保護が欠けている。「一日八時間労働制」という言葉があまりにも型にはまった表現であるにせよ、われわれの国民的健康と道徳的文化は、仕事以外に、従属的な労働者の大多数が現在手にしているものよりもはるかに多くの人間性の確保を必要とする。最下層の賃金労働者は、おそらくつねに法律上の最低限の保護によって野蛮に落ち込むことから守られなければならない。(…)彼らのために、法的な労働保護は永続的な制度でなければならない。(…)帝国保険法が提案されたとき、自由主義者はあれこれと難癖をつけてこれに反対した。(…)今日では、帝国保険法をすぐれた国民的成果として認めないものはほとんど皆無である。これは自由労働契約を補完するために必要不可欠なのである。(ナウマン、同書、四九六頁、四九九頁以下)

ナウマンはこのようにして自由主義思想を、発展した産業体制の新たな国家介入主義的精神に接近させるのだが、彼にとっては権威的温情主義的な政治体制が自由主義思想の一部であることは明白である。たしかに彼は、自由主義の伝統にしたがって国家権威的な強制の全体主義化に反対して、「自由な団体」(企業や労働組合の諸連盟とその協定)は「疑わしい場合には、つねに官僚機構に対して優先権」をもつべきであると要求した(ナウマン、同書、五〇二頁)。しかし、国家介入と平行したこの社会経済的な「自治」は完全にベンサム的な意味で考えられており、さらにエリート的な観念が添加されている。ナウマンはすでに一九〇〇年の「民主制と帝政」に関する論文において、権威主義的な指導の「必要性」を強調していた。

民主制《デモクラシー》においてはおのずから貴族政治的な要素が形成される。(…)一種の貴族政治《アリストクラシー》なしには大衆におよぼすい

> かなる総合的な効果もありえない。（…）世界中いたるところで官僚体制が――それが原則的に撲滅されたところでさえ――強化されている。（…）最高権力をめぐって戦われているのだ。民主主義者もまた前に出ようと欲する。ブルジョア自由主義の歴史は、この上昇努力の途切れることのない唯一の例である。（ナウマン、一九四九／一九〇〇、一四四頁以下）

かくして、自由主義の主任イデオローグには、「上層階級」が指導を引き受けるが、彼らは「彼らの下に位置する、幅広い、多数の、素姓の知れぬ大衆によって担われる」ことはまったく自明のように思われる（同書、一四六頁）。したがって、「キャプテンズ・オブ・インダストリー」（実業の将帥）、すなわち産業貴族という超保守的なカーライルの理念は自由主義的な頭脳のなかにも巣くっていたのである。ナウマンの社会自由主義的かつ国民的・社会的な世界観がそうであったように、このエリート的な要素も〔ビスマルク政権下の〕ヴィルヘルム主義と全面的な互換性を有していた。ヴィルヘルム主義のもとでは、福祉国家的要素と、人間材料の権威主義的政治的従属との結合が緩和されることはまったく意図されなかったからである。老皇帝〔ヴィルヘルム一世〕の死後、一八八八年に権力の座に就いた皇帝ヴィルヘルム二世は、労働者保護立法と「労働者問題」をめぐってビスマルクと衝突すると、一八九〇年には「鉄血宰相」を罷免し、社会主義者鎮圧法を廃止したが、その手法はきわめて専制的だった。官僚主義的温情主義的な福祉国家制度と弾圧の二重戦略に関していえば、社会民主主義が合法化されたにもかかわらず、なにも変わることはなかった。たとえば一八九九年、ヴィルヘルム二世は彼の所有地カディーネンを訪れた折に、機嫌よくこう要求した。「たとえば豚小屋が労働者住宅よりもきれいだなどということがないように配慮しなければならない」（ヨーハン、一九六六年、八二頁）。ここに保護者然としてあらわれるのと同じ権威主義的な精神において皇帝は、一年前にも鉱山その他の部門における労働組合のストライキを目の当たりにして、ヴェストファーレンの工場経営者たちを前にしてこう断言していた。

工場経営に携わるものがみなそうであるように、あなたがたもわが国の社会情勢の展開には注意怠りないことであろう。私はあなたがたを経済的に困難な時期から守るために、私の力のおよぶかぎり、あなたがたを助けるべく諸々の措置を講じた。ドイツの労働（労働者）を保護すること、労働意欲を持つ者たちを保護することは、昨年（…）おごそかに約束されている。法律は完成に近づきつつあり、本年のうちにも国民の代表者たちのもとへ届けられるであろう。そこでは、誰でも――それが誰であろうと、どういう名前であろうと――自分の仕事を完遂しようとするドイツの労働者を妨げようとするもの、あるいはそれどころかストライキに加わるようにそそのかすものは、懲役刑をもって罰せられることになる。（ヨーハン、同書、七九―八〇頁）

しかしながら近代の福祉国家の初期段階の特徴は、権威主義的政府とエリート主義イデオロギーだけにあったのではなく、その効果もまた疑わしかった――少なくとも、「労働貧民」の真摯な給与改善という点においては。振り返ってみれば、「国家社会主義者」アドルフ・ヴァーグナーは、社会立法の成果は「人民の作業能力を高め、彼らを健康にし、役に立つようにした」（ヴァーグナー、一九一二年、一六頁）のだと確言した。ここでは福利自体が論じられるのではなく、機能主義的な眼差しが、「抽象的な労働」という抑圧的な社会マシンのための福利の価値査定をおこなうのである。そして、そのことにじっさいなんの疑いも生じないように、保守的なプロイセンの社会主義者はただちに「下層階級の人民」に関しては、マンデヴィル、サド公爵、スミス、カント、マルサス以来われわれにはあまりにも馴染み深い古い自由主義的な信条《クレド》を吐露する。

われわれは彼らに、理想郷のような生活も、幸福に酔いしれるすばらしい生活も約束することはしない――この世にはつねに窮乏と貧困があるだろう。ひょっとしたら、窮乏と貧困が存在することは、それはそれで良いことなのかもしれない、人類の教育のためには。（ヴァーグナー、同書、一七頁）

じじつ、第一次世界大戦までは依然として、市場経済の「福祉向上効果」について語ることはありえなかったし、福祉国家的な制度導入当初の保護期間でもそうだった。国民国家的な帝国の時代に「成功」したのは、未曾有の大衆窮乏から「規格化された」大衆貧困へと一歩進んだことだけである。二十世紀に入っても、産業雪だるまシステムの膨張期のさなかでも、食糧事情があいかわらず目立って改善されなかったのは、ひどく屈辱的なことだった。たとえばビスマルクの帝国時代、チューリンゲンにあった玩具工場の労働者の食事に関して、同時代の史料から次のようなことがわかる。

> 食事の大部分はジャガイモで、あらゆる姿をとって食卓に出される。早朝にはジャガイモにチコリ・コーヒー〔代用コーヒー〕か「コーヒー・スープ」〔非常に薄いコーヒー〕が添えられ、二番目の朝食にはパンとコーヒーが出る。昼食にはありとあるジャガイモ料理が出されて、それにニシンかラードが付く。ひどく貧しい者たちはニシンの代わりに、ニシンの塩漬に用いた塩水で我慢しなければならないが、これは「ニシン・スープ」と呼ばれる。肉を食べることはまれである。（…）夕食にはふたたびコーヒー・スープか、または肉屋から大鍋に「ソーセージ・スープ」を手にいれる。これは「水」と呼ばれるように、ソーセージの茹《ゆ》で汁であり、タダかあるいはごく安価に手にはいる。このスープのなかにジャガイモを刻んで入れるのである。食卓に上るものを集めた詩のなかでこう唄われている――「朝はジャガイモ、昼はスープで、夕べは皮ごと――いつもいつもジャガイモ」。（リッター／コッカ、一九八二年、二六二頁）

かつてフリードリヒ・リストが記述し、そこから資本主義的産業化の必要性を導き出したのと同じ悲惨が、数十年経て、産業化が進展したにもかかわらず依然として消えてはいなかった。同じ記述がほぼそのまま繰り返されている。

しかし、「より裕福な」カテゴリーに属する労働者の家計や生活様式も、この悲惨な状態をそれほど超えるものではなかった。一八九〇年のベルリンの熟練工の食事内容を見るかぎり、食事に関して楽観的になれる理由はほとんど見当たらない。

消費量が多いのは、豆類、ジャガイモ、小麦、パン、そしてミルクである。肉に関しては、安いソーセージ――スライスしてパンにのせるのではなく、パンに薄く塗りつける――のほかに、たいてい牛の挽き肉か肺臓が肉団子またはミートローフ（挽き肉にパン粉もしくはパンを賽の目に切って混ぜ合わせ、さらにラードを加えて焼き上げる）の材料として用いられる。日曜や祝日のことを考えて、平日は倹約に努める。（リッター／コッカ、同書、二七六頁）

したがって十九世紀の市場経済の「福祉向上効果」はどうやらなによりも、人びとにジャガイモや「チコリ・コーヒー」といったすばらしい食糧水準を世紀の後半になって徐々に慈悲深くプレゼントするために、まずそれらを人びとから部分的に取り上げた点にあったように思われる。このことを発展段階ごとに、十年ごとに繰り返し新たに聞かされるのはうんざりさせられるであろうが、残念ながらこの他に報告すべきことはなにもないのである。そして、ヴィルヘルム時代のドイツの事情はそのままこの時代の発展したヨーロッパ全域にあてはまる。これにさらに工業都市のいたるところで依然として変わることのない劣悪な住宅事情をつけ加えるならば、現実の改善がいかに馬鹿馬鹿しいほどわずかであったか、また、そもそも人びとに相互扶助や配慮の「感覚」を植えつけることがいかに大事であったかがはっきりする。

まるまる一世紀にわたる資本主義的産業化は結局、住民の基本的欲求水準を中世後期の水準以上には高めることができなかった。余暇に対する欲求についてはいうまでもない。じじつ、いくらかまともな生活でさえ実際には、「すばらしい幸福に酔いしれる夢」のなかでしか想像できなかった。

つまり、権威主義的な社会温情主義は概して貧弱だった。非合理的な資本主義の自己目的を糊塗する社会的な仮面は、世界市場における諸国家の競争を背景にした国民国家間の権力政策の形でより抽象的になり、資本主義の表看板として認識されていたのは事実であるが、それでもやはり、人間材料をこれらの目的に従属させる冷酷さはそのままだった。超保守的な（のちにキリスト教民主同盟の立場に近くなった）歴史家のゲルハルト・リッター（一八八八―一九六七）が第二次世界大戦中にドイツ国民の精神修養のための演説で述べたことは、たしかにヴィルヘルム時代のスローガンとみなしうるが、しかもそれはドイツ帝国だけにあてはまるものではないかもしれない。「われわれドイツ人は、（…）偉大な歴史的役割を果たす意志のある民族として、さしあたりなによりも必要なことをひとつ学んだ。つらい労働をこなすこと、大いに飢えること、そして服従することである」（ベルトルト、一九六〇年、一〇六頁からの引用）。

ブルジョアの文学知識階級もまた、ルートヴィヒ・ウーラントのビーダーマイヤー的な、言語に絶する酷さ以来、根本において変わってはいなかった。同じく詩人のライナー・マリア・リルケ（一八七五―一九二六）は、世紀の転換期に宗教的な恍惚状態に陥って、神体験によって震撼させられたとされているが、その詩的・宗教的な『時禱集』では誠実に、二十世紀の新たな資本主義の貧困を厳粛に詠じようと努めた。ウーラントから数十年経った一九〇三年に、リルケはこの意味で「大いに飢えた」ドイツにおける聖なる貧者たちについての不滅の詩行を完成したのである。

なぜなら　かれらは純粋な石よりももっと純粋だから、
生まれたばかりのまだ眼の見えぬ獣のようで
素朴にみち　限りなくあなたのものだから、
そして何も欲せず　ただひとつのことが必要なだけだから――

ほんとうの自分のままに貧しくあることが許されること。

なぜなら、貧しさは内部からの大いなる輝きだから（…）

貧者の家は聖餐台のようだ。
そこでは永遠なものが食物に変わる、
そして夕暮れになると　それは
大きな輪を描いてそっと自分に戻る、
そして余韻をいっぱいに響かせながら　ゆっくりと自分のなかへ入ってゆく。

貧者の家は聖餐台のようだ。

（金子正昭訳）

このほとんど自由主義的でシニカルな宗教的高揚においては、目に涙を浮かべてみずから生みだした社会的窮乏で感情を肥大させた初期資本主義的な感傷性がふたたび立ちのぼるだけではない。むしろそれ以上に新たな「貧困の審美化」が暗示され、それはやがて「暴力の審美化」へと急転することになった。ヴィルヘルム時代の、狡猾さを宿した感情を通じて、次の半世紀の血にまみれた資本主義による虐殺と大衆破局を垣間見させたのは、まさにリルケにみられるようなひどく異端的で内面性を渇望する詩だった。

泡沫会社乱立と大不況

先の見えない成長循環と危機循環にさらされた住民が窮乏化し、反乱を起こすのではないかという根強い恐怖は、一八七〇年以降資本主義のエリートたちが国家介入主義に転換する本質的な（けっして唯一ではないが）動因となって、そのまま残った。それは、一八五〇年以降続いた産業資本主義の嵐のような発展が大音響とともに突然崩れ去ったから、当然のことだった。一八七三年、産業化の最初の大きな上昇期が終わった。

その際、すでに以前からときおり資本主義の産みの苦しみに随伴していたある現象が初めてかなり大規模に表面化した。というのは、この生産様式は産業雪だるまシステムであるばかりか、金融雪だるまシステムでもあったからだ。すなわち、厳密にいえば、現実の成長はいわば信用の形で先取りされる。このプロセスを担うのは銀行であり、銀行は、貯金ならびに目下その所有者によって生産的に使われていない貨幣資本を集めて、これらを集中する。逆に企業側からみれば、将来の価値創造のための投資をおこなうには、過去の自前の利益だけではまったくあるいは不十分にしか資金を調達できない企業がつねに存在する。したがって企業は、銀行制度を通じてさまざまな形態で貨幣資本を借りることになるが、この借りた資金を企業は、実際の商品生産による利益をうまく換金化して利子をつけて返さなければならない。貨幣資本はしたがって、マルクスが『資本論』の第三巻で詳細に分析したように、二つの構成要素に分裂する。つまり、ひとつは、資本主義的生産過程を駆動し、それによってフィードバックされた現実の剰余価値という自己目的を持続させる経営上の「機能」資本であり、もうひとつは、直接的な商品生産には関与せず、「機能」資本としての役割を失う代わりに利子の形で剰余価値の分け前に預かる、利子を生む「純粋な」貨幣資本である。ブルジョア国民経済学では、資本のこれら二つの構成要素が依然として混同されるか、またはひとまとめにされている。なぜなら、貨幣資本の（抽象的な）実証論的な観点からすれば、利益が正確にどこで生じるのか、また「すてきなマシン」のさまざまな部門によって利益を上げるプロセスがいかなるものであるかは、どうでもよいからだ。これに関してマルクスは、皮肉を込めてこう述べる。

資本が利子の、資本自身の増殖分の、神秘的な自己創造的な源泉として、現われている。（…）利子生み資本では、この自動的な呪物、自分自身を増殖する価値、貨幣を生む貨幣が純粋につくり上げられているのであって、それはこの形態ではもはやその発生の痕跡を少しも帯びてはいないのである。（…）貨幣そのものがすでに潜勢的に、自分を増殖する価値なのであり、このような価値として貸し付けられる（…）。価値を創造するということ、利子を生むということが貨幣の属性になるのであって、それは、ちょうど、梨の実を結ぶことが梨の木の属性であるようなものである。（…）資本を価値または価値創造の独立の源泉として説明しようとする俗流経済学にとっては、もちろんこの形態は掘出し物である。というのは、この形態では利潤の源泉はもはや認識できなくなっており、資本主義的生産過程の結果が――過程そのものから切り離されて――独立な存在を得ているからである。（マルクス『資本論』第三巻第一分冊、大内・細川監訳、四九一―九二頁）

ただし問題は、外部資本の導入によって先取りされた将来の剰余価値が、実際に利潤の上がる、市場競争力のある現実の商品生産の形態をとって後を追わない場合には――それが、「現実の還流が適時に行なわれない」（マルクス、同訳書、四三六頁）という理由からであれ、より安価に提供される生産物間の競争ゆえの、あるいは社会的購買力の不足ゆえの販売不振という理由からであれ、あるいはまた、貸し付けられた貨幣資本が「適切でない」目的のために支出されたという理由であれ（たとえば、以前の借金返済、または消費や贅沢品などへの支出）――資本の二つの形態の相違がきわめて強烈に歴然となることである。その場合には、たいへんな結末がそれに続くことになる。すなわち、経営上の「機能」資本は、利子の支払いや負債の弁済ができなくなるから、破産する。それによって、利生み資本の方も回復不能の損失を被り、たいていは同じく破産する。なぜなら、債務者の破産は、貸付金の額に応じて通常は債権者の破産でもあるからだ。このような現象は、個々の事例としてみれば、資本主義においては日常的なことである。しかし、このような事例が積み重なり、大きな流れに膨れ上がると、社会全体の危機的な問題になる。この危険は、景気後退期においては脅威となる。なぜなら、景気上昇がさらに続くとの誤った期待から将来の利益が過剰に先取りされ、貸し付けられた貨幣資本が大規模に誤った投資に向けられるその程度に応じて、景気後退は恐慌スパイラルへと先鋭化する可能性があるからだ。生産資本のさしあたり隠された恐慌はしたがって、つねにまず金融恐慌としてあらわれる。

十九世紀の間は、この点においてはむろんまだいくらか躊躇がみられた。特に、法律上の所有権と経営が一体化していた古典的な家族経営にあっては、大規模に信用を利用することはあまり堅実なやり方とはみなされなかったからである。しかし、この古くて手堅いと同時に鈍重な堅実さは産業化のテンポにもはやついてゆけず、一種の歴史疲労に襲われた。資本主義の発展ではつねにそうであるように、発展をこれまで担ってきて、今まさに徐々に死に赴《おもむ》かんとする階層にとっては、自己目的という怪物の本性について悪い予感が兆《きざ》し始めたのに対して、すでに次の発展の担い手となる階層が何の懸念も抱かずに威勢よくあらわれた。同時代の古いハンザ都市の商人一家の没落を描いた、トーマス・マンの有名な小説『ブッデンブローク家の人びと』には、この疲労した凋落の認識が見え隠れする個所がいくつかある。

（…）人前で見せる挙止、談話、動作、行動は、実際的な利害を守ろうとする態度ではなく、つまり、世間と共通に持っていて、それを世間に主張しようとする、半ば無意識の、自然な、反射的な態度ではなく、それ自身が目的のようなものになり、意識的な、不自然な努力になり、無邪気な単純な気持の関与ではなく、（…）神経を摩滅する至難の離れ業をつづけなくてはならない（…）。（マン『ブッデンブローク家の人びと』望月市恵訳、下巻、一七二頁）

いまや、屈託のない新たな「巨匠たち《ヴィルトゥオーソ》」の出番だ。嵐のように急激な産業化とともに、資本主義の成金や夢を追う冒険家などの新たな階層が続々と発生して、従来の常識を覆し始めた。家族経営の企業にはもともと荷の重すぎる鉄道建設にともなって、それまでまったく脇役にすぎなかった株式制度が予想外の活況を呈し、資本主義的企業の新しい、より近代的なタイプの経営者をつくりだしたが、彼らは家父長的な同族経営という古典的な形態から離脱し始めた。すなわち、株式会社において、信用制度から新たな経営形態が発展したのである。資本があらかじめすでに商品生産の「機能」資本と「利子を生む」純粋の貨幣資本に分裂してしまっていたように、いまや商品生産企業そのものが、どちらかといえば貸付資本や信用資本に類似した無機能所有者（株式保有者）の会社と、もはや法律上の所有権とは関係のない（それ自体形式上は賃金に依存するか、または小規模の株式所有に関与する）純粋の「機能資本」、つまり経営に分裂した。

資本の現実の生産過程に関与しない株主（無機能資本家）は、「彼らの」企業に、単なる外見上の債権者のように関与する。彼らはそれゆえ、利子生み貨幣資本に似たあり方で、株式配当の形で利益に関与する。ただし、これは一般的な利率によるのではなく、もちろん「彼らの」企業の特別な営業成果に左右される。純粋な貨幣資本もしくは信用資本に高度に付随する投機的要素は、生産資本そのものに伝染する。株式では、一度に二回儲ける可能性がある。つまり、株式配当の他にも、投機的な相場による利益が期待できる。株式配当は、営業年度末に実際の利益に対する株主の関与分として、株式会社の取締役会によって決定された一株当たりの一定額が分配される。同時に、株式取引における株価上昇による利益もまた可能である。株価は、株式が株式市場で取引される価格であって、それはいわゆる額面価格の何倍にもなることがある。

株式配当が過去に関連する、つまり、終結した実際の経営状態の反映であるのに対して、株の相場は将来に関連する。すなわち、非現実的でありうる期待や願望に依存している。株式相場が長期にわたって上昇する場合、定期的に非合理的な瞬間があらわれる。というのは、株価上昇によって先取りされた将来の利益が実際に実現した場合でさえ、その利益は株式配当としてもう一度分配されるか、または新たな生産設備に再投資される。株価による利益はしたがって、いわば実際の営業利益と並んで、あたかも資本が二度活用されるかのような具合であらわれる。根本においては、相場師自身の楽観主義が資本に還元される、つまり、一種の「擬制資本」（マルクス）に転化する。この投機的な価値創造《クリエーション》が厄介なことになるのは、遅くとも当初の期待がその後の実際の景気に対応しないことが明らかになるときである。もちろん株式市場は株価上昇による擬制価値を長期的につくりだすことはできず、「クラッシュ」（株価の大暴落と、それにともなう大きな財産の全滅）というかたちで手ひどい報いを受けることになる。

このような恐慌はすでに近代の資本主義的貨幣経済への移行期に発生した。たとえば、十七世紀のオランダにおける有名な「チューリップ投機」がそうである。当時、ヨーロッパ諸国の宮廷界隈では「チューリップ熱」が大流行し、そのためにチューリップの球根の価格が上昇した。当初はまず常識的な範囲内だった。しかしやがて、将来の価格上昇を見込んだ投機的な取引がおこなわれるようになり、ほとんど狂乱状態に達したなかで、特定の品種がついには数千グルデン、つまり家屋一軒分の価格で取引された（ある航海士は、海外から帰国する途中の船内で、チューリップ投機についてまだなにも知らなかったから、朝食時にまったく無邪気に船主の高価な球根を食べてしまった。この航海士はあやうく命を落とすほどのリンチを加えられたという）。この事件は心理学的に説明がつくようなものではない。それには論理的な前提条件もある。というのは、売買システムにおいては、ある商品の価値は貨幣で表現された価格とは直接一致しないからだ。価格は、さしあたり実際の価値からは独立している。むろん誰でも、チューリップの球根一つに「実際には」家一軒分ほどの価値があるはずがないことは承知している。しかし、投機の波がいったん始まると、あらゆる現実的な査定根拠はすぐに忘れ去られる。

　株式投機の場合には、特定の商品の虚構の価値上昇が企業全体に伝染する。これについてもすでに先例があった。たとえば十八世紀の初め、フランスで雇われたスコットランドの金融冒険家であるジョン・ロー（一六七一―一七二九）は、一種の株式紙幣をつくりだした。これによって、一七一七年に設立された彼の「西洋会社」は、北アメリカの植民地ルイジアナの所有権という形で民衆に将来の莫大な富を信じ込ませて、結局は避けられないとりつけ騒ぎにいたるまで、実際に獲得可能な価値の何倍もの株券を流通させた〔ローは最初に兌換紙幣を発行し、この紙幣を兌換せずに市場から回収するために、実体のない「金発掘会社」の株式を発行して投資家に買わせたのが真相らしい〕。したがって、貨幣経済の資本主義的拡大と近代の紙幣の初期形態にはすでに投機の波が随伴していたのだが、この波が社会的再生産にかかわることはほとんどなかった。

　一八五〇年以降に生じた、大きな産業化の大きな随伴現象としての株式ブームは、すでにまったく別次元の規模になった。それは特にドイツ帝国にあてはまったが、ドイツには一八七〇年から七一年にかけての普仏戦争〔独仏戦争〕の勝利による数十億フランの賠償金が流れ込んだからである。今日ふたたび肯定的に言及される泡沫会社乱立時代《グリュンダー・ツァイト》は、時代そのものがいわばたいへんなペテンだった。このペテンは最初の産業化推進の大ブームを基礎づけたのではなく、終熄させたのである。ますますせわしなく、ますます堅実さを失った株式会社が雨後の筍《たけのこ》のようにあらわれた。「一八五〇年から七〇年の間は、ドイツで総計二九五の株式会社が認可を得たにすぎなかったが、一八七一年から七三年までは毎年三〇〇以上の新しい株式会社が（…）設立されて、上場された」（リヒター、一九九八年）。ヨーロッパ全土で、鉄道建設にともなう投機が、かつてのオランダの「チューリップ・マニア」のような馬鹿げた規模になった。それ以来そのような場合に常態化したのだが、不動産投機がこれに続いた。というのは――それがいかに非現実的な期待であろうとも――際限のないブームが続くかぎりは、また際限なく多くの建物が建設された。その結果、ベルリンのような大都市では住宅難が劇的に悪化した。腹立たしい投機による富とふたたび増大する大衆貧困の間の溝はますます大きくなった。ドイツの権力の中枢は、突然ふたたび社会的緊急事態と暴動とに対応せざるをえなくなった。

一八七二年の七月に、警察と狼藉をはたらく路上生活者との間で激しいバリケード戦になった。暴動のきっかけは、警官たちがある投機家の要請で、ブルーメンシュトラーセの彼の自宅から一人の指物師を引きずり出したことだった。六百人の制服の保安警察官と同じく多数の私服警官がやっとのことで暴動を抑えることができたが、ベルリン周辺の駐屯地では軍が出動準備を整えており、一時は市街戦が避けられそうにない情勢だった。後にビュルテンベルクの王になった将校は家族にこう書き送った。「万が一、住む家のない者たち――その一部は帰還した戦友である――と戦わねばならないことにでもなったら、それはじつに恐ろしいことだったろう！」（オッガー、一九八二年、二〇〇頁）

投機の波は、ちょっと変わった分野、たとえば醸造業にまで及んだ。その結果、一部で品質の低下をともなう生産増大とビール価格の上昇がもたらされた。そのために、一八七三年にはフランクフルトで市街戦のさいに醸造所と飲食店が略奪された。投機的な風潮は、統治に当たる諸侯から使用人にいたるまで（ビスマルク自身も当然含まれる）あらゆる階層にあまねくゆきわたっていた――住民のうちでもそもそも資金の調達が可能な少数部分にかぎられてはいたが。ともあれ、「庶民」までがその貯金をもって、いたるところで開かれるようになった株式市場に駆けつけたのである。それでも依然として生き続けていた保守的階級的精神は、殊勝な顔をして、堅実とはいえない投機を公然と弾劾し、投機に対抗して堅実で古典的な商人精神を称揚する一方で、「すばやくマルクを」もしくは「すばやくターラー〔当時の基本通貨であった銀貨〕を」手に入れるチャンスを逃すまいと、みずからすすんで投機に走る傾向があった。しかし社会民主主義的な労働運動もまた、投機の行きすぎを堅実な商品生産と現実資本主義的な「生産主義」の観点からのみ批判した。この奇妙な心的状況下で、ヘルダーおよびフィヒテの路線に立脚したドイツ国民の形而上学の名において、「わけのわからぬ」資本主義に対する偽装批判がふたたび特にひどくなった。『ドイツ人の歌』〔この一部が現在のドイツ国歌になっている〕の作者で、一八四八年の〔三月革命の〕共和派ナショナリストであるアウグスト・ハインリヒ・ホフマン・フォン・ファラースレーベンは、いくつかの嘲笑的な『グリュンダー・リーダー』（会社創業者の歌）を書いた。

わが輩は創業者、有能で上機嫌、
さっそくデスクに坐るとしよう。
もう悩むこともないし、苦労もない
利子を数えること以外には。

やれやれ、己れの才覚でなんでもやれる
国も要らないし、市も要らない。
創業者だから金には困らない、
良い生活を手に入れるだけ。

他人のためなんぞ糞食らえ！
大事なことは金を稼ぐこと。
他人の称賛なんぞどうでもいい、

自分の株券で功労勲章をつくるのさ。

このような詩の形をとった、平凡でお説教じみたうわべの批判はもちろん、「鉄道王」のベーテル・ヘンリー・シュトロウスベルクや不動産の大投機家であったハインリヒ・クイストルプのような強欲な企業家の心にほとんどひびくことはなかった。人びとが泣き叫んだり、歯をがちがち鳴らしたのはようやく、株ブームが客観的な限界に達した時だった。なぜなら、投機的な期待感が擬制の価値を将来いかにしても実現する見込みがないところにまで煽り立ててしまったからである。来るべきものがやってきた。すなわち、一八七三年の大きな「グリュンダー・クラッハ」（金融恐慌）の発端となったのは、ウィーン信用銀行の破綻だった。同時代のジャーナリストが、巷のひどい宿酔ぶりを描写している。

一夜にしてドイツ語の語彙がひとつ増えた。その言葉は突如町のなかをつんざくように響きわたって、数千もの生活を破壊し、大小の海賊や盗人たちを破滅させた。その言葉は無数の堅実な家庭のうえに言い知れぬ不幸をもたらし、あらゆる経済活動を突然停止させた。その言葉は、「クラッシュ！」である。「クラッシュ！」は、公爵の御殿のなかで、議会の廊下で、株式市場のホールで、富者たちの邸宅で、貧者の集合住宅の中庭で、果物やミルクの貯蔵庫のなかで響きわたった。クラッシュ！　クラッシュ！（…）このささいで、人の心を打ちのめす言葉は全ドイツに響きわたった。そして、ドナウ川から、セーヌ川から、テムズ川から、テヴェレ川から、この恐ろしい、忘れられない言葉が大音響で返ってきた。（オールセン、一九八七年、二六二―六三頁からの引用）

無数の家族が完全に破産した。そのなかには古くからの「名門」も含まれていた。それどころか、かつては王侯のような暮らしぶりだったシュトロウスベルク〔既出の鉄道王〕でさえ、ほどなく乞食になり果てた。典型的だったのは、あるプロイセンの貴族の運命である。彼は相続した所領を売り払って得た二五万ターラーをそっくり新しい株に投資して、それによって死ぬまで身分相応の生活の安泰を確保しようとしたのである。『ガルテンラウベ』〔エルンスト・カイルによって出された、十九世紀ドイツでもっともよく読まれた雑誌のひとつ〕は、突然襲った恐慌によるこの男のセンセーショナルな破滅を報じている。

相場は下がりはじめて、止めどなく下がった。銀行家は補塡を求めた。だが、これはできない相談だったから、差し押さえている株を市場で売却させた。かつての地主は半年もたたないうちにその全財産を失った。そのうえ、銀行家には二万ターラーの借金がある。（オッガー、一九八二年、一八一頁からの引用）

このような場合によくみられたのは、自殺者の増加である。さらに、一八七四年十月十四日のシャルロッテンブルク市〔現在はベルリン市の一地区〕の報告では、バブル崩壊の結果、「精神疾患者の数は増大した」（オールセン、同書、二六五頁）。ひとことでいえば、資本主義の非合理的特性が社会世相にあらわれたのである。この特性はそれ以来、株狂騒と恐慌との内的関連の表徴として繰り返されることになった。

六一の銀行、一一六の企業、四つの鉄道会社が倒産した。株式相場の下落は底が見えなかった。相場は一八七六年になってもなお、平均して一八七三年二月までのブーム時の株価の半分だった。銀行家のゲルソン・ブライヒレーダーは大やけどをせずに恐慌を乗り切ったが、彼の見積もりでは、相場崩壊でドイツ国民の財産のほぼ三分の一が失われた。ベルリンでは、数万の住宅が空いたままで、銀行からの借入金をもはや返済できない家屋所有者は数え切れなかった。（オッガー、一九八二年、二〇二頁）

ベルリンだけでも、新銀行四〇行のうち三〇行が倒産した（ガイニッツ、一九九六年）。この崩壊は、従来の金融恐慌が社会の表面にさざなみを立てる程度にすぎなかったのと比べると、はるかに広範におよんだ。しかしそれにもかかわらず、この崩壊はじっさいには、興奮の発作が予期させたほど社会生活に深い影響を及ぼすことはなかった。ただそれは、全欧規模の震動の中心地であったドイツとオーストリアの産業基盤の大部分がまだ依然として農業にあって、産業資本主義はようやく社会領域の一部を占めていたからにすぎない。ともあれ、全ヨーロッパの嵐のような産業化は、一八九〇年代初めまでほぼ二十年間にわたって緩慢に進行する停滞期に入り、これは後に「大不況」（ローゼンベルク、一九七六年）と呼ばれることになる。

国家活動増大の法則

泡沫会社乱立時代《グリュンダー・ツァイト》後の恐慌下における経済収縮と増大する産業の世界市場＝競争の結果、ますます多くの資本主義的経済主体が国家の名を口にしはじめたが、若いドイツの大企業もその例外ではなかった。露骨な経済自由主義の評判を落としたのは、さらなる恐慌や社会暴動に対する恐怖だけではなかった。別の、資本の構造的な必要条件にとっても、国家活動の拡大はますます緊急不可欠であることが明らかになった。さしあたり、かつてフリードリヒ・リストによって宣伝された保護関税体制がふたたび蒸し返されたが、それは一八四八年革命後の（経済分野での）自由主義期のドイツ関税同盟にもとづく最初の全盛期をすぎてからは自由貿易によって退けられていたものだった。

価格下落が小生産者に打撃を与え、穀物生産者がロシアおよび海外との競争圧力にさらされてからは、自由貿易からの離脱を求める叫びはますます大きな反響を得ていた。一八七七年に、保守的な地主からなる「税制・経済改革者連合」は農業の保護関税を要求したが、翌一八七八年にはしだいに、そのためには重工業が主流を占める「ドイツ工業家中央連盟」が要求するような工業のための保護関税をも認めざるをえないとの認識が定着した。こうして可能になった農業と工業の保護関税論者の同盟は、やがて過半数を制する可能性があることが明らかになった。「帝国議会国民経済連合」は、一八七八年十月十七日にひとつの声明を発したが、そこでは、国家が経済生活により強力に介入すること、ならびに保護関税に着目すべしとの主張がなされた。帝国議会の過半数を超

える二〇四人の議員がこの声明に賛成した。（ロート、一九九六年、六四―六五頁）

この新たな保護関税政策は自由主義イデオロギーとは矛盾するものだったが（ナウマンもこれには与《くみ》しなかった）、それでも多数の自由主義派の議員がこの発議に賛同した。決定的だったのはなによりも、重工業部門の資本の「実力者」たちがたんなるイデオロギー上の憂慮を無視したことである。資本の利害に直接かかわるとなれば、経営を旨とする企業家も権力志向の政治家もとうの昔から純粋な自由主義の教義など意に介さなかった。産業面では依然として他国よりも優位に立っていることを確信しえたイギリスは別として、ほとんどすべてのヨーロッパ諸国は類似の、「保護主義」と呼ばれる保護関税政策をもって「大不況」の景気停滞傾向に対応した。保護関税イニシアティヴはむろん、たんなる社会政策にとどまらない、社会全体に関連する国家活動の一部分にすぎなかった。その後ほどなく、産業化された市場経済がかなり大規模に成長してくると、市場経済は国家による大枠条件と支援活動のいっそうの充実を必要とすることがあきらかになった。

この展開をまず一般的な経済法則として把握しようとしたのは、またしてもプロイセンの国家社会主義者、アドルフ・ヴァーグナーだった。財政理論的な面から「国家経費膨張の法則」として定式化されて有名になった彼の「国家活動増大の法則」は新時代を画するものだった。それどころかヴァーグナーはこの法則を人類全般の文化発展と関連させた（『一般的もしくは理論的国民経済学』）。国家活動の増大は彼にとっては肯定さるべきものであることはいうまでもない。

さまざまな国々を歴史的（時間的）かつ空間的な観点から包括的に比較すると、進歩する文化民族にあっては、国家活動と、国家ならびに自治体によって実施される総合的な公共の諸活動とが規則的に拡大していることがわかる。（…）特に国家は、それを特定の欲求に配慮するための経済ととらえるならば、国民経済および各個人にとって絶対的にいっそう重要になる。しかしまた、国家の相対的な重要性も増す。（…）国家を、国家の活動を補完する他の強制共同経済と統合するならば――これは種々の目的のために必要である――、総合的な強制共同経済の、または「公共の」、特に国家と地方自治体の活動が増大する。（…）その際、生産技術上の理由からますます、物質的需要や個人的需要の分野においてさえ、国家、市町村などの活動が増大する。（…）国家の、強制共同経済の、すなわち「公共」活動一般のこの拡大の内的根拠は、一部には、進歩する文化民族の場合には経験上、国家や市町村の既定の本質から（アプリオリに）演繹され、また一部には、上記の諸活動の拡大があらわれる個々の事実から帰納的に導かれる。この事実を知ることはわれわれに、公共活動の、特に国家活動の急伸的な増大の（国民経済の）法則――財政経済にとって、国家および自治体の公的な財政需要増大の法則として定式化しうる法則――について語る権限を与える。（ヴァーグナー、一八七九年、三一〇―一一頁）

一人のドイツ人教授がこう述べるのは、たとえそれが無批判に前提された資本主義的生産様式の一時凌ぎを説明するためでしかないとしても、もちろんある種の歴史哲学の観点からではない。超歴史的な「文化進歩」の表現としての、合法則的に増大する国家活動の「アプリオリな演繹」は純粋なイデオロギーであるが、すでに現存する同時代の事実を「帰納的に」指摘することはまったく妥当性をもちうる。というのは、ここでの問題は、けっしてたんなる要請とか、仮説とか、予測ではなく、すでにヴァーグナーの時代には当初から経験的に確認できた実情の説明だからである。すなわち、国家活動はいわばひそかに、産業化にともなって自然成長的に、あらゆる経済自由主義イデオロギーに抗して、拡大していた。その原因は、ヴァーグナーによれば、資本主義的生産様式の成功と、それにともなう市場競争自体の拡大に求められる。

国民経済の発展、特にますます進展しつつある国の内外における分業、さらに自由競争体制は、ますます複雑な交通状況と法状況をつくりだす。それゆえまた、訴訟や法の障害が増加しがちであり、さらに、個人と社会団体の間の、あるいは階級間の利害対立が生ずる。それに応じて、法目的を実現するための抑圧的（！）かつ予防的な国家活動を、また諸対立の調停や和解を促進する立法活動を、さらに司法における国家権力の発揮を求めるより大きな要求が生まれる。(…)法目的および権力目的の領域における幅広くかつ集中的な国家活動の強化は、文化民族にあってはそれゆえ理解しうるものであり、必要不可欠である。国家活動の強化は、比較的長期間の年間平均でみるといたるところで、司法、内政、警察、陸海軍、外交などの大きな行政部門の国家財政需要のほとんど間断のない増加という形で、「貨幣」という公分母に還元されて、正確に数字で示される。(ヴァーグナー、同書、三一五―一六頁)

しかし、市場経済化の進展と国家活動増大の一致は、法、執行、行政に対する需要の増大によってのみ生じるのではない。市場はまさに盲目で無意識の社会的「マシン」であるから、副次的な調整の必要性は、司法や社会の次元におけるだけでなく、物質的な次元でも生じる。きわめて非合理的かつ容赦のない生産様式の科学化が昂進するにつれて、このアトム化された社会の抽象的・一般的な権限部局である国家は、資本主義の運営全般がなお機能しうるように、ますます多くの制度的かつ実際的な援助を提供しなければならない。永続的に引き起こされる損害に関する補修対策とは別に、そこで問題になるのは、ヴァーグナーがふたたびパイオニアとして体系的に述べるように、産業の市場システムそのものの社会的な兵站業務《ロジスティックス》である。

「公的な」土地所有と資本所有、および「公共財」生産のための決定的な主要要因として、生産技術の改変(蒸気その他)が挙げられる。この要因ゆえに、またそれと関連する経済運営全体ゆえに、一部では国家自身が、また一部では他の公共団体、特に自治体が、私経済と平行して、または私経済に代わって――これはすでに現在おそらくますます拡大している――財の生産部門を引き受けるのが適切である。私経済はじじつすでにさまざまな形でこれらの公共団体によって排除されている。(…)発展した国家は(…)〔特定の〕財の生産部門を選択する。すなわち、技術的・経済的な観点からみて国家運営がもっともふさわしく、たしかな利点を有しており、他の部門と比較してたしかな欠点がない生産部門である。（…）かくして、全体として、特に交通関連施設、道路建設、鉄道建設などの領域を視野に入れると発展した現代国家ではいまや、モノの生産分野では従来以上に大きな国家活動がおこなわれるであろう。このことがとりわけ重要で、注目に値するのは、じじつ国家が、国民経済における物的な肉体労働の領域で抜きん出た最大の雇用者としてあらわれるという理由からであるが、頭脳労働の領域では、国家はしばしば特定の労働に対しては唯一の、もしくはほとんど唯一の雇用者である（官公吏）。（…）しかしながら、例の生産技術的な諸要因がいっそう効力を発揮すればするほど、そして、経済的、技術的、社会政策的にみて、私経済体制の有効性が実証されなくなればなるほど、財の生産諸部門は、それがふさわしい場合には、ますます頻繁に国家に、おそらく特に地方自治体に移るであろう。（ヴァーグナー、同書、三一九頁以下）

これこそまさに、後に資本主義的生産様式とその市場の物的インフラストラクチャーと名づけられた「財の生産部門」であり、ヴァーグナーによれば、国家はこれらの部門を私資本よりも合理的に経営することができる。じじつ彼はすぐに、その論理的に必然的な経済的根拠を挙げる。

かくして、国家の仲介による強制共同経済的な需要の充足は、絶対的に、また相対的にも国民経済において増大する。双方のケースは特に、大きな空間的かつ時間的な集中と活動の体系的統一性が必要とされる場合に生じる。そのためには、ひとつには国家だけが適しているということであり、もうひとつは、そのような活動を私経済、たとえば営利会社に委譲することには懸念がつきまとうことである。なぜなら、そうなると容易に事実上の独占が生ずるからである。（…）国家活動の拡大はまたしばしば、私企業や他の公共経済が提供できるよりも、より高次の、より完全な、より洗練された成果を求められることと関連しており、また、成果の質に関しては事実に即した利害の観点から、あるいは活動の大きな一般的文化的意義を顧慮して、当該の活動における収益観点を度外視する、少なくともこの観点を最優先させない必要があることと関連している。（…）このことを考慮せざるをえないのはすなわち、投機的な私資本は特に資本アソシエーション（株式制度）の形で――この形だけではないが――しばしば浪費されたり、通常は少なくとも地域的かつ時間的な資本の移動が生じる可能性があるからである。資本の移動は、株式市場および目下の景気に完全に左右されるし、また、国民経済にとってそもそもまったく生産的でないか、またはこの規模では真に生産的ではない資本の使われ方がなされる。さらに資本移動は、時間的にはきわめて不規則で、一時期は熱狂を帯びるが、その後はまったく冷え込んでしまう。（…）従来の私活動を国家に移管することのより重要な例を挙げれば、（…）学校、特に古典的な学校と総合大学のほかに、単科大学や専門学校、技術・実業学校、郵便、電信、鉄道、市営の交通施設（馬車鉄道）、ガス・水道事業、銀行（発券銀行、貯蓄銀行）、保険会社（年金金庫、生命・火災保険）、など多数ある。（ヴァーグナー、同書、三一一―一二頁）

ヴァーグナーはここでは、市場のための私的資本主義的な生産と市場経済の大枠の条件としての一般的な（全社会的な）実際的・物的インフラストラクチャーとを概念的にまだ区別しておらず、「財の生産のさまざまな部門」という言葉を用いているにすぎないが、この経済上の質的な差異はやはり含意されている。すなわち、産業資本主義は兵站業務を構造的に必要とするのだが、この兵站業務構造はそれ自身では資本主義的に純粋に経営学的な合理性の法則にしたがってはおこなわれえない。なぜなら、兵站業務構造は、経営学的な合理性にしたがうだけでは、生産様式の全社会的な前提としての任務をもはや果たしえないだろうからである。市場経済のインフラストラクチャー（もっとも広い意味での）は、市場経済そのものとは何か別のものである。なぜなら、インフラストラクチャーは局所的に孤立した事業とは考えられないし、また景気変動や資本移動に左右されてはならず、全体をカバーし、永続的で、つねに変わることなく自由に使用されねばならないからだ。それゆえ、利潤追求システムそれじたいが再生産可能であるべきとするならば、この領域では利潤の動機は通用しない（あるいは無限定的に通用することはない）。原理的には、アダム・スミスはこの視点をすでに認識していた、ただ、ほとんど問題にならないものと考えていたが。しかしいまや、この問題は、膨張する産業資本の条件のもとで「国家活動増大の法則」よりもはるかに大きな規模で改革されねばならない。

この点においても、あらゆる術語上の、かつ象徴的な類似にもかかわらず、古い絶対主義的な要求が突然回帰することはけっしてなく、リヴァイアサンの定義は資本主義の産業発展段階において必然的に拡大されることになる。保守的な「国家社会主義者」アドルフ・ヴァーグナーが繰り返し強調したところによれば、彼の教義はけっして企業家を敵視するものではなく、「企業家、資本主義的企業家がいかなる重要性をもつか、また（…）社会主義は紙の上でさえろくにものを考えることができず、まして実践において私的資本主義的企業家に代わる役割を務めることなど論外である」（ヴァーグナー、一九一二年、一四頁）。ヴァーグナーの場合も、ビスマルクの場合も、「国家社会主義」の概念は、産業資本主義的生産の中核にではなく、拡大された大枠条件の問題に結びつけられ、国民として統合された権限による国家の、ある種の「将帥の役割」に結びつけられる。

発展史的には、資本主義的国家機能の変遷は弁証法的三段階であらわされる。すなわち、リヴァイアサンのテーゼ、アンチテーゼ、ジンテーゼが福祉国家性にのみ結びつけられるのではなく、国家活動というより大きなスペクトルに結びつけられる。絶対主義において、国家はほんらい、貨幣調達という王家の目的のための社会的「総合経営者」であった。絶対主義から生まれた自由主義はこれに対して、国家を「夜警国家」（ラサールが『労働者綱領』（一八六二年）のなかで、自由主義国家を私有財産の番人として批判したことに拠る）に格下げしており、リヴァイアサンとしての国家は、国民を抑圧しかつ教育する機能に限定されるべきであり、経済はそれ自体に任せればよいとした。自由保守主義的な十九世紀末の「国家社会主義」は、この振り子の揺れを修正し、フランス革命の「国家経済」理念をふたたび取り上げた。フランス革命は、イギリスとは異なって、経済に対する国家の要求を放棄することなく、絶対主義を共和主義的に裏返していたからである。

しかし、私的資本主義の企業家はその際もはや問題にされず、「国家社会主義」はその政権において「国民の死活にかかわる」分野だけを運営すべきとされた。二十世紀初頭および産業化の進展期には、ほんらいの資本主義的市場経済とならんで、あるいはその上位におかれるべき新たな国家的課題が徐々に明らかになった。それはヴァーグナーによって「国家活動増大の法則」と表現されたもので、単なる抑圧機能および「夜警機能」を超えた、主に四つの分野にまとめられる。第一に、市場経済とその契約や交換行為とともに永続的に増大する法制化需要と管理需要（それに付随する機構も含めて）。第二に、社会政策と並行して、資本主義的「状況変動」および構造破綻を緩和し融和させるための社会保険の国家負担。第三に、経済政策的な介入主義。もはや国家は「総合経営者」の形で登場することはないが、マクロ経済的な次元で貨幣の流通量の制御機能を担い（保護関税政策、金融政策など）、そのための機構をもつこと。そして第四に、同じく市場経済および産業化とともに増大しつつある物流ないしインフラストラクチャー（交通・エネルギー事業、郵便・通信制度、公衆衛生制度、下水道事業、環境破壊の修復、塵芥処理、教育・科学研究機関、等々）の国家運営（それにともなう国有財産分野）。

したがって、資本主義の発展史における国家経済と私経済の古い対立はまったく本来的な問題ではないことが明らかになった。そもそも初めに、貨幣によってアトム化され、抽象的な個人にされた社会構成員間の全面的な競争があったがために、国家は「市民社会」から分離した権力機構（リヴァイアサン）として必要とされたように、国家の必要性は、まさに私的資本主義の市場経済それ自体の産業化によって、かつての絶対主義の国家経済学者たちが夢に描いたであろうよりもさらに増大した。

しかしそれとともに、必然的に、みずからの危機を内包する新たなコスト問題が生まれた。というのは、偏狭な経営学的合理性は、その本性からして資本主義的生産様式の「全般的」な枠組みのすべてに権限があるわけではないことは明らかなので、その結果コストは永続的に「外在化」され、これが社会全体に循環することになる。それによって生ずる社会全体の任務と問題に加えて、さらに甚大な事前・事後負担、および付帯費用が発生する。したがって、これらの市場経済およびその非合理的な財源回路の「全般的な業務経費」あるいは「共同経費」は、それに応じた実務的課題とあわせて、国家が負担するほかなかったのである。

しかし国家は実際に、そして自由保守主義的な理解によれば、それ自体もはや利益を生む「企業」ではありえず、「すてきなマシン」のこの収益機能を民間に委譲していたから、産業市場経済において増大する国家の任務が「財政問題」化するのは当然だった。国家が「総合経営者」であることを断念して、なお全体の枠組み「だけ」を確保しなければならなかったことは、産業化の条件下で国家の資金需要を押し上げるとともに、国家の資金欲を増大させて、これを減少させることはなかった。市場経済を厳格に解釈すれば、唯一正規の国家財源は市場所得への課税である。だが、国家は、資本主義的総合システムの監督者として、成長の原動力としての投資と消費を台無しにしないために、私経済の所得（利益と賃金）にあまり強く課税することは許されない。「国家社会主義者」のアドルフ・ヴァーグナーは、いくらか憂慮しつつ、「この負担は一定の範囲を超えてはならないことが顧慮され」（ヴァーグナー、一九一二年、一六頁）ねばならないとすでに表明していた。

この課題は主観的な問題ではなく、盲目的な市場プロセスと産業化プロセスそのものから生ずる客観的な問題だった。この客観性をヴァーグナーは、増大する国家活動ならびに国家財政需要の「法則性」に関する彼の定式で（国民総生産における国家の割合の増大というかたちで）みずから確認していた。したがって超えてはならないとされる「一定の範囲」に対する警告は、資本主義の自己目的システムそのものの主体のない機械神に向けられねばならなかったし、それによって無意味であると自己否認されてしかるべきものだった。

部分的にはすでに絶対主義国家の場合にそうであったように、新たに成立した産業資本主義的な調整国家にとっても、通常収入を超えて借金をする以外には方法はなにも残されていなかった。しかもその規模は相対的に、減少するどころか増加したのである。この新たな国家債務の規模は十九世紀末にはまだシステムの限界を超えることはけっしてなかったにもかかわらず、自由保守主義のイデオローグたちはこの債務に不満をもらした。これに関してスイスの有名な文化史家で歴史哲学者のヤコブ・ブルクハルト（一八一八―九七）は、その『世界史的諸考察』のなかでいかめしい時代がかった怒りをぶつけているが、この怒りの照準もまた社会的諸要求に向けられていた。

　人はもっとも重要な案件をもはや社会に任せようとはしない。なぜなら、不可能と思われることを実行しうるのは国家の強制を措いてほかにはない、と人は考えるからである。（…）人はまた、社会が為すことはないであろうと承知しているか予感しているあらゆることを、日々増大する国家の遂行義務一覧表に書き込んで、とにかくその執行を国家に強いるのである。いたるところでその要求は高まり、それに対応する理論も増える。しかし同時に、十九世紀の悲惨な大暗愚たる国の借金もまた増える。未来の世代の資産を先取りして蕩尽するというこのやり方からしてすでに、心なき驕慢こそ十九世紀の本質的特性であることの証拠である。(ブルクハルト、一九七八/一九〇五年、一三五頁)

ブルクハルトがここで国家に対する要求(の結果)としての「需要増大」を、資本主義的生産様式の不可避的な問題状況として認識することなく、もっぱら主観的欲求とみなしていることは別としても、彼は、増大する国家債務がけっして社会的な目的だけに支出されるのではなく、その大部分が資本の経営費に充てられるという事実にほとんど目を留めない。「未来の世代の資産を蕩尽する」国家の安易な債務依存に反対する似非道徳的な説教——これは、ブルクハルト以来、自由保守主義的な、名ばかりの似非家長の思いつきでなされるのが習慣となった——のなかには、ブルジョア的意識の分裂症状以外にはなにひとつあらわれない。資本主義的合理性の自己矛盾ゆえに差し迫った体制の危機は一掃されるべしとされる一方で、福祉社会の代表者は、援助金が徴収される瞬間にすでにこれを後悔する。被援助者は、そもそも資本主義体制の強制によってこのなけなしの援助金を必要とするようになったにもかかわらず、彼らをなんとか生き延びさせるための工面は「心なき驕慢」と非難されるのである。

産業の「価値増殖」に不可欠の資本主義的インフラストラクチャーの財政問題でさえ、不満の種になる。もとより経営学的に凝り固まっているブルジョア(ここではイデオローグであるブルクハルトの口を借りて)は、自分自身の個々の剰余価値を産み出すための社会的生活条件すら、「経費がかかる」から、できれば目にしたくないのである。「国家の遂行義務一覧表」を日毎に増大させているのが市場経済自体の増大であることを、彼はまったく理解しようとしない。この分裂症の理性的＝非理性的核心にあるのは、永続的に拡大される国家活動とそれと関連する国家債務によって総体的な自己矛盾は解消されず、移動させられるだけという予感である。そのかぎりでは、新しい妖怪が資本主義発展の地平に姿を見せたのである。すなわち、市場経済の共同経費あるいは経営経費は、市場経済に内在する非合理主義によって、もはや危機を遠ざけるどころか逆に強めかねない可能性が生まれる。世紀の変わり目の頃、この妖怪は——ブルクハルトはすでにそれを見ていたにせよ——まだ比較的小さかった。

社会主義的絶対主義

産業雪だるまシステムの解放および公式の社会国家政策と並行して、社会民主主義は国民帝国の時代に社会的な力を得るまでに成長し、その独自の内的矛盾をあらわにした。すなわち、資本主義の「不正」に対して社会的解放を抽象的に宣伝する一方で、同時にこの解放を盲目的に受け継いだ資本主義的カテゴリーそのものにおいて実行しようとすることの矛盾である。ただし「社会主義」もしくは社会民主主義の歴史的性格にとって、その出自が自由主義とその組織団体にあることだけが重要だったのではなく、大衆運動における質的変遷もまた重要だった。

産業化の初期には、社会的大衆反乱はまだ資本主義的諸要求に反対することに向けられており、独自の前衛を生みだした。これに対して、自由主義的「労働者協会」は、絶対主義に反対するブルジョア的近代化論者の支援団体として付随的なものにとどまっていた。一八四八年のブルジョア革命では、ほんらいの大衆反乱はすでに弱体化し、疲弊していたのに対して、自由主義的な労働者協会から出発した社会民主主義団体はまだ新たな大衆基盤をもたず、多かれ少なかれ私的な領域から政治的啓蒙活動をおこなっていて、自発的な運動に影響をおよぼそうとしていた。一八五〇年から第一次世界大戦にいたる期間には、まず社会民主主義が徐々にその独自の新しい大衆基盤を獲得した。ただしこの基盤をなした労働者たちはまさに、すでに工場体制の第二・第三世代の労働者であって、相対的にみてより良い前資本主義的あるいは前産業化の状況への集団的記憶をもはやイメージとして描くことはできず、広範に工場規律に馴染んでしまっていた。基本的にはこの、いわば資本主義によって「豚のように飼い馴らされた」労働者階級が、社会的大衆運動のための社会主義諸政党と労働組合の興隆を担った。

これに応じて、労働組合と社会民主党の行動は、以前の社会反乱の軍事的かつ反逆的な、反権威主義的な性格からははるかにかけはなれていた。それにもかかわらずビスマルクの自由保守主義政権が「国家転覆」を差し迫ったものとして思い描いたとすれば、それはなによりも、奇妙な曳光弾を歴史に残したある出来事のためである。すなわち、一八七一年の「パリ・コミューン」である。このコミューンは一八七一年の三月から五月までのわずかな期間存続したにすぎず、大虐殺で終わったが、その解釈をめぐっては、当時から今日にいたるまでこれを擁護する伝説と神話化に彩られており、それらは根本的な社会問題として扱われることはなく、歴史的に客体化された状況にとらわれている。

コミューンが軍事的な「労働者革命」の性格を有しており、暴力的な対決にいたったという事実は、自由保守主義の資本主義的政権によって（さらに彼らのあらゆるイデオロギー上の後継者によって）「法と秩序の崩壊」の証拠として、またベンサム時代以降心底からの欲求となった財産と資本主義的交通形態の「安全」の終焉として、まさに差し迫った「世界の没落」と解釈され、これに対しては、「社会救済」のためにはいかなる血なまぐさい弾圧手段も正当化しうるとされた。結局、コミューンの事件は、高揚しつつあった社会民主主義がかつての社会反乱とはまったく異なる性格と出自を有していたにもかかわらず、弾圧側に、かつての社会反乱に対するのと同じ戦闘体制で対応するきっかけを与えることになった。これとは逆に社会主義の擁護論では、コミューンは社会主義そのものの「危険性」の主要な証人とされ、後の極左主義によって理想化されたが、それは果しえない革命理念と同様にあいまいだった。

双方ともに、事象全体を、社会学的に単純化された、ブルジョア的意思範疇に限定された眼鏡で見ていた。すなわち、そもそも賃金労働者あるいは彼らの政治的代表者が権力の舞台に登場して、政治的意思を主張したという社会学的に「厳然たる事実」は、自由保守主義的なブルジョア・エリートをパニックと狂乱に陥らせるに十分だった。そこで浮かび上がってきたのは、例の古い身分制の偏見以外のなにものでもない。つまり、資本主義の自己目的という怪物がとっくに抜け出していた「すてきなマシン」という社会形態を、とうにすぎ去った時代におけるのと同様に、ある社会層の、特定の境遇の、エリートの、「家族」の主観的な権力と誤って同一視するという偏見である。これとは逆に、さまざまな社会主義者たちは、賃金労働者とその団体が賃金労働者そのものとして政権に就けば、あるいは政権に加わるならば、それはすでに一種の社会的解放の保証であるとみていた。まず「労働者党」(それどころか「労働の党」でもよい)が決定権をもつことになれば、もうそれだけできっと資本主義は終わるだろう、と双方の陣営とも考えていたのである。

これに対して、盲目の体制が数百年間経過する間に肯定的に形成され、ホッブズやマンデヴィルからマルサスにいたるまでの肯定的なイデオロギーによってつくりあげられていたような資本主義的生産様式の「主体のない」社会形態と構造状況(その都度の主観的なもしくは社会学的に同一視しうる担い手とは無関係に)は、ほとんどまったく熟慮されないままか、あるいはとうの昔に内面化されていた。資本主義の黎明期の理論的熟慮がルネサンス以降はさしあたり倫理的・道徳的なもしくは人類学的な問題提起に集中されて、スミス、カント、ヘーゲルの場合、資本主義的世界マシンのシステム神学的な崇拝にゆき着いたとすれば、十九世紀後半には理論的関心が新たな変化をみせた。すなわち、世俗化されたシステム＝神性という前代未聞の斬新さが失われて、その現実のカテゴリー(抽象的な労働、労働市場、市場社会化、近代的国家機構、ネーション、等々)がいわば存在論的な自明性を得るまでに定着した程度に応じて、いまやその間に形成されて安定化した社会カテゴリー、すなわち体制という「階級」およびその政治的かつ経済的分野における主体的な行動が中心に据えられた。

二十世紀末になってようやく社会科学理論は、実証主義的に浅薄化された、階級と階層の視点に立つ「社会学主義」を超えて、ふたたび「構造主義的」かつシステム理論的な考察にゆきつくことになった。この考察そのものは今日にいたるまで肯定されたままであって、資本主義的形態を、スミスやカントの場合よりもよりいっそう高度に抽象化して、超歴史的で「自然な」存在条件とする。わけてもカントと異なるのは、そこではこの社会形態の一般的構造の問題さえもはや見られないことである。しかもその理由たるや、社会形態はもはや正当化されるまでもなく、自明の前提としてあらわれるからだという誤った根拠にもとづいているのだ。

一八七〇年、およびそれにつづく「労働運動の歴史」においては、人びとはまだ社会学的実証主義の眼鏡をとおして発展と歴史的事件を見ており、特に「武装した労働者階級」の登場のなかにパリ・コミューンの反資本主義的危険性を見ていたのであって、資本主義的構造に対する労働者階級の意識的あるいは無意識的な関係は考慮されなかった。したがって、パリの「労働者階級」がそもそもいかなる理由から武器を手に取ったかは取るに足らないことのように思われた。肝心だったのは、これをおこなったのがほとんど形而上的な意味をもつ社会カテゴリーの人間であったことである。その際、第二帝政期全体をとおして、十八世紀の前半あるいは十八世紀末の範例となる革命時代以降の比較的大規模な暴動をもたらしたのが、フランスにおける社会的対立ではけっしてなかったことに気づかねばならなかったであろう。じじつ、自然な流れとしてパリ・コミューンにいたる原因となったのは、社会的大衆運動ではなく、プロイセンに率いられたドイツとの戦争におけるフランスの敗北だった。

ナポレオン三世が捕虜になり、プロイセン＝ドイツの軍隊がパリに進軍してきたとき、朽ち果て、内部から食い荒らされて、ばかばかしいまでに腐敗した第二帝政が、いかに経済的に破綻していたかが明らかになった。やがてフランスを震撼させる「雷鳴のような叫び」は、徹頭徹尾国粋的・愛国的な叫びであって、社会問題はほんの付随的に議事日程に載せられたにすぎず、またその場合でもつねに、商品生産システムとその「抽象的な労働」の枠内においてなされた。破局的な時代に暗雲を投げかけることになった逆説的な状況が生まれた。動揺したブルジョア階級の公式の政府は、議会およびその左派と合体し、あろうことか、大衆の愛国的感情を恐れるあまりパリからヴェルサイユへと逃亡した。そして、とどのつまりは、「外部の」敵に降伏を申し出たのである。これに対して、工場労働者、職人、小売商など、またさまざまのイデオロギーをもつ「労働」の諸団体（社会民主主義のプロトタイプ）は心の底から震撼させられて、国家の資本主義的形式原理を擁護し、愛国の祭壇で最大の犠牲者になる覚悟を固めた。コミューンに加わった伝記作家プロスペル・リサガレーは、彼自身無意識に、ブルジョア議会の左派を攻撃するなかで、この状況を的確に述べている。

一押しさえすれば、この崩れ去らんとする帝政の屑のような古壁をたたきおとすことができたであろう。だが民衆は、フランスをふたたび取り戻すために、本能的に力を貸そうとしたのだった。共和派左翼は解放のための蜂起を拒否し、フランスを救う手だてを帝政にまかせてしまったのであった。（…）これにつづく三週間、じっとしたままの帝政派と、わめき立てる以外になにもしない共和派左翼を前にしたままで、フランスは深みにはまり込んでいった。（リサガレー『パリ・コミューン』上巻、喜安・長部訳、一二一一三頁を一部変更）

コミューンの、国民軍（その大部分は労働者からなる市民軍だった）の、さまざまな社会主義的団体から出された宣言はすべて、「祖国のために死す！」（パリ・コミューン資料、一九三一年、二三五頁）に象徴される愛国主義とナショナリズムに満ち溢れていたが、それはいつもはかない望みに終わるのが関の山だった。たしかにときには、時代の重苦しい言葉のなかに、「それぞれの祖国」はいつの日か「集団的で崇高な人間、すなわち人類として」一つになるだろうという希望もあらわれる。しかし、そのような表明も、根強い熱狂的愛国心の飾りもの以上ではなかった。公式のブルジョア政府が、ナポレオン三世の政治的・軍事的敗北後に断固として「祖国防衛」へ歩を進めていたならば、パリ・コミューンはけっして起きなかっただろう。その名が示すように、問題はプロイセン＝ドイツ軍に包囲されたパリを支配下におくことだった。コミューン議会の選挙後、社会主義的なグループが主導権を握り、ヴェルサイユに逃れた政府の意に反して戦争が継続される。このような状況下でようやく、「正しい祖国防衛」をめぐる対決は社会的かつイデオロギー的な対立となった。

もちろんコミューンには、現存の秩序を根底からつくり直すための十分な時間はなかった。あいまいな定式化を別とすれば、フランスにも他のどこにも、当時すでに限定された、産業資本主義の特徴を帯びた社会民主主義のイメージを超越するプログラムは存在しなかった。たとえば、コミューンが学校から〔キリスト教の〕十字架像を撤去させたとか、パリの司教がヴェルサイユで死刑判決を受けたコミューン・メンバーの身代わりとして差し出されたこと（これは拒絶された！）は、革命理念がいかにブルジョア的自由主義的な変革の水準と概念地平に固執していたかを示すにすぎない。このように些末な子供だましのような行動を別とすれば、コミューンの未来を見据えた措置はじつに控え目で、けっして資本主義的生産様式の枠組みを超えるものではなかった。比較的大きな注目を集めたのは、政治システムの急進民主主義的な変革だった。すなわち、コミューンは、議員および公務員をいつでも解任できること（「命令的委任」）を決め、またあらゆる国家機能の担い手のために有名な「労働者賃金」（公務員および労働者間の同一賃金制）を定めたが、前者の措置はまったく形式的であり、後者はまったく量的にすぎなかった。

「英雄的な労働者革命」に鼓舞されたカール・マルクスはたしかに熱狂的に、これらの政治改革を決定的な歴史的前進と記した。すなわち、初めて「もはや従来のように、官僚的・軍事的な機構を一人の手から別の手へ委譲する」（同資料、二九〇―九一頁）ことが問題とはならなかった。さらに、後の「東のフランス革命」の、そして「遅れを取り戻さんとする近代化」の代表者兼イデオローグであったレーニンは、コミューンの範例を、有名になった定式のなかで「すでにもはや国家ではない国家」（同資料、二九二頁）と呼んだ。しかし、商品生産システムという廃棄されないカテゴリーにつねに結びつく急進民主主義だけでは、経済的世界マシン同様に、ほとんどリヴァイアサンに手を触れることはできない。議員や公務員の「解任可能性」および「労働者賃金」はそもそも「抽象的な労働」の調整マシンとしての国家に質的にかかわるものではなく、不可解なシステム地平内部での措置として存在するにすぎなかった。

「改良主義者」（後の西欧社会民主主義的な意味での）と「革命家」（後の十月革命のいわばジャコバン主義的急進主義の意味での）の差異は相対的な差異にすぎない。コミューンの自然発生的な大きな発見としてマルクスが称賛したこと、つまり、（古い国家マシンを受け継ぐことなく）それを「破砕」したことは、マルクス主義によってつねにまったく社会学的に、すなわち矮小化されて理解された。つまり、特定の社会的な人的グループ、すなわちいわゆるブルジョアジーとその幹部の「追放」という観点だけの「急進性」として理解された。これは根本においてブルジョア革命のモデルであって、革命の「ラディカルな」ヴァージョンは、貴族という社会的な人的グループを追放したか首をはねたかにすぎなかった。しかしながらこの急進性が、より高次の質的意味における国家マシンの「破砕」に、すなわち、商品生産システムの、その「抽象的な労働」の、それとともに必然的にそれに属する国家機構の調整活動の廃棄に結びつくことはなかった。

マルクス自身は、「抽象的な労働」と近代の物神崇拝という批判的概念を理論においてつくりだしていたから、そのような関連を意識の底で感じていたかもしれない。だが、血なまぐさい弾圧によって鎮圧されたコミューンの具体的な状況下で、彼は社会民主主義的な労働運動の社会学的に限定された思想に引き摺られて、問題をもはや明示的に表現することができなかった。社会学的に矮小化されて理解された、国家マシンの「破砕」という形式的な急進性は結局、現存する国家機構を引き受けること、あるいはそれに関与することを目指していたにすぎない改良主義的なヴァリエーションとほぼ同じといってよい結果をたどった。すなわち、どちらのケースも、成果はつねに、廃棄されない商品生産システムのコンテクストにおいて、まさしく「自分たちの仲間」、つまり労働運動出身の幹部がリヴァイアサンの代表を引き受けることでしかありえなかった。

根本的には、形式的にラディカルな労働運動の「ジャコバン主義者」と改良主義者との差異はグローバルな発展の歴史的非同時性に関連していた。すなわち、革命的・ジャコバン主義的ヴァリエーションは、資本主義の周辺地域における「遅れを取り戻さんとする近代化」の諸問題により適していた。というのは、そこでは商品生産システムの諸要素は独裁政権によって、あたかも刑事裁判の迅速手続きのようにすばやく取り出されたからである。これに対して改良主義的ヴァリエーションは、西欧の中心部においてすでに基本的特性が形成されていた産業市場経済の諸問題により適していた。そこでは、すでに賃金労働に馴染んでいた大衆の状況を体制内で改善することが問題とされたからである。パリ・コミューンはいわばこれら二つの可能性の中間に位置していた。しかし、その布告においては、「抽象的な労働」の解放をめざした批判はまったく問題にされなかった。このことは特に、いくつかの社会的および経済的な命令のなかにはっきりと見てとれる。たとえば、「労働供給と労働需要に関する布告」ではこういわれる。

すべての役場には、労働者用の登録簿が備えられるべきものとする。一面には彼らの職業、他面には彼らの要求と労働供給条件が記入される。同じく役場には、別の登録簿が備えられるべきものとする。この登録簿には、会社、あらゆる種類の経営者、工場主、商工業者、商人などが提供しうる仕事の特徴や社会的利点の記載された詳細な概要一覧が公示される。われわれはパリの全役場の管理者に、この布告の実施に必要な場所、登録簿、および人員を確保し、応募関係者がこれらを遅滞なく自由に利用しうるように準備することを要請する。（同資料、三〇八頁）

端的にいって、コミューンがここで意図しているのは、今日の眼からみればまったく普通の公共職業安定所の規約以外のなにものでもないが、当時はまだ知られていなかった制度である。しかしながらこの制度は、「労務管理」に必要不可欠なものとして資本主義発展の路線上におかれた。それゆえ後には、〔パリ・コミューンのような〕軍事的な「労働者革命」がまったくなくても、あらゆる近代国家に設置されたのである。ここではすでに自己目的としての賃金労働システムが疑いなく前提されており、これはまた、作業場における服務規程に関するコミューンの他の布告が示すように、工場原理の様式にもあてはまる。

食事時間中、労働者は作業場にとどまってはならない。（…）食事の五分前と一日の労働終了五分前には、ベルで作業終了が知らされる。（…）労働者は出勤したら、職場長のところに出頭しなければならない。時間が計測される。（…）新たな許可証を所持しない市民は、作業場に入ってはならない。（同資料、三二五頁）

このような服務規程は、労働者が権威主義的な学校制度における子どものように嫌がらせを受けた初期資本主義の工場規則を思い起こさせるどころか、完全に同じものである。多大な称賛と多大な非難の的になったコミューンの多くの措置は、すでにベンサム・プロジェクトの一端だった。抑圧的な自己教育を発明した自由主義者がこれを知れば、会心の笑みを浮かべたことであろう。資本主義的形式原理への自己従属と同一線上にあった、逆説的な「国民《ネーション》のための蜂起」という特殊な歴史的状況は別として、コミューンの思想と行動は、根本的には後の「労働者政党」と相違するものではなかった。

自由主義から引き継がれた社会民主主義イデオロギーの諸要素と融合した、増大する工場体制の内在的経験がなお確保されえた程度に応じて、自己規律の組み込まれた肯定的な労働運動が成立した。イデオロギー的かつ構造的に飼い慣らされた労働者団体は、多かれ少なかれ無意識のうちに資本主義的規律を心身両面で深く習得して、それを洗練するという任務をみずからに課したが、それは「余暇」の組織化にまで及んだ。たとえば、新たに成立しつつあった労働に類似したスポーツ種目や、プロレタリアの青少年団体ならびに文化団体の機械的な、少なからぬ点でほとんど軍隊的な集団主義にそれがみられる。

社会学的な側面においてのみ認知された、あきらかな「階級の敵」に対しては、社会主義的な政党および労働組合は（たいてい中庸を得た）ストライキ、賃金交渉、政治的なデモなどによって、体制内在的な改革や改善のための圧力をかけたが、その一方で、政党や労働組合の諸機構は、労働運動が国家を担う機能を果たすべくみずからを編成した。当初から硬直化した制度として定着していたこれらの組織団体は、その構造において今日にいたるまでヒエラルヒー的かつ権威主義的なままである。またこれとは別に、偶像視されたコミューンに対する社会民主主義的かつ党派共産主義的な用心深い批判はたいてい、「コミューンは十分に中央集権的ではなかった」というものだったが、それはいわれのないことではなかった。この中央集権志向のイデオロギーが、ビスマルクとヴァーグナーの特徴を帯びたプロイセンの国家社会主義に近いことはまったく見間違えようがない。すでにラサールは、国家「自体」を文明発展の担い手として、また人類の教育者として賛美していたが、これは自由主義的な国民教育者と産業教育学者の伝統につらなるもので、彼らの遺産を社会民主主義は摂取吸収していた。

もちろん遠い努力目標として設定された社会主義国家は、まったく別の国家であるはずだった。なぜなら、それはもはや「ブルジョアジー」に率いられた国家ではなく、労働者による労働者のための国家、つまりドイツ社会民主主義の綱領に謳われたように、「労働者国家」あるいは社会的な「未来国家」のはずだったから。だが、それは誤った思い込みだった。じじつ、カール・マルクスはこの定式化に対して、表立ってではなかったが、批判を加えた。なぜなら、マルクスにしてみればそれらの表現は彼のかつてのライヴァルであるラサール臭があまりにも強かったし、また近代的物神崇拝の根底的な批判という、さしあたり歴史的に実施不能になった理論上の「秘密綱領」には、もともと絶対主義から生まれて増殖し、疎外された国家機構を「自由に結びついた諸個人」の社会へ奪還するという問題が潜んでいたからである。しかし他方では、マルクス自身によって持ち込まれた、労働運動の自由主義的な遺産は必然的にリヴァイアサン的要素を包含しており、増大する国家介入主義的な時代精神――まさにこの遺産ゆえに、労働運動の社会民主主義的イデオロギーは容易にこの時代精神に同化した――の圧力のもとでマルクスは、彼の根本的な異議を理論上の論難として提示することしかできなかった〔『ゴータ綱領批判』のこと〕。

社会民主主義は、哲学上の家長たるマルクスと彼の理論の秘儀に対する当然の義務として、慇懃に、だが実際にはなにも理解せずに、「国家の廃絶」を空虚な決まり文句として彼らの綱領に取り入れた。ただし、それは遠くて非現実的な未来向けのものだった。その一方で、国家機構は、社会変換のあらゆる実践的な行動、改革、および理念にとって、いわば「自然の」座標系としてあらわれた。じじつ、生産物の一般的商品形態ならびに賃金労働は、経済的かつ社会的再生産の「自然」状態としてすでに内面化されていたのである。

ただ一点において、社会民主主義はヴァーグナーとビスマルクの国家社会主義を超越していた（ただし、前方へではなく、後方へ、であるが）。すなわち、「社会主義国家」あるいは「労働者国家」（そのイメージは、マルクスの理論上のためらいをすべて認めたとしても、労働者によって規定される未来像にとって決定的なものとして残った）は、企業家の役割を単に、管理、インフラストラクチャー、社会的均衡などの領域において補完するだけではなく、産業体制の中核で完全にこれを引き受けて、代替するものとされた点である。市場経済的経済に対する古い絶対主義的機構の要求が、こともあろうに社会民主主義的な労働運動のなかに、社会主義的な変装をして、純粋な形で回帰したのである。マルクスとエンゲルスの死後、社会民主主義の主任理論家となったカール・カウツキー（一八五四―一九三八）は、一八九一年の社会民主党の「エアフルト綱領」（当時まだ存命中のエンゲルスの同意を得ていた）の解説において、商品生産そのものが揚棄されていない諸範疇において（つまり、経済的「価値」と貨幣の形態において）商品生産の廃棄という誤った思い込みを実行に移すには、すべてを包括する国家機構を手段として用いるほかないことを断言した。

> 今日現存する社会機構のうちで、その枠内で社会主義的協同組合を発展させるために、それを枠組みとして利用するのに十分な規模をもつ機構がひとつだけ存在する。それは近代国家である。近代国家は、（…）社会主義的協同組合の枠組みを提供するために十分な規模を有するところの、今日現存する唯一の社会機構であるばかりか、また協同組合の唯一自然な基礎でもある。（…）経済発展の結果、国家は、一部には自己保存のため、一部には国家機能をよりよく調達するため、あるいは国家収入の増加のために、ますます多くの企業を国家の手に独占するようになる。（…）近代国家の経済活動は、社会主義的協同組合へとつながる発展の自然の出発点である。だからといって、経済機能や経済経営の国有化がことごとく社会主義的協同組合への一歩であり、（…）その際、国家の本質において何かが変更される必要はない（…）とはけっしていえない。（…）国家は従来、支配階級の利害にふさわしいと思われる以上には国有化を進めなかったように、将来もまたこの線を維持するであろう。したがって、有産階級が支配階級であるかぎりは、経営および機能の国有化は、それによって私的な資本所有および土地所有が一般的に損なわれる（…）までにはいたらないであろう。労働者階級が国家における支配階級となってはじめて、国家は資本主義的企業ではなくなるであろう。そうなってはじめて、国家を社会主義的協同組合に再編することが可能になるだろう。社会民主主義がみずからに課した使命は、上記の認識に端を発している。すなわち、社会民主主義は、労働者階級が政治権力を獲得し、これを用いて国家を大きな、基本的には完全に自足した経済組合へと変えることを欲する。（カウツキー、一九二二／一八九二年、一一五—一一六頁、強調はカウツキー）

ここに示されるのは社会主義の未来の陰鬱なイメージであり、それは労働運動イデオロギーの根本的特質を完全に再現している。工場体制によってすでに労働監獄的に社会化された社会民主主義的労働運動のプロテスタント的な歪みが、奇妙なねじれ方をしてあらわれている。すなわち、資本主義の基準に卑屈に取り入る一方で、他方では、自由保守主義のエリートおよびその禁止政策――あるいは少なくとも弾圧政策――の側からの冷たい拒絶にあってフラストレーションが溜まる。この矛盾を社会民主主義イデオロギーは愚かにも、ブルジョア的ビスマルク的国家社会主義を「急進化」するという逃避手段によって処理したのである。形而上的に誇張された「労働者階級」という「歴史主体」は、以前の諸王朝の役割を想像上肩代わりするかたちであらわれ、また社会民主主義的機構は、絶対主義の祖先の国家統制的な過剰要求を引き受ける。その一方で同時に、ネーションの資本主義的形態はブルジョア的現実を超えて、まさに経済的な観点において「完全に自足した」準拠空間へと高められた。つまり政治的ナショナリズムは、社会主義的に再解釈されるなかで、ほとんど自給自足的、社会的、経済的な封鎖にまでエスカレートした。それに対して宣伝された、一見すると逆方向の「プロレタリア国際主義」は、大衆自身のトランスナショナルな（ネーションという基準域を止揚した）、管理されない、社会的・文化的な関係とはまったく無縁であって、異なる国ごとの党機構の、一種の外交的な交流に限定されて、国際的な社会主義者会議の空虚な宣言のなかに文書化されることになった。絶対主義と自由主義から寄せ集められた数々の悪夢から成る暗黒の負のユートピアが、カウツキーのような俗物的なくそまじめさによって、「科学的に保証された」ポジティヴで博愛主義的な未来のヴィジョンへと様式化されえたのだが、そこにはどこか不可解なところがある。

社会民主主義的な国家社会主義のこの性格は、もちろん同時代人にも完全に秘匿されていたわけではない。特に労働運動のアナーキー派（いわゆるアナルコサンディカリズム）は、ドイツやイギリスでは周辺に追いやられていたが、ロマンス語系の国々ではそれなりの影響力を保持しえており、社会主義を「近代の国家機構」に固定することを繰り返し批判していた。ナチスによって殺されたアナーキー派の詩人エーリヒ・ミューザーム（一八七八―一九三四）は、この関連において、ドイツ社会民主主義の国家帰依的な思想にふさわしい「ビスマルクシズム」という名称を案出した。ドイツのアナーキー派の理論家ルドルフ・ロッカーは、ドイツ帝国から第二次世界大戦末にいたる時代の労働運動を総括して、「社会主義における絶対主義的思考過程」（ロッカー、一九七四／一九五〇年）と名づけた。だが、アナーキストたちがいかに真実を察知していたとしても、彼ら自身もまたやはりこの時代の子であって、自由主義と教化的な日曜学校のイデオロギー上の子孫である点では社会民主主義者と同じだった。ロッカーが近代の大きな社会理論の位置価値およびその内的関連についての見解を述べるとき、そこに疑いを差しはさむ余地はない（彼の所論は、いくらか留保をつければ、無政府主義イデオロギー一般にあてはまる）。

近代社会主義は根本において十七世紀と十八世紀の大きな自由主義的思想動向の自然な継続にすぎなかった。自由主義は絶対君主制に最初の致命的な一撃を加え、社会生活を新たな軌道へと導いた。国家活動を一定の範囲に限定しようとした自由主義精神の担い手たちは、あらゆる文化的な再編成の前提条件は個人の自由の最大限化にあることを認識し、そうすることによって人類の未来の発展にまったく新しい展望の可能性を与えた。この発展は、もし経済的な洞察がその政治的かつ社会的認識と同一歩調をとっていたならば、かならずやあらゆる権力政治の試みを克服し、社会事象の専門的な管理を実現していたに相違ない。しかし残念ながら、そうはならなかった。あらゆる自然の富と社会労働によって産出された富はますます加速するテンポで独占された。この独占の影響力が恒常的にますます増大するなかで新たな経済的隷属体制が発展し、この体制が自由主義本来のあらゆる努力と政治的・社会的民主主義の現実の諸原則にますます不吉な影響をもたらした。（…）社会主義運動はこの事態の展開に抵抗することができるはずだった。（…）社会主義運動は、経済独占を克服することによって、また社会的生産を万人の欲求に役立てるべく努力することによって、自由主義にポジティヴな基盤を与えていたならば、自由主義的な思想展開の遺言執行者になることができたであろう。自由主義の政治的・経済的な思想動向をこのように経済的に補完することによって、社会主義運動は強化されて、人間の意識における力強い構成要素となりえたであろう。（…）しかし、信じられないほど幻惑されていた大多数の社会主義者は、自由主義的な社会観という自由主義の根本思想を克服しようと戦った。（…）十八世紀および十九世紀の自由主義的な思潮によって手痛い打撃を蒙っていた国家の全能への信頼は、こうしてふたたび新たに修復されて、計画どおりに強化されたのである。権威主義的な社会主義の代表者たちが自由主義との戦いにおいて、彼らの大部分はそれと意識することさえなく、彼らの武器をしばしば絶対主義の武器庫から借用したのは特徴的である。社会主義者の多くは、わけても後に社会主義運動全体に甚大な影響力をおよぼしたドイツ学派の代表者たちは、ヘーゲルやフィヒテなどの絶対主義的国家理念の代表者たちから学んでいたのである。(ロッカー、同書、三—四頁)

ここに示されているのは、アナーキストによる「社会主義的絶対主義」批判の半分以上が誤っていることである。まったく無邪気に、自由主義のオーウェル語を真に受けて、古典作家の明白なテキスト(たとえば「労働貧民」に関する)以上には批判的な精査をいささかも加えず、社会的・歴史的な背景を解明しようともしない。資本主義的生産様式の問題は、社会民主主義的なイデオロギーにおけるのとまったく同様に社会学的に矮小化される、つまり、「富の独占」の形態における社会的諸グループの単なる意思表明としてあらわれる。その一方で、アダム・スミスの「すてきなマシン」、「価値増殖」という物神崇拝的な形態、そして経営学的諸基準はまったく等閑に付されるのだ。

アナーキズムは社会民主主義と同様に、古い社会反乱の衝撃をふたたび吸収することも、またこれをより高い理論的意識をもって資本主義の社会マシン批判に媒介することもほとんどできなかったのはあきらかだ。アナーキズムと社会民主主義はともに自由主義の日曜学校の出身であり、理念的にはもともと同根であって、双方が対立しつつ、絶対主義と自由主義の矛盾および自由主義自体の内的矛盾を再生産したにすぎない。すなわち、社会民主主義者がアナーキストをブルジョア民主主義革命の「裏切り者」と非難したように、アナーキストは社会民主主義者を自由主義的原理の「遺産」の「裏切り者」と非難したのだが、この両者の対決において、近代の商品生産システムおよび「労働」という抑圧的な宗教の影響圏が放棄されることはなかった。社会民主主義者が(理念的に先取りされた)市場経済的民主主義にもとづいて彼ら自身の機構の庇護下にある包括的な国家統制という絶対主義的要求を修復したのに対して、アナーキストはこれとは逆に、抽象的な経済的個人の理念を高く掲げる経済的な「反独占」を宣伝したのである。

アナーキストと社会民主主義者はともに、近代社会が、一方では「自由な」個人競争の怪物へ、他方ではリヴァイアサンという包括的な国家怪物へと分裂症的に分離するのは、貨幣が自己増殖という自己目的に向かって着実に邁進する商品関係の全体化されたシステムの帰結であることを意識するにはいたらなかった。それゆえ彼らには、この社会的な形態付与の問題が、絶対主義的王権とその歴史的末裔との戦いを超えて、商品生産民主主義にもとづいて存在しつづけるどころか、まず純粋な形態であらわれ、かつ先鋭化するであろうことは隠されたままだった。アナーキストと社会民主主義者は、依然として彼らの自由主義的出自の概念をめぐって争い、一八四八年のブルジョア革命を引合いに出した。ところが彼らは、産業化された資本主義社会がすでに一八四八年の革命からどれほど先に進んでいたか、そしてこの生産様式のシステム特性が、「君主主義的」、「民主主義的」あるいは「共和主義的」な政治体制の色あせた矛盾を超えてどれほど客体化されていたか、にはまったく気づかなかったのである。

世代を超えて強制的にあるいは洗脳によってしつけられた（そしてますます自己規律の傾向を強めた）「労働者階級」が社会運動として資本主義的社会化という範疇的な桎梏をもはや抜け出せなかったことは、けっして驚くべきことではなく、歴史の当然の帰結だった。かくして、産業化の時代と重なる「労働運動」の時代は、限定的な発育不全の解放理念をもたらしたにすぎず、この解放理念は資本主義的諸形態の社会主義的な派生体以外のなにものでもありえなかった。その際、商品を生産する諸個人の「自由な」社会というアナーキーなイデオロギーの大部分は周辺的な現象に格下げされ、また労働運動において「社会主義的絶対主義」のイデオロギーが支配的になったとすれば、それはまったく資本主義的時代精神に適うものだった。自由保守主義の思想家および実践家が産業化の要請に応じて、みずからすでに国家介入主義的な理念を穏便な形で復活させていたのに対して、社会民主主義にあっては、自由保守主義と同一のリヴァイアサン的極性に「超決定論的な」形式が付与されて、そこでは近代の（民主主義的に発展した）国家機構が「総合経営者」として優遇されたのである。

装甲巡洋艦と強奪ナショナリズム

国家機構と経済の新たな関係は、各国で成立した国民経済の国内情勢だけに限定されることはありえなかった。王位継承戦争がたえず続いた古い絶対主義的な近代化政権の攻撃的な拡大衝動をも凌ぐほどの膨張外交を鼓舞したのは、産業資本主義のあらゆる階級と階層にみられた愛国的な陶酔感情だけではけっしてなかった。産業世界市場におけるネーション間の経済競争は経済を対外的にも政治化し、国家の外交政策を多くの点で経済的なパラメーターにした〔ネーションの成立については、本書一八二頁を参照〕。

抽象化することによってもはや個別の人間に拘束されなくなった国家とネーションの機能連関(「ヴィルヘルム皇帝」でさえ単なる機能代表者にすぎなかった)は、リヴァイアサン的な「超個人」として登場して、ネーション内部の諸々の競争主体の法状況ならびにインフラ状況、その他を調整する任に当たっただけでなく、同時に対外競争の政治的・経済的な「大主体」になった。自由主義的な時代には、資本主義的な企業間の競争は、ようやく成立しつつあった国民経済圏とそれらを統合する国家的・政治的担当部局という形でいわば対立していた。しかし、自由保守主義的な新しい国家介入主義の時代になると、国民経済圏は国家という「観念上の総資本家」(マルクス)とともに世界市場にかかわるメタ部局に生まれ変わった。そこでは、政治的主権と経済的競争の諸要因がほとんど一致していた。

世界市場で競争関係に入ったのは、直接的には当然ながらひきつづき経営学にのっとって行動する個々の資本主義的企業、わけてもますます拡大膨張しつつあるコンツェルンだった。しかし世界レベルでは、国民国家に相当する「世界国家的な」調整機能をもつメタ部局は存在しえなかったから、各国の国家機構が援助、保証、遂行の権力として「自国の」企業の後楯になる必要があった。このことは逆に、これらの企業が十九世紀初期とは異なって、国家としてまとまった国民経済の一種の代理人もしくは代表者としてあらわれることを意味した。いいかえれば、各国の国家機構は、外部に向かっては、国内での単なる調整機能とは異なって、実際に少なくとも一国の「総合経営者」としての性格を帯びることになった。

世界市場における「大主体」たる各国の国際競争が、国内経済競争とは異なって、法律上かつ管理運営上の枠組みを発展させることができなかったことは、国際競争をますます危険なものにした。市場での交換が多くの資本主義的企業の競争を含意し、また国家はけっして実際の「総合経営者」にはなりえないことが近代経済の本質であるのと同様に、ある特定の領域に対する政治的主権は他の諸領域において他の諸国家と競争的関係に入ることを含意するものであり、また粗悪なユートピア論において再三呼び出される「世界国家」が論理的に不可能であることは近代国家の本質に属する。それゆえ、国家間交流はあらゆるレベルで、たとえ経済レベルでも、全体的な調整は不可能であり、二国間あるいは多国間協議の場でその都度つねに新たに交渉され、確定されねばならなかった。いわゆる「国際法」はつねに最終的な拘束力をもたない貧弱な残骸でしかなかった。

こうして国家間関係および対外経済関係は、過去数世紀におけるのと変わらず、再三リヴァイアサン的強奪モンスターの「自由な猟場」となった。ポスト絶対主義の政治が他の手段による経済の継続であったように、プロイセンの軍人で軍事理論家であったカール・フォン・クラウゼヴィッツ（一七八〇―一八三一）の有名な警句によれば、戦争は他の手段による政治の継続だった。まず第一に、ヨーロッパの新しい資本主義的国民国家は産業領域、原料資源（石炭）、そして影響圏を互いに争った。「宿敵」として対峙することになるフランスとドイツの間には、アルザス＝ロレーヌが不和の種としてあったし、そのほかにも資本主義国家の脳裏には占領あるいは併合の計画が漠然と兆していた。

第二に、植民地主義は新たな局面に入った。ポルトガルとスペインによるラテンアメリカの植民地化はまだ初期絶対主義時代のものであり、オランダ、フランス、特にイギリスによる北アメリカ、インド、太平洋の植民地化が上昇する自由主義の時代を特徴づけていたとすれば、いまや産業資本主義的国民経済の自由保守主義的な政権は植民地の侵略政策を展開する新たな競争に突入した。世界分割をめぐるこの再度の戦いは、後に「帝国主義の時代」（一八八〇年―一九一四年）と呼ばれたが、ヨーロッパの列強の（やがてヨーロッパの継嗣たるアメリカ合衆国の）帝国主義的な努力がこの時代の前後をも資本主義的世界システムの発展を特色づけていたかぎりでは、期間の限定は恣意的であり、この名称は誤解を招くものだ。

異なっていたのは、形態とイデオロギー上の変装だけだった。自由主義的な自由貿易＝帝国主義がたいていいまだ植民地化した国々の海岸線沿いに交易のための要塞を築くことで満足していたのに対して、帝国主義的植民地主義はやがて植民地の奥地全体におよんだ――北アメリカにおけるイギリスの苦い経験にもかかわらず。イギリスによるインド侵略（一八五六年）はすでにこの方向を示していた。いわば「公式の」帝国主義の時代にまだ侵略可能な土地として残されていたのは、わけてもアフリカ大陸だった。イギリスとフランスはそこで新たに争った（たとえば、一八九八年にスーダン南部の都市で生じたいわゆるファショダ事件では、英仏の植民地軍が衝突した）。英仏だけではなく、ドイツ帝国もまた植民地への「遅れた参入者」として、つまり世界市場へのいちばん年少の参入者としてアフリカに乗り込んだ。プロイセンはすでにフリードリヒ・ヴィルヘルム大選帝侯（一六四〇―一六八八）時代に黄金海岸に植民地建設を企てていたが、これはエピソードにすぎなかった。十九世紀末に、新たなドイツの帝国主義は力を得て、独自の植民地を求めた。一八八四年には、トーゴとカメルーンがドイツの「植民地」と宣言され、同年のうちにドイツ領南西アフリカが保護領とされた。一八九一年には、ヴィルヘルムの帝国はドイツ領東アフリカを獲得した。ドイツの支配に反旗を翻したホッテントット族とヘレロ族はドイツの植民地軍によって惨殺された。そのことを口ひげを生やした首謀者たちはその後長いこと誇りにしていたのである――一八七一年の対仏戦争の勝利に劣らぬほどに。太平洋地域では、ヴィルヘルムの帝国はわずかな植民地しか得られなかった。すなわち、一八八五年にドイツ領ニューギニアを「保護領」化し、一八九七年には東中国の膠州を占領し、一八九九年には南洋諸島（カロリン諸島、マリアナ諸島など）をスペインから買い取り、一九〇〇年にはサモアの一部を「保護領」として要求した。

ヨーロッパの列強諸国の帝国主義競争は、従来の軍事的努力をはるかに凌駕する新たな軍事競争を誘発した。というのは、産業資本主義の高度のテクノロジーのもとで軍事力は増強され、新しい、「改良された」絶滅技術と武器システムをもたらしたからである。一八六七年に、スウェーデンの化学者アルフレッド・ノーベル（一八三三―一八九六）

が悪名高いダイナマイト、すなわち前代未聞の効力を有する新しい爆薬を発明した。ノーベル・コンツェルンは、いくつもの国々に爆薬工場をもつ最初の国際的な大軍事企業になった。新たな絶滅能力の発明者として、罪の意識に駆られた大企業家ノーベルは、自身の名にちなんだ国際的な賞を創設した。世界中で畏敬の念をもって迎えられるもっとも有名な国際的科学賞、それどころか「平和賞」までもが、最大の爆薬コンツェルンによって創設され、軍事企業家にちなんで命名されているというきわめて象徴的な事実ほど、資本主義的な近代化文明の客体化されたシニシズムを際立たせるものはないだろう。通例この賞の対象となるのは、体制順応的な科学者だけであることはほとんど論ずるまでもない。じじつ、再三きわめて怪しげな、あるいは偽善的な人物が「ノーベル平和賞」の栄誉に浴してきた。

　大砲やその他の火器も産業発展とともにますます「改良され」、ますます巨大かつ射程の長いものになった。マシンの時代にふさわしく、アメリカ人のハイラム・S・マキシム（一八四〇―一九一六）が一八八三年にマシンガン〔マキシム機関銃〕を発明して以来、この銃器は一分間に一〇〇〇発の射撃速度によって歩兵の主要な武器となった。「ひどく飢えていた」ドイツ帝国では、中心的な軍需企業のひとつであるクルップ社の成功物語が世間の話題をさらった。例のごとく後の宮廷伝記作家によってうたわれた「小さな始まり」――事実は、すでに数百年来武器を行商してまわった古い商人の一族の出である――から子孫のアルフレート・クルップは、エッセンに彼の名を冠した株式会社を有するドイツの「大砲王」へと生まれ変わった。この会社は、ドイツ帝国成立以前には鋳鋼製砲身を製造しており、一八五九年以降はプロイセンの軍事用品の宮廷御用商人としての地位を確立していた。プロイセンの気前のいい財政援助を受けて、クルップの軍需工場はますます偏執狂的な巨大化志向を強めた。

　その資金をクルップは、重量一〇〇〇トンの鍛造ハンマー「フリッツ」の建設に投資した。このハンマーを固定するための基礎として、樹木の幹を含む森全体が地中に打ち込まれねばならなかった。この怪物でもってクルップは大陸で最大の鋼鉄の塊を大口径の大砲用に、あるいは将来の蒸気船世代の船のシャフト用にも加工することができた。（オッガー、一九八二年、一四五頁）。

じじつ、伝統的な火器による絶滅技術の発達と並行して、特に船舶の軍事化がヨーロッパの軍拡競争の中核になった。というのは、大きな陸軍はヨーロッパ内の覇権争いには適していたが、植民地の拡大には向いていなかったからだ。航空機はまだ存在しなかった。かくして、艦隊整備と海軍政策が新しい帝国主義の中心要素となり、それはますます巨大化する「装甲艦」に具体化された。

きわめて費用のかさむ、それまでこれほどの規模ではまだ存在しなかった艦隊建設計画が、帝国主義国家間の、また世界再分割をめぐる戦いの、先鋭化した利害対立に煽られた結果、主要戦艦は鋼鉄の移動要塞ともいうべきほどの海軍力となってあらわれた。世界のもっとも発展した資本主義国家間の全般的な軍拡競争において、類似の基本原則にしたがって建造された組織的な艦隊が出現した。(…)一般に、科学技術の最先端の知識を可能なかぎりすみやかに海軍体制に取り入れようとする原則が重要だった。(…)その結果、政治、技術、科学の軍事面での密接な関連の実現をみるにいたったが、これはそれまで知られていないことだった。まさに発見されたばかりのあらゆる技術上の解決がただちに海軍装備に利用された。より強力な海軍力を保持することによって野心的かつ拡張主義的な目的を達成するために。このことは船舶建造や装甲だけでなく、砲撃、動力装置、艦艇への電気配備、通信および信号などにもあてはまった。音響測深器は浅瀬を知らせ、水中音響装置によって通信連絡の新たな方法が開発された。十九世紀の九〇年代半ばから発展した無線電信は、艦隊全体の指揮に大きな意義をもたらした。(…)つまり、世紀の転換期の装甲艦には、それぞれの国で達成された科学技術の総合的な水準と同時に経済力が反映されていたのである。(イスラエル/ゲーバウアー、一九九一年、八頁以下)

一般に広まったナショナリズムを背景に、海軍はやがて独自の神話を発展させた。新しい「海洋絵画」では重戦艦や装甲巡洋艦が好んで悪趣味《キッチュ》な朝焼けを背景にして描かれ、軍国主義的な決まり文句が続々と乱発された。ドイツ、イギリス、フランス、そしてイタリアで、艦隊熱がおおいに高まった。重軍需産業とヒステリックな大衆現象としての拡大主義的陶酔の利害が奇妙に混じりあって、いたるところで宣伝的な「艦隊サークル」が設立され、本格的な「艦隊熱狂運動」が展開された。一八九六年のティルピッツ計画――主唱者であった海軍元帥アルフレート・フォン・ティルピッツにちなむ――によれば、「海上権力と世界権力において優勢なイギリスをその地位から追い落とす」(ダイスト、一九七六年、一〇頁)ことがヴィルヘルムの艦隊の目標であると宣言された。

もちろん国を挙げての軍拡計画の非合理的な性格は、陸海軍、およびその技術上の装備の増大の結果として、ますます膨れ上がる経費にもあらわれた。一八七五年から一九一四年の間に、ドイツ陸軍の兵力は四三万から八〇万以上に増大し、海軍は六〇〇〇から八万になった。軍事費の総支出は、一八八〇年から一九一〇年の間に、四億六二〇〇万マルク(金本位制にもとづく金マルクである!)から約一五億マルクに増え、一九一四年には七〇億マルク以上になった。軍事予算は、「国家経費膨張の法則」のもとで、国家支出の二〇パーセントから三〇パーセントの割合を占めて、予算全体では抜きん出て高いブロックを形成した。産業資本主義の他の帝国主義列強諸国にあっても事情はまったく同様だった。

問題はもちろん、言葉の真の意味において「狂った」出費がそもそも割に合うかどうかであった。結果として、経済全体としてみれば、この疑問には明確な否で答えられねばならない。もとより不幸な植民地主義と世界権力への野心によって、これに関与したすべての「列強」は、彼らが最後に得たものよりもずっと多くのものを失ったのである。このことをまさにマルクス主義の帝国主義理論はけっして事実として認めようとしなかったが、それはこの帝国主義論が、そのいかなるヴァリエーションにおいても、植民地搾取による資本主義的成果を疑う余地のないものとして前提していたからである。そこではつねに、「資本家」と資本主義国家のおこなうことはすべて、資本主義にとって良いことにちがいないという思考が暗黙裡にはたらいていた。これはもちろん、マルクス主義者は自由主義からブルジョア的合理性のカテゴリーを盲目的に受け継いでおり、手に余るものはすべてマルクスの理論のなかでは無視されたことにその原因があった。つまりマルクス主義は、全体的な全社会批判そのものを資本主義的に全体化された商品生産とその労働形態の概念においてだけではなく、それによってまた、自他双方にとっての「合理的な利害計算」という原自由主義的な考えをも引き継いでいた。マルクス主義は、資本主義の物神崇拝的なシステム特性をそもそも知覚しなかったのだ。この生産様式の非合理な性格はまったく理解されなかったか、あるいは単に表面的な意味においてのみ（市場経済プロセスの制御能力の欠如として）理解された。マルクスが彼の時代をはるかに超えて、その物神崇拝の概念によってシステムの妄想的な性格に迫ったのに対して、労働運動のマルクス主義理論家たちはもはや、「合理的な利害計算」が非合理な客体化の資本制内合理性にすぎないことを見抜くことができなかった。彼らは帝国主義をもこのように短絡した論理で捉えたのだった。

じじつ、植民地拡大ならびに海軍の軍拡政策は、すでに「抽象的な労働」とベンサムの意味における監獄を生みだしていたのと同じ独立した狂気の構造のあらわれとして、継続として、伸展としてのみ理解可能である。「観念上の総資本家」としての帝国主義国家は、経済競争の非合理主義を「外交的に」推し進めただけではなく、まさにそれゆえに、個々の「合理的利害計算」を社会全体へと高めることができなかった。基本的論理としての狂気は帝国主義「列強」間の競争のレベルにふたたびあらわれて、またそこへ悪影響を及ぼしたのである。

資本主義は植民地主義と帝国主義によって、原理的にも長期的にみてもなにも獲得しなかった。物神崇拝的な、盲目的に進行するシステム連関がそもそも何かを獲得することなどどうしてありえようか。「すてきなマシン」の主観的な代表者と偶像崇拝者たちの言葉は、そもそものはじめから狂気の揺らめく言葉だった。こうしてみれば、二十世紀初めの帝国主義競争の自己破壊的な特性は驚くにあたらない。それは原理的に自己破壊的な社会形態の論理に対応していたのである。

マルクス主義の帝国主義論は、根本的にみて広くイギリスの経済学者でブルジョア社会改革家のジョン・アトキンソン・ホブソン（一八五八―一九四〇）に由来する。一九〇二年に出版されたホブソンの帝国主義に関する著作は、すでに二十世紀以前に流布していた、帝国主義的併合政策の原因に関する社会主義の考え方を受け継ぎ、発展させたものだった。このホブソンの論拠は資本主義的成長の内的限界と危機を出発点とするもので（この点に関しては、ローザ・ルクセンブルクの理論と類似点がみられるが、他の点ではローザの理論はいくらか異なっていた）、マルクス主義の理論家ヒルファーディングとレーニンによって継承されかつ先鋭化された。すなわち蓄積された貨幣資本は、ヨーロッパの産業的な国民経済においては、国内市場と成長潜在性が汲み尽くされることによってもはや十分な利益をあげる再投資が不可能になる。それゆえ、各国の資本主義は、資本輸出の空間を獲得するために植民地拡大を必要とする、というものだ。

内的限界という論拠はたしかに純論理的には原則として正しいが、現実には、二十世紀初頭にはこの限界にはまだ達していなかった。十九世紀前半の大きな転換危機に由来する産業雪だるまシステムは、ヨーロッパにおいてもまだけっして終わってはいなかった。このシステムはたしかに循環的な景気後退と、古い生産部門が新しい生産部門へと移行する際の構造的な危機を経験した。しかし、大部分のヨーロッパ諸国におけるこの時代の総社会生産はまだ全面的に資本制に巻き込まれてはおらず、相対的な労働強化をもたらす本質的な生産革新が目前に迫ってはいたが、まだそこまでは到達していなかったから、資本の国内経済的な拡大が限界に達したとはいえなかった。そのうえ、ホブソンならびに彼のマルクス主義的後継者たちの理論は、資本主義の論理的限界を時間的に先送りしていわば人為的な成長をもたらすためには、国債を膨張させて追加的な国内経済の推進をはかることが可能だったことを見逃していた。この国内経済の推進可能性もまた結局は独自の危機可能性に急転するほかないとすれば、この危機可能性もまたやはり歴史的な境界（事象地平）を超えたところにあるのであって、問題は理論的にまずその端緒において論じられたのである。

それにもかかわらずホブソンならびに彼のマルクス主義的後継者たちの論拠が、まったく誤っていたというわけではけっしてなく、少なくとも部分的には経験に根拠づけられていた。特に、一八八〇年以降に新たに獲得された南洋の植民地だけでなく、植民地全体、および（特にレーニンが強調したように）形式的に独立を保っていた、資本主義の周辺に位置する「半植民地」国家を分析に加えるならば。しかし、まず第一に、マルクス主義者たちの所見に合致したのは、他国と比して圧倒的に広大な植民地を所有していたイギリスだけだった。イギリスの資本輸出は、ヨーロッパ大陸の資本主義諸国の資本輸出の四倍から一〇倍に達していただけでなく、一九一四年まで増大し続けた資本輸出全体の三五ないし五〇パーセント超のきわめて高い割合がイギリスの植民地および名目上の独立地域へ向けられた。

これに対して、やはり広大な植民地を維持していたフランスの資本輸出の割合はつねに一〇パーセント以下であり、ドイツの場合には一パーセントを超えることがほとんどなかったので、大きな投資危機が生ずることはなかった。ところがイギリスは、帝国主義的世界権力としての事情が特に目立ったために、これが早まってフランスその他の帝国主義諸国に対しても敷延されたのである。第二に、まさに帝国主義的に発展し、ヘゲモニー国家となったイギリスにとっては、この資本流出の結果として、非生産的な（特に軍事上、管理技術上、兵站上の）コストと長期的な「収益」の間の極度の不均衡が表面化した。この不均衡については、一九三六年に歴史家のグロウヴァー・クラークが大規模な研究のなかで明確に確認している（モムゼン、一九七九年、一〇〇頁）。莫大な出費はたしかに、輸送、兵站、通信などの産業資本主義の技術が、世紀転換期の躍動的な進歩にもかかわらず、トランスコンチネンタルな再生産という大きすぎる靴を履くまでにはまだ成長していなかったことにもその原因があった。

だからといってこのことはむろん、略奪的な植民地占領政策の名において数百万の人びとが殺され、切り刻まれ、人間としての品位を奪われ、彼らの国土全体が乱掘と乱伐によって荒廃した事実をなんら変えるものではない。この壊滅的な負の発展は、結局資本主義としてトータルな利潤をあげることさえできなかったことによって、なおいっそう白日のもとにさらされることになる。植民地主義と帝国主義を単なる「歴史上の誤謬」として、資本主義にとってはただ外見上の、ほんらいは馴染みのない現象として、あるいは絶対主義的かつ前民主主義的な思考様式の宿命的な残滓として無害化するとすれば、それはきわめて皮相的かつ弁明的であろう。これはすでに以下の理由からして問題にならない。すなわち、後の「第三世界」政権がポスト植民地主義の世界市場に形式上は同等の権利を得て加わったものの、これらの国々における大多数の人びとの窮乏化と屈辱のプロセスは止まることなく、それどころか量的にも構造的にも促進されたからである。相対的に恣意的な植民地主義の残酷さに代わって、「すてきなマシン」の客体化（対象化）された合法的な残酷さが、質的に新たな局面においてグローバル化された姿をとってあらわれた。

世紀の転換期には、まだ完全には発展しきっていない資本の再生産は主に国内を中心としていた。しかしそのことは、海外に向かう非合理な強奪ナショナリズムが資本の内的論理といっさい関わりをもたなかったということではない。市場での交換はたしかにその本性からして暴力的な強奪とは区別されるし、この交換は法関係ならびに交換される財の等価性を前提とする。それゆえ、市場を弁護する立場からはしばしば、市場経済は世界でもっとも平和な事象であって、暴力的、窃盗的、強制的な事象とは正反対であると主張される。しかしこれは、完全にベンサム流の解釈によるものだ。すなわち、そもそも市場における実際の目的は（農業的な自然経済の周辺形態およびニッチ形態〔隙間形態〕としての前近代の市場とは異なって）、双方で必要とされる財の交換などではまったくない、ということが不問に付されている。形式上は同等の権利を有する交換が活発におこなわれる背後には、やむことなく貨幣（経済的な価値、「抽象的な労働」の量）を積み上げようとする「すてきなマシン」の非合理的な自己目的が控えている。市場経済は資本主義の自己目的＝生産の副次的な機能領域にすぎない――このことは強調されることがあまりにも少なすぎる。

資本主義の自己目的はたしかに、価値をそれ自体にフィードバックする（剰余価値）という経済形態においてはもちろん単純な強奪と同一ではなく、その社会的客体化（対象化）においてははるかに洗練されている。それゆえ不当にとりあげられた剰余価値を「強奪する」という労働運動の観念はつねにナイーヴであり、明らかに、労働運動の観念自体が資本主義の収益形態にとらわれているのだ。それにもかかわらず、この観念は、いくらか奇妙に表現されてはいるものの、正当な感覚と、資本主義的生産様式の強制的かつ暴力的な要因の現実の経験を指し示している。この要因をなすのは、長い社会的な防御戦闘を経た後に極度の残虐性をもって貫徹された「状況の沈黙の強制」（マルクス）だけではなく、「悪魔の碾臼」から逃れようとする人間材料のいかなる試みをもその萌芽の段階で摘み取ろうとつねに待ちかまえている、官僚主義的人間管理と公然たる抑圧の機構でもある。直接暴力によって世界市場のために強制される奴隷労働もまた、たとえばウォーラーステインが示したように、資本主義の上昇の歴史の一部だった。それどころか、自由と思い込まれている市場での交換さえ、「交換相手」が交換の資本主義的形態や西欧諸国の条件を呑まなければ、武器を突きつけて強要されることがある。

略奪的かつ暴力的な要素はしたがって、程度こそ異なるものの、まったくふつうの資本主義の日常業務の一部なのである。この事情を考慮すれば、なぜ非合理的な植民地主義的かつ併合主義的野心が近代の思考をこれほど長期間支配しえたかが、理解できる。社会は全体としてコストと損失に支配されているというのは、植民地主義の特殊なメルクマールではなく、資本主義的生産様式一般の本質の一部である。総資本の視点はつねに、いかなる担当部局によっても実際に取り上げられることのない潜在的な、抽象理論的な、観察する視点であって、この次元では、実際に重要なコスト計算は生じない。というのも、コスト計算は個別の経営学的次元に限定され、国家の会計も同様に総資本主義的な会計ではなく、それ自身の収入と支出に限定されるからである。

しかしながら帝国主義的膨張の経済全体の非合理主義は、さまざまな個々の担当部局の国内合理的な諸目的へすっかり下方転換させられる。かくして、「植民地への国家支出と一国の国民経済にとっての植民地の実質的な価値との間の極端な不均衡」は、「それにもかかわらず個々の経済団体は高い利益をあげなかった」（モムゼン、一九七九年、一〇〇頁）ことを意味するものではけっしてない。このことは、直接の植民地投資と「植民地商人」だけではなく、とりわけ軍需産業とその政治圧力団体にもあてはまる。後者は今日まで維持されて、やがてさらに拡充された「軍産複合体」へ発展することになる。そこで問題になった（なる）のは、けっして良くない（併合主義的、抑圧的などの）目的のための手段だけではなく、つねに同時に途方もなく高価な装甲巡洋艦と重戦艦――これらは当時象徴的な意味を帯びていた――にみてとれる自己目的であり、この自己目的は一般的な資本主義の自己目的内部の特別な一要因をなした。というのは、軍産複合体は総資本主義的には非生産的なコスト要因であり、長期的には財政的な危機要因であるが、同時にそれでもやはり関与する個々の資本にとって利益をもたらすだけでなく、国債（国家債務）によって人為的に養われた、副次的な効果をもつ成長と雇用の部門でもあり、当面はむしろ危機抑止的に作用するからである。国家財政の危機が出来《しゅったい》してはじめて、最終的にこの要因の危険性がふたたび姿をあらわす。もちろん同じ効果は他の部門の赤字政策によっても期待できるのだが、自由主義とその保守的な補完物はとにかく、腹立たしい社会福祉の施し銭よりも絶滅機械に出費する方をはるかに好むのである。赤字になるなら徹底的にやろう、秤《はかり》の一方の皿には例の悪名高い「数滴の社会的潤滑油」だけを載せ、もう一方の皿には大砲生産用の一〇〇〇トンもの蒸気ハンマーをドカンと載せてもかまうものか、というわけなのだ。

軍産複合体はしかしながら、帝国主義の資本主義的国内合理性の唯一の要素ではけっしてなかった。産業資本主義的国民国家の見地からすれば、前提となる非合理的な生産様式が見て取れるさらに多くの部分合理的な領域が存在した。かくして、国民国家的にシフトされた資本主義的産業にとって〔産業システム全体にとって〕、戦略的な原料備蓄の可能性を確保することは、コストと利益の一般的な不均衡にもかかわらず帝国主義的な行動をとるための重要かつ間接的な根拠となったのであり、この根拠は原料技術上の必要性にもとづいていた。これが該当したのは、世紀転換期には依然としてまず石炭と鉄鉱石であり、この点では、帝国主義的政権と産業資本の国内の組織団体は完全に一致して、ヨーロッパの隣接地域の併合を、植民地の獲得と同様に、喉から手が出るほど欲していた。もともとは実業家で、民主的政治家であることを自認していたヴァルター・ラーテナウ（一八六七—一九二二）——彼の父が設立した電機コンツェルンAEG《アーエーゲー》社の取締役となり、連邦ドイツの世界市場＝民主主義の公的な歴史に名をとどめる人物として、今日なおドイツのいたるところで彼の名にちなんで命名された通りや広場がある——は、このテーマについて一九一三年に『ドイツの危険と新たな目標』という論文を発表したが、それは声明としてはもっとも苛烈なものに属し、しかも完全にコストと利益の関係を意識したものだった。

以前、植民地は〔戦争に負けたときの〕賠償地として、過剰人口の捌け口として、あるいは商品の販路地として有用であると信じられた。今日われわれは、植民地はたいてい得るものよりも持ち出しのほうが多いことを認識している。（…）それゆえわれわれは、海外領有地の価値を過小評価しがちである。だがやがて、いかなる土地も実質的に価値があることを認識するだろう。というのは、いかに些細な土地であってもなんらかの原料を埋蔵しているか、あるいは生みだすからである。そして、それが直接利用できない場合でも、交換に役立つ。この百年は世界分割の百年だった。そこでわれわれがほとんどなにも手に入れることができなかったことは悲しむべきことである！　政治的な野心、理論上の帝国主義からこういう嘆きを発するのではない。そうではなく、始まりつつある経済認識からそう考えるのである。自然の原料がもはや今日のようにすすんで市場で売買される生産物ではなく、激しく争われる優先財を意味するようになる時代が足早に近づいている。鉱脈はやがて、その鉄鉱石から鍛造される装甲巡洋艦以上の価値を持つようになるだろう。（…）一億ものドイツ人をドイツ本国の土地とアフリカのささやかな分割地からなる五〇万平方キロの生産物で養いかつ雇用することは一世代の間ももたないであろう。われわれは世界市場での競争というお情けに身を委ねるつもりはない。われわれは文化国家からその所有物を奪うつもりはないが、将来の分割についていえば、われわれは隣国諸国が得ているのと同程度のものを与えられねばならない。（…）この言に対しては、いかなる反論もありえない。なぜなら、原料を論拠としてあげることは否定しがたい真実だからである。（オーピッツ、一九九四年、二〇四―〇五頁からの引用）

ここにはたしかに、当時の資本主義エリートたちを帝国主義的併合戦略へと駆りたてたさらなる国内向けの動機が感じ取れる。つまり、すでにビスマルクの「国家社会主義」といういい加減な社会国家理念を生みだしていたような資本主義の未来の胎内にひょっとして潜んでいるかもしれない新たな社会破局に対する根強い恐怖である。貧弱な社会福祉対策が長い時間を経て繰り返される資本蓄積の崩壊を押し留めることはけっしてないであろうことをよく認識していたからこそ、帝国主義的膨張は雇用危機と食糧危機の可能性を和らげる決定的な緩衝装置としてあらわれたのだ。これはもちろん、同時代の投資統計では把握しえないが、それでも実際の内実にふさわしい要因である。というのは、資本主義の担当部局の将来に対する不安は、それがけっして根拠づけられていないがゆえになおのこと、物質的な暴力に変わりうる。この恐怖があらゆる帝国主義国家を駆りたてたのである。イギリスの世界権力もその例外ではなく、その代表者たちはまさに再三、国内の社会福祉面での財政引締めを海外膨張によって補償するアイディアにすがったのである。その際、大陸ヨーロッパにおけるのとまったく同様に、特に大衆の食料に関しては、ナショナルな自給自足経済的な考え（労働運動の社会主義的綱領と特徴が類似しているのは偶然ではない）が再三前面に出てきたことが、たとえば一八八四年のダンレイヴォン卿の演説にみてとれる。

祖先からの貴重な遺産である植民地を放棄することはほとんど狂気にひとしい。われわれがあらゆる生活必需品を同種族の植民地からだけで賄える日がもはやそう遠くないことを、そして、われわれが食するすべてのパンがわれわれの植民地で育った穀物でつくられることを、私は願う。すでにこの理由からして、われわれは、植民地をわれわれに結びつけ、それを保護する義務があるのだ。（ラウテマン／シュレンケ、一九八〇年、五七五頁からの引用）

マックス・ヴェーバー（一八六四―一九二〇）もまたドイツの帝国主義的世界政策の告知者であり、今日その社会学的著作は、反資本主義的な社会批判家にとってアカデミックな営為における理論的な迎撃陣地ならびに退却陣地として利用されている（ちなみにヴェーバーからの引用は、マルクスの引用に比べて、評判を落とす心配がはるかに少ない）。そのヴェーバーは膨張政策のなかに、特に再三脅威となる「失業問題」解決の可能性を見ていた。一八九六年に彼はある講演でこう警告している。「そのためにわれわれは外部の空間を必要とするのであって、生活の糧を得る機会を拡大しなければならない。（…）つまり、ドイツの経済権力圏を外に拡張する必要があり、その絶対的な条件となるのは結局、政治権力の外部拡張である」（ラウテマン／シュレンケ、同書、五八六頁）。一年後にヴェーバーはさらにつけ加える、しかも直接「敬愛する労働者」に向けて。

ドイツの労働者には今日なお、労働の機会を国内に求めるかあるいは海外に求めるかの選択肢がある。しかしこの選択は、労働者が望もうと望むまいと、かならずややがて不可能になるであろう。そうなれば労働者はもっぱら祖国の資本と権力がつくりだしうる食糧供給の幅に依存することになろう。これがいつのことになるかは、わからない。しかしたしかなことは、それが実現するということであり、平和そうに見える進歩の代わりに、覇権をめぐって苛烈な闘争が生じることはまちがいない。（同書、五八六頁からの引用）

このリヴァイアサン的な脅迫と帝国主義の誘惑の混合は、資本主義的に条件づけられた「食糧供給の幅」の先験性《アプリオリ》を引合いに出すことができたのだが、社会主義的労働運動はこの食糧供給の幅を、唯一考えられうる社会的再生産としての賃金の形で少なくともすでに黙認していた。一八九七年には、自由主義の主任イデオローグ、フリードリヒ・ナウマンの国民社会協会がこれよりさらにたいへんなことになった。ナウマンの理念は今日までドイツ自由主義の「社会自由主義」派の基礎とみなされている。帝国の自由主義的民主主義者が、世界大戦時代だけでなく国民社会主義《ナチズム》の精神的準備のために、直接どれほど多大な貢献をなしたかは、かつて一度たりともあきらかにされたことがはなかったのではあるまいか。「社会的」に修正された自由主義思想を広めるための「国民社会的教理問答書」では、歯に衣を着せぬ物言いがされていた。

(1)なぜ諸君はみずからを国民社会的と命名するのか？　なぜなら、国民的なものと社会的なものとは表裏一体の関係にあるとわれわれは確信しているからだ。(2)国民的なものとは何か？　それは、地球上でその影響力を拡大するドイツ民族の衝動である。(3)社会的なものとは何か？　それは、民族内部でその影響力を拡大しようとする労働者大衆の衝動である。(4)両者はいかなる関係にあるのか？　地球上におけるドイツの勢力拡大は、大衆の国民意識なしにはありえず、かつ民族におけるこの大衆の勢力拡大は、世界市場におけるドイツの勢力のさらなる拡大なしにはありえない。(5)地球上におけるドイツの勢力の拡大は、どの程度大衆の国民意識に左右されるのか？　なぜならば、ドイツがアジアで、アフリカで、アメリカで、特にヨーロッパで何者かであるべきとするならば、艦隊や軍隊のために費やされるべき大きな犠牲は、長期的には労働者大衆の意志なしには調達されえないからである。（…）(22)文化諸民族の勢力はともに拡大することはできないのか？　それは難しい。というのは、そのためにこれらの諸民族の商品の販売市場は十分な広さを有していないからだ。この市場の成長は、文化諸民族間の拡大努力よりも遅い。世界市場での闘争は、生存をめぐる闘争である。（オーピッツ、一九九四年、一二五頁からの引用）

権威主義的な社会〔福祉〕国家と帝国主義が組み合わされて政治・経済複合体となり、資本主義の内的矛盾が国内圏から外部へとそらされることになったのはまったくあきらかだ。この関係はイギリスやヴィルヘルム皇帝のドイツにおいてだけではなく、あらゆる産業資本主義国家にみられた。それに対して、すでに十九世紀に「社会帝国主義」〔この用語は、ハンス＝ウルリヒ・ヴェーラーがビスマルク時代のドイツ社会を分析するなかで提唱した概念であって、旧ソ連が「文化大革命」時代の中国を「社会帝国主義」と呼んだものとは無関係である〕という名称が与えられた。この観点がいかに重要であるとはいえ、たとえば社会史家のハンス＝ウルリヒ・ヴェーラーが主張するように、それだけで、あるいは主にそれだけで帝国主義を説明することはできない。ヴェーラーにあっては、社会帝国主義のオプションは少なくともドイツ帝国の場合には中心的な観点としてあらわれる。しかもそれはまず第一に、社会民主主義の改革努力に対する保守的な反発がその動機である。これに対して、原料備蓄への戦略的介入、植民地の商人や投資家の自己利害関係、さらに全社会的機能をともなう軍産複合体のダイナミズムだけを引合いに出すのは不十分である。むしろ、国民経済の基準体系によって政治的かつ国家間的次元へ変換されたのは、資本主義的競争自体の論理であった。すなわち、相対峙する「観念上の総資本家」〔帝国主義国家〕の政治的・軍事的な形態における競争の継続は、何かを積極的に利用するか否かとはまったく無関係に、ほとんど無目的の（あるいはまさにこの次元で自己目的的な）「勢力範囲」をめぐる闘争としておこなわれるほかなかった。これが、あれこれに利用できるとして繰り返し用いられた論拠だったかもしれない――「該当地域の経済価値はその時点ではゼロに等しいかあるいはマイナスだったにもかかわらず、それらの地域が将来いつか経済的な利益をもたらすほど開発されるかもしれないという非現実的な望み」（モムゼン、前掲書、一〇〇頁）にすぎなかったとしても。しかしこの説明が価値をもつのは、市場経済こそ世界中で最善のものであるといささかも疑うことなく前提する代わりに、資本主義とその「市場経済」はもとより非合理的な性格を有することが確認される場合だけである。

よりによってバナナ

社会帝国主義に社会民主主義的改革要求を対置することもまた、ほとんど納得のゆくものではない。「豚のように飼い馴らされた」労働運動はすでに資本主義的収益カテゴリーで思考していたし、ネーションと民主主義というブルジョア的形態に心を奪われていた。それによって労働運動はすでに社会帝国主義の萌芽を体内にはらんでいたのである。たしかにドイツの社会民主主義は帝国議会においては艦隊建設の予算に常々反対票を投じていたし、国際社会主義者大会は続々と平和主義宣言を発してはいた。しかしながらこれらすべては紙の上のことにすぎず、数の上ではごく少数の、ドイツでは第一次世界大戦直前の、ローザ・ルクセンブルクによって代表されるような極左派を除けば、それをまともにとるものはだれ一人いなかった。社会主義的機関や労働組合が膨張政策や軍拡政策に公式に反対したのは、おそらくむしろ、彼らが帝国主義のエリートたちによって国家の共同管理から広範に排除されていたためであって、実際に原則的な敵対からではなかった。

労働運動を社会帝国主義に結びつけたもっとも重要な手段はもちろん熱狂的ナショナリズムであり、社会主義政党は帝国主義時代のずっと以前からいわば左派自由主義の母乳のようにこのナショナリズムに慣れ親しんでいたのである。すでに一八七〇―七一年の普仏戦争時に、国際的な社会主義の友好関係の公然たる崩壊が回避されたのはひとえに、大衆のナショナリズムを恐れるあまり「外部の敵」にみずからを引き渡したブルジョア政府に特有の複合事情が真実の状況を歪めてしまっていたからである。しかしながら、この特殊な状況が「パリ・コミューン」同様にまだ存在せず、双方の資本主義国家がまったく「正常な」戦争状態にあったとき、つまりすでに第一次世界大戦のほぼ半世紀近く前に、ラインの両側の社会主義者たちのスタンスは明瞭になっていた。つまり、彼らはそれぞれの資本主義の「祖国」の側に立ち、兄弟殺しの準備を整えていたのである。これに関連する文献は後にはもはやすすんで引用されなくなったが、それはまったく誤解の余地のないものだ。プロイセン＝ドイツの連隊がフランスに向かって進軍していたとき、たとえばアウクスブルクで「一般労働者集会」はある決議文を採択したが、それは社会民主主義的労働者を支配していた雰囲気を典型的に示すものとみなすことができる。

この戦争は、人民の、つまりドイツならびにフランス双方の人民の利害にもとづくものではないがゆえに、まともな人間の、社会主義者の、共和主義者の観点からは弾劾されるべきである。しかしながら、現に存する問題に対して目下のところまったく拒絶的な態度は考えられないので、本日の労働者集会はさらに以下のように宣言する。すなわち、あらゆる人民の自由の殺人者である（…）ルイ・ナポレオンによって攻撃されたドイツ人は、祖国の地を防衛するために全力を傾注する義務がある。（ドイアーライン、一九七〇年、四六―四七頁からの引用）

フランス軍が打ち破られてほどなく、ブラウンシュヴァイクの社会主義労働者党の委員会は、まさにドイツ・ナショナリズムの常套句に溢れた勝利声明を発した。ここにはすでに、のちの世界戦争に対して社会主義（者）が示した忌むべきあらゆる熱狂が含まれている。

かかる防衛戦争は、敵を攻撃することを排除するものではない。防衛戦争は、いかなる戦争もそうであるように、敵の最後の一兵をも降伏させることを含意している。それゆえ、われわれはドイツ国境における直接の脅威が取り除かれ、われわれの勇敢な軍隊がフランスの中心部まで侵入したときにもなお、われわれ自身ドイツ軍の最終的な勝利を願わずにはおれなかったのである。われわれを喜ばしくも感激させたのは、やむことなき勇敢さと死をものともせぬみごとな精神を有するわれわれドイツの兄弟たちによって獲得された栄光ある勝利であった。げにわれわれは、かくのごとき英雄民族の一員たることを誇りうるのである。しかし今は、きわめて名誉ある勝利を意識しつつも、従前にもまして野蛮な勝利の陶酔に耽らぬことこそわれわれの義務である。（ドイアーライン、

同書、一〇七頁からの引用）

これとほぼ時を同じくして、フランスの労働者協会と国際労働者協会《インターナショナル》（！）のフランス支部――この陣営からほどなく「パリ・コミューン」が生まれることになる――もまたナショナリズムに関してはおおいに理解を示して、ある声明においては、ドイツの同志たちに相互友好を武力によって断ち切ることを提案した。

ドイツ人民に告ぐ！　ドイツの社会民主主義者に告ぐ！（…）共和制フランスは正義の名において、諸君の軍隊を撤退させることを求める。さもなければ、われわれは最後の一兵まで戦い、われわれ双方の血を大量に流さねばならないだろう。（…）ラインの背後へ退け。（…）世界共和国万歳！（パリ・コミューン資料、一九三一年、一一四―一一五頁）。

ここには独仏双方に、社会主義がのちに帝国主義へ方向転換するまったくの牽強付会と偽善がすでに萌芽形態においてはっきりとみてとれる。特に嫌悪を催させるのは、今日にいたるまでのあらゆる左翼の「現実政治家」の原初形態ともいうべき点、すなわち、それ自体、そしてほんらい資本主義の「弾劾されるべき」醜悪さに対して「まったく拒絶的な態度」をとることができず、現実には残念ながら、理論的に（名目上は）正しいと考えられることのまさに正反対のことをせざるをえないという欺瞞的態度である。資本主義と共同歩調をとることへの、そして「抽象的な労働」とその不合理性のみならず血なまぐさいナショナリスティックな殺戮をも共同管理することへの渇望がきわめて強烈だったことはあきらかであり、そのためにブルジョア的国家機構による政治的弾圧をかろうじて免れえたのである。ともあれ、ドイツ社会民主党は一八七一年にはなおアルザス＝ロレーヌの併合に抵抗したが、それは実のない「国際主義」の名残であり、長くは存続しえなかった。ちなみにこの無定見ぶりをあらわしているのは驚いたことに「国際主義」そのものであり、この概念は「ネーション」とそれにともなう資本主義的社会化形態の存在を当然のこととして前提しているのである。

乗りかかった船だ、先を続けよう。このようなわけで、公式には「反軍国主義」を掲げる社会民主主義は、あらゆる資本主義諸国において舞台裏では事実上、その一般的なメンタリティゆえに第一次世界大戦の数十年も前に完全に「民衆に根を下ろした」軍国主義の不可欠な要素であることが証明された。規律や時間厳守などのいわゆる副次的美徳「それ自体」に道徳的価値が存するとしてプロイセンの有能性を称揚するイデオロギーは、工場体制と「国民教育」による教化と洗脳の長い時代を経て賃金労働者大衆のなかに深く根づいていただけでなく、また自明のごとく「国民の学校」としての軍隊をも取り込んでいた。両親、教師、退役軍人たちによる徳育的な数々のことわざの標準的なレパートリーのひとつとして言われたのは、若い者たちはこの祝福に満ちた教育施設でまず正しく「罰として耳を引っ張られて」、きちんとした「作法」を学ぶであろう、というものだった。したがって、社会主義的な若年労働者たちの居酒屋での合言葉として伝えられていることは、まったく信じるに足るものだ。「われわれは全身全霊を込めて兵士であると同時に社会民主主義者である」（グレービング、一九七九年、一三四頁からの引用）。

社会民主主義が社会主義者鎮圧法のもとでまだ禁じられていた一八八七年にすでに、社会民主党は次のように呼びかけていた。「われわれは一般的人民武装を、全国民の防衛教育を、そして、全国民を防衛するための人民軍の創設を要求する」（シュルツ、一九七六年、二五五頁からの引用）。そのような「人民軍」は専守防衛にこそふさわしいとする想定ははかない妄想であることが明白だったから、社会民主主義のメンタリティが帝国主義的な軍国主義と近似していることはほとんど否定しえないものになった。ビスマルクが失脚して、社会主義者鎮圧法が廃止されたのち、新しい帝国宰相となったプロイセンの将軍レオ・フォン・カプリヴィ（一八三一―九九）はただちに、軍隊において社会主義的に訓練された兵士たちの「熱心さ」を強調して称えた。これに対してアウグスト・ベーベルは、帝国議会で辛辣な嘲笑をもってではなく、途方もない阿諛追従をもって応じた。

そんなことは私には驚きではないし、右派と政府の諸氏が社会民主主義者の有能さについてまったく誤った認識をもっていることを証明するにすぎない。それどころか私は、まさにわが党の同志が指示どおりの規律にすすんで従うことは、彼らに命を吹き込む規律の発露であると信じる。つまり社会民主主義は、軍国主義のいわば予備校なのである。（ロッカー、一九七四／一九五〇年、四五頁からの引用）

この背信的な、それにもかかわらずやはり社会民主主義イデオロギーに内在するベーベルの失言――特徴的なことだが――は現在の資料集にも労働運動史の基準的学術書にもみられない。これを突きとめることができたのは、ロッカーのようなアナーキストの論争的な関心の賜物である。これほどドイツに忠実な社会民主主義の軍事的熱狂に対して皇帝は、一八九一年十一月の近衛連隊の新兵宣誓式であっさりとこう告げることによって「謝意」を表した。

諸君は私に忠誠を誓った。それはすなわち、わが衛兵たる息子たちよ、諸君はいまや私の兵士であり、全身全霊をもって私に服従したことを意味する。諸君にとっては唯一の敵しか存在しない。その敵は私の敵である。社会主義的な破壊活動があれば、私は諸君に、諸君自身の親類を、兄弟を、両親さえも撃つべしと命じることがあるやもしれぬ――そうならないことを祈るが。だがそのときには、諸君は不平を漏らすことなく私の命令に従わねばならない。（シュルツ、一九七六年、二八四―八五頁からの引用）

これほどの挑発にもかかわらず、一〇年後ジャーナリストのマクシミリアン・ハルデン（一八六一―一九二七）は彼の雑誌『ディー・ツークンフト』（未来）においていくらか驚きを込めて確認している。「ベーベルの軍事予算批判は、政府首脳による数々のコメントより気持のこもった関心を示している。いずれにせよ、共通了解にいたろうとするより多くの意志を示している」（シュルツ、同書、三一九頁）。これほどの軍事嗜好と軍事的な副次的美徳への愛をもってすれば、社会民主主義が自由主義から受けついだリヴァイアサン的な遺産が植民地主義に関してもますます強くあらわれたのもほとんど驚くにあたらない。この分野でも、社会民主主義の公式の拒絶方針は、原則的な敵対に基づくというよりはむしろ支配と管理から閉め出されていることへの欲求不満にその原因があった。それゆえ、公式には反植民地主義を掲げてはいるものの、その裏ではヨーロッパのすべての主要な社会主義政党において帝国主義的膨張に対する関心の高揚を示す兆候がますます強くなり、この膨張主義は国際社会主義者会議の場で勢力を増しつつあった少数派によって支持されたのである。

大部分の社会民主主義者は植民地主義を原則的に弾劾すべきものとみなすどころか逆に、マルクスのいう資本主義の「文明的な使命」の一要素とみなした。しかし、この言葉をマルクスはまったく別の文脈において語っていたのである。[*1] エドゥアルト・ベルンシュタイン(一八五〇—一九三二)は、マルクス主義理論において、愚直な改革という意味で「気にさわるもの」すべてを抹殺しようとしたいわゆる修正主義者の頭目であったが、彼はこの姿勢を綱領的に、有名な『社会主義の前提と社会民主主義の任務』(一八九九年)において粗野な率直さでこう表現した。

さもなければ、植民地獲得のさいに、つねにその価値や見込みを厳密に審査し、土着民との協定や彼らの取扱いやまたその他の管理を厳格に検査する、という理由はあっても、しかし、植民地獲得をはじめから非難すべきものとみなす理由はないのである。現在の統治体制によって与えられている政治的立場は、社会民主党に、これらの問題では批判的態度以外の態度をとることを許さない。(…)しかし、われわれは将来をも正当に顧慮しなければならない。目下ドイツが年々大量の植民地生産物を輸入していることを顧慮すれば、これらの生産物の少なくとも一部を自己の植民地から入手しうることが、おそらくは望ましくなるようなときがいつかはくる、ということをもわれわれはいわなければならない。(…)ここで決定的なのは、その当否ではなくその方法である。ヨーロッパ人による熱帯諸国の領有は、必ずしも原住民の生活を害するものではなく、またこれまでですら、そのようなことがいたるところで生じてきたわけではない。そのうえ、未開人によって領有されている土地にたいする彼らの権利については、制限された権利しか承認するわけにはいかない。ここでは、非常の場合にはより高次の文化がより高次の権利をもつのである。土地の征服ではなくその経営が、その土地の利用にたいする歴史的

権利名義を与えるのである。（ベルンシュタイン『社会主義の前提と社会民主党の任務』戸原四郎訳、一七四―七五頁、一部変更）

注目すべきは、ここで植民地主義が原則的に受け容れられていること、また「非常の場合には」「より高次の」とされるヨーロッパ文化による征服権が喧伝されているという事実だけではない。ベルンシュタインはまた、社会民主主義が表向きは植民地主義に反対せざるをえなかったのはひとえに、「現在の統治体制によって与えられている政治的立場」（要するに、権力から排除された野党）ゆえであると臆面もなく述べる。特に背信的なのは、「より高次の権利」の根拠である。「土地の経営」の指摘は、とりもなおさず「抽象的な労働」によって土地を「貨幣価値に転換する」ことを意味する。これに対して、商品生産にもとづかない生存形態に対しては無権利が宣告されるのである。

修正主義派だけでなく、根本においては社会民主主義全体（重きをなさなかった極左派を除いて）が植民地主義思想に呪縛されていたことは、ほどなく示されることになる。ベルンシュタインの本が出た一年後、中国では帝国主義的影響力の行使に反対して、いわゆる義和団の反乱（ヨーロッパを敵視する秘密結社にちなんで命名された）が勃発したが、これはヨーロッパ列強の共同出兵によって無惨にも鎮圧された。ドイツ帝国もすすんでこの植民地での殺戮の祝宴に加わった。すでに一八九五年にはドイツ皇帝の依頼で、「黄禍」をテーマとする俗悪な油絵がクナックフースという画家によって制作されていた。「黄禍」という言葉は、アジアにおける併合欲望を正当化するスローガンだった。帝国主義諸国は共同歩調をとりたかったから、ドイツがこの事件に加担することを歓迎し、そのために「ドイツ人を先頭に」というスローガンが用いられた。これはそれ以降悪名を馳せることになった。わけてもこの「平和ミッション」の直接のきっかけは、悪辣なショーヴィニストとみなされていた北京駐在のドイツ公使ケッテラー男爵が一九〇〇年六月二十日に公道で射殺されたことにあったからなおさらだった。ヴィルヘルム二世はブレーマーハーフェンからアジアへ向かう彼の討伐軍を「フン族演説」をもって送り出した。

諸君の手に落ちる者は、諸君のものである！　千年前にフン族がエッツェル王のもと、今日なお伝説やメルヘンに姿をとどめるほどにその名を馳せたように、ドイツ人の名もまた諸君によって、中国において今後一千年の間二度とふたたび中国人がドイツ人を不審の目で見ることができないように、なされねばならない。（…）断固として、文化に道を開くのだ。（シュルツ、一九七六年、三二四―一五頁からの引用）

あからさまな野蛮、規律、精確、さらに「文化要求」、これらの見逃しえない特殊プロイセン＝ドイツ的な結合が、その後の数十年間に人類最大の犯罪にまでのぼりつめることになる。「フン族演説」はこの時代の記憶に深く刻まれたので、第一次世界大戦の連合軍兵士の間では、ドイツ人は「フン族」と呼ばれていた。そして、自由主義者たちの頭目ともいうべきフリードリヒ・ナウマンはもとはプロテスタントの牧師で、熱狂的な帝国主義者であったから、それ以来「フン族の牧師」という名誉称号を得た。この悪名高い演説の四ヵ月後、アウグスト・ベーベルは帝国議会で、政府の中国政策に反対する演説をおこなったが、その反対はまさにベルンシュタインの意味においてであった。

実際の、真にドイツ的な、ヨーロッパの文化と文明を全世界に広めることは、これを欠くところがどこであろうと、偉大ですばらしい任務である。だがしかし、この考えをいかに実行するか、その方法が問題である。われわれが文化と文明をもたらしたいと欲する未知の諸民族にいかに接近するか、その方法が問題である。（シュルツ、同書、三二一八頁からの引用）

こうして、すでに第一次世界大戦の一四年前に、ドイツ社会民主党におけるマルクス主義の多数派も植民地問題における「穏健なフン族」を抜け出ていないことが明らかになった。じじつこの立場は、労働運動の底辺においてもみられた。たとえば、私自身の祖父は機械製造部門の労働組合に所属する筋金入りの社会民主主義者であって、それどころか第一次世界大戦では脱走兵となり、年老いてからもアメリカのベトナム戦争反対に熱を入れたほどだった。だがそれにもかかわらず、植民地に関する祖父の記憶のなかには楽しい肯定的なことしか残されていなかった。後になって、賃金労働者の大衆もまた、ドイツ帝国から「われわれの植民地」が取り上げられたのはひどく不当なことだと感じたのである。「植民地産品の販売店」に並べられたエキゾチックな南国の果物は「ひどい空腹にさらされていた」ドイツ帝国では途方もなく強烈な印象を与え、「贅沢な雰囲気」を暗示したにちがいない。それに対して、「未開人の権利」はほとんど問題にならなかった。

私が祖父母から聞かされた話を信じてよければ、それ以来ドイツの「労働者階級」はどうやらバナナに対する奇妙な関係を維持しているように思われる。それどころかバナナは故郷の歌のレパートリーにも加えられて歌われたのである（「よりによってバナナ」）。また、東ドイツの大衆にとってふたたびバナナがドイツマルク・ナショナリズムの歓喜を象徴する果物になったのは、集団無意識の一部なのかもしれない。してみるとやはり、労働運動にかかわったわれわれの先祖は、ある意味ではバナナによって世界大戦の戦場へと誘い出されたことになる。

訳注

＊1　マルクスのいう「対外貿易の文明化作用」（『資本論草稿1』大月書店、二九八頁）および「資本の偉大な文明化作用」（『資本論草稿2』一八頁）の意図は、資本主義がもつ文明化作用という歴史的使命を客観的事実として示すことであって、植民地主義の肯定ではなかった。

第五章　世界の生物学化

世界分割をめぐる帝国主義と国際的資本主義競争、軍産複合体と艦隊建設、植民地要求と文化的優位の宣伝合戦は、二十世紀初頭の資本主義の社会意識に影響を与えずにはいなかった。世界市場競争、物騒な外国人、民族主義的な勝利至上主義、文化的なメシア信仰、これらに対する不安が奇妙に入り混じるなかで、全資本主義世界に新たに攻撃的な妄想イデオロギーが醸成された。すでに最初期の自由主義が社会関係を、ホッブズ以来イデオロギー的に「自然化」し、アダム・スミス以降は市場マシンの機械的な似非物理学として描き、さらにマルサスがその「人口法則」をもって危機の生物化への歩みを完成させたとすれば、帝国主義的競争の頭脳は、いまや従来にもまして包括的な生物学主義的世界観を生みだした。その際、社会的なものの自然化という自由主義的プログラムは、従来はむしろ隠喩的意味であったものが文字どおりの意味に格上げされて、人間の文化と社会の全体系を（それ自体またイデオロギー化された）生物学の直接の構成要素として定義し、大衆意識に途方もない共振を生み出すことになった。今日までその影響をおよぼすばかりか、競争状況のなかからつねに新たに湧き出る、この生物学主義は、近代の思考に決定的な刻印を記し、その思考のもつきわめて深い非合理的かつ社会病理学的な能力をあらわにする。

新たな生物学主義を先導したのは、世界像を覆した点においてはニュートンに匹敵するもっとも偉大な近代の自然科学者の一人だったが、それはけっして彼の意図せぬものではなかった。彼とは、物理的世界と人間社会の機械的な見方を生物主義的な世界説明によって補完し拡充した、イギリスの地方貴族で、司祭職に就くのを断念したチャールズ・ダーウィン（一八〇九―一八八二）である。ここに、近代自然科学一般の兆候を示す典型的な何かが生じた。すなわち、この大発見は、非合理的なイデオロギー上の衝撃と資本主義的物神崇拝体系の無反省な関心とに完全に融合し、ついには巨大な破壊力で満たされることになった。

ダーウィンの伝記作家たちが証言するところによれば（デズモンド／ムーア、一九九五年）、ダーウィンの家族は裕福な「ホイッグ党」で、極端な自由主義者であったが、同時に自然科学に関心をもっていた。ダーウィンの祖父エラズマスは医者であったが、詩を書き、また粘り強い努力家でもあった。特に主の祈りと十戒を唱えることのできる機械を考案し、また、すでに十八世紀末に、種の可変性および「進化論」について思いを巡らせていたが、この理論はその孫によって仕上げられるべく取っておかれた。ともあれ、祖父は孫に「自由精神にもとづいて」、種の変化と進化論に関する信念表明《クレド》を詩の形で残した。

二親《ふたおや》はなく、ひとりでに
太古の霧のなかで 有機的存在は誕生した

十九世紀の半ばになってようやく、すなわち産業化と資本主義的自然科学全盛の時期になってやっと、現実の自然史的理解の弱々しい端緒が開かれたというのは、今日ではほとんど信じられないほどである（カント以前には、この自然史という概念は自然現象の一般的な連関を意味していただけで、連続的な発展史を意味するものではなかった）。ヘーゲルにとってさえ、そのような考えは奇矯に思われた。すなわち、「啓蒙主義」、自然認識、さらに資本のテクノロジーにもかかわらず、聖書だけは、公共社会の大部分によってあいかわらずくそまじめに、書かれているとおりに受け取られていた。神がおよそ六千年前にあらゆる動物と植物の種を含む全自然界を不変のアンサンブルとして創造したというおとぎ話は、無知な人びとの間だけで自明のこととされていたのではない――自然科学はとうに、地質学的にはそれをはるかに遡る過去の時代が存在することを認識していたとしても。生物学的進化の思想もすでにかなり以前に芽生えていた。たとえば、フランスの自然科学者ジャン＝バティスト・ラマルク（一七四四―一八二九）も種の不変性を疑ってはいたが、それでもこの生物学的進化思想を進展させ、突破口を切り開くことはできなかった。ダーウィンは、一八三二年から三七年までイギリスの測量調査船「ビーグル号」の世界旅行に無給の博物学者として乗り込んで、無数の標本や化石を蒐集しただけでなく、手帳に「進化論」の根本思想を書き記していたが、これは長い年月を経てようやく友人たちの強い勧めで公刊されることになった。まず一八五九年に、まさに帝国主義の新ラウンドの開始にあわせるかのように、『種の起源』が出版された。さらに一八七一年、またもや長い逡巡の後に、自説を動物界からヒトの由来へと適用し拡大した、『人間の進化と性淘汰』が続いた。

生存闘争

ダーウィンが彼の科学的に練り上げられた進化論をもって世に挑戦する勇気をもつまでかくも長いあいだ躊躇し、ためらい、懐疑的だったことにはもちろん理由があった。なぜなら、いまだなお一大権力を有していたキリスト教教会にとって、種の長期間の進化と変化の証明は、天球に関するかつてのコペルニクスとガリレイの発見にも劣らぬほどの挑発を意味したからである。進化論によって、正統的な、字義どおりの聖書解釈の体系から最後の重石《おもし》が取り除かれた。「万物の霊長」がまず激しいイデオロギー上の軋轢のもとで宇宙の中心から銀河系の一地方に追放されたとすれば、いまや神の似姿そのものである「人間の祖先は、無頭の、雌雄同体の軟体動物である」（デズモンド／ムーア、同書）と裁定された。さらに問題だったのは、進化の歴史において確認される霊長類との近似性だった。ダーウィンの理論は通俗化されて、「人間は猿から進化した」とされたからである。ダーウィンとその先駆者たちによる生物学的自然史の発見に劣らず決定的だったのは、ほぼ同時期にもたらされて、近年になってようやくその意義がより正確に考慮されるようになった地質学的世界像の革命的変化と、それと結びついた、計りしれない地質学的時代としての「悠久なる時間の発見」（グールド、一九九〇年）だった。種の生物学の自然史は数百万年さかのぼらねばならなかったが、地質学の自然史は数十億年という信じられないほどの射程をもっていた。人類の歴史は縮小されて、地球の歴史のちっぽけな傍注となり、聖書の「創世記」の物語は、少なくともそれを字義どおりに理解することは、子ども向けのおとぎ話になった。地質学上の「悠久なる時間」とその結果が一般大衆にはほとんど注目されなかったのに対して、ダーウィンの進化論は、「玉座と教会」の権威と教義を厳格に護るすべての守護者たちの間に予想どおり憤激の嵐を呼び起こした。忘れてならないのは、いわゆる啓蒙主義はキリスト教を原則的にけっして否定したわけでも、宗教思想を廃棄したわけでもなく、社会における宗教の立場を新たに定義し、科学と経済を世俗化したにすぎないことである。いまや、自然科学はあたかもダーウィンと彼の支持者たちの姿を借りていわば休戦条約を破り、新たに境界線を踏み越えたかのように思われた。今日にいたるまで、正統的なキリスト教の興奮は静まってはいない。強大なアメリカ合衆国は今日なお、ダーウィンの進化論を学校の授業から追放し、旧約聖書の「創世記」によって代替しようとする狂信的なカルヴァン主義ゆえに物笑いの種になっている。

宗教意識という「木の根本にすでに斧が置かれた」〔新約聖書の「マタイ」三・一〇、「ルカ」三・九〕ことは、保守的な政治思想をひどく刺激したにちがいない。なんといっても資本主義的な国民教育学は、規律を仕込む徳育訓練をもってつねに一般向きの宗教的な表象世界に訴えかけ、「民衆」を好んで愚直な恭順状態に置くことを欲したからである。そのかぎりでは、同時代の自由保守主義的なエリートもまた「ダーウィニズム」に対しては、これをゆゆしき問題として捉えることができた。

しかしその一方でまた、啓蒙主義時代以来、さしあたりは少数派であったが、「自然科学化」の潮流のなかで急速に増大しつつあった自由主義内部に「無神論的な」環境《ミリュー》が存在し、ダーウィンの祖父もその一人だった。もはや宗教を（密かに、あるいは公然と）全然まともには扱わないことが可能だった。すなわち、自然科学が成功をおさめ、それによって世界の「謎解き」が進んだ影響を強くうけて、宗教は皮相的になった。しかしこの無神論的な自由思想は実際には、解放とはまったく別物だった。なぜなら、この自由思想は、キリスト教の神に代えてすでに「すてきなマシン」崇拝を、つまり、すべてを碾《ひ》き砕く資本の世界運動と資本の自己目的化を崇拝する体勢を整えていたからだ。人びとは、この世俗化された、ほとんど宗教的というべき意識に囚われていたから、「資本主義の魔術」としての自然科学を「すてきなマシン」の非合理的かつ破壊的な連関において捉えることも、意識化することもできなかった。

マルクスやエンゲルスのような自由主義の異端者もまたこの文脈においてはまったく無批判的だった。マルクスは、ダーウィニズムにまず自然科学上の発見という功績を認めて、ダーウィンを称えているが、それは、ダーウィンの「物質主義的な」自然の進化論がマルクスの社会の「唯物論的」進化論を支持するように思われたからである。たしかにマルクスは、ダーウィンが動物界を当時のイギリス社会の反映として捉えていることをからかっているが、それはマルクスにとっては些細なことであって、ダーウィンに対する感激をそこなうものではなかった。『資本論』の第二版（一八七三年）が出版されると、マルクスは巨匠《マイスター》に一部を献呈したが、むろん丁重な拒絶に出会っただけだった。というのも、ダーウィンは現実的には正統的な自由主義の基盤に立っていたばかりか、自身の瀆《とく》神的な自然科学上の野心に罪悪感を抱いていたからだ。ダーウィンの内心の葛藤は、自然科学的な自由主義的無神論と保守的教会的信条との間の矛盾が、自由主義とその支配エリート内部の家族騒動以上のものではほとんどなかった事実を示しているにすぎない。

自由主義的無神論者がひとつの選択肢として欲したのは、自然科学の立場にたって宗教を廃棄したようにみせかけることによってエリート用に確保しておく一方で、「民衆」には規律上の理由から引き続きキリスト教の信仰恭順をあてがっておくことだった。この態度はいわば、「聖職者はぺてん師」という啓蒙主義的な考えを逆転させたもので、その考えによれば、宗教はいずれにせよ、実際に物質主義的なエリートの手のなかにある支配の道具ということになる。またもうひとつの選択肢として、無神論者たちが「民衆」を取り込んで、自然科学的・物質主義的に再教育しようとしたかぎりでは、彼らは、ベンサム以来の、この概念の最悪の意味での民主主義者だった。すなわち、宗教を自然科学によって置き換えることは、大衆の外的な監督操縦という粗野な形式を大衆の自己規律化という洗練された形式で置き換えることを意味し、これは「自然科学的」な、それどころか生物学的な法則性にしたがうものとされた。そのかぎりにおいてのみ、無神論者たちは一種の前衛だったのであり、その影響は自由主義的な労働者協会にまで及んだ。

そしてまさにこの意味で、ついにダーウィニズムはその恐るべき作用の歴史を展開することになった。民主的な自由主義の無神論的前衛だけでなく、資本主義社会の自由保守主義的な中枢部までもが、ダーウィンというこの奇妙な学者が彼らの根城にいかなるイデオロギー上の贈り物をもってきてくれたかをついに認識させられることになった——この学者が、「特定のサル類の紅い尻に対する情愛のこもった関心」（デズモンド／ムーア、一九九五年、一四頁）を表明したがために、聖職者からは好ましからざる人物として烙印を押されたとしても。

しかしダーウィンの科学は、後期ヴィクトリア朝時代の自由主義の要《かなめ》となった。さもなくば、ウェストミンスター寺院での葬儀に際して、グラッドストーン内閣を代表して一人の伯爵と二人の公爵がダーウィンの棺を担いだことをいかに説明できようか。（デズモンド／ムーア、同書、同頁）

人間に関する新たな自然科学の驚天動地の異端性にもかかわらず、これを自由主義が高く評価したことについては、ある種のいかがわしさがないわけではなかったが、たしかに十分な根拠があった。つまり、ダーウィンはベンサムを読むことはなかったが、とにかくマルサスを読み、自然を歪曲しかつイデオロギー的に導き出されたマルサスの「人口法則」を自然へと逆投影し、種の進化のメカニズムを説明できるとしたからである。このメカニズムを彼は、マルサスに依拠して、ある種の生物の個体数が「過剰に」なるとその都度「生存闘争」が生じ、そこでもっとも生存能力のあるものだけが勝ち残るという「淘汰」によって漸進的な変化と発展がもたらされることのなかに発見したと考えた。こうして、自然科学的には実際にとうのむかしにもはや根拠を失っていた［マルサスの］見解が、正統的なイデオロギーへと改鋳されえたのである。『種の起源』が一八五九年に公刊されるよりずっと前に、ダーウィンは「秘密メモ」のなかですでに、自然に投影された競争と戦争のメタファーを確認していた。

われわれは、われわれが思い浮かべることのできる最高の善とは高等動物の生存であることを、すなわち、死の、飢饉の、略奪の、隠された自然の戦争などの直接の結果であることを認識している。（デズモンド／ムーア、同書、三三五頁からの引用）

ダーウィニズムは彗星のようにあらわれて、大流行となった。その進化論はいまやありとあらゆるものに拡大されて、ついにはニュートンの機械論的な宇宙までもが進化論的な意味での生物学化を受け容れざるをえなくなった。すなわち、一八七四年にはバイエルンの哲学者カール・ドュ・プレル男爵（一八三九―九九）は、『天空における生存闘争』と題された論文を発表した。ダーウィンの定式が星辰界のメカニズムでも証明されたというものである。さらに一八八七年には、通俗科学作家ヴィルヘルム・ベルシェ（一八六一―一九三九）は『文芸におけるダーウィン』という長大な著作を物した。「生存闘争」という教義を社会に逆投影すること、そしてそこに資本主義的競争と生命絶滅作用のすばらしい「自然科学的」な正当化を認めることは、実際のところさしたる理論的努力を要しなかった。やがてほどなく、「社会ダーウィニズム」が隆盛をきわめることになる。

フリードリヒ・ナウマン、ヴァルター・ラーテナウ、あるいはマックス・ヴェーバーのような帝国主義イデオローグたちはドイツの世界権力志向を定式化したが、その際彼らが、資本主義諸国間の「生存闘争」という社会ダーウィニズムの語彙を用いたのは偶然ではない。この言葉は短期間のうちに政治用語のなかに浸透していたのである。そして、この言葉はネーション間の「淘汰」にも適用された。すなわち、遂行能力の劣る国民は社会的に選別されることになるから、「諸国民」は競争に備えて自国の強化をはかるべきとされた。ダーウィンの伝記や科学的な擁護論において、社会ダーウィニズムはダーウィンの理論とはほとんど関係がない、それはちょうど「占星術と天文学」（ヴケティツ、一九八七年、一〇一頁）の相違と同じであるという主張が数多くなされたが、これらの乱暴な見解は、ダーウィンを誤って解釈したことによるものではない。ダーウィンはむしろ、みずからまったく公然と「最初の社会ダーウィニスト」（マルテン、一九八三年、六九頁）として登場したのである。「平和な森やのどかな牧草地でひそかに繰り広げられる、血なまぐさい生物間の闘争」（デズモンド／ムーア、同書、三二三頁）を、ふたたび人間の文化と社会へと移し、それによって資本主義の世界マシンの「第二の本性」を直接「第一の本性」へ、そして生物淘汰メカニズムとされるものへ戻したのは、ダーウィン自身だった。ダーウィンは、自由主義的社会理論の競争イデオロギー（彼自身、この環境下で成長した）と彼の生物学上の淘汰理論との間にある規範的な平行関係を見ずに済ませられるほどナイーヴではなかった。それどころか、ダーウィンは、自伝のなかではっきりとマルサスを読んだことが決定的な霊感としてはたらいたと言及することによって、一般に主張されているように、純粋に帰納的な、経験的な事実の忍耐強い蒐集から理論を形成したのではけっしてなく、経済的競争メカニズムのイデオロギー的な正当化を先験的な解釈＝思考パターンとして利用したことを間接的に認めている。

ダーウィンがすでに一八五九年に『種の起源』において、「あらゆる生物は厳しい競争にさらされている」（ダーウィン、一九九五／一八五九年、一〇〇頁）と述べるとき、概念上の転用はまったく明白である。というのも、距離をおいてみればわかることだが、高度のイデオロギー的隠喩法は、動植物界の状況を近代市場メカニズムの概念で裏づけることに寄与するからだ。それによって再転用が同じく自明のごとく意図されていることを、ダーウィンは同じ個所で示している。選択メカニズムとしての「自然淘汰」という概念に、「ハーバート・スペンサーによって用いられた適者生存という表現はよりよいばかりか、ときにはまさにぴったりである」（同書、同頁、強調はダーウィン）と注釈を加えるのである。このハーバート・スペンサー（一八二〇―一九〇三）こそ、社会の「有機的な原理」としてのラディカルな競争思想を擁護した社会哲学的生物学者であり、このことをダーウィンはもちろん知っていた（つまり、認めていた）にちがいない。この社会ダーウィニズム的な再転用は、ダーウィンの後の著作『人間の進化と性淘汰』においてはっきりと確認できる。そこでは、淘汰理論が直接近代社会に適用されている。

他のヨーロッパ諸国に比して、イギリス人が植民者として注目すべき成功をおさめた原因は、（…）彼らの「恐れを知らぬ、粘り強いエネルギー」にあるとされてきた。しかし、イギリス人がいかにしてそのエネルギーを我が物にしたかを、誰があきらかにできようか。アメリカ合衆国の驚嘆すべき進歩と国民の特性は自然淘汰の結果であるという考えには、多くの真実が含まれているように思われる。(…)自然淘汰は生存闘争の結果である。(…)世界の多くの地域で、(…)もっとも肥沃な広大な土地が、ほんの少数の移動生活を送る未開人によって占められていることを見ると、そこでは生存闘争がさほど厳しくなかったがために、その結果、人間は最高の水準に達するようにうながされなかったと推論できよう。(…)たとえば、南米地域に見られることから判断すれば、十分に文明化されているといってよいスペインの植民者のような国民は、生活条件があまりにも好都合で容易である場合、怠惰になりがちで、〔その進歩が〕後退するように思われる。高度に文明化した国々にあっては、不断の進歩は、さほど自然淘汰に左右されない。というのは、そのような国々は、未開の種族がおこなうような破滅的な殺し合いをしないからである。それにもかかわらず、長期的にみれば、同一の仲間のなかでは、知力に優れた個体は劣っている個体よりもよりよい成功をおさめるであろうし、またより多くの子孫を残すであろう。すなわち、これが自然淘汰の形式である。(ダーウィン、一九八六/一八七一年、一五七―五八頁)

ここであきらかになるのは、ダーウィンは、適性と能力(いうまでもなく、卑劣な資本主義的基準にもとづく)を生物学的遺伝ならびに「淘汰」の問題として直接動植物の次元に還元することによって、自由主義者がもっていた社会経済的な競争メカニズムのメタファーを自然化すべく「社会理論的」に取り上げただけでなく、社会的なものをついに文字どおり生物学化したことである。これによって、資本主義の自然法則とされるものが最終的に質的に新たな地位についたのであり、いわば社会的自然哲学から社会的自然科学へ、すなわち生物学の下位部門に属することになったのである。

人間育種と生殖衛生学

しかし、資本主義の社会的諸矛盾が結局は生物学的・遺伝的な問題であるとすれば、これらの矛盾はまた、操作可能な生物学的社会テクノロジーに道を拓くものでなければならなかった。それゆえ、自然の飛躍に手を貸して、社会的「淘汰」を意識的に繰り上げて、実行にうつすことは可能と思われた。こうして帝国主義を背景にして、やがてはじまる社会ダーウィニズムの理念と組織団体の潮流は、資本主義の「生存闘争」と自国の生存能力の向上を目的とする「人間育種」のユートピアへと高められたのである。

　このユートピアはさまざまな形態をとって、多様な新しい概念と方法を開発した。「優生学」の名のもとに、「国民優生」のための人間育種運動が特にアングロサクソン系の国々とドイツにおいて定着し、二十世紀中葉にいたるまでますます盛んになった。この運動が要請するところは、社会的な「適者生存」を直接生物学的なレベルで促進し、これを組織化することだった。さらにアメリカでは戦間期に、「より適切な家族」(Fitter Families)と銘打たれたコンテストさえおこなわれた。

> 一九二〇年、ふだんならば特に上等な豚やカボチャに賞金が賭けられるカンザス・フリー・フェアで、初めて「卓越した遺伝素質」をもつ家族が表彰された。そのパンフレットにはこう説明されていた。「いまや科学的農業(!)の原理による人間淘汰の科学を発展させるときである、われわれの文明のうちのより優れた集団が優勢となるか、あるいは彼らのみが生き残るべきであるとするならば」。アメリカ優生学協会の後援のもとに、「より適切な家族」コンテストが毎年一〇個所で開催された。この催しは数多くのスポンサーを獲得して、世界経済恐慌によってその関心が失われるまで続いた。(バウムンク/リース、一九九四年、一六九頁)

共通の根から生い育って相互に影響し合う資本主義と近代自然科学の暗愚は、ブルジョア的支配人間《ヘレンメンシュ》〔ナチ・イデオロギーのいわゆる「劣等人間」と対をなす言葉〕のあからさまな自己嘲笑へと急変するほかないことが、ここにみられるほど明瞭になったことはない。国を挙げての人間育種という肯定的な「優生学的」理念とともに、また急速に、それに対応する、否定的な淘汰の思想が付随してあらわれたのは、ごく当然の帰結だった。「淘汰」が「遺伝病質のない」生殖というプロパガンダと組織化によって後押しされえたとすれば、否定的な意味においてもまた、否定さるべき「遺伝的疾患のある」個々の人間もしくは同様の人間全体を「科学的に」身元確認し、選別することによって、「淘汰」がおこなわれないはずはなかった。この意味においても、ダーウィン自身、「人間の由来」に関する自著〔『人間の進化と性淘汰』のこと〕のなかで社会生物学にキーワードを提供していた。

向こう見ずで悪徳に満ちていて、その他の点でも劣るメンバーが、より良いメンバーよりも速い速度で増加するのを種々の方法で妨げられなければ、世界の歴史で何度もくり返し見られたように、国民は衰退するだろう。（ダーウィン、前掲書、一五四頁）

マンデヴィル、スミス、カントその他が、新たな資本主義の支配人間に社会的な優越性を認め、労働意欲に乏しい拒絶者や法を破る犯罪者には道徳的な劣等性や逸脱性を証明していたが、資本主義的な基準にしたがって肯定的あるいは否定的と判別される社会的・道徳的な特性は、社会ダーウィニズムの影響をうけて生物学的決定の手にゆだねられた。これが意味したのは一面では、経済競争というあさましい競技の勝者は、生物学的にも高価値を有する人間であり、みずからをまさに自然そのものによって決定された「超人」――ニーチェがこの用語を同時期に新たに考案したのは偶然ではない――と定義することができた。しかし他面では、「労働忌避者」や犯罪者は、同じく生物学的にあらかじめ定められているように、原理的に改善不能の、道徳教育学によってまったく救いがたい存在であることを意味した。こうして彼らはとにかく歴史から閉め出されたのである。しかしマルサスが、彼の視点からみて「道徳的に劣等な者たち」を除去するために、盲目的であると同時に役に立つ「人口法則」という「自然」に猛威を振るわせようとしたとすれば、社会ダーウィニズムは「生物学的に劣等な者たち」を除去するために、意識的で自然科学的な、社会の淘汰メカニズムを請求したのである。

このような劣等者に該当したのはまず「犯罪者」で、すなわち今日にいたるまで大部分は社会的な理由からなんらかのあり方で資本主義の規範に反した多くの者たちすべてである（その際、所有権侵害、すなわち窃盗行為は、統計的に圧倒的に多いだけでなく、より大きな自由主義的な嫌悪を呼び起こし、所有権侵害とはかかわりのない身体的な残虐行為よりも平均的により厳しく罰せられる）。従来、犯罪には社会的な理由があることを誤魔化すことはイデオロギー的に困難であったが、「犯罪的な存在」はいまや自然科学的な聖別によって、安んじて、資本主義的な要求とは元来なんの関係もない生物学的な遺伝特性として定義しうることになった。

その先駆となったのは、医師フランツ・ヨーゼフ・ガル（一七五八―一八二八）によって創始された自然科学のバカげた副産物、いわゆる「骨相学」における「逸脱」の社会生物学的な同定という考え方だった。骨相学によれば、骨相学上の特徴（たとえば側頭部の結節）は性格上の特性、特に否定的な特性にかかわっており、そもそも人間の脳のなかに社会的行動様式を司る個所が特定されうるし、それが大きくなれば測定可能であるとされる。たとえば、脳における「所有感覚」の所在部分は、その形によって「盗みの器官」と確定される、など。自然科学のこのグロテスクな自己カリカチュア化の結果、犯罪者の「頭蓋骨測定」がおこなわれるようになったのだが、この頭骸骨測定は、社会ダーウィニズムの文脈において氾濫しはじめ、つねに新たな、社会生物学上の理論的成果をもたらした。

ダーウィンの進化論の影響を受けて、生物学的に決定される「犯罪性質」はますます隔世遺伝あるいは先祖帰りの結果であるとされ、しだいに一般的に「退化」という概念が定着した。この意味で、ウィーンの性科学者リヒャルト・フォン・クラフト＝エービング（一八四一―一九〇二）はすでに一八六八年の論文で、犯罪者と性犯罪者を生物学的に「退化した者たち」と定義するまでになった。

（これらに属するのは）胎児の時点で病的であると烙印を押された者たちであり、幼少時からの不良、怠け者、生来の犯罪者で、少年時代には両親を恐怖させ、仲間たちの悩みの種であり、長じては教師や道徳家を戦慄させ、成人してからは市民社会で生きて行くことの不可能な者たちである。（ベルクマン、一九九二年、一四九頁からの引用）

トリノの法医学者チェザーレ・ロンブローゾ（一八三六―一九〇九）もまた、「生来的犯罪者」を想定した、多岐にわたる「退化説」によって国際的名声と認知を得た。ロンブローゾはたとえば、犯罪者と癲癇患者の歩き方を比較し、これに「通常歩行」を対置した。このように奇妙な「研究」から彼は、わけても「癲癇、売春、犯罪、アナーキズム（！）」（ベルクマン、同書）などに共通する「疾患像」を創り出したのである。

さらに、生物学的淘汰の問題はもちろん、あらゆる心身障害者、慢性病者、不具者などにもかかわる。ひとことでいえば、資本主義的な意味でのあらゆる労働不適格者である――たとえ彼らが犯罪とはいっさいかかわりがなくても。この点に関しても、チャールズ・ダーウィン氏はじきじきに、マルサスを凌駕するキーワードを提供していた。

未開人の場合には、からだや心が弱い個体はすぐに除かれてしまうので、生き残った個体は一般に健康状態がよい。一方、われわれのような文明人は、精神遅滞者や障害者や病人のための収容所を建て、救貧法を制定し、誰もが除かれてしまうことのないように、大きな努力を払っている。医者は万人の命を救うべく最後の瞬間まで最善をつくす。もともとからだが弱く、天然痘にかかったかもしれない多くの人びとが、予防接種のおかげで生き延びられるようになったことはたしかである。こうして、文明社会では、弱い人びとも子を残すことができるようになった。家畜の繁殖にかかわったことのある人ならば誰でも、これが人類にとってはなはだ悪い影響を与えることを疑いはしないだろう。家畜の場合、世話が十分でなかったり、間違った世話をしたりすると、驚くほどはやく家畜の系統が劣化する。しかし、人間自身を除けば、最も悪い状態の動物にも繁殖を許すような無知な育種家はいない。（ダーウィン『人間の進化と性淘汰』長谷川眞理子訳、一四七頁）

ダーウィンはそれでも、社会には文明的なモラルが求められるという理由で、「弱者が生き延びて子を残すことのあきらかな悪い影響を、不平を言わずに忍ばねばならない」（同書、同頁）ことを偽善的に要請することによって、右のような陳述が含意する帰結を和らげてはいる。だがしかし、社会生物学的な淘汰の結論は、ダーウィンの前提が認識されるや、すぐさま意識にのぼってくる。ただちょっと考えてみれば、ダーウィンの論拠はまったく二重の意味で無根拠であることは明白だ。というのは、ひとつには、生物的な自然界においてすら、「強者」と「弱者」はつねに相対的で、しばしば一義的ではない。座標系が変われば、「強者」は「弱者」に変わりうるし、またその逆もありうる。

もうひとつは、人間の社会と文化は生物学的自然とは別種の秩序をなしていることである。この基本的な差異を認識するためには、特別な倫理的・道徳的証明さえ必要とはしない。ダーウィンの、種の生物学的進化の発見と記述がすでに彼の論拠の根幹において資本主義的世界状況の諸概念に毒されていることはまったく明白である。しかし社会文化的にみたとき、資本主義は、社会的エネルギーを結び合わせ、社会構成員を社会的に統合する能力の点で、きわめて不安定かつ不遜な社会形態といわねばならない。なぜなら、万人の万人に対する競争における「強さ」という社会形態の基準は、社会総体においてみれば、同時に自己破壊力として作用する途方もない「弱さ」を意味するからだ。

ただしマルサスからダーウィンを経て社会ダーウィニズムの思想と運動へと分岐する十九世紀後半以降の社会生物学主義は、ただ単に誤った、あるいはあきらかに一貫性を欠く論拠の問題としては把握されえなかったし、現にそうとらえることはできない。社会生物学主義は、自然科学的なイデオロギー（さらに社会の似非自然科学化というイデオロギー）として、近代自然科学そのものの非合理的な中核を指し示すだけではなく、また近代自然科学はただ表面的に資本主義的生産様式の抽象的かつ破壊的な自己目的にとりつかれているのではけっしてない。社会生物学主義はわけても、あらゆる現象形態における資本主義的競争という内面化された諸要求に対する、絶対的に嫌悪をもよおす〔自我の防衛メカニズムとしての〕反能形態ではあるが、しかしあらゆる妄想システムと同様に、それ自体まったく論理的な、観念上の反能形態なのである。

競争システムに対する社会生物学的・ダーウィニズム的な反能形態を批判することは、競争自体の、それとともに競争の根底にある物神崇拝的な「すてきなマシン」のメカニズムのラディカルな批判としてのみ存在しえたし、存在しうる。これに対して、競争と抽象的「労働」のシステムを前提にして、つまり単に社会民主主義の（あるいは近代キリスト教の社会教義の）意味におけるある種の「緩和された野蛮性」を目標において、社会ダーウィニズムを単にモラルの面から批判するものはすべて、社会生物学を標榜する理念との対決において、悪くするとつねに守勢に立たされることになる。というのは、社会生物学の理念は、それがいかに非合理的であろうとも、資本主義とその市場経済ほど非合理的ではないからだ。社会生物学の理念は、その殺人的な帰結に関してはつねに、資本主義的「生存闘争」という現実に殺人的な性格を引合いに出すことができるのである。

かくして社会生物学主義は、両次世界大戦前の帝国主義的膨張政策と資本主義内部の危機管理にもっとも好都合な公認イデオロギーを提供しただけでなく、同時にまた、厄介で、自己破壊的な「闘争」志向をもち、否定的ではあるものの、もっとも安直な統合機能をも提供した。この統合機能は、侮蔑され、人為的に貧困を強いられ、教育をほどこされ、訓練された大衆のための怪物じみた補償イデオロギーの姿をしてあらわれたのだが、大衆は、（資本の）価値増殖過程への無条件の自己服従をこの補償イデオロギーによって攻撃的に隠すことができた。すなわち、もはや何者でもない者でもなお、さまざまな「退化した者たち」に比べれば自分のほうが優れていて、要求する権利を与えられた完全人間と感じて居直ることができたし、また、もはやなにも所有していない者も、少なくともなお自分の鼻の形の「正しさ」を、あるいはプチブル的なカーニバルの巨大仮面の大きさを誇ることができた。

肯定的で人間育種的であり、また否定的で淘汰的でもある「優生学」は、さしあたり生物学的な人口政策を目指したが、これは「生殖衛生学」と定義された。「劣等な者たち」および「退化した者たち」は、必要とあらば法的に、また警察権力をもって、繁殖するのを妨げられるべきものとされる一方で、「遺伝病質のない」人間材料を畜産農業的な観点にたって結びつけることは社会政策的な目標とみなされた。遺伝学（自然科学として存在することに疑問の余地はないが、「社会的特性」に関連づけることはできない）と生物学的進化のメカニズム、形態、内容が今日まで議論され、十分には解明されていないにもかかわらず、帝国主義的資本主義の野蛮な科学性はあまりにもグロテスクで滑稽なギャグ風に開始されたから、もしその結果があれほど戦慄すべきものでなかったならば、こんにち哄笑を誘ったであろう。偏執狂的な熱意をもって頭のサイズや体型が計測され、売春婦や犯罪者の（重要とされる）頭骸骨が展示されて、統計、グラフ、図表にはまったく恣意的でグロテスクな関連づけがなされた。ちなみに、これと同一の文脈に由来する遺物は、今日まで（特に国家機関によって）たえず継続して実施されているいわゆる「知能テスト」であり、これは単に機能主義的に還元された（つまり資本主義に合わせて刈り込まれた）「知能」概念を前提しているだけでなく、再三あらわれる人種主義的な含意によっても特徴づけられている。

しかしこの自然科学の現実風刺は、まったくある種の資本主義の内的合理性によって、社会的な発言を洗練されたやり方で監視すること、特に本能生活とセクシュアリティの監視――最終的には生殖の国家管理――を目標としていた。それにもかかわらず、「生殖管理」の主唱者たちは今日まで、マルサスが主張していたように人間の誕生数が多すぎるのか、あるいは逆に少なすぎるのかについては一致していない――（以前の絶対主義の、砲火の餌食になる兵士の必要性を主張するイデオロギーに似て）軍事戦略的な思想家は、来るべき戦場の犠牲者を見越して、いまやふたたび後者の見解に傾いていた。これに対して資本主義的な男性の論議においては、出産ならびに産婦となる可能性のある「女性」に対して強力なコントロールがなされるべきであるとする点で完全な合意ができていた。人類のうちの女性は、自身の身体と愛情生活を資本主義的な人間改良主義者の畜産的な観点にあっさりと身をゆだねはしないであろうという根拠のある疑念があったので、社会ダーウィニズムは造作なくすぐに「女性の生理学的精神薄弱」という説を案出した。これは、ヴィルヘルム時代の悪名高い神経学者パウル・ユリウス・メビウス（一八五三―一九〇七）の、学識の深さを示すと同時に狂気じみた論文のタイトルだった。

がんらい男性のものである資本主義は、女性の人間材料に対してすでに、ある意味で信頼性に欠けると同時に劣等であるという観念をつねに抱いていた。女性は、「資本の論理には属さず」、また女性の社会貢献は資本の論理によって完全には把握されえない〔家庭、セックス、子どもなどの〕領域にかぎられるから、おなじく資本主義的な世界マシンの基準にはほとんど適合しない。この原理的に女性侮蔑の態度はすでに啓蒙主義哲学においてみられ、マルキ・ド・サドにおいてもっとも野蛮な形をとるのだが、これは資本主義における生物学的思考の本来の根源だった。女性蔑視は社会史に帰せられるとする考え方は、社会ダーウィニズムの文脈においてますます繁茂しえたのである。

ダーウィン自身、この点に関してもまた最初の社会ダーウィニストだった。「性による淘汰」の本質的な手段は、もっぱら「雄《オス》」によって決着がつけられる「闘争」である（ダーウィンによってまったく恣意的になされた想定）から、より良い（闘争）特性は雄《オス》にのみ受け継がれるであろう、その結果、「雄《オス》は雌《メス》よりもはるかに高い頻度で変化し」（ダーウィン、一九八六／一八七一年、二五一頁）、それゆえ、進化論的な「高次の発展」の本来の担い手であるとされる。この両性の序列は人間にもあてはまる。

男性は女性よりも勇敢で、戦闘的で、エネルギッシュであり、創意の精神に富んでいる。男性の脳は女性の脳よりも絶対的に大きい。（…）女性は、（…）頭骨の形成においては子どもと男性の中間に位置するといわれる。（…）両性の知力における主たる相違は、男性が、何ごとであれつねにあらゆる点において、それが深い思慮であれ、理性であれ、想像力であれ、はたまた五感や手を使う場合でも、女性が達しうるよりも高い程度に到達することに示される。（ダーウィン、同書、六二九―三〇頁、六三七頁）

このような「深い思慮」の成果をさらに上回るのは、情熱的な頭骸骨計測家のメビウス氏である。

本能は女性を動物的にする。（…）非常に多くの女性的な特性は、女性の動物との類似性と関連している。まず自己判断の欠如があげられる。（…）動物が想像できないほどの昔からつねに同じことをなしているように、もし女性だけが存在するとしたら、人間もまた原始状態にとどまっていたであろう。（ベルクマン、一九九二年、二六八頁からの引用）

メビウスはまったく無邪気に、「女性の人生の少なからぬ部分はアブノーマルとみなすことができる」（ベルクマン、同書、同頁）というじつに説得力のある結論に到達する。こうして、「女性」は突如としていわば「生理学的に」「退化した者たち」と同列に置かれ、さらにこの列に連なるのは、あるいは性交時に民族と祖国のための「遺伝病質のない」生殖という名誉などおよそ想像しえない同性愛者、「オナニー常習者」などの「アブノーマルな者」たちである。

社会状況と社会特性をダーウィン流に生物学化する際の恐ろしい嘲笑の対象は、もし近年のフェミニズムの女性研究（たとえば、本書でも度々引用されるベルリンの政治学者・社会史家であるアンナ・ベルクマン、その他の業績）が全体像を体系的に究明していなかったならば、今日までみごとに闇に葬られたままであったろう。今日まで方法論的および内容的に、また研究者（ポスト）の数および制度上の支配によって男性優位の自然科学（および、いわゆる学問一般）の「資本主義的魔術」は、恥ずべきであると同時に滑稽なその歴史に関して、明白に立証されて幾重にも証明されたこととしか認めようとしない。しかし、それにもかかわらずなお（ダーウィンの場合にように）大御所とされる者たちのひどい脱線や理論上の過失は、彼らの歴史の殿堂のなかで体系的に無害化され、揉み消される。自然科学の知見を短絡的に歴史的・社会的なものに移しただけの、誤った、殲滅を密かに意図した似非自然科学は、アウシュヴィッツ以後はたしかにその術語と論拠を変更し、これらを巧みに隠蔽した。しかし、この科学はその核心において元のまま保存されているのであり、それゆえ公然と、かつ留保なしに社会生物学主義を（あわせてそれ自体の歴史を）根底から批判し、拒絶することができないのである。

人種闘争と世界陰謀

社会的存在としての人間の立場からみて、愉快でないばかりか、徹頭徹尾ばかげていると同時に公益を害するこの自然科学は、資本主義的競争＝意識の悪霊《デーモン》と復讐の女神《フリア》には申し分なくふさわしかったから、この科学から体系的にあらわれた思想の別の所産、すなわち近代の人種妄想と容易に融合しえたのである。カントを筆頭とする偉大な啓蒙主義哲学者たちはすでに、アフリカ大陸の人間を最底段階に位置する「動物人間」と定義していた。競争讃美の論文〔『世界市民的見地における普遍史の理念』のこと。本書七七―七八頁を参照〕が出る九年前に、資本主義的理性の共同創始者は「さまざまな人種」に関して長広舌をふるっているが、そこでは次のように断言される。

> ちなみに、湿気の多い暖かさは動物の頑強な成長にとってそもそも有益であり、要するに、ニグロは気候に十分適合して生まれてきたのである。すなわち、ニグロは頑強で、筋肉質で、体は柔軟だが、彼らを生んだ土地の豊かな産物のもとで怠惰で、だらしなく、ぶらぶらしているのである。（カント『さまざまな人種について』福田喜一郎訳、四〇八―〇九頁、一部変更）

人間材料の「勤勉促進」（産業化）のための「怠惰」撲滅キャンペーンの観点から、否定的な実例として「ニグロ」が利用された。「すてきなマシン」を支配する紳士方が、アフリカ大陸住民の「母国の豊かな産物」を世界市場ピラミッドの最低段階に位置する資本主義的な「父国（祖国）」の人為的な窮乏へ転換することに全面的に成功したことについては、疑問の余地はない。アフリカ人はまったく役立たずで、生まれつき虐げられるべきであるとの見解を、カントはすでに初期の論文『美と崇高の感情にかんする観察』のなかで断定的に表明していた。

> アフリカの黒人は本性上、子どもっぽさを超えるいかなる感情も持っていない。ヒューム氏〔デイヴィッド・ヒュームのこと〕は、どの人に対しても、黒人が才能を示したただ一つの実例でも述べてほしいと求め、彼らの土地からよそへ連れて行かれた十万の黒人のなかで、そのうちの非常に多くのものがまた自由になったにもかかわらず、学芸や、その他なんらかの称讃すべき性質のどれかにおいて、偉大なことを示したただの一人もかつて見られたことはないが、白人の間には、最下層の民衆から高く昇り、優れた才によって声望を獲得する人びとが絶えず見られると主張している。（…）黒人は非常に虚栄心があるが、黒人風にであり、また棍棒で追い散らさなければならないほど話好きである。（カント『美と崇高の感情にかんする観察』久保光志訳、三七九―八〇頁）

ヘーゲルの発展理論もまた、「黒人《ニグロ》」の文化を「世界精神」から逸脱した最低の、前文明期の段階にあると烙印を押すことによって、この人種主義的な差別を継続した。たとえば、歴史哲学に関する講演において、次のように言っている。

本来のアフリカは、（…）子どもの国であって、歴史にめざめる以前の暗黒の夜におおわれています。（…）黒人の特徴はといえば、その意識がなんらかの確固たる客観性を直観するにいたっていないことが、まさにそれで、人間の意思が関与し、人間の本質を直観させてくれる神や法律がかれらのもとにはない。アフリカ人は、個としての自分と普遍的本質としての自分との区別を認識する以前の、素朴で内閉的な統一のうちにあって、自己とはべつの、自己より高度な絶対の実在については、まったく知るところがありません。（…）黒人は自然のままの、まったく野蛮で奔放な人間です。（…）かれらの性格のうちには、人間の心にひびくものがないのです。（ヘーゲル『歴史哲学講義』長谷川宏訳、上巻、一五七頁、一六〇頁）

「自己」よりも「高度」とされる「絶対的な実在」であるところの「普遍的本質」とはもちろん資本の自己目的マシンにほかならず、マシンの絶対的な（つまり全面的な）要求は、市場と競争の諸カテゴリーに対応しない人間存在のいかなる形態をも人類から破門しなければならない。フランスでは、ヘーゲルを実証主義的に通俗化したオーギュスト・コント（一七九八―一八五七）が、人類の「段階理論」をつくりだした。それによれば、「野蛮人」の人喰い段階から「選抜された者、あるいは（…）人類の前衛」にいたり、この前衛は「白人種の大部分、すなわちヨーロッパの諸国民を（包含する）」（コント、一九九三／一八八一年、一六七頁）。人種概念は当時はまだむしろ文化理論的に動機づけられていたにもかかわらず、皮膚の色を基準にしてすでに生物学的な特徴を得ていた。

コントに続いたのは、フランスの外交官で、ジャーナリストでもあったアルチュール・ゴビノー伯爵（一八一六―八二）で、彼は「高貴なアーリア人種」の神話を捏造した。ゴビノーは、迫りくる貴族の社会的没落のなかに人類の滅亡が始まるのを見ていた古い絶対主義的なエリート理論のイデオローグの一人だった。この思想を彼は、みずからつくりあげた神話学的要素と成立しつつあった社会生物学的イデオロギーとを奇妙に混ぜ合わせて、全歴史における没落のモデルとして同定しようとした。「アーリア性」の神話は、もともとは純粋に言語史的な認識から（いわゆるインド＝ゲルマン諸語の類似性の点で）まったく恣意的に幻の人種学説へと尾鰭がつけられたものであり、十九世紀に入るとともにすでに盛期を迎えていた。ただしその際、共通するとされた「血」が呼び起こされたのは（ゴビノーの場合もそうであったように）、むしろ非合理的な文化的メタファーとして理解されるべきものだった。

人種理論はダーウィニズムとの融合によって直接生物学的な性格を得たのだが、これによって、もともと狂っていて破壊的な性格は倍加された。すでにゴビノーは、「人種の純粋維持」のための闘争を、「絶えざる混血」による（止めがたく宿命的と思われた）没落に対する唯一の対抗手段と考えていた。その際彼は、アーリア人といういかがわしい人種のうちまだ「相対的にもっとも純粋な」残存部分が原則的に「白色人種」に存すると見て、白人種のなかでも特に「ゲルマン人」を優遇し、「ゲルマン人の中核」はフランスの一部地域、スカンディナヴィア、北ドイツにもっとも多く保持されていると考えた。ゴビノーの『人種不平等論』はすでに革命の年、すなわち一八四八年に出版されており、ダーウィンの『種の起源』の前である。こうして人種学説は、ダーウィン流の遺伝学と「優生学」によって充電されることになった。

一方では〔純粋種を保存するための〕「近親交配」の哲学、他方では遺伝分散による〔種の改良〕発展、この両者が生物学的な作業仮説においてかならずしも論理的に調和しないことは、ダーウィン流人種主義（あるいは、人種主義的ダーウィニズム）の有効性にダメージを与えることはなかった。そのような不一致は問題にならなかった。というのは、本来の意味での生物学的な対象は人種妄想の文脈においては実体はなく、人種妄想はその力を、生物学的プロセスの現実の研究とは間接的にしかかかわりをもたないまったく別の論理から得ていたからである。人種学説とダーウィン流優生学の妖しい結びつきはたえず文化主義的で生物主義的な種々のモデルの間で浸透しつづけて、これらのモデルは層をなして重なり合い、ますます非合理的な結合を生み出した。その結果が、宗教の生物学化あるいは宗教的人種生物学だった。

資本主義という競争社会のパラノイアのプロパガンダにもっとも影響をおよぼした一人は、ドイツに帰化したイギリス人、ヒューストン・スチュワート・チェンバレン（一八五五—一九二七）で、彼の分厚いだけで低俗な人種論『十九世紀の基礎』は一八九九年以来たいへんな数の版を重ね、主要な欧米語に翻訳された。チェンバレンは妄想じみた常軌を逸した厳密さで千ページ以上にわたって芸術形式を含むほぼすべての歴史を「人種的」観点からこきおろし、それによって同時代に歴史的文化的次元での包括的な社会生物学的解釈を提供した。「人種の純粋性」をめぐる闘争は、二十世紀初頭のイデオロギー上の目標にいたる道となり、多かれ少なかれ例外なくすべての資本主義的な国々と近代化社会に深い影響を与えた。

ダーウィニズムと人種妄想、およびこの両者の結合、ほんらい人間全体にかかわるはずの自然科学が男性中心であることの滑稽さ、「アーリア人」と「ゲルマン性」という悪夢、優生学または（畜産農業的な人間育種理念がそれ以降たいていそう呼ばれたところによれば）「人種衛生学」、「劣等人間」の淘汰——これらすべてから、あらゆる次元における帝国主義的・資本主義的システムの二元論的な序列がつくられた。すなわち、生物学的に優れた支配人間、「白人種」、「遺伝病質のない正常人」、闘争力のある男性が一方に位置し、他方には、支配されて然るべき生物学的に劣った人間材料、「退化した者」、病者、生来の犯罪者、女性、「有色人種」が位置した。

もちろん世界で最上のこの発展ヴァージョンは、ダーウィニズム的かつ人種主義的な妄想が生みだした肯定的な空想像に対する陰鬱な対立像がなければ、完全ではなかったであろう。というのは、国内外の帝国主義的競争の内在的な処理形態と反省形態がいかに幻影的であったにせよ、それらはもっとも発展した産業資本主義体制のあらゆる局面を考慮しなければならなかったからである。しかし本質的な観点はもちろん、「すてきなマシン」の不分明な呪物神のもとでの、また、危機、破綻、破滅の可能性を秘めた競争の宿命のもとでの、競争関係にある支配人間の自己服従と自己放棄だった。独善的で傲慢な競争主体に、上位に立つ盲目的な座標系の「自動的な主体」[*1]が対置されるという事実は、座標系に閉じ込められた思想の悪夢のような性格のなかになんらかの方法であらわれるほかなかった。

つまり、まだ夢の妖怪――生物学的な悪の化身――が欠けていた。自身についての自覚がなく、似非自然法則的な、自己目的的な思考形態と行動形態をとる社会はすべて、抑圧されていて意識へと統合されない自我の諸要素を呪縛するために、疎遠かつ外的と考えられる「悪」の観念を必要とする。純粋に皮相的かつ政治的な意味において、「悪の金持」はもちろん帝国主義的な競争者であって、彼らはそれにふさわしく否定的に描かれた。しかしそのような位置づけでは、悪の捉えがたさを十全に定義するにはまったく不十分だった。この悪は、自己自身の社会においても悪魔的な「内部の敵」として提示されることが必要だったからである。価値の増殖および全方位的競争のシステム自体が良いものであったとすれば、見通しがたい、将来の脅威となる否定的な作用は、遍在していて、しかも生物学的には異なる邪悪な敵対勢力から出てくる必要があった。劣等人間のカテゴリーではこの悪をあらわしえなかったし、名誉を守るために決闘を申し込むほどの相手ではなかった。自分たち自身の妄想システム内部で競争を繰り広げる支配人間にとって、「退化した者たち」、女性や有色人種、およびその他の「下等な人間」にひょっとして競争で打ち負かされたり、歴史的な敗北を喫したり、または他のやり方で破滅させられるとしたら、それは名誉にかかわることだっただろう。

したがって成熟しつつある資本主義体制は、生物学的世界像の文脈における自己自身の否定性を具現するために「否定的超人」という「邪悪な敵対人種」を必要とした――そして、それはユダヤ人のなかに見いだされた。資本主義における悪をこのように解釈するには、長い伝統を引合いに出すことができた。すでに中世において、ユダヤ教地区は「キリスト殺し」として狂気の妄想（たとえば、人肉食いの儀式のためにキリスト教徒の子どもを殺害するという疑惑）と周期的な迫害にさらされていた。ユダヤ人はたいていの国々で農業のための土地所有からも、ツンフト関連の職業への参入からも閉め出されていたから、少なくとも西・中央ヨーロッパでは多くのユダヤ人は商業および金融業に転身するしかなかった――みすぼらしい行商や露店商、廃品回収業から金貸しにいたるまで。こうしてユダヤ人は、社会序列のなかで一般的に拝金主義者やあくどい利得者などの否定的なイメージを植えつけられ、アモラルな金銭欲の、また暴利をむさぼる吸血鬼の化身の烙印を押されたのだが、これはむしろ絶対主義的な支配者とその機構にこそはるかにぴったりあてはまったであろう（ここにすでに、近代化の反ユダヤ主義症候群を心理的に投影する解放機能がみられる）。

資本主義的生産様式がますます社会全体をおおい、「すてきなマシン」が解放されればされるほど、この投影の需要はいっそう大きくなった。すなわち、それ自体にフィードバックされる貨幣のもつ、主体のない、沈黙の支配の不気味さは、未知の主体性という正体不明の陰謀のせいにすることができた。中世の宗教的興奮は近代の反ユダヤ主義に姿を変え、この反ユダヤ主義は宗教的興奮を、資本主義的な世界マシンという世俗化されたほとんど宗教的な座標系へとシフトして、価値増殖の否定面を「ユダヤ的本質」と定義した。すなわち、貨幣の支配がもたらす不都合は、「ユダヤ的」だからとされたのである。またしばしば強制的にゲットー化された社会的生存形態からも、ユダヤ人共同体は、社会の体内における邪悪で疎遠なものを投影するのにふさわしかった。資本主義的なネーションと捏造された「民族」の世界では、近代化の現実＝作業仮説の上にばらまかれたユダヤ「民族」が同時にグローバルな「生存闘争」の脅威の投影スクリーンを提供した。すなわち、「国際的ユダヤ人」が、民族意識を有する先駆者の対立像としてあらわれた。ますますナショナルな傾向を強める産業商品生産と比較して、はるかにトランスナショナルな貨幣資本の流動性は「ユダヤ人のテーマ」とされ、名の知られたユダヤ人銀行家の一族（ロスチャイルド家を筆頭にして）の存在は陰険な「国際的ユダヤ金融資本」の象徴とされた。

生物主義的に解釈された反ユダヤ主義症候群もまた、ダーウィニズムと融合した。ユダヤ的なものを否定さるべきものとして要請すること、すなわち、ユダヤ的なものを近代における不気味なものの力と定義することは、いまや生物学的な「人種特性」としてあらわれた。反ユダヤ主義的パラノイアは、帝国主義的諸要求を「ユダヤ民族の世界権力志向」へと変え、資本主義的世界市場競争の盲目的で気まぐれなプロセスをすばらしい「ユダヤの世界陰謀」へと変えたが、それは、ヒューストン・スチュアート・チェンバレンの低劣な著作に典型的にあらわれている。

理念上の動機にみちびかれて、印欧語民族は友愛の念から扉を開けた。すると、ユダヤ人は敵のごとく殺到し、あらゆる地位を奪い、われわれの特性を、完全にとはいわないが、部分的に破壊し、われわれにとっては永遠に疎遠な彼らの本性の旗を高々と掲げた。われわれはユダヤ人をそれゆえ侮辱すべきだろうか？　それは非理性的で、卑しく、われわれにはふさわしくないであろう。ユダヤ人は驚嘆に値する。というのも、彼らは絶対的な確信をもって彼らの特性の論理と真理にしたがって行動してきたのであって、感傷的な人道主義（ユダヤ人がこれに賛成するのは、それが彼ら自身に有利になるかぎりにおいてのみである）が彼らに物理法則の神聖さを忘れさせたことは一瞬たりともないのである。彼らがその支配の拡大をはかるために、いかに巧みに血の法則を用いたかをみるがよい。中心となる株は汚さずに残し、一滴たりとも外部の血を混じえず、（…）だが、その間に幾千もの側枝が切り落とされて、ユダヤの血で印欧語民族を汚染するために利用される。これがもし数百年も続くとなれば、そのときヨーロッパには人種として唯一純粋な民族、すなわちユダヤ民族のみが存在し、残りのすべては似非ヘブライの混血の一群となるであろう。しかも、まちがいなく身体的、精神的、道徳的に退化した民族となろう。（…）ともあれユダヤ人には、世界支配と世界のあらゆる宝、特にあらゆる金と銀の所有が約束されたのである。（…）これは、ユダヤ人に与えられた未来の空手形である。ユダヤ人は謙虚に神の前に身を屈めるべきである。だが、彼らはキリストのいう内心からの謙虚さをもってそうはせずに、エホバの前に頭を垂れるのである。なぜなら、こうすることによってユダヤ人は世界のあらゆる民族を屈服させ、地上の支配者になると約束されているからだ。ユダヤ教のこの基盤はしたがって、地上のあらゆる民族に対する直接的かつ犯罪的なだまし討ちを内包しており、しかもその犯罪は、それを実行する力がこれまで欠けていたからという理由で、否認されることはありえない。というのは、犯罪的であり、かつユダヤ人の心を毒しているのは、その希望そのものだからだ。（…）ここに理念《イデー》の力が驚くべきあり方で勝利をおさめる。すなわち、この理念《イデー》は、良い素質を備えてはいるが、身体的にも精神的にもなみはずれて卓越しているわけではない民族のなかに選民妄想を生みだし、（…）この民族を不可避的に、他のあらゆる人間にとっての公然たるあるいは隠れた敵にした。その結果、この民族はあらゆる時代を通じて、またいかなる土地においても、高い才能に恵まれた人びとの間にきわめて深い不信の念を植えつけ、民族のたしかな本能に嫌悪を植えつけたのだ。(…)混血婚を厳格に禁止することによって民族を隔離し、仕方なく交雑したユダヤ人から血統正しい人種を育種するという考えは、まさに天才的である。(…)つまり私がいいたいのは、ユダヤ性を築き上げた男たちは、邪悪で利己的な意図に導かれたのではなく、真摯な狂信家のみが特別にもつようなデモーニッシュな力に導かれていることである。というのは、彼らが成し遂げた恐るべき成果はいかなる点においても完璧だからだ。(…)人びとはユダヤ教とその力を、その根絶しがたい強靭な生命力を理解できないし、われわれの周囲のユダヤ人を、その性格を、その考え方を、正しくかつ適切に評価することができない――このデモーニッシュで天才的なものをその根源において認識しないかぎりは。(チェンバレン、一九三四/一八九九年、三八二頁以下、および五三二頁以下)

ヒトラー以前に非常に強い影響をおよぼした、この典型的な反ユダヤ主義症候群のヴァージョンが示すのは、資本主義経済の非合理性をユダヤ教の特性に翻訳するのに手を貸した投影だけではない。「疎遠なユダヤ的本質」もまた人種差別的な生物化によって「デモーニッシュな敵対人種」という不可避の客観性に姿を変える。しかし、この敵対人種の各成員《メンバー》が主観的には非難されえないのは、彼らがその生物的な本性にしたがって行動しているにすぎないからというわけだ。この空想上の「人種的敵対者」というまさに似非自然科学的な「認識」は、結局のところ、物理的な殲滅の可能性を論理的にオープンにしておくにすぎない。黙して語ることのない「(疎遠な)血の法則」をもってしては、人間的な意思疎通はもはや不可能だからである。やはり黙して語ることのない、交渉の余地のない市場と競争の法則とのアナロジーは明白である。近代化の所産としての反ユダヤ主義は、早い時期に、通常の人種主義や生物学主義よりはるかに悪質であることがあきらかになった。なぜならこの反ユダヤ主義は、帝国主義的競争から「アーリアもしくはゲルマン人種」と「ユダヤの異人種」間の非合理的な架空の闘争をつくりだしたからである。その際、数百年来苦しめられてきたマイノリティたるユダヤ人を卑劣に煽動し、迫害してきた者たちは、あたかも彼ら自身は迫害者ではなく、「異質なもの」から生まれた悪によって苦境に陥ったドイツ=ヨーロッパ精神というアーリア=ゲルマンの、ほとんどすでに崩れ落ちた砦の最後の守護者の役割を演じたのである。

特にレオン・ポリアコフがその浩瀚な著書『反ユダヤ主義の歴史』においてあきらかにしたところによれば、言葉の真の意味において狂ったこの人種主義と反ユダヤ主義のイデオロギーがすでに一八七〇年から第一次世界大戦にいたる数十年の間にいかなる影響圏を獲得したかは、ほとんど想像できないほどである。ドイツにおいて（これは歴史的にとりわけ重大な事例になる）だけでなく、エリートと知識人はほとんど例外なくこの思想にまさにとりつかれたのである。たとえばチェンバレンの讃美者として、アメリカ大統領のセオドア・ローズヴェルト、バーナード・ショー、レフ・トルストイなどがあげられる（ポリアコフ、一九八八年、Ⅶ、三三六頁）。

この一般的な精神的風潮は特定の事件において、たとえば、有名なフランスのドレフュス事件によって公然たるものとなった。一八九四年のこの事件では、ユダヤ人の陸軍士官アルフレッド・ドレフュス（一八五九－一九三五）が陰謀によって不当にドイツのスパイとされて、有罪判決を受け、名誉を剥奪された。告訴のための証拠偽造と他に犯人がいることが発覚したにもかかわらず、ドレフュスは一八九七年に恩赦を与えられただけで、真に無罪放免されたのは一九〇六年のことだった。この事件は社会一般に反ユダヤ主義を煽り立てる嵐を巻き起こし、事件の全貌があきらかになったにもかかわらず（あるいは、まさにそれゆえに）、世論は再三沸騰した。フランスの反ユダヤ主義はドイツのそれと比較して、「ちょっとした軽率さ」によって際立っており、そのかぎりでは「緩和効果」を発揮した。すなわち、プロイセン＝ドイツとは異なって、フランスの反ユダヤ主義者は、たとえばユダヤ人との決闘を拒まなかった！〔決闘をおこなうことは、相手を対等とみなすことになる〕（ポリアコフ、同書、Ⅶ、五八頁以下）。しかし、少なくとも陰謀の卑劣さと故意の法律歪曲を弾劾してドレフュスを弁護した者たちの間にさえ、まったく「無邪気な」反ユダヤ的な発言が「一般的に」みられた。「ユダヤ人」はその執拗な「人種的」煽動活動によってやがてヨーロッパを支配するだろうという、チェンバレンならびに同類の者たちによって広められたバカげた考えは、ユダヤ人に好意的な、ポグロム煽動に反対する側の者たちによっても自明のこととして前提された〔ポグロムはロシア語で、ユダヤ人襲撃を意味する。一八八一年以降、ロシアでたびたび起きた〕。

しかし、ほぼすべての資本主義諸国におけるユダヤ系市民がみずからこの妄想の諸要素をわがものとして、これに対応する発言を一定のやり方で共有したことは、どう考えても見逃しえないことだった。「ユダヤ人の自己憎悪」という動機は、あまりにもしばしば反ユダヤ主義に利用されたから、いかなる説明もなしにこれを実証的な説明として持ちだすことはもはやできなかった。この態度の真の核心はひょっとしたら、例の現象、すなわち人質にとられた犠牲者たちが心理的な自己防衛のために犯人（たち）に対して一種のシンパシーを抱くというよく知られた現象〔ストックホルム症候群と呼ばれるもの〕と比較するのがもっともわかりやすいかもしれない。世紀転換期の資本主義の社会病理的な状況にあっては、特に国の幹部エリートやナショナリスティックな知識階級に帰属することはたいへんな適応圧力のもとにおかれたから、この圧力のためにとんでもない自己破壊的な行動がみられることがあった。たとえばパリのシナゴーグで、ロシアがフランスの同盟国であるからという理由で、「ポグロムのツァーリ」として広く知られた反ユダヤ主義者アレクサンドル三世の息災を願って祈りまで捧げられたという事実は、自己破壊的行動としか理解のしようがない（ポリアコフ、一九八八年、Ⅷ、一三〇頁）。

　類似の行動様式と発言は、多くの著名なユダヤ人文学者や理論家の間でもヒトラーが政権についた後まで確認できる。今日まで広範に抑圧され、十分に照射されていないこの事実は、たしかにきわめて極端な社会意識現象ではあるものの、近代の人種主義的かつ反ユダヤ主義的な症候群の根深い性格をあきらかにするのにふさわしいであろう。しかし、その思考において商品生産システムとそのカテゴリーに縛られている自由主義的、左翼的、民主的な知識階級は、批判の結果を恐れて尻込みをしているところをみると、そのことを正確に知るつもりはどうやらまったくないらしい。

　人種主義的かつ反ユダヤ主義的な動機がヴォルテール、ルソー、カントなどの啓蒙主義の偉大な人物にまでさかのぼりうるという外面的なことだけが問題なのではない（ポリアコフ、一九八三年、Ⅴを参照）。さまざまの結節点が歴史をはるかにさかのぼりうるのは事実であるが、それでもダーウィニズム、社会生物学、人種妄想、反ユダヤ主義の連関はまさに近代の産物であり、競争の不可避で非合理的な反省形態であり、さらに資本主義の一定の発展段階（ほぼ一八七〇年以降に達せられたような）以後は、まさに法則的に生まれる大衆意識の内在的現象形態である。啓蒙主義と自由主義に根ざすこの生物学主義的イデオロギーが、古い（貴族的・絶対主義的な）保守主義とはもはやなんの関係もない新たな「極右の」潮流と諸政党のなかから出てきて――これは、国家社会主義ががんらい自由主義的な「母意識」から出てきたことに似ている――、二十世紀に大飛躍を遂げることになったことは、近代化の歴史をあざ《カム》むく《フラージュ》仕組みの一部である。

したがって、今日まで自由主義と人種主義／反ユダヤ主義との間に対立と相互の責任転嫁があらわれるかぎりにおいて、外見的には対照的であるが、イデオロギー的には同じ根に由来する共通の座標系内部の確執が問題だった。全面的な商品生産と競争のシステムは、その要求と歴史的傾向からみて、必然的に「善」と「悪」、「味方」と「敵」というマニ教的な二元的仮説をもたらすが、この作業仮説は分離した「極右的」生物学的な（挿し木された）若枝のなかにのみあらわれるのではない。自由主義が、そこから出てきた人種主義的・反ユダヤ主義症候群に反対するとすれば、それは、自由主義の側にすれば、疎遠で、外的な、精神の奈落から浮かび上がった先祖返りを信ずることによってのみ可能になる。すなわち、自由主義はこの「悪」を自分自身の肉から出た肉であると認めることは許されないがゆえに、非合理主義そのものをあっさり非合理的だと考えることができるのである。

しかし自由主義は同時にまた、直接、生物学主義的・人種主義的な母体《マトリックス》をそれ自身の思考形態のなかに保持している。社会ダーウィニズムは今日にいたるまで、そのさまざまな（公然たる、あるいは隠された）現象形態において、極右的傾向との共通部分をもっている。それどころか世紀転換期のころには、自由主義的な意識には「自然科学的な」生物学主義的・人種主義的かつ反ユダヤ主義的な思考様式が全面的に混じっていた。つまり、新たな、まだはっきりしない極右思想の独立した諸形態が第一次世界大戦にいたるまで政治的傍流として残ったのは、帝国主義の自由保守主義的なエリートとその主要政党自体がダーウィニズムに由来する生物学的な競争理念と淘汰理念の主要な担い手であったがためにほかならない。

ドイツの血統共同体

ダーウィニズム的社会生物学を全体現象としてみると、原則的に個別人種主義と集団人種主義の二つの要素に分けることができる（現実的にはむろん双方の要素が混在しているが）。個別人種主義が典型的にあてはまるのは、スコットランドの啓蒙主義とアングロサクソンの民主的な、ベンサム型の個人功利主義である。すなわち、生物学的決定、「優生学」、そして「退化した者たち」の淘汰は、主に「生存闘争」における個々の「有能性」や「非有能性」に関係する。個別人種主義にはさらに集団的・人種主義的な要素がつけ加わることもあるが、重点はこれらの要素にあるのではない。この個別人種主義にあてはまるのは、西欧のブルジョア的国民国家の政治制度（特にイギリスとフランス）であり、そこでは公民性は、少なくとも原則的にはエスニック集団もしくは人種上の分類とはかかわりなく定義されている。

これに対して、エスニックな集団人種主義は、特に豊かな土壌をドイツの地に見いだすことになった。ドイツではヘルダー以降、西ヨーロッパにおける国民国家形成のイデオロギー競争において、「遅れを取り戻さんとする」近代国家形成は「民族的《フェルキッシュ》」であると認知されていた。この連関を認識するためには、「特有の道《ゾンダーヴェーク》」*2という紛らわしい概念は無用だった。「特有の道」なる術語は資本主義的国民国家の形成において規範となるべきプロットを示唆するが、これが実際に意味するのは、近代化のある種の「正当性」が想定され、それゆえ近代商品生産システムそのものが無批判に前提されることにすぎない。近代の社会形態とその物神崇拝のラディカルな批判は、内在的な、規範となるべき〔国民国家形態という〕条件設定を抜きにしても、近代化の過程における現実の相違をもちろん知覚できるし、あるいはいっそうよく知覚できるかもしれない。ここで残されるのは、ドイツの近代国家形成を「民族的《フェルキッシュ》」なものとして認知することが、特殊な、歴史的な意識を生みだしたという事実であり、その際この意識の比重は、個別的な競争とエスニック＝ナショナルな競争の関係においては、あきらかに後者に置かれたことである。

そのかぎりでは、ドイツ帝国における家父長的温情主義がビスマルク以来特に顕著だったのは偶然ではない。というのは、権威主義的、リヴァイアサン的な「社会福祉」の理念は国民意識を「民族的《フェルキッシュ》」に基礎づけることによって付加的な推進力を得たからだ。この関連は、ドイツの国籍についての法律上の定義にもみられる。ドイツの国籍法は、西欧の資本主義諸国とは異なって、今日にいたるまでユース・サングイニス（ius sanguinis）、すなわち「血の権利」（血統権）によって定められている。すでにヘルダーおよびフィヒテによって呼び覚まされた「民族の運命共同体」は、法的には一九一三年以来ドイツの公民法によって血統共同体と定義されるまでになる。しかし、ドイツ国籍のこの非合理的な血統共同体的基礎づけは、単なる法律上の定義にとどまらず、国家維持イデオロギーとして国家エリートならびに知識階級の頭のなかにしっかりと根を下ろしていた。この思想は、学校教育と家庭教育、副読本と兵舎での訓練、芸術と日常文化、メディアと（キリスト教の）教区などをとおして社会のあらゆる階層と階級を横断して大衆意識のなかに入り込んだが、それがなおのこと容易に生じたのは、ドイツには「民族共同体」を分断するブルジョア革命が存在しなかったこと、また近代国家形成が古い絶対主義国家機構自体によって推進されたことによる。

こうしてみると、ダーウィニズムがドイツにまさにその理想郷を見いだし、社会生物学主義の集団人種主義的な変種がドイツで拠点を築くことができたのは不思議ではない。「血」の概念は、ヘルダーとフィヒテにあってはなお（後のゴビノーの場合に似て）文化的概念として展開されていたが、この概念はいまや社会ダーウィニズム、「優生学」、「自然科学的」な人種学説と結びついて、直接ドイツの「民族・血統共同体」の生物学的規定へと変化した。しかし、西欧諸国において、自由主義的な個別人種主義が集団人種主義的で「民族主義的《フェルキッシュ》」・反ユダヤ主義的な要素を欠いていなかったように、逆にドイツの血統共同体的集団人種主義においても個別人種主義的な諸特徴が見られた。とりわけドイツ自由主義の政治的なスペクトルにおいてそうであったことはいうまでもない。たとえば、一九一一年に左翼自由主義的な「進歩人民党」の帝国議会議員ハインツ・ポットホフは、身体障害者や「退化した者」の非経済性に関してこう述べている。

社会的な活動を哀れみと隣人愛によって根拠づけることは、無意識のうちに、金と労力を悲惨がもっともはなはだしいところに費やす結果になる。しかしそれは社会的に見て正しいことではない。人間愛《フマニテート》はこの意味で二重に非経済的である。人間愛は高くつく。すなわち、不具者を養う金で、健常児二人を育て上げることができる。人間愛は非生産的である。すなわち、同情心ゆえに世話される惨めな連中が彼らに投じられた資金を国民に返済することはけっしてないであろう。それゆえ、白痴者、不具者、その他の生存能力のない連中の面倒を見ることがいかに感動的であろうとも、このような扶助は奢侈であることを見過ごすべきではないし、大がかりな支出に際してはつねに、国民がこの奢侈を認めうるかどうかを問うべきだろう。(ベルクマン、前掲書、一三一頁からの引用)

ポットホフはまた、このご親切な「人間の経済化」を自由主義的な(左翼自由主義的または社会自由主義的とも言いうることに注意!)打算の一般概念にまで高めることを怠らなかった。

人間生活をも計算高い商人の目で観察し、社会の構成員一人当たりのコストがどれほどかかるか、また構成員各人が何をもたらすかを問うことを学ばないならば、正しい経済政策および国民政策をとることはけっしてできないだろう。(ヴァインガルト/クロル/バイアーツ、一九八八年、二五七頁からの引用)

これこそ至上の自由主義である。スコットランドの啓蒙主義者やアングロサクソンの経済自由主義者(マルサスを含む)といえどもこれほどみごとに表現することはできなかっただろう。抽象的な「労働」と経営学的な採算制という資本主義の殺人法則は、そのイデオロギーの生物学化によって強化され、国家血統共同体という特にドイツ的な集団人種主義とあきらかに結びついて、もはやとどまることを知らない無抑制状態にまで高められた。西欧諸国との競争において、血統を旨とする国家ドイツは、まさしくそのダーウィニズム的・民主的な血統イデオロギーをほとんど「反資本主義的」とでもいうべき一種の文化的・人種的使命として様式化することによって、西欧によって生みだされた自由主義的な功利主義と社会ダーウィニズムをおよそ考えられうるもっとも極端な首尾一貫性をもって執行したのである。

社会生物学的な学術論争は、ドイツの国家機関によって組織されただけでなく、資本主義を担うエリートによっても、イギリスとは比較にならないほど強力に推進された。一九〇〇年、大砲王と呼ばれたアルフレート・クルップは「学術コンテスト」を設けたが、そのテーマは「国家の内政発展と立法に関して、われわれは進化論の諸原理から何を学ぶべきか?」（バウムンク／リース、一九九四年、一六九頁）というものだった。一等賞を得たのは、社会ダーウィニストにして優生学者、さらに「人種衛生学」なる概念の創案者と目されるヴィルヘルム・シャルマイヤー（一八五七―一九一九）だった。かくして、ドイツとオーストリアは、大学から通俗科学および大衆の日常論議にいたるまで社会生物学論争の知的な実験室になったのだが、その際、労働イデオロギー、「民族共同体的なもの」として普遍化された採算計算、「人種衛生学」、人種妄想、これらの諸観点が、相互に影響しあってますます高められた。一九〇八年には、オーストリアの経済理論家で、財政社会学の創始者であるルドルフ・ゴルトシャイト（一八七〇―一九三一）が「人間経済学」というすてきな概念を持ち出したが、これはあきらかに社会生物学的な文脈においてであった。国家は「人種衛生学」にもとづいて「採算のとれる人間育種」をおこなうこと、すなわち、次の点を考慮する必要がある――

> 人間の労働力の生産性が、若い人間〔が就労可能になるまで〕の非生産的な年月の食糧と教育のために支出された総額よりも高くなるように。（ヴァインガルト／クロル／バイアーツ、前掲書、二五六頁からの引用）

この崇高な目的のために、ゴルトシャイトは「人種能力局」の設置を提案した。これは、「退化した者」や身体障害者にとって重大な運命を意味した。彼らは、経済的に、また優生学的・「人種衛生学的」な観点においても、ドイツの民族体および血統体の「寄生虫」に分類されることを覚悟しなければならなかった。さらに官僚主義的・学術的な冷静さをもって、リンダウの管区医官ヨーゼフ・グラスルは一九一一年に、資本主義的には無用の、「寄生虫的な」人間材料の手のこんだ区分をくわだてた。

自分の生活必需品をみずから稼がない者、これまで稼がなかった者、また将来も稼がないであろう者は完全寄生虫である。祖先から相続した遺産を使い果たした者も寄生虫である。公衆の負担で生きている病人も寄生虫である。前者には責任があり、後者には責任はないが、本質的には双方とも同じである。(…)自分の生活必需品の一部しか稼がない者は、半寄生虫かもしくは四半寄生虫である。分相応の生活をしない者はすべて部分寄生虫であり、(…)彼らは公衆ならびに生産者に対して、個人的な埋合せをいっさいせずに、生産物の一部を譲り渡すように強いるのである。(ベルクマン、前掲書、一三二頁からの引用)

かくして、世紀転換期および戦間期の特殊ドイツ的な精神環境のなかで、「退化」論争はしだいに、犯罪者、身体障害者、精神病患者、労働不適格者たちを組織的に抹殺するための、本格的な国民経済的な殲滅計画へと熟していったのであり、この計画は、その公然性と残酷性において、「貧者問題の最終解決」に関する西欧的・自由主義的な論争をさらに凌駕するものだった。すなわち、マルサスの時代には、「貧民の子どもたちを苦痛なしに殺すこと」が「稼ぎのいい連中」の話の種であったが、このような話題が公然と持ち出されること自体、少なくとも身の毛がよだつものであり、この措置はいずれにせよけっして国家的な計画としてまともに考慮されたものではなかった。ところが、ドイツの集団人種主義は、その「民族主義的《フェルキッシュ》な」採算計算をじじつ実行にうつしたのだ。すなわち、国民社会主義よりもずっと前に、「生存能力のない連中」とされた人びとにとって最終的に現実に死刑判決を意味することになるドイツ的概念が形成されたのである。一九二〇年に、精神科医アルフレート・ホッヘ(一八六五―一九四三)と法学者カール・ビンディング(一八四一―一九二〇)は『生きるに値しない生命抹殺の自由化』(クレー、一九九五年)と題された小冊子を著わした。

これによって、「生きるに値しない生命」という決定的な概念が刻印されたのだが、これにはさらにホッへによって「余計なお荷物」というレッテルが貼られた。その論拠たるやまたもや主に国民経済的なものだった。すなわち、「精神的に死んだ者」を「無意味に」扶養することによって、「食糧、衣服、暖房などの形で、莫大な資金が国民資産から奪い去られる」(クレー、同書)というのである。この抹殺計画には、それ以上はありえないシニシズムをもって、「安楽死」の名称が与えられた――「喜ばしい死」は「生きるに値しない者たち」を、経済的に負担できない存在から解放するものとされた。ホッへ自身は、彼の殺人計画によって因果応報の罰を受けることになる。すなわち、彼は組織的な人間抹殺の功績にもかかわらず、ほかならぬナチス政権下において、「ユダヤ人と姻戚関係にあった」ために職を辞さねばならなくなった。ホッへは六十八歳のときにユダヤ人ヘートヴィヒ・ゴルトシュミットと恋に落ち、結婚していたからである。死の三年前の一九四〇年に、彼が路面電車に乗り合わせた知人にひどく激昂して語ったところによれば、ホッへの親類で、安楽死の犠牲になった者の灰の入った骨壺がホッへのもとに郵送されてきたという(クレー、同書)。

しかしドイツの血統意識は、「劣等人間」および「退化した者」についてのみ社会生物学的ダーウィニズムの全資本主義的言説を徹底化したのではなかった。これにもとづいてアーリア人妄想もまた、隣接する帝国主義列強におけるよりもはるかに豊かに繁茂した。ドイツの部族＝民族概念は、ブルジョア革命の時代にはじつ哀れなほど惨めな役割しか果たしていなかったが、それがいまや少なくともいうところの血筋によるアーリアの「高貴人種」という神話的・妄想的な歴史仮説においては、「人種」間のすばらしい神々の戦いにおいては主役を張るのだと空想することができた。一八七一年の帝国《ライヒ》創建よりずっと前に、ドイツのゲルマン崇拝はひどく妙な具合になっていた。すなわち、人種予言者としてのゴビノーは、自国(フランス)ではそこそこ名を知られていたにすぎないのに、ライン川の向こう側で本来の成功を勝ち得たのである。

文化的に「ゲルマン」崇拝の先頭に立ったのは、作曲家リヒャルト・ヴァーグナー(一八一三―一八八三)であり、このゲルマン崇拝は今日にいたるまで「バイロイト音楽祭」における、装飾過剰のオペラ・シリーズ『ニーベルングの指輪』（「ラインの黄金」、「ヴァルキューレ」、「ジークフリート」、「神々の黄昏」）とこれに関連する諸作品の上演をもって、ドイツの民主的な国家文化活動として仰々しく祝われている。ヴァーグナーは一八四八年の挫折したブルジョア革命の信奉者であったが、文化的にはドイツの資本主義エリートの一部を代表していた。彼らのナショナリズムは当時、すでに栄光ある没落空想に耽っていたのである。ヴァーグナーの、「民主的な祝祭」という総合芸術としてのバイロイト構想は、ドイツにおける左翼自由主義的な形式民主主義と人種主義とがいかに緊密な相互関連のもとにあるかを示している。ヴァーグナーの論文や日記は、「人種が混交すれば、高貴な雄《オス》の血が高貴でない雌《メス》によって損なわれる」（ヴァーグナー、一九八八／一九七五年、二四三頁）といった類いの文章に満ちあふれている。ヒューストン・スチュワート・チェンバレンがドイツに帰化して、リヒャルト・ヴァーグナーの娘婿になったのも不思議ではない。一八九四年にドイツの人種主義的ワグネリアンたちはゴビノー協会を設立した。彼らの代表者の一人は、アーリア人神話に関して、まったく誇らしげにドイツの血統共同体に賛意を表明した。「われわれは相対的にみてもっとも堕落していない人間に属するのであって、これはすでにそれだけで何がしかの重要性をもつ」（クラウセン、一九九四年、四二頁）。

　アーリア人神話とゲルマン人神話はとうに民族的なドイツの血統＝国籍の論理に組み込まれていた。帝国《ライヒ》創建後、皇帝ヴィルヘルム一世はデトモルト近郊で「ヘルマン記念像」の除幕式をおこなった。この記念像は、（ゲルマンの一部族である）ケルスキー族の長アルミニウスの三〇メートルの立像であるが、ばかばかしいことに、一八七〇／一八七一年の対仏戦争勝利が、西暦九年のローマ人に対するケルスキー族の勝利〔トイトブルクの戦い〕になぞらえられたのである。さらに、後期ロマン派の感傷派の詩人ヴィクトル・フォン・シェッフェル（一八二六―一八八六）は、『ローマ人が無礼な振舞いにおよんだとき』という歌をつくった。最終節はこんな具合である。

　歴史に敬意を表して
　ここに記念碑を建つ、

いま遍く告げられる
ドイツの力と統一
「いざ、相まみえん」

ドイツの国民意識をつくり上げるためのこのような戯れがいかに歴史的に根拠がなく児戯に等しかったとしても、やはりそれなりの効果を発揮して、あらゆる社会階級間にプリミティヴな「民族共同体的」自尊心を育むのに寄与した。哀れなドイツのジャガイモ食らいたちは、そのうえ日々上司や上官からはプロイセン流にどなりつけられ、いじめられ、それどころかさんざん殴られるがままになるほかなかったのだが、民族の血統というフィクションによって、ドイツ以外の世界に対しては奇妙な優越感を抱かせることができた。しかしその優越感も、目に見える賞与（きわめて控え目なバナナ消費という世界権力の喜びはひとまず措いて）はなにひとつなかったから、主にアーリア人神話とゲルマン人神話という幻覚で満足するほかなかった。

これに関連して、「敵対人種」という幻影、すなわち反ユダヤの神話がドイツ人の頭のなかに特に強固に定着したのは当然のことだった。反ユダヤ的な諸政党と一般的潮流は資本主義世界のいたるところに存在した。だが、その精神的な影響力が非合理的なドイツ血統共同体におけるほど強いところはどこにもなかった。この血統共同体は、捏造された「国際ユダヤ主義」の優位を否定的に投影することによって、自身の歴史的悲惨を粉飾したかたちで知覚することができたのである。今日なお名声の高い歴史家ハインリヒ・トライチュケ（一八三四―九六）は一八七九年に『われわれの将来展望』と題されたとんでもない論文を著わしたが、そのなかで彼は、ポグロムの煽動、アカデミックで冷徹な荘重さ、厚顔無恥な擦り寄り――これらを他の追随を許さぬやり方で混ぜ合わせて（「しかしながら愚考するところでは、すくなからぬ私のユダヤの友人は深い遺憾の念をもって私の言を諒とするであろう」）、ドイツの指導エリート層の根本的な反ユダヤ主義をあらわに示した。

ドイツ国民の間に充満する、種々のただならぬ変動徴候のなかで、反ユダヤの情熱的な運動ほど奇妙な感じを与えるものはない。数ヵ月前にはまだ、反ユダヤ主義を論難する「反ヘップヘップの叫び声」〔ヘップヘップ騒動については、本書一九四頁以下を参照〕が支配的だった。（…）今日では、ブレスラウ〔現在はポーランド領のヴロツワフ〕の選挙民の過半数が――どうやら荒々しく激昂することなく、落ち着いた熟慮のうえで――いかなることがあってもユダヤ人を州議会に選出しないことに全力を傾注するまでになっている。反ユダヤの諸協会が召集され、興奮した集会では「ユダヤ人問題」が討議され、ユダヤを敵視するパンフレット類が書籍市場にあふれている。（…）しかし、このような騒がしい動きの背後に隠されているのは、ほんとうに単に賤民の粗野さや商売上の嫉妬だけであろうか？（…）そうではない。大衆の本能は実際に重大な危険を、新たなドイツの生命のきわめて憂慮すべき損失を認識したのである。今日ドイツ人がユダヤ人問題について語るのは空虚な決まり文句ではない。イギリス人やフランス人が、ユダヤ人に対するドイツ人の見解を過小評価して語るとしたら、われわれはこう答えねばならない。君たちはわれわれのことを知らないのだ。君たちはより恵まれた環境に暮らしている（…）西ヨーロッパにおけるユダヤ人の数は少ないから、彼らは国民の礼節に対してそれと感じられる影響をおよぼすことができない。しかしわれわれの東の国境を越えて、年々ポーランドから無尽蔵の勤勉な衣料品売りの若者たちが大挙して侵入してきて、彼らの子どもたち、さらに子どもの子どもたちが将来いつかドイツの市場や新聞を支配することになる。（…）われわれは、数千年におよぶゲルマンの礼節にドイツ＝ユダヤの混交文化が続くことを欲しない。（…）彼らの自惚れはなんと空疎で、侮辱的であることか！（…）陰険で侮蔑的な言説においてたえず証明されるのは、カントの国民がそもそもユダヤ人によってようやく人間性を身につけたとか、レッシングとゲーテの言葉であるドイツ語のもつ美、精神、機知に対する感性が磨かれたのはベルネとハイネのお陰だとかいうものなのだ！（…）幾千ものドイツの村々には、隣人から暴利をむさぼるユダヤ人が居坐っている。芸術と学問の世界で主導的な地位を占めるユダヤ人の数はさほど多くはなく、大部分は、三流のユダヤ的才能をもつ、勤勉なだけのその他大勢である。（…）だがもっとも危険なのは、新聞界において優勢なユダヤ人が不当に幅をきかせていることだ。（…）この不自然な状態に対する当然の反応といえば、新聞界の現在の機能不全状態である。庶民は、新聞をつくっているのはユダヤ人であり、それゆえ新聞に書かれていることはもはやまったく信用できない、と確信している。（…）このような状況をすべて概観すれば、（…）現今の騒がしいアジテーションは、たしかに野蛮で敵意に満ちてはいるが、しかしそれでも異分子に対するゲルマンの民族感情の当然の反応と思われる。（…）勘違いをしてはいけない。運動は非常に深く、強力である。（…）大学教育を受けた者たちにいたるまで、（…）今日異口同音に発せられるのは、「ユダヤ人はわれわれの不幸だ」という言葉である。（トライチュケ、一九八八／一八七九年、八頁以下）

ここでトライチュケの口を借りてあきらかになる劣等感は、半ばみずからユダヤ人の優越性を信じているがゆえに脅威となるのだが、この劣等感を、半ば「僭称されたもの」とされるユダヤ人の「人種としての力」に投影することは、じじつ「大学教育を受けた者たちにいたるまで」資本主義の諸矛盾を写す歪んだ鏡として役立ったのである。そしてこの劣等感は件《くだん》の啓蒙主義者たちの、またファルンハーゲンがそれを嘆いていた〔本書一九四頁を参照〕ロマン主義者たちの、反ユダヤ主義的ドイツの伝統に連なるものだった。この点では、ドイツ帝国《カイザーライヒ》の、ともあれ勇気あるアカデミズムの幾人かの住人もまた自立しているというよりは面食らったにすぎなかったから、事態をなにひとつ変えることはできなかった。たとえば、一九〇二年に『ローマの歴史』でノーベル文学賞を受賞した、自由主義的な古代史家で法学者のテオドア・モムゼン（一八一七—一九〇三）はトライチュケに激しく反論し、「国粋主義的な愚か者たち」が反ユダヤ主義を「立派なこと」として、反ユダヤ主義から「恥という馬勒を取り去り」、「いまや彼らは（…）おおっぴらに怒りをあらわにしている」、と激しく攻撃した（モムゼン、一九八八／一八八〇年、二二一頁）。しかし、モムゼンも当然ながらナショナリスティックかつ資本主義的な立場から論じており、この立場は人種主義ならびに反ユダヤ主義に対するさして害のない批判だけはつねに許容するのである。モムゼンおよび彼の仲間たちにとって重要だったのは、反ユダヤ主義思想の論理的な根源からの批判的省察ではなく、そもそもユダヤ人擁護ということでさえなく、むしろ「国民の政治的礼節の健全化」だった（ポリアコフ、一九八八年、Ⅶ、三八頁）。というのもモムゼンにとっては、ユダヤ人同胞に対する気遣いよりはむしろ、生まれたばかりのドイツの国家統一のほうが心配の種だったからである。

> 万人の万人に対する戦いが荒れ狂えば、やがてわれわれは、先祖がマヌス〔タキトゥスの『ゲルマニア』によれば、大地から生まれた神トゥイストの息子がマヌスで、ゲルマン人の祖とされる〕の三人の息子のうちの一人にまで遡ることのできる者のみが（…）完全な国民として認められる事態にたちいたるであろう。（…）最近、富者対貧者の内戦が誘発されたのと並んで、（…）いまや反ユダヤ主義者のキャンペーンが始まった。（モムゼン、前掲書、二一三頁）

ここにやはり、ドイツの対外的な声望と内部統一にとっての危険は別として、原則的につねに擁護される市場経済と競争の将来ありうる結果についての自由主義者の永遠の憂慮が見紛うことなくあらわれており、モムゼンもまた反ユダヤ主義の容認という重大な案件にすすんで手を貸す。彼はただ、反ユダヤ主義をめぐって「双方の賤民が不協和音を奏でる」（同書、二一二頁）のを放置しないだけだと言う。さらに彼は、「ただし、ドイツの西欧人とセム族の血の間には差異が存する」との認識を急いで確言し、同じく、「われわれのあいだで生活しているユダヤの血をひく者たちに特有の特性」を否定しないと述べる。というのも、ユダヤ人は「疑いもなく（…）国民瓦解の一要因であり」、「訴えられる（…）個々の苦情は、多くの場合たしかに事実にもとづいている」からだと言う――すなわち、「ある種のユダヤ分子の質《たち》の悪い振舞い」は事実であり、たとえば「ユダヤ人の暴利は（…）つくり話ではない」等々（同書、二一七―二二三頁）。

このモムゼンが、反ユダヤ主義の妄想イデオロギーに反対するドイツの自由主義的な抵抗の最先端を代表していたとすれば、ドイツの血統国家における資本主義エリートたちの精神状態が全体としていかなるものであったかは容易に想像できる。ドイツの哲学者や文学者のなかで――いわゆる国民文学の殿堂に入った作家であれ、単なる通俗作家であれ――たとえばヴィルヘルム・ラーベの小説『飢餓牧師』、またグスタフ・フライタークの駄作『借方と貸方』におけるように――、作品のなかで反ユダヤ的言辞を弄さなかった者はほとんどいない。そして、すでに早い時期に重要な基準を提供したのは、みずから反ユダヤ主義的態度を表明したリヒャルト・ヴァーグナーにほかならない。すでに一八五〇年に彼は、ユダヤ人を公民として認知せよという一八四八年の要求に疑問を呈しており、フランクフルトのパウロ教会＝形式民主主義のもつ、真の、隠れた反ユダヤ主義の衝撃を暴露していた。*3

われわれのユダヤ解放闘争は、実際のところ、具体的な事例の改善を目指す努力というよりも、抽象的な原理のための戦いにすぎなかった。おしなべて自由主義《リベラリズム》なるものが、民衆の自由を唱えながら民衆の何たるかを知らず、実際に民衆と接することを嫌いさえする贅沢な精神活動であるように、ユダヤ人の平等な権利を求める運動も、体験に裏打ちされた共感から湧き出たものではなく、抽象的な思想に動かされてのことである。それだから、演説や文書に百万言を費やしてユダヤ人解放を叫んでいても、いざ直《じか》にユダヤ人と接するとなると、そのたびにどうしようもなく不愉快な気分にさせられてしまうのだ。ここで話は一歩核心に近づくことになる。われわれは、ユダヤ人の気質や人柄から受ける抑え難い不快感を正直に告白し、いくら自覚的に努力しても拭い切れないほど根強いことがわかっているこの本能的な嫌悪をありのまま認めるようにしなければならない。こうした自然な反ユダヤ感情を公言することをタブー視したり、不謹慎呼ばわりしなければならないと今なお信じている人は、故意に自分を騙していることになる。（…）世界の現状を直視してみれば、実際のところ、ユダヤ人の地位はもう解放を必要とするどころの話ではない。彼らこそが支配者であり、金力の前に人間のあらゆる営みが膝を屈するかぎり、ユダヤ人の支配は続くであろう。（ヴァーグナー『音楽におけるユダヤ性』池上純一訳、六二一–六四頁）

ドイツ国民の総合芸術職人は、貨幣の否定的な力をユダヤ人の否定的な力として解釈し直すという、資本主義世界の決定的な病的トリックを用いる。そして、このユダヤ人の否定的な力をただちに芸術と国家の本質へと転化する。

現代芸術のユダヤ化は、ことさら証明を試みるまでもなく、否応なしに目に飛び込んで来る紛《まぎ》れもない事実である。（…）ユダヤ人は、何代にもわたって住みついてきた国の言葉を話しているが、常に異邦人の立場でその言葉を口にしているのである。（…）こうした言語と芸術の分野でユダヤ人がなしうることといえば、真実を語る詩作や芸術作品の創造ではなく、単なる口真似や模倣にすぎない。（…）聞いていてまず異和感を覚えるのは、ユダヤ人の話し方に特有のシュルシュル、キィキィ、ブンブン、モガモガといった感じの発声である。おまけに、語彙や構文がわれわれの国語とはまったく異質であったり、勝手にねじ曲げられていたりするものだから、ユダヤ人の話は発音のひどさと相俟《あいま》って著しく混乱した駄弁の様相を呈し、聞き手は話の中身よりも吐気を催すような口調の方にどうしても気をとられてしまう。（ヴァーグナー、同訳書、六五―六九頁）

「ドイツ的《ドイチュ》」とは何であるべきかということが、文化的にも国家的にもおよそ疎遠なものと否定的な一線を画することによってのみ、正当と認められうる。国家の抽象的な普遍性は、「ユダヤ的対極性」をあらゆるレベルから閉め出すことによってのみ、具体的かつ「民族的《フェルキッシュ》」な外観を呈するが、それは見かけにすぎない。このような社会環境下における人間関係がいかに社会病理学的であるほかなかったかは、ヴァーグナーがときおりユダヤ人指揮者を起用したこと、またユダヤ系ドイツ人の名士たちが定期的にバイロイト音楽祭を訪れたことによく示されている。ユダヤ人共同体（とりわけ指導層に属するエリートたち）の、そのときどきのナショナリズムに順応しようとする自己破壊的な試みは、ドイツでは特にいまわしい特徴を帯びた。というのは、ドイツでは、「民族主義的な《フェルキッシュ》」血統基準がユダヤ人公民の永遠の脅威となったからである。

この、血統にもとづく憲法愛国主義の集団的精神病は、ドイツ文化の一要素として深く大衆意識にまで浸透していた。それに応じてまた大衆においても、反ユダヤ主義の運動や政党は特に受けが良かった。少なくともそれらのイデオロギー的な声明や神話的要素はドイツのふつうの人間の思想的所産となった。資本主義の反ユダヤ主義的な新解釈、およびそれと同時に、ネーションとか帝国主義的競争といった資本主義の所産の狂信的かつ肯定的な占有は、例の集団人種主義的な絆をつくり上げ、この絆は、渦巻く社会の矛盾にもかかわらず、ドイツの血統共同体を最高位の国家首脳にいたるまで統合したのである。ドレスデン（一八八二年）とケムニッツ（一八八三年）は、国際的な反ユダヤ主義会議の舞台となった（ポリアコフ、一九八八年、Ⅶ、三五頁）。そして、ヴィルヘルム時代のポップ・カルチャーもまた反ユダヤ主義的な刺激をすすんで受け容れた。ドイツの国民的なユーモア作家ヴィルヘルム・ブッシュは、その『健気《けなげ》なヘレーネ』のなかで気楽に、だが庶民の心にはっきりと刻まれる詩節を書いた。

ユダヤ人は、曲がった踵《かかと》に
曲がった鼻、曲がったズボンを履いて
こっそり忍び足で取引所へ出かける
ひどく堕落し、魂をなくして

愉快なドイツの日常笑話の宝石箱から取り出されたこの詩節が示すのは、『デア・シュチュルマー』〔ナチスの週刊新聞〕やナチス親衛隊の大量殺人者たちはなにひとつでっち上げる必要はなく、直接民衆の文化財から反ユダヤ主義的言説を汲み出すことができたことである。一八七四年、ドイツの中間階層向けの家庭雑誌『ガルテンラウベ』はバブルの崩壊にショックを受け、これを反ユダヤ主義的に「ユダヤ人問題」と解釈して、見解を表明した。

ユダヤ人たちは（…）働かないで、同胞の手によってつくられたものや精神的労働を収奪している。（…）この疎ましい種族はドイツ民族を隷属させ、われわれの骨までしゃぶる。社会問題は根本的にはユダヤ問題である。他のすべてはペテンにすぎない。（ポリアコフ、前掲書、三〇頁）

一八四八年以前の古い社会反乱の最後のケースがそうであったように、ドイツの当局は、社会的煽動に対して、それらが単に反ユダヤ的である場合には、急いでなんらかの対策を講じようとはしなかった。この種の「資本主義批判」

はガス抜き機能としてつねに歓迎された。一八八一年、数十万のドイツ人（わけても学生、大学卒業者、教員、公務員）が、ユダヤ人をあらゆる公職から閉め出すことを求める反ユダヤ主義の嘆願書に署名した（レール、一九九四年）。ヘップヘップ騒動から数十年後、ナチスの「水晶の夜《ライヒスクリスタルナハト》」（本書一九四頁参照）の半世紀前に、みずからの手を汚さないトライチュケのような黒幕犯に導かれた反ユダヤ主義の暴徒たちが口火を切った。

ベルリンは一八八〇年と一八八一年に暴力シーンの舞台となった。（…）組織化された一団が市内にいたユダヤ人たちに突然襲いかかって、彼らをカフェから追い払い、ユダヤ人商店の窓ガラスを破壊した。地方では、シナゴーグが焼き討ちされた。煽動者の数は増え続けた（ポリアコフ、同書、三一一―三一二頁）。

このような行為は例のごとくおざなりにしか追及されなかったが、それは、当局が、例のいかがわしい「最上層部」の意向が自分たちの側にあることを知っていたからだ。一八七八年にみずから設立した「キリスト教社会労働者党」とともに長年にわたって反ユダヤ主義的な大衆プロパガンダを展開し、プロイセン議会でユダヤ人を「ヒル」（血吸蛭）と呼んで侮辱したのは、プロテスタントの牧師で、皇帝の宮廷説教師であったアドルフ・シュテッカー（一八三五―一九〇九）だった（レール、一九九四年）。シュテッカーが宮廷説教師として、したがって権力の先端の構成分子としてこのような態度をとりえたという事実からしても、反ユダヤ主義の影響がヴィルヘルム帝政の中枢にまで及んでいたことを示している。

例外だったのは、後の皇帝ヴィルヘルム二世の不運な両親、すなわちドイツ皇太子フリードリヒ・ヴィルヘルムとその妻ヴィクトリア（英国のヴィクトリア女王の長女）だけだった。一八八〇年に反ユダヤ騒動が燃え上がると、「フリードリヒ・ヴィルヘルムは（…）プロイセンの元帥の制服を着て、ベルリンのシナゴーグでのミサにあらわれて」（レール、一九九四年）、反ユダヤ主義を「われわれの時代の恥辱である」と述べた。一方、彼の妻は、誹謗中傷をことする血統主義者トライチュケ教授を的確に「精神病者」と呼んだ（レール、同書）。この夫妻の例が示すのは、自由主義的な志操が少なくとも高位の貴族にあっては自動的に人種差別主義や反ユダヤ主義とは結びつかなかったことであり、またつねにいたるところで、あらゆる階層、階級、党派、およびイデオロギー的な陣営において、商品生産システムの法則的な意識形成にもかかわらず、殺人妄想に対して人間としての抵抗は可能だということである（つまり、同調したことや見て見ぬ振りをしたことの弁明として「時代の制約」を挙げることもまたできないということである）。フリードリヒ・ヴィルヘルムは、「三皇帝年」といわれる一八八八年にフリードリヒ三世として統治わずか九九日で喉頭癌のために死亡する。その後を継いだ息子のヴィルヘルム二世が、自分の両親を憎悪し、プロイセン＝ドイツ国粋主義のあらゆる毒をまき散らしたのだが、このことが、ドイツと世界にとっていかに否定的な、破局を早める作用をもたらしたかについては、ごくわずかしかあきらかにされていない（しかも、ドイツの歴史家の寄与はもっとも少ない）。

ヴィルヘルム二世（一八五九―一九四一）はそもそもドイツ資本主義の帝国主義と世界戦争の時代の皇帝であったが、骨の髄までダーウィニズムの生物主義的社会妄想観念の虜になっていた。すでに若いときから、自分自身の母親に向かって、自身の体内を流れる「いまわしいイギリスの血」を呪い（レール、一九九四年）、その惨めな最後にいたるまで、帝国全土で「ユダヤ人の世界陰謀」とイギリス人（「実利一点張りの国民《フォルク》」）とを関連づけるプロパガンダを支援した。一九〇五年、ロシアにおけるポグロムの結果、ユダヤ人がドイツに逃れてくると、皇帝はこう言い放った。「豚どもは出て行け！」（ポリアコフ、前掲書、四〇頁）。ドイツの民主的な歴史記述は今日まで両目を閉じていたから、イギリスの歴史家ジョン・C・C・レールが、ヴィルヘルム二世の狂信的な反ユダヤ主義を証拠だてる明白な資料を白日の下にさらすのを待たねばならなかった。

一九〇一年、皇帝はヒューストン・スチュワート・チェンバレンと対面した。それ以降チェンバレンはヴィルヘルム帝国の国家哲学者兼主任イデオローグを名乗ることを許され、その代わりに、民主的・反ユダヤ主義的な義父リヒャルト・ヴァーグナー（チェンバレンはヴァーグナーの娘エーファと結婚した）のいう意味において、ホーエンツォレルン家一族を「十九世紀の、指導的役割を演じる民主主義者」に祭り上げた（クラウセン、一九九四年、九三頁）。この陳述が邪悪な真理要素を含んでいるのは、普通選挙権（西の帝国主義諸国におけると同様に、依然として女性は除外されていた）を備えた「民主的君主国」という外見上の政治的性格によるだけではなく、近代のあらゆる民主主義の本質的な権力中枢への無意識的な関連のためでもある。この権力中枢は、資本の抽象的な自己目的およびそこから生ずるアトム化された諸個人の競争とともに、人種主義と反ユダヤ主義の隠れた現存を必然的に含むからである。そして、まさにこの非合理的な、反ユダヤ主義的なあり方で、ドイツ資本主義の最高司令官たるヴィルヘルム二世もまた民主主義者であると同時に、反ユダヤ主義的な「資本主義批判者」であった。このことを、ジョン・C・C・レールは、無数の書簡、回想録、新聞談話などを手がかりにして造作なく立証している。皇帝はつねに、聞く耳を持つもの者すべてに向かって、ユダヤ人は彼の帝国《ライヒ》の「呪い」であると宣言していた。

> 彼らは我が人民を貧困と彼らの暴力下に抑え込んでいる。ドイツのいかなる片田舎にも卑劣なユダヤ人が一人はいて、蜘蛛のように人びとをその暴利の巣へと誘い込む。（…）こうして、彼は次第にすべてを監視下におく。ユダヤ人は我が帝国《ライヒ》の寄生虫である。ユダヤ人問題は最大の問題のひとつである。（レール、一九九四年）

これは、大衆貧困を生み出す資本主義の責任転嫁をはかるための反ユダヤ主義プロパガンダの主要な常套句であり、投影による責任転嫁がこれほど純粋かつ明確に表現されたことはないだろう。ヒトラーはユダヤ人について何か新しいことを言ったわけではない。ヒトラーの述べたことは、すでにヴィルヘルム二世とその奸臣たちが繰り返し口にしていたことだった。一九〇七年、皇帝は、これらの異種族は「駆除」されねばならないと表明した。そして一九〇九年には、「黄金のインターナショナル」〔赤いインターナショナルに対して、ユダヤ人が暗躍するとされる、国際的、超国家的な金融権力を指す言葉〕によって屈服させられたドイツ民族は「ユダヤのジャーナリズム」によって牛耳られていると嘆いた（レール、同書）。退位して、オランダに亡命した後は、ますますバカげた人種主義的・反ユダヤ主義的なパラノイアが昂じて、フランス人とイギリス人の「もともとの」出自はブラック・アフリカであり、自身の母の国（イギリス）の上流階級は「ユダヤに汚染されたフリーメーソン会員」であると疑い、ヒトラーが政権を奪取する四年前の一九二九年にはついに、「ユダヤの疫病からの解放」のために特異な提案をするまでになった――「私が思うに、いちばんよいのはガスであろう」（レール、同書）。これほどドイツの歴史には連続性があるのである。

高等脊椎動物の社会主義

ここで、社会理論と社会的対立の生物学化にかんして、社会主義と労働運動が果たした貢献が問われねばならない。自由主義のかつての日曜学校がすでに、抽象的な「労働」、ネーション、国民経済などの資本主義的諸構想をすすんで受容し、軍事主義、植民地主義、帝国主義などの諸構想を少なくとも部分的かつ社会的に、美辞麗句の衣にくるんで分かち合ったからには、社会主義的な理論と諸政党が社会生物学的かつ反ユダヤ主義的な激流に巻き込まれなかったとしたら、それはまったく奇跡といわねばならないだろう。

社会主義と人種主義／反ユダヤ主義に共通する決定的な点は、肯定的に捉えられた「労働」概念だった。古い社会反乱は、伝承された「諸権利」とその文脈における余暇（「無為」）のために戦い、そこにアイデンティティを見いだしていた。ところが社会主義的労働運動は、この古い社会反乱の自己認識を「労働」そのものの能力カテゴリーに置き換えて、この能力カテゴリーを労働運動のアイデンティティの肯定的な中核とし、それとともに近代の開始以降自由主義によっておこなわれたブルジョアのキャンペーン（「無為はあらゆる悪徳のはじまり」）を引き受けた。そして、その成果の程度に応じて必然的に、この労働運動は、労働弱者、「労働」という宗教における「不信心者」、さらに「非‐労働者」と考えられた者たちへのルサンチマンに侵されることになった。それとともに、ブルジョア世界が問題にしなかったためにある程度までは「許された」、資本主義の二つのカテゴリーの間の競合、すなわち、労働と貨幣を競わせることがすでに原則的に設定されていた――そして、まさにこの労働と貨幣の競合が生物学主義、人種主義、反ユダヤ主義の突破口を開いたのは当然のなりゆきだった。

このことは数々の次元で確認される。さしあたりまず、「労働」は、誤ってそう思い込まれた「非－労働」、すなわち、「剰余価値を不当に占有する」資本家の「不労所得」と対置された。しかしもちろん、いわゆる資本家もまた、異なる機能連関においてではあるが、みずから「労働していた」ことは容易く証明された。すなわち、経営上の計画立案、簿記などの諸活動は、完全に「抽象的な労働」の構成要素として定義されえた。そのかぎりでは、もともと「ともに労働する」私的資本家であっても、それどころか雇われ経営者であっても、簡単に「非－労働」のカテゴリーに含めるわけにはゆかなかった。つまり「抽象的な労働」をすべて資本の構成要素として解読することはできなかったから、「非－労働」の概念を狭めること、すなわち、「なにも生産しない」で、単に寄生的に生産者と消費者の間をかき分けてすすむと思われた商業や、あるいは、実際にみずからはいっさい手を下さずに利子の形で「不労所得」を受け取るようにみえる（フリードリヒ・エンゲルスが表現したところによれば）「利札切り」を、つまり純然たる貨幣資本家を「非－労働者」に分類することはわかりやすかった。

ところが、この論拠もまた整合性があるとは言えない。というのはもちろん、商取引は商品生産システムにおいてはまったく不可避のものだからだ（国家管理のもとであっても）。そして、その際それに付随して多量の活動が生ずることは自明であるから、この部門もけっして「非－労働」の特徴を帯びてはいない。銀行制度に集中している純粋な貨幣資本や貸付資本の場合も事情はまったく同じである。そして、銀行においてももちろん「労働がなされる」のであって、銀行家みずから職務を果たすことによって「労働する」。それどころか純然たる投機家でさえ、仔細に観察してみれば、種々の活動を、たとえば、状況を見て回ったり、情報を分析したりしなければならない。だが、肯定的な「労働意識」においては、このように論理的につきつめて考えることは「許されなかった」。もしそれがなされていたならば、この資本主義批判そのものの非合理性に気づいたはずなのだ。

さてこうなると、商業や金融機関の労働の「非生産的」な性格を指摘することしか残されていない。しかし、この非生産性を指摘することは、社会道徳的なカテゴリーではなく、純粋に経済的なカテゴリーに属するのであり、しかもそれは、資本内部における一方の極として存在する。すなわち、これらの活動は、それらが価値を「創造」せず、単に有価物件や価値量（貨幣形態で）を社会内部で仲介するかぎりで、「非生産的」なのである。それゆえ、それらは国民経済的にみれば、純粋なコスト要因であり、社会的価値創造から差し引かれる額である。さて、労働運動が商業や銀行などの「非生産的」労働を道徳的に軽視し、産業的商品生産における資本主義的な「生産的」活動を道徳的に評価したことによって、あるいはそうしたかぎり、労働運動はいよいよもって資本主義の論理を習得することになった。商品生産における原料加工という直接的な活動は、それがつねに抽象的な資本主義の世界マシンそのものの具体化でしかありえなかったにもかかわらず、肯定的な「生産的」活動として、「良い」具体的な側面としてあらわれた。そして、商業や銀行などの資本主義の仲介機能は、否定的な「非生産的」活動として、「悪い」（直接貨幣にかかわるがゆえに）抽象的な側面としてあらわれた。

　廃棄されていない資本主義的カテゴリーにおける、短絡的で説教調の資本主義批判は、ユダヤ人の責任に帰せられたような行動様式にあまりにもぴったりだったから、ユダヤ人は隠然たる反ユダヤ主義のターゲットから逃れることができなかった。自由主義から派生した、初期の社会主義イデオローグやジャーナリストたちからしてすでに、近代の反ユダヤ主義との親和性を有していただけでなく、まさに反ユダヤ主義の歴史的先駆者に属していた。アウシュヴィッツ以後（非社会主義的な諸政党およびイデオロギーにおけるのと同様に）、この陣営では全面的に、修整がほどこされ、目隠しされ、歪曲され、沈黙が守られた――痕跡を消し去るために。隠蔽された関連がふたたび見られるようになるのは、エルサレムの歴史家エドムント・ジルベルナーの『社会主義者とユダヤ人問題』と題された少なくとも左翼にとっては典拠の疑わしい著作においてである。ジルベルナーはすでに三十年以上前に社会主義のこの汚れた側面を暴露していた。彼はあきらかにイスラエルの愛国者で、ユダヤの「民族的」アイデンティティの代表者であった。しかし、彼は告発的なやり方をとらず、基本的に冷静に、文書に即しており、「問題の」左翼にけちをつけようとはしていない。

　反ユダヤ主義についてはとくに、すでに十九世紀前半の空想的社会主義者たちの間でつねにラディカルな左翼の寵児であった空想家シャルル・フーリエ（一七七二―一八三七）において見られる。小さな自足した共同体〔ファランジェ〕の代表者であったフーリエは、同時にフランスのナショナリストでもあって、よそ者に対して漠たる敵意をもっていたし、資本主義的搾取はわけても商業と暴利に起因すると思い込んでいたから、一八〇八年の著作『四運動の理論』ではひどい反ユダヤ主義的な世界像に陥っている。

さいわいなことに、（…）ユダヤ人はまだフランス全土には広がっていない。さいわいなことに、というのは、ユダヤ人は暴利をむさぼっているから、この民族がすでに〔フランスの〕大部分の財産と、それにともなう影響力を独占したとしても不思議はないからだ。もしそうなっていれば、フランス全土は唯一の巨大なシナゴーグと化しているであろう。なぜなら、ユダヤ人が〔全フランスの〕四分の一の財産しか所有していないとしても、彼らは結束の固い秘密結社のおかげで非常に大きな影響力を有するであろうからだ。（ジルベルナー、一九六二年、一七頁からの引用）

それどころかフーリエは、ユダヤ人の公民権反対運動に熱をあげた。死の直前の一八三五年には、ユダヤ人はパレスチナに独自の国家を建設すべきである――ロスチャイルドの資金援助を得て！――という、前シオニズム的、あるいは初期シオニズム的というべき提案をしたのはじじつだが、生涯公然たる反ユダヤ主義者であった。ただしその際に忘れてならないのは、ナチスでさえもが、可能ならばユダヤ人をたとえばマダガスカルか他のどこかへ移住させようと考えていたことである。

アナーキズムの創始者の一人であるピエール＝ジョゼフ・プルードン（一八〇九―六五）の場合も、フーリエよりまともとはいえない。プルードンは資本主義の概念を純然たる金貸し業者の利子生み資本に限定し、この資本の「可能性の条件」は特権を与えられた商品としての貨幣の性格にあるとみていたから、この特権を剝奪しなければならないと考えた。それゆえプルードンは、労働量の直接決済にもとづいて、「労働をしない」貸付資本家の直接の利子利得を不可能にするはずのいわゆる「労働貨幣」を導入しようとした。この理論は、資本主義はただ循環においてのみ存在すると誤って思い込んでおり、資本主義的生産様式のサイバネティックな性格をまったく見逃していた。資本主義的生産様式は、まさに貨幣を「生産的に」自己自身にフィードバックさせることにその特徴が示されるのである。かくして、プルードンは（労働運動全体がそうであるように）、資本主義的生産様式の「抽象的な労働」を資本そのものの核心と認識することができず、逆説的なやり方で貨幣形態を直接「労働」と同一視することによって資本の論理的な自己矛盾を脱しようとしたのだが、資本増殖過程における必然的な、それ自体矛盾する「労働」と貨幣の形態転化を見通すことはできなかった。プルードンの理論もまた、この社会形態の内的矛盾を反ユダヤ主義的に解釈しなおせる範囲内で、資本主義を批判したにすぎない。はたして彼もまた、原則的にユダヤ人は生来金の亡者であり、世界陰謀を企てているという妄想の扇動的な言辞に陥った。『帝政とキリスト教』ではこう言われる。

> ユダヤ人はその性向からして反生産者であって、農民でもないし、生業を営む者でもなく、真の商人でさえない。ユダヤ人はどっちつかずの蝙蝠《コウモリ》であり、いつも不実で、寄生的である。商売においても哲学においても、偽造と詐欺的な模倣をこととし、謀略を用いる。ユダヤ人が知っているのは、好況と不況、輸送リスク、不確実な収穫見込み、需要と供給の不確実性だけである。彼らの経済的な手口はまったく否定さるべきもので、彼らは暴利をむさぼるだけである。サタン、アフリマン〔ゾロアスター教の悪神。アーリマン〕などの邪悪なものの原理は、セム族において具現されている。（ジルベルナー、前掲書、五八頁からの引用）

したがってチェンバレン、トライチュケ、雑誌『ガルテンラウベ』などの反ユダヤ主義的な言辞は、とうに非常に重要な初期社会主義のイデオローグたちのものでもあった。今日にいたるまで、偏狭固陋な賃金労働者、産業管理部門の者、ローンを抱えた一戸建て家主、小規模の商品生産者、ちっぽけな資本家の間で蔓延しているような、「まじめな労働」というプロテスタント的倫理を代表する立場からの、社会的に異質ないわゆる「金利の奴隷」に対する憎悪――この鈍い憎悪の噴出はもっぱら、銀行権力、不当利得、投機家に向けられて、「健全な民族感情」、「大地に根ざした労働」、あるいは「民族主義的《フェルキッシュ》」な資本主義（国家社会主義的な属性を有する「民族資本主義」）といった言葉に感激しがちなあらゆる社会集団、政党、一般的趨勢のなかで、ナショナリスティックな傾向をもつイデオロギー分野をすっかり覆いつくしたのである。この憎悪と分かちがたく結びついた反ユダヤ主義的扇動は、自由主義、ナショナリズム、社会主義のなかに、すなわち、まさに労働運動の奥深くまで浸透した。そして、いわゆる神智学や、ルドルフ・シュタイナー（一八六一―一九二五）を導師に戴く人智学、あるいはドイツ系アルゼンチン人の商人シルビオ・ゲゼル（一八六二―一九三〇）の貨幣改革派〔貨幣にいわばマイナスの利子がつく「時間とともに減価する貨幣」を提案した〕などのオカルト的な起源を有するさまざまの人種差別的な団体を超えて、反ユダヤ主義と利子批判に関して共通認識をもつイデオロギー集団の周辺には、多岐にわたる、隠れた連関をもつネットがはりめぐらされて、そのなかからついに、国民社会主義《ナチズム》が芽を吹くことになる。

マルクスの理論と一八四八年以降の労働運動のマルクス主義の主流は、利子生み貸付資本や商業資本だけでなく、生産様式としての資本主義を総体的に批判しようとした。しかしそれにもかかわらず、その際「抽象的な労働」の肯定的な概念が保持され、私的資本主義的な産業支配が国家官僚主義的な統治によって置換されたにすぎないから、反ユダヤ主義症候群に対する立場はアンビヴァレントなまま残された。マルクス自身は、理論的には労働運動マルクス主義とは異なって、「労働」のカテゴリーに対しては、矛盾した、部分的には批判的な立場をとっていたにもかかわらず、また、彼の主著の第三巻のなかで、資本を利子生み資本とのみ考えるのは民衆の偏見であり、資本崇拝のあらわれであると述べているにもかかわらず、特に「貨幣一般」、「あくどい商売」、「暴利」などが同一視されがちな論争的な言説においては、再三「ユダヤ的本質」を持ち出した。たとえばマルクスは、歴史的な、貨幣の資本への転化を論ずる文脈において、いかなる資本家も「すべての商品が、たとえそれがどんなにみすぼらしく見えようと、どんなにいやな臭いがしようとも、内心と真実とにおいては貨幣であり、内的に割礼を受けたユダヤ人である」（マルクス『資本論』第一巻1、大内・細川監訳、二〇二頁）ことを知っている、と記している。それどころか、マルクスの初期の論文『ユダヤ人問題によせて』は、「ユダヤ人」と「貨幣」をかなり極端に同一視した個所を含んでいるために、再三（エドムント・シルベルナーなどによって）反ユダヤ主義的と評されてきたし、現在でもそうである。

市民社会はそれ自身の内臓から、たえずユダヤ人を生みだすのだ。（…）貨幣はイスラエルの妬み深い神であって、その前にはどんな他の神も存在することが許されない。貨幣は人間のあらゆる神々をおとしめ、それらを商品に変える。貨幣はあらゆる事物の普遍的な、それ自身のために構成された価値である。だからそれは全世界から、つまり人間界からも自然からも、それらに固有の価値を奪ってしまった。貨幣は、人間の労働と人間の現存在とが人間から疎外されたものであり、この疎遠な存在が人間を支配し、人間はそれを礼拝するのである。ユダヤ人の神は現世的なものとなり、現世の神となった。手形がユダヤ人の現実的な神である。彼らの神は幻想的な手形にほかならない。（…）社会がユダヤ教の経験的な本質であるあくどい商売とその諸前提を廃棄することに成功するやいなや、ユダヤ人というものはありえないことになる。というのは、もはやユダヤ人の意識はなんらの対象ももたなくなるからであり、ユダヤ教の主観的基礎である実際的欲求が人間化されてしまうからであり、人間の個人的・感性的あり方とその類的あり方との衝突が揚棄されてしまうからである。ユダヤ人の社会的解放は、ユダヤ教からの社会の解放である。（マルクス『ユダヤ人問題によせて』城塚登訳、六二―六七頁）

ここには疑いもなく、反ユダヤ主義的な奇妙な状況がみてとれる。それにもかかわらずマルクスの立場は、フーリエやプルードン（あるいはチェンバレンその他）の立場とは異なることが二重のあり方であきらかになる。そのひとつは、伝記的な根拠による。なぜなら、マルクス自身が、古いラビの家系の出身だからである。そして、ドイツおよびフランスの無数の敵対者や批判者のうちで、それが適切であろうとなかろうと、あらゆる機会にマルクスを「ユダヤ人」であるとして公然と非難しない者はほとんど一人としていなかった。マルクスのポレミックな言辞のなかに、彼自身の出自と一線を画するというほとんど反ユダヤ主義的な観点が入り混じっていたとすれば、そこにわれわれはまた、ユダヤ人を自己否定的かつ自己破壊的な態度に追いやる例の、ドイツとヨーロッパの反ユダヤ主義的な知識階級のもつ途方もない適応圧力と弾劾圧力を認めることになる。「ユダヤ人の反ユダヤ主義」というのは、厳密な意味ではありえない。というのも、それは犯人と犠牲者を取り違えることを意味するからだ（すでに言語的かつ文化的なレベルで）。これが意味するのはもちろん、このような発言は社会の反ユダヤ主義に養分を与えることになるから、それを内容面から批判しないほうがよいということではない。

もうひとつの問題は、一見するとほとんど反ユダヤ主義的な語彙選択の裏に容易《たやす》く消え去ってしまいかねないが、決定的な内容面での相違である。すなわち、マルクスはたしかに「ユダヤ人」を貨幣支配のメタファーとして取り上げてはいるが、チェンバレンやトライチュケ、また同じくフーリエやプルードンとは異なって、マルクスはこの貨幣支配をユダヤ人に起因するものとはみなさない。まさに逆である。「ブルジョア社会がユダヤ人をつくるのであって」、たとえば、「ユダヤ人」がブルジョア社会を（あるいは、より正確にいえば、ブルジョア社会の悪い点を）つくるのではない。したがって、ユダヤ人の社会的解放は、社会が貨幣支配の形態または資本主義的世界マシンの形態を廃棄すること、さらにそうすることによってユダヤ人を、彼らが疎外という支配のメタファーや同義語として利用されることから解放することに存する。つまり社会は、貨幣支配から解放されてようやく人間的になるのであり、社会は「ユダヤ人」自身を解放することによって、「ユダヤ人」から（あるいは、ユダヤ人に帰せられる特性から）解放されうる。換言すれば、近代の商品生産システムを廃棄することによってのみ、反ユダヤ主義はその根拠を失うのである。

これに対して、チェンバレンのあからさまな言辞、そしてフーリエやプルードンの意図するところは、近代の商品生産システムは、ユダヤ人が存在しなければすばらしいであろう、というものだった。そのシステムが廃棄される必要はまったくなく、「単に」「ユダヤ的本質」がこのシステムから消去されればよい――この本質と同定される「非-労働者」による「利子隷属」と「商売上の詐欺行為」が消し去られるか、またはすぐさま、否定的な「人種」としてのユダヤ人を追放するか殺戮することによって。ジルベルナーや他の者たちが、この重大な差異を認識せずに、「ユダヤ人問題」に関するマルクスの文書をあっさりと、少なくともフーリエやプルードンと同一線上に位置する反ユダヤ主義に帰するならば、もちろんそれは、資本主義の世界マシンを現実に廃棄するという考えがまったく彼らの想像力の埒外にあるからにほかならない。しかし、商品生産システムを、その不合理なさまざまの制限を含めて、

「自然で」、廃棄不可能とみなす者は、それによってまた――それと知らず、あるいは欲せずとも――近代の反ユダヤ主義を永遠化することになるのである。

マルクスの立論がかくも奇矯なものとなり、みずから反ユダヤ主義に接近することになるゆえんは、あきらかに、貨幣は「イスラエルの神」であるとして、貨幣支配とユダヤ教の属性を同一視するところにある。じじつマルクスは、この「特性」を生物学的あるいは「人種的」特性ではなく、文化的・宗教的な（それゆえ廃棄可能な）特性とみているのだが、それでもやはり「ユダヤ人」と貨幣支配との奇妙な結びつきから逃れることはできない。これが彼の反ユダヤ主義との現実的な共通部分であって、この共通部分がマルクス本来の立論を曖昧にしている。というのは、利子生み資本も貨幣形態そのものも「ユダヤ的」属性でないことは自明だからである。問題の所在が非合理的にずらされていることはあきらかなので、非合理的な経済自体の性格をあきらかにする説明が必要になる。

この妄想的な投影の内的メカニズムを解読するためには、後のマルクスの社会的商品形態およびそこに含まれる物神崇拝の分析が助けになるかもしれない。というのは、この物神崇拝はまさに次の点に存するからである。私的な経営学にもとづいて匿名の市場のために生産する者たちの間では、彼らに共通する資源（資金や労働力）の合理的な投入について事前の合意はなされないので、彼らにとっては、彼ら自身の社会的関係は商品のモノとしての特性として、すなわち商品のいわゆる価値としてあらわれる。この特性は、物神崇拝の魔法にかけられた一般的な商品生産者と「金《かね》の稼ぎ手」の頭のなかにしか存在しない社会的な幻影である。それにもかかわらず、問題は、けっしてイデオロギー的な、たとえば「啓蒙」によって克服される可能性のある、頭のなかで生まれた観念の所産ではなく、むしろ、「現実の仮象」（マルクス）である。つまり、物質的な生活過程を取り込み、かつ制度的に明確になっている客体化された社会的な生産形態と交通形態が問題なのだ。人間の社会性が、人間によって生産されるモノの特性としてあらわれることは、資本そのものの本質である。

しかし、社会的関係が特性という奇妙な形態（しかも死んだモノの形態、つまり客体の形態）をとると、否定的な性格は、つまりこの生産様式に内在する破壊的かつ危機的な要素は、必然的に（否定的で目障りな）人間の特性という形態でしかあらわれえなくなる。なぜなら、そうすることによって商品の不吉な価値特性がはっきりと示されるからである。それゆえ貨幣の内面化された形而上学は人間に投影されて、人種主義と反ユダヤ主義の形而上学へと急転する。すなわち、死んだモノの形而上的、肯定的な価値特性は、その論理的な補完物を、生身《なまみ》の人間の形而上的、否定的な危機特性のなかに求める。商品に自然の社会経済的な特性が付着しているようにみえるように、ユダヤ人には（あるいは、いまやグローバル化した商品生産システムの世界の諸地域で、否定的に定義される別の人間集団には）社会悪が自然の生物学的もしくは「人種的」な特性として付着しているようにみえる。危機に際してつねに呼び出されるこの投影的なメカニズムは、社会関係の逆転状態が正されたときにのみ打ち破ることが可能になる。つまり、人間が人間の社会性を意識的にみずから組織し、自分たちの資源（資金や労働力）の投入をあらかじめ共同で決定し、それとともに、全生産物から社会特性という非合理的な形態を取り去ってようやく、人間の、物神崇拝的な、否定的な、社会的な仮象特性もまた消滅しうる。その点では、貨幣支配を「ユダヤ的」属性とする似非理論を一八四三年の時点ではまだ見通すことができずに苦慮していたマルクスの「ユダヤ人問題」に関する論文のほんらいの論拠をなす核心部は、後の社会的商品形態の分析をもってはじめて理解可能になるのである。

しかしながら、社会主義的な労働運動は、マルクスの（ひそかに「労働」批判を忍ばせた）資本主義批判のまさにこのレベルにけっして到達しえなかった。なぜなら、彼らはマルクスから、自由主義のなかからいっしょに持ち出された基本理念（特に「リヴァイアサン的」な国家仮説）のみを受け継ぎ、一見「不分明な」近代の物神崇拝批判を無視したからである。その結果、讃美される「労働」の名のもとに、資本主義的に飼い慣らされた社会主義労働運動の、反ユダヤ主義症候群に対する態度は腰がひけて、不鮮明なままになった。たしかに社会主義者たち自身はもともと、反ユダヤ主義を政治的に推進したわけではなかった。そのうえ、第一次世界大戦後には新たな「極右の」政党や潮流が台頭し、彼らは、一般的な精神的底流として社会全体を貫いて広がる生物学主義、人種主義、反ユダヤ主義を、まさに特別な、独立した政治綱領にまで高めることによって、自由保守主義者や社会主義者に対抗した。しかし、自由主義者および古い保守主義者と同じく、社会主義者もまた潜在的にこの潮流につながっており、反ユダヤ主義のプロパガンダに対してはつねにあいまいな態度をとったのである。

アウグスト・ベーベルによれば、オーストリアの社会民主主義者ペルナーストルファーは反ユダヤ主義を「愚かな連中の社会主義」とみなしていた。だが、この言葉が意味したのはじつに、反ユダヤ主義的な風潮は、それが下層民衆によってのみ問題にされる場合には、いわば正しい方向へむかう（ただ十分には考え抜かれていない）一歩であって、この一歩はのちに社会主義者によって容易に反「資本家一般」へと方向転換できる、というものだった。一八八一年――プロイセンの「水晶の夜《ライヒスクリスタルナハト》」の時代――に、「社会民主主義者」は反ユダヤ主義の現象について平然とこう書いた。

反ユダヤ主義に煽られた大衆がいったんその方向へ進めば、今日はユダヤ人が殴り殺され、明日には当然、宮廷説教師、帝国宰相、諸王、皇帝の順番になる、「非生産的な」お供の連中もろともに。（ジルベルナー、前掲書、二〇四頁からの引用）

それから一二年後、指導的な社会主義者であり、数年にわたってマルクスの個人的な協力者でもあった老ヴィルヘルム・リープクネヒト（一八二六―一九〇〇）は、反ユダヤ主義的なグループが選挙で成果を収めたのを目のあたりにして、ほくそ笑んだ。「そうだ。反ユダヤ主義の諸氏が耕して、種をまき、われわれ社会民主主義者が刈り取るのだ。だから、彼らの成功は、われわれにとってけっして不都合なことではない」（ジルベルナー、同書、二〇五頁）。この意味で、その後すぐに社会民主党の中央機関紙『フォアヴェルツ』もまた蔓延するドイツの反ユダヤ主義についてこう言明した。

反ユダヤ主義がいかに文化に違背するものであろうとも、不本意ながら、それでもやはり文化の担い手なのである――言葉の真の意味において、社会民主主義の苗床の文化的肥料なのである。したがって、あらゆる資本主義政党にとって重大な打撃である反ユダヤ主義の成功は、われわれには喜ばしいことである、ほとんどわれわれ自身の成功と同様に。（ジルベルナー、同書、二〇五頁からの引用）

ここで語られるのは、いずれ恐ろしい報いを受けることになる途方もない迷妄である。労働運動マルクス主義者にしてみれば、自分たちは、国家社会主義的な転換＝展望をそなえた合理的な資本主義批判を展開すべく用意ができているから、反ユダヤ主義者たちよりも知的に優れていると思っていた。しかし、彼らはその際、反ユダヤ主義的な「愚かな連中の社会主義」が実際には、悩みつつも資本主義的に飼い慣らされた大衆の意識に、社会主義者が提示する以上のものを提示しうることを見逃していたのである。この反ユダヤ主義的社会主義は、国家社会主義と同様の良い要素を身につけることができただけでなく、さらにそれ以上にきわめて非合理的なやり方で、苦悩の原因のまさに物神崇拝的な核心部分を、つまり貨幣形態と価値形態という社会的抽象概念を主題としえたのに対して、社会民主主義側は、別の、合理的なやり方でこれに対応することができなかった。というのは、彼らの資本主義批判の合理性はじつに、揚棄されていない、単に国家経済的に抑制されるだけの資本主義自体の合理性だったからである。労働運動マルクス主義は、「労働者国家」をつうじて、破壊的な抽象化をともなう全面的な商品生産と貨幣支配を理性的かつ計画的に万人の幸福のためにつくりあげるであろうという、説得力のない約束しかなしえなかった。これに対して反ユダヤ主義側は、現実となったこの貨幣社会そのものの抽象化を排除するであろう、しかもユダヤ人を排除することによって、という強力で非合理的な約束を提示することができた。そうなると、破壊的な力を解き放つために、奇妙に皮相的なあり方で社会民主主義者が夢見ていた、深刻かつ出口のない危機状況が出来《しゅったい》するほかなかった。この破壊的な力は、病的なあり方で資本主義の根源に触れたのであり、この根源に理性的に触れる能力と意志を持つものはだれ一人いなかったのである。

ほとんど最悪といってよいのは、左翼の大部分が今日までなにも学んでいないことである。反ユダヤ主義症候群のなかにひそむ破局はすでに歴史的事実となったにもかかわらず、左翼はその誤った概念を手放そうとしない。これらの概念には、「労働」の肯定と、「労働」にともなう必然的な、資本主義（その国家経済的な抑制は、いまや取返しのつかないひどい笑い物の種だ）のあらゆる基本カテゴリーの肯定だけでなく、「労働者階級」の観念も含まれる。労働者階級はなんらかの歴史的使命のために特に世界精神によってつくられたのであるから、それ自体は「良い」というわけだ。そして、工場労働者、農民、失業中の青少年、社会的披抑圧者、要するに、〔生物学的な意味ではなく〕社会性を強調した意味での「人民《フォルク》」のあらゆる活動が、それ自体なにか正しいものをもっているにちがいないと思い込まれる――あるいはまだ「無意識である」かもしれないが、原則的にはさらに発展させられるべきものとして。殺人イデオロギーが社会的動機に発しているとする偽装的な説明が可能であれば、人種主義や反ユダヤ主義も、公然とあるいはひそかに「それほど悪いことではない」とみなされる。反ユダヤ主義的な青年労働者や村の住民たちは「単に」誤った敵に立ち向かっただけであって、彼らは資本主義をまだ正しく認識していなかったのだ、と好意的に解釈されるのである。「社会的に動機づけられた」反ユダヤ主義（これはつねに反ユダヤ主義的行動の原因ではないか？）をグロテスクに無害化するこの目眩《めくらま》しは、あきらかに、従来の社会主義の、短絡的な、それ自体いまだにブルジョア的啓蒙思想にとらわれた資本主義批判と分かちがたく結びついている。

しかし「労働」とネーションの是認は、社会主義労働運動から単に反ユダヤ主義の要素やその無害化に対する抵抗力を奪い去っただけでなく、生物学主義的世界観という別の面、すなわち、「労働嫌いの」有色民族、および自国内の身体障害者、犯罪者、労働不適格者一般への侮蔑的な眼差しに対する抵抗力をも奪った。労働運動による大衆イデオロギーのなかには、「下等人間」に対する集団的ならびに個別的な人種差別主義の諸要素がみられる。ジョージ・バーナード・ショーのような指導的な社会主義者は「優生学」という生物学主義の立場をとっていたし、著名な空想科学小説作家で心底からの社会主義者であったH・G・ウェルズは、「劣等遺伝素質の持主」の強制断種を要求しさえした。フェビアン協会の会長であったシドニー・ウェッブは、「実体としての人種がさらに劣化すること、すなわち人種の滅亡」を憂慮した（コッホ、一九七三年、一三四頁）。すでに初期のイギリス労働党が、彼らの諸理念の実現は「アングロサクソン人の世界支配」（コッホ、同書）によってのみ保証されると考えたのも、不思議ではない。

優生学的人種主義は、血統イデオロギーに汚染されたドイツの社会主義運動にとりわけ大きな影響を与えた。「人種衛生学」概念の発明者として大砲王クルップから表彰された例のヴィルヘルム・シャルマイヤーは、社会ダーウィニズム的に純化された社会主義への共感を宣言したばかりか、社会民主党の理論誌『ノイエ・ツァイト』で自説を開陳することまで許された。ちなみにこれは、シャルマイヤーを恭しく「学問の人」と呼んだ、マルクス主義の主任イデオローグ、カール・カウツキーの推薦によるものだった。また社会民主党右派のエドゥアルト・ダーフィトも「人種衛生学者」に喝采を送っているが、それは、シャルマイヤーが「民族体存続の危機」に警告を発したからだった（ヴァインガルト／クロル／バイアーツ、一九八八年、一〇九頁）。一九一〇年に、カウツキーはそのダーウィニズム的著作『自然および社会における増殖と発展』を公刊しているが、その最終章はまったく無邪気にも「人種衛生学」と題されており、それなりの「資本主義批判」とそれに続く未来のヴィジョンが提示される。

人間の技術は（…）自然界の均衡を破壊し、生存闘争の要求を減少させ、それによって肉体的・精神的に劣った個々人の扶養のみならず、生殖をも容易にする。（…）子どもだけでなく、不具者、精神病者でさえいまや就業が可能であり、飢えないために必要とされる収入を得ている。（…）自然科学の発展そのものが退化に寄与するのである。医学は、病人を健康にする技術というよりはむしろ、病人を病気の状態で長生きさせ、その結果、彼らが子どもをつくる可能性を増大させる技術となっている。その結果が最近数十年間における死亡率の低下であり、このことを、取り繕うのが好きなブルジョアやその他の連中はひどく誇りにしている。（…）今日「国家の知恵」を代表する高位高官の諸氏がまず良い例を示して、先頭に立つべきであろう。というのは、彼らに、劣等な個人の扶養と生殖による退化がもっとも多くみられるからである。（…）このブルジョア・サークルにおいては、生殖は、結婚と同様に家族の所有物の利害に利用され、人種の改善には利用されない。（…）社会主義社会においては、事情はまったく異なる。資本の奴隷になる資本家はもはや誰ひとりいないから、病弱で、ひょっとして誰からも愛されることのない婦人が、その資産ゆえに求婚されて、子どもをもうけることが至上命令になるような資本の論理は成り立たない。そして、今日プロレタリアートだけでなく上流階級においてもみられる病気や退化を生みだすところのあらゆる生活条件は消失する。健全な素質を有するものは、その素質を発展させ、強化するであろう。病弱はもはや、そこから逃れるすべのない大衆現象ではなくなるであろう。そうなると、それでも病気の子どもが生まれた場合には、その虚弱はもはや社会環境の責任としてではなく、ひとえに両親の個人的な責任としてあらわれるだろう。(…)新たな種族が誕生するだろう、古代ギリシャの英雄のように、民族大異動のゲルマンの戦士のように、強く、美しく、活力に満ちて。(カウツキー、一九一〇年、二六二頁以下)。

いくらか集団人種主義的なアーリア=ゲルマン妄想に染まった、この優生学的な個別人種主義は、リヴァイアサン的な国家社会主義のもっとも陰鬱な観念世界に似つかわしい。永遠の「労働」の帝国《ライヒ》は、鋼鉄のような力《クラフト》=人間と「人種《ラッセ》」=人間の、「健康な」民族体の、そして狂信的に能率を最優先する、否定のユートピアでしかありえなかった。一見してあきらかなのは、これは、全面的遂行能力と世界征服の家父長的な空想から生まれた資本主義的な男らしさであることだ。このようにみるならば、社会主義労働運動が自由主義から、生物学的で差別的な女性敵視の要素をも引き継いだことは、不思議ではない。「労働」の資本主義的概念の受容にともなって不可避的に、ブルジョア的な家族イデオロギーがあらわれた。すなわち、女性に、資本主義的には(金をもたらさないがゆえに)劣等と位置づけられる私的領域で、生物学的に規定された、産婦として、母親として、主婦としての場をあてがおうとするイデオロギーである。まったくこの意味で、ドイツ労働運動のラサール派は女性の就業にはげしく反対さえしたのである。たとえば、一八六七年に採択された全ドイツ労働者協会(ADAV)の決定では次のように言われる。

大企業の工場に女性を雇用することは、現代のもっとも忌々しい悪例のひとつである。なぜ忌々しいかといえば、労働者階級の物質的状況がそれによって改善されずに、悪化するからであり、家庭が破壊されることによって、労働者はさまざまの理想や価値をすっかり失う悲惨な状態におかれるからである。(…)今日、女性の労働市場

を拡大する努力は、むしろ拒絶されるべきである。（マーハイム／ホルト／ハイネン、一九八四年、三〇頁）

したがって、妻は夫の稼ぎに依存し、「自然」とされる従属的な地位にとどまるべきものとされた。これとは対照的に、統一された社会主義的な、のちの社会民主党は、就業に関しても政治（女性参政権）においても女性の完全な同権を求めた。しかし、ラサール派の表向きの公約はすべてつねに口先だけのものであり、むしろ男性結社的なその姿勢は、今日にいたるまで隠然たる影響をおよぼし、労働組合の日常風景になっている。商品生産によって分裂した生活分野で女性に求められる担当領域ゆえに、女性を社会的に蔑視する原－生物学主義は、しょせん資本主義の労働社会のなかに構造化されているのであって、単に形式的な男女同権決議によっては除去されえないのだ。それゆえ、男女関係の生物学的還元は、「女性問題」を徹底的に論じたマルクス主義の理論的な発言のなかにさえみられる。たとえば、世紀転換期前後にベストセラーにもなったアウグスト・ベーベルの有名な著作『女性と社会主義』（邦訳は『婦人論』）では、なるほど抽象的には女性の完全な解放が求められているものの、具体的な論述においてはいたるところでやはり生物学主義的イデオロギーの痕跡が見え隠れしている。

われわれもまた、男性に国の防衛を任せ、女性には故郷と竈《かまど》の世話を任せることは目的にかなった分業であると考える。（…）知識のある女性は、自然により多くの知識をもつ男性に尋ねるであろう。そこで意見交換が生じ、相互に教えあうことになる。（…）社会主義社会の配慮の最初の対象は、子どもを産む女性、つまり母親である。（…）母親の乳房を子どものためにとっておくことは、それが可能なかぎり、また必要と思われるかぎり、自明のことである。（ブルガルト／カルステン、一九八一年、八四頁以下からの引用）

女性はつまり永遠に「竈《かまど》」専任で、「より多くの知識をもつ」男性の生徒のままであるだけでなく、社会主義の未来社会においてもまず社会の一員としてではなく、その生物学的な機能（母親の役割）によって社会的に定義されることになる。この生物学主義的な機能割当てがいかにつよく労働運動のなかに根を下ろしていたかは、第一次世界大戦前の社会主義的な「出産ストライキ論争」が示している。しばしば七人から八人、あるいはそれ以上の子どもをもつ、果てしなく続く妊娠に疲れきった労働者の妻たちの間で、「出産ストライキ」は大きな共感を得た。しかしこの問題はただちに生物学主義的な討議に付された。社会民主主義の医師ユリウス・モーゼス（一八六八—一九四二）をはじめとする男性プロパガンディストたちは、このような出産拒絶をまたもや「人種衛生学的」・社会ダーウィニズム的に、特に消耗性疾患（結核）に罹病している女性には「不妊」措置がとられるべきであるとの論拠をもって正当化しようとした。他方、党の首脳部、およびローザ・ルクセンブルクやクララ・ツェトキンのような有力な女性社会主義者はいかなる出産ストライキにも反対した。子だくさんゆえに過労状態であるうえに、さらに無理を強いられる母親たちのあらゆる苦難にもかかわらず、党の新聞『フォアヴェルツ』は、このスローガンは根本的に誤っていると判定を下した。「少子化は、社会主義的な認識および政治にいたる道ではない」（ベルクマン、一九九二年、二八九頁）。その根拠としてクララ・ツェトキンがあげるのは、社会主義運動は数多くの「革命のための兵士」を必要とする、それゆえ女性には「臆病と小心」ではなく、（生物学的な！）「階級行動」が求められる（ベルクマン、同書、二九一頁）、というのである。（まさに知的な）女性自身が、性の役割を含意する生物学主義的イデオロギーに「共犯者」としていかに加担したかが示されたのは、この論争においてだけではなかった。

ダーウィンを始祖とする「獣医哲学的」な社会生物学主義は、遅くとも二十世紀以降は、飼い慣らされた労働運動を含む資本主義の意識のなかにきわめて広範にゆきわたって、まったく自明のものになっていたから、倫理的で批判的な、あるいはなんらかのやり方で解放を志向する刺激は、ひどく雑多なかたちでしか表現されえないようにみえた。ダーウィニズム化された社会主義者たちによる社会の「自然科学的」な解釈は、アカデミックなダーウィン主義者たちによって補完され、推進された。たとえば、本人自身は社会主義を忌避していたが、労働運動家の間ではよく読まれた、動物学者のエルンスト・ヘッケル（一八三四—一九一九）がそうである。著名な『世界の謎』において彼は、有機的な自然と社会を直接同一の「法則性」へと収斂させる。

種族として民族として数千年来その生存と存続を確保するために格闘してきた人類のさまざまな末裔の運命は、数百万年来地球に生息する全有機的世界の運命とまったく同様に、「永遠の、揺るぎない、偉大な諸法則」のもとにある。（ヘッケル、一九六〇／一九八八年、三四一頁）

どうやら、倫理を含むあらゆるあらゆる特殊人間的・文化的な形態が妥当性を要求することができるのは、それが「高等脊椎動物」の構成要素としての人間的本性と一致するかぎりであるらしい。これが「獣医哲学的な」資本主義批判に改鋳されると、ある種の「高等脊椎動物の社会主義」を意味しえた。たとえばロシアのアナーキスト、ピョートル・アレクセイヴィッチ・クロポトキン（一八四二―一九二一）もまたじつに感動的なやり方で、社会主義を「動物界における相互扶助」で根拠づけるべく努めたのだが、その理由は、周知のように動物の場合には、相互に殺しあったり、装甲巡洋艦を建造したりする習性は絶対にみられないからというものだった。一九一一年にフランスの大文学者アンドレ・ジッドは同性愛を擁護する著作を公刊したが、そのなかで彼は、同性間の性愛を、そのまま受け容れられるべき人間のセクシュアリティのヴァリエーションとしてではなく、動物界にみられる生物学的な論拠をもって証明しようとした。「断言してよいが、ある雄犬が、童貞であることがわかっている他の雄犬をしつこく追い回すのを見たことがある」（ジッド、一九六四／一九一一年、八四頁）。「この習性」は「アヒルにも」見られるし、もちろん「コガネムシの雄どうしの交尾はきわめて頻繁に生ずる」ことが観察されるという。

また、マルクスとエンゲルスの模範生であったカール・カウツキーは、一九二七年に初版の出た「弁証法的唯物論」に関する二巻本の大著（『唯物史観』）のなかで大真面目に、アルフレート・ブレーム〔一八二九―一八八四年。ドイツの動物学者で、『ガルテンラウベ』にも寄稿していた〕の『ブレーム動物事典』を数頁にわたって引用している――特に、ハタオリドリの社交について、コウノトリの番《つがい》の貞節について、さらにシチメンチョウの知的特性について（「彼らの愚かさといったら驚くばかりだ」）。これらのたしかな根拠にもとづいて、カウツキーは「人種問題」に対して厳格にマルクス主義的な立場をとる。彼が「人種戦争」イデオロギーに反対なのは明らかである。「なぜ異なった人種は互いに戦争をおこなわねばならないというのか?」(カウツキー、一九二七年、I、五一五頁)。それでも、「人間が人種ごとにグループ分けされているのは、否定できない事実」であり、その際、さまざまの「自然の」相違が生じるが、それらを過大評価してはいけないと同時に、またけっして差別的に解釈してはならないと言う。

たしかに、他人種には我慢できない特徴をもっている人種も少なくない。(…)馴染みのないものに対しては違和感を覚えやすいし、嫌悪感を抱くことさえある。そして、われわれの視覚だけでなく嗅覚もまた、ときには未知の人種に不快感を与える。ただし、われわれにとって不快な臭いが遺伝的なものか人種特有のものであるのかは、たしかではなく、むしろ特殊な習慣とか食料によるのではなかろうか。(…)私はイギリスの大英博物館でしばしば何時間も研究している黒人のすぐ脇で仕事をする機会があったが、彼らの人種臭がいささかも気になったことはない。(…)だからといって、少なからぬ人種が特有の臭いを有する可能性をもちろん否定すべきではない。(…)個々の人種の、肉についての特別な好みもまたありうるであろう。東南アジアの河川に生息するワニについて報告されているところでは、彼らは中国人には目がないが、マレー人はあまり好まず、またヨーロッパ人を目の前にすると、食いつく前に一瞬ちょっと考える間があるという。(…)これらの観察がすべて異なるように、あらゆる人種がそれぞれの特性を有していることについてはやはり疑いの余地はない。(カウツキー、同書、五一五—一六頁)

人種生物学による、爆笑を誘わずにはおかない(あるいは感涙を催させる?)、必死に寛容をよそおった力作は、きわめて厳密な、言葉の真の意味で学問的クソまじめさに貫かれている。ともあれ主任イデオローグは、このドイツ社会民主主義の哲学の主要著作の前書きで正直に告白している。

私の歴史的思考の発端は当然ながら、マルクスとエンゲルスがその歴史観に到達しただいぶ後になってようやく形成された。（…）ダーウィニズムは、当時全世界を席巻していた教義だった。マルクスとエンゲルスが唯物史観を創り出したときには、ダーウィニズムはまだ話題になっていなかった。彼らはヘーゲルから出発し、私はダーウィンから出発した。私がダーウィンに取り組んだのは、私がマルクスにかかわる以前であり、私は経済の発展以前に生物の発展に、階級闘争以前に種と人種の生存闘争に取り組んだのである。（カウツキー、同書、I、一七頁）

この一般社会理論の四足的な低劣さを目の当たりにすると、哲学者エルンスト・ブロッホの、さもなければ奇妙に思える、同時代に対する「直立歩行」の要求はにわかにある種の説得力をおびてくる。＊4

訳注

＊1　「自動的な主体」は、貨幣および資本の価値の性状を指すマルクスの用語であるが、ここでは比喩的に用いられている。たとえば、『資本論』の第一部第四章「貨幣の資本への転化」では、「価値は、この運動〔流通G—W—Gを指す〕のなかで失われることなく、たえず一つの形態から別の形態へ移行し、こうして、自動的な主体に転化する」と説明されている（大月書店版全集では第一巻第一分冊二〇一頁、ドイツ語版著作集MEWでは第二三巻一六九頁）。

＊2　ドイツでは一九八〇年代に、ドイツにナチズムが生まれたのはドイツの特殊な事情によるものかどうかをめぐって、いわゆる「特有の道」論争が生じた。この論争の背景には、イギリスやフランスなどの「普遍的な」近代化社会に比較して未成熟と考えられたドイツの市民社会の問題があった。本書との関連でいえば「遅れを取り戻さんとする近代化」の問題である。

＊3　著者は、一八四八年の三月革命の余波を受けてフランクフルトのパウロ教会で開かれた憲法制定ドイツ国民議会を、主に間接民主制によって選出されたいわゆる教養市民層（高級官僚・大学教授・ブルジョアジーなど）を中心とする自由主義者のイニシアティヴによる形式的な似非民主主義とみている。

＊4　ブロッホは『希望の原理』の最終章で次のように記している。「直立歩行、それは動物とのきわだった相違点であるが、人間はまだ直立で歩いてはいない。〔直立歩行〕それ自体はまだたんなる願望として、搾取もなく支配者もなく生きていきたいという願望として存在しているだけである」（『希望の原理』第三巻、白水社、五九八頁）。

第六章　第二次産業革命の歴史

　みずから宿痾を背負い込んだ資本主義は、おぼつかない足取りで二十世紀にたどり着くと、その後は急速に歩調を速めて、盲目的に猪突猛進し、不安と怒りに満たされ、際限のない自家撞着に陥った。産業資本主義的帝国主義が勃興するなかでひとかたまりになった例の、進歩信仰と没落妄想、技術万能主義《テクノクラシー》思想と生物学主義的「獣医哲学」、国家理性《レゾン・デタ》と市場競争、個人的な諸要求、「ネーション」ならびに「人種」の妄想的集団主体性、これらが奇妙に分裂症的に混じりあうなかで、帝国主義列強内部および列強間の、制御不能になった政治的緊張は爆発せざるをえなくなった。「選良」であると同時に文字どおり高度に進化した一種の超‐強奪猿であることを自認する、野蛮化した自由保守主義的な国家エリートが軍拡政策と武力威嚇を推し進めるのと並行して、農業社会から受け継がれた伝統的な社会の結束力はいよいよ加速度的に解体された。

　しかし、そのあとに残されたのは非合理的なせわしなさであり、人びとは途方にくれるほかなかった。政党や労働組合への加入者はたえず増加し、議会選挙での成功が続いたにもかかわらず、労働運動にもとづく社会主義の理念と綱領は、とっくに空疎になり、歴史的オルタナティヴとは信じられないものになっていた。自由主義の異端としての出自をもつ社会主義イデオロギーは、資本主義的な思考形態、行動様式、利害カテゴリーとの混交があまりにも過度となり、このイデオロギーのナショナリスティックかつダーウィニズム的な正体はすでに暴露されていた。このようななかで、産業資本主義の政治スペクトルと社会階級をつらぬいて奇妙な理念と運動が燃え上がったのだが、それらは、引きつづき加速度的なテンポで否応なく人びとを巻き込んだ変化の不可解さに対するきわめてナイーヴな反応だった。社会および自分自身を「まったく別なふうに」思い描いてはいても、それでも同時にまた、現実に存在する組織に加わってその一員でありたいという、社会主義労働運動のひそかなジレンマは、市民社会の周辺と両極で千々《ちぢ》に砕けた分派・党派運動となって、集散が繰り返された。

「何か」が始まらなければならない、だが、それがいったい何であるべきかはわからないという漠然たる感覚は、多様な、個々の、一見関連のない諸観念の、偽-直接性へと流れ込んだ。これらの観念に共通点を見いだすとすれば、あるいは「自然へ帰れ」という抽象的な要請をあげることができるかもしれない。ルソー以来、資本主義的社会化を傲慢不遜に否定するあらゆる推進力はこのスローガンで偽装していたからだ。さらに、「獣医哲学的」ダーウィニズムと結びついたこのスローガンから期待しえたのは、解放の刺激とはまったく別ものだった。「生活改革」運動、菜食者クラブ、ヌーディスト協会などが雨後の筍《たけのこ》のように生まれた。青少年運動や徒歩旅行運動は、ヴィクトリア朝およびヴィルヘルム時代の名士＝資本主義の、自足して硬直した生活形態に反抗するのがつねだった――ドイツとオーストリアの帝国《カイザーライヒ》では「ワンダーフォーゲル」やこれに類似した形で、イギリスでは、ほとんど同時に成立した、ベーデン＝パウエル卿の「ボーイスカウト運動」を通じて。しかしながらその目的は、社会の批判的な省察ではなく、文化的な代替行動による一種の浄化であり、常習的な変装であり、知的程度の低いキャンプファイアを囲むロマンチックな雰囲気だった。このロマンチシズムは、国粋主義的な狂信にかけては、その生活様式が表面的に攻撃されたプチブル根性の上をゆくものだった。

それは余暇でも楽しみでもなく、現実に体験しうるエロチシズムでもなければ、自由で自然な生活様式でもなかった。文明批判は、そうでなくともその化けの皮がはがれつつあった十九世紀の資本主義のファサードに対してのみ向けられて、その無目的性が生活改革者や青少年運動家の頭のなかで（それに対応して、「労働文化運動」においても）再生産される、破壊的な社会ダイナミズム自体には向けられなかった。この抽象的なネオ・ロマンチシズムの中心的なイデオロギー概念は、包括的な「清浄性《ラインハイト》」という過大なイメージになった。この概念はまさに神秘的な意味を獲得した。部分的にはまだそこには、十九世紀の表面的な衛生学キャンペーンの響きが混じっていたが、それは新たな産業密集地帯のむさ苦しさと疫病の脅威のなせる業だった。同じように重要だったのは、（同じく徹頭徹尾国粋主義的な）スポーツ推進運動だった。一八八八年に国粋主義的な文化批評家ユリウス・ラングベーン（一八五一―一九〇七）によって書かれた、文化保守的な、ただ分厚いだけの駄作『教育者としてのレンブラント』は、ドイツの青少年運動と改革運動のベストセラーになったが、そこでは、喧伝される「ドイツの精神生活の浄化」がまったく字義どおりに理解されている。

> 今日のイギリス人には、スポーツを愛好する点では、古代のヘレニズム的生活を思わせるものがある。イギリス人の身体は、今日のドイツ人よりもよく鍛えられている。（…）特に、ドイツ人は、ビールを飲みすぎてあまりぶくぶく太らないように注意すべきであろう。さもないと、無数にある居酒屋は、国民個人の健康にとって、病原菌の巣になりかねない。（…）ドイツの学生もまた、このことから教訓を汲み取るべきだろう。彼らがイギリスのスポーツを見習って、身体生活の改革をおこなえば、かならずや良い結果を得るであろう。このことは一般成人についてもいえる。現在プロイセンで五万を数える居酒屋の代わりに、五万の公共水浴施設があれば、全国民の身体的、精神的、さらには道徳上の健康は、現在よりもはるかに改善されるであろう。というのは、身体的清浄性と道徳的清浄性は相互に求め合うものだからである。もっと多くの水浴施設があれば、おそらくドイツの社会民主主義者の数はもっと少なくなるであろう。（ラングベーン、一九二二／一八八八年、三一二頁）

この奇妙な「清浄性《ラインハイト》」の隠喩法は、身体健康法の概念を身体としての社会に移し、さらに、声高に叫ばれる資本主義の諸矛盾がひょっとしたら一種のクナイプ式療法（冷泉浴療法の一種）によって清められるかもしれないという、いわば道徳的かつ文化的な禊《みそぎ》を夢見ていたのだが、この隠喩法はさらに、健康法の眼差しを内部に、すなわちダーウィニズム的社会生物学的理念において主張されたような、「血の清浄性《ラインハイト》」に向けさせた。真の、新しくかつ「清浄な」人間はまた、可能なかぎり「純血種」であるべきとされたが、これこそ「清浄」の意味するところだった。オーストリアとドイツの大部分のワンダーフォーゲル運動は、ユダヤ人をメンバーから排除するか、または、彼らに分離した独自の団体をつくるように強制した。この行動に対して、「ユダヤ人一掃《ユーデンライン》」という新造語が生まれた（ポリアコフ、一九八八／一九七七年、Ⅶ、四三頁）。この身の毛もよだつ「清浄性《ラインハイト》」というコノテーション〔言外に含意された状況依存的な意味〕は、今日までドイツの主婦の病原菌不安ならびに洗剤メーカーの宣伝文句のなかにその余韻を残している（「繊維の奥深くまで清潔《ライン》」）。

まったく直接的だったのは、冷水沐浴、肉体の鍛練、禁欲的でエロスの介在しない裸体主義、食餌療法と節制、銃やナイフの介在する男性間のエロチシズム（実際の同性愛的関係は許されなかった）、野山の行進などで、これらは実践的かつ心理的な戦争準備にほかならなかった――すべては、塹壕生活の先取りであり、その訓練だった。ベーデン＝パウエル卿は彼のボーイスカウトたちにはばかることなく明言した。「フットボールは良いゲームだ。だが、いかなる他のゲームよりも良いのは人間狩りだ」（コッホ、一九七三年、一一一頁）。目前に迫った資本主義の脱皮の不安、すなわち、徐々に大衆産業的かつ大衆民主主義的な発展段階に入りつつあった資本主義、それと同時に、抽象的な「労働」システムに対する真剣な解放のイニシアティヴがまったく欠如していたこと、この二つが社会意識のなかに攻撃的かつシニカルなカタストロフ願望の要素を燃え上がらせた。人種的な滅亡妄想はやがて、世界大戦という「鋼鉄浴」における肉体の最後の「浄化」によって満たされることになった。

感受性のするどい精神は、きたるべき大変動の時代をいわばヴィルヘルム二世治下の時代精神のコーヒーの澱《おり》から読み取ることができた。一九一〇年から一一年にかけて、若き詩人ゲオルク・ハイム（一八八七―一九一二）――第一次世界大戦の勃発する二年半前に、スケートの最中に、まだ二十五歳にならぬ若さで溺死した〔正確には、氷の割れ目に落ちた友人を救おうとしたが果たせず、ともに溺死した〕――は陰鬱なイメージによって全般的な破滅を呼び出したが、その幻視的な力はすでに二十世紀半ばの全面戦争さえも先取りしていた。遺稿の詩行では、「国は死んだ都市でおおわれている」と詠われる。そして、なにものによっても凌駕されえないのは、きたるべき時代を予見した、『戦争』と題された悪夢の詩である。

長い眠りから目覚め、彼は立ち上がった、

穹窿の深い底から立ち上がった。
大きな影もそれとは知られず、黄昏のなかに立ち、
やがて、月を黒い手にとらえて握りつぶす。

大都市が黄色の煙のなかに沈み、
音もなく奈落の腹のなかへ身を投げた。
だが、はるかに燃え上がる瓦礫のうえに立つ彼は、
怒り狂う天空へ向けて三度炎を振りかざす。

まだヴィルヘルム時代の平和のただなかにあった一九一二年に、教育者ヴィルヘルム・ラムスッスはまさに予言的な『人間屠殺場』と題された本を書いた。それは、きたるべき一〇年の歴史を信じられない精密さで先取りするものだった。あたかも著者がすべてをすでにあらかじめ体験したか、目撃したかのように、後にエーリヒ・マリア・レマルクからエルンスト・ユンガーにいたる数多くの戦争文学においてじじつ大戦闘の生の体験として描かれることになる世界大戦の残虐性が、正確であると同時に苦いアイロニーをもって描写されている。

そこに足が一本眠っている。足は膝関節からはずれているが、まだ腱が垂れさがっている。それは、かつて郵便配達夫が階段を昇ったり降りたりするときに使った足だ。だが今では、その足は持主を失ったことを喜んでいて、ほくそ笑んでいる。なぜなら、もう誰もその足を見つけて、ふたたび酷使することはできないからだ。その足の脇には、頭を失った胴体から切り離された軟骨のような気管が、あたかもまだ空気を吸っているかのように突き出ている。気管の下には労働者の強靭な腕が隠れている。その労働者は、生涯をとおしてわずかなパンで七人の子どもをやっとの思いで養ってきたために、その気管は広く延びている。そして、これらすべてを笑っているの

は、若い上級教諭のブロンドの頭だ。頭蓋冠は精液の莢《さや》のように弾け飛んでいる。それは、知識の詰まった男の蛋白質の脳だ。（…）馬の死体が見える。それは腐敗ガスでオルガンのふいごのように膨らんでいる。大地は掘り返されている。背嚢やら、壊れた小銃やら、炊飯道具などが、鉄道築堤の両側に散らばっている。（ラムスッス、一九二八／一九一二年、七八―七九頁、一五五頁）

ラムスッスは政治的次元においても、後のカタストロフの経過を正確に叙述している。すなわち、戦争が初期の熱狂にはじまって、その熱が冷めて絶望へと変わり、ついに崩壊し、内戦と革命にいたるまで（むろん革命は一人称の語り手にとっては起こるのが遅すぎて、間に合わないのだが）。そして、この痛ましくも鋭い予言的なシークエンスのひとつで、この大戦争の理由と意味が問いかけられる。この問いかけは、四年後に塹壕のなかで、実際に世論を厭戦へ転換させるきっかけをつくることになったのであり、産業の「人間屠殺場」にまで進展した資本主義的競争の非合理主義を予感させるものだった。

われわれが出征した当時、それはどうにもならない必然的なものという意識をもっていた。巷では、結局決定が下されねばならない、といわれていた。（…）ヨーロッパ全体の大きな決着――すると、その決着は突然やってきた。最終的な大きな決着（…）それはそうだが、いったい全体何に決着がつけられねばならなかったのか？（…）博愛主義者や哲学者たちは跳びあがり、血と炎のなかを、互いに頭を低くして走った、決着をつけるために。よかろう、だが、われわれがこれほど辛い思いをしなければならないのは、何のためだったのだ？（…）われわれは、どの国でいちばん安いズボンのボタンが製造され、どこでもっとも多くの留めピンがつくられるかを知りたかったのだろうか？（…）それが、われわれ、数百万もの家族の父親が、その体から内臓を引き出されて死なねばならない理由だというのか？（同書、一二九―一三〇頁）

これに類似した、歴史的にはさらに射程の長い幻視に襲われたのは、不気味なものを描いた画家で素描家のアルフレート・クビーン（一八七七―一九五九）だった。クビーンはすでに一九〇九年に、彼の唯一の長編小説『裏面』において、夢と現実の間を浮遊する、後の「第三帝国」に似た幻想的な独裁制を描いていたが、この独裁制は阿鼻叫喚の巷と化すなかで滅亡する。夢の都市「ペルレ」の破滅は、まさに予言的な正確さをもって、映画の一シーンにおけるように将来の、雨あられと降り注ぐ爆弾とナチス帝国の終焉を先取りするものとなった。

ランゲガッセが崩壊してゆき、その結果、私は、ふだんここから見ることのできなかった宮殿を眺められるようになった。淡紅色の光に照らしだされて、その密集した塊が、悲壮な姿で廃墟の上にそそり立っていた。私は、今や最後の審判の始まりを告げる喇叭《ラッパ》の音が鳴り響くにちがいない、と思った。（…）その時、地面がゴムのようにふくれてひろがったかと思うと、数百の砲声にも似た、耳を聾するばかりの轟音が空気をふるわせた。ゆっくりと宮殿の正面が傾き、風にたわむ旗のようにゆがんだかと見る間に、大広間をその顔の下に埋めつくしてしまった。ペルレの町のすべての塔から鐘の音が鳴りわたり、その力強い旋律が、死滅してゆく町の白鳥の歌をかき鳴らした。（…）鐘の音がやみ、塔という塔は崩れ落ちてしまったが、大きな時計塔だけはまだ立っていて、その巨大な鐘が低いバスの音色で微かに鳴っていた。生命のあるものはもうほとんど見あたらなかった。ほんの一握りの人間だけがやっと脱出に成功したように見えた。彼らは、離ればなれにあらゆる方向に飛び散っていった（…）大地に開いた一つの大きな穴から、氷のように冷たい一陣の風が私のいるところまで吹き上げて来た。そのために、さっきの落ちのびていった人たちは一塊になってとんぼ返りをうったほどだった。この無気味な穴は吐き出した空気をふたたび吸いこんだ。板も角材も人間も、そのなかへ消えていった。まるで龍巻を見るような光景だった。（…）すると、私の目の前にあるすべてのものが拭ったように消えうせてゆき、私はようやく、郊外にできた家屋のピラミッドがガラガラと音をたてて崩れてゆくのを認めたように思った。（…）広い、広い瓦礫の原。土砂の山、死体、煉瓦の塊――巨大な塵塚と化した町。（クビーン『裏面』吉村・土肥訳、二六一―六四

頁、二七七頁）

二十世紀の原-破局

二十世紀最初の、寝耳に水の大ニュースが爆弾のように飛び込んできたのは、すばらしい牧歌的な夏のことだった。稼ぎのいい連中にとっては「ゾンマー・フリッシェ」（当時、夏の休暇旅行はこう呼ばれていたが、大部分の賃金労働者にとっては高嶺の花だった）の最中の驚愕だった。一九一四年八月の一日から四日までの間に、ヨーロッパの主要列強は互いに宣戦を布告しあった。六月二十八日にオーストリアの皇太子夫妻がサライェヴォでセルビアのナショナリストに暗殺されたのをきっかけに、この事件が政治的な連鎖反応を起こして、資本主義の鬱積した諸矛盾を爆発させた結果だった。こうして、アメリカの歴史家ジョージ・F・ケナンが適切にも「二十世紀の大変動の起源」と呼んだ第一次世界大戦が勃発した。この爆発が生じたとき、危機と社会災害に事欠くことのなかった近代化の歴史における最大の破局がいかなる決定的な社会変動にゆきつくかをはっきりと認識している者はほとんどいなかった。

最初の反応は、とてつもない熱狂の波だった。ベルリンでもパリでも、まったく見知らぬ者どうしが路上で抱擁しあった。あたかも人生でもっとも喜ばしいニュースを聞いたかのように。軍服を着ていれば誰でも、いたるところでもてはやされた。そして、ヴィルヘルム時代の知識人たちは、とうとう化け物巡りのコースターに乗るつもりになった。ドイツの詩人ヘルマン・バール（一八六二―一九三四）は、あろうことか背信的な隠喩法をものした。

ドイツ音楽はわれわれに戦闘体制を整えさせた。すなわち、戦争準備はまさにリヒャルト・ヴァーグナーの総譜《スコア》におけるように進行した。つまり、ヴァーグナーの音楽と戦争はわれわれを完全な恍惚に引き込むと同時に、すべてをまったく精密に動かした。（シューリン、一九九四年、九頁からの引用）

一九〇一年に長編小説『ブッデンブローク家の人びと』を出版して、当時文学界のスターであったトーマス・マンもまた、一九一四年の秋に、大戦争開始のニュースを耳にしたときの熱狂的な感情を記している。

芸術家は、兵士たる芸術家は、この平和な世界が崩壊したことで、いかに神を誉めたたえるべきだったろうか。この世界にはうんざり、とことんうんざりしていたのだから！　戦争！　われわれが感じたものは浄化であり、解放だった。そして、途方もない希望だった。（フリース、一九九四年、八二五頁からの引用）

トーマス・マンは、医師の診断書で兵役を免れていた〔一九〇〇年十月に一年志願兵として入隊するが、兵役不適格として三ヵ月後に除隊となった〕。爆発が解放のように感じられたのはまったくあきらかだった――資本主義の世界マシンの盲目的指令のもとにあった社会意識内の緊張はそれほど上昇していたのである。原則的かつ肯定的な変動への希望、世界の革新と若返りへの希望が、もはや国粋主義的な戦争熱狂の形をとってあらわれるほかなかったことは、人間社会が競争の原理のもとに屈服することによってすでに到達していた、退廃と精神的堕落の程度を示している。よく調教された人間材料もまた、その社会的誇りと基本的な抵抗の意志をすでに失っており、国粋主義的な憎悪が爆発する機はとっくに熟していた。大量殺戮を心待ちにする奇妙な子どもっぽさで、軍需輸送用の車輌に書きつけられた、ひどく偏狭な国粋主義的スローガンが、労働者の手になることもまれではなかった。

ロシア人には銃弾を一発
フランス人には剣を一突き
イギリス人には足蹴りを
セルビア人には死を

知識人と国民大衆との間にこれほどの一致をみたことはたえてなかった。たしかに、最近の研究によれば、ファナティックな戦争熱狂は、「事後の変容」(ウルリッヒ/ツィーマン、一九九四年、一七頁)として公式の歴史像から生まれた伝説にすぎなかったかもしれないことが判明したという。なるほどそうかもしれない。だがしかし、逆に、たいへんな歓呼の声で迎えられ、近代ナショナリズムにおける一種の聖霊降臨祭として歴史に名をとどめた一九一四年の「八月体験」を存在しなかったとするのも、歴史をさらに歪曲することになろう。実際には、おそらく双方の要素、すなわち、大衆意識を呼び覚ます高揚した気分とならんで、大量死の可能性に直面した不安と深い重圧感が同時に作用したのであろう。このような分裂した感情は完全に資本主義の構造的な分裂症状に対応しており、この分裂症は、軍事的な手段をともなう競争の継続によって公然たるヒステリーに転化するほかなかった。まさにこれが支配的な精神状態であったことは、無数の証拠からあきらかである。たとえば、シュトゥットガルトの警察署長の一九一四年八月九日の業務命令にはこう書かれている。

警察官諸君! 全住民は発狂し始めている。路上には、男女の嘆かわしい連中が満ちあふれており、彼らは品位のない行為に夢中になっている。誰もが、同胞のなかにロシアの、あるいはフランスのスパイを見つけようとし、自分のことにかまけている者や警察官を殴って血まみれにすることを義務だと思っている。(…)雲は飛行機で、星は飛行船、自転車のハンドルは爆弾というわけだ。(ウルリッヒ/ツィーマン、一九九四年、二九頁からの引用)

このヒステリックな風潮もひょっとしたら、いまや「労働」と競争という資本主義の法則のもとへの自己屈服に対して、数十年来育まれてきた国民感情に対して、さらにはダーウィニズムのゆきすぎに対して、血の勘定が払われるべきだとする漠然とした予感から出たのかもしれない。さらに、もはや後退はできない、一か八かの反撃あるのみという予感。つねに時代の流れに棹さしてきた結果、不意に逃げ道が失われたという認識は、いまやついに近代化の歴史の難問題があたかも一気に解決されるかのような気違いじみた希望へと急転した。わけても自己犠牲を神聖視することによって、また世界戦争へと打って出ることによって、最後にはすべてがよくなるかのような気違いじみた希望へと急転したのだった。国民として統合された大衆は、内々に抑え込んでいた、抑圧的な社会秩序に潜在する怒りのすべてをいまや根底から噴出することが許された——外へ向かって。それゆえ、「国家運命共同体」の「内的統一」はなおのこと激しく呼び起こされる必要があった。八月一日、ヴィルヘルム二世は、ベルリンの宮殿の前で「勝利の栄冠を受けし者に栄えあれ」、「ドイツ、すべてに冠たるドイツ」と蛮声を張り上げる大群衆を前に行なった即興演説でこう宣言した。

戦争になれば、いかなる政党もなくなる。われわれはただドイツの同胞である。平和の時代には、あれこれの政党が余を攻撃したが、余はいまや衷心から彼らを赦す。(ヨーハン、一九六六年、一二五—一二六頁からの引用)

この皇帝の言葉は、ほんの数日の間に幾度も繰り返されるうちに少しずつ変更されて、ついには有名な決まり文句に凝縮された。「余はいかなる政党も知らない。余が知るのはドイツ人のみである」。自由主義者についていえば、そのようなアピールはもちろんまったく必要なかった。彼らはナショナルな自由主義者から左翼自由主義的なフリードリヒ・ナウマン・グループにいたるまで、総じて帝国主義的競争政策を衷心から宣伝したばかりか、その構想に磨きをかけさえしていたからだ。そのなかで、国家的観点から信用がおけないとみなされていたのは、まったく異なる種類の二つの社会グループだった。すなわち、公民としてのユダヤ系ドイツ人と社会民主主義者である。その理由はもちろん、彼らが国内で組織的に排除されていたからにすぎない(それはドイツだけではなかったが)。しかし、ヴィルヘルムの奸臣も戦争反対者たちもさほど心配する必要はなかった。あらゆる迫害とポグロムにもかかわらず、ドレフュス事件やシナゴーグの焼討ちにもかかわらず、さらにベルリンではカフェから暴力的に追い出され、皇帝からは害虫と呼ばれていたにもかかわらず、大部分のユダヤの公民(少なくとも社会エリートに属する成員)も、世界大戦の開始時には愛国主義的な陶酔をともにしたのである。適応と自己否定という古くからの戦略は、憎悪に駆られた長広舌の応酬に加担するというあからさまな妄想に急変した。イギリスと交戦状態に入った八月四日に悪名高い『イギリスを憎悪する歌』が書かれたが、これは、こともあろうに若いユダヤの詩人エルンスト・リサウアー（一八八二―一九三七）の手になるものだった。

我らはイギリスを永遠に憎悪する
我らは我が憎悪を手放しはしない
海上でも憎悪、陸上でも憎悪
ハンマー〔労働者〕の憎悪と王冠〔皇帝〕の憎悪
七千万人の激しい憎悪
彼らは一致して愛し、団結して憎悪する
彼らの敵はただひとつ
イギリスである！

こうして、ユダヤ人の上流層、大学卒業者、科学者、経済界の指導者層の大部分もまた、ナショナリスティックな一か八かの賭けに打って出た。労働運動家と社会民主主義者もまた、――いくばくかの悲痛な響きをともなってはいたが――戦争と国内の統一を求める、身の毛もよだつ愛国主義的な咆哮に同調したことはいうまでもない。彼らの出自と歴史からみて、それ以外のことは期待しえなかった。「労働」社会主義と「国民《ナツィオナール》」社会主義という皮相な世界友愛イデオロギーが実際にはいかなる状態にあったかは、とうにあきらかになっていた。社会民主主義者を戦争の煽動者に変えるためには、「侵略者」に反対する「防衛戦争」の口実（たとえそれがいかに底の見え透いたものであれ）があれば十分だった――「この体制のためには一人たりとも、一銭たりとも渡さない」といううわべだけの首尾一貫したスローガンにもかかわらず。だが実際には、このスローガンの裏には、大戦勃発の一年前に死んだアウグスト・

ベーベルが繰り返し表明していたように、共同歩調をとりたいという提案が相手方から長いことはねつけられてきたことが隠されていた。たとえば、ベーベルは一九〇四年三月の帝国議会での演説で、当時の陸軍大臣カール・フォン・アイネム陸軍中将に向かってこう述べている。

あなた方は将来われわれを抜きにしてはいかなる戦争にも勝利することはできないのです。(…)あなた方が勝利するならば、それはわれわれとともに勝利するのであって、われわれに対して勝利するのではない。(…)万一戦争が侵略戦争になるとしても、ドイツの生存が問われる戦争であるならば、――誓って申しますが――われわれは最後の一兵にいたるまで、最古参の者でさえも肩に銃を担いで、我がドイツの地を守る用意ができております。(シュルツ、一九七六年、三三三頁からの引用)

労働運動社会主義を国民国家的かつ国民経済的な座標軸に固定することは、一八四八年の市民精神から相続されたものであり、すでに一八七〇年には労働運動社会主義を軍事的な侵略へと駆りたてていたが、この事情に変わりがないことがまたもや証明された。一八七〇年には「外部の独裁者」ナポレオン三世がそうであったように(人びとは自由共和主義的な興奮のなかで、ナポレオン三世よりも身内の独裁者を選んだ)、今やニコライ二世のツァーリ政権も同じ役割を演じることになった――その結果、民主的な選挙権とドイツの労働運動が「外部から」脅かされると主張され、ヴィルヘルムの資本主義と肩を組むことが正当化されたのである。この重大な結果を招いた八月の日々の間、全ヨーロッパの社会民主主義者を突き動かしたのは、社会主義的な潔白を貫くという新たな「原罪」ではなく、すでに千回も証明されてきたように、ナショナルな自由主義から枝分かれしたにすぎない社会主義の歴史的本性だった。

ことあるごとに形成された愛国的・帝国主義的な共同戦線への方向転換の激しさは、焦躁と相互不信にその特徴があらわれた。一九一四年七月三十一日、フランスの社会主義指導者ジャン・ジョレスはブリュッセルでの〔第二インターナショナルの〕国際社会主義事務局の会議から戻った直後――動員のさなかであった――パリのレストランで右翼国粋主義の狂信者によって暗殺された。これは、彼がドイツのベーベルと同様に二面的な役割を演じており、また原則として国民と軍に対してつねに肯定的な態度をとっていたことがその理由であったが、むしろそのような姿勢にもかかわらず暗殺されたともいえる。不吉な歴史の皮肉といわねばならない。というのは、愛国者を自認していたジョレス自身はもともと、ひょっとしたら「平和主義的な狂信者」によって暗殺されるかもしれないと危惧していたからである（アーボッシュ、一九八六年、一二四頁）。

しかし、この暗殺事件（黒幕として、パリの好戦的なロシア大使アレクサンドル・イズウォリスキーが推測された）が起きても、ライン両岸の社会民主主義者たちが、パニックに陥った牛の群れのように、国の名誉を賭けた戦場へ殺到するのを思いとどまらせることはできなかった。自分たちの党首が国民の名において射殺されたその晩、見解の分かれていたフランスの社会主義政党と労働組合団体は、まさにこの国を「守る」ために歩み寄り、あらゆる反軍的行動を停止することを決議した。翌日、ジョレスの遺体の埋葬準備がととのえられると、彼らは他の政党とともに（そのなかには、暗殺者が感化を受けたのと同じ影響圏に属する国粋主義者も含まれていた）「ユニオン＝サクレ」同盟を結成した。さらに事態を完璧なものとするために、この行動は、ジョレスによる策略が「死後の勝利」を得たものとして祝われた（アーボッシュ、同書）。彼ら自身の指導者兼主任イデオローグの暗殺によっても、フランスの社会主義者たちの愛国主義的な戦争陶酔が惑わされることがなかったことは、別の面からみれば、もちろん彼らの同志愛がそれだけ少なくなっていたことを意味する。いくばくかの道義的な躊躇を示すかのように、しばし瞼が閉じられたにすぎない。一九一六年の回顧のなかで、いまやすでに自明となっていた戦争熱にあおられて、社会民主党の幹部コンラート・ヘーニッシュ（一八七六―一九二五）はおもわずこう秘密を漏らしている。彼もまた左派から右派へと鞍替えした多くのうちの一人だった。

国民の全般的高揚の力強い流れのなかに飛び込もうとするこの緊迫した熱い思い、その一方で、この思いに無条件にしたがって、われわれ各人の周囲で轟《とどろ》き、どよめいている雰囲気にわが身をゆだねることの恐ろしい精神的不安。自分の心の奥底を探ってみれば、我が内面深くまで、とうにこの気分に満たされているのである！　この不安はつまり、おまえ自身とおまえの祖国のために、おまえもまた悪党になるのではあるまいか？——おまえは、心がそう感じるがままに感じることが許されるのか？　そしてついに、（…）突然恐ろしい緊張が解けて、それでも人がかつてそうであったものであろうと決心し、——硬直したあらゆる主義原則や血の通わぬ理論に逆らって——初めて（ほぼ十世紀このかた初めて）衷心から、良心に恥じることなく、いかなる不安もなく、人は裏切り者となり、地鳴りのようにどよめく嵐の歌声に唱和することが許されたのだ。「ドイツ、世界に冠たるドイツ」。
（グレービング、一九七九年、一四〇頁からの引用）

数日も経ないうちにすべては決定された。そして、真の、「労働」社会主義の国民的かつ資本内在的な本性が姿をみせた。戦時国債が承認され、一九一六年に投獄されることになるユダヤ人マルクス主義者ローザ・ルクセンブルクをはじめとする最左派のごく少数の逸脱者たちは党から追放された。これらの、もともとすでに長いこと不本意にも忍耐を重ねてきた、永遠に敵対する旧同志たちはにわかに、国境の向う側の軍事上の敵よりも疎遠になった。労働運動のごくわずかなグループを除けば、ほんの一握りの知識人が全面的な妄想に心を奪われずに、きわめてさまざまな立場から戦争反対の陣営を文学的に構築しようとしたにすぎない。たとえば、文化・言語批評家のカール・クラウス（一八七四—一九三六）、詩人で歴史家のリカルダ・フーフ（一八六四—一九四七）、作家のシュテファン・ツヴァイク（一八八一—一九四二）、ユダヤ人でキリスト教徒の詩人フランツ・ヴェルフェル（一八九〇—一九四五）などである。これに反して、ニュルンベルクの社会民主主義者で、党の路線に忠実なカール・ブレーガー（一八八六—一九四四）のような「労働者詩人」は、おぞましくも愛国的な「告白」にとりかかった。

ぼくたちはいつでもおまえを愛していることを知っていた、
ただ、口に出してそうとは言わなかっただけのこと。

おまえの最大の危機がはっきりと示したのは、
おまえのもっとも貧しい息子がおまえにいちばん忠実だったことだ。
おお、ドイツよ、それを忘れないでおくれ。

職業詩人も、夕べにはビアホールに陣取る旋盤工のアマチュア詩人も、一大潮流となった戦争の感激と、のたれ死にも厭わぬ忠誠の誓いをもって、きたるべき「鋼鉄の嵐」に同意した。そして、名誉と思い込まれた戦死の可能性は意識的に受容され、有名な戦争詩のリフレインとなってうたわれた。しかもそれは、ルール工業地帯の製缶工ハインリヒ・レルシュ（一八八九—一九三六）という「労働者の手」から生まれた。

自由なドイツ人は血の通わぬ義務とは無縁だ
ドイツは生きなければならぬ、たとえわれわれは死のうとも！

その間に前線へ送られたこの詩人は、自己の不安や罪悪感に耐えるすべをも心得ており、「労働者階級」がダーウィン的な社会生物学の教えをいかによく学んでいて、それがいまや実践のなかでとことん頑張り抜くためのスローガンとして適用されえたかを示している。なぜなら、戦争は「自然の法則」だったからである——「労働」と「人種」がそうであり、また国家と国民がそうであったように。

我が同志のフランス野郎、ここで出くわすはもっけのさいわい！
貴様を撃っても、悪く思うなよ。
俺と貴様とは兄弟、仲間なのさ、
神の血によって救われているのだから。

そうであるほかはない。草木のように
光に向かって成長するそれぞれの民族は。
二本の同種の木が並び立つことはない、
一方は他方の光と空間を奪ってしまうから。

このようなダーウィニズム流の精神高揚詩や殺人詩をみると、公式のドイツ＝ゲルマン学会が、「労働者文学」はいまやついに高校の卒業試験に合格し、いかなる「党派的かつ身分上の狭苦しさ」からも解放されたとする証明書を発行したことも驚くにはあたらない（フリース、一九九四年、八二九頁）。もちろんその後すぐにやってきたのは、現実のショックだった。まだ戦争詩を公表していた間に、レルシュは完全に幻滅したことをありありと示す私的な書簡をある友人に送っている。

親愛なるペッツォルト、ぼくには想像することすらできなかった――誰にもできないよ。その残酷さときたら、戦争の一部だとは思えないほどひどいものだ。（…）勇気、雄々しさ、機敏さ――これらはすべて余計だ。間の抜けた神経の持ち主がうらやましい。無感覚であること、大事なのはそれだけだ。（フリース、前掲書、八四〇頁）

突然聞こえてくる、詩とはまったく異なるこの言葉が伝えるのは、ヒステリー化した意識の分裂構造だけではなく、率直な驚きでもある。たしかに、人は戦場での死を待ち望んでいた――だがそれは、個人的かつ英雄的な死であって、ほとんど信じがたいほど悲惨な、匿名の、大量生産方式による死ではなかった。人は資本主義の愚かしさから、工場や事務所での惨めな生活から、「戦争体験」によってまさに抜け出したかったのだが、いまやそれは、別の、血まみれの手段によってのみ継続されることを身をもって知ることになる。つまり、実際には、戦争の産業化に対する準備が誰にもできていなかったこと、そして、意識は、人間みずからがつくりだした資本主義の現実に遅れをとっていたことが示されたのだった。技術的な実践と工場の規律はすでに内面化されていたが、それはまだいわば身分上のものであって、全体的な意識は、前近代的な想像、名誉概念、個人的行動様式などに貫かれていた。産業時代の戦争は、この意識にとっては一種のカルチャー・ショックだった。この経験も、ヴィルヘルム・ラムスツスはすでに一九一二年に予言的に示すことで先取りしていた。

かつては騎兵の死であり、名誉ある兵士の死であった。いまや、機械による死である！（…）技術者と機械操縦者によって、われわれは生から死へと運ばれる。そして、大工場でボタンや留めピンが製造されるように、いまや機械操作によって不具者や死体が製造される。（…）機械がわれわれに向けられる。われわれは機械と戦うほかはない。そして、機械は勝鬨《かちどき》を挙げてわれわれの肉の中に入ってくる。機械はわれわれの血管から血を啜《すす》り、バケツで飲むように血を飲み干す。（…）人は大量に、冷酷に、専門知識にもとづいて害虫を退治する。この戦争では、われわれはもはや害虫以外のなにものでもない。（…）爆破を命ずる司令官たちよ、来て、見るがよい、人間が人間であることを断念して、クルップ社の軍事機械になっているのを。（ラムスツス、前掲書、二一頁、五二頁以下、一一五頁）

しかし戦争が実際に始まると、頭のなかにはまず絵本に描かれていた戦意高揚のための軍事シーンが呼び起こされた。すでに百年も前から機械は資本主義精神の一種の典型になっていたにもかかわらず、戦場のイメージと結びついていたのは、相も変わらず、大砲の轟《とどろ》きをものともせずに「サーベルを光らせて」馬に跨《また》がる「大胆な騎兵」の姿だった。『パパは戦争』と題された子ども向けのプロパガンダ絵本――これは、「ドイツ婦人戦時子ども基金」によって出版されて、版を重ねた――は、個々の武器の種類を愚かしくも讃美するにあたって、大真面目で「ドイツの騎兵」を讃美しているのである。挿絵にはすでに潜水艦や戦闘機が描かれていたにもかかわらず。

敵がしばしば目にするは
勇み立つ馬上ゆたかな
槍騎兵に軽騎兵、
竜騎兵に甲騎兵。

先陣を切る槍の柄には
小旗が風に舞い
勇者は騎行し、勝利する
ドイツの力を示すため。

勇者の褥《しとね》は勝者の褥、
あたたかな厩の暗闇で
けなげな馬の、汗に濡れた
首をやさしく叩きつつ。

じじつ、特に戦争初期には馬が大量に投入された。その用途は、もちろん古典的な騎兵のためというよりは、むしろ大砲の砲架や他の軍需資材の運搬用として、つまり文字どおり大砲の餌食としてである。すでにラムスツスが予見していたように、産業時代の戦争においてかつてなかったほど酷使され、痛めつけられ、ボロボロにされたこの家畜の悲惨さは、後に有名になったほとんどの戦記物で言及されている。たとえば、エーリヒ・マリア・レマルク(一八九八—一九七〇)の、世界的な名声を博した『西部戦線異状なし』において。「僕はいまだかつて馬が悲鳴を挙げるのを聞いたこともないし、また馬の悲鳴なんてものを考えることもできなかった。それを聞いていると、世界の嘆きという気がする。責め殺されようとする動物の声だ。荒々しい、恐るべき苦痛に呻《うめ》いているのだ。僕らは蒼い顔をした」（レマルク『西部戦線異状なし』秦豊吉訳、七四頁）。

　戦争がまだ「野戦（機動戦）」であった最初の数ヵ月間には、ふたたび英雄的な幻想が燃え上がったが、それは残酷なしっぺ返しを食らうことになった。たとえば、一九一四年の十一月十日に、フランドル地方の小都市ランゲマルクを急襲した際に、サーベルを抜き放ち、ドイツ国歌を唱えていた高校最終学年の生徒ほぼ全員が、機関銃掃射でなぎ倒されたというものだ。愛国主義の伝説にされたこのエピソードの実態がどういうものであろうと、それが示すのは、相も変わらぬ前産業時代の刻印を帯びた戦争観の無意味さでしかない。そのお陰でナイーヴな「少年兵団」が犠牲にされたのであり、その結果、彼らは「国《ライヒ》の殉教者」（ヴェーナー、一九三二年）として幽鬼じみた、イデオロギーの模範として生き続けることになり、さらにもう一度国民の狂気のための道具として利用されたのである。*1

　しかし、人殺しがさらに続き、戦闘が膠着して「陣地戦（塹壕戦）」になるにつれて、産業的変化と戦闘の機械化、さらに伝統的な軍事的想像との完全な不一致はますます避けられなくなった。前線であらわになった新しい戦争の本質が、いわば「資本の否定的産物」であることがあまりにも強く表面化したから、エルンスト・ユンガー（一八九五―一九九八）のようなきわめて冷徹で保守的な人物でさえ、その少なからず名を知られた戦記物『鋼鉄の嵐のなかで』において冒頭から三番目の文で「前線の圧延機」という隠喩を用いたほどであり、じじつこの言葉は再三繰り返される。そして、まったく無意識に、当然のように、「悪魔の碾臼《ひきうす》」という古い恐怖の概念が回帰するが、この言葉は、産業時代の初期に、新種の「自由な」奴隷状態を強いられた人間の絶望を表現していたものであり、また「踏み車《トレッドミル》」という言葉には、初期資本主義の労働拷問機械の残酷性の記憶が今日までそのまま保たれている。こうして、ヴェルダンの戦いにおける大「物量戦」もまた「血の碾臼」と呼ばれることになる。そしてまた、奇妙な「労働者詩人」の一人であるマックス・バルテルは、前線の経験を古いメタファーに嵌め込んだ。

前線は、骨の巨大な碾臼、
熱い戦闘のさなか、冬の冷気のさなか
碾臼は廻る
恐怖の地平線で。

長い日々、不安な一週また一週
戦闘が続く。
百回もすりつぶされ、粉々になるまで
戦闘は若い人間の骨を碾《ひ》く
そして、死神の哄笑が響く。

一九一六年の、ドイツの愛国的な、プロレタリアのヘボ詩人はおそらくほとんど知らなかったであろうが、バルテルはここですでに百年以上も前の、資本主義的生産様式の特徴を示すウィリアム・ブレイクの古いイメージを採用しているのである――しかし、もはやまっとうな怒りと嫌悪に満たされてではなく、分裂症的かつ自殺的な怪物への帰依においてであり、またじじつ、まさに人間屠殺場の「すてきな」戦争マシンとしての怪物の姿をとってである。社会主義的で反軍事的なモラルは、いずれにせよ現実の形式社会民主主義の歴史的立場とは一致すべくもなかったのであるが、すでに平和時に工場規律を内面化するにいたったような、そしていまや「血の碾臼」への忠誠心を招き寄せたような「必然性」が圧倒的な力を発揮しはじめると、このモラルは消え失せた。奇妙なことに、イデオロギー的には対極に位置する右翼保守的な意識もまたまったく類似の、分裂症的な反応を示して、結局は時代の軛《くびき》に屈した。それを代表するのは、とりわけエルンスト・ユンガーである。彼にとっても、産業化された戦争の出現は、個として認められる愛国的戦士の昔ながらの「騎士の誇り」を侮辱するものであり、彼もまたいわばもう一方の頰を、殴ってくださいと差し出すのである。

この衝突にあっては、もはやサーベルの時代のように個々の能力ではなく、大きな統一体相互の能力が問われる。生産、技術水準、化学、学校制度、さらに鉄道網、これらが、物量戦の背後で目に見えずに対峙する力である。（…）個人の生をあらがいがたい意志に屈服させるこの強制力は、ここではことのほか明確にあらわれた。戦闘はとほうもない規模でなされて、その前では個人の運命は消えうせる。広漠たる極度の孤独、鋼鉄の機械の音は聞こえても姿は見えない、あらゆる行動の夜間実施――これらが、硬直したタイタンの仮面で人間事象をすっぽり覆い隠した。（…）決着は計算問題に終わった。つまり、一定の面積に最大の銃弾量を雨霰《あめあられ》と降らせることのできたものが、その手に勝利を得た。戦闘は、大衆の残酷な遭遇であり、生産と物質の血なまぐさい格闘だった。それゆえ、戦闘者たちや、この殺人機械の表にあらわれない火器操作者には、ここでは人間と人間が対峙しているのだということがしばしば数週間も意識されないことがあった。（…）根本においてはおそらく、工場都市の殺風景な住宅地域からときおり悲し気に意識される無意味さと同じ感覚だったかもしれない。（ユンガー、一九七八年、一六―一七頁）

実際よりもひときわ大きく見える外部の権力として、個々の人間の前に姿をあらわす「法則性」は、不条理な方法で自己生産される盲目的なものであり、この「法則性」にみずから服従しようとする衝迫は、産業化された大戦闘の印象が強まるにつれて性的倒錯の色合いを帯びる。資本主義的な男らしさの妄想は、それ自体の感覚としてはきわめて「男らしくない」あり方で、すなわち、わが身を客体として歴史的過程である「タイタン」に差し出す。こうして奥深く隠され、抑圧された同性愛的要素が顕著になるが、同性愛的要素が恐ろしい作用をおよぼすのは、まさにそれを体験することが許されなかったためであり、またそれが強く意識されることによって、嫌悪とヒステリックな防御を呼び起こすからである。

もっとはっきりしているのは、それどころか性的感情としてより身近で容認されているサドマゾ的な含みである。この傾向が容認されるのは、必然性＝エートスとのある種の一致を示すからだ。周知のように、今日でもなお全体の比率からみて不釣合いなほど多くの、一癖ある敏腕経営者たちが、例のマゾ的な役回りを演じており、彼らはサディスト役の女性の鞭によってのみ快楽を得ることができる。ここで顕著になるのは、自己処罰の儀式というよりはむしろ服従快楽であり、これは社会的にみて「より高次の権力」の祭壇における自己放棄に相当する——だとすれば、彼としては、人間材料を酷使するときになおいっそう大きな快楽が得られるというものだ。現代の政治家や経営者のサド・マゾヒズムは、資本主義的モロク〔子どもを人身御供にして祭った古代セム族の神〕の一種の寺院売春と名づけることができるかもしれない。そして、あらゆる階級の指導層の男たちが世界マシンによってかつてないほど「ひどい目にあわされた」のは第一次世界大戦であり、社会的なサド・マゾヒズムの言語をあきらかにしたのも第一次世界大戦だった。すなわち、産業化された戦争の「鋼鉄の嵐」のなかで、ついに近代啓蒙主義の主体は退位し、啓蒙精神そのものによって生みだされた偶像の前に無条件降伏したのである。

この主体の退位と自己放棄は、すでに水面下で進捗していたが、大戦争においてはじめて突如あきらかになった構造的な変化と直接関連していた。技術の進歩は、たとえば化学工業（毒ガス製造）、航空機製造、自動車生産などの分野でその加速度を増した。物量戦の驚愕のなかで、産業資本主義の新たな段階が暗示された。それにともなって抽象的な「労働」の新たな形態もまた浮かび上がったが、それはまず戦場であきらかになった。ある工場労働者の軍事郵便の手紙には、「昨日、僕たちは血なまぐさいことをやってのけた」（ウルリッヒ／ツィーマン、前掲書、八五頁）と書かれていたが、それが意味するのは、戦争前の仕事が異なる手段で継続されたことだけではない。つい最前までまだサーベルの夢にとり憑かれていたこれらの男たちは、飛行機から攻撃され、あるいは重いキャタピラを備えた装甲「戦車」が自分に向かって突進してくるのを目にしたのである。そして、毒ガス戦ではついに、人間を虫けらとみるメタファーが文字どおり現実のものとなった。双方の戦場の英雄たちは、実験動物にされ、化学工業のテスト材料に姿を変えたのである。フランスのモルダック将軍は最初のガス攻撃の結果をこう記している。

われわれの部隊はいたるところで押し戻された。(…)いたるところで、後尾兵、アフリカ兵、狙撃兵、ズワーブ兵〔仏領アルジェリア出身のベルベル人部隊〕、武器を持たない砲兵たちは困惑し、上着を脱ぐか胸の前を広くはだけて、スカーフをはずして、狂ったようにあてどなく歩きまわっては、水をくれと叫び、血を吐いた。地面を転げ回って、空しく息を吸おうとする者もいた。(…)逃げまどっていたのは、もはや兵士ではなく、突如気がふれてしまった哀れな生き物だった。水路沿いには同じ光景が続いていた。すなわち、水路の両側には可哀想に頭のおかしくなった者たちが固まりあって、苦しみを和らげようと、水を求めて叫んでいた。(ハイデッカー、一九九七年、二七八頁からの引用)

このような光景は、戦争を超越して、まず塹壕での「経営学的」規律化とでもいいうる形で先鋭化された、新しい質の資本主義的要求と「労働」の強化を告げるものだった。アウグスト・ベーベルが約束し、予告していたように、工場や事務所における規律の社会民主主義的な内面化は労働運動の理念価値のあらわれであり、戦争マシンを機能させるのに役立ったのである。たとえば、ある前線の兵士は最初の戦闘時の実感をこう家に書き送っている。

死んだ者たちの一部は恐ろしい形相をしていた。(…)血、爪を立てた手、ガラスの目、ゆがんだ顔。多くの者は武器を必死に抱えていたし、また別の者は両手に土とか草を握り締めていたが、それは断末魔の苦しみのなかでむしり取ったものだった。(…)勇気とか雄々しさとか、そういったものはなにひとつなかった。というのも、実際のところ、兵士を前方へ、死へと駆り立てる、おそろしい規律と強制しかなかったのだから。(ウルリッヒ/ツィーマン、前掲書、八七頁からの引用)

戦後には、もはや一九一四年以前の時代の生産・労働条件には戻りえないことが明らかになった。塹壕で習得された

「労働」と規律の強化と精細化は不可逆的であることが証明されたが、これは単に戦争中にとてつもなく加速された技術発展だけによるのではなく、むしろそれにともなう、社会構造と大衆意識の変化のあらわれでもあった。その結果、日常生活はもはや以前のままではありえなかった。それは特に、コミュニケーションの形態について言えた。

> 世界大戦においてようやく、大衆コミュニケーションはその近代的な次元に到達した。すなわち、従来は広範に土地に結びついていて、読み書きと無縁であった人びとが、いまや「あらゆる国々」へと運ばれた。まったく陳腐なシニシズム抜きで言えるのは、この動員体制がコミュニケーションの視点と関心を呼び起こし、これを基盤にして後の公共性が構築されたことである。数百万もの戦時郵便の手紙が（…）下層階級の意識生成には欠かせないものだった。特に農民たちは、戦争になってはじめて自分自身について、また生活状況について、文字で表現することを余儀なくされて、それに慣れたのである。さらに、自明のことながら、世界大戦中に日常的な現実となった大衆プロパガンダが、その直接の目標設定を超えていかに広範に、コミュニケーション構造ならびに聞き・話し・読む習慣を途方もない規模で変えたかが、顧慮されねばならない。国民社会主義的な、あるいはファッショ的なプロパガンダは、この市民的・軍事的な先行形態なしには理解できないだろう。（クルムライヒ、一九九六年、一五—一六頁）

「コミュニケーションの視点」と「下層階級の意識生成」が、軍事的大衆プロパガンダによって、戦争マシンの通信網によって、そして大砲の餌食として死神の手に落ちる人間の戦時郵便による手紙の形態をとってのみ社会生活に参入しえたとすれば、それは、近代の進歩した政治・経済体制の、「陳腐である」どころか、苛酷なほど客観化されたシニシズムである。じじつこれは、後の大衆民主主義的な公共性の、血にまみれた本来の基礎として今日まで残されており、この公共性の正体は真のベンサム的概念であることが暴露される。というのは、自己強制を含むこのような類の「意識生成」は、すでにアプリオリに構造化され、経路がつくられ、神経の隅々にいたるまで資本主義の世界マシンによって制御されているからだ。しかもこの世界マシンは、戦争マシンであるがゆえになおのこと高速走行が可能であり、社会は、指定された軌道を機械的に突き進む。まさにこのベンサムの意味において、若い男たちがみな塹壕戦を経験したことが、じじつ人間材料の資本主義的な「普遍化（万能化）」を促進したのであって、しかも、エルンスト・ユンガーが『鋼鉄の嵐のなかで』で述べているように、技術的な観点においても、また社会的な観点においてもそうだった。

> われわれは真の万能家だ。塹壕では毎日ものすごく多くのことが要求される。深い坑道を掘り、地下壕とコンクリート・ブロックをつくり、鉄条網のバリケードを準備し、排水装置をつくり、羽目板を張り、支柱を立て、水準測量をして土台を高くしたり、傾斜をつける。さらには仮設便所を埋める。要するに、われわれはあらゆる手工業を自分たちの力でおこなうのだ。どうしてできないことがあろう、ここにはあらゆる身分と職業の代表者たちが送られてきているではないか。ある者にできないことは、別の誰かができる。（ユンガー、一九九〇／一九二〇年、五三頁）

マルクスがかつて夢見ていた「普遍的人間」は、その資本主義的な形態では、言葉の真の意味で何でもできるところの、単に「普遍的に使用可能な人間」としてのみあらわれえた――それゆえ、このような普遍的人間は、物量戦の、泥と血にまみれた塹壕で誕生するほかなかったのである。結局のところ、二十世紀の大衆民主主義の類型を吐き出したのもまた、まさにこの塹壕だった。それまでは、民主的な平等とは、単に司法上の、表面的な平等にすぎなかった。国民議会の選挙権と被選挙権は、「既成《レディーメード》の」統一的な人間《タイプ》――具体的な諸個人は職分上の地位と金力の差によってのみ区別される――をまだつくりだしてはいなかった。むしろ、身分上の、出身地域による、職業上の、文化上の障壁はあいかわらず非常に高いままだったから、より資本主義的な、文化と社会の平準化には障害となった。レマルクの小説の一人称の語り手は、信じられないほど不意に遠くなってしまった戦争前を回想して、突然変貌を遂げた状況について思案をめぐらす。「（この砲火のなかで）僕たちは相対して腰を下ろしているのである。二人とも破れた上着を引っかけた兵隊だ。（…）彼は僕の心をなにも知らない。僕も彼の心をなにも知らない。今までにお互いの心が、一度として同じであったことは、かつてなかったと言ってよい」（レマルク、前掲書、秦豊吉訳、一一三―一一四頁）。産業化された戦争の「血の碾臼」は、「普遍的に使用可能な」人間だけではなく、同一に形成された大衆民主主義的人間という意味でも二十世紀のプロトタイプをつくりだしたのである。

僕らの考えは、まるで壁土のようなものである。その日その日の変化で、どうにも捏ね上げられる。（…）それはここにいる僕らばかりでなく、誰もみんなそうなのである。前にあったことは、もう今日は何の役にも立たない。また今日といえどもいったい何がどうなるのか、さっぱり見当がつかない。教養や学問によってつくられた差別は、まったく消え失せて、ほとんどその影も認めることはできない。（…）僕らはあたかも前は、各国の形の違った貨幣のようなものであった。この貨幣を一纏めにして溶かしてしまって、今は誰も同じ模様の貨幣に鋳造されているのだ。（レマルク、同訳書、三〇七―〇八頁）

「二十世紀の大変動の起源」である第一次世界大戦の前線で人間材料が溶融され、その結果、みな同一の貨幣に改鋳されたことによって、機能的な民主主義的平等の基本形態がはじめてつくりだされたのだが、この平等は、その真の性質に応じて、歪んだ奇形児として誕生した。すなわち、それまでは不完全なかたちでおこなわれたにすぎなかった貨幣の前での（否定的な）平等は、いまや「血の碾臼」による死と切断という（否定的な）平等の形態でしかありえなかったことである。上昇の一途をたどるこの二十世紀のベンサムの民主主義は、ついに個人に個別の平等、すなわち、虫けらとしての平等をプレゼントしたのだ。大衆民主主義の人間のプロトタイプは、塹壕という名の共同墓穴の男であり、また永遠に戦争の傷をもつ帰還者だった。すなわち、かつてなく辱められ、肩をすぼめ、意気地をなくして、血と泥のなかから生還した男は、ついに、資本主義的に自己を統御し、自分自身の民主的なリヴァイアサンたりうるまでに成熟したのである。

これに応じて、資本主義的な意味で女性の解放も進められたが、それも世界大戦の賜物だった。すなわち、女性は臨時的に、出征によって空いた工場の「職場」で働くことが許された――わけても軍需工業、特に弾薬工場で。しかし実際には、戦時中の全女性就業率の上昇は、大戦前の好景気の頃ほど高くはなかった。そのうえ、たいてい職業教育を受けてはいない女性の労働者としての質は低かったから、軍需工業での女性の賃金は低く抑えられ、意図的に期間も限定されていた。

第一次世界大戦中の女子の賃金労働は世間で高い評価を受けたが、だからといって、それが戦後も継続されたと考えてはならない。彼女たちの労働は一時的なものにすぎなかった。「男子の職場」における女子の雇用は、ほんらい歓迎されるものではなく、「緊急事態」に相当する戦時における義務の履行と考えられた。あらゆる重要な社会団体の間で、動員が解除されれば、女子は男子にふたたび職場を明け渡すことが合意されていた。この合意を遵守することは――一九一八年から一九年にかけての動員解除後の経過はこれに沿ったものだった――女子労働者自身に完全に周知徹底されていた。すなわち、戦争中をとおして、この考え方は告知され、明文化され、じじつたいていの場合、労働契約として守られた。採用の際に、「職場の所有者」が帰還した場合には解雇されることに同意する旨が明記されている相互契約書に署名しなければならなかったからである。(ダニエル、一九六六年、一六三頁)

しかし、このような制限にもかかわらず、軍需産業における補完的な女子の賃金労働は、意識の歴史において構造的な、大きな転換点となった。文民・軍事当局がはじめて公式に、女子を賃金労働に動員するために尽力したからである――従来のあらゆる社会生物学の性差イデオロギーとは矛盾していたが。それによって、永続的、構造的な大変革が生じるのはまだ先のこととしても、女子の賃金労働の突破口は開かれた。前線における男子と同じく、女子もまた

「故郷の」軍事工場でしかるべく大衆民主主義のイニシエーションを受けることが許された。これは、同時代の証人の記憶にとどめられている。

しょっちゅう「何ごとかが起きた」。特に夜勤で。一人、あるいは数人の女子が、機械の操作中に倒れない晩はなかった――その原因は、疲労、空腹、病気だった。(…)工場の食堂では、ほとんど毎日のように女たちの発作的な叫び声が響き、ときにはうんざりするようなつかみ合いになることもあった。その原因は、「お玉がいっぱいになっていない」というものだったらしい。(ウルリッヒ、一九九四年、六一〇頁からの引用)

女子の賃金労働はこのようにして非常にきびしい条件下で公式の最初の試練を迎えたのだが、その結果、彼女たちに資本主義的な「解放」の性格に関して誤解を生じさせることはなかったこと、かつまた、女性には、一方には市民的な家庭と竈《かまど》、他方には他者規定による抽象的な「労働」によって得られる自分自身の現金収入の道があるけれども、どちらを選択したとしてもひどい結果にしかなりえないことが、ある意味では出発時点から歴史的に明確にされたことは、じつにやりきれないことだった。民主主義の報酬は終戦に続いて、数多くの国々において女性の普通選挙権の形で実現されたが、これも世界大戦が突破口を開いたものだった。資本主義的公共性に女子を統合するための最初の決定的な一歩は、前線における男子の、原型となった大衆民主主義的な「溶融」と同じパターンにしたがって生じた。すなわち、男女平等は、否定的な平等として、つまり、人間の資本主義的民主主義的な「虫けら化」の要素としてあらわれるほかなかったのである。

このように、大戦争による資本主義の発展という新たな「ベンサム的推進力」の文脈において、形式社会民主主義は温室で育つように咲き誇った。この社会民主主義は結局、自由主義の原点に立ち返ったのであり、積極的に責任を果たすべく、まさにこの世界への待望久しい民主的な参入を意味する「ブルジョア世界という神々の黄昏」(ベーベル)を血の狂宴でもって祝うことが許された。この精神状態の信頼できる証拠のひとつは、ドイツ・オーストリアの社会民主主義者が一九一六年に、いわば「否定的国際主義」のふりを装って、とことん頑張り抜くスローガンを喧伝するための精神的燃料として、よりにもよって「祖国とプロレタリアート」に関するジャン・ジョレスの論文を宣伝パンフレットの形で出版したことである。その際に、ウィーンの社会主義者エンゲルベルト・ペルナーストルファーによって付された序文は、詳細に紹介するに値しよう。

フランス人であるジョレスを特に際立たせているところのもの、そして、フランスならびにほとんどすべての非ドイツ国民にあってはまれにしか見いだされないこと、それは、彼が紛れもない国際主義者であること、さらにまた、彼があるゆる人びとを尊重し、尊敬していること、特にドイツ文化に対して敬意を払っている点である。（…）ジョレス自身は燃えるような愛国主義者であったにもかかわらず、世界をフランスの目でのみ見るという一般的なフランス人の誤りに陥ることはなかった。

（…）彼は人間世界の美しさを諸国民の万華鏡《カレイドスコープ》のなかに見ており、彼にとってはこれを実現することが人類の理想の前提条件であった。彼は、人類の進歩は人種と国民の無秩序な混合のなかにあるとする、例のあいまいな国際主義とコスモポリタン主義からは遠くかけ離れていた。（…）彼は平和の友であったが、だからといってそれは、フランスの軍改革についての大著を執筆する妨げになることはなく、そこに示された軍事知識の豊かさには驚嘆するばかりである。というのは、彼の考えによれば、国民を無傷のまま守ることは、あらゆる国家の最大の義務のひとつだったからである。（…）ジョレスは戦争を嫌悪していたが、戦争がおこるのではないかと憂慮もしていた。戦争になった場合には、国と国民の準備が敵国の脅威とならなければならない（!）。そう言うるのは、フランスの軍事武装が可能なかぎり完全である場合のみである。それゆえジョレスは、その深く真摯な平和希求にもかかわらず、反軍事主義者ではありえなかった。ただ、軍の組織は完璧でなければならないと主張したのである。社会主義者であり平和主義者であったジョレスは、軍制に関与することをとおして、非常に些細な点にいたるまで十分に練られた軍改革の体系を彫琢することになった。こういうことは、わが国の社会主義者像にはまったくそぐわないようにみえる。しかしそれは、社会主義のなかに、祖国と国民の完全な揚棄という考えを求める場合にのみいえるのである。（…）ジョレスもおそらく止めることのできなかった戦争が、彼をきわめて深い困難に陥れたであろうことは、彼の活動と彼の人柄を知っていたものは誰でも認めねばならないだろう。彼は近代的文明人の最高の典型であり、彼にとって諸国民が兄弟の親交を結ぶことは演説用の言葉ではなく、心の内奥からの希求であった。しかし、いったん戦争が勃発したからには、彼が熱意と情熱をもって自身の民族の側に立ったであろうことを誰が疑おうか。彼は、我らがシラーの言葉、すなわち「何が出来《しゅったい》しようとも、汝の民族の側に立て」にのっとって行動したであろう。国民の運命のときにあっては、小賢しい思案や独り善がりは無用である。彼は、心中ひそかに死を覚悟して自身の義務を果たしたであろう！（…）彼はまず第一に、資本主義の発展史的な必然性と歴史的な偉大さを証明した。（…）われわれ社会主義者はみな、資本主義なしには社会主義は存在しないことを知っている。

（…）この認識が望まれるほどに大衆のなかに浸透しているかはたしかに疑わしい。しかしながら資本主義は、それ自体としては、そのなかに相争う諸力を有する暗黒面だけをもっているのではなく、進歩にも貢献したのである。われわれは資本主義のさらなる発展を望まねばならない。（…）第二に、ジョレスは、祖国はプロレタリアートにとっても有益な善であることを指摘している。彼は、『共産党宣言』の「労働者は祖国を持たない」という宣言に反対する。しかし、ジョレスと、この表現を一般に流布している解釈のもとに適用する者はすべて、あるいはこれを誤って理解しているかもしれない。ひょっとしてマルクスは、「労働者は今日祖国を持たない」と言いたかっただけかもしれない。そして、それは当時は正しかった。（…）しかし、マルクスの時代から今日にいたるまで、じつに途方もない変化が生じたのである。今日、労働者は祖国を持っている。（…）第三に、ジョレスは国民の文化価値を指摘する。（…）国民の感情、すなわち、具体的な共通性に向かう顕著かつ有効な連帯の感情に満たされている者のみが、そこから出発して、世界市民という考え方に到達できる。（…）それゆえドイツ社会民主党にとっては、下心なく祖国と国民を公然と支持することがまず必要不可欠なのだ。そうしてはじめて、党の国際主義への支持表明が真にほんものとなる（！）。（…）しかしドイツの労働者がこのジョレスの論文を読むと、やはり少なからぬ点が新たな光のもとにあらわれるであろう。ドイツの労働者はなによりも、国際主義的な常套句に別れを告げるであろう。そして、最近では祖国に対する支持表明が衝動的になされているが、今後はこれを意識的におこない、かつ、そうすることによって、国際主義の義務を損なわないばかりか、むしろこの義務を意味に即して果たすことになることを認識するであろう（！）。（ペルナーストルファー、一九一六年、一一二頁）

言語表現のあらゆる拙劣さをとおしてここで顕著になるイデオロギー上の卑劣さと、まさに狡猾なこじつけは、他に類を見ないものだ。ジョレスその人を射殺するにいたったナショナリズムの沸騰が、フランスではジョレスの「戦術」の「勝利」として祝われたのだが、あたかもそれだけではまだ十分ではなかったかのように、ここでは、ジョレスが教化目的のために祖国の義務、軍の改革、軍事の必要性に関して詳述したことが、いまやさらにより高い人類進歩の名において、「敵である」ドイツの社会主義者たちにフランスの同志たちを殺戮する動機を与えるために利用されたのである。歴史上、この社会主義指導者ほど不運で悲惨な人物はめったに存在しない。ジョレスは文字どおり彼自身の愛国的な理念の破綻によって死へと追いやられ、死を超えてなお迫害されたのである。

だがしかし、すでにいたるところで「恐怖の報酬」が民主的な社会主義者たちを待ち受けていた。すなわち、彼らは忠実に血の犠牲を払っていたし、また資本主義世界の真の構成要素としての身分証明を済ませていたから、彼らにはいまや待望久しい権力の中枢へ、もしくは少なくとも権力の玄関先か裏庭へ立ち入ることが認められた。社会民主主義のリヴァイアサンとしての勢いは、ついに人間屠殺場の民主的な生徒自治会のなかにその実践的な活動領域を見いだしたのである。これまで閉め出されていた社会主義指導者は突然変異を遂げて、「すてきな」マシンの脇役政治家になったが、これは今日まで変わっていない。犠牲者の数が塔のように高く積み上げられてようやく、社会主義者の政権参加はふつうの政治業務の構成要素になりえたのである。フランスとベルギーでは、労働運動の指導的幹部が大臣として戦時内閣に加わった。ドイツではまだそこまではゆかなかったが、それでも、「会派間の委員会」の非公式の協議会では、多数派社会民主党は歓迎される、熱心なメンバーであった〔一九一七年四月に、戦争反対派によって独立社会民主党が結成された〕。こうして、少なくとも資本主義の国家機関の裏口と勝手口は、社会主義の権力の初心者のために開かれたのだった。

この政治的な孤立からの脱却は、戦時中の社会政治上の基本的な変化のひとつであった。戦時の必要性から、社会民主主義者はひんぱんに政府、当局、官僚と接触することになった、特に帝国議会《ライヒスターク》の会期中に開かれる数多くの協議、主要委員会、重要な専門委員会などで。これは、通常の議会の枠を超えるものだった。社会民主主義者はかつては帝国《ライヒ》の敵と烙印を押されたものだが、いまや政府や他の政党から対話と交渉のパートナーとして認知された。このプロセスは地方レベルではなおいっそう顕著だった。戦前には一般に拒まれていた公職および地方代表団に加わる道が、社会民主党の代表者に開かれた。プロイセンでは、無給の市議会議員に選出された社会民主主義者がはじめて国家当局からも認められた。地方自治体における認知度が高まったことは、社会民主主義者の心中に満足をもたらした（ミュールハウゼン、一九九四年、六六四頁）。

たしかにそうであろう。最大の喜びはつねに満足することであり、とりわけ内心の満足だからだ。そして、社会民主主義者が数百万もの犠牲を払うことによってこのうえない民主的な躍進を勝ち得たばかりか、地方において初めて役得をともなう職を手に入れたことは、社会民主党にしてみれば、いわば「内なる全国党大会」ともいうべき観を呈した。このようにじつにすばらしいやり方で、行政機構に関与する社会民主主義の伝統と、それどころかついに多くの大都市では行政機構内で優位を確立するまでになったのだが、このことは、それ以来長らく彼ら自身の腐敗した奸臣を養うことになった。この新たな名士階級の統治服にこびりついたいかがわしい〔戦争に加担した〕血痕は、すっかり洗い清められたわけではけっしてなかったが、それはつねに故意に見逃されえたのである。

　こうして、社会主義の社会民主主義的な概念はまったく独特のやり方でさらに形を整えられた。閉め出されてはいたものの、それでもすでに「豚のように飼い馴らされていた」労働運動にとって、社会主義とはもともと、リヴァイアサンとしての資本主義に社会主義的な関与をプラスしたものにほかならず、この根本思想はいまや新たな戦時社会主義の花盛りを迎えて、ドイツでは一般に「一九一四年の理念」と呼ばれたものと混じり合った。これらの「理念」は、あいまいであると同時に非合理的な戦争共同体イデオロギーにほかならず、「卑劣なアルビオン」〔アルビオンは、イギリスまたはグレートブリテン島の古称〕と西ヨーロッパの「小商人根性」に対して、「ドイツの帝国思想《ライィヒスゲダンケ》」を称揚するものだった。そこには、皇帝ヴィルヘルム二世が再三まったく公然と表明していたような強い反ユダヤ主義的要素のみならず、そもそも十九世紀初頭以来の、例の遅れたドイツのネーション形成の特殊な分裂症状が混じっていた。すなわち、「ドイツの資本主義」はそもそも資本主義ではなく、何かまったく別のもの、実際には本質的に英雄的で、超越的なものであって、しかしそれにもかかわらず、産業資本主義の商品生産システムの形態においては、血統によるドイツ性という奇矯で脈絡のない考えにもとづく高次の諸目的のために機能するものとされた〔「一九一四年の理念」は一九一四年の秋に社会学者ヨハネス・プレンゲによって、フランス革命の精神をあらわす「一七八九年の理念」に対抗するドイツの戦争スローガンとしてつくりだされた〕。

すでに数世代にわたって紡がれ続けてきた世襲のイデオロギー概念は、いまや産業化された世界大戦の条件下で、戦時経済の「必然性」と、「内的統一」という呪文と、さらに抽象的な「労働」の受容、あるいはそれどころかその讃美と融け合って、例の「一九一四年の理念」となったが、この理念は、非合理的な、公然あるいは暗黙のうちに反ユダヤ的な、新しいタイプの国家社会主義を含意していた。自由主義と社会主義は、歴史的に同一の根から出ていたように、大戦の推進力によって敵味方に分かれた兄弟としてともに新たな、まだ未知の構造へと引き込まれて発展することになったのである。それだけではない――両者は同時に、近代化の歴史といううちとけた家族内で敵味方の兄弟として、さらにもう一人のイデオロギー的・政治的な取り替え子を歓迎しえた。すなわち、新たな、その輪郭がまだ不鮮明な大衆民主主義のように、同じ泥と血の穴から這い出てきた、古い保守主義の残酷なカリカチュアとしての二十世紀の極右主義を歓迎したのである。競合する諸々の政党とイデオロギーの関係が表面的にはいかに敵対していたとしても、社会民主主義の国家への関与と新たな極右主義の誕生はともに、資本主義社会の構造的な大変革に起因しており、この変革をこのうえなく早めたのは世界大戦であった。
　この発展は、広く社会民主主義を超えて、特にドイツで顕著にみられた。なぜなら、ドイツではそうでなくともすでに長いこと効果的なイデオロギー上の吸引力が、特殊な戦争事情によって、党派を超えて直接強められていたからである。すなわち、ドイツは敵の海上封鎖に屈した結果、原料の国家統制に移行しなければならなかった。この全社会的なプロジェクトの立役者になったのは、自由主義的なユダヤ人大企業家、すなわちAEG《アーエーゲー》〔総合電気製造コンツェルン〕の社長でドイツ帝国主義のイデオローグであったヴァルター・ラーテナウその人だった。これをもって、彼は、資本主義の幹部エリートのユダヤ人メンバーのなかで、「祖国防衛」の先頭に立った。これが可能だったのは、ドイツの戦争血統共同体の反ユダヤ的な底流に対して、ラーテナウはほとんど驚嘆すべき無知を装っていたからである。彼は一九一五年十二月二十日のある講演で、国家経済の社会的な大実験について、その根本的特徴を列挙してこう説明した。

　ご参集のみなさま！　戦争遂行の経済的な側面の一端についてご報告したいと存じます。これは、歴史上前例のないことであり、戦争の経過と成功に大きな影響をおよぼすものであり、さらにおそらく将来にまでも作用するものであります。それは、社会主義や共産主義の方法と紙一重といってよい経済上の事象でありますが、しかし、過激な理論が前提し、要求したような意味においてではありません。私がここに提示するのは、硬直したシステムの理論的な構築ではなく、みなさんが体験された生活の一部であります。結局のところ（…）私たちの経済生活は転換を余儀なくされましたが、ドイツ経済を戦争に役立たせるために、古いプロイセンの陸軍省の壁を破って、新たに一部局をつくりました〔ラーテナウは陸軍省内に戦時原料局を設置して、その統括責任者となった〕。（…）昨年の八月四日に英国が宣戦布告をしたとき、途方もないこと、かつてなかったことが生じました。すなわち、わが国は包囲された要塞になったのです。陸路を絶たれ、海路を絶たれては、わが身に頼るほかありません。（…）可能であった四つの方法がとられましたが、それは、国の経済を再編成するためであり、また防衛比率をなんとしてでも確保するためでした。第一点、国内原料はすべて統制下におかれねばならず、なにひとつ個人の意志や恣意にまかされてはならなかったこと。

（…）第二点、国境外の使用可能な原料はすべて、入手が可能なかぎり、国内へ持ち込まねばならなかったこと。（…）私たちに開かれていた第三の可能性は、製造でした。（…）不可欠であるにもかかわらず入手不可能なものはすべて国内で生産することを考えねばなりませんでした。（…）さて、第四の方法です。入手が困難な原料は、他の比較的簡単に調達可能なものによって代替しなければなりませんでした。（…）私たちに課されたこの課題を解決するために、多くの関係当局の協同が必要となりました。（…）問題の解決にあたっては、まず法概念を新たにつくることが重要でした。経済循環の再編を可能にする基本概念が見いだされねばならなかったのです。私たちは接収の新たな概念をつくりました。（…）この接収概念は、ある商品が国家所有になることを意味するのではありません。その商品には、それ自体もしくはその所有者の意のままにではなく、より高次の力が求めるところに従うという制限がつけられるのです。（…）一面においては、国家社会主義への決定的な一歩が踏み出されたのです。商品の移動はもはや〔市場の〕力関係に従うのではなく、強制的になりました。別の面においては、自主産業の自主管理が生まれました、しかも大規模に、新たな組織によって追求されました。（…）こうして、自主管理の――といっても無制限の自由という意味ではありません――本質から戦時経済の概念が成立したのです。戦時原料会社が、当局の厳格な監督下に設立されました。（…）このようにして、これらの会社は、自由な経済的・資本主義的形態を具現する株式会社と当局による機構との結合部門として存立しているのです。これはひょっとして、来るべき将来につながる経済形態かもしれません。（…）これはドイツ独自の所産であります。（…）ドイツならびにプロイセンのシステムの名声がふたたび蘇ったのです。（ラーテナウ、一九二九／一九一五年、二五―五八頁）

国家による戦時経済はもちろんドイツだけのものではなく、戦争に加わったすべての国で市場を国家政策に従属させる類似の形態がみられた。ドイツでは（ラーテナウが示すように）完全な国家所有が貫徹されずに、国家による包括的な統制経済にとどまったことによって、経済自由主義的な残滓が残ってはいたが、それでもこの国家経済的な干渉の増大は、大部分の関係者にとっては、やはり重大な「社会主義への一歩」と思われた。社会主義と統制経済をそのまま同一視することは、すでに頭のなかにそれほど堅固に定着していたのである。一九一四年の十一月には、金属労働者新聞は、「どこを見ても社会主義」（シェーンホーフェン、一九九四年、六七五頁）と歓呼の声を上げた。じじつラーテナウがあるインタヴューで、「われわれはすでに半分は共産主義に浸かっている」（ビーバー、一九八一年、一四一頁）と述べたのと同様に、ドイツ政府の代表は、戦時経済の食料政策に関する労働組合との交渉の席でこう語っている。「わが国は、半分はもう社会主義国家ですよ。すべて社会主義にせよとまでは要求しないでしょうな」（ビーバー、同書）。かくして、レーニンをはじめとするロシアのボリシェヴィキの革命家たちは、再三プロイセン＝ドイツの戦時経済の組織機構のすばらしさを引合いに出して、「完全な」社会主義とは、ドイツの戦時経済を「プロレタリア」の名のもとに全面的に国家所有に移すことにすぎないと宣伝しえたのである。プロイセンのハンス・フォン・ゼークト将軍でさえ、この兵舎社会主義を歓迎した。

> 管見によれば、二つのことが絶対に不可欠である。すなわち、国家理念と国家権力を強力に増大せしむることである。つまり、国民が軍隊化された後の、強化された国家社会主義である。（クレンネ、一九八一年、一三七頁からの引用）

かくして大戦争は、労働運動と社会民主主義の強力な連携のもと、アドルフ・ヴァーグナー〔財政学者。本書二四七頁参照〕の意味での新たな国家社会主義的な推進力をもたらした。労働組合と社会民主党は（かつての戦時の敵、イギリスとフランスにおける社会主義団体に似て）、戦争目的についての、併合についての、新たな植民地についての、ヨーロッパにおけるドイツの優位についての、それどころかドイツ帝国の一種の世界支配を求める議論にも加わっていた。労働組合の資金は大規模に戦時国債に投資された。そして、国民の団結のための社会主義の公認イデオロギーは、ロシアのツァーリとその「一派」によって民主的な成果が脅かされるというものから、ドイツの世界市場利害に対するイギリスの脅威へと変わったのだが、その根拠は、多くの労働組合幹部の言うところによれば、イギリスの戦争政策の「主要目的」は、「ドイツに経済的なダメージを与えること」にあるからであった（ビーバー、前掲書、八八九頁）。このような傾向はもとより筋が通っていた。というのは、抽象的な「労働」が社会主義の肯定的な価値として受容され、これにもとづいて「労働者利害」が国民経済的かつ国家社会主義的に規定された後には、必然的に外部に対するナショナルな競争利害が最大の関心事になるほかなかった（ジャコバン主義的・革命的な用語か、改革主義的な用語かはどうでもよかった）からである。根本的に別の、オルタナティヴなパラダイムへ向かういかなる思考も欠いていたために今日まで有効でありつづけた賃金労働者＝利害と労働組合を、その都度ナショナルな競争利害に組み込むことは、大戦争においてはじめて大成功をおさめた。労働組合指導者のテオドア・ライパルト（一八六七―一九四七）は感覚鋭く、労働組合の目的はたしかにつねに「労働者の利害を強力に代表することとならんで、同時にドイツの産業とドイツの国民経済の利害にも向けられていた」（ビーバー、同書、二二二頁）ことを認識していた。そして、社会民主党右派のアウグスト・ヴィニッヒ（一八七八―一九五六）は後に、思い上がって次のようなことさえ公言した。

われわれを世界市場へと駆り立てた推進力は、資本主義ではなく、ドイツの労働者だった。今回の戦争で爆発した政治的緊張の張本人は、ドイツの軍国主義ではなく、みずからの手による労働で生きなければならなかった二千万のドイツ人だった。（ビーバー、同書、八八九頁からの引用）

「一九一四年の理念」の旗のもとにはかくも多くの共通点があったから、社会民主主義的・労働組合的な社会主義理解は必然的に、一部は新たに考案された概念によって充電され、また一部は、資本主義批判としては取るに足りない愚かな兄弟であるとして従来はまともに相手にされなかった反ユダヤ主義の武器庫から取り出された概念によって充電されることになった。「戦時社会主義」という言葉を初めて用いたのは、社会民主主義者のパウル・レンシュ（一八七三―一九二六）だったが、この概念は、やがて保守右派および自由主義のグループでも用いられ、後にはロシア革命で再度登場することになった。これとは逆に、長らく反ユダヤ主義者の間で、また青少年運動において好まれた「民族共同体」の理念は、社会主義の語彙に採り入れられた。この文脈において、一九一五年以降におそらくラーテナウによって考え出された「共同経済」なる概念が成立したが、これは後に地方自治による労働組合的な商品生産企業システムと呼ばれた。社会主義者、自由主義者、保守右派は共同して、「国民の《ナショナル》労働国家」のための「国民協同《フォルクスゲノッセ》組合《ンシャフト》」の理念をあたためていた。したがって、フリードリヒ・ナウマンの自由主義左派によってはじめて用いられた「国民の《ナショナル》社会主義」という名称が社会民主主義的な労働組合の文書のなかで「国民社会主義」（通称では「戦時社会主義」）としてふたたびあらわれたのも、不思議とはいえないほどである。すなわち、ナチス党のほとんどすべての基本語彙は、第一次世界大戦中に社会民主主義と労働組合の積極的な協力のもとに、「独創的に」世に広められていたのである。そして、それらの名称が一致しているのはけっして単なる偶然ではなく、それらの理念の（同一とはいわないまでも）いちじるしい近似性が問題であって、両者の相違は、外見上の組織上の敵対関係と相異なるイデオロギー的伝統というごく薄い仕切り壁によって隔てられていたにすぎない。たしかに、すべての社会主義者が非常に厳格な「国民社会主義的」理念を共有していたわけではなく、社会民主主義のなかには、少数の戦争反対者にいたるまで非常に幅の広いスペクトルがあった。しかし、このスペクトル内部では、保守右派、「極左派」、社会生物学派、「民族共同体派」、労働軍事主義派のイデオロギーが混在しており、それらはしばしば後になってから、調和しえないものとして取り繕われた。それでも最後には、大衆民主主義のイニシエーション、社会民主主義の国家への統合、国民社会主義の誕生、これらが世界大戦によって破綻した構造の内的統一をつくりあげた。他の資本主義諸国においては類似の現象が弱められた形であらわれたのに対して、またもやドイツは、すでにビスマルクの国家社会主義がそうであったように、これを率先して推進したのである。

社会民主主義と労働組合――彼らは底辺部門でさまざまな汚れ仕事をこなした――の組織力による側面支援を受けて、ラーテナウの戦時経済は、ドイツ帝国を完全に掌握し、孤立していたにもかかわらず、ドイツの戦争マシンが回転しつづけるのを支えた。この「戦時社会主義」の機構と協力して、パウル・フォン・ヒンデンブルク元帥（一八四七―一九三四）とエーリヒ・ルーデンドルフ将軍（一八六五―一九三七）をトップに戴く最高軍司令部が、ますます真の権力中枢へと変身を遂げたのに対して、帝国政府だけでなく、ヴィルヘルム二世皇帝までもがその重要性を失った。ルーデンドルフは軍事と組織の特別な天才とみなされて、その政権は戦争の継続とともに目に見えて軍事独裁の色を濃くし、それとともに、二十世紀のじつにさまざまな傾向をもつ近代化独裁の多くの特徴を先取りすることになった。
　戦争が長引くにつれて、双方の情勢はますます予断を許さないものになったが、特に疲弊する一方のドイツはそうだった。戦争を遂行する資本主義諸国はいずれも、これほど長年にわたる産業大戦争を予想してはおらず、その準備ができていなかった。ますます多くの資源が戦争に投入されねばならず、食糧生産は信じられないほど低下した。

労働力の減少によって特に被害をこうむった農業では、一九一三年から一九一七年にかけて生産が、ドイツでは平時の五〇―七〇パーセント、ロシアでは五〇パーセント、フランスでは三〇―五〇パーセント減少した。その結果、住民に対する食料品の配給制が実施されて、パン、肉、ジャガイモなどの食糧配給切符が導入された。すべての参戦国のうちで最初に食糧難に直面したのはドイツだった。（…）一九一四年からは、穀物委員会はパン用の小麦粉に一定の割合でジャガイモでんぷん粉を添加することを定めて、小麦粉の消費を抑制した。グリセリン製造のために油脂原料が必要とされたから、食用油脂の使用も制限され、制限は他の製品へも波及した。（…）イギリスは（…）コーヒーなどのいくつかの海外産の食品とバターを配給制にしただけである。フランスでは、特に肉と砂糖がこれに該当した。（…）オーストリア＝ハンガリー二重帝国内のハンガリーではそれほど問題はなかったが、オーストリア、スラブ系の国々では、特に軍隊の食糧事情が悪化し、一九一八年には、軍隊向けに「食料品についた虫が胃を害することはない」との広報が流された。栄養不良の住民の間では、チフスが蔓延し、トルコでは致死率が急速に上昇した。ドイツとオーストリアの都市部の労働者階級では、とりわけ婦人が食料品の逼迫に苦しめられた。栄養不良のために月経が止まり、ほとんど例外なく一時的な不妊が生じた。（フェロー、一九八八／一九六九年、二一五―一一六頁）

食物とその質についてここでわれわれが目にするのは、昔から語りつがれてきたことである。平時にすでに資本主義によってなされてきたことが、戦時においてはなおのこと徹底される。すなわち、絶え間ない、激しい生産力の上昇にもかかわらず、大多数の人間にとっては、もっとも基本的な欲求の充足さえもが犬のように惨めな水準に押し下げられる。レマルクの『西部戦線異状なし』のなかで、ある若い兵士が嘆く。「朝はカブのパン、昼はカブの煮つけ、晩はカブの揚げ物にカブのサラダだ」。これに対して、古参兵が応える。「そりゃ、運がいいってもんだ。おがくずでないだけましさ」。エルンスト・ユンガーのような人物でさえ身震いする。「夕方には野戦炊事車がよたよたとやって来て、ひどいものを持ってきた。おそらく豚の飼料にする凍ったカブをいっしょに煮込んだのだ」(ユンガー、一九九〇／一九二〇年、一五頁)。無数の証拠文書からわかるように、「故郷」の方がましというわけではなかった。たとえば、一九一七年のあるハンブルクの婦人の手紙には、「空腹を抱えて寝に就き、空腹のまま朝を迎える。(…)明けても暮れてもカブばかりで、ジャガイモはないし、肉もない。料理といえば、なんでもただ茹でるだけ」(ウルリッヒ、一九九四年、六〇九頁)。たまたまライプチヒに住んでいて、この戦争を体験するはめになったあるオーストラリア女性の手紙には、こう書かれていた(一九一七年)。

われわれは何とも言えない奇妙な一週間を耐え抜きました。(…)ほんとうになにひとつ食べる物がなかったのです――ジャガイモもうないようです――一人あたり半ポンドの、いわゆるジャガイモのフレークが配給されました。(…)貧しい人たちがどうやって切り抜けることができるのか、私の理解を超えています。他の国民ならば、民衆をこれほど悲惨な目に合わせた政府に対して反乱を起こすでしょう。(シューリン、一九九四年、一五頁からの引用)

このように、「福祉を向上させる」市場経済は、産業化の開始からほぼ百年後に、戦争マシンという栄誉ある特別資格において、ひどく苦労してやっとかなえられたジャガイモの生活水準をまたもや剥奪して、資本主義下にある広範な人びとの生活を、特にドイツにおいてはジャガイモの皮、飼料用の豚カブ、おがくずの生活水準に置き換えたのであるが、言い換えれば、この市場経済は無益にも、そうすることがみずからの義務であり、正直なことでもあると考えたのである。戦争を道楽《ホビー》とするエルンスト・ユンガーのような芸術家は、塹壕と物量戦の悲惨を「恐怖の美学」に仕立て上げることができた。無残な『内的体験としての戦闘』において、ユンガーは機械による戦闘を「すばらしい、血の戯れ」と称揚し、「日々の欲求という問題によってそこなわれることのない偉大な運命」（ユンガー、一九二五年、XV頁）と誉め称えた。そうであればこそ、「ひどい食事」も偉大な総合芸術作品を上演する際の多くの小道具のひとつとしてあらわれたのであろう。これほど質の高い恐怖の美学に祝福された人間は別として、いまや普通の人びとにあっては我慢の限度——あまりにも遅すぎたが——を超えていた。

一九一八年、まずフランスの軍隊で反乱が生じたが、それは無残に鎮圧され、揉み消された。その後ついに、ドイツ人までが反乱をくわだてた。なぜなら、「戦争成金」や将校・佐官たちは誰はばかることなく贅沢三昧にふける一方で、庶民にはもはや処刑前の最後の食事さえまともに与えられなかったからである。そしてついに、いかなる子どもも学校の教科書で学ぶことが生じた。ドイツ帝国が崩壊したのである。合衆国の参戦（一九一七年）後は、連合国側の物資の優位に抵抗するすべはなかった。皇帝たちの冠は地に転げ落ち、ロシアの革命は世界を震撼させた。しかし、死にいたるまでのほとんどあらゆる要求を黙って受け容れてきた家畜化された人間材料にとって、それでもなお、殺人的な世界マシンからの自己解放に思いを馳せることがどうしてできようか？　数十年におよぶ身柄引渡し状態からそう簡単に抜け出すことが可能だっただろうか？　ヴィルヘルム・ラムスツスは、一九一二年の幻視〔『人間屠殺場』を指す〕のなかで、崩壊と革命を予見していた。だが、それは幸福なエンディングとしてではなく、最後の嘲笑としてである。

デモ隊が町をゆく（…）逮捕（…）煽動演説（…）女たちは市庁舎へ押しかけて、夫を返せと要求する（…）いったいどうしろっていうんだ、もう遅すぎる。満足しなくちゃいかん、戦争が残してくれたもので満足することだ。撃ち抜かれた脚の残りを、心を込めて自分の胸に押し当てるがいい。（ラムスッス、前掲書、一四七頁）

じじつ、大衆民主主義の歯車に改鋳され、血の洗礼を受けた人間材料は、彼自身の自由と幸福を資本主義の範疇においてしか思い描くことができなかったので、結局は弾丸によって決着がつけられたことで満足した。戦争マシンを駆動するために、総数でほぼ一〇〇〇万人が犠牲となった。あたかもラムスッスの嘲笑的な予見をなぞるかのように、一九一八年にアルゴイ出身のある戦争未亡人が皇帝に嘆願書を書いている。

尊敬おく能わざる陛下！　許されますならば、陛下にお願いを申し上げる次第でございます。すなわち、わが夫は一九一四年の八月二日以来前線に出て、お国のために尽してまいりました。（…）そして、夫は（…）西部戦線で祖国のために戦死いたしました。（…）私はなにせ貧しいゆえ、夫の遺体を移送してもらうこともできません。（…）そこで、陛下に敢えてお願いを申し上げますが、わが善良なる夫の遺体を少ない費用で移送してもらえるようご助力を賜りたいのです。（ウルリッヒ／ツィーマン、一九九四年、二〇九頁からの引用）

その後、革命もまたおおよそこのような卑屈な調子で進行した。「二十世紀の大変動の起源」後の資本主義の歴史の展開は、マジックミラーで見るように、ドイツの「戦時社会主義」で主要な役回りを演じた二人のチーフ・オルガナイザーの個人的な運命によって先取りされた。かつての参謀総長エーリヒ・ルーデンドルフは軍事の天才といわれ、産業独裁者のプロトタイプであったが（政治家で、後の外務大臣グスタフ・シュトレーゼマンは彼を「ドイツのクロムウェル」と呼んでいた）、文字どおり狂気に陥って、彼自身の個人的なパラノイアが社会的パラノイアと結びつくことになった。すなわち、発作的な泣きじゃくりとヒステリックな麻痺に身を震わせて（ポリアコフ、一九八八年、二五五頁）、臨床上の迫害妄想を発展させたルーデンドルフは、猛烈な反ユダヤ主義に走って、ゲルマン神のヴォータン

〔風や死を司り、暴風雨の夜に声をたてて疾走する霊たちや、稲妻や雷の霊を支配するゲルマンの主神。特に北ヨーロッパではオーディンとして広く信仰されたが、キリスト教が広まるにつれて、主神から死神などに神格が変化していった〕を信じるようになり（チュピック、一九三一年、四二四頁）、一九三七年の死にいたるまでドイツ史のなかを鬼火のように揺れ動いた。まずナチス党の党員として帝国議会議員となったが、大戦時の同志および民族主義的な盟友すべてと仲違いし、最後には、ヒトラーさえをも、ゲルマン人種をユダヤ人とローマ・カトリックの教皇に売り渡したとして非難した（ポリアコフ、前掲書、二九頁）。ドイツの戦時経済の主任として、ルーデンドルフと緊密な関係にあったと考えられるヴァルター・ラーテナウは、後に外務大臣になるが、一九二二年に、粗暴な極右の将校たちから「裏切り者」、「連合国の回し者」、「ユダヤの豚」と罵られて、犬のようにあっけなく撃ち殺された。

ヘンリー・フォードとオートメーション社会の誕生

大戦争の根源はたしかに、みずからを引き渡して屈服した大衆だけではなく、資本主義の機能エリート自身の、将来に対する漠然とした不安だった。泡沫会社乱立時代《グリュンダーツァイト》の危機後の長い経済停滞は、ようやく一八九〇年をすぎてから終熄期を迎えていたが、その成長は遅々としたものだった。あいかわらず、資本主義的生産様式はそもそも社会的に広域にわたるシステムとして全面化されえたのか、という疑問が出された。最後の外的な、社会的・文化的な障壁はいまやたしかに世界大戦によって打ち砕かれていた。しかし、血の碾臼のなかで溶かされた大衆民主主義は、経済的な意味においても、資本主義のシステム発展の新たな段階へと引き入れられねばならなかった。そのためには、従来存在しなかった大量生産と大量消費の形態への移行が必要だった。

この障害物を取り去ることを可能にするためには、資本主義は古い文化的・社会的なモデルの残滓だけでなく、資本主義独自の内的構造という特別な障害を克服しなければならなかった。基本的に、あらゆる生産は、生産手段（機械、道具、建物など）の生産と消費手段の生産に分けられる。マルクスはこの二つの分野を「部門Ⅰ」および「部門Ⅱ」と呼んだ。資本の論理からすればもともと、生産手段もしくは投資財である「部門Ⅰ」が優遇され、逆に消費財の生産は相対的に限定される傾向にある。「資本主義」という名称からしてすでに、その本来の目的は投資であって、消費ではないことは明白である。がんらいは媒体である貨幣が自己目的化することの本末転倒性は、論理的に考えれば、消費をただ必要悪としてのみ許容する広い意味での道具（貨幣）自体の自己目的化に対応している。人間が結局は不条理にも自分自身の道具の道具としての機能を果たすことは、この物神崇拝的な本末転倒の頂点にすぎないのである。

このメンタリティの根本傾向の歴史的根源はもともと、資本主義の論理の宗教的な素姓にある。すなわち、プロテスタンティズム（特にそのカルヴァン主義的な変型において）は、神の前での弁明を気遣う人間に対して、一方では、神に選ばれたことの証しとして文字どおり狂ったようにあくせく働いて財貨を積み上げることを命じ、他方では、この果実を享受することは罪深いこととして、これをさらに高度な、新たな自己目的＝「労働」の手段に果てしなく転換することを命じた。この貪欲な財産形成という古くからの悪徳の強制発動は、絶対主義的な軍事独裁の金銭欲とあわせて、資本主義体質の基本的な原動力の一部だった。

これに完全に対応するのが、そこから生じる経費節約の経営合理性であり、この経営合理性は生産者の快適さと楽しみを犠牲にするが、それは、節約された時間と経営資金をつねに新たに自己目的の祭壇に捧げるためなのだ。したがって資本主義はある意味では、楽しみをその都度つねに先送りし、資金を新たなより大きな資金に変換させるために、大きな資金をさらに大きく太らせるだけの強制的な経済ノイローゼなのである。そして、消費の増大が避けがたいとなれば、消費にブレーキがかけられ、引締め策で負荷がかけられるか、あるいは消費自体が投資に似た性格をとるのがせいぜいである。それゆえ、解放された生産力は、生産手段生産部門である「部門Ⅰ」が不釣合いに大きくなることはあきらかであり、大衆の必需品である消費財の形よりも、むしろ蒸気杭打ちハンマーや巨大エンジン、機関車、鉄道レールや製鋼所の形をとることになった。あるいはまた、大砲や装甲巡洋艦、戦闘機や機関銃、監獄や感化院など、自由主義が他の消費よりもはるかに好むものが肝要だった。なぜなら、自由主義は倒錯した自己目的の不可欠の要素であり、大衆の享楽要素とはまったく無縁だからである。

それでももちろん、上昇した生産性の一部は必然的に大衆消費財の生産に向けられた。とりわけ、基本的に産業化の発展飛躍をともに担ってきた繊維産業において。また多くの他の生産部門においても、日常必需品の「安価な工場製品」は自明のことになっていた。さもなければ、資本主義は存続することも、その産業の雪だるまシステムを維持することもできなかったであろう。しかしそれにもかかわらず、消費は生産力発展のはるか後方に置かれていて、塔のように高く積み上げられた投資資金に比較すれば、いわば貧弱な小川の流れにすぎなかった。一方では生産手段を無制限に発展させ、他方では、競争がもたらす、経営学的「理性」の指令のもとで必死になって賃金労働者の所得を最低生活水準の近くに抑えようとする、この不合理な資本主義の自己矛盾は、マルクスがいうように、資本主義の不可避的な危機の最後の原因までもつくりあげるのである。

しかし、この自己矛盾は、資本が構造的にさらに十全な発達を遂げるための、そして資本が人間材料を全面的に掌握するための、内的障害でもあった。というのは、生産能力と消費との「タイムラグ」(時間のずれ)がますます大きくなるかぎり、雪だるまシステムがふたたび崩壊する恐れがあるだけでなく、大衆の生活を資本主義の論理によってすっかり取り込むこともできなかったからだ。賃金労働者は、その賃金でぎりぎりなんとか生計を立てられるかぎりは、必要に迫られて片手間に、食料品と日用品の一部をみずから生産した。自家需要のためのこの自給自足経済の要素は特に女性の仕事とされて、今日にいたるまでつねに、「稼いだ金」で調達できないものはすべて女性の才覚にゆだねられた。しかも、このような領域自体は、指導層エリートからも男性賃金労働者からも「劣等」とみなされていた。なぜなら、世界マシンのために役立つ活動をする「貴族」がそのような領域に直接携わるのはふさわしくないからである。女性にその権限が割り当てられるのは、主婦としての任務の一要素としてか、またはその女性自身がすでに賃金労働に「従事している」場合には、職業と家事の二重負担の一部としてだった。

資本主義による消費の引締めは、家事に関連するこの多様な自給自足経済と自己活動を超えてさらに、農業および手工業部門における局地的かつ地方的な非資本主義的商品生産にある程度の余地を認めた。資本主義が独占しえなかった、社会のこれらの部門と特定領域には、自発性と頑迷固陋という文化的な要素が同時に付着していた――たとえそれがかつての、充実した、多岐にわたる、古い農業社会の生産者文化と余暇文化への淡い記憶にすぎないとしても。これらの要因は相互連関的に複雑に絡み合っていたので、いずれにしても、賃金労働者の生活空間を抽象的な「労働」と「自由時間」という機械的な時間区分のなかに完全に解消する障害となった。たしかに戦時経済は全面的に資本主義的な生活の一種の原型をつくりだしてはいたが、前線で教え込まれた完全に資本主義的な生活形態をいまや平時の通常状態において補完することが肝要だった。

　したがって、新たな大衆民主主義時代の人間はこの生活形態に合わせて「つねに為すべきことがある状態にして」おかれねばならなかった——しかも単に生産にとどまらず、消費においても。これに対応した資本主義の暗い衝動が移動《モビリティ》の産業化という形態に着目したのはけっして偶然ではない。というのは、まず第一に、移動《モビリティ》の機械化は消費を構造的に独立した自己目的に転換し、それによって消費を世界マシンの論理に適合させるのにもっとも適していたからである。すなわち、この消費は、大部分の感覚的あるいは文化的な享受対象とは異なって、使用されることによってその内容が消滅することはありえず、広域にわたる物質的、組織的、かつ社会的な兵站業務を必要とした。それゆえ、この消費は、規律化の体系をそれまで知られていなかった規模にまで拡大することを期待させた、強制的かつ内面化されたベンサムの「行動規範」に高められるのに適していたのである。

　第二に、移動《モビリティ》の機械化は、消費のあらゆる形態のうちで、投資(生産)財の性格にもっとも類似しており、それゆえ消費においてすら人間のいかなる自己決定をも追放し、人間を彼ら自身の道具の道具にするためには、経済的な意味においてももっともふさわしい手段だった。ただし鉄道の場合には、双方の要因がまだ分離していた。すなわち、経営手段そのものは、移動《モビリティ》の産業化という直接社会的な形態として、資本会社の純粋な投資財のままであり、ますます（一部は収益性がないために、一部は戦時経済的・兵站的な考慮から）国家所有に移った。これに反して、私的な大衆消費は単にサービスを利用することにかぎられていた。発展の盲目的な論理におけるシステムの課題は、投資資金と大衆消費双方の要因を一つに統合することにあった。したがって、資本はいわば「移動サービス」の乗車券の代わりに、いわば経営手段そのものを売らねばならなかった——すべての資本主義的人間に彼自身の小さな個人機関車視野にいれて。

を！　この不合理な帰結は、内燃機関を積んだ自動車の発明によってすでに具体的な形をとり始めていた。アメリカ合衆国の経済学者ジョージ・カトーナは、一九六〇年代初めにこの「消費＝投資」の経済的意義を認識して、これを要請した最初の一人だった。いわく、「消費者も投資する」（カトーナ『大衆消費社会』）。この観点にたって、彼は資本主義発展の名において、消費と投資を原理的に分離する古い経済学の基本的な想定を批判した——特に、自動車を

消費者とは農業や工業が生産したものを消費する、いいかえれば、使い果たして破壊するものであるという信念があり、それが企業の投資活動を経済政策における最も有力な立場に立たせ、他方、消費者を重要でない場所へ追いやる役目を果たした。消費者に対しては常に、口先だけで重要性が述べられていたのが事実であった。十九世紀には、消費者は王様と呼ばれていたし、生産の目的は消費にあるという言葉は、経済学そのものと同じくらい昔からあった。しかし、伝統的な経済分析では、消費者の願望や消費者の要求が経済における重要な力であるとは考えていなかった。逆に、消費者は所得をつくりだしたり、その配分を決めたりすることはできないと考えられていた。（…）また、乗用車を買うときの意思決定は住居を買うときのそれに類似している。個人が所有している乗用車のうちのあるものは、（…）所得をつくりだすために使われるのである。（…）耐久消費財は、概してその取得後すぐに耐久期限がくるわけではなく、普通、企業の機械類と同じ程度の期間にわたって使用されるので、それらもまた、生産のたくわえられた部分を表わし、資本と考えられるべきである。（カトーナ『大衆消費社会』堅田弘訳、二四—二六頁、三三—三四頁を一部変更）

すでに開始された自動車社会を回顧するこの新しい見解には、暴露的な効果がある。すなわち、資本主義的生産の自己目的性は、消費を最終目的であるとする公式の偽善的な言明に対してのみ暴露されるのであって、結局、消費そのものが、短時間ですぐに享受されることでは終わらない、長期的な、「重量感のある」自己目的＝消費財（自動車を

中心手段とする）へ移ることによって、プロテスタント的な物神合理性という貴族階級に取り立てられるのである。自動車はもちろんそれにもかかわらず経済的にみれば単なる消費手段のままである。それが消費されても、価値を伝えることもなければ、価値を生むこともない――それが企業の経営手段としての機能を果たすことは別として。それにもかかわらず、カトーナの論拠をすっかり拒絶することはできない。というのは、資本の自己目的のための生産と消費の統合という意味では、モータリゼーションは質的な飛躍を意味したからだ。自動車社会は、それが含意するところのものすべてを含めてはじめて、資本主義的な意味での総合的な生活連関を形づくることができたのである。

ただし、ここではまだ需要と供給との差があまりにも大きかった。大衆の収入はきわめて低く、第一次世界大戦までにつくられた自動車はあまりにも高価だったから、この分野で「投資的な大量消費」の新たな段階に手が届く可能性はなかった。「消費者が自分たちのお金を消耗品や家賃のようなかなり短期のサービスに支出していた場合には、彼らは自分たちの購買力を差し控えたり、その支出をまとめたりすることはできなかった」（カトーナ、同訳書、二四頁）。自動車は「上流階級」のプレイボーイたちの贅沢品であり、今日でいえば自家用ジェット機のようなステータス・シンボルだった。

世界マシンの意味での、大量生産と大量消費への転換という困難な問題を解決したのは、二人の伝説的な人物だった。すなわち、かの有名な自動車製造者のヘンリー・フォードとやはり合理化技師として著名なフレデリック・ウィンスロー・テイラーである。両者がともにアメリカ人であるのは偶然ではない。というのは、合衆国は足音を忍ばせてゆっくりと、だが風を避けて着実に古いヨーロッパの世界列強に迫り、資本主義の先頭に立とうとしていたからだ。世界の産業化の拡大にともなって、アメリカにとって決定的に重要だったのは、二つの点である。ひとつは、アメリカ社会のいわば資本主義的な意味での「処女的」性格である。先住民を広汎にわたって一掃したあとでは、克服すべき前近代の文化的・社会的な制約はもはやなく、そのようなしがらみなしに直接抽象的な「労働」の基盤にたって発展することができた（すでにマルクスが予見していたように）。もうひとつの点は、他に類のない、大陸全体を市場とする国内市場の広大さであり、この国内市場によって、相対的に小規模で偏狭なヨーロッパの国民経済が実現していたのとはまったく別次元の規模で、生産能力と技術上の機構変革が可能になった。このアメリカの重要性が、最終的に第一次世界大戦を決したのであり、さらに、フォードとテイラーがその予言者となる資本主義の新たな世界秩序の輪郭を準備したのだった。

特に、ミシガン州の裕福な農民の息子であったヘンリー・フォード（一八六三―一九四七）は、ありふれた資本家の域を超えていた。伝道者の熱意をもって、自身の商売上の成功を「哲学」にまで拡充強化し（当時はまだ前代未聞の大それた企てだった）、はからずもベンサムの衣鉢を継ぐことになった。フォードとともに、自由主義的、イデオロギー的、特に産業実践の面での優位は、政治上の世界権力の転換が生じるずっと前に、イギリスからアメリカ合衆国に移った。「遠いヨーロッパで諸国民が衝突している間に」（アメリカはようやく一九一七年になって正式に参戦した）、まだ世に知られていなかった予言者は、一九〇三年に設立された「フォード自動車会社」で、二十世紀の産業資本主義を特徴づけることになった、例の決定的な革新を導入した。フォードは、まさにベンサム同様に、根っからの博愛主義者であり、（しかし単なる理論生産者ではなく、じかに産業に携わる企業家として）功利性を説いたが、その博愛主義的な意図を正確に綱領宣言風に告知した。「産業哲学的」な回想録のなかで彼はこう述べている。

私は、自動車というものを大衆のためにつくろうとしている。それは、家族を乗せるのに十分な大きさがあり、かつ個人の趣味で乗るにも手ごろである。最良の材料と、最高の従業員と、近代技術による簡潔な設計にもとづいて生産されるものである。ただ、その車の価格はたいへん安いものなので、高給を取っている人たちには向いていないかもしれない。われわれのつくる車で、大空のした楽しい時間の恵みを家族で楽しむことが可能なのだ。

（フォード『ヘンリー・フォード著作集』上巻、豊土栄訳、一〇三頁）

そもそも「リクリエーション」地域を探訪するために移動手段が必要になるのは、なによりも、時代の、都市建設の、生活環境の資本主義的な制約の結果なのだということに、フォードが思いいたるはずもなかった。その際さらに、自動車というブリキでできた悪臭を発する生き物を用いることによって、「神の、自由で、清浄な空気」がどうなるかについては、二十世紀初頭のナイーヴな技術崇拝はまだなんら頭を悩ます必要がなかった。このシステムをさらに発展させるためにはひとえに、投資論理と消費論理の矛盾を、つまり大量生産と購買力欠如ゆえの相対的な過少消費の矛盾を解消することが問題だったのである。この点に関するフォードの計画の特徴は、「もっとも単純な方法」を指示することだった。この言葉の背後には、後に第二次産業革命と呼ばれたものが隠されている。フォードは、彼の最初の本の序文のなかで彼のやり方の基本的特徴を簡明に述べている（この時点ですでに、彼の成功は確実になっていた）。

大部分の生産者は、生産方法の変更よりはむしろ製品そのものを変えようとする。われわれのやり方は、まったく逆である。（…）仕事のために必要最小限以上の力を費やすことを要求するのは浪費である。（…）最大の賃金、つまり最大の購買力を大衆に与えるのが、私の目標である。このやり方で、コストは最少になるから、われわれは購買力に見合った製品を供給することができるのだ。（フォード、同訳書、三七頁、三九頁）

フォードの念頭に浮かんでいたのはつまり、コスト削減という古い論理だった。しかし、新たな手段によって、また生産能力と大衆購買力との間の「タイムラグ」を克服しうるほどの規模において――しかも資本の自己目的的な蓄積論理を損なうことなく――である。換言すれば、製品をより安価に提供し、それによって競争相手を閉め出すだけではなく、それどころか同時に賃金をも高めて、労働時間を短縮し、それにもかかわらずなおかつ抽象的な「利益」の促進が可能になるほど劇的に、コストを下げる必要があった。さしあたり不可能と思われたこの離れ業が成功しえたのはひとえに、従来は等閑視されてきた領域に経営学的合理性の注意を向けたこと、すなわち社内分業体制そのものと労働プロセスの速度を問題にしたことによる。フォードはこの決定的な点において、およそ同時期にまさにこの分野を「科学的管理」、あるいはいわゆる「労働科学」に発展させたテイラーと出会った。第一次世界大戦の直前に出版されたテイラーの主著『科学的管理法の原理』（原著は一九一一年）のドイツ語版（一九一三年）の序文で、編者はその問題の核心を精細かつ〔労働者に対しては〕背信的にまとめている。

大産業が（…）その初期段階を脱した後には、指導的な機関や技術者たちの努力は主に機械の完成に向けられ、（…）機械の作動は入念に分析考慮されたが、労働者が彼らの課題をいかに解決するかという問題は、労働者自身の責任にゆだねられた。（…）テイラー・システムは（…）要するに人間の力を可能なかぎり能率的に活用するための方法である。（…）テイラーは、今日大部分のケースで、なされた労働が支払われた賃金と等価であるとの主張に、断固として異論を唱える。（…）労働者が彼の仕事にどれほどの時間を要するかが監督者によって掌握されていない場合には、同一の賃金率で従来よりも多くの労働が要求されたとしても、（…）それを不当だとか、冷酷だとか言うことはできない。（レスラー、一九一三年、XI頁以下）

ここでそっけない言葉で表現されるのは、フォードの場合にも一見無害で理性的な要請によって意図されていたこと、すなわち、「絶対に必要とされる以上のエネルギー」が労働に使用されてはならないことである。はっきりいえば、これは要するに、いかなる作業においても「絶対に必要とされる以上の時間」が費やされてはならないということなのだ。これが意味するのは、機械体制による従来の労働密度をはるかに超える、まさに途方もない労働強化にほかならない。第一次産業革命が手工具を機械の集積に置き換え、機械が資本の疎遠な自己目的を生産者に強いることによって、生産者からあらゆる快適さを剝奪したとすれば、いまや第二次産業革命は「労働科学」の姿をとって、機械集積と生産者活動との間の全空間を、啓蒙の理性のまぶしい尋問用高輝度ランプでくまなく照らしはじめた。それは、生産過程のいかなる微細な穴も隙間も見逃さないためであり、客観的に「可能な」作業遂行からのいかなる逸脱をも生産者の失態としてあげつらうため――ひとことでいえば、生産者を究極的にロボットに変身させるためだった。製品の価格引下げ、賃金の上昇、労働時間の短縮、これらを同時に実現する「博愛主義の奇蹟」は実際には次のことから説明がつく。すなわち、基本的に労働者（男女の）は、彼らが消費によって得られる慰めという形の「恩恵」を後で返してもらう以上の活力を奪い取られるのである。テイラー自身、「科学的管理法」がもつ主要動機および国家動機についてこう断言する。

労働者はたいていの場合、可能なかぎり多くの仕事をすべく全力を傾注する代わりに、それと気づかれることなく、実際になしうるよりも少なく働くつもりでいる——特に労せずとも可能なはずの仕事量よりもはるかに少なく——多くの場合、まじめに働いた場合の一日あたりの作業量の三分の一から、多くても二分の一である。（…）仕事量を減らす、つまり、まじめに働いた場合の一日あたり作業量には達しないように故意にゆっくり仕事をするという労働者間の暗黙の、あるいは公然たる合意は、産業化された工場ではほとんど一般的におこなわれている。（…）平均的な人間は、いかなる仕事においても（…）作業時にはのんびりした緩慢すぎるテンポになりがちなのはあきらかであり、（…）なんらかの圧力がかけられた場合にのみ、そのテンポを速めるであろう。（テイラー、一九一三年、一二頁以下）

テイラーは再三この問題を論じている。彼はまさにこの問題に夢中になっているので、探偵のような洞察力を発揮して、（男女の）労働者をたえず観察し、彼らの一挙手一投足を監視するための方法を考え出すのに知恵を絞る——まさしくベンサム・プロジェクトである！　この新たな「労働科学者」は、ボールベアリング工場の若い女性を監視した結果を報告している。

まったく気づかれることなく実施された調査の結果、十時間半作業に従事することになっているある女子の場合、彼女は実際にはその多くの時間を無為に過ごしていた。（…）この調査で判明したのは、これまで女子は彼らの労働時間の大部分を、おしゃべりをしながら仕事をすることによって、半ば無為に過ごしていたことである。

（テイラー、同書、九一頁以下）

この「職務放棄」問題に取り組むために、また正確なデータを集めるために、テイラーは「時間ならびに動作の研究」というすてきな概念を導入する。すなわち、あらゆる作業が個々のプロセス毎に分解されて、それ以来悪名を高めることになったストップウォッチを用いて正確にチェックされた。「作業をおこなうのに（…）最低限必要とされる時間に関する雇用者の無知」（テイラー、同書、一七頁）に終止符を打ち、賃金労働者の「怠け癖」を科学的客観性によって打ち破るためである。その際、テイラーは被調査者の個人的な癖までも批判の標的にする。

たとえば、私は生まれつき精力的な労働者を例にして時間研究をおこなった。その労働者は仕事の行き帰りのときにはおよそ時速三ないし四マイルの速度で歩き、それどころか終業後には小走りで帰宅することもよく見られた。しかしながら、工場に入るやすぐに速度を落として、およそ時速一マイルになった。荷を積んだ手押し車を動かさねばならないときには、彼はかなり速く歩く——上り坂であっても、できるだけ速やかに仕事を終えるために。手押し車が空になる帰り道ではすぐにまた、せいぜい時速一マイルのゆっくりした足取りに戻り、あらゆる機会をとらえて歩くのを中断するから、いまにも坐り込むのではないかと思われるほどである。（テイラー、同書、一九頁）

もちろん実際はそんなふうではない。資本主義企業で労働する者は、終業後に家まで「小走り」に帰ることなどありえず、せいぜいのところ這って家路をたどるのがやっとである。そうでなければ、「まじめに一日働いた」ことにはならなかった。この意味では、労働プロセスにおいては「不要な動作はすべて取り除かれ、緩慢な動作はすばやい動作に、非経済的な操作は経済的な操作に置き換えられる」（テイラー、同書、二四頁）ことがテイラーの目的である。そのためにはもちろん、生産者が口伝え、観察、経験などをとおして獲得した素朴な「労働知」を没収することが必要になる。そしてこの労働知を、「分類」、一覧表などによって新たに客観化された管理形態のなかで鍛え上げて、あらゆる種類の怠業とは無縁なものにするのである。アメリカの社会学者ハリー・ブレイヴァマンが後にテイラーリズム批判のなかで適切に述べているように、テイラーは、科学的な客観性の身振りでもって、「それが実際には資本主義の条件下における他の人びとの労働を管理する科学を意図しているにもかかわらず、それがあたかも「労働の科学」であるかのように」（ブレイヴァマン『労働と独占資本――二十世紀における労働の衰退』富沢賢治訳、九九頁）装う〔これは、ブレイヴァマンからの引用ではなく、ブレイヴァマンが引用しているジョルジュ・フリードマンの言と思われる〕。じつにすばらしいやり方で、人間に即して、ラテン語の単語manus《マーヌス》（手）とagere《アーゲレ》（導く）に由来するmanagement《マネジメント》の意味があきらかになる。「manageという動詞は、（…）もともと馬の調教、馬術（manege）を馬に仕込むことを意味した」（ブレイヴァマン、同訳書、七四頁）。

この強化されたベンサム主義の眼目は要するに、能率管理と消費報賞の新たな比率のなかに資本主義の自己目的を維持することにあったが、それは、（資本主義の完全化に不可欠な）商品消費を可能にするために、人間材料に搾取と管理において二重・三重の犠牲を払わせることを意味した。したがって（第一次世界大戦の）前線で人間が実験動物として習得したことは、いまや平時の生産過程において「労働科学的に」継続されなければならず、ついに、いかなる活動も、それがきわめて原初的な「頭脳活動」であろうと、現場の生産者から「すてきなマシン」の下士官へと委譲されえたのである。

科学的方法の発展は、個々の労働者の判断に代わって、多くの規制、法則、定式を必要とする。それらは、体系的に計画され、まとめられてはじめて首尾よく適用することができる。科学的な計画を実際に適用するには、書籍、統計などが保管される部屋と、計画立案に関与する頭脳労働者の仕事のための机が必要である。古いシステムでは、頭脳労働はすべて労働者と共同しておこなわれ、それは労働者の個人的な経験の結果であった。新しいシステムのもとでは、頭脳労働は是非とも指導部によって、科学的に進展した法則と連携してなされねばならない。（テイラー、前掲書、四〇頁）

もはやなにひとつ偶然のままにされてはならない、すなわち、労働者の自己判断に任せてはならない。それどころかテイラーは、「シャベル掬いの科学」（同書、六八頁）という言葉を用いるまでになる。彼は、この方法で可能になる生産性向上をベツレヘム製鋼所ではじめて証明することができた。しかも、労働者の一団による銑鉄の積上げ作業という記憶すべき実例にもとづいて。

銑鉄積上げ工はかがみこんで、およそ四二キロの銑鉄の延べ棒を持ち上げ、それを二、三歩運ぶと、地面に投げ下ろすか、あるいはすでに積まれた延べ棒の上に積み上げる。（…）われわれは、この労働者集団では各自が一日平均およそ一二・五トンを積み上げることを確認した。仔細に調査してみたところ、驚いたことには、第一級の銑鉄積上げ工ならば、一二・五トンではなく、一日に四七ないし四八トン積み上げられるはずだということがわかった。（…）さらに、これが暴動を引き起こすことも、労働者と争うこともなく、なされうるであろうこと、そしてまた、労働者も、以前のように一日あたり一二・五トンではなく、四七トン積み上げれば、より大きな喜びと満足を感じるであろうことに留意されたい。（テイラー、同書、四五頁）

これほど極端な人間の客体化には、もちろんかなり慎重に細工をほどこす必要があった。すなわち正確にいえば、まず格別愚かな労働者を見つけだし、この人物を実験台にして模範を確立する必要があった。直接的な生産現場における愚かさと資本主義的遂行能力（「合理性」についての市民的理解とはまったく逆に）がいかなる関係にあるかが、具体的な工場での研究において繰り返し確認された。その結果、アメリカのホーソンにあるウェスタン・エレクトリック社における研究調査があきらかにしたのは、「グループ内で最低の作業能力を示す労働者が、知能テストでは第一位、巧緻性テストでは第三位であったのに対して、最大の作業能力を示す労働者は巧緻性テストでは第七位、知能テストでは最下位であった」（ブレイヴァマン、前掲訳書、一一一頁）。テイラーは彼の実験台として、シュミットという名の愚かなドイツ人を見つけだした（労働科学者はすでに、世界のどこからもっとも間抜けな労働者がやってくるかを知っていたことになる）。テイラーのやり方はきわめて啓発的であり、その厚顔ぶりはとんでもない次元に達しているから、ここに詳しく引用する価値があろう。

新しいシステムは、労働者との交渉にあたっては、つねに個別に交渉することを絶対的な規則とする。（…）われわれの最初の一歩はしたがって、調査を開始するのにふさわしい男を見いだすことだった。それゆえ、われわれは候補者となりうる七五人の男たちを三日ないし四日かけて入念に観察した。最終的に、身体的にみて、毎日四七トンの銑鉄を積み上げるに適していると思われる四人に目をつけた。（…）これら四人について入念な研究がおこなわれた。彼らの経歴を可能なかぎり調査し、さらに、彼らの性格、習慣、野心などについて詳細に調べ上げた。ついに、われわれは（…）もっとも最適と思われる一人を探し当てた。ずんぐりした体型のドイツ人で、ペンシルヴァニア出身だった。（…）この男をシュミットと呼ぶことにしよう。われわれの課題は、シュミットを一日あたり四七トン積み上げるように仕向けて、しかもこの仕事が彼の生きる喜びを損なわないどころか、逆に彼がそれを喜び、かつ幸福だと感じるようにさせることであった。この計画は次のような手順で進んだ。シュミットは、他の銑鉄積上げ工のなかから呼び出されて、およそ以下のような対話が交わされた。「シュミット、君は一流の働き手かね？」――「なんだか、おっしゃることがわかりませんが」（…）「はっきりさせよう！ 私が知りたいのは、君が一流の働き手なのか、あるいは、その他大勢の並の労働者と同じかということなんだ。私が知りたいのは、君が一日あたり一・八五ドル稼ぐつもりがあるのか、あるいは、並の連中が手にするように一・一五ドルで満足かということだよ」――「一日に一・八五ドル稼ぎたい者が、一流の働き手だっていうんですかい？ いいでしょう、それなら私は一流の働き手です」――「君にはいらいらさせられるね。むろん君は一・八五ドル欲しい。それは誰でもそうさ。おわかりだろうが、一・八五ドル欲しいことと、君が一流の働き手であることとはほとんど無関係だ。（…）君が一流の働き手だというのであれば、明日、この男が君に言うことをきちんとやることだ、朝から晩まで。彼が君に、銑鉄の延べ棒を持ち上げて、それを持って進めと言ったら、君は延べ棒を持ち上げて、それを持って進む！　彼が君に、腰を下ろして休めと言ったら、君は腰を下ろす！　これをきちんと一日中すること。何か言われたとしても、口答えは無用！　一流の働き手とは、彼に言われたとおりのことをおこない、口答えしない労働者のことだからね」。（…）この口調はいくらか乱暴に思われるかもしれない。（…）だが、シュミットのような、頭の働きのにぶい男の場合には、まったく適切であり、不親切などということはない、特に、男の気を惹いた高い賃金に彼の注意を向けさせ、かつ、彼がそのことに気づけば、おそらく不可能なほどきつい仕事だと思ったにちがいないことから彼の気をそらすのに成功したのだから。（…）シュミットは仕事を開始した。そして、一定の間隔で、傍についている教師役の男からこう言われた。「さあ、延べ棒を持ち上げて、それを持って歩くのだ！　さあ、腰を下ろして、休め！」といったぐあいに。シュミットは、働けと命じられれば働き、休めと命じられれば休んだ。こうして、午後の五時半には、四七・五トンを貨車に積み込んだのだった。私がベツレヘムにいた〔テイラーは当時ベツレヘム・スチールに勤務していた〕三年の間、シュミットはつねにこのテンポで働き、求められたノルマを完璧にこなした。この間、彼は平均して一・八五ドルを若干上回る賃金を得た。（…）つまり、請負仕事ではない他の労働者よりも六〇パーセント余計に稼いだのである。（テイラー、同書、四五頁以下）

六〇パーセント割増しの賃金を得るには、作業能率を三七〇パーセント以上も上げる必要があること、このことに気づかれないためには、実際たしかにシュミットという愚かなドイツ人が必要であろう。そこではさらにもちろん、資本の自己目的である蓄積を損なうことなく、さまざまの方法で労働時間を短縮するための余地があった。「悪魔の碾臼」はかくして新たな質の段階に到達した——生産者の生命エネルギーを幾重にも奪い取り、それと同時に、彼らをますます確実に世界マシンのなかに完全に組み入れるために、彼らの注意を賃金と商品消費に逸らせることが可能になった——じじつ、悪魔的な陰険さをもって。ヘンリー・フォードは、第二次産業革命を完璧に仕上げるためには、テイラーの「労働科学」を「適切な」中核生産品に適用しさえすればよかった。デトロイト郊外に新たに建設されたハイランド・パーク工場が新しい方式の実験室になった。部品の生産が次々に分析されて、その配列が変えられ、あらゆる作業過程が正確に個々の作業工程に分けられた。フォードはたとえば、ピストンロッドを組み立てる場合のプロセスを次のように述べている。

全工程はきわめて単純である。作業員はピストンからピンを抜き、ピンに油を塗り、ロッドを差し込み、ピンをとおしてからネジで止める。これがすべてである。ある職長は、なぜこんな簡単な作業に三分もかかるのか理解できなかったので、作業動作をストップウォッチで測り分析してみた。その結果、一日九時間の作業のうち四時間は、作業員の歩行に費やされていることがわかった。作業員はどこへ行くわけでもなく、単に部品を集めたり、完成品を運ぶために歩かなければならなかったのだ。作業中一人の作業は六つの部分から成っていた。この職長は新しいやり方として、全作業を三分割して、作業台の両側に三人ずつ配置し、端に検査員を置いた。一人ですべてやる代わりに一人が三分の一の作業をするだけのことであるが、足を動かす無駄がない。作業グループは二八人から一四人になった。一日の組立数は、二八人体制の古いやり方では一七〇〇個だったのが、この新しいやり方では、七人が八時間作業で二六〇〇個組み立てた。いくら節約になるかなど計算するまでもない。（フォード、同訳書、一二一―一二二頁を一部変更）

これが生産者にとって何を意味するかに注意を向けるまでもないだろう。一度でも工場労働の経験があるものならば誰でも、何かの材料を取りにゆく際に、別の作業台ではたらいている同僚たちとちょっと言葉を交わしたりする類の、わずかな休憩や気分転換が――たとえそれがいかに些細なものであれ――、疎外された生産過程のなかで「何とか耐えられる」要素を見いだすために、いかに重要であるかをよく知っている。これに反して、生産者を生産ラインに固定し、材料は自動的に運ばれてきて、数少ない操作だけが容赦なく要求される、一定の時間に設定された作業進行という逃げ道のない状況は、労働の苦痛を限界にまで高める――だがそれでも、ベンサムの悪意を汲み入れたこの新たな労働形態は一般的な常態として深く根を下ろしえたのである!

ピストンロッドの組立てに見られるような「労働科学的な」方式は、フォードにあってはすでにさらなる革新、すなわち、組立てライン、あるいは後に名づけられたところによれば、悪名高いベルトコンベア方式の一環をなすものだった。だが、この装置はまったく新しいわけではなかった。フォードは――いかにも彼らしいが――シカゴの屠殺場でこの原理のヒントを得ていた。彼自身、彼のベルトコンベアは「シカゴの食肉出荷業者が食牛を解体する作業に用いていた頭上を走る架線から生まれたものだ」(フォード、同訳書、一一三頁)と述べている。しかし、ベルトコンベアはすでに二十世紀初頭から、たとえば飲料生産とか食料品包装などの別の分野でも一般的になっていた。ハリウッドの有名な映画監督フランク・キャプラは、貧しいシチリア出身の移民の息子だったが、その回想録のなかで子ども時代のトラウマ、すなわち、ベルトコンベアではたらく母親の非人間化された姿を目撃しなければならなかった悲しみを、目に見えるように描写している――それはヘンリー・フォードよりもずっと前の時代である。

私はまだ子どもで、下からママを見上げた。ママは一日中そこに水泡のできた足で立っていた。私は、水泡がけっして治らないであろうことを知っていた。ママは一日中ひどい臭いのするオリーブオイル工場の蒸気のなかに立っていた――週給一〇ドルで、毎日一〇時間――果てしなく続くベルトコンベアから機械的に瓶を取り上げると、ママの手は空を切って瓶にラベルを張りつけてゆく。瓶、瓶、そして、また瓶。それはカタカタと音を立てる無限軌道のベルトコンベアに乗って、ガチャガチャと音を立てながらよたよたやって来るのだった。ママの顔、きびしい農婦の顔を見上げると、その額には大粒の汗が光っていた。頭を上げては下げ、また上げては下げる、その繰り返し――怪物のリズムにつながれたロボット。ママは額から垂れ下がった髪の房をあえてかき上げようともしない――この極度の単調さ《モノトニー》が生み出す魔力を破るのが怖いのだ。(キャプラ、一九九二/一九七一年、四四七頁)

ただし、フォードにおけるベルトコンベアの新たな特質は、流れ作業生産そのものが独立した労働方式として適用されたことにあるのではなく、流れ作業生産が生産全体の「労働科学的な」合理性という包括的な構想のなかに組み込まれたことにあった。この文脈においてみれば、たとえフォード自身が流れ作業生産による組立ての特別な意義を強調し、じじつそれがテイラーと同じく歯に衣を着せない率直な言だとしても、ベルトコンベアは多くの他の要素のひとつにすぎなかった――男女労働者たちを意志のない機械装置へと意識的に還元する点で。

組立工場での最初の改良は、作業員が車の組立て場所へ移動する代わりに、組立作業そのものを作業員のところへ移動させることから始められた。（…）組立工程で採用された原則は次の主要項目で示された。

（一）組立作業の順番にしたがって工具と作業員が配置され、作業完了まで車の周囲で動く距離を最少とすること。

（二）シュートやスライドを使って、一人の作業員が作業を完了したらその作業部品を手のとどく最も都合のよいところへ落とし、重力で次の作業員のところへ自然に運ばれるようにすること。

（三）必要部品は、スライドを使って作業員の作業に便利な位置へ配ること。

このような原則を採用した結果、作業員がいちいち考える必要がなくなり、動く距離も最少にすることができた。また、作業員は一つの動作で一つの作業をすることとなった。（…）一九一三年四月一日に組立ラインの試験を初めておこなった。それは、フライホイール式の磁石発電機の組立作業でおこなわれた。（…）この組立作業は当初は従来の方法でおこなわれ、一人の作業員が一日九時間作業で三五個から四〇個の部品から一台の発電機を組み立て、一台の組立て所要時間は約二〇分であった。この一人の作業を二九の作業に分解し、動く組立ラインで作業させると、その所要時間は一三分一〇秒であった。そして組立ラインの高さを八インチ高くすることで、組立時間は七分に縮まり、さらに組立ラインの移動速度を上げてみると、五分となった。これは一九一四年のことである。数年前まで四人でやっていた仕事を科学的な検討によって一人でやれる、ということなのだ。(フォード、同訳書、一一二―一一四頁)

この結果は、愚かなドイツ人の銑鉄積上げ工の場合のテイラーの結果とかなり正確に一致している。すなわち、男女の労働者から搾り取られた三〇〇パーセントから四〇〇パーセントの能率向上が、新型の大量生産と大量消費のための余地を与える。この「奇跡」を引き起こしたのは、テイラーの「労働科学」(時間ならびに動作の研究)と流れ作業生産だけではなかったことはいうまでもない。フォードの生産方式は、無数の新たな、しばしば流れ作業生産の現場で開発された工作機械を、いまや完璧に管理された作業工程のなかに嵌め込むことをも可能にした。

ラジエーターの製作は複雑で、そのハンダ溶接には熟練が要るものだ。ラジエーターには九五本の管があり、この管のハンダ付けは手作業で長時間の忍耐を必要とした。今ではすべての作業は機械化されており、一二〇〇個のラジエーターのコア部分が八時間ででき上がり、コンベアーで炉に送られ溶接が完了する。ブリキ職人などの熟練も必要としなくなった。(…)自動化が可能な作業はすべて自動化され、あらゆる作業工程が改善された。(フォード、同訳書、一二二―一二三頁)

新しい工作機械、自動装置、流れ作業生産、これらの組合わせはすでに産業生産過程のさらなる道程を予告するものであり、いつかは広範囲におよぶオートメーション化へ行き着くほかなかった。しかし、人間の労働力の全力傾注が決定的な要因であるかぎりは、いかなる新しい機械も、いかなるオートメーション化の歩みもつねに人間材料の能率をさらに強化するのに役立った。すなわち、「必要な一秒は認められるが、一秒たりともそれを超えてはならない」(フォード、同訳書、一一五頁)。この目的にかなったのが、製造構成要素とモデルの規格化の増加である。すでに一九〇九年以降、フォード社はただ一車種、すなわち「T型フォード」のみを製造しており、このモデルはあらゆる点において完全に規格化されていたので、さらに生産性向上の余地があった。フォードはアイロニカルにこう述べた。「黒の車しかなければ、顧客は自分の好きな色に塗装できるからね」。フォードの生産方式による「T型フォード」を無敵にし、新たな産業の範例を基礎づけたのは第一に、「労働科学」、流れ作業生産、新たな工作機械、規格化、これらをますます洗練した形で組み合わせた結果であったが、この新たな産業の範例はやがて、以前のあらゆる発展段階におけるのと同様に、「オートメーション化された労働者階級」の第二の習性となった。

従来の工場体制をはるかに凌駕するこの人間の客体化においては、時間のみならず空間も統制されて、制限が加えられたのは論理的に筋がとおっていた——実験用マウスと同様に。フォードはいささか誇らしげに、彼の科学的な生産連結機械における「合理化された空間」のメカニズムについて述べている。

あらゆる作業過程において、必要な作業スペースの測定がおこなわれる。それはもちろん狭すぎてはいけない——それでは労働力が十分に発揮されえないからである。しかしまた、作業員と機械が必要以上のスペースを占めるのも無駄である。その結果、われわれの機械は、世界中のどこの工場よりも効率的に据え付られている。素人目にはまるで機械が積み重なっているように見えるかもしれないが、それらは、科学的な方法によって設置されている。つまり、種々の作業過程の順序にしたがうだけではなく、各作業員には必要なスペースが与えられるが、しかし可能ならば、一インチたりとも余分なスペースを与えないというシステムにのっとっている。われわれの工場は公園として建てられているのではない。(フォード、同訳書、一四七頁)

資本主義の空間=時間構造においてぎりぎりの作業能力量を全面的に利用し尽くすこの貪欲な狂気は、搾取可能な人間の作業能力を、それがいかにわずかであろうと、蔑んで退けたりはしない。フォードは、彼自身それとは知らずに、ベンサムの指示をより高次の発展段階において再現するばかりか、すでに十八世紀に盲人や病人までも目いっぱい働かせようとしたマンデヴィルを髣髴させるシニカルな考察を、博愛主義的な誠実さをともなったなめらかな口調で語る――その実現可能性は、二百年前の資本主義よりもはるかに高くなっている。いまや「すてきなマシン」は、以前よりもはるかに精確に完全に組織化された連結機械を自由に使用できるのだから。

病人や身体障害者はいたるところにいる。そのような肉体労働に適さない人たちを支援するのは社会の責任であるとする少々寛大な（！）考え方が、世間では一般的である。（…）盲目であったり、身体に障害のある人たちも、しかるべき職場に配置されれば、健常者と同様に、同じ仕事をおこなって同じ賃金を得ることが可能だ。（…）このような国民経済上の援助ならびに節約のシステムはさらに拡大されるべきである。一般的に、従業員が怪我をした場合には、労働不能と診断されるのは自明のこととみなされているのだから。（…）病気にはつねに回復期というものがあり（特に骨折の場合には）、その期間中にも完全に仕事をすることができるのである。（…）われわれは、寝たきりの人たち（ベッドの上で起き上がることが許された）で実験したことがある。黒い蝋引き布のカバーをベッドの上に広げて、小さなボルトにナットをねじ込む作業をやってもらった。（フォード、同訳書、一四一頁、一四三頁、一部変更）

こうして、望みなく孤立した個人も仮借ない「自己責任」を負うべきだとするプロテスタント的自由主義的な原理は新たな勝利を祝ったのである。すなわち、働かざる者は食うべからず、である（そうなると、人間材料が資本主義的にみてまったく「役に立たない」場合、フォードの産業哲学によって仕上げられた「人種生物学的」な結論――「生きる価値のない」生命の抹殺――を引き出すまでは、ほんの一歩である）。そして、恥知らずにも、人間の自尊心の唯一の形態は、資本主義の怪物の自己目的に奉仕し、そうすることによってのみ生きるに値するものになることのなかに求められねばならないことが、人間の責務として課されるのである。このような思考方法は、人びとを死の床にあってもなお「小さなボルトにナットをねじ込む」作業をさせるためには役に立つであろう。フォードにとってはもはや、このように病人や重度身障者にまで不当な要求を突きつける労働強化という質的に新たな拷問苦をともなう生産過程の疎外を、いささかなりとも弁明しようとすることさえ問題外なのだ。逆である。彼は、これぞ抽象的な「労働」というにふさわしいような、まさに意識的な自己疎外のプログラムを嬉々として構想する。

> 個人の間や、各部署の間によい感情をつくるために、あるいはみなが仲良しになるために、会議をする必要などない。従業員が仕事をするために親睦を図ることはないのだ。お互いに仲が良くなりすぎることは良いことではない。(…)働くときには仕事に専念し、楽しむときはそれに集中すべきで、この二つを混同すべきではない。従業員の唯一の目的は、良い仕事をなし、それに対して良い賃金を得ることである。(…)われわれの組織は非常に細分化され、部署間の相互依存度が高くなっているから、そのなかでの各人の恣意的な行動は片時も許されない。(…)従業員が個人的に工場内で接触することは多くない。工場で仕事をし、そして家に帰る。工場というものは、サロンではないのだ。(フォード、同訳書、一二五頁、一四五―四六頁)

テイラー＝フォード複合体のあけすけな卑劣さが勝利しえたのは、人間材料がすでにあまりにも疲労困憊し、あまりにも家畜化されていたために、ほとんど不可能と思われた新たな質の不当な要求水準に対して原理的に抵抗しえなかったという理由だけではなかった。つまり、労働密度が強化されたなかでの躍進が、はじめて資本主義の自己目的を縮小することなく、価格引下げ、賃金上昇、ある程度の労働時間短縮を同時に可能にしたかぎりでは、搾り取られる人間材料と、主体のない吸血鬼〔資本主義システム〕の新たな資本家＝経営者との間の関係は、どこかひどく曖昧な関係になった。フォードがぶら下げた前代未聞の高収入というニンジンの魅力は、数百万の人間を、いわば例のシュミットという最初の愚かなドイツ人へと変身させた。すなわち、これ以外に選択肢はないように思われた。そして、短い時間スパンでものごとを考えるように訓練される資本主義的環境においては、一見とてつもなく引き上げられたようにみえる特別報酬の一時的な喜びが、その対価として支払われる生命エネルギーの喪失を忘れさせたのだった。

社会経済的な最初の鳴り物がやってきたのは、ヨーロッパで世界戦争が勃発する前の、一九一四年の春だった。フォードは、日給をそれまでの二、三ドルから五ドルに上げると予告した——つまり、いっきょに二倍以上にしたのだ。同時にフォードは、労働運動によって長いこと要求されてはいたが、それまでは実現していなかった一日八時間労働制を告知した。これは当時にあっては、週に六日、四八時間労働を意味した。二〇年代には、短期間であったが、試験的に週五日制が導入されるまでになった。これは、第二次世界大戦後になってようやく（しかもごく少数の国々で）一般的になった水準である。やがてまもなく、五ドルの日給は誰にでも適用されるものではないことが判明したし、週五日労働制もすぐに撤回された〔日給五ドルの背景として、当時の労働力不足があった。また日給五ドルを得るためには、六ヵ月以上欠勤しないこと、日常生活における規律の遵守などの条件があり、そのために監視員が派遣されたほどだった〕。しかしそれでも、従来の賃金および労働時間水準との相違は非常に大きかったから、フォードの革新は、世界中の賃金労働者のみならず経営陣の間にも、熱狂と困惑とを呼び起こした。フォードにはもちろん、このやり方で突進せざるをえない事情があった。すなわち、一九一三年にベルトコンベアが導入されてからは、大量の労働者が逃げ出していた。フォード方式への怒りは大きく、多くの労働者はこの「労働」にとにかく耐えられなかったのだ。その一方で、永遠に上昇しつづける生産性と労働強化は、賃金面で攻勢をかけて、なおかつ依然として莫大な利益を得ることを可能にしたのである。

もちろんフォード工場の労働者たちは、自分たちの命がいわば骨までしゃぶられることを知っていた。デトロイトでは、フォード工場の高給取りの若い妻たちは夫以外に愛人を持つほかはない、とからかわれた。フォードの労働者たちは「長い」週末があってもそんな気にはなれないから、というものだった。それにもかかわらず、高給の誘惑は、あらゆるためらいや理屈よりも強力だった。生涯でほんの短期間享受できる高価値の商品消費の喜びは、かつての植民地の約束に似た吸引力を発揮したように思われる——ただし、より高い発展段階における新たな「国内の」植民地化の標的は、餌に釣られた賃金労働者自身の肉体と精神だった。

そして、豚のように飼い慣らされた賃金労働者階級にとって、いかなる人間の愛人よりもすばらしく、魅力的なセイレーンは、自動車、つまり、男の色情をかきたて、悪臭を発するブリキの塊だった。というのは、きわめて高貴な、機械による移動手段の夢は、それまでは上流階級の贅沢品であったが、いまや実際にふつうのベルトコンベア労働者の手に届くところにあったからである——少なくともアメリカ合衆国では。この点に関しては、フォードの約束は過大すぎることはなかった。すでに当時世界で最大の国内市場におけるこの「投資的消費」をはじめて大量消費へと転換させたのは、きわめて高く引き上げられた賃金ではなく、なによりも息をのむような生産コストの削減であり、それによって可能になった自動車の飛躍的な廉価化だった。フォードにおける生産性の向上は、数字で見るかぎり、じじつメルヘンのように読める。フォード工場と同規模の従来の自動車工場の平均的な年間生産台数は、第一次世界大戦前には、せいぜい一万五〇〇〇台だったのが、デトロイトのフォード工場では、一九一三年から一四年にかけての事業年度にはすでにじつに二四万八三一七台が生産されて、しかもそれに見合った低価格ですぐにすべて売れたのである。そして、上昇はさらに続いた。「一九二五年までには、T型車の歴史の初期にまる一年かかって生産されていたのとほぼ同数の自動車をたった一日で生産する機構がつくりだされていた」(ブレイヴァマン、前掲訳書、一六五—一六六頁)。

ヘンリー・フォードがやがて世界中でもてはやされることになったのは、不思議ではない。フォード自動車は、合衆国内だけでなく、——ノーベル氏の軍事産業帝国に次いで——ヨーロッパにも(むろんドイツを含む)工場を有する最初の大きな国際企業のひとつになった。ほんとうにそれはメルヘンだった、しかももっとも邪悪なメルヘンのひとつだった。というのは、メルヘンにおけるように、人間は、まったく新たに、より完全に、自己の魂を売り払い、自己の生命を担保にしはじめたからである。第一次世界大戦という大がかりな人間屠殺場の前線における動物実験はじつにみごとに成功を収めていた。人間材料は、疲労困憊するまで懸命に働く覚悟ができていたから、「パブロフの犬のように」ベルの合図で、安価な商品消費の餌のかたちをした待望久しい報酬が目の前に投げられると、争ってそれを手に入れたのである。ヴァイマール共和国に関する同時代のルポルタージュは、ベルリンのフォード工場での新しい質の条件づけを辛辣に描写している。

最高給は日給二〇マルクである！　これは、ベルリンの金属工業で出来高払い賃金ではたらく数多くの労働者のまるまる一週間分の額である。すっかり飢えたベルリンの金属労働者たちがフォードに殺到し、あらゆる人間の尊厳を投げ捨てて魂の抜けた労働ロボットにまで身を落とす秘密がここにある。(…)このシステムの効果がもっともよくみてとれるのは、三〇分の昼休みだ。汚れてこわばった手と顔のまま、全員がヴェストハーフェンの従業員食堂へと行軍テンポで殺到する。そこでは給仕たちまでがすでにフォード・システムに感染している。テーブルの上にはすでに決められた場所に決められたグラス、ナイフ、フォーク、スプーンのセットが置かれている。人びとが食事を呑み込んでいる間に、われわれは彼らの表情を観察することができた。フォード・タイプというのがある。鼻、顎、頬骨がとがって突き出たこの灰色の顔、この熱っぽく動かない両目、そして神経質な動作、これらには見覚えがあったが、それはどこだったろうか? 食事はすばやく呑み込まれる。休憩時間の残りは、便所にいって用を足すか、タバコに火をつけて虚空を凝視していると終わってしまう。新聞を読む者は誰ひとりいない!「フォードの死骸」とヴェストハーフェンの労働者たちは言う。

(…)(以下は、フォードのある労働者が語ってくれたものである)。彼は以前はやはりベルリンにあるノイエ・アウトモビール・ゲゼルシャフト(新自動車会社)でボーリング工として週に三〇マルク弱を稼いでいたが、「仕事がなくなった」ために解雇された。九ヵ月間失業していたが、ある知人を通じて、フォード・パラダイスに入ることに成功した。いまは天国だという! すでに借金は返すことができたし、背広も買った。妻子にも冬の支度をさせてやれた。毎日半ポンドの牛肉を買う余裕もできた。——「でも、これはいわば必需品なんだ」と彼はつけ加える。「さもないと、ここの仕事には耐えられないよ!」(…)以前は、政治にも関心をもち、労働組合にも入っていたが、(…)今ではすっかり縁遠くなった。新聞さえ、妻に読んでもらうのだという。(…)「家に帰って一時間横になれれば、御の字さ!」(…)どれくらい長くここでやれそうかと尋ねると、彼は肩をすくめた。「さしあたりは頑張るよ。失業には、あれ以上耐えられなかったからね。おっと、いけない。走らないと間に合わない!」——彼は行ってしまった。一瞬にして食堂はすっかり無人になった。労働者たちがいっせいに消え去るのを見ていて、このような顔をどこで見たのか、突然思い出した。集中砲火が三十時間続いた後のソンムである！〔フランス北部のソンム川流域は第一次大戦の激戦地として知られる。「ソンムの戦い」では甚大な戦死者が出た〕（アーベルスハウザー、一九八五年、四八―四九頁からの引用）

人間の合理化

テイラーとフォードに端を発した第二次産業革命が、生産革新と労働過程革新という二重の質をもっていたことについてはまったく疑う余地はない。自動車は、誕生してすでに数十年が経過していたが、従来はほんの一握りの上流購買層のマージナルな稀少商品にすぎなかった。ところが今や、資本主義的生産様式が完成するにいたって重要な製品になる。自動車は、大衆化するなかで脱皮を遂げて、その他多数のなかの一商品以上の存在になった。すなわち、自動車は、空間と時間の地平全体を巻き込みはじめて、生産と「余暇」の構造的な統合を準備し、しだいに社会的組織形態をプライベートで家庭的な日常生活のなかにまで入り込ませるどころか、社会の空想と想像を占拠するまでになった。資本主義は、そのためにはまだいくつもの推進力を必要とはしたものの、すっかりクルマ社会化したのである。

クルマ社会への脱皮を最初に可能にした「労働科学」と流れ作業生産によるテイラー＝フォードの労働過程革新は、「抽象的な労働」の類例のない強化と経営学的合理化によって途方もない新たな資本蓄積の時代を招来しただけでなく、同時にまた、人間材料に規律をほどこし、調教するなかで、はじめて生産と消費を融合する新たな質の可能性を開いた。こうして、ベンサムの内面化の新たな水準が実現されて、今日にいたるまでその効果を発揮している。そこで卑劣なのはなんといっても、労働者の生命エネルギーを吸い上げる、巧妙に仕組まれた陰険な特性である。すなわち、初期産業化時代にみられたような、労働者を残酷に、しばしば恣意的に、短期間しか耐えられない最高能率に駆り立てることはもはや問題にならない。そうではなく、人間材料が早々と、しかも相対的に低い効率にもかかわらず消耗させられてしまう方法が問題なのである。同じくこの吸血メカニズムは、散発的であったベンサムの実験の段階にとどまってはいない。ベンサムはたしかに、外的な組織形態や建築様式などと結びついた「内的行動原理」という根本思想をすでに定式化してはいたが、規律化の基盤《マトリックス》は相対的にまだ雑で、総体化された全体構想の要求をあらゆる次元で貫徹することはできなかった。わけても、ベンサムはまだ大量消費を考慮する必要はなかった。彼の構想は生産と資本管理の領域にのみかかわるものであり、その一方で、消費はひきつづき初期資本主義の守銭奴的な目でみられていた。「商品が安価になればなるほど、消費者は出費を惜しんでより安価な商品を求める」。資本主義の背理《パラドックス》としての、まさに家畜化の新たな形態と連動した大衆性によって「贅沢な」商品消費そのものを手中に収めるといういちだんと進歩した洗練があってはじめて、全体性へ向かう世界マシンの第二の出現が可能になった。

ある意味では、テイラーもフォードも彼らの行動結果を認識していた。それはとりわけ彼らの経歴の伝道師的な性格にあらわれている。彼らが純粋な商売と純粋な専門合理性を超えて、つねづね素人哲学的な自己正当化を試みたことは、この二人の立役者が、新たな発展段階の、すなわち資本主義的に統合された新たな生き方の資本主義的なパイオニアであったことを証明している。テイラーが、驚くほどベンサムに類似した形で明確に強調したのは、彼の「科学的管理」が、たとえば「シャベル掬いの科学」や狭い産業的な文脈における他の活動の「科学」に限定されるものではないことだった。むしろ大切なのは、

同一の基本的な考え方が、人間活動のあらゆる領域に適用可能であり、それによって同等の正当性と同等の成果が得られることである。すなわち、家庭や農場を管理運営するために、手工業や工場を経営するために、さらに、教会、社会福祉施設、大学、いやそれどころか、国家統治のさまざまな部局を管理運営するために適用できるのである。（テイラー、同書、五―六頁）

このテイラーの考え方に賛意を表明したのが、ヘンリー・フォードだった。彼はテイラーよりもはるかに強い断固たる態度で、「博愛主義的な」社会改革者および未来の音楽家として登場した。

われわれによって実用化されたアイディアがいたるところで応用可能であること、またそれらのアイディアが特に自動車（…）と関係があるというのではなく、いわば普遍的な法則に属するという点に、私はおおいに関心がある。私は、この法則が自然の法則（！）であることを固く確信しているし、われわれのアイディアが新しいアイディアとしてではなく、自然の法則として受け容れられるほかないことを明白に証明したいのである。（フォード、同訳書、一九頁）

したがってここにみられるのは、以前から知られているように、資本主義の傍若無人ぶりを自然のなせるわざとするだけではなく、ベンサムの卑劣な「パノプティコン」の場合とまったく同様に、自身の構想が包括的な社会的普遍性を有するという主張である。すなわち、問題になるのは、部分的な経営学的効果ではなく、全体的な社会モデルであり、あらゆる公共施設に適用可能な、人間生活全般の基盤《マトリックス》なのだ。そして、一二〇年前よりもはるかに高度に進化したかたちで、一分の隙もない管理、屈服、自己服従に対する意志が生まれる。この「功利主義」は人間的な目的にも、主観的な快適さにも、美的な基準にも、また個人的な権力要求にさえかかわることなく、もっぱら資本の抽象的な自己目的にかかわるのである。

それゆえ、人間の包括的「合理化」というこの構想は、すでにベンサムやサドが描いたような倒錯した構想や妄想を際立たせていたところの、資本主義一般に典型的な例の神経症的な特徴を帯びることになる。すなわち、人間的かつ社会的な欲求とは無縁の「効率」という妄想システムのそれ自体閉じた内的合理性は、ハリー・ブレイヴァマンがフォード＝テイラー・システムを批判するなかで述べているように、例のエイハブ船長の状態に似ている。エイハブは自分自身についてこう言う。「私のすべての手段と方法は理性的だ。私の目的だけが狂っている」。だが、抗しがたい歴史の雪崩に巻き込まれて、経営手段をそれ自体のために積み上げ、そこからもはや逃れることのできない目的の狂気が、まさに「手段と方法」にもエイハブの狂気をたっぷりしみ込ませるのである。かくして、第二次産業革命はその「合理化」によって、社会的に客体化された妄想の「やり手経営者」も絶対君主ではありえないことを改めて証明した――以前の、人間屠殺場というみずから招いた恐怖におけるのと同様に、曙を迎えつつあった完全に合理化されたクルマ社会においては。彼らは、人間としてはむしろ同情すべきカリカチュアに似ており、わけてもテイラーが格別みごとな実例だったのはあきらかだ。

その気質からみると、テイラーは妄想強迫的性格が異常なほどに強いタイプの人間であった。若い頃から彼は自分の歩調を数えたり、自分のさまざまな活動にかかる時間を計ったり、「能率」をたかめるために自分の動作を分析したりした。功なり名を遂げたあとにおいてさえ、彼はどこか滑稽な風采をそなえており、彼が職場に現われると笑いをさそった。(…)彼は少なくとも神経症的な奇人と呼ばれるのにふさわしい人間であった。これらの気質は、現代の資本主義的管理の予言者としての彼の役割にまさにぴったりのものであった。なぜならば、資本主義においては、個人の神経症的気質が、社会の運営にとって正常かつ社会的に望ましいからである。(ブレイヴァマン、前掲訳書、一〇一頁)

ここで、たまたま伝記的な細部が問題にされているのではけっしてない。他者を服従させることと「やり手経営者」たちの自己服従は、いかなる資本主義の発展段階においても相互依存の関係にある。この点においても、フォード＝テイラー・システムは、産業化された戦争の心理構造を社会の平時の再生産に移したのである。すなわち、テイラーは、生粋のプロイセン＝ドイツのエルンスト・ユンガー型のいわばヤンキー・ビジネス版であって、このヴァージョンはユンガー型の滑稽で神経症的な面を暴露する。つまり、このヴァージョンのうわべの、合理的かつ／もしくは獰猛な習性を取り去れば、これらの予言者はあらわれるべくしてあらわれた滑稽な人物でしかありえないのだが、むろん、資本主義のパノプティコンの氷のように冷たく、まさに悪魔的な人物にほかならない。しかし、「人間の合理化」が整備される際の避けがたい神経症的な根本特徴は、テイラーとフォードの個性にのみ付着していただけではなく、彼らの近視眼的な哲学を超えて、同時代のイデオロギー形成ならびに学問営為に浸透し、時代精神すべてに影響

ゆる生命活動の本質内容である。（…）全自然ならびに人間同胞に対して、できるだけ合目的的に行動するという使命をもつ人間にとっては、ここから人間の行動の普遍的な規則が導き出される。この規則が人間に指示するのは、自由エネルギーを合目的的に、つまり可能なかぎり完全に目的形態に移すことであり、また、あらゆる機構をたえず監視して、必要とあらば改善して、原形態にある自由エネルギーの所与量から得られる目的エネルギーの量を最大化することである。この普遍的傾向、すなわち人間のあらゆる行為と行動の普遍的使命を、簡潔にまとめることができる。これを私はカントの定言的命令にならって、エネルゲティク的命令（energetischer Imperativ）〔ふつう「エネルゲティクの基本則」と訳される〕と命名することを提案した。その意味は、**エネルギーを浪費せずに、活用せよ、**である。この簡潔な警句はじじつ人間のあらゆる行動の普遍的な法則であり、しかも、この法則は、たとえば技術的な、あるいは実践的な活動領域だけでなく、最高度の、もっとも価値ある業績にいたるまで、人間のあらゆる活動に適用される。（…）すべてのエネルギーは、それが有効であるがゆえに現実的であるとすれば、逆に、エネルギー概念に入らないもの、あるいはなんらかの理由でエネルギー法則の枠外にあるとされるものはすべて、非現実的なものとして、われわれの生活には関与しないものとしてわれわれは遠ざけるであろう。（…）繰り返せば、エネルゲティク的命令〔エネルゲティクの基本則〕は、個別に、また人類全体にとって、世界の事象を可能なかぎり意思に沿って形成するための普遍的な手段であることがあきらかになる。そして、意思にかなった事象はもっぱらもっとも幸福をもたらす事象であるから、エネルゲティク的命令は結局、個人にとっても全体にとってもあらゆる事象のなかから幸福の総和をつくりあげるための完全に科学的な指示を意味する。（…）われわれが認識するところでは、自然法則の重要性を把握し、自己の意思をしかるべく調整して自然法則に合わせるのに十分な知性と意思が発達している者にあっては、法則と自身の意思との対立は問題になりえないし、また、彼らの場合には、法則の遵守は最高の幸福の達成と一致している。自然法則に逆らい、エネルゲティク的命令に反抗するのは、このような法則性を把握できない発達の遅れた者たちだけである。（…）これらの時代遅れの者たちを援助するには、啓蒙と育成が必要であり（！）、自然法則性のより高い段階を志向すべく、彼らの思考と意欲を改善しなければ

ならない。（オストヴァルト、同書、八三―九七頁、傍点と太字による強調はオストヴァルト）

おそろしく滑稽なのは、熱力学の第二法則がまったく抽象的かつ突然に、普遍的な社会的行動指針の次元に引きおろされることである。しかし、この的はずれの考えにはまったく人間臭が感じられない。というのは、オストヴァルト個人のとっぴな思いつきから出たものではないからである。ここでオストヴァルトを通じて思考しているのは、集団的な資本主義の世界精神なのだ。それは、生命をつねに資本の「目的形態」に全面的に服従させることだけを目的とするマンデヴィルとスミス以来の実証主義的なブルジョア啓蒙主義的思考が不気味にこだまする点に認められる。フォードやテイラーにあっては単なる暗示にとどまっていたものが、オストヴァルトの場合には、あらゆるブルジョア的伝統の「自然哲学的な」統一へと凝縮される。ここにはなにひとつ欠けていない。抽象的な自然法則性という機械論的なニュートンの概念も、「バクテリアから最上等の人間にいたる」社会的なものの生物学的自然化も欠けてはいないし、悪魔のようなベンサムの幸福概念も、「発達の遅れた」人類救済のために強制的な幸福をもたらすメシア的要素も欠けてはいない。その際オストヴァルトが、物理学者ヘルムホルツの言を手がかりにして、アダム・スミス以来の資本主義の原ー隠喩《ウア・メタファー》をまったく無意識に繰り返すのを目にすると、なんとなく不気味になる。というのも、ヘルムホルツは、（研究に際して）自分の考えを展開してゆくと、あたかも自分が自分とは関係のない意志の客体であるかのような、あたかも一定の力の影響下で必然的な行程をたどる機械（！）のような気がすることがまれではなかった、と述べたというのである（オストヴァルト、同書、八一頁）。批判的にではなく、まったく肯定的に示されるこの指摘が意味するのは、資本主義の自己目的の非合理性と自省することのない実証主義的な自然科学的な思考が同一の起源を持つことである。そうであれば、オストヴァルトが彼の「エネルギティク的命令」を同時代の「人種生物学」に積極的に適用しようとした――あきれ果てたことに、ほとんど平和主義的な意味合いで――のも驚くにはあたらない。

戦争はいつの時代でもつねに否定的な淘汰を引き起こす。それが意味するのは、戦争によって非常に屈強な、まさに戦争に最適の者たちが、他の非適格者たちよりもより多く身の破滅にさらされることであり、また、それゆえ特に長期化した戦争の場合には、戦争を遂行する民族はますます強力に有能になるどころか、逆にますます弱体化し戦争遂行能力の低下をきたすことである。(…)このように経験的に歴史によって証明されることは、また一般的な諸原理にもとづいて容易に演繹することができる。淘汰が肯定的に作用しうるのは、戦争不適格者の増加とその生殖が妨げられる一方で、戦争適格者が可能なかぎり子孫に自己の特性を刻印する条件が整えられることに成功した場合だけである。(オストヴァルト、同書、三三三—三四頁)

この奇妙な平和主義の人種生物学的な論拠は(第一次世界大戦の開始時に、オストヴァルトが「祖国防衛」の呼びかけに署名するのを妨げはしなかった)、「エネルゲティク的命令」のそれ自体バカげた性格に似つかわしい。これは、オストヴァルトが「エネルゲティク的命令」の社会的な有効領域を確定するとき、いよいよもって明確になる。

私自身このうえなく驚いたことに、この原理はますます高尚な領域に適用可能であることが証明され、ついに私は、実際にひとつの命題によって、針の穴を通すことに始まって一国の統治にいたるまで、あらゆる目的に適った理性的な行為のガイドラインを示すことができるという事実を目にすることになった。(オストヴァルト、同書、三四六頁)

この神経症的なとんでもない偏執妄想《モノマニア》を笑いとばそうとしても、思考の苛烈さを目の当たりにすると、笑いはひっこんでしまう。オストヴァルトは、この社会的神経症——テイラーとフォードがその実践的な改革者であり実行者とみなされうる——にいわば一般的な哲学的表現を与える。ベンサムが、資本主義のマクロ構造とその一般的基準(工場規律、手間のかからない管理、自主的な勤勉性、権威主義的な自己観察)のための「人間本性」の調教に磨きをかけたとすれば、フォード＝テイラー流の合理化攻勢は、いわばベンサム主義のミクロ論理的、もしくはミクロ経済的な深化を意味する。すなわち、経営学的なコスト合理性の抽象的で自己目的的な「効率」は、普遍的な原理として心に深く刻まれることになる。じじつこの意味で、オストヴァルトは、フォードとテイラーによる第二次産業革命の真のメタ哲学者といってよい。

強制神経症患者はたとえば、自分の歩数を数えるだけでなく、その地理上の目的地をもできるだけ直線的に、いずれにせよ最短経路を通ってゆこうとする。「自由エネルギー」の「活用」を最適化するためである。オストヴァルトはこれを「最小限度の原則」と呼んだ。これによれば、単なるぶらぶら歩き、ハイキング、散歩は、除外される。食事についていえば、強制神経症は、供給された栄養素をエネルギティク的に最適に活用するための計画に知恵をしぼり、この計画を完全に実行することをめざす。そうなると、美食や暴飲暴食はいうにおよばず、質素な飲食の楽しみまでもが当然不可能になる。神経症的あるいは精神病的な障害がある場合には、なんらかの抽象的な強制原理あるいは有用とされる原理に偏執狂的に服従する例が何千も見いだされた。経営学的なコスト計算は、まさにそれが人間の生きる喜び、快適さや楽しみ、新たな認識への関心、あるいは美的形象化とはまったく関係がなく、それ自体で満足しているがゆえに、この神経症的・精神病的な原理構造と一致するのである――ただし社会的に客体化されたかたちで。

市民的な日常生活において、願望と現実的な可能性の関係にもとづいてではなく、願望も現実的な可能性も強制的にそのなかに包摂されている生活用品を「エネルゲティク」的に倹約して自分自身を酷使するのは、抽象的で自己目的的な吝嗇精神である。私は、結婚したばかりの若い夫婦が次のような行動様式をとったのを耳にしたことがある。すなわち、二人はもともと新婚旅行でカリブ海にゆくことを望んでいて、その資金も潤沢にあったという。ところが、相続でキャンピング・カーが手に入った。そうなると、これを「活用しなければならない」という強迫観念に迫られて、ハネムーンはフランスのキャンプ場ということになった――強調しておくが、二人はけっして外的な強制とか命令に従ったわけではなく、「エネルギーを経済的に活用」しようとする彼ら自身の内的な衝迫と強制に従ったのである。もちろん、すべての例がこれほど無害なわけではない。オストヴァルトの「エネルゲティク的命令」はいわば、ブルジョア的プロテスタンティズムの一銭たりとも無駄にしない吝嗇と、その基礎をなす経営学的なコスト合理性を自然科学の衣に包んで翻訳したものである。すなわち、宇宙はひょっとしたら百億年後には、「自由エネルギー」の不足によって、いわゆる熱死（エントロピーの増大による宇宙の終末状態）状態になるから（これは証明されていない）、「それゆえ」、厳密にいえば、「なんの利益もないのに」浜辺を散歩するなどというのは、まったくの浪費でしかないことになる！　このようにグロテスクな杓子定規はけっして的はずれではなく、かなり精確に、経営学的な自己目的＝理性という特性のバカげた不均衡をあらわしている。

　オストヴァルトが明白に述べた自然哲学的なエネルギー一元論《エネルゲティスムス》は今日では忘れ去られているとしても、それと結びついた経営学的打算は充電されて、新たな産業発展に取り込まれ、資本主義的な世界意識のなかに沈積している。こうして、第二次産業革命は十分にその時代精神の養分を摂取したのである――あらゆる分野において。フォードとテイラーの革新とオストヴァルトの俗流哲学との一致はまた、「統一化」という新たな刺激のなかで継続された。驚くべきは、この点においても、生まれつつあったナチスとファシストたちが彼らの敵の中心概念を継承しえたことである。オストヴァルトがこともあろうに平和主義をまったく無邪気に人種生物学的・エネルゲティク的な観点から導き出そうとしたように、彼とその仲間たちは、「精神労働の組織化」という観念によって、新たな世界規模の「人間の合理化」のためだけでなく、ナチスの血なまぐさい画一化イデオロギーにも手を貸したのである。

　第二次産業革命におけるのと同様に、内部分裂した役割を演じたのは、特に建築と工業デザインの分野で有名な、ヴァイマールとデッサウ（最後はベルリンのシュテークリッツ）のバウハウスである。この芸術・建築学校は、一九一九年から一九三三年までつづくヴァイマール共和国とその歴史を共有し、全世界に影響をおよぼすことになった。むろん、アメリカ合衆国にも。「バウハウス・スタイル」は一般的に「近代デザインの出発点」（ヴィック、一九九四年、一四頁）とみなされて、二十世紀におけるモデルネの神話になった――そして、悲劇的なケースに。すでに十九世紀初頭以来、近代化過程における芸術と生活の乖離が嘆かれていた。そして、この分裂を揚棄しようとする試みが再三なされた。しかしながらその際、原因となる原理には目が向けられないままであったから、すなわち、資本主義の世界マシンの論理と、自らの抽象的形態の専横のもとに生活を服従させようとする世界マシンの衝動はつねに隠されていたから、美意識は、分裂し異常発達した残余として生きのびるほかなかった。

それゆえ、近代の商品生産システムを徹底的に批判することなく、芸術と生活を再統合する試みには、二つの道しか残されていなかった。すなわち、職人的な、労を惜しまぬかいがいしさを憧憬する、後ろ向きの、ロマン派的な、どちらかといえば反技術的なユートピアか、あるいは逆に、芸術を、技術という資本主義的形態のなかに否定的に解消すること――これは、美意識がデザインに変身することにほかならない――以外にはありえなかった。生活世界における芸術的なものの構成要素はいわば、社会的な変動プロセスにおける貨幣資本の技術上かつ素材上の化身である様式要素へと変わったのである。

バウハウスとその先駆者たちは二つの道を代表していたが、これは当初から激しい論争と失望の原因をつくることになった。しかしながら、種々の構想の対立を通じて最終的には、造型を資本主義的なデザインへと機能主義的に還元することが優勢になった。すでに一九〇二年に、ドイツ工作連盟の指導者の一人であったヘルマン・ムテジウス（一八六一―一九二七）は、「われわれの目標は、現代の社会情勢の全体像を規定する市民社会に、それにふさわしい芸術をもたらすことでなければならない」（ヴィック、一九九四年、二四頁）と、強硬に主張していた。ムテジウスは完全に帝国主義的な国民経済に順応していたから、あらゆる芸術上の個性に反対し、産業資本主義的な生産の意味の「客観化」と「規格化」を志向していたことははっきりしている。同一の傾向は、後にバウハウスの校長になったヴァルター・グロピウスにもみられる。グロピウスは一九一〇年に、「芸術的統一原理にもとづく一般住宅建設会社の設立要綱」を著わして、これを、後にドイツの戦時経済の組織者となる、例のヴァルター・ラーテナウに呈示したのである〔ラーテナウは当時はAEGの重役〕。グロピウスの要綱は、建築分野における資本の第二次産業革命を先取りしたもののように読める。

社会は実際の状況から結論を導き出し、産業化の理念によって、建築家の芸術的な仕事と企業の経済的な仕事とを統合しなければならない。(…)それゆえいい意味での伝統は、各個人の個性の強調に期待するのではなく、まさに提携によって、繰返しのリズムによって、統一によって、かつて良いと認められた、つねに繰り返される諸形態の統一性によるのである。(…)住宅建設産業化の意図が成就するのは、個々の建築部分が社会の全体構想のなかで繰り返され、それによって大量生産が可能になり、廉価と収益性が約束される場合である。(ヴィングラー、一九七五年、二六―二七頁からの引用)

グロピウスが二つの観点――技術的合目的性や人間的快適性の観点と、あらゆる社会的欲求を超越した資本の抽象的な「目的形態」の観点――を区別しえていないことはまったくあきらかである。かくしてバウハウスでは、グロピウスの指揮のもとに、さらにグロピウスを超えて、「明白な、機能主義的な基本方向性」が定着し、「産業用プロトタイプ」(ヴィック、一九九四年、三八―三九頁)が収益性第一の号令のもとにつくられた。バウハウスのこの方向性は後期になるとさらに明確になり、ハンネス・マイヤー(一八八九―一九五四)の指揮下にあった建築部門では、特にこの傾向が著しかった。マイヤーはバウハウスをいよいよもって、産業からの委託によって設定された「類型化」と「規格化」に適合させた。左翼を自認するマイヤーは、たしかに建築に「社会状態の分析」を要求し、その「階級的性格」を強調した。だが、それに結びつけられる目標設定がいかなるものであったかは、彼自身の発言をみれば、いやがうえにも歴然となる。「労働者やサラリーマン家庭の生活空間が研究調査されたが、それは、住居をよりよく類型化するためである」(ヴィック、一九九四年、四六頁)。一九二九年に、マイヤーはまったく無邪気にバウハウスの社会政治的な任務を定式化しているが、そこで用いられた言葉は、躍進めざましいＮＳＤＡＰ〔国民社会主義労働者党、通称ナチス党の正式略称〕によってすでに収奪されていた言葉だった。

今日ドイツでは、われわれの社会は幾千もの国民学校、国民公園、国民住宅を必要としているのではなかろうか？　何十万もの集合住宅、何百万もの国民家具を？（…）造型者であるわれわれは、民族共同体の奉仕者であり、われわれの行為は国民《フォルク》への奉仕である。（…）したがって、バウハウスにおけるすべての仕事の最終目標は、われわれの社会を調和的につくりあげるために、あらゆる生活形成力を統合することである。（…）われわれ今日の人間は、芸術をとおしてもっぱら、万人のための新たな客観的な秩序の認識と、集団社会における宣言《マニフェスト》と仲介者を待望しているのである。（…）新たな建築理論は存在の認識論である。造型理論としての建築理論は調和を称える至高の讃辞である。社会理論としての建築理論は、国民《フォルク》の生活共同体内部における協同の力と個性の力とを融和させるひとつの戦術である。（ヴィック、一九九四年、四八頁）

ここで用いられる言葉がファシズムの言葉であるのは、単に表面的なことでもなければ、偶然でもない。建築学および美学の成果はナチスの近代化綱領に完全に適合しており、この綱領は、人間の集団主義的な強制的合理化を、ドイツの「熱狂的社会民主主義」が以前すでに反ユダヤ主義者から受け継いでいたのと同じ生体論的な術語（「民族共同体」）に包み込んだのである。たしかにナチスにとっては、幾人かのバウハウスの代表者たちの社会民主主義への共感は認めがたいものであったから、バウハウスは、警察、ＳＡ（ナチス突撃隊）、秘密警察《ゲシュタポ》の圧力を受けて、一九三三年にやむなく閉鎖に追い込まれた。しかし、そこでふたたびあきらかになるのは、国民社会主義がその外見上の敵の理念を受け容れて、第二次産業革命の初期段階における資本主義の時代精神を統合しえたことである。バウハウス美学の機能主義的な、「画一化的」な諸要素は、ファシズムの美学とまったく矛盾することはなかった。ファシズムの美学は、その権力を誇示する建築様式においてはモニュメンタルでキッチュな壮観を繰りひろげたが、日常の目的に適った建築の造形においてはいよいよもって機能的で飾り気のない、あきらかにバウハウスから盗み取った様式に専心したのである。

住宅団地理念の、大量生産用に規格化された住宅建設計画への変化は、目立たずに、だが厳然と実施された。た

> とえば一九四三年には、財務専門家のメスナーはある報告書のなかで次のように述べている。「純益を下げ、低価格で、記録的な生産を達成するには、現実的には、住宅経済に残されている諸力のすべてを容赦なく合理化し、総動員する方法においてのみ可能である」。近代化志向が高まるにつれて、小住宅地域と民族的《フェルキッシュ》な緑の田園風景は解体された。それにともなって大衆住宅建設の推進とその建設過程の合理化を促進する考えがしだいに優勢になった。（カルテンブルンナー、一九九九年）

こうして、ナチスの住宅建設では、イデオロギー的に対をなす一方の像である反動的でキッチュな緑の田園風景と、他方ではヘンリー・フォードに倣ってつくられた建築の資本主義的合理化との間の対立があらわになったのだが、この矛盾は、ますます資本主義的な機能主義に重点がおかれることによって解決された。第二次産業革命を背景とする建築学的かつ美的な「画一化」のモチーフが、バウハウスとナチス＝近代化との間に横たわる、隠された、不分明な関連を超えて、広い影響をおよぼしたのはいうまでもない。その効果が発揮されたのは、バウハウスを代表する主要メンバーが亡命し、そこでバウハウス・デザインがようやく本格的に展開されることになるアメリカにおいてである。グロピウスとマイヤーの跡を継いでバウハウス最後の校長になったルートヴィヒ・ミース・ファン・デル・ローエ（一八八六―一九六九）は、新しい環境で資本主義的モデルネの建築家として名声を博す。機能美学の類型化された統一化は、ここにいたってはじめて「大衆集団」と「民族共同体」という蛹《さなぎ》の形態を脱して、完全に商業化され、一九四五年以降は上昇の一途をたどりはじめる。

二十世紀初頭までは、そもそも家畜化された人間材料にふさわしい本物の地獄工場なるものはどのように建設されねばならないのか、まだ正確には知られていなかった。ただ外から見たかぎりでは、工場はむしろ住宅か別荘を、あるいは市庁舎を大きくしたものに似ていたし、工場の形態はまだ完全に目的にかなってはおらず、外見的にはまだかなり快適な均衡のとれたものであって、張出し窓とか塔とか入り組んだファサードなどの「過剰な」装飾が嵌め込まれていた。バウハウス・スタイルから生まれたのは、外観的にも「抽象的な労働」の本質ををあらわすことのできる、単に建築様式上のフォルムではなかった。統一的な、規格化されたユニット・システムが生まれ、合理化された生産としてのフォード＝テイラー式の流れ作業への適合性が求められ、資本主義的「目的形態」にふさわしくない美的要素はきれいさっぱり「一掃」されたのである。以前は工場が住宅の多様な形態に倣って建てられていたが、やがて住宅や公共建築物の外観が、工場のような無限の画一性を呈するようになった。「ベルトコンベアの設置された箱」の職場ではたらく流れ作業労働者用の「類型化された住宅」とクルマという抽象的個人的交通手段としての「走る箱」は、閉じた全体システムによく調和した。住宅は自動車と同じ方式で生産されるべきだとする資本主義的合理性の原理が、第二次産業革命のなかにそれとなく感じとられた。フォードの崇拝者であり、後に流行建築家となるル・コルビュジエ（一八八七―一九六五）は、この原理にのっとって行動した。一九二九年に類似の見地から〔グロピウスによって〕設計されたカールスルーエのダムメルシュトック団地について、批評家のアドルフ・べーネはこう述べた。

団地全体が線路の上に建てられているように見える。子午線上を移動すると、地球をぐるりと一周できる。寝室はすべて東向き、居間はすべて西向きである。（…）ここダムメルシュトックでは、人間は抽象的な居住体と化す。
（カルテンブルンナー、一九九九年からの引用）

このようにして、資本主義を全面展開するための「人間の合理化」は、生産技術的に、時代精神の俗流哲学として、機能美学にもとづいて、包括的に準備されていた。主要な資本主義諸国のすべてを捉えたこの衝動からもはやほとんどだれひとり逃れることはできなかった。ドイツでは、孤立無援の状態で「フォード人間」の開発に反対したのは、ごく少数の、むしろ右翼的保守的な文化批評家だった。たとえば、ペーター・メンニッケンは、彼の論文『アンチ・フォード、あるいは人間の尊厳について』のなかで、すでにヴィルヘルム時代の文化保守主義で展開された、ドイツの「深遠な文化」とアングロサクソンの「浅薄な文明」とをイデオロギー的に対比すべく奮闘した。

フォード人間は、人間的という根本の肝心な点からもはや遊離してしまっている。(…)彼らは平板になってしまった。彼らの形成する世界は、ますます平らで、ますますのっぺらぼうになる。凸凹はすべて平らにされる。(…)フォード人間はいつでも、必需品と商売の世界にとどまっている。彼らには人間と人間の純粋な結びつきはもはや存在しない。(メンニッケン、一九二四年、四〇―四一頁、五三頁)

アメリカで、チャーリー・チャップリンが、例の有名な映画『モダン・タイムズ』でフォード=テイラーの世界を痛烈に批判したのは、その批判がベルトコンベアと人間のロボットへの変身の観点に限定されてはいたものの、基本的に的確で、機知に富んだものだった。忘れがたいスラップスティックは、ベルトコンベア労働者であるチャップリンが夢のなかでもほとんど工場=夢遊病の犠牲者として自分の生産技術的役割を果たす場面である。ここでチャップリンはおそらくそれとは知らずに、現実となったベンサムの計画をパロディ化している。ベンサムは、犯罪者たちの見る夢までもコントロールしようとしていたからである。

しかし、このような文化面からの「人間の合理化」に対する異議を別とすれば、政治的かつ社会経済的な意味での真摯な抵抗はどこにもみられなかった。フォードの「白い社会主義」(フォード・システムはやがてそう呼ばれるようになった)は労働組合や労働者政党においてもひどく評判が良かった――あまりにも明白な、新たな質の「労働」の強化と規律化がそれなりに憂慮されはしたものの。その一方で、テイラーは多くの者たちから「煽動的な代官」とけなされたが、それは、本来のテイラー・システムに固有の「人間蔑視」がモラルの点からみていくらか問題だとされたからである。しかしそれにもかかわらず、公式の労働運動はテイラーの「業績」の「科学的」な性格を急遽認知しようとした。多くの者たちは、合理化の新たな形態のなかにすでに、以前のドイツの戦時経済におけるのと同様に、目指すべき計画経済=社会主義が徐々に開始されると信じた。たとえば、一九二九年に社会民主主義者のルートヴィヒ・プレラーは、『社会主義月報』において自己の見解を次のように強調している。

われわれは、資本主義的な経済運営が認識したように、商品市場と労働市場の計画的な運営の必要性を認めている。この認識の出発点となるのは流れ作業労働の諸問題であるが、それらはさしあたり技術的な問題である。たしかに、これらの問題の解明から実現にいたるまでの道程はなお長い。しかし、経済一般を合理化することの必然性が急速に認識され、これと労働過程とが結晶のように結びつけられる昨今の状況は、流れ作業が計画経営への道を早急に見いだすことを推測させるのではあるまいか？（…）ドイツ技師連盟が、流れ作業の課題への寄与を通じて、社会主義的発展を認識する道筋をつけてくれたことについては——それが無意識のうちに生じたとはいえ——、連盟に感謝するほかない。このような認識を共有する者は、流れ作業が計画経済を獲得しようとする努力を可能なかぎり推進しなければならない。そうなれば、社会主義者の任務は、このようなまだ資本主義的な計画経済を社会主義的な公共経済へと変えることになるであろう。（ヒンリヒス／ペーター、一九七六年、二四一頁からの引用）

一見すると、フォード＝テイラーの革新の性格を目の当たりにして、「社会主義」と資本主義的合理化をこのように結びつけることは、あまりにもバカげているように思われる。しかし、忘れてならないのは、このようなグロテスクな考えもまた、「抽象的な労働」のすでに長い規律化と内面化の歴史から出てくる論理的な帰結にすぎず、この歴史に社会主義労働運動そのものも加担してきたことである。それどころか、すでに熱心に世界大戦の人間屠殺場をともに組織してきた者が、どうしていまフォード・システムの眼目にけちをつけることができようか？「労働の軍隊」の「合理化」理念は、資本主義の近代化プロセスに身売りしてきたこの伝統ゆえに、根本においては肯定的にのみ受容されえたのである。そして、世界大戦におけるのとまったく同様に（かつ、すでにその前から）、社会主義的な労働組合員たちは、——非人間化の新たな質をラディカルに批判することからは遠く隔たって——「科学的な企業経営」によって、どうしたら国としての競争利益を最大化できるのか心配し、頭を悩ませた。これに関連して、労働組合幹部のリヒャルト・ヴォルトは一九二六年に『労働組合資料集』で長広舌をふるっている。

現代の産業経済には、労働手段を完璧にして技術的向上を図ることが、すなわち、われわれの産業経済の効率化達成に不可欠の、合理的な経営組織が前提となる。世界市場で競争力を保ち、われわれの製品の十分な販路を見いだすためには、安価に製造しなければならない。ドイツの労働組合は機械破壊者ではなく、この点においても技術の進歩に反対するものではない。しかしまた、洗練された（！）条件のもとで、労働賃金と労働テンポを、労働者が生活を維持できるように〔経営側と〕共同して定めることが重要であろう。（ヒンリヒス／ペーター、同書、二六七―六八頁からの引用）

労働運動の歴史を、わずか数行の簡潔な文章で、これ以上明確に述べることはできまい――それが意図されたものではないにしても。第一次世界大戦後の労働運動の離散のなかで誕生した双子の兄弟であるボリシェヴィキ＝コミュニズムもまた、最終段階ではこれと異なる反応を示したわけではなかった。共産党はたしかに「資本主義的合理化」を再三にわたって激しい言葉で攻撃したが、それはたとえば、フォードとテイラーの方式に対する原則的な敵対からではなく、この合理化が「プロレタリアの」国家権力の名において実行されたのではないという理由からだった。質的な、社会的な内容ではけっしてなく、表面的な、政治・司法上の形式があらわれたのであって、その際のそもそもの基準は、いわゆる労働科学が「誰の利害」において実践されるかであった。生産者の不利益になる、信じられないほどの「労働」強化が指摘されることもときにはあったが、それは単なるアジテーションにとどまっており、第二次産業革命の本質にふれることはなかった。それどころか、だいたいにおいて共産主義の理論家と労働組合政治家は、社会民主主義の同僚と同様に、フォードの高賃金政策に惑わされて、これに政治的・社会学的な観点においてのみマイナス符合をつけた――つまり、腐敗した「労働貴族」は資本主義の贈賄に屈したのである。

「労働科学」の社会主義的な受容という皮相な社会学的概念の発明者はほかでもない、有名なロシアの革命指導者レーニンその人であり、彼はいずれにせよこの問題を、若いソ連邦における「遅れを取り戻さんとする近代化」の観点からしかみることができなかった。「社会主義」はここではまさしく、まだ西欧のようにあまねく家畜化されていない人間材料を基本的に産業向きに規律化することを意味したのであり、この社会主義は、ほとんどジャコバン主義的な国家機構という「プロレタリア」イデオロギーによって正当と認められた。いわば東のフランス革命の担い手として権力の座についたボリシェヴィキ党は、その社会主義のリヴァイアサン的性格を西の社会民主主義よりもずっと強力に打ち出した。というのは、ロシアでは、まず近代化最優先の国家を即座につくりだすことが急務だったからだ。つまり、すでに現存している資本主義的国家権力に、お情けでリヴァイアサンの社会面での保安官助手として受け容れてもらうという目標だけが問題ではなかった。そして、この遅れを取り戻さんとする近代化はすぐさま、発展の最新の状態から出発する必要があった。それゆえ、レーニンは、テイラー＝フォード方式の何たるかを知るや、思い煩うことなくすぐさま飛びついたのだった。左翼過激派のアジテーターであったレーニンは、一九一四年に亡命先でテイラー・システムの「強圧的な」特性を完全に認識していたにもかかわらず（ただし、当時すでに同じ合理化であってもそれが「プロレタリアート」の手のうちにあれば、まったく別の性格になりうるとの目論見のもとに）、世界市場に参画する近代化最優先路線の最初の国家指導者としては、一九一八年の有名な論文『ソヴィエト権力の当面の任務』において、この件に関してそれまでとはまったく異なる対応をした。

ロシア人は先進諸国民とくらべると働き手としては劣っている。(…)働くことをまなぶこと——ソヴィエト権力はこの任務を全面的に人民の前に提起しなければならない。この点での資本主義の最新の成果であるテイラー・システムは、——資本主義のいっさいの進歩と同様に——ブルジョア的搾取の洗練された残忍さと、一連のきわめて豊富な科学的成果——労働のさいの機械的動作の分析や、よけいな不器用な動作の除去や、もっとも正しい作業方法の考案や、もっともすぐれた簿記と検査の制度の採用など——とを、そのなかにかねそなえているのである。ソヴィエト共和国は、この分野での科学と技術の成果のうちの貴重なものはすべて、どうしても見習って自分のものとしなければならない。社会主義を実現する可能性は、われわれが、ソヴィエト権力とソヴィエト的管理組織とを、資本主義の最新の進歩とむすびつけることに成功するかどうかによってこそ、決まるであろう。われわれは、ロシアでテイラー・システムの研究と教習、その系統的な実験と応用とに着手しなければならない。(『レーニン全集』第二七巻、二六一頁)

この証拠文書は、「人間の合理化」に関する西側の社会民主主義者たちの肯定的な見解表明よりもさらにはっきりと、いわゆる「プロレタリア独裁」イデオロギーを掲げるもっとも赤い社会主義の精神的な出自がどこにあったかを示している。総元締としての国家機構を過度に強調する、純粋に権力政治的なオルタナティヴは別としても、ここで語っているのは、とりわけ経営学的なパラノイアをともなった、自由主義的な労働と効率の物神崇拝的な精神である――しかも、ひどく脅迫的な調子で。レーニンがまったく無邪気に、早急に受け継がれるべき、資本主義の「最新の進歩」として「よけいな動作の除去」という言葉を用いるとき、彼自身、テイラー・システム本来の要求内容に立ち入ることになるとは、夢にも思わなかったであろう。

資本主義的な人間経営の新たな質に関しては、原理的な反対派が欠けていたから、問題は第二次産業革命の「方法論」だけであり、それはまたしても国際競争の潜在的不安によって加速された。かつて、当時超大国であったイギリスとの競争に立ち向かうために、フリードリヒ・リストによって産業化プロパガンダが推進されたが、それからちょうど一〇〇年を経て、いわば第二の「産業立地論争」が生まれた。いまや新たな危険が叫ばれたが、それは、フォードの新たな超生産性を擁するアメリカからやってきたのだった。ヨーロッパ全域で、特にドイツでは、合理化に関する文献が洪水のようにあふれて、合理化関連の会議が続々と開催されたし、またジャーナリズムはその注釈と解説でこの人気テーマを活気づけた。それらの大部分は今日では忘れられているが、第二次産業革命が圧倒的な成功を収めた後では、もう余計なものになってしまったからである。しかし、今でもなおグロテスクと思われるものも少なくない。資本主義における社会論争のうちで、まさに格別狂気じみていて図らずも笑いを誘う産物が、あとになってから催し物全体の特徴を非常にくっきりと見せてくれることがよくある。これらの合理化文献のなかに、典拠の疑わしいものだが、たとえばカールスバートの医師フランツ・クサーヴァ・マイアの小冊子がある。『機械としての人間の合理化』というすてきなタイトルがつけられて、世界経済恐慌のただなかの一九三一年に出版された。そのなかでマイアは、人間の身体そのものに直接手を加えることによって「失業を根絶する」ことを約束する。

企業の（…）収益を上げるために、試験済の、それゆえもっとも信頼できて最良であることが認められた方法は、疑いもなく機械装置の合理化であります。（…）いまこの試験済の方法を用いて、この工場で使用されている運搬ならびに作業装置、すなわち、人間の身体の合理化を実験してみよ、とおっしゃるのですね？（…）この問題に答える任にあるのは私ども医者です。なぜなら、われわれはその専門家ですからね。人間の身体を合理化することは、われわれの務めです。（…）私が、体系的かつ詳細に、単に医学的な観点からのみならず、国民経済的かつ社会政策的な観点からみて、いかなる年齢、いかなる状態であれ、機械としての人間の合理化に携わるようになってからすでに四半世紀以上になります。（マイア、一九三一年、一六―一七頁、三〇頁）

これにはさすがに身の毛のよだつ思いがする。だがしかし、時流にかなった資本主義的要求にいち早く応えようとする視野の狭い立身出世主義は、自然科学的思考を資本主義に従属させることによって、悪魔のフモールから生まれたかにみえる風刺を現実に変えてしまう。

いかなる方法で、またいかなる手段で、人間の身体を合理化しうるか？（…）私が成果を得ようとするのは、（…）いずれにせよ消化器官をできるだけ改善すること、つまり、まず消化器官の合理化に努めることによってであります。（…）私は一八九九年に、かくもひどく蔓延し、煩わしいものとなっている慢性の常習性便秘症の本質とその治療の研究をはじめました。（…）そこで明白になったのは（…）消化障害の治療がいかに甚大な国民経済的、社会的、国民政治的な意義を有するかということです。（…）経済危機の恐るべき増大とこれに対する一般的な無力を鑑みて、（…）私の仕事の成果をここに公開することにします。（…）私の開発した腸の訓練と運動の本質は、腸の蠕動を活性化させるために、被治療者の腹部に治療者の両手をぴったり当てて、やさしくリズミカルに圧迫し、マッサージし、揉みほぐすことによって、、腸壁を腸内内容物と完全に接触させることにあります。（…）例外なく治療の第一日目から、（…）体内のガスがひときわ減少することを実感できます。（…）ガスは（…）腸のはたらきが非合理的な状態にあることの徴です。したがって、腸内ガスの減少が、腸の活動をふたたび合理化することにどの程度成功したかを判断する有用な目安となるのはごく自然に即したことなのです。

（マイア、同書、一六—一七頁、三〇頁以下）

腸内ガス、効率的な腸の蠕動、国民経済の有用性という観点、これらの関連によって打ち立てられるこの否定しがたい説得力は、これほど怪しげではなく、由緒正しく合理的にみえるいかなる論文よりも、的確に合理化論争の時代精神をあらわしている。そして、約束された「機械としての人間の合理化」の極めつけは、まさにテイラーかフォードの頭脳から生まれたとしか思えないような適切な提言に示される。

いまや、満腹感を得るために一度に食べる量は、従来よりもはるかに少なくなり、しばしば半分で足りるのです。（…）その結果、役所や工場における通常の勤務体制において、食後の休憩を廃止することも容易に可能になりましょう。それによって、労働のための貴重な時間が得られるだけでなく、食事の消化に欠かせないエネルギーを次の仕事のために節約することにもなりましょう。食事休みのために企業が負担するコストと損失については言うまでもありますまい。（マイア、同書、四四頁）

戦間期のヨーロッパで、テイラーとフォードに関する文献があふれる合理化の潮流のなかから、強い影響力をもつ二人の人物が出現した。後に国民社会主義的経済学の最有力者となるフリードリヒ・フォン・ゴットル＝オットリーリエンフェルト（一八六八―一九五八）とイタリアの共産主義理論家アントニオ・グラムシ（一八九一―一九三七）である。この二人は、相互に独立して、今日まで再三社会理論論争において取り上げられる、射程の長い「フォーディズム」概念の創始者である。「テイラーリズム」もときおり話題になるが、ヘンリー・フォードの名が時代の象徴として貴族に列せられたのに対して、「テイラーリズム」の名称が特定の合理化方式に限定されているのは、不当とは言えない。というのは、フォードは、ベンサムの精神を体した、包括的な社会政策構想をもっていただけではなく、彼自身の製品、すなわち大衆のための自動車によって、二十世紀の資本主義の進展に重要な貢献をなしたからである。それによって、近代化の歴史ではじめて、哲学者や国家指導者の名ではなく資本主義の経営者の名前が、システムの中核を形成するイデオロギーにおいても資本主義の歴史的発展段階においてもランキング入りを果したのだ。

ゴットル＝オットリーリエンフェルトは、「フォーディズム」という新語のなかに、技術的理性の諸原則が完全な妥当性を獲得する、不可避の経済哲学の概念をみたのであり、その目的は、国民経済マシンの「推進力」（ゴットル＝オットリーリエンフェルト、一九二六年、五頁）と、それによってまた個々の労働者の「作業の質量」（同書、一三頁）を向上させることにあった。攻撃的な兵舎口調は偶然ではない。ゴットル＝オットリーリエンフェルトはまた同時に、新たな方法システムを、抑圧と労働苦を歴史哲学的に正当化する文脈に組み込れようと躍起になるが、この正当化はまさに自然法則的に先鋭化されうるという。

> われわれ、人口密度の高い西洋の国々に居住する幾百万もの住民は、あたかも工場と直結した監獄にいるようなものである。(…) たしかに、この労働兵舎から抜け出して、あるいはロマン主義者が思い描くように、中世的な生活様式の静かな片隅の幸福を夢見るのはすてきなことである。(…) だが現実には、この世界で生きるほかはない。たとえそれがいかに苛酷で、暗澹たるものであろうと、それが大衆の運命なのだ。(…) それは要するに「理性《ラツィオ》」なのだ。「合理的な」技術とか「合理的な」製品とかが話題になるときには、「理性《ラツィオ》」が引合いに出さ

れるのである。(ゴットル゠オットリーリエンフェルト〔以下「ゴットル」と略す〕、同書、四頁)

いかなる発展段階においても強制的性格を有することが認知されている資本主義的生産を正当化しようとする基本動機は、つねに「自然」に求められるが(ここではまたもや、「人口密度の高い数百万住民」の「人口過剰」というマルサス的論拠があらわれる)、注目に値するのは、この動機を純粋にテクノロジーの必然性とされるものと結びつけようとするその方法である――その際、技術が資本の非合理的な論理に屈服させられることは注意深く避けられる。こうして、ゴットル゠オットリーリエンフェルトもまた、一般的なモータリゼーションの将来展望に関しては、〔次のように〕若干の疑念を抱くにもかかわらず、結局はフォーディズムに賛意を表して、「技術的理性の専制」(同書、四八頁)を主張するのである。

自動車は(…)今日すでに道路の渋滞によって、またさらにその格納場所も必要とされるし、その数も雨傘のように多いという事情が加わるから、成功は覚束ないであろう。自動車は(…)軌道のないところを勝手に転がるから、コストのかさむ道路建設が必要になる。このような次第であるから、とにかくこう自問してもよかろう。国民車は、交通の発展として評価されているが、ほんとうに「技術的理性」にのっとった製品なのだろうか?(…)〔大量交通手段の代わりに〕一千万という途方もない数の小さな車を製造するのは理性的なことだろうか、おまけに一日に二、三回利用するほかはただ無為に鎮座しているというのに!(…)社会の広範な層の家計にあっては、自動車の所有はただちに他のあらゆる分野の需要を圧迫する。(ゴットル、同書、四四―四五頁)

しかし、このような部分的な洞察は、非合理性と支配テクノロジーのもつ自明性に圧倒されて、雲の影のようにあっけなく消え去ってしまう。ゴットル゠オットリーリエンフェルトは、「労働」の新たな段階としてのフォーディズムを歓迎するが、そのゆえんは、フォーディズムが、戯れたり、「ふざけたり」する子ども状態を克服して、人間を自己服従させる意図を内包しているからである。「労働者に自己規律が浸透していないのは子どもと同じで、それは未開人の遊戯や踊りに比されるのが似つかわしい」(ゴットル、同書、八九頁)。またもや、子どもと未開人という対の片割れが不意にあらわれて、これにさらに女性が加わる。これは、資本主義の支配層にとってはつねに忌わしく脅威となる「状態」である。自己目的マシンの「推進力」がフォーディズム的に上昇させられるだけではなく、人間材料の規律化もまた推し進められる。ゴットル＝オットリーリエンフェルトはこの意味で、「邪悪な水平線」(規律化されるべき人間が相互に独断的に合意形成を取り結ぶあらゆる形態)に対して、「従順な垂直線」(ヒエラルキー的、テクノクラシー的秩序)を打ち立てる。「近年の、上はすぐに全軍隊をつぶしてしまう兵士協議会の組織的反乱から、下は学校の生徒たちの謀議によって先生が絶望的な状況に追いやられる〔邪悪な水平線〕のは由々しき問題である」(同書、一一頁)〔ゴットル＝オットリーリエンフェルトの『フォーディズム』は一九二六年の出版〕。

このような状況に対して、この抑圧的な哲学者は、「アメリカの」方式のなかに自分と類似した精神状態を認めるや、そしてまた、洗練された服従形態に組み込まれる構成要素としての新たな大衆消費が、幸福をもたらす規律化作用のために歓迎すべきものであることを認めるや、心から歓呼の叫びをあげる。この服従形態の、ドイツの戦時経済方式との親近性がはっきりと指摘される。

最終目標が(…)くっきりと浮かび上がる。あきらかなのは、広範な大衆にとっても豊かな、あるいは豊かすぎるほどの供給である。もちろん、すべては厳格に規格化され、標準化され、「ラーテナウ化されて」、(…)全員が有用になる。その能力がいかなるところで発揮されようとも、「各人はその能力に応じて」有用である。また、「各人はその必要に応じて」に関していえば、すでにフォード社ではその試みが開始されている。(ゴットル、同書、三三六―三三七頁)

ゴットル＝オットリーリエンフェルトはここで、マルクスの共産主義の定式(「各人は、その能力に応じて、その必要に応じて」）をまったく字義どおりにもてあそび、マルクスの定式を事実上嘲笑する。というのは、フォード式現象形態から生まれるのは、「自由な人間のアソシエーション」に対する残忍なカリカチュアだからである。このカリカチュアは、自己決定による個人の豊かで満足すべき社会に対するあらゆる希望をその反対へと裏返しにし、人間を規格化されたロボットに変身させてしまう。そして、共産主義者のアントニオ・グラムシが、レーニンと同様にというだけではなく、ゴットル＝オットリーリエンフェルトの意味においても同じ目的を追求し、それによって、彼自身がそこに分類される「西欧マルクス主義」の、ロシアの産業化マルクス主義にくらべてより批判的とされる性格を公式に否認するのは、けっして偶然ではない。グラムシも、さらに高密度化された経営学的な合理化の強制＝特性および不当要求＝特性を、社会的解放の観点から批判することは思いつかない。サルデーニャ島出身のグラムシは、イタリアにおける近代化の遅れを、わけても南北の経済格差と強固な農業の伝統のなかにみている。それゆえ彼は、彼が「客観的な必然性」と認めるフォーディズムに「共産主義的」な政策を適合させようという見通しを立てる。

グラムシは今日なお、（非スターリン型の）ネオ・マルクス主義に理論的なキーワードを与えるマルクス主義者として論じられているが（これはもちろん彼のフォーディズム順応的性格を推量させることになる）、第一次世界大戦中はムッソリーニの立場を支持していた。周知のように、ムッソリーニは社会主義から出発して、後にファシズムの「統帥《ドゥーチェ》」となった。この経歴はひとりの人物の宗旨替えという単なる偶然の現象ではなく、社会主義者／共産主義者とファシスト／国民社会主義者との間にイデオロギー上の共通部分があることをも示している（ムッソリーニは開戦当初は社会主義者として帝国主義戦争に断固反対していたが、後に参戦派に転じて、社会党から除名されている）。この共通要素は（自由主義者に対する関係と同様に）、フォーディズムを積極的に評価することでふたたび有効となり、それによって、表面上の政治的敵対の水面下に存するあらゆる近代化イデオロギーに共通する根源があきらかになる。グラムシはファシストによって投獄され、有名な『獄中ノート』を書いたが、そのなかで彼は、ゴットル＝オットリーリエンフェルトと完全に歩調を合わせて、人間的な淘冶を意味する資本主義的規律を称賛するきっかけとして、フォーディズムを利用する。

産業主義の歴史はつねに人間の「動物的な」要素との戦いであったし（この戦いは今日ではより強調され、より苛酷な形態をとっている）、人間の（自然な、動物的な、プリミティヴな）本能が、秩序、厳密性、的確性という、新たな、ますます拡大され融通のきかなくなった規範と習慣に屈服する、たえまない、しばしば痛ましい、残酷な過程だった。これらの秩序、厳密性、的確性が、産業主義の必然的な発展結果としての集団的人間生活のますます複雑な形態を可能にするのである。（…）これまで達せられた成果は、じかに実践的な見地からみれば、きわめて有益で、大部分はすっかり機械的《メカニカル》になってはいるものの、まだ「第二の自然」状態にはなっていない（！）。（グラムシ、一九六七／一九二六―三七年、三八九頁）

前資本主義的・非資本主義的な文化は、未来のナチスの経済学者にあっては「未開人の戯れ」のカテゴリーに分類されるが、「批判的」マルクス主義者の場合には、人間の「動物的要素」に分類される。実際のところ、自由主義の機械的な進歩概念に共通する特徴を、これ以上明白に定式化することはできないであろう。それどころかグラムシは、ゴットル＝オットリーリエンフェルトよりもさらに先をゆく。彼にとって、「アメリカニズムとフォーディズムは計画経済の体系の直接の必然性から生ずる」（グラムシ、同書、三七七頁）ことは揺るぎないものであり、こうして彼は、資本主義的合理化を支持することで、依然として「社会主義的戦時経済」に感激しているドイツの社会民主主義者と同一の立場に立っていることを露呈する。この意味で、グラムシは、近代化理論の客観主義をもって、ためらうことなく、アメリカにおける反フォーディズムの労働運動の衝撃を無視するのである。

アメリカでは、合理化によって、労働と生産過程の新たなタイプと一致する、新たな人間類型の育成が不可欠になった。（…）アメリカの労働組合は、いわば社団法人的な職業集団であり、それゆえ、企業家が労働組合の除去を要求することには「進歩的な」側面がある（！）。（グラムシ、同書、三八三頁）

グラムシはたしかに、「労働者に、最高度に機械的かつ自動的な行動様式を身につけさせること」(同書、三九三頁)を、ついでのように、「テイラーの残酷なシニシズム」と呼んでいる。しかし彼は、非人間化の新たな段階を、「高度な発展」に役立つ抽象的な必然性の地平に据える。その際、彼は思い上がって、「労働者階級」の「フォーディズムを受容する能力」をもたない部分に対して公然と社会ダーウィニズム的な脅迫をしかけさえするのだ。

必然的な選別は避けられないであろうし、労働階級の一部は容赦なく労働界から、ひょっとしたら世界から(!)完全に取り除かれるであろう。(グラムシ、同書、三九三頁)

グラムシがあっさりと、「生産規制に際しての、直接かつ間接の強制の原理は正しい」(同書、三九二頁)と注釈することによって、ソヴィエト・マルクス主義のあらゆる(部分的な)哲学的批判にもかかわらず、トロツキー(スターリンになりそこねた男)によるロシア「経済の軍隊化」に関心を示しえたのは、驚くにはあたらない。グラムシによれば、フォーディズムやテイラーリズムによって訓練された「合理化された」人間は、「新しい」、かつ予期せぬほど「自由な」人間でさえあるのだ。

適応プロセスが成功すると、労働者の脳は、閉塞を起こす代わりに、完全に自由(!)な状態に達したことが実際に示される。物理的な動作だけが完全に機械的になる。すなわち、仕事上の記憶は、単純な、集中したリズムをもって反復される動作に還元されて、筋肉と神経の束のなかに根づく。こうして、脳は解放されて、他のことをおこなうことができるのである。人が歩くとき、歩行に必要となる身体の全部位の同時作動を可能にするために、それに必要なあらゆる動きを考えることがないように、産業における仕事の基本的な動作も同様であって、将来も同様であろう。人は自動的に歩み、かつ同時に考えたいことを考えることができるである。(グラムシ、同書、三九八頁)

ここで、グラムシが狂信的に喧伝する果てしない「近代化」の機械論的な進歩イデオロギーによって、人間の自由はとんでもないあり方で嘲笑されていることがあきらかになる。そもそも何について語っているのか彼自身にもわかっていないのだと考えて、大目にみてやれるのが関の山であろう。つまり、経営学的な神経症に冒された機能空間において生命エネルギーがきわめて強力に吸い取られることと、その際に強制される「自動化された」動作とを、散歩時の運動器官の無意識な制御と同一視することからしてすでに、途方もない無知を暴露している。フォード式のオートメーションが身体を衰弱させ、神経を損なう労働苦であることは別として、グラムシは、当然ながら頭脳をも「自由に」はしない。それどころか、労働者にはつねに非常に些細な作業工程に集中することが強いられるから(数字と文字の組合わせを読み取ること、ベルトコンベアに乗って近づいてくる品物を分類すること、機械に「給餌する際には細心の注意を払う」ことなど)、思考の逸脱は例外的にしかありえない。そもそも、「合理化された人間」は明けても暮れても機械的プロセスの構成要素でなければならず、そのプロセスの内容、意味、目的は労働者の外部にあって、たいていはそうでなくとも非合理的かつ破壊的であるというのに、いったいいかなる思考がありえようか? 人間はその思考をつねに、抑圧的で、他者によって規定される制度の内部ではなく、その外部でより容易に自由に羽ばたかせることができたのである。人間が「より高度の」思考の飛翔の自由を達成しうるには、まず調教された資本のサルにされねばならないと考えるのは、まったくバカげている。

グラムシは、フォーディズムの進歩目録を肯定的に論ずるにあたって、ひどく低劣なことを書き記しており、人間材料の性的規律化をも期待する(「動物的な要素」に注意!)。その結果、啓蒙されていない田舎の住民の間になお広くみられる「ソドミーや同性愛」(同書、三八七頁)の恐怖がフォーディズムの視点から制限されるし、また、労働者には「産業的一夫一婦制」が強制される。「放埒の一夜を明かして仕事にゆく者は、良き労働者ではない」(同書、三九五頁)というのである。屁理屈の仕上げとして、イタリアの「労働者階級」のために、フォーディズムに対してきわめて肯定的な評価がくだされる。それは、これ以上の醜態はあるまいと思われるほどの代物である。

実際のところ、イタリアの工場労働者は、企業全体におけるコスト削減、作業の合理化、より完全な技術体制の導入を目指してきた諸革新に対して、個人としても労働組合としても、積極的にも消極的にも、それらを妨害することはなかった。（…）一九二一年から二五年までのイタリアの歴史を詳しく分析してみれば、（…）まさに労働者は、もっとも新しいモダンな産業上の要求の担い手であって、彼らは彼らのやり方で毅然と要求を支持したという客観的な結論にいたるにちがいない。（グラムシ、同書、三八五頁）

資本主義の不当要求が規律化され内面化されているというあらゆる証拠があるにしても、いかにして大衆をこれほど濃密化された経営学的な労働拷問システムへ駆り立てることに成功したのかという謎は残る。大きな労働者政党や労働組合において、フォーディズムによる画一化ゆえに「フォーディズムの不快感」を社会的に表現する手段が欠けていたことはたしかであるが、この不快感はなんといっても現実に存在したのであって、それは社会的かつ心理的に地下へ追いやられはしたものの、今なお現存しているのである。いかにしてフォーディズムが、大衆消費、自動車、「機械嗜好」を介して大衆心理に深く根を下ろしえたのかについてのヒントが、（特にイタリアの）未来派という、ヒステリックで、多くの点で思わず笑わずにはいられない滑稽な文学のなかにみられる。世紀転換期以降、芸術上のアヴァンギャルドとして強い影響力を有したこの潮流が、全体としてファシズムに向かったのは偶然ではない。社会的特性としての「合理化された人間」という一定のタイプがまだ社会一般に認知されないうちは、未来派の潮流はいわば「合理化された人間」の無意識のあらわれであり、同時にその補償作用としての無意識の抑圧を意味していた。わけてもフィリッポ・トンマーゾ・マリネッティ（一八七六―一九四四）の文学的叫喚痙攣はすでに第一次世界大戦前夜に、フォーディズム的な動員にふさわしい伴奏音楽を提供した。有名な『未来派宣言』のなかでマリネッティは、自動車に対する後の大衆の熱狂ぶりを先取りしている。

世界の輝きにひとつの新しい美、つまり速度の美が付け加えられたことをわれわれは宣言する。蛇のような巨大な排気管で飾られたトランク付きの、爆発のような呼吸で走行中の自動車、一斉掃射と戦うかのように咆哮する自動車は、「サモトラケの勝利」よりも美しい。われわれは、ハンドルを握る男を謳いたい。ハンドルの理想的な軸は地球を横切り、地球の軌道のサーキットに突進する。(…) われわれは世界の唯一の衛生法である戦争、軍国主義、愛国主義、無政府主義者の破壊的な身振り、殺すという美しい観念、女性蔑視をほめたたえたい。われわれは博物館、図書館を破壊し、道徳至上主義《モラリズム》、女性解放主義《フェミニズム》、およびあらゆる日和見主義的で功利主義的な怯懦と戦いたい。(シュミット＝ベルクマン、一九九三年からの引用、松浦寿夫訳)

支離滅裂な観念のかけらと胆汁質の沸騰するスタッカートからなるこのテキストの途方もない攻撃性は、台頭しつつある自動車による完全資本主義の精神状態を予告する。そこでは、戦場で習得される、「男らしい」エルンスト・ユンガー的主体の、マシンに対するマゾヒスティックな帰依がスピードというサディスティックな陶酔と結びついて、平時の路上で文字どおり周りが見えなくなるのである。回転する機械とベルトコンベアに具現される資本の「目的形態」に対して攻撃的に服従することが、わけても「合目的性」に対する反乱と理解されるならば、それは心理的な抑圧機能の性格をあきらかにする。この定式はしかし二義的である。というのは、資本主義の発展は、社会的かつ美学的な理性の意味で、良き、満足すべき生活にとって「目的にかなったもの」とはまったくの別ものだからである——フォーディズムという社会神経症的な構想に諸手をあげて自己服従することが、実際に「合目的性に対する反乱」を意味するかぎり。マリネッティは、いわばフォーディズムのフリーデリケ・ケンプナー(一八三六—一九〇四)〔ポーランドに入植したドイツ系ユダヤ人。本人の意図せぬ滑稽さにあふれた詩を書いたことで知られる〕として、本人は意図せずとも新たな大衆小市民になることを約束する「新たな」資本主義的自動車＝人間のサイコグラムを提供する。ブリキの塊でハンドルを握る「野蛮化した」消費俗物は、やはり有名な詩「競争自動車」のなかから蛮声を張り上げる。

鋼鉄の一族から出た灼熱の神、
自動車ははるか彼方に憧れ
不安げに車体を揺らせて、鋭い歯を剝く！
赤く燃える炎の目は日本の恐ろしい化け物、
炎とオイルに養われ、
地平線を渇望し、星辰を奪わんとする、
エンジンの悪魔の咆哮と
巨大な圧縮装置を解放してやろう
白堊の道路の大地で踊るために。
金属の手綱を放てば、喜悦に酔い痴れて
おまえは無限の彼方へと突進する！

マリネッティは、感情生活の、社会的関係から機械的なモノへの最終移転を公然と定式化する。資本のこの発展段階においてはじめて、マルクスの疎外と物化の概念は完全な妥当性を獲得する。マリネッティの「無線想像力」（マリネッティは、「無線想像力という語で、私は絆を解かれた語によって統辞法という脈絡の線なしに、またいかなる句読法もなしに表現されたイメージないしアナロジーの絶対的な自由を言おうとしている」（「無線想像力と自由な状態にある語」『ユリイカ』一九八五年十二月号、松浦寿夫訳））が機械に関連した「〔機械に〕油を差す優しさ」を喚起するとすれば、それはエロティシズムとセクシュアリティの機械化（さらに、商業化）の単なるメタファーにとどまるものではない。いまや字義どおりと化した資本主義的な世界マシンの命令に対する無批判な帰依は、ラ・メトリ以来人々の心に巣くっている人間機械論をそのまま現実に移し、自我を物理的なメカニズムのなかに完全に放棄させるという悪夢をもたらす。マリネッティはこれを、『未来派技術宣言』（一九一二年）のなかで叫び立てる。

鋼板の堅さは、それ自体ゆえに、つまり、われわれには理解しがたい非人間的な、榴散弾をも弾き返す分子と電子の結合ゆえに、われわれの関心を惹く。鉄や木の暖かさは、女の微笑みや涙よりもずっとわれわれの心をかき立てる。われわれは、その主要本能の何たるかを理解しているこの新しい本能的な動物の、すなわちエンジンの生命を文学に吹き込むのだ――この動物をつくりあげている種々の力の本能を認識した暁には。未来派の詩人にとって、機械ピアノの鍵盤の動きほど興味のあるものはない。映画撮影機はわれわれに、自動的に分裂し、人間の手を借りずにふたたび合成される物体のダンスを提供する。（…）それは、われわれに時速二〇〇キロのスピードをもつ人間を見せてくれる。それは物質の全《まった》き運動であり、知性の法則に屈しないがゆえに、はるかに意義深い。（…）未来派の詩人よ！　私は諸君に、図書館や博物館を憎悪することを説いた。私は諸君に、知性を憎悪することを促さねばならない。（…）本能の助けを借りて、われわれは、われわれ人間の肉体をモーターの金属から隔てている一見不屈の敵意に勝利するであろう。生物の王国の後には、機械の王国がはじまる。われわれは、自然科学者たちがその物理的化学的な反応しか知りえない物質の知識と友愛によって、交換部品のある機械人間の創造を準備する。（シュミット＝ベルクマン、前掲書、二八五頁以下からの引用。強調はマリネッティ）

ここで問題になるのは、とっくの昔に破綻した「抽象的な労働」に対する反乱の衝撃を、逆方向の自己破壊的な形態をとって、フォーディズムの機械享受へと向かわせるところの陳腐で力強い想像力である。自動車の疾走、傍若無人の、メカニカルな数百「馬力」、まさに無制限の服従ゆえに、その自己抹消への意志ゆえに、危険で攻撃的な人間の、構造的に「マッチョ」な自画像は、産業心理的な総体へと溶融しはじめ、今日にいたるまで社会意識を形成している。ただし、そこに閉じ込められた「愉快に機能するもの」（まさにマシンのように）というデモーニッシュな要素は、社会的にみると惨めな特性にふさわしいものだ。すなわち、この特性は、史上類のない破壊を経験した後、二十世紀後半には、例の悪評ふんぷんたる、毎週末にマイカーを洗車する小家族＝怪物《モンスター》として、あるいは「暴走者」や無謀運転者となって、悲劇的な最終段階をむかえることになったのである。

世界経済恐慌

すでに一九二〇年代には、大量生産と大量消費をともなう世界規模の資本主義の新たな時代が到来するのではないかと思われた。フォードの「白い社会主義」の誘惑は始まりつつあった商業的大衆文化の形をとってあらわれたし、この文化は多くの点で西欧の戦後資本主義を先取りするようにみえた。世界大戦の前線で「融解した」人間材料は、『狂騒の二〇年代』〔*Roaring Twenties*。これは、一九三九年のアメリカ映画のタイトルで、邦題は『彼奴は顔役だ！』〕に、いわば完全資本主義的な商品人間として新たな相貌をおびつつあった。行動と生活感情、モードと新たなメディアが、すっかり資本主義化された「テクノ文化」の時代精神を招来し、日常生活をほとんどくまなく資本増殖の場として私的領域の隅々まで「モダン化」しはじめた――少なくとも、最初の大がかりな助走を開始した。第二次産業革命の中心的な構成要素としての自動車とならんで、映画（最初の長編映画は一九一九年、初のトーキーは一九二八年）とラジオという新たなメディアの開始が一大センセーションを巻き起こした。一九二三年には、ドイツで一般向の「娯楽ラジオ放送」が開始され、聴取者は当初一五〇〇人だったのが、一九二八年には二五〇万人になった。

しかし、新たな消費宗教は、薄く塗られたニスのように社会意識の表面に付着していたにすぎなかった。その原因は、なによりもまず大量生産、大量消費、商業的大衆文化の新たな形態が技術的に不完全であったためでもなければ、またその活動射程範囲が相対的に小さかったためでもない。原因はむしろ、第二次産業革命の構造的な大変革が幾度となく、それまでで最大かつもっとも破壊的な社会経済上の転換危機に襲われたことにある。これは百年前、第一次産業革命に移行した時のケースに類似していた。ただし、今回の世界経済恐慌は、はるかに強力な破壊力をともない、いちだんと大きな（史上初の真にグローバルな）規模で、消費にかかわるあらゆる希望を打ち砕いた――この希望が、いかに惨めで、大勢順応的で、資本主義的に調教されていたとしても。いずれにせよ、フォーディズム的な大量消費は、数十年後にようやく短い全盛期を迎えることになる。

戦間期のすさまじい世界経済恐慌の原因については、商品生産システムのイデオローグや理論家によって多くの謎解きが試みられた。しかしながら、資本主義的生産様式の範疇的な基盤は、あらゆる公式科学において「社会的な自然基盤」として公理のように前提されており、この基盤が批判的討論の対象ではなかったから（社会主義者や共産主義者によっても、単に別の抑制された形式で維持された）、この論争は、まったく効果がなかったわけではないにせよ、以前のあらゆる論争と同様に、表面的なものにとどまらざるをえなかった。じじつ基本的には、第一次産業革命の転換期の社会的破局が再現された――ただし、はるかに高い発展段階で、それゆえ以前とは異なる座標系において。けっして克服されることなく、いまや危機の新たな頂点に向かったのはやはり、資本主義内部の解決しえない自己矛盾だった。すなわち、一方では抽象的な「労働量」を蓄積するという自己目的、他方では、競争のために強いられる「労働」コスト削減の切迫性、この両者の間につねに存する矛盾である。この矛盾の論理は、産業雪だるまシステムの液状化によって揚棄されることなく、推進されたから、盲目的に進行するこのダイナミックなシステムはその内的論理にしたがってさらに崩壊に向かって進むほかなかった。そして、この崩壊は、すでに以前の興隆の歴史において、繰返し部分的かつ一時的な大危機と破局の形で予告されていたものだった。爆発の推進力が、一八七三年から一八九〇年にかけての「大不況」あるいは泡沫会社乱立時代《グリュンダーツァイト》危機の間にブレーキがかけられて緩慢なテンポに落ち着き、また新規の破局の予感が兆しはじめると、考えられうる最悪のケースが戦間期に現実となった。すなわち、雪だるまシステムが完全に崩壊し、最初の政治的・軍事的な破局のあとに、第二の、つまり経済的な「二十世紀の原－破局」が続いた。

一見したところでは、フォーディズムは、大量消費の新たな質と量という基本問題を、自動車という「投資としての消費手段」および幾重にも強化された人間材料の搾取によって原理的に解決したようにみえたにもかかわらず、どうしてこのような経済危機が生じたのか？　しかし「原理的に」というのは、一筋縄ではゆかない社会的現実を意味するわけではけっしてない。というのは、変革が完全に資本主義的な社会を成立させるまでには長い潜伏期間が必要とされるからだ。第一次産業革命とその基幹産業は、さらなる爆発の担い手としてはすでに疲弊していたし、この第一次産業革命期は世界大戦によって最終的に閉じられて、まさに不意に中断されてしまった。フォーディズムが、第一次産業革命をそのまま引きつぐことはなかった。いずれにしても直接的に、世界規模で、社会的に全面的に引きつぐというわけにはゆかなかった――アメリカにおいてさえも。

資本主義的生産様式の新たな形態は、システムとしては、まず理論的な討議に付され、時代精神として、また高価値商品の大衆消費という芽生えはじめたテクノ文化的な想像力として広く伝播し、ほとんどすでに普遍妥当性を得ていたが、現実の社会においてはそうではなかった。新たなフォーディズムの原理は大部分の平均的な人びとにとっては、慎重に近づいてゆくべき未来の地平だった。したがって、新たな手段とモータリゼーションのための道路建設、エネルギー供給、技術的なネットワークなどは、フォーディズムの生産方式よりもはるかに立ち遅れていたし、そのために必要な社会全体の投資費用を十分に捻出することは、私経済からも、また戦費調達によって疲弊した国家からもすぐには期待できなかった。とりわけフォーディズムは、完全に合理化された産業における生産能力を世界規模の販売市場によって柔軟に活用するためには、国内市場に限定されない開かれた世界市場とさらに進展した密接な国際的関連を必要とした。しかしまさにこの点で、戦争の結果がこの目論見を完全に打ち砕いた。すなわち、世界市場は戦前と比較して極度に縮小しており、早急に立ち直ることは望めなかった。対外貿易網は寸断されていた。そのうえ、相互不信が根強かったから、国内での自給自足経済の夢が経済政策的にも影響力を強めた。ヘンリー・フォードの海外工場は例外だった。資本主義的グローバリゼーションの次の大きな推進力は、ようやく数十年後に始まることになる。

かくして、新たな産業の先端部分でのフォーディズム的・テイラーリズム的な革新と、全社会的規模でフォーディズムが受け容れられるまでには「タイムラグ」が生じたのだが、このフォーディズムの受容こそ第二次産業革命が成功するための直接的な前提条件であった。それゆえ、新たな合理化モデルが、特にフォード工場にみられるようなフォーディズム的産業アヴァンギャルドにおいてすでに定着していたというだけでは、大量生産、大量所得、大量消費の相互連関によって期待される新たな産業ダイナミズムの推進がもたらされることはなく、むしろ逆に、フォーディズムが導入された企業自体においてではないにせよ、当面まだ合理化されていない大部分の産業間の排除競争によって、急激な労働力の「解雇」がもたらされた。そのかぎりでは、フォーディズム的合理化は、それが実現された場合には、第一次産業革命における蒸気機関や自動織機の場合と類似の破壊的な構造的作用をおよぼした。はじめて、「テクノ失業」〔技術革新による失業〕というスローガンが広まった。古い産業の停滞とその市場飽和とともに、こうして危機ダイナミズムが解き放たれ、それはもはや制御できなくなった。

合理化の解放要因はけっして甚大な作用をおよぼしたわけではなかったにもかかわらず、この危機ダイナミズムが明白な経済破局にまで昂進しえたことは、資本主義の座標系そのものの変化によっても説明されうる。この変化がいわば「梃子作用」を発揮し、それによって危機は昂進するほかなかったのである。その原因のひとつは要するに、全社会的再生産の資本主義的「価値転換」〔すべてを貨幣価値に転換すること〕にあった。すなわち、十九世紀後半以降の資本主義的部門は、まだ広範におよぶ全面的なものではなかったものの、それでもいちじるしく拡大しており、特に農村部での非資本主義的部門はますます減少していた。このことが意味したのは、たとえば泡沫会社乱立時代《グリュンダーツァイト》の「大不況」時と比較すると、資本主義の危機が、「田舎に帰ること」によって、つまり自家需要の自給自足によって、あるいは少なくともまだ機能していた、農村住民と都市住民間の親類縁者関係を介したそれ相応の援助によって緩和されうる規模がはるかに小さくなったことである。その間に、いちじるしく増大した都市部の産業人口が、農村人口とのしかるべき関係をもつことがもはやなくなったこと――個人的な結びつきの点でも、また都市人口が圧倒的に多い点からみても――だけではなく、農業そのものがますます強力に世界市場に適応させられ、ますます資本主義的な性格をもつようになった（大土地所有制《ラティフンディウム》農業に属さない比較的小規模の農業経営さえも）こともまた、危機の「緩衝装置」としての農村を役立たなくした。したがってたとえば、一九二〇年代および三〇年代の「田舎に帰ろう！」のスローガンによって失業問題を解決しようとしたアメリカ合衆国南部における「農地改革（土地均分）」運動は現実的に失敗した（マティック、一九六九／一九三六年）。

資本主義社会の就業率は十九世紀末以来非常に高くなっていたが、その一方で、女性の就業比率は全体の就業率に対応して上昇しておらず、第一次世界大戦後はふたたび大幅に下がっていた。このことが、危機を先鋭化させる第二の梃子の役目を果たした。すなわち、緩衝装置としての農村部の自給自足経済的な支えが広範に消失しただけではなく、以前にも増してより多くの人びとが産業関連の職場に依存していたからである。つまり全体的にみると、増大しつつある資本主義的部門の重みが危機のなかで当然ながらきわめて大きくなった。すなわち、資本主義が社会的再生産を規定すればするほど、危機の勢いはますます強くかつ抗しがたくならざるをえず、この危機の勢いはその結果において直接的に資本主義そのものの土台に影響をおよぼした。第一次産業革命の圧倒的な転換期の破局とは異なって、いまやその生存が脅かされたのは、前資本主義的な手工業生産者ではもはやなく、産業労働大衆であった。

この危機の内的ダイナミズムに、もちろん戦争の付けがまわってきて、これらは、二十世紀の最初の「原－破局」という災害を残し、いまや完全に経済に悪影響をおよぼしはじめた。しかもそれは、けっして国際貿易の縮小によってのみ生じたのではなかった。しかし、戦争結果の総体的な要因を、「経済外の」要因として、つまりひょっとしたら世界大戦は資本主義の機能法則やその自己矛盾とはまったく無関係だったのではないかというような意味に解釈することはできない。戦争結果については、すでに大軍拡政策の戦争準備に対していわれねばならなかったことと同じことがあてはまる。すなわち、帝国主義を構想し、高度に軍備拡大を図ったのは自由主義者自身であったが、それはただイデオロギー的な意味でそうだったのではない。むしろ、〔第一次〕世界大戦はまさしく、資本主義的な国民経済間の「別の手段による競争の継続」から生じたのである。競争の論理はまたつねに政治的な側面を有する。そのかぎりでは、世界大戦とその結果は多くの点で資本主義経済とその矛盾と組み合わされており、それゆえ、軍需産業、帝国主義的競争、さらにまた物量戦のコストをともなう「死の経済」は、統合された資本主義的生産様式の構成要素とみなされねばならない――それまでのあらゆる戦争のなかでもっとも暴力的であったこの戦争が、構造的に、かつメンタリティの歴史からみても、第二次産業革命の突破口を文字どおり武力によってこじ開けたことは別としても。

産業化時代の世界大戦は、開戦して数ヵ月後にはいかなる戦争遂行国においてももはや通常の国家収入〔税一般〕では財政工面できないほどの莫大な資金をのみ込んでいた。当時の購買力にもとづいて算出したところによれば、調達されねばならなかった額は想像を絶している。

すべての参戦国の直接の戦費は約二六〇〇億ドルに達したが、このうち一七六〇億ドルは連合国側によって調達された。（…）総支出額がどれほどの額であるかは、この額が、十八世紀末から第一次世界大戦勃発にいたるまでの、世界の国債総額の六・五倍になることから判断できる。（オルドクロフト、一九七八年、四六頁）

戦費と比べればまだ比較的小規模な艦隊計画が国債によって資金調達されたときにすでに予告されていた財政上の問題は、世界大戦の費用によって途方もない規模になった。その結果、通貨体制における不可避的かつ深刻な処置がとられた。すなわち、十九世紀以来維持されてきた通貨と金《きん》との結びつきが絶たれることになったのである。戦争が始まって数ヵ月たつと、この措置を延期しようとする試みがなされた。たとえばドイツでは、「鉄のために金を供出しよう」というキャンペーンがおこなわれて、愛国的な市民は、個人所有の金製品を（結婚指輪にいたるまで）戦争マシンとその血の碾臼のために犠牲にしたのである。しかし、それもはや「焼石に水」にさえならなかった。かくして、借款と国債という方法がそれまでなかった規模で実施された。戦争の四年間にドイツだけで戦時国債が九回発行され、その総額は約一千億マルクにのぼった。他の戦争遂行国も事情は同じだった。これらの戦時国債の利回りを約束したことで、国家は市民に膨大な債務を負ったから、終戦時には巨大な「マネーの逆流」が生じた（ブライヒ、一九八五年、三四頁）。

しかし、それでもまだ足りなかった。戦争マシンを調達するためには、すでに膨れ上がっていた国債では間に合わなかった。そのために、諸国家は、貨幣を際限なく生み出すことのできる新たなトリックに手を伸ばした。たとえばドイツでは、すでに一九一四年八月四日の法律によって定められた、いわゆる貸付金庫の創設がそれである。この貸付金庫が「貸付金庫証券」を発行することによって、商品および特に有価証券を担保として増大するクレジット需要を満たすことになった。この証券は公式の貨幣機能をもってはいなかったが、それでも貨幣のように用いられた。*2

こうして、資本主義的生産によって「稼がれた」ものではなく、国家によって無からつくりだされた貨幣および貨幣類似物が経済流通に送り込まれた。この魔術によって呼び出された貨幣は、それ自体ふたたび生産と、それにともなう追加的な貨幣収入を呼び起こすことができた。たとえば、この貨幣による支払いを受けた軍需工場労働者は食料品を購入したし、またこの貨幣によって「保証された」クレジット〔銀行制度の内在的貨幣創出能力〕はさらなるクレジットのベースになった。しかし、これは出発点からしてすでに虚構であったから、その結果もまた拠り所のないものとなった。このような変則的な貨幣創出プロセスの連鎖反応の根拠となるのは結局、社会的な「共通経費」――そこには軍需・戦争経費も含まれる――が、資本主義的再生産のための社会〔福祉〕費用と同様に、純粋なコスト要因としてあらわれることにある。問題は、もはや資本主義的な価値増殖過程に戻ることなく、「使用価値のなかに消失する」（マルクスが別の意味で、前資本主義的商品消費をそう呼んだように）単なる社会的費用である。たとえこの「使用価値」の本質が人間の抹殺と切断にあろうとも――抽象的価値の経済は、「第二の自然」として、「第一の自然」の法則とまったく同様に盲目的である。資本主義的にみれば、軍事消費は、資本蓄積に回収されることなく、いわば「消失して」、それゆえ借方になるだけのコスト要因である。それにもかかわらず、資本主義的再生産に必要不可欠の構成要素なのだ――「必要不可欠」というのはもちろん、資本主義全体の非合理的な性格の意味においてだけである。この邪悪なアイロニーの本質は、リヴァイアサン的な軍事・弾圧消費に対する自由主義の愛情が、自由主義のもとでは評判の良くない社会福祉関係費と同様に、純粋に経済的な意味で「すてきなマシン」の法則にしたがえば、結局はやはりシステムにとって否定的な結果をもたらすことにある。

一八七一年〔普仏戦争〕以後の長い平和と軍拡の時代には、この軍事＝産業複合体の否定的なコスト特性を隠すことができた。軍拡消費のための国家起債が「臨界量」を上回らないかぎりは、それは肯定的な成長要因〔将来へ先送りされた危機潜在性〕として有効であった――「雇用」の点でも、軍需産業における経営学的な収益の点でも。しかし、軍事的「使用価値」が現実のものとなって、四年におよぶ物量戦のコストが天文学的な高さにはね上がると、システムはそれ自体の論理に追いつかれてしまった。そして、国家の貨幣創出機械によって先取りされた、非現実的に上昇した将来の歳入は、たいへんな危機要因として現実にあらわれるほかなかった。とてつもなく上昇しつつある軍需産業の経営学的収益は、資本の経済的な全過程から完全に切り離された国家の貨幣創出に刺激されて、数年間の潜伏期を経て資本主義の全システムに貨幣危機として悪影響を与えたのであり、この危機は、別の危機要因と融合して、戦間期の危機ダイナミズムを先鋭化し促進したのである。

この潜在する危機が貨幣そのもののレベルであらわれるほかなかったのは、あきらかである。すなわち、資本主義の現物蓄積による「保証」なしに大規模におこなわれた貨幣創出は、貨幣自体の減価にゆきつくしかありえなかった――インフレーションと呼ばれる現象である。インフレによって商品価格は上昇したが、現実資本主義的に「稼いだ」収入にもとづいて需要が急増したのではなかったから、この価格上昇は、需要と供給の市場法則の直接の結果ではなかった。正確にいえば、追加の需要は、現実収入に代わる、経済的に無から「つくりだされた」貨幣によって支払われることになり、このことがしばらくするとまさに貨幣の価値下落として、またそれにともなう物価インフレとしてあらわれるほかはなかった。ある意味でこれは、国家による「擬制資本」形成であって、非現実的に上昇する株式相場や私資本のレベルでの不動産価格の投機的な波に似ている。いずれの場合も、その結果は減価ショックであるが、それぞれ逆の形態で生ずる。すなわち、私的な「擬制資本」の価値がクラッシュ（株価や不動産価格の下落）によって下落するのに対して、国家による「擬制資本」の価値は一般的な通貨価値の下落（商品価格のインフレ的上昇）によって下落する。いずれにせよ、双方の場合ともに、問題はつねに大きな額面が破棄されることであり、株式暴落の場合には非現実的に膨れ上がった「バブルによる財産」が、インフレの場合にはもともと「現実の」貨幣財産（貨幣資本財産、預貯金など）であったものが、一般的な通貨価値の下落によって無に帰する。

資本主義の歴史においてはすでに何度もインフレが（投機的な金融クラッシュと同様に）あった。たとえば、フランス革命期のいわゆるアシニア紙幣や十九世紀のアメリカ南北戦争時の不換紙幣〔グリーンバック紙幣とよばれたもの〕の形態で。いずれの場合も、インフレの原因は、商品生産システムの現実経済から切り離された、国家による貨幣創出（フランスの「アシニア紙幣」は、原理的にはドイツの「貸付金庫証券」によく似ていた）だった。そして、いずれの場合も、この措置は正規の国家歳入によって保証されていない軍事および戦費の調達に役立てられた。これらの戦争状態におけるシステムの「死に金」は、「前線の圧延機」による産業的物量戦では従来のあらゆる戦費を何倍も超えていただけでなく、同時に、その結果として従来のあらゆるインフレよりもずっと苛酷かつ深刻なインフレに見舞われることになった。なぜなら、〔この時代には〕資本主義システムの古い発展段階におけるよりもはるかに多くの人間が直接貨幣に依存していたからである。

インフレは、「国家社会主義的」な戦時経済ではさしあたりせき止められていたが、その分、戦後は反動がいっそう激しくなった。その理由のひとつは、乱発された貨幣が軍需産業や兵站業務などの賃金および収益の形で、不正規の購買力としてふたたびあらわれたからであり、もうひとつの理由は、戦時国債の償還と利払いもまた追加的購買力として姿をあらわしたからである。後者の購買力は、戦後になってようやく刺激されたもので、それは、信用制度が整然と維持されているように見せかけるために、財政的に破綻した国家が自国民（さらに一部は「友好国」にも）に負っている巨大な債務を返済すべく、紙幣印刷機を躊躇することなく回したからである。これに対応したのが、戦争によってドラスティックに落ち込んだ民間の商品供給（基本的な食糧も不足していた）だった。

もちろん、いかなる事態が生じるかは、あらかじめ予想しえたであろう。しかし、産業化された戦争の印象があまりにも強かったから、この点に関する問題意識はほとんどなかった。そのうえ、戦勝国はみな、勝者の権利として戦費を敗者に押しつけようとした。じじつドイツは、もっとも好戦的な戦争遂行国のひとつであり、またその艦隊政策によって戦争情況におおいに加担していたから、ヴェルサイユの講和条約では途方もない賠償金を課せられた。しかし、その巨額の賠償金は、経済危機のためにとても全額は支払えず、しかも、たとえ全額が支払われたとしても、西側戦勝国の戦費を埋め合わせることはできなかった。

かくして、来るべきものがやってきた。「マネーの逆流」は不正規の貨幣の洪水に姿を変え、またたく間に社会全体に波及して、商品価格を急速に上昇させた。十九世紀を通じて一般的に通貨は金とリンクしていたから、経済学においてさえ忘れられていた貨幣のインフレ危機は、ほぼヨーロッパ全域と世界の他の地域をも覆った。もっとも被害

西側列強国における戦後の貨幣減価の最大値

（1913年を100とした、卸売価格指数による比較）

イギリス	フランス	アメリカ
307（1920年）	584（1925年）	226（1920年）

（出典：オット／シェーファー，1984年，225頁）

の少なかったアメリカ合衆国では、比較的問題なく金本位制に戻ることができた。アメリカは第一大戦前には四〇億ドルの対外債務があったが、いまやこの関係は完全に逆転した。特にイギリスとフランスは戦争資材と戦費調達のために歴史的な出世を遂げた新興国に借金をしなければならなかった。その結果、ほとんどすべての通貨は、対外価値においてもアメリカ・ドルに対して巨大な損失をこうむった。こうしてドルは、新たにグローバルな基軸通貨としての役割を果たすべく最初の助走をはじめた。アメリカもまたインフレを完全に免れたわけではなかったが、ヨーロッパの「戦勝国」の方がインフレ率ははるかに高かった。

敗戦国にあっては、インフレははるかに劇的な結果となった。（何ごとにおいても節度を知らぬ）ドイツは、絶対的な、今日まで更新されることのない世界記録を打ち立てた。一九二二年から二三年にかけてのわずか数ヵ月間に、約二千の紙幣印刷機が国中を紙幣の洪水で埋めた。物価はグロテスクな規模にまで上昇した。この限度を超えた貨幣価値の下落に対して、「ハイパー・インフレーション」という言葉がつくりだされたが、この超インフレ現象は、ドイツほどではないにせよ、それでもなおたいへんな規模で他の敗戦国、特に東ヨーロッパを襲った。

このプロセスの最終段階では、物価は、戦前と比較して、オーストリアでは一万四〇〇〇倍、ハンガリーでは二万三〇〇〇倍、ポーランドでは二五〇万倍、ロシアでは四〇億倍、そして、ドイツでは一兆倍に跳ね上がった。

（オルドクロフト、一九七八年、一六一―一六二頁）

その結果はもちろん、貨幣システムの完全な崩壊だった。資本主義の深刻な非合理性が、神聖なものとして崇められてきたその根本形態のなかに不意に姿をあらわして、この社会システムの物神崇拝を滑稽なまでにあらわにした。奇想天外なメルヘンのように、突然百万長者や億万長者が生まれて、まさにそのために破滅した。小型パン《ブレートヒェン》一個の値段が数千マルクになり、百万マルクになり、最後には何十億マルクにもなった。インフレが最高潮に達したときには、紙幣は一輪車で支払われ、同じく一輪車で運ばれた。この貨幣形態の破局にうながされて、政府当局、会社、私人は、それぞれにふさわしい奇抜な行動様式によって、彼ら自身では制御できなくなった事態の帰結から逃れようとした。

膨れ上がる紙幣の洪水とともに、グロテスクな現象が生じた。労働者、サラリーマン、公務員たちはいまや、有価物に逃げ道を求めた。不動産、まとまった株式、貴金属などは高くて手が出せなかったから、長持ちする食料品や日用品で満足するほかなかった。（…）給与が支払われると、たいていの会社では仕事は一時中断された。銀行券の束をもつと、全従業員が近隣の商店に殺到した。商品価格の次の値上げによって賃金が無価値にならないうちに、なんらかの商品を買うためである。戦時中と同様に、商店の前には長蛇の列ができた。（…）小売商は、商品の売値を、刻々と変わるマルクと米ドルとの交換比率に合わせることで、紙幣の購買力低下に備えようとした。一九二三年の秋に、「ドル相場」が一日のうちに何回も変わったときには、それに応じて商店やレストランでの価格もまた頻繁に変わった。（…）そのため、注文したときには五〇〇〇マルクであった一杯のコーヒーが、いざ支払おうとするとすでに八〇〇〇マルクになっているということもあった。（…）農村地帯では、原始的な現物交換に戻った。たとえばマイン河畔のオクセンフルトの理容組合は、ひげ剃りは卵二個、調髪は卵四個と定めた。フランケン地方のペグニッツの牧師は、祝福なしの単なる埋葬を卵一〇個に値上げした。弔辞あるいは説教つきの立派な葬儀をしてもらうには、遺族は牧師に四〇個の卵を支払わねばならなかった。現物交換は最後には大都市にも波及した。映画館の入場料はブリケット〔練炭の一種〕二個だった。（…）医者や弁護士は、報酬として、紙幣の束よりもワイン一本あるいはバター一ポンド〔ドイツでは五〇〇グラム〕を受け取るほうを好んだ。（ブライヒ、前掲書、一二頁以下）

ドイツ、オーストリア、東ヨーロッパと比べればインフレがずっと軽度であった西ヨーロッパの「戦勝国」でも、貨幣危機はやはり日常生活に深刻な影を落とした。特にフランスでは、インフレ危機とフランの対ドル価値の下落は一九二五年から二六年にかけてその頂点に達し、貨幣制度の混乱の徴候が大衆意識のなかにあらわれた。この様子を同時代の観察者は次のように述べている。

食料品店の経営者は誰でも、為替相場がコーヒーに与える影響を考慮したし、速記タイピストは、金本位制を維持している国に預金口座を開こうとした。どれほど多くの大衆がこのような問題にかかわっているかについては、いかに大げさにいっても現実を誇張することにはならない。居酒屋では、かならず価格が話題になったし、為替相場についてなんらかの議論を交わさずに買い物をすることはほとんどできなかった。(オルドクロフト、一九七八年、一七二頁からの引用)

大衆の生活水準は、そうでなくとも従来の資本主義支配のもとでたいていは最低生活水準に近く、戦争によってさらに悪化していたが、この悲惨な状態は戦後もたいして変わることはなかった。特にドイツでは貨幣の自己損壊によって、ひきつづき資本主義的生産条件が支配するなかで、大都市はまさに飢餓破局の寸前だった。なぜなら、農民は、食糧を無価値の貨幣と交換することをますます拒むようになり、またその一方で、都市と農村との間の現物交換は限定的にしか行なわれなかったからだ——たとえば、「〔一家族分の〕越冬用ジャガイモに対してピアノ一台」(ブライヒ、前掲書、一五頁)といった形で。貨幣危機下にある広範な大衆の生活水準は、いやになるほどよく知られているように、むろんジャガイモの水準を超えることはまったくなかった。ある炭鉱労働者の回想のなかに、例の忌々しい繰返しがみられる。

全般的な困窮は計り知れないほどになった! マルクの価値は、もうこれ以上下落しえないまでに下がった。われわれは何兆という賃金をもらったが、それでは日用の必需品さえほとんど手に入れることができなかった。パン一塊が一兆五〇〇〇億マルクだった！　労働者たちの憤懣は物騒なかたちをとった。ルール地方のあらゆる都市から聞こえてきたのは、食料品店の略奪だった。（…）今週、炭鉱がとうとう閉鎖された。（…）失業――これが何を意味するのか、以前はまったくわかっていなかった！　私はおそらく、失業は非常に不愉快な代物だが、それでも援助金がもらえるのだからなんとか耐えられるものだと考えていたのだ。（…）われわれは援助金を手にした。だが、それはなんたるものだったことか！　週に一度、決められた場所で支給されることになっていた。独身寮の住人であるわれわれは、昼食と夕食は寮で出たから、週に二兆五〇〇〇億マルクの支給を受けた。一塊のパンが一兆五〇〇〇億マルク、残りの金でかろうじてパンに塗るもの、マーマレードとかそれに類似したものを買うことができた。独身寮の食事が十分だったならば、それでも我慢できただろう。だが、寮の食事ときたら、昼は（…）肉はなく、腐りかけたジャガイモ一盛りで――飲み込むと気持の悪い甘い後味がした――、付け合わせはキャベツだった。夕食は水っぽいスープである。それをわれわれは水のように飲み干したが、少しも満腹感は得られなかった！　四日、五日とこのような食事が続く。すると、永遠の飢餓感に襲われて、内臓に焼けつくような痛みを感じた。（…）われわれは失業者援助金の支給日をただもう待ち焦がれた。（…）その日が来ると、すぐさまパン屋に走って、パンを一塊買った。独身寮に戻るや、みんながつがつとパンをかじった。一塊のパンを一度に平らげてしまって、後で吐く羽目になる者もいたし、また、この悲惨を数時間でも忘れようと、有り金すべてを酒に費やす者もいた！　私はふつうパンを半分食べて、少なくとも週に一日は満腹感を享受した。（アーベルスハウザー／ファウスト／ペッツィーナ、一九八五年、五〇頁以下からの引用）

すばらしい市場経済の「福祉を向上させる」作用は、ふたたびその活動を全面展開して、人びとの生活水準をジャガイモの皮から腐りかけたジャガイモへと押し上げたのである！　そして、これは悲惨な社会の周辺住民の例外状態ではけっしてなく（それでさえ十分すぎるほどスキャンダラスだろう）、大衆全体の運命だった。今回特に甚大な打撃をこうむったのは、工場やスラムの資本主義の人間材料たる下層民だけではなく、小市民や中間層の市民もだった。

市民の貨幣資産の大部分が失われたことは、それまで「国家を支えてきた」中間階層の類例のない大量破産をもたらした。

> 六万マルクの銀行預金があれば、一九一三年にはその利息で引退後の快適な生活が可能であったが、一九二三年の八月には、新聞を一部買うのにも足りないくらいになった。(…)もはや働くことができないか、あるいは仕事をみつけられない年金生活者は、家具や家財道具、絵画、貴金属、陶磁器、あるいは「家伝の銀器」を手近な成金に投げ売りせざるをえなかった。(…)紙幣印刷機は、かつては裕福で世間の声望を集めていたこれらの市民を情け容赦なく社会福祉受給者の立場へと追い落としたから、暖かい食事をとりたいと思えば、町の「炊出し」の長い列に並ぶほかなかった。(ブライヒ、前掲書、一六―一七頁)

「手近な成金」とは、貨幣危機の大波の上でサーフィンをはじめた相場師たちだった。破壊的な作用をもつインフレは、資本主義の危機の歴史ではしばしば見られるように、またもや冒険家や抜け目のないタイプを上昇させたのだった。大衆と中間層の大部分が悲惨になる一方で、ひとにぎりの投機による危機利得者たちは、腹立たしいことにその浮薄な富をもったいぶって見せつけた。そして、大衆悲惨のただなかでテクノ文化的「消費主義」の始まりをもっとも幅広く享受し、時代精神の想像力を規定したのは、まさにこの成金層《ニューリッチ》であった。

しかし、このバカげた資本主義システムからの解放を目指すオルタナティヴはどこにもなかった。社会主義と共産主義の諸政党は、あいかわらず資本主義の基本カテゴリーから離れることはなかった。その代わりに、ルサンチマン、低劣な本能、非合理な危機説明などが巷間を賑わせた。その結果は、資本主義的生産様式の根本を解放をめざして批判することではなく、多くの政党間に横溢する、向う受けを狙うポピュリスティックな「相場師に対する魔女狩り」だった。

特にドイツには反ユダヤ主義にかかわる伝統があったから、危機不安、幻影の投影、相場師に対する魔女狩り、これらの混合物が昔から巣くっていた反ユダヤ主義のデーモンを呼び覚ました。すでに第一次産業革命の大きな転換危機の時代にヘップヘップ騒動があり、グリュンダーツァイトの大不況期にユダヤ人迫害をともなう反ユダヤ主義運動があったように、いまやふたたび狂気の反ユダヤ主義の潮流が強まった。しかも今回は、より大規模な危機にふさわしく、政治システムまでおおいつくした。近代化の歴史上はじめて、根っからの反ユダヤ主義を自認する極右の大衆運動が「国民社会主義ドイツ労働者党」（ＮＳＤＡＰ）の姿をとってあらわれ、この運動は、左翼の社会主義的共産主義的な政党と競いあったばかりか、それらを凌駕しさえした。いまや、古いベーベルの社会民主主義に幻惑された社会民主主義者によって、資本主義を批判するちっぽけで愚かな兄弟とみなされたドイツの反ユダヤ主義は、真のモンスターへと成長していた。

このとてつもない運動の「指導者」、アドルフ・ヒトラーは、啓蒙主義の時代以来の反ユダヤ主義的なドイツのイデオロギー形成、すなわち、チェンバレン、トライチュケ、ヴァーグナーなどの人種差別的妄想を取り上げただけでなく、それらを総合した。一九二五年に出た『わが闘争』のなかでヒトラーは、第一次世界大戦の敗戦とその後の危機を直接、「ドイツ民族がユダヤの血に汚染された」ことに帰し、この点に関して首尾一貫して十分な措置を講じなかったドイツ帝国にその罪を着せた。

もしわれわれがドイツ瓦解のあらゆる原因を自分の目で検討するならば、その場合、最後のそして決定的な原因として、人種問題、とくにユダヤ人の危険を認識しなかったことが残るだろう。一九一八年八月に戦場で敗北したことは、ぞうさなく容易に耐えることができるにちがいない。この敗北はわが民族の幾多の勝利とは無関係であった。敗北がわれわれを破滅させたのではなく、われわれはこの敗北を準備していた力によって破滅させられたのだ。というのも、その力は数十年前から計画的にわが民族から政治的、道徳的な本能と力――ただこれらだけが民族の生存を可能にし、したがってまたその権利を与えるものだった――を奪ってきたからだ。旧ドイツ国はわが民族の人種的基礎の保存という問題を注意することなく見過ごしてしまい、生命を与える唯一の権利をも軽視した。（…）大戦前における真に重大な堕落現象はすべて結局のところ人種的根拠に還元される。（…）ただひとり確固として変ることなく戦ったもの、それこそユダヤ人であった。（ヒトラー『わが闘争』上巻、将積茂訳、四六六頁、四六八―六九頁、一部変更）

この歴史解釈と危機解釈の、事実に反する、非合理的な、自己投影的性格が、いかに見えみえであるとはいえ、ドイツの大衆意識をとらえることができたのだ。これに関心を寄せる側からはしばしば、ドイツ人民がこのバカげた反ユダヤ主義的な世界宣言に感激したという嫌疑を晴らそうとする試みがなされた（それは今日ふたたび強化されている）。すなわち、まさに大衆ヒステリー的なドイツの「ヒトラー陶酔」はいわば反ユダヤ主義にもかかわらず燃え上がったのであって、ひょっとして反ユダヤ主義は決定的なものとして知覚されてさえいなかったという主張である。いいかえれば、もともとドイツ人の大多数は反ユダヤ主義的では全然なく、まったくの社会危機が原因となっていわば当然のごとくヒトラーの党の罠にかかったというのである。つまり、大衆プロパガンダの虜になったのかもしれないし、あるいはまた、ナチス党が公衆の前に登場するときのヴァーグナー張りの派手な演出に「呪縛」されたのかもしれないとされる。これに関して、たとえば歴史家のハンス・モムゼンはこう主張する。

活動的な反ユダヤ主義者の割合は、ナチス党党員の二〇パーセントを上回ることはほとんどなく、支持者の多くは、ナチスの世界観の核心からはむしろ距離をおいていた。（モムゼン、一九九一年、四二四頁）

ここでは、ナチス党の躍進を担った大衆運動は、（表向きには隠された）反ユダヤ主義的世界観という「核心」にもとづくのではないとして、擁護されているが、最近では歴史家のエルンスト・ノルテがナチスのかなりあからさまな擁護者としてまさに逆の態度をとっている。すなわち、ノルテは、勝利を得て国家意志となったナチス党そのものは反ユダヤ主義的ではなく、ただ多くの同調者が反ユダヤ主義的であったのだとして、ナチス党を擁護しようとする。

（…）かくして、一九三五年のニュルンベルク法はたしかに国民社会主義の反ユダヤ主義の発露であったが、しかしこれらの法律は同時に、この反ユダヤ主義の暴力的で混乱した突発を国家の立法によって抑制する試みでもあった（！）。（ノルテ、一九九三年、一七—一八頁）

両者の陳述は、単に相互に否認しあうだけでなく、たがいに補完しあうことで、はからずもナチスとドイツの大衆がともに価値あるものとして示される。過去を肯定的に「理解しようとする意志」は、もはや取り返しのつかないドイツの歴史と対決する代わりに、その嫌疑を晴らそうとする。この「理解しようとする意志」は、ふたたび誤りが繰り返される可能性に道を開く。というのは、ヒトラーとナチス党による世界大戦と危機についての狂った反ユダヤ主義的な解釈は、彼らのイデオロギーの「隠された核心」そのものにほかならず、大衆が見逃すはずのないものだった。反ユダヤ主義は、耐えがたいほど愚かで長大な駄作『わが闘争』だけでなく、ナチスの完璧なプロパガンダ組織から吐き出されたもののすべてに満ち満ちていた。反ユダヤ主義は、ナチスのあらゆる運動の基礎であり、資格認定書であって、国家の教義にまで高められたのである。この党とこの「指導者《フューラー》」、すなわち、「総統《フューラー》」につき従った者は、その反ユダヤ主義にもかかわらずではなく、まさにそれゆえにそうしたのである。なぜなら、反ユダヤ主義は、いかなる点においても、ナチスの成功の本質的な構成要素だったからである。

大きな危機は世界中で、反ユダヤ主義的、人種主義的、社会ダーウィニズム的な気分を昂揚させたが、その理念上の基盤は、啓蒙主義時代以来自由主義の祖先たち自身によって据えられてきたものだった。しかし、ただドイツにおいてのみ、真性の反ユダヤ主義的な認定書を有する大衆政党が形成され、民主的な選挙によって権力の座に就くことができた。インフレによって破産したドイツの市民階級の大部分のみならず、全階級、全階層の間にこの邪悪なまぼろしが蔓延したのである。一九二五年にヒトラーはひどく誇らしげにこう確認することができた。

いずれにせよ一九一八年から一九年にかけての冬に、反ユダヤ主義と呼びうるものが徐々に根を下ろしはじめた。さらにその後、もちろん国家社会主義運動は、ユダヤ人問題をまったく別のやり方で前進させていった。国家社会主義運動はまずなによりも、この問題を上層ブルジョアジーやプチ・ブル階層というかぎられた範囲からひき出して、一大民族運動の推進的動因に変じたのだった。（ヒトラー『わが闘争』下巻、平野一郎訳、二六六頁）〔引用文中の「国家社会主義」（Nationalsozialismus）は、本訳書では「国民社会主義」と訳す。著者クルツの用語法では、「国家社会主義」はビスマルク時代およびソ連邦の社会主義にあてはまる〕

じじつ、二〇年代全体をとおして（特にミュンヘンとベルリンで、ただし両都市だけではなかった）、「下からの」反ユダヤ主義的な街頭暴動が展開されるにいたったが、それに対する大々的な反対運動はなかった。すでに一八七三年の後の「大不況《クラッシュ》」時代にそうであったように、ハイパー・インフレーションの一九二三年にも、ユダヤ人が路上で襲撃され、ユダヤ人の商店が略奪された。さらに、一九二四年から二九年の間は、再三にわたってユダヤ人墓地が荒らされ、シナゴーグが襲撃され、反ユダヤの暴力行為が無数におこなわれたが、それらはしばしばまったく「自然発生的に」青少年によって、しかも学校の生徒によってなされた（ヴァルター、一九九九年）。ナチスは、社会に広くゆきわたった反ユダヤ主義の波に乗って泳ぐことができたのである。

この時点〔一九二〇年代〕で、資本主義の世界危機にさしあたり小休止がはさまれる。各国政府は、種々の犠牲を払って、徹底的な引締め策（「インフレ景気」の息の根を止める）、通貨改革（膨れ上がった名目財産の最終的な破棄）、さらに金本位制への部分的な復帰（信用制度の行為能力の制限）を実施することによって、インフレをひとまず押しとどめることに成功した。その一般的な目標は、金本位制への復帰と、それによって戦前の「常態」に戻すこととされた。アメリカ合衆国はこの目標をすでに一九一九年に達成しており、一九二五年にイギリスがこれに続いた。ドイツでは、一九二四年に新しい貨幣単位としてまずいわゆるレンテン・マルクが導入された。これは不動産を「担保にした」もので、旧マルクとの換算比率は一兆マルク対一レンテン・マルクとされて、「限定された金本位制」〔金為替本位制のこと〕に移行した。この「本来の金本位制の水増しヴァージョン」(オルドクロフト、前掲書、一五二頁)は、ほとんどの国で一九二八年までに定着した。これが意味したのは、紙幣はもはやいつでも金と交換できるわけではないこと、したがって、金貨は日常の支払流通からは姿を消したことである。同時に、中央銀行は支払準備のますます多くの部分をもはや金ではなく外国通貨で保持し、また、金本位制を維持する他の通貨(たいていは米ドル)との固定した為替相場を維持する目的で外国為替市場に介入した。

　高い代償とひきかえに手に入れた安定であったが、危機が収まったと騙し通せたのはわずか数年にすぎなかった。じじつ、誤ってそう思い込まれただけのこの平常化は、国家が債権者たる市民に強引に債権放棄させ、それによって強烈に貧困化を推進する結果となった。ドイツでは、実質所得は一九一三年の半分に落ち込んだ(オルドクロフト、同書、一六六頁)。いまや「すてきなマシン」の責任者とメカニックは、またもや大規模で持続的な好景気がやってくるという幻想を抱いて、とんでもない楽観主義を説いたが、それは現実を愚弄するようなものだった。実際には、「インフレ好景気」は、生産と商取引が急落する前の束の間の感激だった。根本において、通貨が安定した後もなにも変わらなかった。イギリスの経済史家デレック・オルドクロフトはこの時代を回顧するなかで、次のように確認する。

> この時代の、おおいに称賛された熱狂的な産業活動は、実際には見た目ほど多くはなかった。生産は上昇していたが、それは非常に低い出発点からのものであり、依然として戦前の水準を大きく下回っており、生産性も低下していた。(オルドクロフト、一九七八年、一六七頁)

「見た目」というのは文字どおりに理解されねばならない。というのは、好景気は特に投機筋で生じたからだ。投機はインフレ時代に貨幣・通貨システムの崩壊から発展したのだが、通貨が安定すると、投機の対象は株式・不動産市場に移った。というのは、泡沫会社乱立時代《グリュンダーツァイト》のペテンとまったく同様に――ただし、はるかに大規模に――いまや第二次産業革命の期待された繁栄が、実態からすればまったく非現実的な規模で先取りされたからである。合理化論争とフォーディズムは、現実の産業においてはまだとうてい導入実践されていないか、あるいは真っ先に「解雇」という否定的な首尾一貫性が実現されたのだが、それでもヘンリー・フォードの原理による新たなとてつもない好況の「長期波動」がすぐ目の前に迫っていると人びとは信じ込んだのである。それはあたかも、この波が世界大戦の腹立たしい影響によってただ一時的に押し止められたにすぎないかのようだった。もちろん、この投機的な歴史的楽観主義は特にアメリカで広まった。アメリカはあきらかに、第二次産業革命の世界好況の「機関車」となるあらゆる必要条件を備えていたからである。不動産投機（特にフロリダで）に続いたのは、類例のない株式ブームだった。左翼自由主義的なアメリカの経済学者ジョン・ケネス・ガルブレイス（一九〇八―）は、時代の証人としてこの未曾有の投機熱を描写している。

> 国民的風潮が楽観主義的であったのを受けて、大きな、いつまでも続く、しかるべき豊かさのイメージが出来上がったが、このバラ色のイメージはクーリッジ大統領〔アメリカの第三〇代大統領で、任期は一九二三年八月から一九二九年三月まで。完全な自由主義者で、市場に干渉しない最後の大統領として知られる。また、ホワイトハウスからラジオ演説をおこなった最初の大統領である〕によって描かれたといってもよかった。このイメージは産業とテクノロジーの新たな世界のヴィジョンに支えられていたが、ますます驚嘆すべき組立てラインをもつ自動車産業、わけてもラジオという新たなコミュニケーションの世界の支配するところとなった。この時代にもっとも人気のあった投資先は、RCA社（ラジオ・コーポレーション・オブ・アメリカ）だった。じじつ、この会社は非常に有望だった。まだ一度も株式配当金を分配していなかったからだ。この風潮と関連して、またそれに支えられて、（…）投機ブームはおのずから加速された。フロリダ州の不動産投機がそうであったように、上昇する株価は買い手を引きよせ、買われることによって株価はますます上昇の一途をたどった。（…）この傾向は、二〇年代末になると無数の「株の曲芸師たち」によって助長された。彼らは、値動きのプロセスを包括的に把握して、特定の株式価格をつり上げるために協調してことに当たった。共同売買によって市場の注意をこの株に向けさせ、無邪気な者、吝嗇家、騙されやすい者たちの関心を呼び起こしておいて、株価が高騰した時点で売却した。これが「投機プール」だっ

た。（ガルブレイス、一九九五年、八一―八二頁）

この投機グループの周囲に小投機家たちがむらがってその数が増大し、ちょうど一八七三年のドイツの泡沫会社乱立《グリュンダーツ》時代崩壊前夜《アイト》のような具合になった。ただし、今回の規模ははるかに大きかった。さすがにアメリカでも、投機のために貯金をはたく住民はごく一部であった。だが、一般的な投機メンタリティを醸成し、株式市場でのギャンブルを「国民スポーツ」にするには、それで十分だった。手持ちの資金が足りない場合にはクレジットの手を借りて市場に参加することができたから、なおのことそうなった。当時の株式仲買人は首を横にふりながら、報告している。「靴磨きたちが五万ドルの株をわずか五〇〇ドルの現金で買うのを、見たことがある」（ターケル、一九七二年、一四頁）。投機熱の増長がその頂点に達したころ、相場の鮫として名を馳せたジェシー・リバモア（数年後、身分相応に洗面所で頭にピストルの弾丸を撃ち込んだ）は新参者にこう言ったそうである。「いいかい、実際に大金を摑まなければ、一千万ドルがなんの役に立つ？」（ターケル、同書、一七頁）。株価の高騰がアメリカの日常生活でいかなる役割を果たしていたかについて、ジャーナリスティックなスケッチがある。

金持のお抱え運転手は、ベツレヘム・スチールの差し迫った動きを伝えるニュースをとらえようと聞き耳を立てながら運転した。彼は自分で、五〇株を持っていたのである。仲買人事務所の窓みがきはティッカー〔相場テレタイプ〕を見るために手を休めた。というのは、彼は苦労してためた貯金を、サイモンズの数株に換えようと思っていたからである。経験豊富な市場通信員のエドウィン・ルフェーブルは、（…）株式市場で二五万ドル近くをもうけた仲買人のボーイのことや、お礼として患者からもらった心付けをもとにして三万ドルをもうけた看護婦のことを語った。（ガルブレイス『大恐慌 一九二九』新川・小川・伊東訳、三四五頁からの引用）

しかし、この投機の波は実際には、第二次産業革命の未成熟な構造に対して現実の大投資がおこなわれる代わりに、貨幣資本が金融市場に流れ込む前兆にすぎなかった。機械、ベルトコンベア、工場などへの全社会的な投資ブームに代わって、手っ取り早く、想像上の未来そのものが直接株式市場で資本化された。もちろん、「擬制資本」のバブルは、一八七三年と同様にはじけた――その破裂音はずっと大きく、その結果はさらにすさまじかった。一九二九年十月二十四日の有名な「暗黒の金曜日」（実際には、時差の関係でアメリカでは木曜日だった）に、ニューヨーク株式市場で株価が暴落した。今日にいたるまで史上最大のクラッシュである。ガルブレイスは、論文のなかで、世界を奈落の底へひきずりこむことになったこの劇的な事件について語っている。

ふたたびティッカーがおくれた。価格はますますはなはだしく、ますます速やかに低下し、そしてティッカーはますますおくれた。十一時になると、市場は荒々しい気違いじみた売りの競争のなかに落ち込んだ。（…）十一時半になると、市場は盲目的で仮借のない恐怖にゆだねられた。それはまったくの恐慌であった。ブロード街の取引所の外では、気味の悪いどよめきが聞こえた。群衆が集まってきたのだ。警視総監グローヴァー・ホエールンは、何かが起こりつつあることに気づき、治安を維持するために一隊の特別警備隊をウォール街に派遣した。ますます多くの人びとがやってきて待っていた。もっとも、何を待っているのかあきらかに誰も知らなかったが。一人の職人が、何かの修繕をするために、ある高層建築物のてっぺんに現われた。すると群衆は、自殺をしかかっているものと思い込み、彼が飛び降りるのを今か今かと待ち受けた。（…）株は今はただで売られていた。（…）自殺の波が進んでいた。そして一一人の有名な投機業者がすでにみずからの命を絶っていた。（…）それを見ている多数の人びとにとっては、自分たちがお手上げの状態となり、そして自分が富裕になるという夢――実際には彼らの束の間の現実――が住宅、自動車、毛皮、宝石、名声などとともに過ぎさってしまったことを意味した。（…）ティッカーがその日の不運を記録し終わったのは、夜の七時八分三〇秒であった。客だまりでは、朝方以来お手あげとなってしまった投機業者たちが、テープを見つめながら黙って坐っていた。（…）株式市場は、いかなるものの統制をも超えた非人間的な力として、もう一度自己を主張していた。（ガルブレイス、同訳書、

三七一―八四頁）

最初人びとは、このパニックは高騰しすぎた相場妄想の一時的な「修正」にすぎず、やがてまた上昇へ向かうだろうと考えた。しかし、相場が次の週になっても数ヵ月経ってもますます劇的に落ち込んでゆくと、この崩壊は長期的なものであって、もはやなにひとつ救いようがないことがはっきりした。投機の波に続いて生じたのは、例をみない自殺者の波であり、これは数年間続いた。破産して窓から飛び降りた投機家は、同時代の人びとならびに後世の意識のなかでは、一種の伝説的な人物となった。

国際的な投機家のうちでももっとも名の知れたアイヴァー・クロイガーが、（…）パリ滞在中のある晩外出して、拳銃を買い、ホテルに戻った。翌朝、彼はホテルの部屋でピストル自殺をした。そうでなくとも弱っていた市場にマイナス材料を与えまいとして、彼の死のニュースはその日株式市場が閉じられるまで留め置かれた。ジャーナリズムやブラック・ユーモアのなかではほとんどつねに結果が誇張されていたけれど、不幸に対して同様のリアクションがとられるのは異常なことではなかった。ホテルの従業員は来客に、部屋を必要とするのは、眠るためなのか、あるいは飛び降りるためなのかを尋ねたりはしなかった。語り草になった話がある。二人の相場師が手に手を取って窓から飛び降りたのは、彼らが共同名義の口座をもっていたからだというものだが、これが真実でないのはたしかだ。（ガルブレイス、一九九五年、八七頁）

かつてアダム・スミスによって幸福をもたらすものとして称揚された市場の「見えざる手」は、制御不能に陥ったロボットのように、社会生活を完膚なきまでに破壊した。というのは、「暗黒の金曜日」による投機家の破滅は、資本主義史上最大の不況への幕開けにすぎなかったからである。クラッシュによって重大な打撃をこうむったアメリカの銀行は、ぞくぞくと外国の投資先から、わけてもヨーロッパから、資金を引き上げる必要に迫られた。これによって、国際的な信用網《クレジット》が引き裂かれた。まったく突然に、ますます多くの信用《クレジット》が「不良である」ことが判明したが、それは、債権者、預金者、投資家が、彼らの資金を心配するあまり、一刻も早く回収しようとする一方で、逆に債務者は、投機損失と急速に減少しつつある現実生産のために、もはや債務を返還することができなかったからである。

この下降スパイラルのプロセスはいくつかの局面をたどったが、それはつねに銀行の新たな崩壊によって誘発された。たとえば、オーストリア最大の銀行であったエスターライヒッシェ・クレディートバンク〔オーストリア信用銀行〕は、一九三一年の夏に支払不能を告知せざるをえなくなった。その後、ヨーロッパの不況はいよいよ本格化した。外国資金の引き揚げによる打撃をもっとも受けたのは、とりわけドイツだった。一九二九年以前の数年間におけるドイツ向けの実質投資の五〇パーセントは外国資本であって、特にアメリカからの借款によって資金調達がなされていたが、国際借款の九〇パーセント以上が引き上げられた。投機家の破滅とそれに続く一般的な信用危機は、資本主義世界経済の真の状態を暴露したのである。企業は次から次へと倒産した。あるいはそうでなくとも、生産はドラスティックに減少した。アメリカでは、失業率は二五パーセントにのぼり、ドイツでは四〇パーセントを超えた。これと同程度の規模の失業が、産業化された資本主義世界ではいたるところで生じた。しかしまた、農業および原料生産を主とする国々も、生産と購買力が地球規模でドラスティックに落ち込んだために、危機の渦に巻き込まれた。国民総生産はいたるところで劇的に低下した。アメリカでは三〇パーセント、ドイツでは五〇パーセント以上減少した。

インフレ時代の後の、この第二のより大きな世界経済恐慌の波は、インフレをちょうど裏返した形で進行した。つまり、グローバルなデフレ・ショックである。インフレの場合に商品価格が劇的に上昇するのとちょうど逆に、デフレでは物価が劇的に下落する。このプロセスに先立つのは、景気の後退と停滞である。なぜなら、生産能力が、資本主義的にみて、「正常な」購買力に比べて過剰であるために、現実の投資はますます割に合わないものになるからだ。まさにこれが、戦間期の二〇年（一九一九―三九）全体の資本主義の基本傾向であり、これは、従来の代表的産業の疲弊、戦争結果、さらにコストのかさむ大枠条件をともなうがゆえに第二次産業革命を早急に実現することの困難、これらの複合作用によるものだった。この基本傾向はただ一時的、部分的に、現実の価値創出能力（つまり、正規の「抽象的な労働」を生産性水準のレベルで活用すること）のない「擬制資本」の形成によって巧みに隠しえたにすぎない。すなわち、まず、国家による不正規の貨幣創出によってであったが、これは結果的にインフレ的崩壊をもたらした。次いで、株と一部には不動産価値の投機的な膨張によってであったが、その結果、デフレ的崩壊がもたらされ、その影響は、インフレの影響よりもはるかにすさまじいものにならざるをえなかった。

デフレの危機プロセスは、不動産価格と株価の劇的な下落（つまり擬制の投機資本の下落が不可避的であったこと）によって決定的に推進された。それによって信用《クレジット》連鎖が絶たれ、倒産の波が続いたことで、社会全体の購買力の低下はますますその規模が大きくなった。企業はもはや貸付を受けることができなかった。なぜなら、銀行は巨大な不良債権を抱えており、さらに新たなリスクを負うことはできなかったからである。急激に上昇しつつあった失業もまた大衆の購買力を急速に低下させた。これと同じスピードで、国家の税収も落ち込んだ。つまり、全般的な資金不足が支配的になって、その結果、株価と不動産価格につづいて、商品価格の下落もますますそのテンポを速めたのである。

デフレ危機は、インフレと同様に、商品市場における需要と供給という「古典的な」法則とはほとんど関係がなかった。というのは、インフレ的に投入された需要が、現実の生産と需要の拡大にもとづくものではないのと同様に、デフレによる需要の落ち込みもまた、需要が充足させられた結果ではないからだ。実態はまったく逆である。ハイパー・インフレ下では、人びとは数十億というべらぼうな収入を得てもまともな食事をとることさえできなかったのだが、逆の符号がついたデフレの場合にも同じ運命に苦しむことになった。なぜなら、物価はドラスティックに下落しているのに、人びとの懐にはもはやマルクは残っていなかったからである。デフレ危機の勢いは、インフレよりもはるかに強い。すなわち、インフレ時には物価と賃金が天文学的な高さに上昇するなかで、それでもなお生産の一部は維持されているが、デフレ下では、インフレ時に上昇するような規模で生産が下落するのではない。そうではなく、収益性が落ちるために自発的に、あるいは倒産によってやむなく、生産を停止する企業が続出するのである。その結果、失業は膨れ上がり、国家収入はさらに落ち込む。こうして、危機スパイラルはもはやとどめようがなくなる。

一九二九年以降の世界経済恐慌は、近代化の歴史上最大のデフレ・ショックだった。これを受けて、すばらしい市場経済はインフレ時代の破局的な経験を超えたばかりでなく、あきらかにグローバルな飢餓危機にまで到達する「福祉向上」の世界記録を祝ったのである。アメリカでは、ほとんど資産のない大衆が、彼らに残された唯一の所有物であるフォードの自動車に乗って、わずかな食事とガソリンを手に入れるために、一時しのぎの仕事を求めてあてどなく国中をさまよった。新たな悲惨である放浪生活の終《つい》の住みかとしてのブリキの塊。ヘンリー・フォードによって約束された黄金時代の、なんという幕開け！　この奇妙な動くスラムのほかにも、大都市郊外には巨大な新しいスラムが生まれて、それらはもはやすっかり消えることはなかった。「宿無したちは、ブリキと板でできた小屋の連なるコロニーに集まった。（…）汚物とネズミのただなかに」（ザウター、一九九四年、三七一頁）。これらのスラムは、世界経済恐慌の最悪の年月のあいだ大統領職にあったハーバート・クラーク・フーバー（一八七四—一九六四）にちなんで、皮肉にも「フーバー邸」と命名された。あらゆる大きな産業国家では、飢えた者たちの数がふたたび増大した。ベルリンでは、ある労働者の妻が家族の栄養事情について訊かれてこう答えている。

ところで、週に八マルク二〇で、一家七人に何を買うのですか？　「パンとジャガイモよ」と彼女は答える。「大部分はパン代。お金が入った日には、ソーセージを買うわ。やっぱり週に一度は少しは肉を食べたいから。その代わり、週の最後の二日間はひもじい思いをするけど」。（アーベルスハウザー／ファウスト／ペッツィーナ、一九八五年、三三五頁からの引用）

一九三一年八月に、プロイセンの社会福祉省は、特に子どもたちの医薬扶助と栄養状態に関して、屈辱的な事態を認めざるをえなかった。

両親の失業は、幼い子どもたちに栄養不良、疾病の頻発、衛生上の要求に対する無関心をひきおこしている。

（…）小児病や感冒が増加しているが、それは、医師による診察がしばしば手遅れになること、それどころかまったく診察を受けられないケースがあるからである。その理由は、医師の診察と医薬品の支払いにかかる費用、あるいは交通費を工面できないことによる。（…）非常にはっきりしているのは、学童の頻繁な疾病が貧血と飢えの結果だということである。目眩《めまい》と失神発作は、年長の子どもたちにも多く見られる。家計調査によって、ビタミン類（果物、野菜）が極度に不足していることがあきらかになったが、その理由は、金欠である。大都市のスラム街では壊血病の徴候がすでにあらわれている。（トロイエ、一九六七年、二四八頁からの引用）

多くの人びとにとって、ジャガイモがふたたびいかに貴重なものになっていたかを示すのは、反ユダヤ主義的教養市民の頭目の名にちなんで命名されたベルリンのハインリヒ・フォン・トライチュケ・ギムナジウムの生徒たちの行動である。すなわち、まだ残されていた稼ぎのよい連中の子息たちは、毎朝各自ジャガイモを一個、地区の気の毒な人たちのために持参すべし、というものである。一九三一年の秋には、『フォシッシェ・ツァイトゥング』紙の記者が、いまなお整然とした中産階級の居住地域内の、零落した、特に年輩の人びとの困窮について報告している。

最悪なのは、ひとことも口を利かない者たちである。明るいうちは、彼らは幅の広い道路に置かれたベンチにぼんやりと坐っている。やがてあたりが暗くなると、レストランのフェンスに沿って歩き始めて、立ち止まり、食事をしている者たちをじっとみつめる。話しかけるでもなく、物乞いをするのでもなく、身動きさえしない。（トロイエ、同書、二五〇頁）

世界経済恐慌は、ごく短期間に社会生活の水準を十八世紀から十九世紀初期の水準に下落させた。資本主義のこの悪夢は、もちろん文化はいうにおよばず、文明の最低限の成果をも容赦しなかった。水泳プール、劇場、その他の文化施設はのきなみ閉鎖されて、図書館や全教育制度、病院や医療扶助は情け容赦なく切り捨てられた。全資本主義世界の脱文明化は、危機の最初のインフレ局面ではまだだれひとり想像できなかった程度にまで達した。

もちろん、公認の経済学の擁護者たちは再三にわたって、一九二九年以降の破局的な世界経済恐慌の原因は、たとえば、至聖の資本主義システムの破壊的な内的論理にあるのではなく、大部分の政府の「誤った経済政策」にある、すなわち、政府が手遅れになるまでデフレ危機に気づかなかったためであると主張した。クラッシュと危機を避けるためには、経済の流動性が促進されねばならなくなるよりも前に、政府は「金融引締め政策」をとるべきだったというものだ。しかし、この判断は三重の意味で誤っており、事実に反している。

というのは、まず第一に、当時、まさに大きな犠牲を払ってようやくインフレとハイパー・インフレーションがなんとか克服されたのだが、インフレの教訓は、「機能している経済のフィクションを維持するためには、けっしてふたたび紙幣印刷機を始動しないこと!」であるように思われたことである。この経験とそこに由来する金融・通貨政策に関する世界合意によれば、とにかくその状態からふたたび正反対へ向かうことは、まったく考えられなかった。第二に、それにもかかわらず、金融政策の転換が現実に生じたことである——ただし、慎重に、おずおずと。もっとも遅れたのはドイツだったが、それはハイパー・インフレーションの悪夢がいちばん強く尾を引いたからである。それにつづいて、だいじに保護されてきた金本位制がまたもや放棄されねばならなかった。アメリカだけは最終的に通貨と金との直接の結びつきを維持して、通貨の金兌換義務へ復帰することができた。それによって、アメリカは世界権力への上昇軌道に乗り、ドルを最終的にグローバルな基軸通貨として確立しえたのである。

第三に、危機の原因は、けっして本来的な流動性の欠如にあったのではない。流動性はクラッシュ以前にはむしろ過剰でさえあった——ただし、一九二五年以降は、国家による貨幣創出のかたちではなく、投機的なバブルによる株価の擬制的価値上昇というかたちで(および、これと関連した、銀行制度における信用貨幣の膨張による商業的な貨幣創出というかたちで)だが。しかし、この流動性が金融および投機の上部構造に送り込まれていたのはまさに、現実の産業投資は、増加しつつある過剰生産能力を勘案すると相対的に収益性が低いことがあきらかになったからである。資本主義的生産そのものの産業雪だるまシステムは、一方ではさらなる蓄積のための古い産業の疲弊、他方では新たなフォーディズム的な産業と生産方式、この両者の間の溝が塞がれえなかったということで、内部の壁にぶつかっていたのだ。この問題は、表面的な金融・通貨政策のレベルにあらわれたが、このレベルで引き起こされたのではなかった。

実際のところ、戦間期のグローバルな経済破局の経過が示すのは、単なる周期的な暴落以上のものである。この世界恐慌が示すのは、全面的な完全資本主義は社会の全生産を自己の論理に服従させるが、それはきわめて傲慢かつ脆弱な形でしかあらわれえないこと、つまり、長期の歴史的な永続性の見通しはないことである。戦時経済は、経済的にみれば、平時の形態においても徐々に展開されつつあった全面的な資本主義に構造的な根本問題が存することの先触れだった。すなわち、社会的に全面化された経営学的合理性の事前コスト、付随コスト、事後コストがひどく上昇したから、資本主義の貨幣形態と現実生産の関係はもはやこれまでと同じではありえず、危機的状況になり崩壊したのである。

完全に発展した資本主義、すなわち、他のあらゆる部門を排除するか周辺化し、全社会の生活プロセスを支配し、だがそれ自体の内的自己矛盾を支配しえない資本主義は、原理的に、出口のない終わりに達するまで、多かれ少なかれ引き伸ばされたインフレとデフレのスパイラル状態のなかでしか移動できないのだ。すでに全体化への助走の過程で、資本主義はこの障害を乗り越えるのにもともと失敗していた。第二次産業革命への移行は、平時にはもはや起こりえなかったであろう。こうなると、一か八かの賭け、すなわち、新たな軍拡政策への逃走と新たな戦時経済以外にはなにも残されてはいなかった。「戦争が不況に終止符を打ったのであって、経済の知恵ではなかった」（ガルブレイス、一九九五年、九一頁）。

独裁と「宇宙戦争」

今日なお支配的なブルジョア民主主義イデオロギーの自己欺瞞と歴史歪曲の例としてあげられるのは、このイデオロギーが、第二次産業革命への移行過程でひきつづき生ずる世界破局の第三ラウンドを資本主義内部の諸矛盾からできるだけ遠ざけようとしていることである。資本主義を擁護する西欧のブルジョア自由主義思想は、第一次世界大戦という「原‐破局」を不承不承、植民地主義、帝国主義、競合する若い国民経済間の軍拡競争などの真に資本主義的なプロセスに関連づける必要にせまられると（ただし、たいていは資本主義の真の本質とはなんら関係のない、なんらかの「時代に制約された」弊害の観点において）、血にまみれた資本主義の歴史の痕跡を消し去るために、一九一八年以降の時代については別のモデルに従うことになる。

いまや「本来の」自己に立ち戻った資本主義は、イデオロギー的には、「良き」西欧の民主主義およびその平和的で穏やかな市場経済と同一視される一方で、この世界のあらゆる悪と、絶え間なく続く近代化の歴史のあらゆる犯罪は、世界大戦と世界経済恐慌の結果として生まれた二十世紀の独裁制にその責任が帰せられる。そして、この独裁制を象徴するのがヒトラーとスターリンというわけだ。経営学的論理がコストを永遠に「外在化」するように、すなわち、コストを社会的敗者の、全社会の、他の国々の、未来の、自然の負担にするように、（西欧諸国のすべての政党に基本イデオロギーとして浸透している）自由主義は、世界をさらに徹底的に資本主義化するためのコストを廃棄物に投影して処理するために、一九一八年以降今日の追随者やエピゴーネンにいたるまでのさまざまな近代化独裁を、オーウェル流の言語統制によって一種のイデオロギーのごみ捨て場として利用するのだ。

だが、これらの独裁は何に由来するのか？　その思想はいかなる歴史的な根拠に根ざしているのか？　またその独裁は西欧の市場経済民主主義といかなる内的関係にあるのか？　これらの問いが謎としてあらわれる。これらの独裁はいわばイデオロギー的には資本主義世界から破門されており、歴史の奥底から浮かび上がってきた、人間一般の暗い、半文明的な面をあらわすまったくの「奇物」とか「異物」とみなされている。ナチスの独裁を「西欧の特徴をなす文明の、無類の野蛮への墜落」（モムゼン、一九九一年、四二四頁）と特徴づけるのは、単に同時代の歴史家の間だけではなく一般的にみられる典型的な合意定式なのだ。だがこのような定式化はがんらい、市場経済民主主義とナチス犯罪との内的関連を、共通の文脈を、あるいは共通の基盤を問うことを阻止する、つまり、市場経済民主主義と国家テロの危機独裁や近過去の近代化独裁との内的関連を、共通の文脈を、あるいは共通の基盤を問うことを阻止してしまう。だが、これらの問いのなかに「西欧の特徴をなす文明」そのものの野蛮な要因があらわれるかもしれないのである。

たとえば、ドイツの哲学者ハンス＝ヨアヒム・リーバーが、スターリニズムの構造特性は「〈意見の異なる者たち〉の密告、容赦ない迫害、流刑、大量殺戮」（リーバー、一九九三年、八八二頁）を備えたシステムにあると規定するとき、過去二百年の近代化の歴史をざっと見わたすだけで、すでにこの「構造特性」がつねに、自由主義や自由保守主義の行動を、そして社会的抵抗運動や解放運動に敵対するあらゆる政権の行動を特徴づけていなかったかどうかという問いかけが生じるに十分なはずである。そこに、西欧自由主義の伝統と二十世紀の独裁との区別が存しえないことはたしかである。以前になされた、第二次産業革命の歴史における独裁時代の理論的な見直し作業の試みからしてすでに、同様の擁護論的な仮構を用いている。たとえば、一九四六年に出たリヒャルト・レーヴェンタール（筆名はパウル・ゼーリング）の分析がそれを示している。

特にドイツの国民社会主義は、爆発的な破壊力を、公認されたヨーロッパの伝統の諸価値を否認する狂暴性を発揮したが、この伝統の根源をわれわれは歴史的かつ社会的な事象の他の次元に求めなければならない。（…）人道主義の伝統は、キリスト教的、自由主義的、あるいは社会主義的形態において、ヨーロッパのあらゆる種類の文明化された共同体の基礎をなすものであるが、あらゆる文明開化の成果がそうであるように、再三にわたって混乱の突発（！）に脅かされてきた。（ゼーリング、一九八四／一九四六年、四一二頁）

いまわしいナチスの汚点を啓蒙主義的・民主主義的・資本主義的な総合芸術作品から洗い清めるために、このようにナチス独裁を「ヨーロッパの伝統」から破門する試みが、その後保守主義者や自由主義者によって繰り返されたのと同じやり方で、左翼の人士によっても定式化されたことは注目に値する。こうして、近年の歴史は、善と悪との、自由主義的な西欧民主主義と例の独裁制との、根本的な衝突として、人類戦争として、決戦として解釈されることになる。これは、歴史上の諸現象の間にこれとは別の関係を発見する可能性を秘めた、オルタナティヴな見方と批判的分析の余地をもはや許さない解釈である。

この仮構はあきらかに、ナチ・イデオロギーそのものの構造を強く想起させるほど投影的かつマニ教的〔マニ教の、光（善）と闇（悪）からなる二元論的世界観を指す〕である。じじつ、十九世紀以降、資本主義の自己矛盾と危機能力は、自由主義に由来する例の神話化と生物学化という反ユダヤ主義の核心――「奇物」と「異物」をイメージさせるあらんかぎりの幻影に幾重にもおおわれていた――によって非合理的に解釈し直されたのであり、〔資本主義の〕あらゆる次元における匿名の競争という内面化されたシステムによる脅威は、無数に姿を変えて想像力にもとづく表現を探し求めた。たとえそのもとになっている社会的症候群がもはや意識されえず、理性的に批判的反省を滲透させえなかったとしても（あるいは、まさに社会的症候群がもはや意識されえず、理性的に批判的反省を滲透させえなかったがゆえに）。

通俗文学におけるこれらの神話的な「異物性」の多くの現象形態のひとつは、十九世紀末にあらわれはじめたサイエンス・フィクションが帝国主義的なメルヘンとして発明したような「地球外生物の侵入」だった（し、今日でもそうである）。

この関連で有名なH・G・ウェルズ（一八六六―一九四六）は、すでに一八九八年にプロトタイプ的な小説『宇宙戦争』のなかで、地球人よりもはるかに知能の発達した火星の生物の攻撃を描いている。コミュニケーションをとることのできない異物は、それが人間と同じく血と肉からできていても、ただ外的特徴から判断して、まったく邪悪なものと決めつけられる。

> 目の下には口がある。唇のないただの裂目だが、その縁をブルブル震わせてあえぎ、唾液を滴らせた。（…）上蓋がとがったV字型の口。眉の隆起はなく、口の下に顎もない。（…）最初の出会いの瞬間から――はじめてひとめ見たときから、わたしは嫌悪感と恐怖に圧倒された。（ウェルズ『宇宙戦争』斉藤伯好訳、五一頁）

自己の社会的矛盾を「地球外の」異形に投影することは、まさに「地球上の」（特に反ユダヤ主義的な）投影にあらわれるのと同じメカニズムの奇怪な変型である。その場に居合わせた者たちのうちだれひとりとして、そこに何かが見えるのは、鏡のなかを覗き込んでいるせいだとは考えないであろう。通常、ブルジョア的意識は、このような社会的諸矛盾の「異生物」への危険な投影を用意周到な道徳化によって無害化しようとする。すなわち、とにかく人間はみな「互いに親切で」あるべし――ナチはユダヤ人に対して、共産主義者は自由民主主義者に対して、人間は地球外生物に対して、そしてその逆もまた然り、と。なぜなら、市場経済的・民主主義的なハードコア・イデオロギーの抑圧能力は限定されざるをえないから、抑圧されたものの回帰は、公認された形態と同じく倒錯的な形態をとることになる。すなわち、パラノイア的な投影をそもそも最初に持ち出した社会経済的な関連全体が、本来的な、まったくの「善」として承認される。そして、独裁と市場経済民主主義との共通点、接点、共通部分がとにかく完全に一目瞭然にならないかぎりは、それらは独裁を「釈明」するための、また独裁を歴史的に部分公認するための手段として利用されるのである。しかし、この論法が（特にドイツでは、一九八〇年代の「歴史家論争」以降）ナチス独裁に対してのみ適用されて、スターリン主義のソ連邦は〔この「恩恵」に浴することなく〕まったく別扱いのひどい評価を受けたことは特徴的だった。

これに関するエルンスト・ノルテの擁護論はまさに名人芸的に展開された。彼はなにはともあれまず、原則的に西側の自由主義《リベラル》的民主主義を、ブルジョア的・資本主義的な「進歩」を、世界の「西欧化」を支持することを明確に打ち出す。こうして彼は、いくぶん同意しつつ、これに関連した基本テーゼをとりあげる。「本来の、近代化を推進した革命とは、自由な資本主義ないし自由経済がもたらした革命であり、それは二百年前にイギリスで始まり、まずアメリカで完遂されたものである」（ハーバーマス／ノルテほか『すぎ去ろうとしない過去――ナチズムとドイツ歴史家論争』徳永恂訳、一七頁）。そして、ノルテは、ナチス独裁を、資本主義および戦後民主主義と否定的に関連づけることに強く反対する。「基本的には戦後の西ドイツや資本主義体制をやっつけるために〔その道具として〕第三帝国を批判する者は、みずからに唾する愚を犯している」（ノルテ、同訳書、三二頁）。このかぎりでは、ノルテのイデオロギー上の出発点は、彼の敵対者、たとえば民主主義の国家哲学者ユルゲン・ハーバーマスの出発点と異なってはいない。同じ意味で、ハーバーマスはこう述べる。「連邦共和国を西側の政治文化に留保なく打ち開いたこと、このことは、戦後のわれわれの時代が獲得した大きな成果である。他ならない私の世代の人間は、そのことに誇りをもっていいように思う」（ハーバーマス／ノルテほか、同訳書、辰巳伸知訳、六八頁）。

ノルテは、あらゆるラディカルな社会的反対運動と社会主義的・共産主義的な理念は、総体的にみて、残念ながらとにかく不可避であった近代化の犠牲に対する、結局は「古代的で」、独裁的で、ユートピア的で、少なからぬ点において「アジア的な」、まったく受け容れがたい反応にその原因があるとする。このかぎりでは、ノルテの論拠もまた、西欧資本主義的な、自由民主主義的な合意からひどくかけ離れているわけではない。ただし、ノルテの特殊性は次の点にある。すなわち、ナチス独裁に（東側の国家共産主義とは異なって）西側の世界へのある種の肯定的な親和性を認める、少なくともナチス独裁に、「本来的な」悪とされる共産主義を防御する役割を認めることによって、従来は「堅実な」学問領域にはみられなかった率直さでナチス独裁を「相対化」し、「歴史化」しようとする点である。

（…）もはや絶対に回避しえないのは、国民社会主義が、大きな、おそらく過剰なエネルギーでソ連の全面的な要求に反対したとき、少なくともそのかぎりでは国民社会主義にある種の歴史的正当性（！）が認められるべきではないのかという疑問である。これはかなり確実に、この問題を学問的に取り扱うためのきっかけになりうるであろう（！）。（ノルテ、一九九三年、一九頁）

そうなるともちろん、アウシュヴィッツもホロコーストも相対化されねばならないというのがその帰結である。それにしたがえば、歴史のそもそもの犯罪者は、ノルテによって「階級殺戮」と呼ばれる行動をとったロシアの共産主義者たちだったことになる。ノルテによれば、その他のすべてはこの「原－犯罪」から生じたのであり、その結果、

「第三帝国時代のいわゆるユダヤ人の根絶は、ひとつの反作用ないしは歪んだコピーであって、初めて生じた事件ないしはオリジナルではない」（ハーバーマス／ノルテほか、前掲訳書、徳永恂訳、三一頁、強調は引用者）。ヒトラーとナチスの犯罪は「共産主義の脅威」の背後に隠れる。

ナチスが、そしてヒトラーが「アジア的」蛮行に及んだのは、もしかするとひとえに、自分たちや自分たちの同胞を、「アジア的」蛮行の潜在的もしくは現実的な犠牲者と見なしていたからではないか。ボリシェヴィキによる階級殺戮は、ナチズムの「人種殺戮」の論理的かつ事実的な先行者だったのではないか。（ハーバーマス／ノルテほか、前掲訳書、清水・小野島訳、四五頁）

かくして、アウシュヴィッツはほとんど「過剰なエネルギー」という「物わかりのいい」言葉のなかに消え、この言葉によって、ナチス独裁は「立派に」、いわばほとんど西欧民主主義の前哨として「ソ連の全面的な要求」に抵抗したとされる。しかしながら「学問上の議論」の名のもとに尊敬すべき歴史家先生たちの間でなされた、表面的には抑制されていたものの、この陰険な立論に対する民主主義側の憤激は、曖昧なままであるほかなかった。というのは、自由民主主義派によるノルテ批判がほんとうになによりもまずナチス犯罪の相対化を標的にしていたのか、それとも、彼らが激昂したのは、この相対化そのものが西欧資本主義的かつ自由民主主義的な決定的観点を肯定的にみずからに要求したからではなかったのか、ということが問題になるからだ。この観点からすれば、国民社会主義は少なくとも「ほんの少し」市場経済民主主義の家族もしくはその一族に編入されるが、これに対して共産主義は「永遠に外にとどまる」ことになる。したがって、ノルテの議論の居心地の悪さは次の点に起因するのかもしれない。すなわち、彼は西側の資本主義的民主主義を、彼の民主主義的批判者とまったく同様に、マニ教的に近代の絶対的な「善」として前提するが、同時に「悪」、すなわちナチス独裁という特定の現象形態にはこの「善」との親和的要素があるとして、これを認めることによって、はからずも西側の資本主義的民主主義を見捨てることになる。すなわち、西側民主主義の絶対的な承認が、ノルテにあっては、ナチス独裁の相対的な承認に急転するのである。

この奇怪な論争の解決が、市場経済民主主義を二十世紀の独裁制とのあらゆる疑わしい共通点から切り離して「純潔を保持」させ、「悪」の破門を完璧に維持することに存することはありえない。むしろ、近代化の歴史全体を見るならば、視点を逆転させること、つまりノルテとは正反対の道をとることが当然なのだ。すなわち、資本主義、自由主義、市場経済民主主義を、絶対的に肯定すべきものとしてではなく、逆に、単にオーウェルの語彙で潤色された、「価値増殖」の怪物的な「すてきなマシン」による否定的かつ抑圧的な強制社会化の世界として理解することである。それゆえまた、資本主義的生産様式に根ざす市場経済民主主義と二十世紀の独裁制の共通要因を、「弁明すべき」事実としてではなく、一定の条件下で実現された、例の「自由主義にもとづく資本主義の、本来的な近代化推進革命」の特別な現象形態として描くことである。この否定的な、批判的パースペクティヴに立つならば、特にアウシュヴィッツは、ホッブズ、マンデヴィル、サド、ベンサム、マルサスその他の伝統における自由主義イデオロギーの、もはや凌駕されることのない極端な帰結としか理解されえない。その一方で、ノルテとは逆に、ある種の相対化はむしろ、ソ連邦の「遅れを取り戻さんとする近代化」政権にこそふさわしいであろう。

この見方からすれば、決定的なのは、二十世紀のあらゆる社会体制に共通する、同一の支配的な否定的基本形態、すなわち、十九世紀を経る間につくりあげられた商品生産の産業システムであり、このシステムには「抽象的な労働」の強制と世界市場におけるいわゆるネーション間の競争が付随する。これに対して、世界大戦と世界経済恐慌によってあらわになる、市場経済民主主義と近代化独裁もしくは危機独裁との間の相違は副次的であって、基本的には、さまざまな世界地域における資本主義の発展過程の歴史的な非同時性の結果でしかない。西側資本主義の自由民主主義と二十世紀の独裁制との間の相違も、またこれらの独裁制それぞれの相違（特にスターリンのソ連邦と国民社会主義支配との差異）も、そもそも基本的な共通点を関連させることによってのみ浮彫りになる。ロシア生まれのフランス人哲学者アレクサンドル・コジェーヴが、西欧民主主義、ソヴィエト共産主義、国民社会主義の構造的同一性と歴史的非同時性の関係を、すでに一九三〇年代に把握していたのは炯眼というほかない。これに関連する彼の講義は第二次世界大戦直後に出版されているが、コジェーヴは次のように要約して、確認する。

真に歴史的な観点から見ると、二つの世界大戦はそれに至る大小の革命をも含め、結果としては、（現実的にあるいは実質的に）もっとも進んだヨーロッパの歴史的位置に周辺地域の遅れた文明を並ばせただけであった。もしもロシアのソヴィエト化と中国の共産化とが（ヒトラー体制の通過段階を経て）帝国ドイツの民主化やトーゴの独立への接近、さらにはパプア人の民族自決以上のものであり、これらとは異なったものであるとすれば、それは中国とソ連とにおけるロベスピエール＝ボナパルティズムの具体化により、ナポレオン以後のヨーロッパが、なお残る革命以前の程度の差はあれ時代錯誤的な多数の遺物を除去するよう急き立てられるに至ったということでしかない。（コジェーヴ『ヘーゲル読解入門』上妻・今野訳、二四六頁、一部変更）

西側の民主主義思想は今日にいたるまで、非同時性を同一の前提条件のもとで省察するという弁証法的かつ歴史的なパースペクティヴをとることができず、特にソヴィエトと中国の革命政権を（その後はさらに、旧植民地のナショナルな革命政権も）西欧の初期資本主義的な目標貫徹政権の変化した国家経済のリヴァイヴァルとして把握することができない。この考えは、これに対応する現実の歴史以前に、一九〇九年のアルフレート・クビーンの幻視的な小説『裏面』のなかに奇抜なかたちであらわれる。想像上の中央アジアの夢の国の独裁者パテラの前に、フィラデルフィア出身のハーキュリーズ・ベル（簡単に「アメリカ人」と呼ばれる）が、「塩漬け肉の王」で百万長者の姿をした敵対者としてあらわれる。彼は解放のために夢の国に侵入するのだが、彼の声明は象徴に彩られている。「王冠をかぶった自由の女神が一枚の文字板をもち、その裏面には、自由、平等、親睦、社会、学問、法律の文字が読まれた」（クビーン『裏面』吉村・土肥訳、一八三頁）。悪夢のようなシークエンスにおいて、パテラとベルが同一人物であることが示され、二人はいくつもの姿をもつ怪物に変身して一体化するのであるが、この怪物は、無意識のなかから上昇する近代化のメタファーとして読むことができる。

たとえこの矛盾を理解したり、あるいは解決したりできなくても――結局それが私になんの関係があろうか？　あらゆる恐怖が消え去ってしまった。パテラの二重存在を私に会得させたあの恐ろしい幻影が私の疑念と不安の深淵を塞いでくれたのだ。（…）パテラとアメリカ人は一つの不格好な塊となって互いにつかみあっており、アメリカ人はパテラの体のなかへめりこんだようになっていた。無様でなんとも見極めのつかない一つの物体が四方八方に転げまわっているのだった。形体を失ったこの存在はプロテウス〔自在に形を変えるといわれるギリシア神話の海神〕の天性をそなえていて、小さな変化する何百万もの顔がその表面に形づくられ、それが互いに入り乱れて喋ったり歌ったり叫んだりしては、またどこかへ引きあげていった。（…）パテラという現象は解明されずに終わった。（…）例のアメリカ人は今日でもなお生きているし、世界中のものが彼のことを知っている。（クビーン、同訳書、二一九―二〇頁、二六九頁、二八〇頁）

このパテラとベルの奇想天外な同一性は、民主主義と独裁制との関係が、いわばジキル博士とハイド氏との同一性関係と類似していることを示唆するように思われる。いいかえれば、アメリカでまず形づくられた西欧の戦後民主主義は、物神崇拝的な、実際には人間の理性を嘲笑する社会マシンの独裁にほかならず、この独裁は進展を遂げて「第二の自然」へと客体化される。より詳しく観察すれば、二十世紀の独裁制においては、初期資本主義の自由主義的なテロルが、高度に発展した形態をとって、イデオロギー的には認定済の雛形にもとづいて反復されたことが容易く見てとれる。すでにホッブズの教義のなかに、自由主義と独裁の同一性は含まれているし、最初の自由民主主義者であるベンサムにあっては、この同一性は綱領化されている。この綱領の目標を思い起こせば、民主主義と独裁の内的一致が完全にあきらかになる。すなわち、資本主義の「経済的テロル」は内面化されて、最終的には人間材料はテロルという民主的な行為をみずからわが身に執行する能力を身につけるまでになったのである。徹底した自由主義者であり、民主主義の始祖であるベンサムは、この高貴な目標がまだ達成されない間は、拷問を含むあらゆる強制手段を正当であるとみなした。

　ベンサムにあっては、民主制と独裁の一致は、資本主義的世界マシンの初期段階という条件下ではじつに明確であって、ナイーヴな率直さで要請されたが、一九四五年以後の西欧思想においては、この同じメダルの裏表の一致は、ベンサム・プロジェクトが実現に近づく程度に応じて、また、「自由」というオーウェルの概念と、よりプリミティヴな、国家権威的な、独裁的な貫徹方法とをイデオロギー的に対抗させて漁夫の利を占めることが可能になったその程度に応じて、消し去られた。露骨で残虐な弾圧をともなう威嚇は制度として残存し、自由主義はこの点に関していかなる疑いをもさしはさませることはなかった（この威嚇は、あらゆる西欧の自由民主主義的国家で、人間材料の比較的大規模な反抗にそなえて、「内部の緊急事態」あるいは「非常事態」といった概念のもとに司法上承認されている）。しかし、資本主義のシステム強制と不当要求の内面化が進展すれば、人間材料は一種の「自主管理」をおこなって、いずれにせよ自分自身の抑圧様態を自身で決定させられ、それによって、マルクスが「情況による沈黙の強制」と名づけたものの手中に落ちる可能性があるというこのシニカルな状況は、自由主義的資本主義にもとづく民主主義と国家資本主義的な独裁との相違がどこにあるかを明確にする。

　このように進歩した段階では、国民経済的・国民国家的な「利益代表」としての暴力は外に向けられる。そして、この分野では、西側のあらゆる民主主義諸国は、特にいわゆる「開発の遅れた」国々に対して、司教たるアメリカを先頭に、もっとも野蛮で独裁的な殺戮者として、犯罪者として、横暴で恣意的な支配者として振る舞った。すばらしい民主主義国家が比較的大がかりな措置（たとえばベトナム戦争のような）によってみずからの手を汚したくないと思えば、最悪の部類の「白い」独裁政権を支援し、養い、自身は総督の任に就くことは、なんらかの影響力を行使したということにはけっしてならなかった。その際、その時々の気分と利害状況にしたがって二通りの基準が当てはめられたし、現在でもそうである（たとえば今日〔一九九九年の時点で〕、一方にはコソボのアルバニア人たちが、他方ではトルコのクルド人たちが独立を求めて戦っているが、西欧諸国は両者に同じ基準を当てはめることはしない。前者は注目されるが、後者は無視される）。何を民主的と認定するかは、西側の警察官たち（ありていにいえば、「民主主義的国家共同体」）によって仲間内で取り決められる。何が独裁であり、何がテロリズムであるか、についても同様である。

資本主義的に進歩した国々の「世界民主主義」は、何が攻撃であり、何が是認される自己防衛であり、何が「人権の救済」であるかを定義する傲慢な暴力のほかに、わけても歴史的な発展格差を自身のために余すところなく利用し、未開発の、資本主義的に遅れをとった独裁制を非難することをみずからの権限とみなすことができる。その一方で、彼らは自身の暴力を単にイデオロギー的に潤色するばかりではない。彼らの主要犯罪はまた、直接的な暴力行使を超えて、世界市場の「沈黙の独裁」とその盲目的な競争状況から生まれるのであり、まさにそれゆえに、犯罪として気づかれることはまったくない。資本主義的産業化の初期のころと同様に、今日でもほとんど気づかれないのである。「平和な市場経済」の仮面をかぶった資本の世界マシンは、その客体化された作用によって、あらゆる近代の独裁制のすべての弾圧と戦争による犠牲者を総計したよりも多くの人間の命を、わけても子どもたちの命を奪った（今でも奪い続けている）にもかかわらず、弾圧と戦争による犠牲のみが犠牲とカウントされて、経済的暴力による犠牲は中立を旨とする統計では犠牲者としてあらわれることはまったくない。なぜなら、犯人と犠牲者の結びつきは、外的な暴力行使の場合には直接的で、明白でわかりやすいのに対して、経済的暴力はその社会的な連関性のなかに消失して、自由主義イデオロギーにおいては「自然法則」としてあらわれるから、「見えざる手」の犯人と実行者は厚顔にも、彼ら自身の行為の犠牲者のために、世界に共感と援助を要請する政治的なモラリストを気取ることさえできるからだ。その際、彼らは、高度に発達した民主主義的なベンサム的社会における資本主義的な似非自然の大規模な内面化を当てにすることができるから、みずから独裁的圧力の犯罪者や実行者としての素顔をみせることはもはやない。

二十世紀における種々の社会の歴史的非同時性が気づかれず、それ自体の過去が血にまみれた弾圧の歴史とともに排除され、あるいはイデオロギー的に「外在化」されるかぎり、またその一方で、同時に民主主義的独裁の「沈黙の」経済形態がいかなる批判的な省察からも切り離されているかぎり、二十世紀のさまざまの独裁制は自由主義的な資本主義的民主主義の見かけ上の敵対者としてあらわれる。だが、独裁制は実際には、たとえば自由主義的なアメリカの歴史哲学者フランシス・フクヤマが主張するような、構造的かつ発展史的にみて同時期の、民主主義の「競合する支配形態」（フクヤマ、一九九二年、一一頁）ではなく、民主主義の非同時的な分身なのである。このようにみると、「勝者のシステム」として喧伝される西側の戦後民主主義は独裁制の見かけ上の反対物でもなければ、ついに達成された「歴史の到達点」（フクヤマ）でもなく、内面化された独裁制とさらに進展したベンサム・プロジェクトの形態なのであって、ベンサムのこの構想は、以前の直接独裁的な諸形態を、さらにまた世界大戦と世界経済恐慌の結果としての独裁制をそれ自体に内包しているのである。

労働国家と指導者社会主義

第二次産業革命の進行過程における独裁と民主主義の構造的な内的同一性は、戦間期に危機にさらされたいくつかの社会にその実例がみられる。すなわち、ソ連邦、アメリカ合衆国、ドイツである。わけても、この内的同一性があらわれるのは、二つの決定的な局面においてである。ひとつは、「抽象的な労働」の転換であり、もうひとつは、産業資本主義的な「指導者システム」の理念と実践である。このシステムにおいて、近代の経営《マネジメント》ははじめてまともに認知されたのである。

第一次世界大戦まではたしかに、勤勉や節約といった市民の副次的な美徳が道徳規範の構成要素とみなされており、これはすでに数百年来、商人の、躍進する「企業家」の、「すてきなマシン」の操縦者（＝死刑執行人）の意識を規定してきたものである。それにもかかわらず依然として、彼らの活動のなかにはけっして些細とはいえない相違がみられた。すなわち、資本主義的再生産の基礎をなす社会的遂行機関としての、本来の意味における抽象的な「労働」は（十九世紀はじめ以降は機械化された工場体制下で）明確に「下層の」人間材料のために取っておかれた。資本主義的生産様式における奴隷的な要素は外見的にもまだはっきりとしていた。そして、じじつマンデヴィルのような人びとはまったく露骨に、自分たちの品位にふさわしくないことをさせるために人間材料たる「労働貧民」を利用するつもりであると公言していた。古い市民階級とその有力者たちは自分自身を「ハンズ」すなわち工場労働者たちと同等であるとみなすことはけっしてなかった。むしろ彼らは、少なくともヨーロッパでは、貴族の「上品なテーブルマナー」と社会文化的な模範に倣おうとした。貴族階級の封建的な支配的地位は、絶対主義以降はその大部分が官僚的な近代国家マシンと軍事・産業複合体に移っていたのだが、あいかわらず「上流階級」を規定し、その理想像となっていた。

したがって、自分自身を独立したメカニズムの単なる機能エリートであるとは思いたくなかった「中上流階層」は、「抽象的な労働」システムを外側から眺めており、彼ら自身はまだそのシステムに巻き込まれてはいないと思っていたようにみえる。資本主義がまだ完全な発展をとげていないというまさにこの事実ゆえに、「労働者階級」は、工場規律の内面化を進める過程でよりによって「労働」という資本主義の中心カテゴリーを自由主義から肯定的に引き受け、〔これを武器にして〕資本主義的支配関係に反対できると誤って思い込むことが可能になったのである。すなわち、自由主義はあたかもこの「労働」カテゴリーをいわば不当に自身のイデオロギーのために確保するかのようにみえたし、またあたかもそうすることによって、抑圧された「労働する者たち」とほぼ封建的な特権を与えられた「労働しない者たち」との間の不法な関係をカムフラージュするかのようにみえた。

産業化された世界大戦は、その社会的な溶解過程およびそこから生じた社会的な変革と危機によって、市民の有力者階級を全面的に破滅させてしまった。社会経済的のみならず、理念的にも社会文化的にもそうだった。自身が単なる客体として、制御不能の歴史プロセスと独立した社会マシンのもつ非常に強力な匿名の力と「タイタンのような」権力の手中にあるという、たとえばエルンスト・ユンガーが表現していたような認識が、市民の意識全体に浸透した。彼らは殺人的な性格をもつ自己服従を嬉々として受け容れ――この自己服従をとおして、機能エリートたちは意識的にみずから資本主義的なモンスターの人間材料になりはじめていた――、その結果、産業「労働」との高慢な身分上の隔たりもまた長くはつづかなかった。「フォーディズム的な」完全資本主義への移行は、第一次世界大戦の塹壕においてプロトタイプとして成立していたような、新たなあり方で格下げされた機能エリートを必要とすることがあきらかになった。すなわち、産業経営者であり、マルクスの言葉を用いれば「産業の将校と下士官」が必要とされたのである。ここにいたってようやく、第二次産業革命が全面資本主義に移行するに際してすでに予感されていたことが完全に実現した。

しかしながら皮肉なことにこれによって、労働運動は「抽象的な労働」の唯一組織化された自意識としてあらわれるうる特権を失った。この自意識は、いまや最終的に機能に還元されたエリートの手に移り、それゆえ左翼的、社会主義的なイデオロギーとしてだけではなく、右翼的、ファッショ的、自由民主主義的なヴァリエーションとしてもあらわれた。フォーディズムの二十世紀の、徐々に興隆しつつあった新たな経営者たちは、自身を「ハンズ」の一員、すなわち資本の価値増殖過程における社会的労働マシンに不可欠の、もはや身分上の差異のない構成要素とみなした。市民階級は自身を市民階級とみなすことをやめ、その代わりに、自身を包括的な「労働社会」の労働者と解したが、この「労働社会」は市民の自己奴隷化という十全な発達を遂げた形態をとって、なおいっそう冷酷になることを予想させるものだった。一九二〇年代には、すぎ去った時期を「ブルジョア的」と侮蔑することが、まさに市民階級の流行となったのである。

市民労働者あるいは労働市民をテーマとして最初に取り上げたのはまたしても、歴史的なサドーマゾ関係をみぬく繊細な嗅覚をもっていたエルンスト・ユンガーだった。一九三二年に彼の有名な著作『労働者』が出た。労働者の地位はいまや決定的な「形態《ゲシュタルト》」へと高められ、労働者はユンガー一流のやり方でなにか神秘的なものとして表現される。「労働者はつまり、根源的な自然の力に結びついているのだが、彼はその力の存在についていささかの予感ももっていないのである」（ユンガー、一九八一／一九三二年、一九頁）。これによって必然的に、いまやその形態《ゲシュタルト》が社会全体を規定することになる労働者の拡張されたイメージが徘徊する。

労働者は、古い意味での身分とも、十九世紀の革命的弁証法の意味での階級とも解しえないことが確認されたと、われわれはみなす。労働者の諸要求はあらゆる身分上の要求を上回っている。そもそも労働者を産業労働者の階級と同一視するならば、けっして学問的に信頼できる結論に達することはないだろう。これは、彼らの形態を見ずに、種々の現象のひとつを見て満足することを意味する。(ユンガー、同書、七七頁)

古典的な市民階級、つまり古いブルジョアジーは第一次世界大戦とともに没落していた――しかし、資本主義は没落することなく、いまや完全展開へ向かう移行過程においてようやく、外的な現象においても、羽化して例の「自動的な主体」(マルクス)になったのだが、資本主義はすでにその内的論理にしたがってもともとつねに「自動的な主体」だったのである。古い名士=ブルジョアジーの残骸がなお長らく(その一部は今日まで)生き残ることができたのは、農村地帯においてだけだった。だがそれも、もはや社会をリードする指導層としてではなく、たとえばボランティア消防団の名誉役員としてにすぎなかった。エルンスト・ユンガーは、開始されつつあるフォーディズムの、新たな全面的な「労働社会」の真の性格を、「支配者たち」をも盲目的な社会マシンの強制に屈服させるものと読み解いた。だがそれは、すでに産業物量戦を体験した時に見られたように、たとえば途方もない不当要求を告発するものとしてではなく、事態の圧倒的な変化を受動的に耐え忍ぶものとしてであり、いまや平時の常態においても定着するものとしてである。

したがって、労働世界内部のいかなる自由の要求も、それが労働要求としてあらわれるかぎりにおいてのみ可能なのだ。これが意味するのは、各個人の自由の範囲は、彼が労働者であるその程度に厳密に対応することである。(ユンガー、同書、六八頁)

市民階級は歴史の主体と思われていた地位を退いていたし、労働兵士の軍隊に適応しなければならなかった。こうしていまや、人間と社会のマシン概念のなかで十八世紀の進歩的なイデオローグによってすでに萌芽的に定式化されていたことが、ようやく全面的に実現され、エリートの意識のなかで批准された。この意味で、ユンガーは、「市民的個人から労働者タイプへの交代」（同書、一二二頁）、「自由民主主義から労働国家への移行」（二四六頁）、さらに「社会契約から労働計画への交代」（二八二頁）を宣言した。そして、未来主義者のマリネッティの場合とまったく同様に、ユンガーにあっても、「タイタン的」な社会マシンへの無条件の自己引渡しは、フォーディズムを理想化することと、および「やさしく注油すること」に端的にあらわれる「機械愛」によって補償され、抑圧（無意識化）された。『鋼鉄の嵐のなかで』の著者は、すでに一九二九年にこの特別な感覚を『冒険心』のなかで記している。

つい昨夜、わたしが住んでいる東地区の人通りの少ない通りを散歩していると、寂しい、陰鬱にもヒロイックな光景が目に入った。鉄格子のはめられた地下室の窓をとおして、機械室が見えた。そこでは、人間の手を煩わすことなく、巨大な弾み車がシャフトの廻りをひゅうひゅうと廻っていた。暖かいオイルの蒸気が臭気とともに窓から外へ流れ出ると、耳は、たしかな、制御されたエネルギーのすばらしい動きに惹きつけられた。この動きは、豹《ひょう》の足の裏のように軽やかに私の感覚を捉え、猫の黒い毛皮から飛び出たかのようなこまかにぱちぱちと弾ける音と、ブーンという鋼鉄の唸り音であたりの空気はみたされる——これらすべては、いくらか眠気を誘うものだが、同時にひどく刺激的でもある。（ユンガー、一九八七／一九二九年、一三四頁）

戦間期の極左的なヴァリエーションを含めて、愚直な、家畜化された社会主義的労働運動が破綻したのは、政治的かつ戦術的な誤りによるのではほとんどないことがここでもあきらかになる。実際には、古典的なブルジョアジーの退位が、社会主義的な資本主義批判の核心を永遠に時代遅れなものにしたのだ。この社会主義イデオロギーは、客体化された資本主義的カテゴリー内部で、一種の組織社会学的な主体としての支配者（「ブルジョアジー」）を全生産様式のデミウルゴス〔プラトン哲学における造物主。原型としてのイデアにのっとって素材から世界を形成する神〕と誤解し、もっぱらこのいわゆる「支配者」の「特権」と「処分権能」に関してブルジョアジーと争ったのだが、根本においては、いまだ完全には展開されていない資本主義の形態に執心していた。しかしいまや、退位したブルジョアジーは経営者として、フォーディズムのプランナーとして、

「労働国家」の将校団として、社会主義に占拠された「抽象的な労働」のカテゴリーを取り戻し、「抽象的な労働」がもともと資本主義的なものであることを暴露し、そうすることによって、そうでなくともすでに精神的基盤の動揺していた社会主義の対抗構想の核心を否認した。ファッショ的かつ国民社会主義的な「労働」の強奪に対して、西欧の社会主義者と共産主義者は途方にくれたままだった。アウシュヴィッツの門に掲げられた「労働は自由にする」(Arbeit macht frei) というスローガンは、正気に返った「労働」の自意識の真の本性を明かしたものであって、この本性を労働運動はつねに解放の原理と誤解していたのである。

ソ連邦で、その後中国で、そして第三世界のナショナルな革命政権においてはこれとは逆に、「労働」の古い社会主義的な自意識はまったく損なわれずに生き続けることができた。しかしそれは、社会主義的国家政党が厳密に、プロイセンの将軍〔ハンス・フォン・ゼークトのこと。本書四一九頁を参照〕の心をも虜にしえた例の国家経済的な戦時経済の方法をもって、「遅れを取り戻さんとする近代化」のなかで、商品生産システムの歴史的組込みのための真にブルジョア資本主義的な任務を引き受けていたからにすぎない。ロマン主義的軍事主義者《ミリタリスト》ユンガーは、一九三二年の著書『労働者』のなかで、彼の仇敵であるボリシェヴィキのなかに自身との親近性の要素を嗅ぎつけて、誇らしげに確認する。

> 労働者が工場でサボタージュをおこなうと、持ち場を離れた兵士のように、射殺される国がある。それらの国では一五年前から、包囲された都市のように、食料品が配給制になっている——社会主義がすでにもっとも明確に実現されている国々のことである。この事実を確認すると——そのような例は任意にいくらでも挙げられる——、たしかに一九一四年にはまだ空想的な性格を帯びていたが、今日ではすべての同時代人に周知のことがらが問題なのだということに気づかざるをえない。(ユンガー、一九八一/一九三二年、二六〇頁)

資本主義的工場体制が当初から人間の労働力の抽象的な活用にもとづいていたように、その組織もまたつねに強制的で、生産者にとっては外的で軍事的だった。フォーディズムは生命力を奪い取る「労働」強化を何倍にも上昇させたが、労働の軍事化を従来のあらゆる形態を超えてひろく推し進めたのもフォーディズムだった。世界大戦、国家資本主義的革命、危機管理の諸機構は、この軍事化を単に第二次産業革命の外的な貫徹要因としてだけではなく、「人間の内的軍事化」としても推進したのであり、後者には経営学的な合理化が必然的にともなった。その結果、この要因は大衆意識のなかに構造的に沈積し、一九四五年以後は少なくとも西側ではそれとして知覚されることはもはやなくなった。

第二次産業革命が苦悶しつつ歴史のなかへと追い立てられて、労働が「英雄的に」もてはやされる破局時期に達すると、大衆化された機能主体がなお未完の模範像としてあらわれた——技術的にはすでに時代錯誤的なハンマーと鎌の、あるいはナチスのスコップの図像にシンボライズされて。国民社会主義のドイツとソ連邦は滑稽なほど似ており、公共空間は筋肉隆々たる「労働男性」の立像で占められ、いたるところで「労働戦闘」という言葉が生みだされた。ヒトラーの党が勝利した後には、新しい「ドイツ労働者党」〔ナチス党のこと〕に乗り換えるか、あるいは少なくともその労働パトスに共感を示す者が少なくなかった。とんでもない労働者詩人カール・ブレーガーは、すでにナショナリスティックでセンチメンタルな世界大戦讃歌によって際立っていたが、「創造する民族とその最初の労働者に」献じられた一九三五年の詩集のなかで、吐気をもよおすような代物に、臆面もなく「汗の讃歌」というタイトルをつけて発表した。

(…)流れ落ちる玉の汗は
刻一刻、我らが生命を養うもの、
玉の汗は労働への血の捧げもの。

世界中の油も香油も
貴重ではない、

額の皺から
流れ落ちる汗の一滴ほどには（…）
仕事に励む汝の姿ほど
すばらしいと思ったものはない、
この敬虔な気持ほど
大きな敬虔の念を私は知らない
汝の永遠に流れ落ちる汗を目にすると。

しかしこの労働宗教的なキッチュの背景にあるのはいまや、下層の、階級境界の定められた「ハンズ」の自意識ではもはやなく、全社会、全階層が、フォーディズムにもとづいて、完全資本主義へと拡大された「すてきなマシン」の人間材料へと変貌を遂げたことである。新たな資本主義時代の命名者、ヘンリー・フォード（フォードの写真がしばらくのあいだヒトラーの書斎机に置かれていたそうである）は、同じ歌をうたうにしても、ヨーロッパの歌い手ほどヒロイックに美化してはいないものの、彼自身とスタッフをすでにとっくに「最初の労働者」と公言していた。

経済の基本は労働である。（…）道徳の基本は、労働に対する人間の権利である。（…）人間というものは、仕事からなかなか離れることは難しいもので、昼間は仕事のことを考え、夜はその夢を見るにちがいない。（…）日々の仕事とは、そういう意味で大切であり、まさに大きなことなのだ。仕事は世のなかの基礎であり、一人ひとりにとっての自尊心の基である。そして、経営者はつねに従業員よりもいっそう厳しい日々の仕事に身を置かなくてはならない。みずからの責任を真剣に果たそうとする経営者は苛酷な仕事に耐えなければならない。（フォード『ヘンリー・フォード著作集』上巻、豊土栄訳、二七頁、七〇頁、一五六頁）

ナチスの帝国労働奉仕団の教育・養成監督局長であったヴィル・デッカーは一九三三年に、大量に印刷された冊子のなかで、スコップの印のもとに行進する青少年向けに、フォードとまったく同様の論を展開している。

> これが労働奉仕団の新しいところである。すなわち、われわれは労働する人間の上にたつ指導者を、まさにもっとも貧しい職人と同じ場所に、この純然たる奉仕の無前提性のなかに置く。それは、有利な扱いを受けることなく、みずからの手で労働をしなければならないことがどういうことかを知るためである。この方針は最後には労働と資本をふたたび結びつけるが、それは、両者が解きがたく対をなしているからである。（デッカー、一九三三年、二〇頁）

「支配者〔経営者〕」の活動があらゆるレベルで「ハンズ」のそれと同じ形態と一致点を見いだし、この両者の活動が抽象的な人間のエネルギーとしては同一の支出量に相当する単位であることが判明してはじめて、「抽象的な労働」システムは完全になる。そうなると、相違はもはや実質的なものでも形式的なものでもなく、単に機能的な相違にすぎない。すなわち、初期資本主義時代のような長時間労働をみずからに課して、それを誇る経営者《マネジャー》の新たなタイプの理想像は、自然災害時や戦時において苛酷な状況をハンズと共有しつつ、組織の頭脳として献身的な努力をはらって、みずから招いた苦境の暗い力に抵抗する英雄の理想像に似ている。ハンズと平等であるとの共同妄想の上に立って社会的精神病院の指揮を引き受けたこのタイプの大狂人は、実際にはただ機能エリートとして他の「労働兵士」から区別されるにすぎない。

ゴットル＝オットリーリエンフェルトの生体論的な経済哲学――これはすでに一九二〇年代初頭に資本主義的な「指導者社会主義」の概念として構想されていた――においては、このカリカチュアは「技術的理性」のヒエラルヒー的な封建資本主義の模範像としてあらわれるが、そこでは、「有機的な」構造がテクノロジーの専制と結びつけられている。

> 巨大な形成意志としての資本所有は、指導者としての奉仕の精神に結びつくものであり、これは、ヘンリー・フォードが自身を単なる資本の管理人とみなしたのと類似している。指導者は自信にみちた職務意欲によって任命される、すなわち、エリートのなかから選抜される。（…）トップの見解が配下のベースの部分で広い支持を受けると、指導者のもとには、仕事の仲間たちが群れ集まる。ここでようやく——そこではもはや多くの言葉は必要ない——企業同盟が完成するのであり、これとともに、今日のあらゆる生活形態のなかでもっとも重要なものの形態単位が完成する。ここにはじめて産業企業は、より大きな共同体において、労働意欲に満ちた職務共同体へと強化される。（ゴットル＝オットリーリエンフェルト、一九二六年、三七—三八頁）

自由主義とファシズムの語彙の親近性は今日にいたるまで、「企業共同体」のイデオロギーをキッチュに描くことにも示される。この「企業共同体」は塹壕における前線での仲間意識と取り違えられるほど似ているが、もともとの起源はその間に忘れ去られた。この「指導者原理」の根は、十九世紀の資本主義的な労働宗教〔労働を宗教のごとく神聖視すること〕の先駆者たちにみられる。トーマス・カーライルのいう「キャプテンズ・オブ・インダストリー」（実業の将帥）はいわば「産業貴族」であったが、いまや単なるイデオロギー上の人物を抜け出して、現実の生活に入ったのである。むろん、まったく姿を変えて。十九世紀の企業家がもっていた形式上の「封建制」の理念が、実際にはまだ身分による古い家父長的温情主義的傾向を担っていたとすれば（ビスマルクやルイ・ボナパルトの社会主義のように）、いまやこの「封建制」理念は同じ名を名乗ってはいたが、軍事化かつ合理化された「労働戦闘の戦友」の形をとっており、さまざまの序列はあるものの、それでも同一の材料からなる「すてきなマシン」の歯車として平等化されていた。「指導者社会主義」、「産業封建主義」、人間材料の民主的平等、これら三者のバカげた混合がとりわけナチ・イデオロギーを歓迎したのである。かくして、一九三四年一月二十日の「国民労働秩序法」の提案説明では次のように言われる。

> ここにはじめて「社会的名誉」の概念が規定される。企業家は自分の企業を共同体から授けられた生命として管理しなければならない。企業家が全従業員と公益に対する義務を損なうことがあれば、（…）今後は企業家としての義務を思い起こさせるための懲戒裁判手続きがとられることになる。一方、従業員が企業共同体に対する自己の義務を忘れたり、あるいは労使協調を危うくしたり、共同体精神に反する行為をした場合も同様である。（ミュンツ、一九三四年、一五頁）

新たな「指導者原理」は、ソ連邦の「労働闘争」においてもターボ産業化への途上で、同じ「労働者階級」に属する将校と兵士の準軍事的な編成としてあらわれた。形式的には「人民所有」という共通の屋根のもとに統一されてはいたが、これは、まさに成立しつつあった国民国家的な「すてきなマシン」の司法的形態にほかならなかった。「最初の労働者」ヘンリー・フォードはこれと同じ原理を断固として推進しようとし、ゴットル＝オットリーリエンフェルトはこのフォード・ヴァージョンをファシズムの原型となるように改訂したのである。改訂されたこの「封土《レーエン》」ヴァージョン〔資本家の資本を、封建制度下で国王から与えられた封土になぞらえて、公共から委託されたものとみなす。次のフォードの引用を参照〕はより中立的にみえるかもしれないが、労働国家のより高次の「民族共同体」に義務を負う「奉仕する資本家」の理念を含んでいる。

> 資本は単に、（…）公共から該当者に寄託された、公共の役に立つ日々の労働準備資金にすぎない。資金の管理を預かる者は、それをけっして自己の儲けと考えてはならない。何人《なんびと》もそのような余剰金を個人の所有物とみなしてはならない。それは彼一人でなしえたものではないのである。（…）真に誠実な工場主は、余剰利益を彼に委託された財としかみなさないであろう。（フォード、前掲訳書、二三四―二三五頁を一部変更）

「強欲な」資本とは対照的な「創造的な」資本というナチスのスローガンと、それに関連する「民族共同体的」資本主義的社会主義、あるいは社会主義的資本主義という幻覚は、ヒトラーの茶色の、スターリンの赤色のヴァリエーション同様に、フォードの白色のヴァリエーションを貫いていた。完全に合理化され、完全に軍事化された社会マシンから信託を受けた資本家や経営者はかくして、アメリカのヴァリエーションにおいても「創造的な」資本の意味での白い「指導者社会主義」の現象形態としてのみ把握されえた。ヒトラーが権力を奪取する直前、のべつ幕なしに労働哲学を講釈しつづけたヘンリー・フォードも同じく教育目的としての「指導者思想」を説いている。

この目的は、産業の指導者となりうる若者たちを見いだし、学ばせることにある。（…）われわれは、この目標に向けての教育について考えており、その成果のひとつは、他人のための踏み台となる意志を持ち、多くの人びとのために最善を尽くすことのできる真の産業界の指導者を育成することにある。（…）これは、養成計画そのものが指導者をつくるということではない。しかし、指導者が登場した場合には、その人物が指導者であることをすぐに認識できる方法を考案することは可能だとおもわれる。（フォード、一九三〇年、二八六頁）

失われた夢と資本主義の狂暴

第二次産業革命の資本主義的変容は、ソ連邦、国民社会主義のドイツ、およびアメリカにとって、フォーディズム的完全資本主義へ突進するシステム連関においては同一の基本構造を形成することがあきらかになる。しかし、この関連において、歴史的な差異もまた明確になる。このことがまず第一に、そして特に強くあてはまるのは、国家資本主義のソ連邦である。ソ連の社会は、二十世紀における国家経済的な「遅れを取り戻さんとする近代化」のプロトタイプを示すものであるから、アメリカやナチス・ドイツと比べて、厳密な意味での歴史的同時性を有する社会とはみなしえない。ここでも、後の中国や第三世界の「ナショナルな」革命と同様に、フランス革命のパトスを聞き取ることができる。これらの政権は、東と南のフランス革命として、じじつ近代商品生産システムとその「抽象的な労働」

の青年期を、つまり時代的にみて初期の集積状態を示していた。それゆえ、独裁要因についていえば、ソ連邦は、ドイツの国民社会主義と比べると危機独裁ではなく、発展独裁だった。内在的にみると、これは決定的な相違である。

このような情勢に含まれるのは、ソヴィエトの「遅れを取り戻さんとする近代化」の抜き差しならない、特殊な歴史的事情である。まさにこの次元において、いわゆるスターリニズムの、あるいはそもそもソヴィエトの独裁制の相対化と「歴史化」が論じられうるであろう。つまり、〔先に論じた〕ノルテの場合とは逆である。それはたとえば、ソヴィエトに特殊な国家犯罪を免責するためではなく、資本主義的にみて世界の周辺地域の問題状況をただしく評価するためであって、これはナチス・ドイツの場合にはとうてい妥当しえない。ソ連邦の窮状は二重だった。

ひとつには、みずから資本主義に批判的であることを証明はしたものの、ソ連邦は原理的にみて西側の資本主義によって定められた以外の発展の道をもはやたどることができなかったことである。しかし、この自己証明は、中核に対する、「遅れを取り戻さんとする」周辺の競争をわずかに表現しえたにすぎない。歴史的には、世界の趨勢はすでに十八世紀に（少なからぬ点でさらに以前に）決せられていた。遅れてやってきた二十世紀の参入者たちは、他の地域ではすでに過去のものとなっていた前提条件から出発したのだが、彼らはもちろん現実には十七世紀や十八世紀の世界にいたのではなく、すでに資本主義的に変形された世界に生きていた。つまり、周辺は、単に西側世界から遠く隔たった「外側の」世界だったのではなく、これらの遅れてやってきた社会そのものの内部にはすでに資本主義的に先行した西欧が現存していたことをも意味したのであって、しかもそれは、単に技術的な観点にとどまるものではなく、また世界市場とその基準に依存せざるをえない状態がとっくに客体化されていただけでもなかった。「世界意識」もまたすでに資本主義的に形成された意識であって、この意識は、資本主義的な特徴を帯びたメディアによって資本主義的なカテゴリーと基準をあらゆる世界地域の知性のなかに持ち込んでいたのである。この意味で、ソヴィエト・イデオロギーという羽を切られたマルクス主義は、単にツァーリ政権下でのロシアの「後進性」の所産ということではけっしてなく、むしろ資本主義的に飼い馴らされた社会主義的意識の、労働者階級意識一般の現象形態だった（レーニンとスターリンが「西欧化」を強調したのもそのためである）。ロシアのボリシェヴィズムは、西側に由来する国家社会主義イデオロギーの枝分かれしたものとして、またこのイデオロギーに不可欠の要素として、すでに商品生産産業システムの「抽象的な労働」への適応という西側の歴史によるフィルターがかけられていた。歴史の流れに抗して「無垢な」新規蒔直しを図る可能性がどこにありえただろうか？

第二に、同時代の資本主義の標準によって規定された世界におけるこの非同時性が意味したのは、西側によって定められた発展の途上で何かを新規に追加する場合にも、それを先進国と同一の速度で同一のプロセスを繰り返すわけにはゆかず、二十世紀の水準に肩を並べてゆかねばならなかったことである。つまり一方では、十七世紀および十八世紀には国家経済的な形態でなされた資本の「本源的蓄積」が、いまや大幅に変更された国家社会主義的な権限をもって繰り返されることになる一方で、同時にこのプロセスは大量の資本投入をともなう産業プロセスとして生じるほかなかった。しかもそれは、単に産業プロセスそのものであるだけでなく、プロト・フォーディズムを条件とし、またプロト・フォーディズムの形態においてである。したがって大衆に課された負担は、二重になった。すなわち、大衆は単に近代商品生産システムを組み込むための犠牲を払っただけでなく（これに加えて残虐行為を行ない）、同時代の生産性水準をそなえた産業を無からつくりださねばならなかったのである。

今日熱狂的に民主主義を弁明する西側のイデオローグたちの文献において「共産主義の犯罪」としてこと細かにリストアップされるものは、初期資本主義の恐怖が時間を隔てて再現されたものにほかならない。ラーゲリ（強制収容所）は、それが反資本主義的なオルタナティヴであると誤って思い込まれたことの帰結であると定義し（もちろんそう定義することによって実際のオルタナティヴを希求するいかなる思想も排除される）、そうして資本主義が数百年にわたって実行してきた歴史の地獄をあっさりと忘れ去る――このようなことを思いつくのは、民主主義の抑圧下で訓練された「学術的な歴史家」だけである。数百万もの死者を出した一九三〇年代前半の飢餓（スターリン統治下の強制的農業集団化による犠牲）は、厳格な工業化政策の結果であったし、そのための費用はわけても大量の農村住民から搾り取られた。ただし、まるまる一〇年におよぶこの途方もない弾圧は、厳密に計算をするならば、百年から二百年におよぶ西側の近代化の歴史において発生したものと相殺されねばならないであろう。しかし、人間の生命は相殺することはできない。それでも、近代商品生産システムはいかなる場合でも、それを貫徹する際の苦悩の犠牲に見合うものではないことだけは言いうるだろう。

ソヴィエトの産業化の人身御供はしかし、資本主義の経済恐慌の結果によるのではなく、（国家）資本主義産業体制の強引な建設と、「抽象的な労働」のノルマ貫徹がその原因だった。先行する西側諸国が世界経済恐慌の混乱におちいり、生産が大規模な操業停止に追い込まれたことによって、発展した資本主義の非合理性が証明されたのと同時期に、ソ連邦は高い成長率を示した。住民から搾り取られた資金は貨幣資本に転換され、それによって国外で産業化のための投資財が購入された。取引は数十億の額にのぼった。これに関して、アメリカのジャーナリスト、H・R・ニッカーボッカーは『赤い商売は魅力的』（一九三一年）と題する本を書き、ベストセラーにさえなった。強いられたソ連邦の産業化がこのようにして西側の世界経済恐慌を緩和する（決定的ではなかったとはいえ）作用をおよぼしたのは、歴史のひどい皮肉のひとつである。

ソ連邦は、（…）世界経済恐慌を逃れた、唯一の重要な国だった。（…）多数のドイツの熟練工がソ連邦の工場で雇用され、彼らの賃金は、企業家自身が認めたところでは、「悪くなかった」。だが、それだけでなく、ソ連邦は生産財に対する需要を満たすためにドイツ国内に職場を確保した。一九三一年には、ドイツから輸出される工作機械の七四パーセントがソ連邦の企業に供給された。（ブライヒ、一九八五年、七五頁）

すでに老いた資本主義をかかえた西側世界は壁に突き当たり、第二次産業革命への移行をもはや成し遂げられないように思われたのに対して、ソ連邦は、初期資本主義的な残酷な方式で世界発展の先頭に立つことができると期待していた。ソ連邦はこれを、歴史的な「正当性」を強調することによって、すなわち、資本主義の中核国に依存し搾取される後背地たる地位に甘んじるつもりなど断じてないという後発国の意志をもって実行した。産業世界市場へ同等の権利をもって参入すべく、将来のために現在を犠牲にするこの衝撃の大きさは、苦悩と悲惨を相対化し、その殺人的な帰結を抑圧排除することに寄与したのである。

しかし、歴史的非同時性を無視せずに顧慮することによって、ソヴィエト゠スターリンの独裁を相対化し、「歴史化する」ことが適切なのは、この意味においてのみではない。そのうえさらに、スターリンの独裁には実際に未来を暗示する要素があったことが指摘されうる――ただし、否定的な意味においてのみだが。すなわち、国家資本主義の発展独裁は西側との競争関係において、競争イデオロギーをもって――周知のように〔歪曲された〕マルクス主義をもって――「遅れを取り戻さんとする近代化」を正当化することによって、意識のさらなる自己矛盾を獲得した。もちろん、すでに西側の労働運動マルクス主義によって羽をもがれた姿で継承されていたマルクスの理論は、初期資本主義の「本源的蓄積」の圧力下でさらに歪められ、硬化し、ドグマ化された。マルクスの理論がかつて自由主義から受け継いだ構成要素は、ラディカルな社会解放の思想を資本主義的なカテゴリーによってすでに汚染されていたのだが、この構成要素が、通俗化された姿で国家資本主義の近代化イデオロギーの核心を形成したのである。こうして、『共産党宣言』で言及される「労働の軍隊」は、きわめて粗野で、まさに稚拙なプロト・フォーディズムの認証モデルになった。

しかしそれでも、「もうひとりののマルクス」、すなわち、「抽象的な労働」と自己目的的な「価値増殖」という近代の物神崇拝の批判者は、この文脈においてさえすっかり押さえつけられることはなかった。近代商品生産システムの不当な要求からの解放というこの思想――これに社会運動はもはや歩み寄ろうとはしなかった――は、いわば妖怪としてソヴィエトの公認理論のなかを徘徊した。抽象的な、社会の資本主義的一般性の二つの極――貨幣と国家――を肯定的に、「自由な人間のアソシエーション」によって揚棄するというマルクスの理念は、理論上のやましさを感じていたソヴィエト・イデオロギーにとっては悩みの種だった。それゆえ、なぜ社会主義において商品生産と「抽象的な労働」が存在しなければならないのかという奇妙なテーマを論ずる長大な論文が発表されて、図書館はそのような文献であふれかえった。スターリンのとんでもない立論を、戦慄をおぼえずに読むことはできなかった。というのも、スターリンは、疎外された近代の国家機構を社会の自己組織へ転換するというマルクスのプログラムはよりによって特別厳格な国家マシンの形態をとらざるをえない、というバカげたことを是が非でも証明し、良心の疾しさを軽減しようとしたからである。西側の真性の資本主義もこれに劣らぬ蛮行をおこなったが、理論上の良心の呵責に悩んだことはかつてなかったし、今もない。

ソヴィエトの「遅れを取り戻さんとする近代化」のなかには、また、そもそも豚のように飼い慣らされた労働運動および左翼一般のイデオロギーのなかには、実現されていないことがあった（それは今なお実現していない）。つまり、マルクスがかつて語ったことのある例の「夢」で、その夢は、労働者が労働市場で売られる家畜として定義されることを許さない社会運動と、近代の物神崇拝システムの理論的な批判とが出会う（同時に生ずる）ときにのみ実現される。解放の二つの極、すなわち、古い社会反乱と一本化しえないマルクス理論の諸要素とが歴史的に崩壊して以来、両極間に大きく口を開けている亀裂は、今なお閉じられていない。

しかしながらこの見果てぬ夢は、理論的な妖怪としてのみ徘徊していたのではなく、ソ連邦の制度機構のなかにも含まれていたのである。「ソヴィエト」という概念は社会的な衝撃を指し示すものだったが、この衝撃はその後急速に消え去って、「遅れを取り戻さんとする近代化」の残酷さに吸収されてしまった。しかしそれでもなお、このことに言及しないわけにはゆかない。接頭辞としての「ソヴィエト」は今日では自動的に、スターリンとその後継者たちの滅亡した国家マシン、すなわち、発展独裁政権を思い起こさせる。しかし周知のように、「ソヴィエト」とは「レーテ」のことであって、すでにパリ・コミューンの諸原理のなかにあらわれた、生産者の自主管理機構を意味していた。そこでは、あらゆる社会的案件について、資源と近代の生産力の投入について、社会構成員全員の参加のもとに議論し、決定するプロセスにゆだねることが求められる。

この包括的な自主的組織の要求がロシア革命において挫折したのは、生産力の未発達によるだけではなく、むしろ社会主義労働運動を含めた「世界意識」がすでに全般的に資本主義によって毒されていたことによるほうが大きかった。レーテによる自主管理の理念は、（パリ・コミューンの場合と同じく）階級社会学的および組織社会学的に限定されたままだったが、その一方で、商品生産の貨幣経済と「抽象的な労働」の社会形態は自然の基準体系としてあらわれて、自由で意識的な自主組織の要求と両立しえないものではまったくないと理解された。しかし、特に盲目的な自己目的的社会マシンの諸カテゴリーにおける資源の活用についての意識的な議論と共同決定は、論理的にも実践的にも不可能だった。そのかぎりでは、社会的な自主管理の計画が破壊されたのは、ソヴィエトの発展を批判する者たち――彼ら自身がまだ組織社会学的に限定されていた――が考えていたように、単に「党独裁」によってレーテが退けられたためではなく、大衆意識そのものが資本主義的再生産の形態に拘束されていたためである。

それにもかかわらず、進歩した生産力を、市場と議論の余地のない「自然法則」という似非物理学に代わって、包括的な社会的議論のプロセスによって制御することは、社会解放の地平であることにかわりはない。レーテ思想のなかに資本主義的社会マシンに対する大きな危険を嗅ぎつけたのは、ほかならぬヘンリー・フォードだった。

> レーテがロシアの工場の指揮権を握るとすぐに、操業ができなくなってしまった。そこでは、生産そっちのけで議論ばかりおこなわれていたのだ。（フォード、前掲訳書、一二一頁）

資本主義的自己目的の観点にたてば、何が、いかなる条件のもとで生産され、それはいかなる結果をもたらすかなどの意義と目的に関する長い議論は、まったくの時間の浪費、単なるおしゃべりであって、最終的には「操業できなくなる」ものと思われるにちがいないのは当然である。生産者は議論ではなく、彼らのエネルギーを、貨幣に転化するために、きわめて適確に注ぎ込まねばならない。そして、それ以外の抽象的な資本の機能空間においては、口をつぐむことが肝要なのだ。というのは、価値増殖という資本の自己目的はもともと、生産者のいかなる質的な観点や健康よりも優先順位が高いから、人間はほんらい生産によって何を得るのかについて質問したり明確にしようとしてはならず、それとは正反対にまず、生産そのものが人間から何か（つまり貨幣形態での十分な純益）を得られるかどうかが問われるべきだからである。

ただし、フォードはさほど心配をするにはおよばなかった。レーテは、社会的再生産が例のフォーディズム的な目標設定に屈することによって、その後急速に自主組織の単なるまがいものに身を落とし、フォーディズム的な目標設定は国家社会主義の主唱者たちによってすでに内面化されていたからである――これらの原理の実現にはまだ長い道程を必要とすることになったものの。十月革命の直後、レーニンはフォードとほとんど同じ言葉で、「実行を議論に、労働を駄弁に置き換える傾向」（レーニン、一九六一／一九一七年、四一〇頁）を激しく非難した。一九二三年七月には、ソ連邦に大真面目でいわゆる「時間同盟」が設立されて、これは、フォーディズム的な大衆教育によって社会意識のなかに資本主義的な時間感覚を植えつけることになった。これはじつに背信的なことだったが、まったくフォーディズム的かつ「指導者社会主義的」にナイーヴにこう言われた。「時間をめぐる戦いは、新たな生活様式をめぐる戦いである」（ジュース、一九八五年、一二二頁）。そして、これに対応する「時間同盟」の告示は、これ以上ないほど明確なものだった。

> 時間同盟は、言葉の最良の意味におけるアメリカニズムの導入にむけた集団的プロパガンダ手段である。すなわち、われわれの労働はわれわれの生命である！（…）われわれはタイムレコーダーを、自己規律、訓練、時間意識を身につけるための有用な手段とみなしてきたし、現在もそうである。しかし、時間の計算は、自分自身のためではなく、時間の正しいプランニングの手段として必要であり、価値があるのだ。（ジュース、同書、同頁からの引用）

どうやら西側の市場経済民主主義の宮廷吟遊詩人たちの目には、ロシア＝「ソヴィエト」の発展独裁における国家テロルの要因には、不可欠の要素として「アメリカニズム」のプロパガンダが含まれていたことが見えなかったらしい。このことが暗示するのは、ロシアが置かれた条件下で唯一独裁の形態を取りえたのは、「西欧化」そのものだったことである。別の言い方をすれば、レーテという自主組織の衝撃を破滅に追いやったのは、国家資本主義的な強制産業化としての「西欧化」だった。ほかならぬスターリンが、抽象的な資本主義的業績イデオロギーへの適応を明確に述べている。

アメリカの業績意欲は、これを妨げるもののない無敵の力である。（…）ロシアの革命的活力とアメリカの業績意欲を組み合わせることは、レーニン主義の核心である。（ヒューズ、一九九一年、二五五頁からの引用）

ソヴィエトの独裁は、それを全体として「遅れを取り戻さんとする近代化」と資本の「本源的蓄積」の文脈においてみるならば、一面ではフォーディズムによる第二次産業革命の血肉と化した一部だった。他方、この独裁の〔ナチス・ドイツとの〕相違およびこの独裁の相対的な歴史化は、非同時性という要因によって、過去方向においても未来方向においても根拠づけられる。すなわち、過去に対しては、西側資本主義の中核国の裏庭として、ゴミ捨て場として、永遠に周辺にとどまらざるをえないことに対してあらゆる手段を用いて――最悪の手段をもってしても――抵抗する、歴史的に遅れてやってきたものの「権利」としてであり、未来に対しては、ソヴィエトの公認イデオロギーにおいて実現されず、識別不能なまでに損なわれたマルクス理論とレーテ理念の解放要因としてである。

ナチス・ドイツの相対化に関していえば、このような例を挙げることはできない。たとえばノルテは、ナチスの相対化に関連する彼の立論を、国民社会主義それ自体とその内部から出てくる構造的かつ歴史的な位置関係から根拠づけようとなどはまったくせずに、最初から外的で投影的な論拠に逃避する。つまり、ノルテによれば、ソヴィエトの国家犯罪とナチス・ドイツには因果関係があって、前者は後者に「先行する」というのだが、これは、ノルテのいう時間的な次元においてさえ大部分は正しくない。なぜなら、ソヴィエトの強制産業化のもっともひどい残虐行為は、ヒトラーが権力の座についたのちになって生じたからである。

アメリカの場合にも、世界経済恐慌における苦悩と社会経済的な破局に関しては、歴史的相対化は導き出されない。この世界規模の崩壊は、第一次世界大戦の「原‐破局」と同様に、第二次産業革命への助走に失敗した資本主義の非合理性の直接のあらわれであり、爆発であって、そこに世界経済恐慌の苦悩と破局を正当化する要素は微塵もない。

世界経済恐慌がドイツでは危機独裁に行きついたのに対して、アメリカでは自由民主的なファサードが残されたままであったが、これは、別の、西側内部での相対的な非同時性のせいだった。ただしそこでは、いくつかの差異化が必要である。つまり、なぜ西側の危機の推移形態がアメリカとドイツで範例的に先鋭化したのかが、あきらかにされねばならない。さしあたりまず、この両国が、発展した西側の産業国家のなかでもっとも強烈な危機に見舞われたことである。すなわち、ドイツは恐慌の経済的な結果によってもっとも深刻な打撃を受け、アメリカは投機的な見かけの膨張の中心であったからである。これに対してイギリスとフランスは、もちろん被害がなかったわけではないが、比較的少なかった。

この関連において、ヨーロッパとアメリカの間の非同時性という決定的要因がドイツでは特にすさまじい作用をおよぼした。つまり、機能エリートと「労働者階級」との関係が大西洋をはさんだ両側では異なっていた。人間材料の家畜化は双方ともにとうに終結していたが、それぞれ異なる形態においてであった。アメリカの「処女的な」資本主義には、ヨーロッパとは異なって、歴史的に沈積された、古い家父長的な支配関係の下部構造がなかった。全面的な市場・貨幣関係の民主的独裁制あるいは独裁的民主制は、大きな身分上の軋轢もなく、すでに歴史的な出発点となっていた。それゆえ、フォーディズムによる機能人間の新たな否定的な平等性は、強力な障害物に出会うことなく、ヨーロッパにおけるよりもはるかに容易に定着しえた。家畜化された「労働者階級」はすでに高度に個人化されていた。周知のように、アメリカにはヨーロッパの規模と比較しうるような組織化された労働運動は存在しなかったし、じじつ同じ規模である必然性がなかった。なぜなら、労働者はけっして身分と結びついてはいなかったし、当初から資本主義的な社会原子として「公民としての権利」をもっていたからである。この個人主義化が進展していたために、恐慌は、ヨーロッパと比較してはるかに強く個人的なことがらとして体験され、国家・政治上の体制が揺らぐことはまったくといってよいほどありえなかった。これに関連して、ジャーナリストのリヒャルト・レヴィンゾーン（筆名、モールス）は、世界経済恐慌のさなかにニューヨークで観察したことをこう報告している。

ある労働運動の指導者が私に（…）なぜアメリカでは恐慌を個人的なことがらとみなすことが可能なのかを証明してくれる。彼は救護所の前で、きちんとした身なりの男に話しかけて、どうしてここへ来る羽目になったのかと尋ねる。「十分な貯金がなかったからですよ。まったく間抜けな話さ」とそのホームレスは答える。別の、路上生活者のための溜り場で、私の同伴者は新たに具体的な検証をする。そこで、今度はもっとはっきりとした言葉遣いをする。彼が、寒さに震えている者たちの一人に「ひどい国だね」と声をかけると、「いいや、良い国だよ。でも、悪い時代だな」という答えが返ってくる。失業者自身がこのように考えているからには、アメリカのお偉方は、危機であろうとも、なにも真剣に心配する必要はない。

（…）このアメリカの世界観の基礎は、緊急危機によってもこれまで揺らいでいない。（…）飢饉は個人的なことがらであって、（…）経済的に陽の当たらないところにいるからといって、そこから政治的な要求を導き出してはならない。（…）困窮は、富と同じく、個人的な運命として受け取られねばならないし、そのまま保持されるべきなのである。（レヴィンゾーン、一九三二年、二三二頁以下）

だからといって、アメリカには危機に対する反発がそもそも存在しないということではない。ただ、たいてい自然発生的に生ずる行動が武力を伴ったとしても、それらの反発がイデオロギー的な次元で生ずることはないか、あるいはごく限られているということである。

農民たちの抗議行進、諸都市における食糧要求デモ、略奪、警察との市街戦、これらは一九三一年以降日常茶飯事になった。シカゴでは、一九三二年に警察が三人のデモ参加者を射殺し、デトロイト郊外のディアボーンでは、警官隊のマシンガンで四人が殺され、五〇人が負傷した。しかし、左翼政党が不満を持つ大衆をいかにわずかしか組織しえなかったかは、驚くほどだ。（ザウター、一九九四年、三九三頁）

すでに十九世紀以降、アメリカの労働闘争は暴力的な形態をとることがまれではなくなっていた。それらの闘争はしばしば銃撃戦によって決着がつけられたのだが、しかしどちらかといえば、開拓者の慣習と私的制裁の伝統の上にたっていた。各闘争は個別的なものにとどまっていて、政治的に組織された持続的なものとしてあらわれることはなかった(もしそうであれば、資本主義的な個人主義化に対する反撃となったであろう)。人びとは食糧デモに参加することはあっても、イデオロギー的には危機を個人的なことがらとみなすか、あるいはせいぜい、けっして生産様式と生活様式の根本的な変革を求めることのない万人に共通の自然災害とみなした。この現状肯定的な考え方は社会マシンのさまざまな機能領域に共通しており、万事を自然災害とみなす平等意識はすでにフォーディズム以前に歴史的に植えつけられたものだった。

これに対してヨーロッパでは、深く根づいた身分上の、家父長的な、とっくに時代錯誤的になっていた「支配者」の伝統があったばかりでなく、「抽象的な労働」に反対する昔の社会反乱が銃弾で鎮圧された苦い記憶もあった。この歴史ゆえに、人間材料に対する資本主義エリートの深い不信の念が消えずに残されており、この不信感こそがビスマルクをして社会民主主義をまったく誤って過大評価させたのである。これはまた、なぜヨーロッパでは、イギリスやフランスにおいてさえ、労働者大衆が「公民としての権利」を自由主義的かつ自由保守主義的な政権から奪い取るのにひどく難渋したかの理由でもある。このプロセスが完結したのは、ようやく一九一八年以後のことである。したがってこの間ずっと、労働運動そのものは「抽象的な労働」以外のなにものをも欲していなかったにもかかわらず、一種の資本主義的な併設社会として、あるいは「都市の壁の外側」の陣営として形成された。こうして、十九世紀末以降、さまざまな機能領域は、社会マシンに対する個々の関係をもつことはなく(個々の関係はフォーディズム的にのみ転換されえた)、それに代わって、「公式の」資本主義と、家畜化されてはいたがそれでも別個に組織された労働運動との相互作用がエスカレートする傾向をみせた。

この情勢下において、国家エリートたちはいかなる危機に際してもパニック感情をあらわにし、「社会救済」と称して、まったく無害で国家に忠実な労働者協会に対して厳しい禁止圧力をかける傾向があり、それどころか虐殺、追放、警察によるあらゆる種類の残虐行為を躊躇することなく実行した（これらは、個別例としてはアメリカにもあったが、全社会的な、特に政治的な形態をとった基本型としては存在しなかった）。他方、このような措置によって、国家に忠実な社会民主主義者たちはいわば心ならずも現実に「リヴァイアサンの代替物」にさせられたのであり、このリヴァイアサンはたしかに徹頭徹尾資本主義的カテゴリーにとらわれていたが、しかし「（本物の）リヴァイアサンになるチャンスはなかった」。社会民主主義は世界大戦を通して体制に順応していたから、もはや体制にとっての脅威ではなかったのだが、それでも世界経済恐慌が始まると、古いパニックがふたたび頭をもたげようとした。そして、恐慌によってもっとも激しく揺すぶられたドイツ社会では、じじつそれが生じたのである。周知のように、ファッショ的な独裁はこの時期にイタリアおよびスペインでも成立し、類似の政権は東ヨーロッパの周辺国でも支配権を握った。

ただしドイツにおいて、一九三三年に資本主義の「社会救済」がその独裁推進力を獲得したのは、全体的に見てすでに箍《たが》をはめられた社会民主主義によってというよりは、むしろその競争相手であるドイツ共産党の態度によってであった。共産党は、経済崩壊の渦中にあって、ナチスとは本来対極をなすように見えたからである。そこから、西ドイツの戦後民主主義を巧みにでっち上げて自己正当化するなかで、伝説が生まれた。すなわち、ドイツ初の民主主義として発足したヴァイマール共和国が左右の過激な狂信者の強襲によって不名誉にも謀殺され、さらに、残念なことにナチス独裁によって中断されたのち、第二次世界大戦後に西側に統合されたドイツは大戦前の平和で穏やかな市場経済民主主義にふたたび戻ることができたという伝説である。

この歴史の公式解釈は、真実とはまさしく逆のことを言っている。もちろんこのような弁明的立論が第二次産業革命への移行期における民主主義と独裁の内的同一性を正しく言い当てていないことは別として、内在的に見てもそれは正しくない。というのは、ナチス党は単に民主的な選挙および議会手続きによる合法的な方法で権力の座についただけでなく、全ブルジョア政党が「授権法」〔議会の立法権を全面的に政府に委譲した一九三三年の法律。日本の国家総動員法もこれに準ずる〕に賛成したからだ。わけても自由主義者たちはその先頭に立ち、戦後、自由民主主義的で知的な政治上の代表者として頭角をあらわした後の連邦大統領、テオドア・ホイス（一八八四―一九六三）もその一人だった。これは、あらゆる市民階層と住民の多数の意志に沿うものであったし、市民たちは人権ならびに万人の「自由」とされるものを擁護するつもりはなく、「共産主義の危険」から「社会を救済」するために、大挙して「茶色の独裁」〔茶色はナチスを象徴する〕を選んだのである。

要するに、無垢な「ドイツ初の民主主義」は悪辣な「左右の打撃」によって崩壊したのではまったくないのである。むしろ、破局的な資本主義の危機という条件下で、真に独裁的な相貌をあらわにして、それ自身の論理にしたがって、民主主義を内部から茶色の独裁へと変換したのは、この民主主義であり、それを担った社会層であり、エリートと政治上の代表者たち自身だったのだ。リヒャルト・レーヴェンタールがくすぶる瓦礫を目の当たりにして、国民社会主義が具備するものとして認めた例の「爆発的な破壊力と狂暴性」は、この民主主義そのものの最後の帰結であり、それ自体の内奥の本性だった。この独裁は、その行動様式からして多くの点で十八世紀以来の、「社会救済」のためにさまざまな措置（逮捕、拷問、「内部の敵の殺害」、労働組合の禁止、等々）を講じた自由保守主義的な政権と見まがうほどだった。ただ違っていたのは、ナチスが、フォーディズム的な発展地平に対応して、みずから「労働者党」として登場して、「創造的な資本」〔ナチス用語のひとつ。ユダヤの「強欲な資本」に対して、ドイツの「産業にもとづくまっとうな資本」の意味〕の「指導者社会主義的な労働国家」を標榜した点であった。

労働宗教は共産主義者にも深く根づいていたが、それが共産主義者に「あらゆる危険中の危険」の烙印を押したことはありえない。あらゆる政党と時代思潮が例外なく、「労働」をあらゆる価値のうちで最高のものとして支持していた。しかし共産主義は実際には、ブルジョア的意識（その間に社会民主主義者もこれに含まれるようになった）とその意識が抱く恐怖幻覚とはいくらか異なるもっと多くのものを意味していた。つまり、まさに例の社会解放という不分明な、いまだ果たされぬ要素であり、これは、マルクス理論のなかに隠されていて、資本主義という不当要求社会の根幹にふれるものだった――たとえそれが、ソ連邦におけるのと同様に西側の共産主義においてもわずかな微量元素として、あるいはまさに否定的な、弁明的な、拒絶された姿でしかあらわれえなかったとしても。だがそれは、近代化の流れに抗して歴史的な転換の力を奮い起こすにはあまりにも脆弱だった。しかし、その弱々しい予感が漂っただけで、また社会マシンの「自然法則」に反対する生産者が自己決定のごくわずかな可能性を追求する気配を見せただけで、恐怖におののくドイツのブルジョア的な危機社会全体にかくも恐ろしい憎悪の爆発が誘発されえたことは、資本主義の独裁的要因のなかに、その発展した民主主義的形態においても、冷酷で狂信的な狂暴性が存することを明かしている。

このような状況からみて、全住民の憎悪がナチ独裁の恐怖へと流れ込んだのは、ドイツが世界大戦後の社会混乱のなかでロシアとならんで、西側の国としては唯一レーテを生みだし、レーテ理念を理論的にも実践的にも取り上げる試みを経験していた国だったからである。フランスでもイギリスでも、ましてやアメリカでも、あらゆる危機的現象にもかかわらず、いささかなりとも類似した実験がおこなわれることはなかった。もしレーテの実験が行なわれていれば、これらの国々においても自由民主主義がその真の相貌をあらわにしたであろう。もちろんレーテはドイツの社会運動の伝統につらなるものではなく、それはまさに、ローザ・ルクセンブルクの率いるまったくの少数派によって強引に推進されたのであり、この派はすでに第一次世界大戦に反対していたが、成果は得られなかった。そうでなくとも彼らはドイツの労働運動においては異物のままだった。敗戦直後の崩壊という条件のもとでのみ、この一派は暫時ある種の影響力を獲得しえたにすぎなかった。

もちろんこの試みは、すぐさま社会民主主義者と労働組合によって（ソ連邦においても他の諸国同様に、より厳格な条件下で）ふたたび息の根を止められて、フォーディズムの合理化論争と産業立地論争に転換された。経営学的合理性に仕える保安官助手として「事業所委員会《ベトリーブス・レーテ》」〔これは現在のドイツの制度で、「被用者委員会」とも訳されるもの〕の形態で残されたものは、かなり惨めであったし、むしろ社会的な解放制度として機能したナチスの「ドイツ労働戦線」の共同管理機関に似ている。この機関を超えるレーテ理念――「抽象的な労働」システムに反対するこのレーテ理念の帰趨に関しては、最左翼のごく少数のラディカル派によってさえ徹底的には考え抜かれなかった――の弱々しい登場は、それだけですでに「すてきなマシン」とその代表者たちの狂暴を招くに十分だった。一九一八年直後にあらわれたレーテのごくごく短命な夢の開花という資本主義の意識状況に後々まで影響を残す恐怖の妖怪と、世界経済恐慌というヨーロッパに類例のない暴力とが交差することによって、ドイツでは特殊な複合体が形成され、その結果、資本主義的民主主義の腐敗した胎内から同じく類例のない危機独裁が生まれでた。

ドイツの共産主義が全ブルジョア社会の非合理な憎悪の対象となって、最後には抹殺されたとき、この共産主義はとうにいかなる社会解放のパースペクティヴからも遠く隔たっていた。ドイツ共産党は、一九二〇年代には西側のすべての共産主義と同様に、自身の理論的かつ歴史的実体を失って、単なるソ連邦の代理機関に成り下がった。レーテ理念は首尾一貫した発展をしたことはなく、もしその理念を突き詰めようとするならば、所与の情勢で考えられうるものを超え出なければならなかったであろう。だがこの西側の「共産主義」は、単に商品生産システムとその労働宗教の基盤に立った、抽象的で社会的な戦闘的態度のあらわれにすぎないまったく余計な存在であって、零落者と失業者を受け容れるための、貯水量の変動する溜め池以上の役割をほとんど果たしえなかった（他方、同時にナチス党にとっても、これらの零落者や失業者は大衆的基盤の一部をなしていた）。

フランス（後にはイタリアも）のように、西側の国において共産党が比較的大きな影響力を獲得しえたのは、それらの党がシスマ〔本来は教会分裂を意味するが、ここでは、第一次世界大戦勃発による第二インターナショナルの分裂、すなわち、共産党と社会民主主義政党の分裂のこと〕の後のすでに早い時期に社会民主主義的な観念価値と「任務」の一部を引き受けていたためにほかならない。その際共産主義者たちはいたるところでナショナリズムの要素をも取り入れたにもかかわらず、やがて彼らはそれでもやはり、特にドイツでは、「モスクワと通じた政治グループ」とみなされた。このことがまた資本主義の意識の盲目的な憎悪をいよいよ煽り立てる結果となり、その憎悪はいまや「よそ者」を二重に代理していることに向けられた。すなわち、ひとつは、近代の社会マシン一般からの解放という、漠然とした、失われた夢に対してであり、もうひとつは、「遅れを取り戻さんとする近代化」の競争システム・イデオロギーが不穏な周辺国に輸入されたことに対してである。

これに匹敵するほどの、平均以上に先鋭化した内的矛盾をかかえた状況下であれば、おそらく他のいかなる西側の国においても（アメリカを含めて）なんらかの「社会救済」の独裁が出現したであろう――ナチスの場合と同じイデオロギーの正当化によってではないことはたしかだとしても。短期間あらわれたレーテという資本主義のトラウマ、束における明確には把握できない競争権力、そして自身の経済崩壊、これらがまだ不確実なドイツのベンサム民主主義を内部から茶色の独裁へと突然変異させたのであり、この独裁は、持続的にあらゆる障害要因を容赦なく排斥することによって、フォーディズム的な推進力を貫徹することを約束したのである。そのとき社会民主主義はオルタナティヴではなかった。なぜなら、社会民主主義主者は重大な社会混乱のために、また下位リヴァイアサンとしてまだ確実に組み込まれていないために、資本主義の狂暴に十分な基盤を提供しえなかったからである。一方、もちろん、袂を分かったばかりの憎い兄弟である共産主義の党となんらかの同盟関係に入ることは、なおのこと考えられなかった。また、束の「遅れを取り戻さんとする近代化」の代理人とも、また失業者大衆という負の潜在力ともかかわりようがなかったし、さらに彼ら自身が凶暴なやり方で息の根を止めたレーテ理念にかかわることなどもってのほかだった。また、内容的には（理論的かつ綱領的に）とうに本来の精神を離れた共産主義者もまた、スターリンのテロル政治が知れわたる以前から、社会的に着手可能な接触点をもはやなにひとつもっていなかった――たとえそれがフォーディズム的な変革を破局的ではない方法で推進するためだとしても。

しかし、社会民主主義がもはや主役を演じることはできなかったとしても、そのナショナリスティックな戦争政策を忠実に継続することによって、少なくとも民主主義が危機独裁に突然変異するのに貢献したのである。この民主主義はなんらかの「より良いドイツ」を代表していたのではなく、それ自体がテロルを内蔵していたことは、当初からその顔に書かれていた。大衆のベンサム民主主義的編成は、世界大戦の血と泥濘の塹壕のなかだけにその原点があったのではなく、大戦後の精神風景のなかで断行された殺人――しかも、社会民主党指導部の直接の指令のもとになされた――にも端を発していた。カール・リープクネヒトとローザ・ルクセンブルクの死体は、一九一八年から一九年にかけての「社会救済」の死者を代表するものだったが、二人の死体はいわば古代の人身御供のようにこの民主主義の礎石の下に埋められた。これは歴史上の「事故」などではなく、民主主義の真の性格をあらわにするものだった。

特にローザ・ルクセンブルクは、一般的な資本主義の意識と個別の危機意識がとことん憎悪するすべてを一身に体現していた。すなわち、ユダヤ人であること、外国人であること（ポーランド人！）、ペットのような存在ではない女性であること（理論家！）、そして「抽象的な労働」システムからの信じられない解放という漠然とした「未来への記憶」をともなう左翼ラディカリズムであることによって。ローザ・ルクセンブルクもまた、労働運動マルクス主義のブルジョア的カテゴリーにとらわれていたことはたしかであり、もちろん彼女も、反対派の思想が家畜化されてきたすでに長い歴史を突き抜けることはできなかった。しかしなんといってもローザ・ルクセンブルクは、資本主義体制の客観的な内的障害と必然的な「大衆の自己活動」の理論によって、同時代のあらゆる思想的立場のなかでは、「すてきなマシン」をその政治的な人間管理もろとも批判することにおいてもっともラディカルであった。だからこそ、「闘争能力に長けた」民主主義がつねにそうであったし現在もそうであるように、この四十九歳の女性の頭蓋を銃の台尻で粉々に打ち砕いて惨殺したのは、民主主義のもっとも重要な行為（犯行）であり、必然的な帰結だった。「危険が迫った」場合には、なんらかの超法規的な措置が講じられねばならないことがある。これはけっして極論ではない。ローザ・ルクセンブルクを中心とする「スパルタクス」団はけっして大衆運動を代表していたわけではなかったにもかかわらず、ブルジョア世界の境界に突き当たる彼女の思想からしてすでに、とんでもない「危険」として認知され、それゆえ是が非でも葬り去られねばならなかった。かくして、武装した数百人の労働者は「スパルタクスの反乱」として様式化された。根本においては、材料に格下げされた人間たちに、超えてはならない民主主義の檻の一線がそもそもどこに引かれているかを血をもって示す（文字どおりハンマーで叩き込む）ことが肝心だったのだ。この意味で、新しい共和国の国防大臣で社会民主主義者のグスタフ・ノスケ（一八六八―一九四六）は、有名になった、「誰かがブラッドハウンドにならねばならない。私はひるむことなくその責任を負う」（シュトゥリューベル、一九九六年、一一三頁）という一言をもってみずからの正体を明かした。豚のように飼い慣らされた社会民主党の幹部が資本主義の闘犬へと突然変異することは予知できることだった。

陸軍大尉ヴァルデマール・パープスト指揮下の近衛騎兵隊第一師団が、ノスケたち社会民主主義者の統治する政府の委託を受けて、汚い仕事を引き受けた。死体がさらしものにされたとき、若い民主主義者たち全員が喝采を叫んだ。それはいわば、ヴァイマール共和国がナチス独裁へと脱皮する前夜祭だった。リベラルで、非常に知的な新聞『フォシッシェ・ツァイトゥング』(トーマス・マンがエッセイを発表していた)は上機嫌で、こう報じた。「二人のテロリズム指導者に一種の人民裁判がおこなわれた」(シュトゥリューベル、同書、一一三頁)。社会民主党(SPD)の機関誌『フォアヴェルツ』も同様に満足の意を表明した。

スパルタクスの反乱の鎮圧は、わが国民にとって、特に労働者階級にとっては、救済行動を意味するものであり、この行動を成し遂げることは、歴史に対して課せられたわれわれの義務である。(シュトゥリューベル、同書、一一五頁)

かつては馬具職人で、社会民主主義の指導的人物となったフリードリヒ・エーベルト(一八七一―一九二五)はこの殺害のあとドイツ国の大統領に選出されるのだが、彼はライプチヒの社会民主党の幹部アルベルト・コンゾフスキーに向かって勝ち誇ってこう述べた。「アルベルト、リープクネヒトとルクセンブルクを葬ったようなことがあと二度あれば、われわれは完全に勝利したことになるぞ」(シュトゥリューベル、同書、一一〇頁)。下手人はこの殺害によって起訴されたが、当然のごとく無罪放免された。平穏で長寿に恵まれたパープスト大尉は、六〇年代になってもなお、新たな民主主義の非の打ちどころのない市民として、かつての「社会救済」行為をことあるごとに自慢した。

私が処刑させた。(…)それはわがドイツのためだけではない、(…)一九一九年にドイツの共産主義が勝利していれば、西洋のキリスト教世界全体が瓦解していたであろう。この危険を防止することは、二人の政治的誘惑者を排除することよりもはるかに重要だったことはまちがいない。(…)われわれは今こそわれわれのおこなったことを公然と支持しなければならないし、(…)誰も彼ら〔下手人〕がおこなったことを恥じる必要はない。私が彼らに任務を与え、彼らは整然とその任務を実行したのだ。彼らはドイツのために称賛されるに値することをおこなった。(…)支配者たちのうち一人だけが、われわれがわが祖国ドイツのためにおこなったことを正しく理

解してくれた。ノスケである。彼は私の手を握ってくれた。(シュトゥリューベル、同書、一一七―一八頁)

民主主義の成立に大きな影響を与えたのと同じ精神において、民主主義から危機独裁へと内的形態の変化が生じた。つまり今回もまた、社会民主主義者と労働組合は最後までナショナルな忠誠心を発揮しようとした。一九三三年五月一日が、勝利を得たナチスによって「国民労働の日」と宣言され、皮肉なことにそれによって労働運動の古くからの要求が実現すると、労働組合はそれにふさわしい語彙(大部分は社会民主主義の第一次世界大戦参戦時の語彙に由来する)で参加を呼びかけた。

同志諸君!(…)われわれは、わが政府がこのわれわれの日を法律上の国民労働の祝日とし、ドイツの国民の祝日と宣言したことを歓迎する。(…)ドイツの労働者は五月一日に身分意識を自覚して示威行動に参加し、ドイツ民族共同体の完全な資格を有する一員となることが求められる。(…)諸君全員と揺るぎなく結ばれた心からの同志意識をもって、われわれはこの日にわれわれ労働組合からの連帯の挨拶を送る。一九三三年四月十五日、ベルリン。ドイツ一般労働組合連盟。(シャラー、一九八四年、一一三頁からの引用)

その日がやって来ると、ベルリンでは、ほとんどすべての労働組合員がナチスの縦隊の大行進につき従った。その様子を左翼作家のフランツ・ユングが証言している。

史上はじめて、(…)一五〇万の大衆がテンペルホーフ広場に集結することになった。(…)ドイツ一般労働組合連盟は、加盟している自由労働組合に対して、可能なかぎり大人数でともに行進に参加するように指示を出した。その戦術的な目的は、新しい支配者たちに、彼らと協働する十分な意志があることを示すことだったであろう。(…)ドイツ一般労働組合連盟議長である同志ライパルトは、すでにヒトラーに協力を申し出ていた。かくしてこの日、社会民主党および共産党の労働者たち、ドイツの労働者階級の組合指導者たちは、大ベルリンの突撃隊ならびに親衛隊、ヒトラー・ユーゲント、地方支部指導者たち、地区監視員《ブロックヴァルト》たち、ドイツ少女連盟、国民社会主義騎兵突撃隊、ＮＳ運転者軍団、ＮＳ飛行士軍団、ＮＳ女性隊などに混じってテンペルホーフ広場を行進した。（…）さらに、約二十の金属労働者の縦隊、鉄道交通の職業団、（…）紙・印刷、化学工業、繊維工業の職業団がこれに続いた。（シャラー、同書、七―八頁からの引用）

労働組合議長のテオドア・ライパルトはすでにナチスに組合の金庫を提供していた。一九三三年五月二日に突撃隊がやって来ると、金庫は自主的に引き渡された。組合の建物は占拠されて、組織は解消された。社会民主主義者はこれに抵抗せず、議会においてもふたたびナチ独裁にわが身を差し出した。社会民主党の議員団は「授権法」には反対票を投じたが、一九三三年五月十七日のヒトラーの対外政策の宣言を歓迎した。社会民主党議員のヴィルヘルム・ヘーガー（一八八七―一九八〇）は後に、あいかわらず大げさに飾り立てて回顧している。

そして採決になった。われわれの議席の右手に陣取ったカトリック諸政党は、期待を込めてわれわれを見ていた。われわれは彼らとともに起立し、ドイツ帝国議会《ライヒス・ターク》の宣言に賛成した。すると他の議員たちから喝采の嵐が巻き起こった。妥協しがたいわれわれの敵であるアドルフ・ヒトラーまでが、一瞬感動をあらわにしたようにみえた。彼は立ち上がって、われわれに拍手を送った。（…）そのとき、ドイツ国民党の議員たちが「ドイツ人の歌《ドイチュラント・リート》」を歌いはじめた。われわれの列の大部分がそれに唱和した。涙を流すものも少なくなかった。（シャラー、同書、八頁からの引用）

社会民主主義者がどのような折にしばしば感傷的になるかをけっして忘れてはなるまい。その一ヵ月後、社会民主党も禁止された。ナチスの危機独裁は、社会のあらゆる領域におけるフォーディズム的な「画一化」を推進するなかで多元主義がけっして許容されえないように構想されていた。じじつあらゆる他の政党、社会的・文化的な諸団体は結局は解散させられて、統一的なナチスの従属機関に置き換えられたのであり、そのメンバーも大部分が（ときには強制的に、だが多くは自主的に）以前は独立していた団体から補充された。これは国民社会主義の「ドイツ労働戦線」にもあてはまり、この新組織が労働組合に取って代わった。あらゆる暴力をもって世界経済恐慌から抜け出して、フォーディズム的な完全資本主義を強引に推し進める資本主義の内的衝迫は、きわめて先鋭化したドイツの条件下で危機独裁と画一化独裁の形をとり、独自のダイナミズムを有するこの独裁は、潜在的な社会民主主義の「ブラッドハウンド」にもはや助力を求めようとはしなかった。

社会民主主義者が一九三三年にとった行動は原理的に、一九一四年および一九一八／一九年のかつての行動とまったく同じであって、それはまた啓蒙主義の理性と自由主義の末裔としての彼らの本性に対応するものだった。だが、このことを社会民主主義者は自覚していなかった。この歴史からの、またそれにともなう「抽象的な労働」システムからの解放という立場は現実的な意味をもっていなかったから、いまや問題になりうるのは、いかなる形でいかなる力によって危機独裁とフォーディズム的な強制動員が貫徹されるかだけだった。

共産主義者がその不器用なプロパガンダでナチスと社会民主主義者を直接同列に置いて、「社会ファシズム」というプロパガンダ用語を押しつけたことは、理論的に熟慮された態度と十分な分析から出たものでないことはたしかであり、逆に、あさはかな双方の政治陣営の近視眼的な、覇を競う憎悪の結果だった。しかし、この概念の主唱者たちの短絡的で機械的な思考とはまったく別に、また彼らの理解を超えた意味において、この名称にはあきらかにある真理が含まれていた。もちろん、政治的な現象レベルでは、ナチスと社会民主主義者は同一の潮流ではなかったし、じじつ社会民主主義はナチスの下位区分だったわけではない。しかし、商品生産システムが「抽象的な労働」のフォーディズム的な段階へ変容するという文脈――「抽象的な労働」は引き続いて発展を遂げ、その危機の頂点が国家テロリズムだった――においてみるならば、社会民主主義と国民社会主義は、アメリカのフォーディズムとソ連邦がそうであったのと同じ意味において親類だった。これに対してドイツの共産主義者は、ローザ・ルクセンブルクが殺害された後は、独自の思想をもたず、歴史的にみて実体を失っており、すでに歴史から転落していた。

そもそも民主主義の性格を理解するために、せめて一度は完全に明確に認識しなければならないのは、社会民主主義が一九一八／一九年にローザ・ルクセンブルクとその小さなグループによる想像上の脅威に対していかなる振舞いに及んだか、また一九三三年にナチスによる現実の脅威に対していかなる態度をとったか、である。ここで問題になるのは、ナショナルな妄想の単なる象徴性ではないし、また単なる力関係でもない。彼らのとった態度はむしろ、民主主義そのものの内奥の本性が暴力的《テロ》であることを明かすものであり、これは危機においてただちに明白になる。疑わしい場合にはいつでも、ローザ・ルクセンブルクは打ち殺され、ノスケあるいはヒトラーに民主的に全権が与えられるということなのだ。歴史的な先駆者および民主主義の熱烈な擁護者としての社会民主主義理念の担い手は、根本においてすでに一八四八年以来、先を急ぐナショナルな労働信仰ならびに国家信仰の点で、ヒトラーの登場以前に卑屈な敗北を喫していた――社会民主主義がヒトラーに「国民の社会主義《ナショナル》」の標語を与えていたことは措くとしても。民主主義そのものが、この標語の生まれる母胎だったのである。

否定の工場、アウシュヴィッツ

アウシュヴィッツはしばしば人類の犯罪の特異現象として語られてきた。これは、アウシュヴィッツが、政治的・経済的な打算による大量殺戮と同様に単なる憎悪を、単なる残忍と野蛮を超える一度限りの犯罪規模を有していたという点では、事実に合致している。しかし、特異現象というこの概念は同時に、アウシュヴィッツを神話化することによって、ドイツの歴史から、民主主義から、資本主義から、啓蒙主義の理性から切り離そうとする西側の民主主義イデオローグに利用されることになる。そうなると「特異現象」が意味するのは、もはや近代のブルジョア的合理性そのものを基盤とした非合理主義に由来するものではなく、純然たる資本主義的民主主義的な精神とはまったくなんの関係もありえない例の「異物の」、外部の、いわば「地球外の」暗黒の権力の侵入ということになる。

エルンスト・ノルテは、国民社会主義の擁護を意図する歴史化に際して、この民主主義の「特異現象」概念というあきらかに誤った解釈を狡猾にも余すところなく利用することによって、アウシュヴィッツをもふつうの近代化にともなう犯罪の列に編入し、単に「副次的な」悪行として無害化する。一般的な政治・経済的意味における国民社会主義の危機独裁と同様に、ホロコーストとその特殊な質についても、われわれはノルテとは逆に、特異現象の次元とはかかわりなく、アウシュヴィッツを肯定的にではなく否定的に歴史化するために、視点を逆転させることができよう。そうなれば、ホロコーストは啓蒙主義理性、資本主義、そしてドイツのナショナルな歴史に対する普遍的告発となる。すなわち、アウシュヴィッツはこの意味において「異物の」犯行ではなく、近代化の歴史そのものの特殊ドイツ的な帰結だったのであり、その根はブルジョア自由主義的かつ民主主義的な近代の思想の普遍的な土壌にあったことになる。

ホッブズにはじまり、スミス、マルサスなどを経てダーウィンにいたる、社会的なもののイデオロギー的な自然化と生物化が、アウシュヴィッツの歴史的な層を形成したことはもとよりまったく明白である。同じくホロコーストの考古学に属するのは、例の「リベルタン」、サドの思想である。彼ははじめてあらゆる人間的な感動をセクシュアリティならびに「機能的行為」一般に完全に代替させることを喧伝した。それはすなわち、資本主義の「社会マシン」的な機能主義を箍《たが》のはずれた空想のなかで先取りする社会意識の悪夢であって、この悪夢なしにはアウシュヴィッツの装置は考えられなかったであろう。

近代の反ユダヤ主義そのものもまた、ポリアコフが示したように、啓蒙主義哲学に根ざしている。これは偶然ではなく、近代のブルジョア意識の内的矛盾を反映するものであり、この意識は、よりによって盲目的な社会物理学という似非自然法則に服従するかたちで理性的な自己省察を要求する。これこそ、資本主義のいかなる発展推進力であれ危機推進力であれ、すべてを「ユダヤ的異物存在」へ投影することによって見かけ上解消されてきた非合理的な根本的実態なのである。

アウシュヴィッツにつながる思想のすべての根本要因は、近代化の歴史とそのイデオロギー化の幅広い流れから出ていた。そして、反ユダヤ主義症候群がすでに十九世紀の資本主義の興隆運動のなかで西側の全世界に拡大したとすれば、フォーディズムによる第二次産業革命のなかでそれはさらに充電された。というのは、経営学的な人間の合理化と人間の内的軍事化が、絶対的な、全社会をくまなく把握する「抽象的な労働」体制へと突き進むその程度に応じて、質の問われない、不気味な、いかなる感性に対しても無関心な労働カテゴリーの否定的要因もまた先鋭化したからである。

「ユダヤ人種」の劣等性というこの否定的な質を自然化し生物化すること、そして資本主義の空虚で自己目的的な抽象作用を「ユダヤ的存在」に投影することは、新たな、より強力な推進力を得た。すなわち、機能エリートと「ハンズ」との、指導者と被指導者との、社会的な無差別化と画一化がいまようやく完全に効力を発揮しはじめたことによって、投影的処理《スケープゴート》を求める要求は、この要求と結びついた破壊的な合理性に応じて増加したのである。

それゆえ、不当な要求の質的上昇ならびにベンサム的内面化の新たな段階が反ユダヤ主義症候群の増大と強化を伴ったのは、ドイツにおいてだけではなかった。他の国々、とりわけソ連邦とアメリカにおいても、第二次産業革命は——西側では世界経済恐慌による一時的な頓挫によって強められて——社会意識のなかに反ユダヤ主義の気分を膨らませた。

ボリシェヴィキ党は、その出自からいって社会民主主義にふさわしく、公式には反ユダヤ主義を単なる愚かしさと理解し、これを十月革命直後には処罰さえしていたにもかかわらず、スターリンの周辺ではすでに一九二〇年代以降、無意識の反ユダヤ的潮流が広がって、この傾向は三〇年代の「裏切り者、スパイ、サボタージュ分子」とされる者たちに対する大迫害と見せしめ裁判において決定的な役割を果たし、これはソヴィエトの歴史の終焉まで続くことになった。スターリンの死の直前の五〇年代初めにも、ユダヤ人追放が計画されたといわれる。「なぜユダヤ人は工業地帯から移住させられねばならないか?」（ラポポール、一九九二年、二〇七頁）というタイトルの内務省の冊子も出たが、この計画そのものは実施されなかった。後には、ソヴィエトの反ユダヤ主義は反イスラエル、親アラブの外交政策から養分を得た。この政策は内部向けには「シオニズム」に反対するプロパガンダとして作用し、「シオニズムのスパイ」とされる者たちに対する迫害が生じた。

ただし、ソヴィエトの反ユダヤ主義的傾向には独特のニュアンスがあった。スターリンはもっとも首尾一貫してプロト・フォーディズム的な発展独裁と近代化独裁を代表していた。そして、この文脈においておそらく、ロシアではすでにツァーリズムのもとで長い伝統のあった反ユダヤ主義症候群が取り上げられたにちがいない。ソ連邦は西側の世界経済恐慌に襲われることはなく、貨幣資本の動きは国家資本主義のコントロール下に置かれていたから、妄想的な投影は、「ユダヤ的」と想像された利子生み資本の抽象作用にではなく、むしろ同じく「ユダヤ的」として告発された「抽象的な理論」に向けられた。投機家や銀行家ではなく、知識人が迫害の恰好の標的だった。このヴァリエーションは西側の反ユダヤ主義においてもそれなりの役割を果たしたが、ソ連邦ではこれが中心をなした。

レーニンはすでに一度ならず「知識階級のなかの怠け者やヒステリー患者」に対して毒づいている。この攻撃が、フォーディズム的な発展道程への方向転換とそこから導き出される次の命令のためであることは容易にみてとれる。すなわち、意味や目的について楽しく議論することはもうおしまい。必要なのは、社会マシンに一定の労働量を注ぎ込むことだ。これ以上の理論的省察はますます危険とみなされたが、それは、「不毛」と告発された「抽象的な駄弁」の意味においてだけではなく、とりわけ例の、貨幣と国家の疎外形態を超えたところに自己組織されるレーテ社会という失われた未来への可能な記憶としてである。さらにこれに、西欧に対する競争のイデオロギー化がつけ加わったが、これには、「ソヴィエト愛国主義」の捏造と拡大する外国人嫌悪がともなった。「主知主義」と批判的省察に対しては、非愛国的で「コスモポリタン的」な優柔不断な態度であるとの嫌疑がかけられた。半ばは理論的な良心の呵責ゆえに、半ばは良心の呵責がきざす可能性に対する激しい憎悪ゆえに、知識人迫害は、党と国家機関によって周期的に繰り返される行事となった。

これは、あらゆる部門において党指導部とその幹部は、その大部分が知識人であり、高い割合でユダヤの出自であったから、なおのこと馬鹿げており、二重底的だった。もはや概念的に省察することが——いずれにせよ批判的には——許されなかった社会事象の諸矛盾、破損、溝は、こうして奇怪な方法で、知識人たちが相互に相手を「社会主義建設」における「インテリの不平家」であるとかサボタージュ分子であるとか告発しあう形となってあらわれた。スターリンは、無力な党の知識階級を一掃するためには、一般化した反ユダヤ主義症候群と「ユダヤ人の」信頼できないコスモポリタン主義に対する告発を、同じく一般化した知識人に対するルサンチマンに結びつけさえすればよかった。

総動員される産業化政策の途方もないテロル、人間材料を抽象的なフォーディズム的時間規律へ適応させる訓練のための拷問方法、公認された反ユダヤ主義にもとづくインテリゲンチャ迫害の波、これらは融合して、「チーストカ（粛清。腸の浄化もしくは排泄の意）」（ラポポール、一九九二年、五六頁）として二十世紀の歴史に名をとどめる、血にまみれた総合芸術となった。チーストカには途方もない専横、大量射殺、拷問、グロテスクな見せしめ裁判がともなった。それゆえチーストカは、社会主義的な「幸福秩序」とか、西側資本主義とその「スパイ」との生存闘争といったオーウェル用語によって根拠づけられねばならなかったから、告発する者とされる者が文字どおり精神に障害をきたすほどヒステリックでパラノイア的な形態において進行するほかなかった。「外へ排除される」ことになったものは、社会の巨大な歩みのなかに定着した「抽象的な労働」の内的矛盾（そして、これに対する可能な理論上の異議）だった。そのためには、反ユダヤ主義・反インテリ症候群を総動員することがまさに不可欠だった。投獄された、旧ツァーリ時代のある将校の言がこれを明かしている。

> われわれの皇帝《ツァーリ》ニコライの夢がついにかなえられた。ニコライ自身は軟弱すぎて、その夢を実現できなかったのだが、いまや監獄はユダヤ人とボリシェヴィキでいっぱいである。（ラポポール、同書、七〇頁）

反ユダヤ主義の煽動はアメリカでも広範に広がっており、ソ連邦におけるよりもより明白だったとさえ言えるかもしれない。アメリカで「ユダヤ的異物存在」に投影されたのはもちろん、投機と大きな金融・銀行危機だった。ジョン・ケネス・ガルブレイスは「暗黒の金曜日」後の雰囲気について、「表面下では、反ユダヤ主義が強く感じられた」（ガルブレイス、一九九五年、八六頁）と述べている。ただし、反ユダヤ主義のパラノイア・イデオロギーは、表面下にとどまってはいなかったし、それはまた非合理的な危機反応に限定されてもいなかった。第二次産業革命の予言者であり、共同創設者でもあったヘンリー・フォードは、彼自身すでにそれよりもずっと前に反ユダヤ主義の妄想にとりつかれていた。二〇年代の初めに、『国際的ユダヤ人』と題する低級な本をみずから書いた（これは幾度もドイツ語に翻訳されている）。そのなかでフォードは、まるでヒトラーのように、「ユダヤ人問題」がテーマ化されるかもしれないことを喜んでいる。

ユダヤ人問題は、アメリカ合衆国では数年来存在している。だが、世論の水面下においてだった。（…）それでも、つい一年前にはタブー視されていた「ユダヤ人」という言葉をおおやけに使うことが可能になった。いまやこの言葉はほとんど毎日新聞を賑わわせているし、いたるところで論議の対象になっている。（フォード、一九二二年、一一六－一一七頁）

自由主義的・民主主義的なこの時代の名付け親がユダヤ人を憎み恐れる理由は、ヒトラーやスターリンの場合と同じである。すなわち、大事なのは、合理化のフォーディズム体制と科学的に強行される人間材料の収奪を保持し、かつ抽象的な自己目的という汚名を免れることなのだ。ナチスとまったく同様に、フォードは、「創造的な資本」（つまり自前の資本）に対して「強欲な資本」（つまり金融制度の利子生み貨幣資本）を対置する。プロト・フォーディズム的な危機資本主義の否定的で破壊的な現象はすべてこの「コスモポリタン的」な貨幣資本に責任転嫁されて、文化的・生物学的な担い手としてのユダヤ人と同一視される。

国際的ユダヤ人銀行家は、祖国を持たず、あらゆる国々を互いに争わせて漁夫の利を得ているし、国際的ユダヤ人労働者は、自分に都合のいい経済的条件を探すために国から国へと渡り歩く。今日世界を不安に陥れるあらゆる問題の背後に、彼らユダヤ人が見いだされる。移民問題はユダヤ人問題である。映画館や劇場における道徳上の問題もそうだ。ユダヤ人問題の解決は、まず第一にユダヤ人自身の問題である。だが、彼らが解決しようとしないのであれば、世界がこの問題を解決するであろう（！）。（…）ある国民が人為的な手形割引によって重大な損害をこうむると、別の国民は、貨幣が経済流通から引き上げられることによってはやり重大な損害をこうむる。（…）嵐のときには、通常よりも多くのスモモが国際的銀行家の広げた籠に落ちる。戦争と非常時は彼らにもっとも豊かな収穫をもたらす。所得税、連邦銀行、対外政策に関する秘密が保管されている政府の執務室を歩いてみるがよい。国際的ユダヤ民族にうってつけの、彼らが欲する情報を入手できる部署では、いたるところユダヤ人がその座を占めている。（…）国際的銀行家のトリックに太刀打ちできず、わずかな融資しか得られずに力尽きるアメリカの農場経営者および工業界は、金はどこにあるのだろうといぶかしむ。（フォード、同書、一五二―五三頁）

国家資本主義の形態であれ、あるいは「自由な」競争資本主義の形態であれ、問題はつねに、産業による大量生産の讃歌をうたうことだった。この大量生産は、フォーディズム的な合理化システムにおいて、労働国家の「封土」あるいは「委託」にすぎないものとしての「創造的な」貨幣資本によって、直接大衆の欲求を満足させるためと称して開始されることになった。これは、フォーディズム的に装備されたマシン世界およびその「汗の鑽仰」とは無縁の、社会的に無責任で吸血的と弾劾される金儲けの「ユダヤの世界陰謀」とは対照をなすものだった。世界市場が縮小されて不確実になると、ソヴィエト愛国主義、ドイツ国民社会主義の自給自足政策、およびアメリカの孤立主義は、多かれ少なかれきわめて反ユダヤ主義的な世界観モデルとイデオロギー的に共鳴するところとなった。階級を超越する似非具象概念としての「労働」、および世界規模の反ユダヤ主義の波に並行するナショナリズム／自給自足主義が、十九世紀の資本主義を大幅に超える第二次産業革命出現のためのイデオロギーとして動員された。

非合理的で殺人的な第二次産業革命が貫徹されることになる組織上の形態にも、包括的な共通点が認められた――「強制労働収容所」からナチスの「強制収容所《カー・ツェット》」にいたるまで、それぞれ異なる形態と強度ではあるが。フォーディズム的な攻勢の強制的で軍事化する要素は、これらの「収容所」のなかにもっともあからさまに、かつ残酷にあらわれた。資本主義がすでにいかに内面化されていたかは、自発的な労働キャンプの形態さえ存在したことにみてとれる。一九二〇年代のドイツでは、右翼だけでなく、左翼側の、労働組合による、それどころか共産主義的な青少年団体が、まさに宗教的な「労働投入」のキャンプを組織したが、これはナチスの「労働奉仕団」を先取りすることになった。世界経済恐慌による大量失業のなかで、この疎外された、軍事に類似した「抽象的な労働」の国家組織形態は、一九三五年以降はアメリカ合衆国でも確たる地歩を占めた。

三月に議会は失業救済法を議決した。その後これにもとづいて、自然保護青年団〔一九三三年にニューディール政策の一環として失業青年に植林・道路建設・土地改良などの職を与えるために創設された連邦政府機関〕が設立された。これにより、十八歳から二十五歳までの志願者が一種の労働奉仕キャンプに集められて、自然・景観保護作業に投入された。一九三五年には、五〇万人の若者が〔週給〕三〇ドルでそのようなキャンプ作業に従事している。（ザウター、一九九四年、三八三頁）

ここにあらわれたのは、より高次の、解放された意識の自己組織ではなく、立ち往生したフォーディズムの地平における、監視し駆り立てる「すてきなマシン」の指令のもとにおかれた抑圧的な「公益性」である。しかし、なおいっそう容赦なく、内面化されたあらゆる自発性を超えた強制があらわれたのは、ソヴィエトの近代化指示においてだった。大部分はまだ資本主義的に編成されていない社会環境において、国家資本主義ヴァージョンは、フォーディズム的な動員に対応して、より劣悪な形態をとった。すでに十月革命の直後に、レーニンは、きたるべき完全労働社会の有無をいわせぬ必然性に疑いをさしはさむことを許さなかった。

あるところでは、一〇人の金持、一ダースのぺてん師、半ダースの仕事をなまける（ペトログラードでは、とりわけ党印刷所で、多くの植字工がやっているように、無頼漢的に仕事をなまけている）労働者を投獄するだろう。つぎのところでは、彼らに便所掃除をさせるだろう。第三のところでは、拘禁をつとめあげたのち、黄色の鑑札をあたえ（！）、彼らが矯正されるまで、全人民が妨害分子として彼らを監視するだろう。第四のところでは、座食行為をおかした一〇人のうち一人をその場で射殺するだろう。（レーニン『競争をどう組織するか？』大月書店版全集、第二六巻、四二三頁）

「貧しい家の乳児一人ひとりに一びんの牛乳を規則ただしく配給する」（レーニン、同訳書、四二四頁）ことによって不条理にもこの労働強制を道徳的に根拠づけようとしても、ここで問題になるのは、ほんとうは資本主義的な自己目的マシンの国家による設置であることに誤解の生じる余地はない。このことは、レーニンのプロテスタント的な要請に照らしてみるといよいよもってあきらかになる。「働かざる者は食うべからず――これが社会主義の実践的戒律である」（同訳書、同頁）。このモットーのもとに、「もっとも苛酷な強制労働」（同訳書、同頁）というレーニンのお気に入りのテーマが時代の要請に昇進しえたのである。ここではまったく公然と、フォーディズム的な労働独裁が自然の必然性と宣言され、その結果、そこにおける人間の軋轢や苦悩の存在は無視されて、人間材料に対する軍事的な強制が肯定的な自然事実へと様式化された――百年前の第一次産業革命におけるのとまったく同じように。トロツキーの「経済の軍事化」は、単に内戦の混乱時の緊急措置ではなく、一時代をとおしてのプログラムだったのである。

こうして、労働国家のソヴィエト・ヴァージョンにおいては、労働テロルが、二重の圧力のもとで先鋭化した。すなわち、国家資本主義の「駆立て代官」たちはフォーディズム的な動員を貫徹しなければならなかっただけでなく、さらに、社会化の段階がまだ広範に農民的で前資本主義的な、まだ家畜化の初期の段階にさえ達していなかった住民をも相手にしなければならなかった。この歴史的な非同時性は、グラーグに代表されるような全社会的に組織された恐ろしい強制労働収容所網を生みだし、収容者の数は数百万に上った。そこでは、特に産業化を加速するインフラ整備プロジェクトのために、人間の労働力は剝き出しのかたちで死にいたるまで酷使された。モスクワの地下鉄建設だけでも、数万の労働奴隷の生命が失われた。

のちに西側のイデオローグが、グラーグのテロ・システムを〔ドイツの〕強制収容所の原型とみなさないはずはなかった。この点においても、歴史的な悪行を悪魔的で不気味なアジア性のせいにし、強制収容所のナチス・ヴァージョンを西側の歴史の単なる過失事故として演出するために、ナチス独裁は単なる模倣犯にすぎないとして無害化される。だが実際は、まったく逆なのだ。すなわち、強制収容所《カー・ツェット》は西側のオリジナルな発明であって、これがソヴィエトの〔スターリンの〕発展独裁からいわば逆輸入されたのである。つまり強制収容所《カー・ツェット》は、ポーランドの歴史家アンジェイ・カミンスキーが示したように、もとを正せば十九世紀の西側の植民体制の所産なのである。「強制収容所《カー・ツェット》」という言葉はおそらく、スペインの将軍ヴァレリアーノ・ウェイレル・イ・ニコラウによってつくられた。すなわち、彼が一八九六年にキューバの反乱を鎮圧した際に、「反乱に加わっていない農民は全員、一週間以内に防備を固めた収容所に集結すべし」（カミンスキー、一九九〇年、三四頁）との指令を出した。これらの収容所は「カンポス・デ・コンセントラシオン」と呼ばれた。それから四年後、反乱軍撲滅のためにミンダナオ島に強制収容所《カー・ツェット》を設置したのは、すでにスペインからフィリピンを奪っていたアメリカだった。このような「強制収容所《コンセントレーション・キャンプ》」は、周知のように同時期に南アフリカのボーア戦争の際に、イギリスの植民地軍によってもテロ・システムとして利用されて、数万の民間人が犠牲になった。

植民地の反乱やゲリラ活動に対するこの国家テロリズムの軍事的な発明は、数十年後に、第二次産業革命の「市民社会的」な貫徹形態として――「自発的な」労働キャンプから絶滅強制収容所《カー・ツェット》にいたる幅広いスペクトルで――利用されたのは特徴的である。強制収容所《カー・ツェット》の歴史的な実態は、さらに過去にさかのぼる。すでに十八世紀にマルキ・ド・サドのような人物の単なる妄想の所産とは言えないものが、より高度の発展段階において、またより大規模に繰り返された。『ソドムの百日』では、一種の性的な強制収容所ならびに絶滅収容所が描かれているが、この収容所に対応するものは現実に、初期資本主義の精神病院、救貧院（貧民収容所）、労役所、少年刑務所、植民地奴隷収容所などに見られた。これらは、自由民主主義者ベンサムが、監視システムや識別のための入れ墨を含めて、熱心に具体的な描写をこころみたものだった。要するに、強制収容所《カー・ツェット》は、ミクロおよびマクロの規模において資本主義一般の必然的な本性を指し示すものであって、資本主義の工場・労働体制全体が日常生活のなかへ移された軍事専制そのものにほかならなかった。

資本主義の自己目的が肥大して専制化されたもののひとつが、例の「生きるに値しない生命」という定義であり、この定義は、人種差別的な社会ダーウィニズム論争において第一次世界大戦の開始までに準備されていた。原理的には、資本主義にとってはほんらいいかなる生命も、「価値増殖」のために文字どおり粉々に砕かれないかぎり、それは「生きるに値しない」のである。ソ連邦においても西側諸国においても、この殺人プログラムの個々の要素は、第二次産業革命が貫徹される歴史のなかで実施に移された。具体的には、反対派の精神鑑定や障害者の強制断種があったが、後者はたとえば、立派な社会民主主義国スウェーデンにおいては第二次世界大戦後になっても日常的であった。

西欧アングロサクソンのヴァリエーションも含めて、資本主義の論理と一般的な歴史との関連をあきらかにすること、そこにアウシュヴィッツを否定されるべきものとして歴史化することの一側面が存する。ナチスは別の天体からやってきたのではない。彼らは徹頭徹尾近代化の歴史の所産だった。身の毛がよだつ彼らの大量犯罪は、資本主義的生産様式の必然的な帰結だったのであって、この生産様式は依然としてわれわれの生活を支配し、今日では歴史の大勝利者と喧伝されている。だが、資本主義に決着がつけられないかぎり、アウシュヴィッツもまたほんとうに過去のものとはなりえない。

しかし、この否定的な歴史化のもうひとつの側面は、アウシュヴィッツを特殊ドイツのナショナルな歴史の連続性のなかに位置づけることに求められねばならない。この蛮行がいかに西側の近代に属しているとはいえ、それがドイツの犯罪者によってのみ担われて、ドイツ社会によって実行されたことは依然として事実なのである。アウシュヴィッツの個々の要素とそのイデオロギー上の準備は第二次産業革命の一般的な歴史の一部であり、それらはあらゆる国々にみられる。しかし、ソ連邦においてもアメリカにおいても、ユダヤ人殺害が国家の綱領になったことはかつてない。ヘンリー・フォードでさえも、後にはふたたび反ユダヤ主義に背を向けている（反ユダヤ主義は、資本主義的大量生産にとってはどうやら死活問題ではなかったらしい）。ドイツにおいてのみ、公然たる反ユダヤ主義の大衆運動があって、それが権力の座についた。類似のことは、「生きるに値しない生命」の抹殺にもあてはまる。この思想の要素は同時代の社会のいたるところで見いだされるが、ひとりナチス・ドイツによってのみ大規模に参謀本部によって計画され、実行されたのである。

特異な犯行としてのアウシュヴィッツは、特殊ドイツ的だった。しかし、この点においても、ナチスは別の天体からやってきたのではなく、ナショナルな歴史の奥底からあらわれたのであり、そのためにこの歴史は永遠に、救いがたい腐臭を放っている。アウシュヴィッツをドイツ史における異物としてカプセルに隔離し、なんらかのより良い(民主的、啓蒙主義的などの)伝統をドイツ史に結びつけようとする試みは、ことごとく失敗すべき運命にある。そこから引き出しうる唯一の結論は、カテゴリーとしてのネーション一般との断絶、すなわち、各々のナショナルな自己理解ならびに各々のナショナルな忠誠心との断絶である。反ユダヤ主義一般がナショナリズム一般に含まれるように、特殊としてのアウシュヴィッツは特殊としてのドイツのネーションに含まれる。だが、普遍と特殊はつねに交差している。特殊は普遍の特殊であり、普遍は特殊を含む。そのかぎりでは、アウシュヴィッツはあらゆるネーションの終わりの始まりとみなされねばならない。そうすることによって、ネーションを捏造し、その論理が結局はアウシュヴィッツを生みだした資本主義そのものが問われることになる。

第二次産業革命の破局の歴史のなかで、二百年にわたって進展してきたドイツのネーション形成のための特殊な公認イデオロギーが呼び出された。それは、まずヘルダーとフィヒテによって捏造され、十九世紀を経る間に人種主義と反ユダヤ主義によって裏打ちされたネーションは、政治的・法的な統一体としてではなく、文化共同体および出自共同体として、すなわち血統共同体として打ち立てられた。このネーション構想がドイツに、イギリスおよびフランスとの資本主義競争において、十九世紀の「遅れを取り戻さんとする近代化」の段階にあることを自覚させたのであって、アドルフ・ヴァーグナーの「国家社会主義」およびビスマルクの「社会福祉《ゾツィアール》王国」以降は、国家家父長的な考え方や諸制度と結びつく。ここから、例の「一九一四年の理念」という「ドイツのイデオロギー」が生まれ、このイデオロギーをもって、ドイツ帝国《ドイチェ・ライヒ》は、アングロサクソンの経済自由主義、フランスの「政治的ネーション」、さらには公民権と一線を画そうとした。ナチスは、このナショナルなドイツの自己理解の正当な後裔だったのであり、プロト・フォーディズム的な労働国家の旗を掲げて、狂気の「血の民主主義」へと到達するためには、このドイツとしての自覚を、「国民《ナツィオナール》＝社会主義《ゾツィアリスムス》」というもともとは社会自由主義的で社会民主的な概念によって強化しさえすればよかったのである。

第二次産業革命は、資本主義の西欧・北米ヴァージョンに血統イデオロギーを対峙させることによって、社会政治的な「ドイツ革命」に現実以上の大きな意味を与えた。すなわち、自身を西欧的な「小商人根性」に堕してはおらず、「異議を唱える国《ライヒ》」であるとするドイツの自己理解は、行き着くところまで駆り立てられて、果たせるかな過去数千年に経験されたことのないような歴史の破局をむかえた。この文化ナショナルな血統共同体の理念のイデオロギー上の核心、つまり、資本主義的な諸機能に吸収されない、近代に先立つ、存在論的な「民族的《フェルキッシュ》」なアイデンティティあるいは本質という観念は、資本主義の「上位に」位置するナショナルな目標を暗示していた。民族間の「生存闘争」は、それ自体が資本主義の所産であり、本来の現実としてあらわれたが、この現実に対して資本主義経済は目的であることは許されず（すでになんら自己目的ではない）、単なる手段と考えられた。社会の資本主義経済化に反経済的な血統イデオロギーを潜り込ませるというこの近代のドイツ・ヴァージョンは、フォーディズムへの移行という構造断絶と危機において、「民族《フェルキッシュ》革命」、「保守革命」、あるいは「右からの革命」といった言葉で表現された。

「反資本主義的資本主義」という矛盾は、多かれ少なかれ、ソ連邦ならびにアメリカにおける第二次産業革命の特徴でもあった。すでに十九世紀末以降成立し、世界大戦によって推進されていたような国家経済的な要素をより明確に強調すること、すなわち、「創造的な」資本とされる自国の産業資本の強調、「労働」の画一化と均質化、そして、世界市場の崩壊に対する反作用としての国粋主義的な自給自足政策の諸要素、これらが各国に共通した構造の特徴であって、これらの特徴には、それぞれの国によって異なる強度とイデオロギー上の根拠づけがあるものの、全般的に「反資本主義的な」傾向があった。合理化の技術上および組織上の革命と平行して、フォーディズム的な「労働民主主義」にいたる社会政治的な変革の、曖昧な、あるいは明確な観念があらわれた。資本主義自体に立脚した、また資本主義自体の諸形態におけるこの「反資本主義的な革命」は、社会解放とはいかなる関係もなく、資本主義的な社会マシンの新たな発展段階の抑圧的な貫徹形式にすぎなかった。社会主義から受け継がれたブルジョア的な革命概念が、もともと何か別のものを含んでいることはけっしてなかった。それゆえ、フォーディズム的な二十世紀における「革命」は、「右側」でも可能だった。

しかしながらドイツでは、「右翼」とは、「民族主義的《フェルキッシュ》」にほかならない（そして左翼もまた、あらゆるブルジョア的観念価値のうちで最悪の、「民族主義的《フェルキッシュ》」なるものから自由ではない）。大衆行進と労働キャンプをともなうフォーディズム的な「革命」はどこでも国家権威的であって、それがもっとも明白だったのはドイツにおいてだった。ドイツではすでに、ネーションの形成そのものが「上からの革命」として、また「民族主義的《フェルキッシュ》な」理念によって強化されて、遂行されていた。ハリウッド映画なみに完璧なナチスの演出は、この社会的大変革の一般的な特性をもっとも徹底的に表現した。すなわち、それは、塹壕の精神から生まれた革命であり、同一歩調をとって、膝を曲げずに足を高く振り上げる閲兵式歩調での革命であって、アナーキーな解放の要素は微塵もなく、それとは逆に、フォーディズム的な大衆規律化にもとづく革命だった。すなわち、ベンサム流の革命である。そして、この革命は、ドイツの「民族《フェル》主義的《キッシュ》」な現象形態においては、必然的に大量殺戮プログラムと化すほかなかったのである。

フォーディズム的・民主的な自己規律化と大衆規律化は、「民族主義的《フェルキッシュ》」に正当化されたという意味でまさに超歴史的な神話の成就としてあらわれえたのであり、それは冷徹な資本主義の合理性観点をはるかに超えていた。古い「ブルジョア的」な貨幣資本主義と名士資本主義に対する一般的なフォーディズム的な見せかけの批判は、付加的な非合理性という特別な説得力を獲得した。「血統民主主義」の編成は、「労働」のフォーディズム的な平等性を必然的に、空想されたドイツ＝「アーリア」の純血民族と支配民族に限定し、この民族は「ユダヤの血統汚染」から浄化される一方で、征服されるべき広大な空間に住む東の「スラブ人種」は労働奴隷の大群にされることになった。ここでもただちに、ソ連邦との相違があきらかになる。すなわち、グラーグは、労働力の暴力的な利用という純粋に機能的理性的なシステムであったが、ナチスの強制収容所《カー・ツェット》は同時に（労働機能を超越した）人種的・「民族的《フェルキッシュ》」な淘汰システムだった。

この淘汰と「アーリア化」だけならば、まだかならずしもホロコーストにいたることはなかったであろう。例の悪名高いニュルンベルクの人種法が、ドイツの血統民主主義においてすべての公民に「アーリア出自証明」を強制し、「混血婚」を、あるいはそもそもドイツ人とユダヤ人との性的関係を「人種的汚辱」として禁じたこと、ユダヤ人を差別し、彼らの財産を没収したこと（これによって今日まで利益を得たドイツ人は少なくない。奪われた財産の「相続人」としても）、ユダヤ人をドイツ国外に追放する諸計画、これらすべては狂気の分断措置であったが、そして血統民主主義の論理にのっとってはいたものの、まだ殺戮の論理にもとづくものではなかった。

しかし、「ドイツ革命」は単なる「民族純化」では止まりえなかった。この革命のまさにより普遍的なフォーディズム性ゆえに、人種的・血統民主主義的なものとしてのドイツの「浄化」は単なる淘汰を超えて推進されたのである。ユダヤ人は単に「異なる血」とみなされただけではなく、同時に資本主義とその破壊的抽象作用がもたらすあらゆる否定性を生物学的に代理するものとみなされた。すでにずっと以前につくりあげられたこのパターンは、すでにフォーディズム的な動員という条件下で途方もない爆破力を獲得していたのだが、いまや独自のダイナミズムを展開する。すなわち、フォーディズム的な労働パラダイスで生ずる「抽象的な労働」の否定面は、「抽象的な労働」を生みだす資本主義を克服するまでもなく、ユダヤ人に投影することによって、消えることになった。フォードとスターリンの場合には、この投影は単に体制機能を維持するためであったが、ヒトラーの場合には、この投影は彼独自の自己目的になったのである。

この衝撃はドイツにおいて、国家綱領としての反ユダヤ主義と実際にすでに完全に組織されていた「民族」淘汰という条件下で、現実の大量抹殺にまで達しえた。すなわち、経済的「価値」、つまり、商品の社会的な似非特性としての投下労働量の物神崇拝的な抽象作用は、ユダヤ人の姿をとって世界から消えることになった。商品は単に使用されるモノであるが、それにもかかわらず「ユダヤ人による」抽象作用を脱して浄化された商品であるとされた――まさに、商品の生産過程としての商品生産「労働」がユダヤ的な抽象作用を脱して浄化されるように。ナチスのこの反ユダヤ主義的な「反資本主義」の核心にはじめて言及したのは、アメリカの社会学者モイシェ・ポストーンである。

資本制の工場とは、価値が生産される場所であり、その価値は「不幸なことに」商品の生産という形態をとらざるをえない。具体的なものは、抽象的なものの不可欠の担い手として生産される。これに対して絶滅収容所はそのような工場の恐るべきヴァージョンではなく、むしろグロテスクでアーリア的な「反資本主義的」な否定性として見られねばならない。アウシュヴィッツは「価値の無化」のための、つまり抽象的なものの人格化を無化するための工場だった。この工場は悪魔的な産業プロセスの体系を有していたが、その目的は、具体的なものを抽象的なものから「解放する」ことだった。そのための最初の一歩は、人間としての尊厳を奪うこと、すなわち、人間性の「仮面」を剝ぎ取って、ユダヤ人を、「彼らが現実に在るところのもの」、つまり影、数字、抽象概念として示すことだった。次の一歩は、これらの抽象性を破棄すること、すなわち煙に変えることであり、さらにまた具体的な対象物——衣服、金《きん》、毛髪、石鹸——の「使用価値」の最後の残余まで吸い上げようとすることだった。一九三三年の「権力奪取」ではなく、アウシュヴィッツこそ現実の「ドイツ革命」、すなわち、現存する社会編成の見かけ上の「大変革」だった。この行為は、抽象的なものの暴虐から世界を守るものとされた。だがそれによって、ナチスは自己自身を人類から「解放した」のである。（ポストーン、一九八八年、二五三―五四頁）

この解読は、アウシュヴィッツを同時に自由主義的な効用計算とフォーディズム的なプログラムに分類する分析と矛盾するものではない。ベンサムの身の毛のよだつ功利主義が囚人の排泄物と死体を（それどころか彼自身の遺体まで も）有効利用しようとしたように〔本書一〇一頁を参照〕、ナチスもまた殺されたユダヤ人の肉体の残余を利用し、人間の皮膚でランプシェードをつくることさえした。そのかぎりでは、アウシュヴィッツは自由主義的なアングロサクソンの功利主義を吸収したのである。また他の、「人口政策的な」効用計算も強制収容所《カー・ツェット》体制と関連していたことはたしかであって、強制収容所《カー・ツェット》体制はユダヤ人だけにかかわるものではなかった。しかし、アウシュヴィッツの決定的な重要性はグラーグの大量奴隷状態を凌駕している。ソヴィエトの収容所では、人間は「労働」によって無化されたが、この無化は他の利益のために甘受された無化であって、無化そのものが直接の目的ではなかった。それはあいかわらず効用計算、つまり容赦のない、死体を乗り越えて突進するターボ産業化の呪縛のもとにあった。

アウシュヴィッツがフォーディズム的な工場だったのは、ちょうど「フォルクスワーゲン」社の場合と同じである。絶滅マシンは、まったくふつうの私企業の関与のもとに、まったくふつうの資本主義的な企業によって営まれた。そのひとつはたとえば、機械製造と火炎技術の関連会社であるJ・A・トップフ・ウント・ゼーネ(エアフルト)社で、同社が人間焼却用の大型炉を供給した(プレサック、一九九五年、一八一頁)。同社の従業員であった技師フリッツ・ザンダーは、自分で開発した巨大な焼却炉モデルの特許さえ取得している(同書、六九頁)。しかし、アウシュヴィッツは否定の工場だった。そこではなにも生産されず、何かが「処理」された——つまり、商品生産システムにおける社会的な抽象化過程の妄想的な具現である。そのかぎりでは、アウシュヴィッツは資本主義的な労働・産業宗教としてのフォーディズムの極端な帰結だった。すなわち、ユダヤ人の絶滅による、ドイツの血統民主主義の産業的な救済であった。アウシュヴィッツの門に掲げられた「労働は自由にする」という標語はしたがって二重の意味を含んでいる。すなわち、ひとつは本来の資本主義的な意味においてであり、もうひとつは、労働がユダヤ人から、すなわち抽象作用から「解放される」ことを意味する。このように解釈した場合にのみ、ヒムラーの有名な、理解しがたい、繰り返し引用された、ナチス親衛隊員に対する言葉が理解可能になる。

百の死体が集められて横たわっていることが、五百あるいは千の死体が横たわっていることが何を意味するか、諸君のうち大部分のものは承知しているであろう。これを耐え抜いたこと、しかも——人間的な弱さを見せることは例外として——立派に義務を果たしたこと、このことによってわれわれは冷酷になったのである。これは、けっして書かれたことのない、またけっして書かれえないわれわれの歴史の栄光のページである。(ピーパー、一九九五年、Ⅸ頁)

ここでは、個人的な憎悪が生じてはならなかったし、個人的な残酷さが生じることさえ許されなかった。そうではなく、ここでひとえに必要とされたのは、一種の人類救済という「より高次の目的」のために犠牲者に対するいかなる人間的な感情をも押さえつけねばならなかった、簿記のような、仕事熱心な技師の、ドイツの義務に忠実な人間のもつ例の「悪の凡庸さ」（ハンナ・アーレント）だった。社会民主主義者がいつも夢見ていたこと、すなわち、すべてが現にあるがままであり続けることを可能にするためにすべてをまったく別なふうにする、このような「整然たる革命」をナチスは彼らのやり方で実行したのである。「ドイツ革命」の「整然たる」ユダヤ人抹殺はこうして、資本主義に具現された邪悪なものの一種の塵芥処理として、立派に耐え抜かれた困難な「血まみれの仕事」としてあらわれたのだが、それは、仕事の後でシャワーを浴びて、やっとの思いで清浄化された資本主義を享受しうるためだった。アウシュヴィッツと「フォルクスワーゲン」は相関関係にあった。すなわち、フォーディズムによる使用財の大量生産の世界の解放であり、大量移動の世界の解放であり、そして、ユダヤ人の血の犠牲を払って得られた余暇消費の世界であり、この血の犠牲が「労働兵士」を資本主義マシンへの自己服従から解放することになったのだ。

資本主義の一般的な妄想をこの上なく先鋭化したこのような偏執狂的な仮構は、抹殺意志のなかに自己抹殺を含まずにはありえず、この自己抹殺はそもそも初めから悪夢のように「民族主義的《フェルキッシュ》」なイデオロギーとそのフォーディズム的な本性に内在していた。「ラグナレク」、すなわち、ゲルマン神話における世界の没落は、このイデオロギーのなかを幽霊のようにさまよっていた。自身の行為が取り返しのつかない妄想であることの密かな自覚は、必然的に自己破壊的な形式をとらせたのだが、この自覚はすでに早い時期から「ドイツ革命」のイデオロギー推進力にあらわれており、オスヴァルト・シュペングラーの悪評高い『西洋の没落』（初版は一九一八年）によって広く知れわたった。シュペングラー（一八八〇―一九三六）は、ユンガー同様、ナチズムの先駆者の一人であって、やがてナチズムの通俗性に嫌悪を覚えることになるものの、それでも「ドイツ革命」の根本にある思想を見捨てることはなかった。彼の生体論的な歴史哲学には、「有機的統一体」（ヘルダーにおける「国民」あるいは「民族」と類似している）としての大文化があらわれるが、この有機的統一体はその生命のプロセスを駆け抜けて、結局はもはや後戻りできずに死滅するほかはない。同時代の歴史は彼にとっては、アーリア的「ファウスト的」な西洋文化の最後の抵抗であり、この抵抗はすでに「英雄的」と空想される没落を指し示している。

〔生産経済と略奪経済との間の戦争は、世界都市という舞台の上で戦われている。〕それは技術的思考が自己の自由を求めて貨幣による思考に対してしかける絶望戦争だ。〔以下の部分は原著では脚注〕この強大な争いは、巨大な悟性を持つごく少数の鋼鉄のような人種人間（！）の争いである。この争いについて単純な都市人は何かを見もしなければ、また理解しもしないで遠くから眺めている。これは世界史的にみれば、企業と労働者社会主義との間のむき出しの利害闘争を平板な無意味さに落ちるに任せることを意味する。労働運動とはその指導者がつくりだすものだが、企業の所有者に対する憎しみは、労働運動を長いこと取引所の仕事として任せていた。（…）だがそれとともに、貨幣はその成果の終末のところにきていて、文明の終結的な形式を含んでいるところの最後の戦争、すなわち、貨幣と血との間の戦争が始まりつつある。（…）貨幣はただ血によって圧倒され、廃棄される。（…）歴史においては生命、そうしてつねに生命のみ、人種のみ、権力意志の勝利のみが問題なのであって、真理の勝利ではない。（…）こうして、（…）永遠の血という根源的事実をもって、一つの高度文化の劇は終りを告げた。血とは永遠に巡る宇宙の流れと同一である。（シュペングラー『西洋の没落』村松正俊訳、第二巻、四一三―一四頁、一部変更）

資本主義的に飼い慣らされた労働マルクス主義の「抽象的な労働」との「最後の戦い」は生じなかったので、その代わりに克服不可能と考えられていた商品生産システム内部の「単なる利害闘争」が（シュペングラーが抜かりなく述べているように）おこなわれ、資本主義はみずからその見かけ上の克服として異形の妄想を生み出した。ナチスは、近代の物神崇拝からの解放にもはや到達しえなかった社会運動のおそろしく歪んだ鏡像だった。

全員参加の自主的組織であるレーテ社会の理念の跡を継いだのは、労働が強制されることに関してはあらゆる人間が平等であるとする「鋼鉄のように硬い人種人間《ラッセン・メンシュ》」による「指導者社会主義」のエリート的な妄想であり、真理の跡を継いだのは、「人種」だった。目標とされたのは、「自由な人間のアソシエーション」によって「労働」、貨幣、国家を克服することではなく、人間の意向を無視した、妄想的な「血」による貨幣の廃棄だった。自己実現を図ろうとするこの想念の深い非合理性にとって、資本主義をそれ自体の基盤において「廃棄」することは「歴史の終焉」として——だが、啓蒙主義者、ヘーゲル、コントなどとは異なって——、否定的で暗い「歴史の終焉」としてあらわれるほかなかった。血統共同体の「最後の戦い」は、自覚的な歴史の始まりとしての社会解放に向かうのではなく、おびただしい血を流して無歴史性へもどることになった。

この衰退の象徴の一つとして数えられるものはとくに熱力学の第二法則の主題をなすエントロピーである。(…)力、意志は目標を持っている。そうして目標のあるところには、探求的眼識から見れば、終末も存する。(…)内的に必然な発展の完成としての世界終末——これは神々のたそがれである。したがってこれは神話の最後の形として、無宗教的形として、エントロピー理論の意味するところである。(…)「歴史人間」とは、まさに完成しつつある文化の人間である。その前、その後、またその外にあっては、人間は無歴史的である。(…) そうしてその結果来るものはまったく決定的な、(…) 一つの事実である。すなわち人間は文化の発生以前に無歴史的であるのはもちろん、文明がその完全な最終的形態を完成し、これによって文化の生きた発展を終結させ、意味ある存在の最後の可能性を使い果たしてしまうと同時に、ふたたび無歴史的になるという事実である。(シュペングラー、同訳書、第一巻、三八六頁、第二巻、四五頁、一部変更)

なんたる皮肉。エントロピーの社会哲学的な改革は、ヴィルヘルム・オストヴァルトの場合には、まだフォーディズムの神経症的、経営学的な時間節約の論理が追求されていたのに、わずか数年後、世界大戦をくぐり抜けてシュペングラーになると、それはすでに没落の予言となってあらわれるとは。そこでは、新たにあらわれたナチスの死の衝動だけでなく、近代の商品生産システム一般の死の衝動も顕著になる。このイデオロギーは、資本主義という交渉の余地のない決定論的な社会物理学を盲目的で決定論的な「血」の論理に翻訳したのと同様に、絶対的な壁に向かって進む資本主義の内的自己矛盾を、阻止しえない、文明の「神々のたそがれ」と解釈した。資本主義に内在するこの威嚇は、アウシュヴィッツを超えてなお、そのまま残されている。すなわち、資本のエントロピーは社会的宇宙の死たるべしというものであり、資本が血の犠牲によって自己自身から解放されえないのであれば、「自動的な主体」は、それ自身の終焉が人類と地上の生命一般の滅亡と一致することを「欲する」のである。

穴を掘って、ピラミッドを建設する――ケインズ流革命

世界経済恐慌と種々の独裁体制によって、それ自身とうに保守主義と国家社会主義路線に変身していた経済自由主義イデオロギーはどん底に達した。「見えざる手」の教義をまともに信じる者はもはやほとんど誰ひとりいなかった。経済学者ジョゼフ・A・シュンペーター（一八八三―一九五〇）が一九四二年に記したところによれば、ほぼすべての政治的・イデオロギー的陣営において支配的だったのは、「資本主義への敵対的雰囲気」（シュンペーター）であり、これは苦い経験から育まれたものだった。

世論は、今では合理的な意見についてはまったく興味を失ってしまって、資本主義およびその一切の実績に対する有罪宣告を既定の結論――ほとんど討論における必須のエチケットの一つ――たらしめるに至っている。（シュンペーター『資本主義・社会主義・民主主義』中山・東畑訳、一一二頁）

しかし実際には、この戦間期の資本主義批判は、どこにおいても（商品生産の）自己目的システムとしての資本主義に対してではなく、つねに過去の、時代遅れになった、とっくに「国家社会主義」（ほんらいは「国家資本主義」）に

蚕食されていた十九世紀の形態に向けられていた。資本主義の基本カテゴリーは大衆意識においても理論的な省察においてもすでに極度に内面化されていたから、社会民主主義によって歴史化された例の「社会主義的」国家イデオロギーは、私的資本主義、競争経済、経済自由主義、自由貿易などと完全に同一視された資本主義一般に対する対抗構想としてあらわれえたのである。社会主義がリヴァイアサンの理念を自由主義そのものから継承していたことは忘れ去られていた。それによって、「資本主義批判」は、自由主義が無意識に仕掛けておいた例の罠にすでにはまっていた。すなわち、資本主義の現実カテゴリー内部に、オルタナティヴが形成可能であると思い込まされていたのである。

というのは、近代の国家機構はそれ自体が、ちょうど市場のように、資本主義の機能領域のひとつにすぎないからである。物神崇拝的に商品に編入された「剰余価値」の貨幣形態への再転化が市場において実現するのに対して、国家はこれらの市場を調整し、大枠の条件を設定し、部分的にはみずから企業家としてあらわれ（アドルフ・ヴァーグナーがすでに分析していたように）、わけても一般的な資本主義的人間管理の役職につく。したがって市場と国家はつねに、資本主義という一枚のメダルの両面なのだ。とりわけ、国家怪獣であるリヴァイアサンを、大衆の自己活動と自主的な組織から分離され疎外されたこの機構を、「反資本主義的」な形態であると誤解することは、解放の立場からすれば、猫に鰹節の番をさせるようなものであろう。

市場マシンと国家マシンは、資本主義の自己目的というひとつの「すてきなマシン」の、多かれ少なかれ磨耗をともないながらも互いに組み合わされた二つの連結機械でしかありえない。それゆえ、私的資本主義と国家資本主義（通俗的には「国家社会主義」）は、人間を酷使する同一の怪物の、異なるアクセントをもつ二つの現象形態でしかありえない。私的資本主義が官僚主義的な人間管理の恐怖を表裏一体のものとして含んでおり、すでに以前からともに発展してきたように、国家資本主義もまた逆にその官僚主義的な装いの下に、恐怖とあらゆる次元における競争の不条理な努力を包摂している。市場と国家、および私的資本主義と国家資本主義は、「労働者階級」と「資本家」（もしくは経営者）とまったく同様に、社会的な形態にすぎず、これらの諸形態において非合理的な資本主義の自己矛盾が展開され、歴史的に進展しつづけるのである。

アドルフ・ヴァーグナーが「国家経費の増大」という命題によって経済的に予言していたこと、そして、すでに帝国主義的な競争および世界大戦においてとどまることなく形成されてきたものが、フォーディズム的な革命の貫徹をめぐる戦いにおいてようやく決定的な段階に入った。すなわち、一般的な国家経済調整への移行、つまり、本質的な経済主体としての国家への移行である。「労働国家」および「労働民主主義」というイデオロギーの基盤をさまざまの現象形態においてつくりあげたのは、まさにこの客観的プロセスだった。市場が拡大すればするほど、いっそう国家機能も大きくなる――資本主義的発展のこの構造史的な基本定義は、フォーディズム的な民族資本主義への移行に際してかつて以上に真実であることが明瞭になったが、この民族資本主義は、強引に推進された経済のメタ主体としての国家への同時的移行がなければ、まったく不可能であったろう。多くの人によって、増大する社会主義あるいはプロト社会主義と誤解されたものは、資本主義そのものの脱皮にほかならなかった。世界大戦と世界経済恐慌はこの総合怪物の脱皮のための推進力を準備し、破局の苦悩はそのための手段として利用されたのである。

すでに世界大戦中から、人間材料のフォーディズム的な合理化だけでなく、それとともに始まった国家経済的な編成――これは、必要にせまられて「戦時社会主義」を超えてさらに継続されねばならなかった――に対しても歓声を上げて、これを「社会主義への移行」であると定義しなおしたのは、もちろん社会民主主義だった。社会民主主義の金融理論家ルドルフ・ヒルファーディング（一八七七―一九四一）はナチスの秘密警察《ゲシュタポ》の監獄で拷問死（あるいは自殺）したが、二〇年代末に楽観的に「組織化された資本主義」という言葉を用いている。この理論的な省察は、その間に楽観主義的な、悲観主義的な、あるいは悲歌的なヴァージョンに姿を変えて、労働マルクス主義と国家マルクス主義の影響圏をはるかに超えでて、戦後の七〇年代にいたるまで持続的な影響をおよぼすことになった。このプロセスは、社会学的な分析においては、「世界の官僚主義化」（ヤコービ、一九六九年）の進展としてあらわれ、これは国家的次元においても経営学的次元においても遂行された。マックス・ヴェーバーは、世界大戦後は帝国主義的な闘争吹聴者から思慮深いブルジョア的大理論家に突然変異したが、彼は「官僚主義の精神」という言葉を用いて官僚主義的に編成された「隷属の容器」（ヴェーバー、一九八五／一九二二年）にいたる社会の発展について語った。一般的な「労働国家」イデオロギーの構成要素としての資本主義的な「指導者社会主義」理念の客観的基礎は、包括的な官僚主義化にあった。四〇年代の初めに、社会学者のジェームズ・バーナムは、世界規模の論議をまきおこした分析のなかで、国家官僚主義的に組織された経済への移行を「経営者統治」と呼んだ。

この移行は、資本主義的ないしはブルジョア的とよばれる型の社会から、われわれが経営者的とよぶ型の社会への移行である。この移行期間は、封建社会から資本主義社会への移行期間に比して短いものと考えられる。（…）第一次大戦に始まり、新しい型の社会が固まるにつれて、おそらく爾後だいたい五十年で完了すると予期される。（…）この移行期が終わったときには、経営者はじじつ社会支配を達成し、社会における支配階級になっているだろう。さらにこの運動は国ごとにちがった発展度合であるものの、その広がりにおいて世界的なもので、あらゆる国においてすでにかなり発展している。この枠組みのなかでは、主要生産手段の国有に基礎をおいている。経営者のこの社会支配が確保される経済的な枠組みは、主要生産手段の直接的な所有権が、個人にゆだねられることはないであろう。（…）経営者の国家支配は、適切な政治的諸制度によって都合よく裏うちされるだろうし、これは資本主義下のブルジョア支配がブルジョア的政治諸制度によって裏うちされたのに類似している。経営者の社会的役割と利害、さらに経営者の抱負を表現するイデオロギーは、（…）まだ完全にはつくりあげられていない。（…）しかし、経営者イデオロギーについては、すでにいくつかの違った方面、しかも類似した各面からの接近がなされている。たとえば、レーニニズムとスターリニズム、ファシズムとナチズム、さらに端初的水準のものとしてはニュー・ディール主義および影響は多少少ないながらも「テクノクラシー」というアメリカ的イデオロギーがある。（バーナム『経営者革命』武山泰雄訳、七六―七八頁）

この考察は多くの点で注目に値する。つまり、バーナムによれば、経営者の機能はけっして私的資本主義の企業統率にあるのではなく、それよりはるかに一般的な社会的統率機能にある。この統率機能には国家経済的な管理・運営機能も含まれており、むしろイデオロギー上の「指導者」概念に近い。同時に彼は、この「経営者統治」を、イデオロギー的な正当化には左右されない一般的な歴史現象とみなす。つまりこの現象は、ソ連邦でも、ナチス・ドイツでも、アメリカでも同様に推進される。その際バーナムはたしかに、一般的な生産手段の「国家所有」という概念を基礎に据える。しかし、まさに国家マルクス主義者によっても頻繁に出されたこの法律上の所有権問題は、国有財産と私有財産との間に形式上の相違を生みだすにすぎず、この相違は、本質的な社会的・経済的な質（つまり、疎外された、自己目的的な、生産手段の資本特性）にはまったくふれるものではない。

この古い社会民主主義的な綱領にしたがって、ソ連邦だけが国家を全社会のリヴァイアサン的な総合企業家にしたのだが、他方、ナチス・ドイツとアメリカにおける新たな国家調整方法にあっては、私的資本主義がソ連式にすっかり国家に吸収されることはなかった。しかし、それも程度の差にすぎなかった。いずれにせよ決定的だったのは、国家が、経済の総合調整機関としての機能を、第一次世界大戦前よりもはるかに多く担わなければならなくなったことである。そのかぎりでは、一九三三年にフーヴァーを継いだアメリカの新大統領フランクリン・デラノ・ローズヴェルト（一八八二―一九四五）が開始した国家経済的な「ニューディール」（新規巻き直し）という名の不分明で多義的な政策は、社会・経済史に名をとどめているが、原理的にはソ連邦やナチス・ドイツが行なったことと基本的に異なるものではない。このニューディール政策の周辺に、技師、経営者、知識人らによる小さな運動が形成されたこと――この運動は後に悪い意味をもつようになったが、当初はまったく肯定的に「テクノクラシー」と自称された――は、同時代の世界意識の特徴を示す皮肉な傍注である。

この意味でバーナムは、この「移行」を資本主義そのものの脱皮としてではなく、封建主義から資本主義への移行のような、歴史的な質的変化をともなう新たな社会の到来と理解することによって、社会的大変動の性格を予測した。このような一般的な誤解は、労働運動マルクス主義だけでなく、ブルジョア社会科学をも特徴づけている観察方法の社会学的な短絡から生まれた。すなわち、近代商品生産システムの社会的な基本形態は、「沈黙し」、非歴史的・存在論的で熟慮されないままであったのに対して、理論的な分析はもっぱらこのシステム内の支配関係、機能関係、階級関係の社会学的展開に依拠していたからである。

だが、「経営者の社会コントロール」は資本主義システムの論理的な進展にほかならない。法的な財産機能と現実の業績機能との直接的な一致は、すでに十九世紀の株式会社において解消していた。株式会社の形態であれ、あるいは直接国家経済的な形態であれ、資本主義はたえず規模を拡大しつつその本来の論理を展開した。そこでは、「所有者」は、「私的な処分権限」を有しているから自己責任のある主体と同一であるという思い込みは笑いものにされ、意識不明の「自動的な主体」であることがあきらかになる。自身の個人的な生産物を市場で交換する個人的な私的生産者の社会が問題なのではない。まったく逆に、われわれは個人を超越した社会的な生産の集積化とかかわっているのである。しかしそれは、本来拡大しつつある社会化特性に対応しなければならないような、共同の、意識的に組織されたあり方ではなく、独立した物神崇拝形態の指令のもとにである。資本関係による否定的で非合理的な社会化というこの特性は、原理的にはすでに十八世紀に社会マシンあるいは社会物理学のメタファーで表現されていた。すでに最初期に予感されていたことが、現実には長い発展史を経てようやく明確になりえたことを先取りしていた。第二次産業革命を経る間に、いまやこの否定的で意識不明の社会化は、国家経済的にのみ組織されうる熟成した発展段階に到達したのである。

従来、国家経済的な立場をとることにもっとも消極的であったアメリカ合衆国にとって、全体としてはむしろおずおずとしたローズヴェルトのニューディールの試みはアメリカ経済史におけるもっとも重要な転機となった。フォーディズム的な繁栄の投機的な先取りは、まだ経済自由主義的な「アメリカ的生活様式《アメリカン・ウェイ・オブ・ライフ》」の根本思想を特徴づけていたが、破壊的な世界経済恐慌はこの誤った自意識にひどいショックを与えて、それが尾を引いていたから、いまやアメリカも世界的な傾向に合わせる準備が整えられて、多かれ少なかれ自発的な、国家による青少年労働キャンプが設置されるまでになった。ニューディールの支持者で、ボストンにデパートを所有していたエドワード・A・フィリーンは、ナチス・ドイツを含むヨーロッパへの旅行から戻った一九三三年に、「労働に対する感激を呼びおこす」青年運動を推進しようとさえしたが、それはヒトラー・ユーゲントに範をとったものだった（イェーガー、一九七四年、一五七頁)。もちろんそれとともに、その他の世界地域と同じく、ヨーロッパ初期資本主義の忘れられた方法が新たなより高度に発展した形態で戻ってきた。

ニューディールの国家経済的な措置は総じて一貫性がなく、むしろ場当たり的なものだった。さしあたり、恐慌によってほぼ半減した農家の収入を安定させることが問題だった。このために、農業部門において再三適用されてきた方法、すなわち、今日でもたとえばEUの農業政策の不合理な「総合芸術」を規定している方法がとられた。農産物の価格を人為的に高く維持するために、供給を減らす方法である。これは国家調整による減反政策で、作付面積の削減に対して国家基金から奨励金が支払われた。

その実施のために、農業調整局(AAA)という部局が新設された。法律が施行されたのは、すでに次の収穫用の種が蒔かれた後だった。そのため、調整局は一大宣伝キャンペーンを展開して、綿花の四分の一を地中に鋤き込むように要請した。約一〇〇〇万エーカー分の生産が中断された。小麦の収穫に関しては、この年の悪天候がさいわいして、政府の仕事を助けた。トウモロコシと肉の価格は買占めによって、人為的に引き上げられた。ほぼ六〇〇万頭の豚と子豚はその大部分が肥料用に加工された。根本的にみて、自然の恵みを無にするために、国の緊急時にもかかわらず奨励金が支払われたのは、苦いアイロニーだった。もちろん責任者たちは、現存の社会秩序においてはこれ以外になんら打開策を見いだすことができなかった。(…)もっとも弱い者たちがひどい打撃を受けた。地主たちは、それまで小作に出していた土地で作物をつくらせずに、奨励金をせしめ、小作人を解雇したのだ。農業労働者たちは出てゆくしかなかった。(ザウター、前掲書、三八一頁)

ここにすでに、国家による経済調整は、それがいかなる形でいかなる強度でおこなわれようとも、資本主義の自己目的という非合理性を克服しえなかったことがあきらかになる。危機はたしかに部分的には乗り越えられたが、別の場所では先鋭化し、資本主義発展の新たな、とりわけ不条理な進行形態を生みだすという犠牲を払うことなしには不可能だった。飢餓行進《デモ》がおこなわれているにもかかわらず食料を廃棄することが特に露骨に示すのは、国家マシンが経済上の課題を引き受けることは、資源の理性的な運用という意味で「見えざる手」を修正するのではなく、つねにひきつづき非理性的な「自動的な主体」の意味でしかありえないことである。マシンそのものはふたたび稼働し、現実の要求はマシンの目的に従属したままなのだ。

このほかにニューディール政策の一環として特にあげられるのは、公共事業への資金調達だった。その際、ナチス・ドイツやソ連邦におけるのと同様に、特に重点がおかれたのは、道路、ダム、発電所などのインフラ・プロジェクトだった。こうして、危機克服の国家経済的な発端は、従来不十分だった第二次産業革命のための交通運輸上の大枠条件をつくりだすこと――特に、自動車と新しいメディアの大量消費のために――と連動して進められた。結局のところ、ニューディールはアメリカにとっては、ビスマルクがすでに半世紀以上も前に制度化していたようないくつかの社会福祉国家的な政策の遅れを取り戻すことを意味した。この点において「遅れを取り戻さんとする近代化」の必要性があったのは、アメリカ合衆国だった。新設された「連邦緊急救済局」(FERA)は、「失業者支援の助成金として将来三〇億ドル以上を州と市町村の社会福祉事業団体に分配した」(ザウター、同書、三八三頁)のである。

ナチス・ドイツは完全な国有財産制には移行しなかったけれども、国家経済的な介入はニューディールの場合よりもはるかに強力におこなわれた。「労働戦線」の名のもとに、ヒトラー政権は一連の「失業者雇用計画」を開始した。これは、人的・物的資源を万人のための余暇と良い生活の獲得のために投入する代わりに、「労働」を自己目的化するもので、またもや人間を是が非でも「労働に従事させ」ようとする生産様式の非合理的な特性を示すものだった。一九三三年から三四年にかけて、無数の国家融資によるインフラ整備計画が開始されたが、そのなかにはとりわけ有名なアウトバーン建設も含まれており、これは大衆意識のなかに長い影響力を発揮して定着した。その際、フォーディズム的な想像力が大衆動員の梃子として使われた。現実のアウトバーン建設を福祉向上の構成要素とみなしうるには、いくつかの暗示が必要だった。というのは、ナチスによってアウトバーン建設に動員された「国民＝同志」の待遇は、スターリンによるグラーグの労働奴隷にくらべてそれほど良いとはいえなかったからである。

彼らは、みすぼらしいバラックや、納屋や家畜小屋に寝泊まりさせられ、ひどく粗末な道具を与えられて、わずかな賃金で働かねばならなかった。平均的な時給は六八ペニッヒで、四週間まるまる働くと、これに二五ライヒスマルク分の価値のあるいわゆる需要充足切符が追加された。この切符をもって特別商店にゆけば、衣類、下着、家財道具などを調達することができた。（へーネ、一九九六年、一六四頁）*3

肝心なのは「労働」である。すでにこのうえなく辱められて再三ジャガイモ水準に落とされていた、干上がった労働市場の哀れな者たちは、ほとんどどんなものにでも満足していた。大量失業の減少はヒトラーの成功として評価された。しかしナチス・ドイツにとって、「労働戦線」および「失業者雇用計画」はそもそも当初から軍備拡張と戦争準備を視野に入れたものだった。このことは、アウトバーンについても――その軍事戦略的な価値は不明確なままだったが――少なくとも間接的には当てはまった。じじつ、第二次世界大戦中の軍事物資の輸送と絶滅収容所へのユダヤ人輸送は鉄道でおこなわれたし、他方、民間用自動車の大量生産は開始時点で頓挫したままだった。かくして、この「幽霊アウトバーン」は現実にはもはやほとんどプロパガンダの価値をもっていなかった。しかしそれにもかかわらず、アウトバーンは軍拡政策から切り離された計画ではなかった。というのも、ナチスにとっては、民間のインフラ計画も戦争準備の一般的な背景に組み込まれていたからである。ユンガーと同じく、ヒトラーも第一次世界大戦の特性を「技術戦争」と理解しており、将来は「技術的な装備」が決定的な要因になると見ていた。それゆえヒトラーは、彼の信仰告白である分厚い駄本『わが闘争』のなかですでに、フォーディズム的な自動車社会を主に軍事的な観点から見ており、ドイツの不十分なモータリゼーション状況に警告を発していた。

次の戦争できっと圧倒的に勝敗を決するものとしてあらわれであろう世界の一般的モータリゼーション（機械化）に対して、われわれの側にはほとんどなにも対抗すべきものがないと思われる。（ヒトラー『わが闘争』平野・将積訳、下巻、四〇四頁）ここにはすでに機械化された「電撃戦」の経済が暗示されており、三〇年代には、ナチス・ドイツの「失業者雇用計画」はこの経済に移行した。ヒトラーの「労働戦線」がニューディールの効果を凌駕したとすれば、それは、拡大を続ける軍拡景気のためだった。そのために、この時代としてはとてつもない巨額の財政資金が動員された。一九三五年から三八年の間だけで、ドイツの軍事支出はドルに換算して一六〇億ドル弱にのぼり、これは、アメリカ、イギリス、フランス、イタリアを合わせた同期間の総額と同じだった。「国家および公共体」の総支出に占める直接間接の軍事費（運営経費、人件費などを含めて）の割合は、わずか数年間に、四パーセント（一九三二年）から五〇パーセント（一九三八年）に上昇した（ルートヴィヒ、一九八一年、六六頁）。

ニューディールは国家の赤字財政によってしか資金調達されえなかったが、ナチス・ドイツの巨大な軍拡計画の場合にはなおのことそうだった。ソ連邦においても、ターボ産業化のための資金は、政治指令による紙幣印刷機の貨幣創出によってのみまかなわれえた。経済学者の苦々しい思いをものともせず、第二の助走に入ったフォーディズムを実現させるためには、多かれ少なかれ強力にふたたび活気づけられた戦時経済の資金調達法による以外になかった。それによって新たに、デフレ・サイクルを今回はかなり長期的にインフレ・サイクルに転換するための基礎が据えられた。そこで資本主義の自己矛盾は移動可能になり、絶対的な壁への衝突をふたたび回避することができた。ヒトラーははじめこそインフレに戻りかねない政策に尻込みしているようにみえたが、「労働戦線」と軍拡政策の独自のダイナミズムは他の方法を許さなかった。

そのために用いられた手段は、ラーテナウの「戦時社会主義」の「貸付金庫証券」に酷似したもので、この「貸付金庫証券」もまたフランス革命時の「アシニア紙幣」に似ていた。すなわち、「手形による事前金融」（ヘーネ、前掲書、一六七頁）を手段とする信用貨幣の創出であり、これは、ヒトラーのもとで初の帝国銀行《ライヒスバンク》総裁に就任した経済相ヒャルマー（ヤルマル）・シャハト（一八七七―一九七〇）によって企まれた。この手形は、「〔通貨と〕無制限に交換可能で、四パーセントの利子がつき」（同書、同頁）、「メタルルギッシェ・フォルシュングスゲゼルシャフト」（メーフォ）という名の会社を通じて振り出されたが、この会社は、帝国銀行《ライヒスバンク》、ドイツ国防省《ライヒスヴェーア》、および複数の重工業会社によって共同設立された。この似非貨幣はやがてナチスの「労働戦線」の牽引車となった。すなわち、「メーフォ手形はドイツの企業家を惹きつけ、駆り立てた。この紙切れなしには経済はなにも始まらないように思われた」（同書、一六八頁）。

国家経済的な戦時経済の方法は、過去におけるのとはちがって、けっして直接的な戦争状況に限定されたままではすまされないことを、誰もが認めざるをえなかった。現在行なわれている政治経済上の大罪を永続的に正当化するためには、理論的なパラダイムの転換が不可避になっていた。これに関連して、イギリスの経済学者ジョン・メイナード・ケインズ（一八八三―一九四六）は、ローズヴェルトのニューディールやヒトラーの軍拡景気といった現実主義的な措置とならんで、「（赤字公債発行による）赤字財政支出」理論を打ちだした。一九三六年に出版された『雇用・利子および貨幣の一般理論』において、ケインズは世界経済恐慌の経験から、それまで有効と考えられてきた「古典的な」セイの法則、すなわち、供給はそれ自身の需要をつくりだす（つまり、放任された市場の「見えざる手」は自動的に完全雇用の「均衡」にいたる）という法則は誤っている、もしくは少なくとも資本主義経済の「交替期」における特殊なケースにすぎないと結論をくだした。ケインズは、現実の再投資を刺激しうるに足る以上の「過剰な」資本が社会に蓄積されると、完全雇用のはるか手前で「負の均衡」（不完全雇用均衡）状態が生じうることを突きとめた。

> 消費性向と新投資量とがあいまって雇用量を決定する。（…）もし消費性向と新投資量とが不十分な有効需要しかもたらさないならば、現実の雇用水準は現行の実質賃金のもとで潜在的に利用可能な労働供給量には達しないであろう。（…）この分析は豊富のなかの貧困というパラドックスの説明をわれわれに与える。なぜなら、有効需要が不十分であるというだけで、完全雇用水準に到達する以前に雇用の増加が停止することがありうるし、またしばしばそうなるからである。（…）有効需要の不足が生産の進行を阻止するのである。そればかりでなく、

社会が豊かになればなるほど、現実の生産と潜在的な生産との間の差はますます拡大する傾向にある。(…)なぜなら、貧しい社会はその産出量のきわめて大きな割合を消費する傾向にあり、したがって完全雇用の状態を実現するにはごくわずかな程度の投資で十分であるが、他方、豊かな社会は、その社会の豊かな人びとの貯蓄性向がその社会の貧しい人びとの雇用と両立するためには、いっそう豊富な投資機会を発見しなければならないからである。潜在的に豊かな社会において投資誘因が弱い場合には、その潜在的な富にもかかわらず、有効需要の原理の作用によって社会は現実の産出量の減少を余儀なくされる。(ケインズ『雇用・利子および貨幣の一般理論』塩野谷祐一訳、三二一—三二二頁)

これによってケインズは、ある意味では余計なこと、つまりとっくに発見されていたものを新たに発見したのである。というのは、彼が経済学の特殊用語を用いて書き改めたものは、根本においてすでに七〇年以上も前にカール・マルクスによって展開され、公式に社会から追放された、危機を孕んだ資本主義の「過剰蓄積」理論だからである。しかしケインズは、マルクスとは異なって、過剰蓄積の根底にある資本主義の論理的な自己矛盾に立ち向かわずに、「経済主体」(通俗的には「消費性向」、つまり購買力および「新投資傾向」)の主観的優位を表面的に記述するにとどまっている。なんといってもケインズにとって「経済」は、市場参加者の「背後にある」物神崇拝的な客体化を知ることのない主観的な価値理論と価格理論にしたがって、「産業界における制御できない強情な心理」(ケインズ、同訳書、三一七頁)によって決定されるほかないのである。それゆえケインズは、問題を、絶対的な限界に突き当たるほかない、進行する自己矛盾の歴史的な発展としてではなく、ほとんど歴史と無関係な「ありうるケース」としてしか把握できない——そもそもブルジョア国民経済学がもともと歴史とは無関係に、永遠と思い込まれた経済カテゴリーの抽象的な「モデル」を扱うのと同じように。人の良いケインジアンであるジョン・ケネス・ガルブレイスもまた、二十世紀の世界経済の証人として、問題をまったく同様に把握する。

セイの法則に反論の余地がないわけではない。収入はかならずしも支出されるか投資されるとはかぎらない。将来が不確実で疑わしいと思われる時代には、収入は現金のまま保持されるか銀行に預けられる。銀行は、不安ゆえに、または不良債権のことで過度に用心深くなって、融資を渋ることがある。あるいは、十分な支払能力のある信用受供者が不足している。物価もまたかならずしも低下した需要に適応しない。現代の経済的条件下では、物価の弾力性と安定性は限定的にすぎず、同様のことが賃金にもあてはまる。(…)当時そうであったように(今日もそれに変わりはない)、個人収入が不均等に分配されると、セイの法則はさらに妥当性をもちえなくなるかもしれない。つまり、金を支出したり投資したりすることに依存しない幸福な人たちのもつ強力な購買力が利用されずに宙に浮くからである。(…)しかし、経済が収縮すると最終的には、新たな均衡、すなわち、低い生産力と高い失業を伴った均衡に向かう安定化が生ずる。(…)そして、この新たな均衡がもちこたええないとする本質的な根拠はないのである。高いもしくは完全な、生産能力のフル稼働と完全雇用に自動的に復帰するという信念は、希望的観測であり、願望であり、政治的な誓言であって、現実経済とは別物である。三〇年代は不完全雇用均衡の証明となる一〇年間だった。(ガルブレイス、一九九五年、九四—九五頁)

ケインズの理論もしたがって表面的なものにとどまった。なぜなら、ブルジョア経済学者として当然ながら、体制救済とは別の考え方はできなかったからだ。「資本主義の好ましくない特徴の多くを徐々に除去すること」(ケインズ、前掲訳書、二二八頁)が唯一の目標であらねばならないとすれば、廃棄しえない社会マシンの自己矛盾があってはならなかった。失業し、零落し、ホームレスの、それどころか飢えている大衆が存在するというのに、利回りが低いために住宅が大量に空いたままで、経営資金が活用されないのは、もちろん「好ましくない」。それゆえケインズは、国家の介入によって投資と消費を刺激する必要があると提案する。「もっとも賢明な行き方は二つの戦線に同時に出動することであるということを承認するにやぶさかでない。(…)一方において投資量を社会的に統制することを意図しながら,同時に消費性向を増大させるあらゆる種類の政策をとることに賛成である」(ケインズ、同訳書、三二五頁）。したがって、（総合企業家としての国家を有する）ソヴィエトの経済と比較して「穏やかな」国家資本主義のケインズ流ヴァージョンの本質は、私有財産と「個人の創意」とを保持しつつ、国家によって計画された一種の「投資社会主義」というべきものになった。

> したがって、私は、投資のやや広範な社会化が完全雇用に近い状態を確保する唯一の方法になるだろうと考える。もちろん、こういったからといって、政府当局が個人の創意と協調するようにさまざまな形で妥協し工夫することをすべて排除する必要はない。しかし、これ以上に、社会の経済生活の大部分を覆うような国家社会主義の体制を主張する明白な論拠は述べられていない。国家が引き受けるべき重要な仕事は生産手段の所有ではない。もし国家が生産手段の増加に向けられる総資源量と、それを所有する人びとに対する基本的な報酬率とを決定することができるなら、それで国家は必要なことのすべてを果たしたのである。（…）一般に受け容れられている古典派経済理論に対するわれわれの批判は、その分析における論理的な欠陥を見いだすことではなく、その暗黙の想定がほとんどあるいはまったく満たされていないために、古典派理論は現実世界の経済問題を解決することができないということを指摘することであった。しかし、もしわれわれの中央統制によって、できるかぎり完全雇用に近い状態に対応する総産出量を実現することに成功するなら、古典派理論はその点以後再びその本領を発揮するようになる。（…）したがって、消費性向と投資誘因との間の調整を図るための中央統制を別とすれば，経済生活を社会化すべき理由はこれまで以上には存在しないのである。（…）〔以下はドイツ語訳からの拙訳〕完全雇用の確保に必要とされる中央統制はもちろん、政府の従来の任務のたいへんな拡大を伴う。（…）しかし、個人の創意と責任を行使するための広い分野はあいかわらず残されるであろう。（ケインズ、同訳書、三八一―八三頁）

ケインズが、マルクスの恐慌理論を弱めた、ブルジョアの神経を逆撫でしない程度のものしか提供できなかったように、彼の処方箋も単に国家社会主義イデオロギーを薄めたものにもとづいていた（現実にしばらく効果はあったから、これを妨げる必要はなかった）。この「ケインズ革命」が法律の限度内および資本主義的カテゴリーにもとづいて戦後社会民主主義の模範となったことは、驚くに当たらない。ケインズは、経済学理論においてはまさに、駅を占拠するためにまず入場券を買うタイプの革命家だった〔レーニンが、革命的状況にあっても規則を遵守するドイツ人を揶揄したことば〕。じじつケインズは、理論的に保守的な批判者に対しては、予防的に彼自身の大胆さを擁護する必要性を感じて、彼によってなされたセイのドグマの修正は、「現在の経済様式の全面的な崩壊を回避する唯一の実行可能な手段である」（ケインズ、同訳書、三八三頁）ことを指摘した。その際むろん考慮されねばならないのは、この（私的資本主義の）様式が破壊されるとすれば、その行き着くところは当時としてはたしかにソ連邦を模範とする完全な国家資本主義以外には考えられなかったことであり、他方、資本主義的物神崇拝形態からの解放という、ブルジョア意識にとってまったく我慢ならない思想はそもそも夢のなかにさえ存在しなかったことである。

　ケインズはもちろんまた、国家による投資誘導や需要創出がいかなる方法でなされるべきかについても言及している。原則として彼は、持続的に「利子率と投資量との両立」をはかるために、国家の金融政策による金利引下げに賛成だった。この政策は、「利子生活者の安楽死」（ケインズ、同訳書、三七六頁）をもたらすにちがいない、なぜならば、（金利が引き下げられると）利子利益を狙った純粋な貨幣資本投資は、実物投資に比較してほとんどうま味がないから、というのがケインズの考えだった。しかし、ケインズが知っていたか予感していたように、国家が金融政策によって利子を制御することは不可能か、つねに可能とはいえないか、あるいは長期的には不可能なのである。「不可能な場合」には、ローズヴェルトとヒトラーがすでに理論的な根拠なしに実施していたことしか残されていない。すなわち、赤字財政による実物投資と大規模な公共工事である（小規模には、すでに十九世紀末の「社会帝国主義」が実践していた。たとえばルイ・ボナパルト統治下の公共建設プロジェクトがそうである）。さらにナチス・ドイツでは、一九三六年以降すでに「四年計画」があった。ケインズは、彼の理論がよりによってナチスの経済政策に模範例として役立ちえたことに憤慨した。ケインズは、国家の赤字財政支出の重点として期待される軍備拡大や新たな軍拡競争の宣伝をするつもりはなかった。ただし、ケインズの国家投資プロジェクトのメタファーは、彼の本心をはっきりとのぞかせている。

利子率が――どんな理由によるにせよ――（資本の限界効率の低下と同じ速度で）低下しえない場合には、富保有の欲求がたとえ事実上なんら経済的果実を生まない資産にふり向けられたとしても、それは経済的幸福を増進するのである。百万長者が生前に住むための豪壮な邸宅や死後に埋葬するためのピラミッドを建設することに満足を見いだしたり、あるいは罪を悔いて寺院を建てたり、修道院や海外伝道に寄付したりするならば、そのかぎりにおいて、資本の豊富さが産出物の豊富さを阻害する時期は延期されるであろう。「地下に穴を掘ること」も、それが貯蓄のなかから支払われるならば、雇用を増加させるだけでなく、有用な財貨およびサービスの実質国民分配分を増加させる。（ケインズ、同訳書、二一七―一八頁）

つまりケインズは、（はからずも半ば偶然に）根本においては資本主義的生産の絶対的な限界の延長だけしか問題になりえないことを認めるだけではなく、同じく意図せずして、資本関係に固有の論理の不条理性を暴露するのである。すでにマンデヴィルが、金持のべらぼうな宮殿や奢侈のための浪費は、貧乏人を「雇用」しうるためには客観的にみて必要なのだ、と人びとを説得しようとしたように、新たな理論革命家もまた臆することなく、この心底リベラルな厚顔ぶりをふたたび発揮する。もちろん第二次産業革命の条件下では、上位一万人のための単なる贅沢品ではもはや十分ではない。全社会的な「労働軍隊」を編成する国家的な大プロジェクトによってのみ、資本主義の延命ならびにフォーディズムへの突破が強制されえたのである。

ケインズが「ピラミッド」をメタファーに選ぶのには、理由《わけ》がある。それは、あきらかに無意味なプロジェクトにおいてのみ、資本主義の「投資主義」はさらに推進されえたからである。「二つのピラミッド、死者のための二つのミサは、一つのピラミッド、一つのミサの二倍の価値をもつ。しかしロンドンからヨークまでの二つの鉄道はそうではない」（ケインズ、同訳書、一二九頁）。さらにケインズは、これとは別の「名文句」も生みだしている。「一〇ポンド紙幣を入れた空のビール瓶を閉鎖された鉱山に埋めて、それを企業家にふたたび掘り出させる」（ヘーネ、一九九六年、一六五—六六頁）ことは、恐慌下でなにもすることがないよりはましだ、というのである。ピラミッドを建設して、穴を掘る——抽象化された活動形態としての「労働」が自己目的となっている資本主義の非合理的な自己目的システムをこれ以上あけすけに表現することはできまい。使用価値の疑わしいアウトバーン、運河、大きなダム、そもそもあらゆる種類の「ピラミッド・プロジェクト」は、景観をますます醜くしている。ソヴィエトの国家資本主義もまた、まさに無秩序に途方もない大量の「投資の廃墟」を生みだしたが、これらは「死者のための石の山」であり、後世のための記念碑である——資本主義の精神混濁を証拠立てるための。

国家の「赤字財政支出」がインフレを引き起こしかねないという厄介な問題がまだ残っていた。ケインズは、新たな財政手段と管理を用いた慎重な適量投与を提案することで、インフレ不安を取り除こうとした。ほんらい致死量に相当する毒でも、服用量を小量から徐々に増やして慣らしてゆけば、身体は長期間毒を吸収することができるように、紙幣印刷機をむやみに稼働させるのではなく、国債を用いて貯蓄を慎重に吸い上げること、および将来の歳入を適度に先取りすることによって、（赤字の）貨幣量を増やすことが可能になった。国家の貨幣創出を「危機的水準以下に」維持するためである。したがってケインズは、「通貨量のいかなる増加もインフレーション的である」という見解には反対した。この見方は特定の条件下でのみ当てはまるとする。

> 有効需要量がさらに増加してももはや産出量は増加せず、もっぱら有効需要の増加に対して正比例的な費用単位の増加がもたらされる場合に、われわれは真性インフレーションの状態と名づけるのが適切な状態に到達する。この点にいたるまでは貨幣拡張の効果は程度の問題である。（ケインズ、同訳書、三〇二頁）

ケインズが、貨幣量の増大と、その後に生じる実際の生産の増大との間に、それがいかなるものであれ、なんらかの一致が成立するにちがいないと考えるのはたしかに幻想である。もしそうならば、武器、弾薬その他の実物生産をともなう世界大戦の死の消費もむろん〔戦後の〕インフレにつながることはなかったはずである。「ピラミッド・プロジェクト」の消費は――そもそも消費が問題になるのであれば――軍拡消費と同じく、資本の蓄積拡大の循環へ回帰することはほとんどない。これに対して、「赤字財政支出」を「危機的水準」以下に維持するためには、適量投与の方法が実際的な効果を発揮しえた。インフレ作用はこれによって原則的に防止しえなかったが、しかし、後にあきらかになったように、これを「抑制されたインフレ」として時間かせぎ的に長引かせることは可能だった。

　ケインズが欲しようと欲しまいと、「ケインズ主義」の大きな序章は新たな軍拡競争にたちいたり、ヒトラーのターボ軍拡と公然たる戦争準備はすでにこれを実行に移していた。民間のフォーディズム的な基盤はまだ広く欠けていて、自発的には貫徹されえなかったから、またもや戦争が万物の生みの親だった。ガルブレイスが正しく述べたように、そのようにしてのみフォーディズム的な突破は目標に到達しえたのである。ヒトラーはある意味では、もっとも陰鬱な章を書きはじめた歴史の殺人的な「策謀」の執行者だった。グロテスクな「指導者《フューラー》」がなりふりかまわずにすべての条約を踏みにじり、ひそかな自己抹殺の狂気に憑かれてソ連邦を襲って、西欧を挑発したことは、少なくとも、資本主義の西欧列強諸国にソヴィエトの国家資本主義との不本意な同盟を結ばせることになった。こうして資本主義は、前例のないグローバルな野蛮への転落をかろうじてまぬかれたのである。

　これはけっして必然的なものではなかった。ナチスのユダヤ人殺害だけでこのような状況を引き起こしえたかどうかについては、ひどく疑わしい。チャーチルは、ナチス・ドイツの崩壊後に、西側諸国は「まちがった豚を屠殺した」と漏らしたという。国家資本主義の「遅れを取り戻さんとする近代化」と西欧資本主義との間の競争とこれに続く「冷戦」の状況下ですでに、その後エルンスト・ノルテのような輩が公然と表明することになるように、ナチズムを不当に過小評価し、ひそかに相対化する基盤が築かれた。資本主義の自己正当化はつねに歴史の歪曲をこととするが、それは、ブルジョアジーは自身の顔を見ることができないからである。

　第二次産業革命が本来の形で実現された第二次世界大戦は、その破壊力において、二十世紀の原‐破局である第一次世界大戦をはるかに凌駕した。ヒトラーによって予言された「完全機械化」が、じじつ彼の夢見た軍事的形態においてはじめて実現されえた。そしてふたたび、産業化された戦争は、いまやフォーディズム的な水準で、技術革新の加速によって「光彩を放った」。レーダー、音速ジェット機、宇宙飛行の前段階であるロケット、わけても核エネルギーと原子爆弾が、真に資本主義的な生産力発展の恐るべき最先端テクノロジーとしてあらわれた。「すてきなマシン」のこの新たな勝利は、五五〇〇万人の命を奪い、ヨーロッパとアジアの広範な地域を荒廃させたのである。

だが、奇妙なことがある。この二度目の、途方もない「近代化の犠牲」は、質的にも量的にも従来の資本主義のあらゆる暴力と恐怖を超えていたにもかかわらず、第一次世界大戦の原-破局ほどには人心を震撼させる深い精神的反響を呼び起こさなかったことである。それはあたかも、骨の髄まで堕落した人間材料がまったく無関心にロボットのごとく冷徹に劫火をくぐり抜けたのちに、商業的な、すっかり魂を抜かれた、来るべき悲惨な消費天国の無感動のなかへ入り込むかのようだった。同時代のカール・クラウスの詩では、気づかわしげにこう言われている。

かの世界が目覚めると、言葉は眠り込んだ。

訳注

＊1　ランゲマルク「神話」については、芝健介の「ナチズムにおける政治的儀礼と「統合」――《英霊化》の諸局面」（『歴史学研究』六二一号、一九九一年）五〇頁以下に詳述されている。ランゲマルクでは、「投入された連隊の八〇%が失われた」にもかかわらず、翌日の大本営発表では、「わがドイツ軍は、（…）敵陣地第一ラインを攻撃・奪取。約二千名の敵兵を捕虜にし、機関銃六機も捕獲」とされた。「当初、戦没学徒兵伝説からスタートした《ランゲマルク》の精神は、ヒトラー・ユーゲントを介してドイツの若者全体の神話に飛躍し、最後にはドイツ国民の戦士としての徳性を規範づける国民神話にまで肥大化することになった」。

＊2　この貸付金庫はライヒスバンクから独立した機関で、その証券は法定支払手段ではなかったものの、すべての公的金庫が額面価格で受領したので、ライヒスバンク券、帝国紙幣と並んで流通した。これにより、ライヒスバンクは事実上無制約の発券業務を営むことになった、という（櫻井敬子「通貨発行権に関する考察――ドイツおよびEUの文脈」、日本銀行金融研究所『金融研究』二〇〇二年九号、一五一頁）。

＊3　ライヒスマルクは、ハイパーインフレ対策として発行されたレンテンマルクがその役目を果たした後の一九二四年に公式通貨として導入され、一九四八年まで存続した。四・三ライヒスマルク対一ドルのレートでドルに連動した。

人名・書名・誌名索引

ア　行

アイネム　Einem, Karl von　395
アイヒベルク　Eichberg　126
アイヒロート　Eichrodt, Ludwig.　164
アイラー　Eiler, Klaus　141
アークライト　Arkwright, Richard　121, 143
アダムス　Adams, John　112
アードラー　Adler, Georg　239, 245, 246
アーベル　Abel, Wilhelm　18, 19
アーベルスハウザー　Abelshauser, Werner　451, 497, 510
アーベントロート　Abendroth, Wolfgang　122, 149, 150, 156
アーボッシュ　Abosch, Heinz　396
アミン　Amin, Idi　29
アーレント　Arendt, Hannah　575
イェーガー　Jaeger, Hans　583
イズウォリスキー　Iswolski, Alexander　396
イスラエル　Israel, Ulrich　295
イ・ニコラウ　y Nicolau, Valeriano Weyler　567
ヴァインガルト　Weingart, Peter　348, 349, 376
ヴァーグナー　Wagner, Adolf　247, 252, 267-272, 274, 275, 419, 569, 579, 580
ヴァーグナー　Wagner, Richard　351, 352, 357, 358, 361, 390, 499, 500
　『音楽におけるユダヤ性』　351, 352, 357
　『ニーベルングの指輪』　351
ヴァルター　Walter, Dirk　502
ヴィック　Wick, Rainer K.　461-464
ヴィニッヒ　Winnig, August　420
ヴィルツ　Wirtz, Rainer　195, 196
ヴィルペルト　Wilpert, Gero von　165
ヴィルヘルム一世　Wilhelm I　238, 242, 251, 352
ヴィルヘルム皇帝　Kaiser Wilhelm　235, 239, 291, 306
ヴィルヘルム二世　Wilhelm II　251, 313, 360-362, 386, 393, 395, 416, 422
ヴィングラー　Wingler, Hans M.　463
ヴェーナー　Wehner, Magnus　402
ウェッブ　Webb, Sidney　375
ヴェーバー　Weber, Max　304, 323, 580
ヴェルフェル　Werfel, Franz　397
ヴェーラー　Wehler, Hans-Ulrich　167, 168, 178, 179, 181, 227-229, 234, 306
ウェルズ　Wells, Herbert George　375, 516, 598
　『宇宙戦争』　516, 598
ヴォータン　Wotan　425
ウォーラーステイン　Wallerstein, Immanuel　15, 18, 19, 30-32, 300, 598
ヴォルテール　Voltaire　344
ヴォルト　Woldt, Richardt　469
ヴケティツ　Wuketits, Franz M.　323
ウーラント　Uhland, Ludwig　164, 165, 182, 255
ヴルフ　Wulf, Hans Albert　150-152, 161
ウルリッヒ　Ulrich, Bernd　392, 405, 406, 425
ウルリッヒ　Ulrich, Volker　411, 423
エジソン　Edison, Thomas Alva　225
エッフェル　Eiffel, Alexandre-Gustave　225
エーベルト　Ebert, Friedrich　554
エーマー　Ehmer, Josef　144
エンゲルス　Engels Friedrich　133-135, 137-140, 144-146, 152-155, 157, 168, 171, 174, 177, 198-200, 202, 205, 206, 208, 217, 285, 321, 364, 380-382, 598
　『イギリスにおける労働者階級の状態』　133, 134, 157, 168, 171, 598
エンゲルマン　Engelmann, Bernt　25, 26
オーウェル　Orwell, George　11, 40, 103-105, 289, 514, 520, 523, 562
　『一九八四年』　103, 104
オストヴァルト　Ostwald, Wilhelm　455, 456, 458-461, 577
オッガー　Ogger, Günter　262, 265, 294
オットー　Otto, Karl A.　18
オーピッツ　Opitz, Reinhard　303, 306
オールセン　Ohlsen, Manfred　264, 265
オルドクロフト　Aldcroft, Derek H.　490, 494, 496, 503

カ　行

ガイニッツ　Geinitz, Christian　265
カウツキー　Kautsky, Karl　285-287, 376, 377, 380-382
　『自然および社会における増殖と発展』　376
　『唯物史観』　380
カトーナ　Katona, George　430, 431
　『大衆消費社会』　430
カプリヴィ　Caprivi, Leo von　310

カミンスキー Kaminski, Andrzej J. 567
カーライル Carlyle, Thomas 244-246, 251, 534
ガル Gall, Franz Joseph 328
カルステン Karsten, Gaby 378
カルテンブルンナー Kaltenbrunner, Robert 465, 466
『ガルテンラウベ』 265, 359, 367
ガルブレイス Galbraith, John Kenneth 504-507, 513, 562, 589, 590, 595, 598
カント Kant, Immanuel 77-79, 102, 104, 114, 119, 252, 278, 318, 327, 334, 335, 345, 356
「世界市民的見地における普遍史の理念」 77, 78, 334, 598
『美と崇高の感情にかんする観察』 335, 598
キャプラ Capra, Frank 442
ギングリッチ Gingrich, Newt 56
クイストルプ Quistorp, Heinrich 264
クック Cook, James 110
クナックフース Knackfuss 313
クビーン Kubin, Alfred 389, 521, 522, 598
『裏面』 389, 521, 598
クラウス Kraus, Karl 397, 596
クラウセン Clausen, Sven O. 352, 361
クラウゼヴィッツ Clausewitz, Karl von 292
クラーク Clark, Grover 299
グラスル Graßl, Josef 350
クーリッジ Coolidge, John Calvin 504
クラフト＝エービング Krafft-Ebing, Richard von 328
グラムシ Gramsci, Antonio 474, 477-481
グリム兄弟 Brüder Grimm 183
クルップ Krupp, Alfred 294, 349, 376, 400
グールド Gould, Stephen Jay 319, 598
クルムライヒ Krummreich, Gerd 407
クレー Klee, Ernst 350, 351
グレービング Grebing, Helga 310, 397
クレンネ Klonne, Arno 419
クローネンベルク Kronenberg, Lutz 124
グロピウス Gropius, Walter 462, 463, 465, 466
クロポトキン Kropotkin, Pyotr Alekseevich 380
クロムウェル Cromwell, Oliver 45, 425
クロル Kroll, Jürgen 348, 349, 376
クンツェ Kunze, Rainer 59
ケイ Kay, John 121
ケインズ Keynes, John Maynard 578, 588-595, 598
『雇用・利子および貨幣の一般理論』 588, 589, 598
ゲゼル Gesell, Silvio 368
ケッテラー Ketteler, Baron von 313
ゲーテ Goethe, Johann Wolfgang von 121, 122, 131, 354, 598
『ヴィルヘルム・マイスターの遍歴時代』 122, 598
ケナン Kennan, George F. 390
ケネー Quesnay, François 50
ゲーバウアー Gebauer, Jürgen 295
ゲーレン Gehlen, Arnold 44
ケンプナー Kempner, Friederike 482
コジェーヴ Kojève, Alexandre 520, 521, 598
『ヘーゲル読解入門』 521
コッカ Kocka, Jürgen 253, 254
ゴットル＝オットリーリエンフェルト Gottl-Ottlilienfeld, Friedrich von 474-478, 533-535
コッホ Koch, Henning 386
ゴドウィン Godwin, Wiliam 145
ゴビノー Gobineau, Joseph Arthur Graf de 336, 337, 347, 351, 352
『人種不平等論』 337
ゴルトシャイト Goldscheid, Rudolf 349
コルベール Colbert, Jean-Baptiste 50
コンゾフスキー Konzowski, Albert 554
コント Comte, Auguste 336

サ　行

ザウター Sauter, Udo 510, 546, 565, 584, 585
ザーガー Saager, A. 455
サッチャー Thatcher, Margaret 39, 48, 56, 100
サド Sade, Marquis de 60, 332, 567, 598
『閨房哲学』 62, 64, 72-74
『ジュスチーヌまたは美徳の不幸』 61, 65, 66, 68, 72, 598
『ソドムの百日』 567
ザンダー Sander, Fritz 574
ジィーバー Sieber, Eberhard 187
シェッフェル Scheffel, Victor von 352
『ローマ人が無礼な振舞いに及んだとき』 352
シェーンホーフェン Schönhoven, Klaus 419
ジッド Gide, André 380
ジーメンス Siemens, Ernst Werner von 225
シャハト Schacht, Hjalmar 587
シャラー Scharrer, Manfred 555, 556
シャルマイヤー Schallmayer, Wilhelm 349, 376
ジュース Süß, Walter 543
シュタイナー Steiner, Rudolf 368
シュタイン Stein, Karl Reichsfreiherr vom und

zum 167, 168
シュチュルマー Stürmer, Michael 148
シュテッカー Stoecker, Adolf 360
シュテーリヒ Störig, Hans Joachim 83
シュトゥリューベル Strübel, Gustav 553-555
シュトレーゼマン Stresemann, Gustav 425
シュトロウスベルク Strousberg, Bethel Henry 264
シュペングラー Spengler, Oswald 575-577, 598
『西洋の没落』 575, 576, 598
シュミット＝ベルクマン Schmidt-Bergmann, Hansgeorg 482, 484
シューリン Schulin, Ernst 390, 423
シュルツ Schulz, Ursula 234, 310, 311, 314, 395
シュレッサー Schloesser, Rolf 123, 124, 159
シュレンケ Schlenke, Manfred 304
シュンペーター Schumpeter, Joseph A. 578
『資本主義・社会主義・民主主義』 578
ショー Shaw, George Bernard 343, 375
ショルツ Scholz, Roswitha 70
ジョレス Jaurés, Jean 395, 396, 412-414
ジルベルナー Silberner, Edmund 365-367, 370, 373, 374
『社会主義者とユダヤ人問題』 365
スウィフト Swift, Jonathan 113-117, 134, 177, 598
『ガリヴァー旅行記』 113, 114
スウィング Swing 153
スターリン Stalin, Iosif 479, 514, 517, 520, 536-538, 540, 541, 543, 552, 560, 561, 563, 567, 572, 585
スピノザ Spinoza, Baruch de 456
スペンサー Spencer, Herbert 324
スミス Smith, Adam 34, 42, 43, 80, 82-84, 87, 88, 104, 105, 108, 109, 117, 119, 121, 169, 213, 214, 221, 271, 289, 317, 458, 507
『国富論』 34, 42, 80, 84, 105, 108, 109
『諸国民の富の 34
『道徳感情論』 80, 82, 117, 598
セイ Say, Jean-Baptiste 213, 221
『経済学概論』 222
ゼークト Seeckt, Hans von 419, 530
ゼーリング Sering, Paul 515 →レーヴェンタール
セルカーク Selkirk, Alexander 113
「創世記」 320

タ 行

ダイスト Deist, Wilhelm 296
ダイムラー Daimler, Gottlieb 225
ダーウィン Darwin, Charles 317-325, 327-330, 333, 334, 337, 379, 382, 398, 455, 559, 598
『種の起源』 319, 322, 324, 337
『人間の進化と性淘汰』 319, 324, 327, 329, 598
ダーウィン Darwin, Erasmus 318
ターケル Terkel, Studs 505
ダゲール Daguerre, Louis Jacques 225
ダーフィト David, Eduard 376
ダニエル Daniel, Ute 113, 410
ダーレンドルフ Dahrendorf, Ralf 45, 78
ダンレイヴォン Lord Dunravon 304
チェンバレン Chamberlain, Houston Stewart 338, 340, 342, 343, 361, 367, 369, 370, 499
『十九世紀の基礎』 338
チャウシェスク Ceauçescu, Nicolae 32
チャーチル Churchill, Winston 595
チャップリン Chaplin, Charles 467
『モダン・タイムズ』 467
チュピック Tschuppik, Karl 426
チョロナー Chaloner, W. H. 157
ツィーマン Ziemann, Benjamin 392, 405, 406, 425
ツヴァイク Zweig, Stefan 397
ツェトキン Zetkin, Clara 379
ツルゲーネフ Turgenev, Ivan Sergeevich 238
『デア・シュチュルマー』 359
ディズレーリ Disraeli, Benjamin 245
ディーデリクセン Diederichsen, Diedrich 15
テイラー Taylor, Frederick Winslow 431-441, 443, 444, 447, 451-456, 458-461, 466-471, 473, 474, 479, 487
『科学的管理法の原理』 434
ディール Diehl, Karl 242
ティルピッツ Tirpitz, Alfred von 296
デズモンド Desmond, Adrian 318, 319, 322, 323
デッカー Decker, Will 533
デーネケ Deneke, Bernward 141
デフォー Defoe, Daniel 113-116
『モル・フランダーズ』 114
『ロビンソン・クルーソー』 113, 114
ドイアーライン Deuerlein, Ernst 308
ドゥ・プレル du Prel, Carl 323
『天空における生存闘争』 323
トムスン Thompson, Edward P. 133, 149, 150,

152, 153, 155-157, 160-162, 183, 190, 197, 198, 228, 229, 598
『イングランド労働者階級の形成』 133, 152, 229, 598
トライチュケ Treitschke, Heinrich Gotthard von 353, 355, 360, 367, 370, 499
『われわれの将来展望』 353
トルストイ Tolstoi, Lew 343
ドレーセン Dreßen, Wolfgang 93, 97-100
ドレフュス Dreyfus, Alfred 343, 393
トロイエ Troje, Nikolaus F. 125, 511
トロツキー Trotzki, Lev 479, 566

ナ 行

ナウマン Naumann, Friedrich 248-251, 267, 305, 314, 323, 393, 421
ナポレオン（ボナパルト）Napoléon Bonaparte 143, 210, 246, 521
ナポレオン三世（ルイ・ナポレオン）Louis Napoléon III（Charles-Louis-Napoléon Bonaparte） 245, 246, 279, 280, 308, 395
ニコライ二世 Zar Nikolai II 395
ニーチェ Nietzsche, Friedrich 46, 47, 51, 67, 327
ニッカーボッカー Knickerbocker, H. R. 539
『赤い商売は魅力的』 539
ニュートン Newton, Isaac 83, 93, 121, 169, 317, 323, 458
ネークト Negt, Oskar 12
『ノイエ・ツァイト』 376
ノスケ Noske, Gustav 553, 555, 558
ノーベル Nobel, Alfred 293, 294, 355, 449, 455
ノルテ Nolte, Ernst 500, 517, 559, 595

ハ 行

バイアーツ Bayertz, Kurt 348, 349, 376
ハイデッカー Heydecker, Joe H. 406
ハイネ Heine, Heinrich 27, 166, 354
ハイネン Heinen, Jacqueline 378
ハイム Heym, Georg 386
ハヴェル Havel, Vaclav 42
バウムンク Baumunk, Bodo-Michael 326, 349
パウリーニ Paulinyi, Akos 151
ハチソン Hutcheson, Francis 88
パッヘ Pache 114
バーナム Burnham, James 581, 582, 598
『経営者革命』 581
ハーバーマス Habermas, Jürgen 45, 204, 517-519, 598
パープスト Papst, Waldemar 553, 554
バール Bahr, Hermann 390
バルザック Balczak, Honore de 37
『人間喜劇』 37
バルテル Barthel, Max 402, 403
ハルデン Harden, Maximilian 311
ビスマルク Bismarck, Otto von 239, 241-245, 247, 251, 253, 262, 272, 277, 284, 285, 287, 303, 306, 310, 347, 421, 502, 534, 547, 569, 585
ビーチー Beechey 112
ヒッペル Hippel, Wolfgang von 158
ヒトラー Hitler, Adolf 342, 344, 362, 363, 426, 499-502, 514, 519, 521, 531, 532, 536, 544, 555, 556, 558, 563, 572, 585-588, 592, 595, 598
『わが闘争』 499-502, 586, 598
ピノチェト Pinochet, Augusto 48
ビーバー Bieber, Hans-Joachim 419, 420, 574
ピーペンブロック Piepenbrock, Hartwig 13
ヒムラー Himmler, Heinrich 574
ヒューズ Hughes, Thomas P. 544
ヒューム Hume, David 186, 335
ビューラー Bührer, K.W. 455
ヒルファーディング Hilferding, Rudolf 298, 580
ビンディング Binding, Karl 350
『生きるに値しない生命抹殺の自由化』 350
ヒンデンブルク Hindenburg, Paul von 421
ヒンリヒス Hinrichs, Peter 468, 469
ファウスト Faust, Anselm 497, 510
ファビウンケ Fabiunke, Günter 219
ファラースレーベン Fallersleben, August Heinrich Hoffmann von 263
『グリュンダー・リーダー』 263
『ドイツ人の歌』 263, 556
ファルンハーゲン Farnhagen, Rahel 194, 195, 355
ファン・バート van Barth, Slicher 19
フィッシャー Fischer, Wolfram 136, 177-181
フィヒテ Fichte, Johann Gottlieb 210, 263, 289, 347, 569
『ドイツ国民に告ぐ』 210
フィリーン Filine, Edward A. 583
フーヴァー Hoover, Herbert Clark 510, 582
フォルスター Forster, Georg 89, 110
フォルスター Forster, Johann Reinhold 110
フォルマー Vollmer, Antje 46, 47
フェロー Ferro, Marc 422

『フォアヴェルツ』 373, 379, 554
『フォシッシェ・ツァイトゥング』 511, 553
フォード Ford, Henry 426, 43-434, 440-449, 451-454, 449, 452, 457-470, 473, 474, 476, 477, 480, 487, 504, 510, 532-536, 542, 543, 563, 564, 568, 572, 598
『国際的ユダヤ人』 563
フォルシェピーペ Forschepiepe, Fritz 219
フクヤマ Fukuyama, Francis 525
フーコー Foucault, Michel 35, 94, 95, 101, 102
『監獄の誕生』 95
フセイン Hussein, Saddam 29
ブッシュ Busch, Wilhelm 359
『健気なヘレーネ』 359
フーフ Huch, Ricarda 397
ブライ Bligh, William 110, 111, 341
ブライヒ Blaich, Fritz 265, 490, 495, 496, 498, 539
フーリエ Fourier, Joseph 365, 366, 369, 370
『四運動の理論』 366
フリース Fries, Helmut 196, 391, 399
フリードリヒ・ヴィルヘルム大選帝侯 Kurfürst Friedrich Wilhelm 293
フリードリヒ＝ヴィルヘルム二世 Friedrich-Wilhelm II 26
フリードリヒ三世 Friedrich III 360, 361
フリードリヒ大王 Friedrich der Große 29
ブルガルト Burgard, Roswitha 378
ブルクハルト Burckhardt, Jakob 274-276, 598
『世界史的緒考察』 274
プルードン Proudhon, Pierre Joseph 366, 367, 369, 370
『帝政とキリスト教』 367
ブレイヴァマン Braverman, Harry 437, 438, 449, 453, 454, 598
ブレイク Blake, William 132, 403
ブレーガー Bröger, Karl 397, 531
「汗の讃歌」 531
プレサック Pressac, Jean-Claude 574
フレッチャー Fletcher, Christian 111
ブレーム Brehm, Alfred 380
『ブレーム動物事典』 380
プレラー Preller, Ludwig 467
ブロッホ Bloch, Ernst 382
『希望の原理』 382
ブローデル Braudel, Fernand 15, 21, 22, 598
ヘーガー Hoeger, Wilhelm 556
ヘーゲル Hegel, Georg Wilhelm Friedrich 94, 120, 205, 278, 289, 318, 336, 382, 521, 577, 598
『歴史哲学講義』 336, 598
ペーター Peter, Lothar 468, 469
ヘッケル Haeckel, Ernst 379, 380, 455
『世界の謎』 379
ペッツィーナ Petzina, Dieter 497, 510
ベーデン＝パウエル Baden-Powell, Robert 384, 386
ヘーニッシュ Haenisch, Konrad 396
ベーネ Böhne, Adolf 466
ヘーネ Höhne, Heinz 586, 587, 594
ベーベル Bebel, August 206, 207, 310, 311, 314, 373, 378, 394, 395, 406, 411, 499
『女性と社会主義』(『婦人論』) 378
ベル Bell, Alexander Graham 224
ベルクマン Bergmann, Anna 328, 329, 333, 334, 348, 350, 379
ベルシェ Bölsche, Wilhelm 323
『文芸におけるダーウィン』 323
ヘルダー Herder, Johann Gottfried 210-213, 219, 263, 346, 347, 569, 575
『人間性を促進するための書簡』 210
ヘルダー Herder, Julius 193, 196
ヘルツ Hertz, Heinrich 225
ベルトルト Berthold, Werner 255
ペルナーストルファー Pernerstorfer, Engelbert 373, 412, 414
ベルネ Börne, Ludwig 354
ヘルムホルツ Helmholtz, Hermann von 458
ベルンシュタイン Bernstein, Eduard 312-314, 598
『社会主義の前提と社会民主主義の任務』 312
ヘンケル Henkel, Friedrich Karl 225
ベンサム Bentham, Jeremy 88-91, 93-104, 114, 116, 119, 132, 135, 137, 138, 142, 143, 145-147, 157, 162, 169, 174, 176, 198, 201, 204, 205, 209, 237, 240, 250, 277, 283, 297, 300, 321, 322, 346, 407-409, 411, 429, 432, 435, 437, 442, 445, 451-453, 458-460, 467, 474, 520, 522-525, 552, 560, 567, 571, 573
『刑法の諸原則』 100
ヘンダーソン Henderson, W. O. 157
ベンツ Benz, Karl-Friedrich 225
ホイス Heuss, Theodor 549
ポストーン Postone, Moishe 572, 573
ポットホフ Potthoff, Heinz 347
ホッブズ Hobbes, Thomas 38-42, 44-49, 51, 59, 61, 62, 73, 78, 79, 87, 93, 102, 114, 115,

240, 278, 317, 520, 522, 559, 598
『リヴァイアサン』 598
ホッヘ Hoche, Alfred 350, 351
『生きるに値しない生命抹殺の自由化』 350
ボナパルト Bonaparte, Louis Napoléon III 245, 534, 592
ホプキンス Hopkins, Terence 15
ホブソン Hobson, John Atkinson 297, 298
ホーマン Homann, Hermann 110-112
ポリアコフ Poliakov, Léon 343, 344, 355, 359-361, 386, 425, 426, 559
『反ユダヤ主義の歴史』 343
ホルト Holt, Alix 110, 378

マ 行

マイア Mayr, Franz Xaver 472, 473
『機械としての人間の合理化』 472
マイヤー Meyer, Hannes 463, 465
マキシム Maxim, Hiram Stevens 294
マクルーハン McLuhan, Marsharll 13
マティック Mattick, Paul 488
マーネゴルト Manegold, Karl-Heinz 125
マーハイム Mahaim, Annik 378
マリネッティ Marinetti, Filippo Tommaso 481-484, 529
『未来派宣言』 481
『未来派技術宣言』 483
マルクス Marx, Karl 35, 36, 51, 121, 138, 139, 141, 145, 146, 154, 180, 199-202, 205, 206, 208, 209, 224, 241, 243, 257, 258, 260, 281, 282, 284, 285, 291, 296, 297, 300, 304, 312, 315, 321, 368-373, 380-382, 408, 413, 426, 428, 431, 476, 477, 483, 491, 523, 527, 528, 540, 541, 589, 591
『共産党宣言』 45, 145, 540
『経済・哲学草稿』 139
『資本論』 36, 200, 257, 258, 321, 368, 382, 598
『賃金・価格および利潤』 180
『ユダヤ人問題によせて』 368, 369, 598
マルサス Malthus, Thomas Robert 62, 145, 168-174, 176, 177, 179-181, 185, 186, 188, 198, 220-222, 224, 237, 252, 278, 317, 322, 324, 327, 329, 330, 332, 348, 350, 475, 520, 559, 598
『人口の原理』 169
マルテン Marten, Heinz-Georg 323
マン Mann, Thomas 259, 391, 554
『ブッデンブローク家の人びと』 259, 391, 598
マンデヴィル Mandeville, Bernard 51, 52, 54-64, 68, 75-77, 79, 80, 87, 91, 92, 107-109, 115, 116, 176, 203, 246, 252, 278, 327, 445, 458, 520, 525, 593, 598
『蜂の寓話』 52, 54, 61, 107, 115
ミース・ファン・デル・ローエ Mies van der Rohe, Ludwig 465
ミード Meade, James Edward 154
『蒸気王』 154, 155
ミューザーム Mühsam, Erich 287
ミュラー Müller, Heinrich 22
ミュールハウゼン Mühlhausen, Walter 415
ミュンツ Münz, Ludwig 535
ミルラン Millerand, Alexandre 240, 241
ミレール Miller, Jacques-Alain 99-101
ミンチントン Minchinton, W. 18
ムーア Moore, James 318, 319, 322, 323
ムッソリーニ Mussolini, Benito 477
ムテジウス Muthesius, H. 462
メーク Meek, Joe 177
メスナー Messner 465
メビウス Möbius, Paul Julius 332, 333
メンニッケン Mennicken, Peter 466, 467
『アンチ・フォード、あるいは人間の尊厳について』 466
モース Morse, Samuel 224
モーゼス Moses, Julius 379
モムゼン Mommsen, Hans 500, 514
モムゼン Mommsen, Theodor 355, 356
モムゼン Mommsen, Wolfgang 299, 301, 306
モールス Morus 545 →レヴィンゾーン
モルダック（将軍）Mordacq 405
モンベルト Mombert, Paul 242

ヤ 行

ヤコービ Jacoby, Henry 580
ユア Ure, Andrew 137, 143
『工場の哲学』 143
ユンガー Jünger, Ernst 387, 402-404, 408, 423, 424, 454, 482, 526-530, 575, 586
『鋼鉄の嵐のなかで』 402, 408, 529
『内的経験としての戦闘』 424
『冒険心』 529
『労働者』 527, 530
ユング Jung, Franz 555
ヨーハン Johann, Ernst 110, 210, 212, 243, 251, 252, 393

ラ　行

ライジーガー　Reisiger, Hans　113
ライス　Reis, Johann Philipp　224
ライパルト　Leipart, Theodor　420, 555, 556
ライプニッツ　Leibnitz, Gottfried Wilhelm　83, 88
ラウテマン　Lautemann, Wolfgang　304
ラグナレク　Ragnarök　575
ラサール　Lassalle, Ferdinand　207, 241, 272, 284, 377, 378
ラッド　Ludd, Ned　149, 150, 152, 153, 155
ラーテナウ　Rathenau, Walter　302, 323, 417-419, 421, 426, 462, 476, 587
『ドイツの危機と新たな目標』　302
ラポポール　Rapoport, Louis　560, 562
ラムスツス　Lamszus, Wilhelm　387, 388, 400, 401, 424, 425
『人間屠殺場』　387, 424
ラムスドルフ　Lambsdorff, Graf　56
ラ・メトリ　La Mettrie, Julien de　93, 121, 483
『人間機械論』　93
ラングベーン　Langbehn, Julius　385
『教育者としてのレンブラント』　385
ランゲヴィーシェ　Langewiesche, Dieter　163, 164, 189, 193, 194
リカード　Ricardo, David　213-215
リサウアー　Lissauer, Ernst　394
『イギリスを憎悪する歌』　394
リサガレー　Lissagaray, Prosper　279, 280, 598
リース　Ries, Jürgen　326
リスト　List, Friedrich　23-25, 107, 213, 235, 253, 266, 471
『政治経済学の国民的体系』　213, 214, 598
リッター　Ritter, Gerhard A.　253-255
リーバー　Lieber, Hans-Joachim　515
リバモア　Livermore, Jesse　505
リヒター　Lichter, Jörg　262
リービヒ　Liebig, Justus von　225
リープクネヒト　Liebknecht, Karl　207, 373, 552, 554
リルケ　Rilke, Rainer Maria　255, 256
『時祷集』　255
リンデ　Linde, Carl von　225
ルイ十四世　Louis XIV　29, 50
ルイ＝フィリップ　Louis-Philippe　245
ルクセンブルク　Luxemburg, Rosa　297, 307, 379, 397, 550, 552, 553, 557, 558
ルコフ　Luckow, Marion　61
ル・コルビュジエ　Le Corbusier　466
ルソー　Rousseau, Jean-Jacques　70, 71, 92, 93, 113, 344, 384
『エミール』　70, 92, 113
ルーデ　Rudé, George　184
ルーデンドルフ　Ludendorff, Erich　422, 425, 426
ルートヴィヒ　Ludwig, Karl-Heinz　587
ルーマン　Luhmann, Niklas　83
レヴィンゾーン　Lewinsohn, Richard　545, 546
レーヴェンタール　Löwenthal, Richard　515, 549
→ゼーリング
レーガン　Reagan, Ronald W.　56
レクテンヴァルト　Recktenwald, Horst Klaus　83
レスラー　Roesler, Rudolf　434
レッシング　Lessing, Gotthold Ephraim　354
レーニン　Lenin, Vladimir Il'ich　102, 103, 208, 281, 298, 419, 470, 471, 477, 537, 543, 544, 561, 565, 566, 592, 598
『ソビエト権力の当面の任務』　470
レマルク　Remarque, Erich Maria　387, 401, 402, 408, 409, 423, 598
『西部戦線異状なし』　401, 402, 423, 598
レール　Röhl, John C.C.　360-362
レルシュ　Lersch, Heinrich　398, 399
レンシュ　Lensch, Paul　420
ロー　Law, John　261
ローヴァン　Rovan, Joseph　207
ロスチャイルド　Rothschild　340, 366
ローズヴェルト　Roosevelt, Franklin Delano　582, 583, 588, 592
ローズヴェルト　Roosevelt, Theodore　343
ローゼンベルク　Rosenberg　266
ロッカー　Rocker, Rudolf　287-289, 311
ロック　Locke, John　45
ロテック　Rotteck, Karl von　124
ロート　Loth, Wilfried　241
ロートベルトゥス＝ヤゲツォー　Rodbertus-Jagetzow, Johann Karl　243, 247
ロベスピエール　Robespierre, Maximilien de　92, 521
ロンブローゾ　Lombroso, Cesare　329

ワ　行

ワット　Watt, James　121

事項索引

さ 行

た　行

な 行

ま　行

や　行

ら　行

わ　行

引用文献（上巻分）

Abel, Wilhelm (1981) : *Stufen der Ernährung. Eine historische Skizze*, Göttingen

Abelshauser, Werner/Faust, Anselm/Petzina, Dietmar (Hrsg.) (1985) : *Deutsche Sozialgeschichte 1914–1945. Ein historisches Lesebuch*, München

Abendroth, Wolfgang (1965) : *Sozialgeschichte der europäischen Arbeiterbewegung*, Frankfurt/Main

Abendroth, Wolfgang (1985) : *Einführung in die Geschichte der Arbeiterbewegung, Band 1, Von den Anfängen bis 1933*, Heilbronn

Abosch, Heinz (1986) : *Jean Jaurès. Die vergebliche Hoffnung*, München-Zürich

Adler, Georg (1897) : *Die imperialistische Sozialpolitik. D'Israeli, Napoleon III., Bismarck*, Tübingen

Aldcroft, Derek H. (1978) : *Die Zwanziger Jahre. Geschichte der Weltwirtschaft, Band 3*, München

Baumunk, Bodo-Michael/Rieß, Jürgen (Hrsg.) (1994) : *Darwin und Darwinismus. Eine Ausstellung zur Kultur-und Naturgeschichte*, Berlin

Bebel, August (1946, zuerst 1910) : *Aus meinem Leben, 3 Bde.*, Berlin

Bentham, Jeremy (1981, zuerst 1843) : “Zur Philosophie der ökonomischen Wissenschaft”, in : Gall, Lothar/Koch, Rainer (Hrsg.) : *Der europäische Liberalismus im 19. Jahrhundert*, Frankfurt/Main-Berlin-Wien

Bentham, Jeremy (1995, zuerst 1791) : *The Inspection-House*, London

Bergmann, Anna (1992) : *Die verhütete Sexualität. Die Anfänge der modernen Geburtenkontrolle*, Hamburg

Bernstein, Eduard (1969, zuerst 1899) : *Die Voraussetzungen des Sozialismus und die Aufgaben der Sozialdemokratie*, Reinbek bei Hamburg〔ベルンシュタイン『社会主義の前提と社会民主党の任務』世界大思想全集「社会・宗教・科学」の15，戸原四郎訳，河出書房新社，1960年〕

Berthold, Werner (1960) : *»…Grosshungern und Gehorchen«. Zur Entstehung und politischen Funktion der Geschichtsideologie des westdeutschen Imperialismus, untersucht am Beispiel von Gerhard Ritter und Friedrich Meinecke*, Berlin

Bieber, Hans-Joachim (1981) : *Gewerkschaften in Krieg und Revolution. Arbeiterbewegung, Industrie, Staat und Militär in Deutschland 1914–1920, 2 Bde.*, Hamburg

Blaich, Fritz (1985) : *Der Schwarze Freitag. Inflation und Weltwirtschaftskrise*, München

Braudel, Fernand (1990, zuerst 1979) : *Sozialgeschichte des 15.–18. Jahrhunderts, Bd. 2, Der Alltag*, München〔ブローデル『物質文明・経済・資本主義　15－18世紀１－１』村上光彦訳，みすず 書房，1985年〕

Braverman, Harry (1977) : *Die Arbeit im modernen Produktionsprozeß*, Frankfurt/New York〔ブレイヴァマン『労働と独占資本――二〇世紀おける労働の衰退』富沢賢治訳，岩波書店，1978 年〕

Burckhardt, Jacob (1978, zuerst 1905) : *Weltgeschichtliche Betrachtungen*, Stuttgart〔ブルクハルト『世界史的諸考察』藤田健治訳，岩波文庫，1972年〕

Burgard, Roswitha/Karsten, Gaby (1981) : *Die Märchenonkel der Frauenfrage: Friedrich*

Engels und August Bebel, Berlin
Burnham, James (1948, zuerst 1941) : *Das Regime der Manager*, Stuttgart〔バーナム『経営者革命』武山泰雄訳，東洋経済新報社，1965年〕
Capra, Frank (1992, zuerst 1971) : *Autobiographie*, Zürich
Chamberlain, Houston Stewart (1934, zuerst 1899) : *Die Grundlagen des neunzehnten Jahrhunderts, Bd. I*, München
Claussen, Detlev (1994) : *Was heißt Rassismus?*, Darmstadt
Comte, Auguste (1933, zuerst 1881) : *Über den Geist des Positivismus*, Stuttgart
Dahrendorf, Ralf (1983) : "Wenn der Arbeitsgesellschaft die Arbeit ausgeht", in : Matthes, Joachim (Hrsg.) : *Krise der Arbeitsgesellschaft? 21. Deutscher Soziologentag*, Opladen
Dahrendorf, Ralf (1984) : "Hasardspiel mit der Zukunft. Zwischen Wohlstand und Bankrott－die Ökonomie des Als-ob"; in : *Die Zeit 3/1984.*
Dahrendorf, Ralf (1992) : *Der moderne soziale Konflikt. Essay zur Politik der Freiheit*, Stuttgart
Daniel, Ute (1996) : "Der Krieg der Frauen 1914-1918. Zur Innenansicht des Ersten Weltkriegs in Deutschland", in : Hirschfeld, Gerhard/Krumreich, Gerd/Renz, Irina (Hrsg.) : *»Keiner fühlt sich hier mehr als Mensch...«. Erlebnis und Wirkung des Ersten Weltkriegs*, Frankfurt/Main
Darwin, Charles (1995, zuerst 1859) : *Die Entstehung der Arten durch natürliche Zuchtwahl*, Stuttgart〔ダーウィン『種の起源』吉岡晶子訳，東京書籍，1971年〕
Darwin, Charles (1986, zuerst 1871) : *Die Abstammung des Menschen und die geschlechtliche Zuchtwahl*, Wiesbaden〔ダーウィン『人間の進化と性淘汰』ダーウィン著作集第２巻，長谷川眞理子訳，文一総合出版，2000年〕
Decker, Will (1933) : *Der deutsche Weg. Ein Leitfaden zur staatspolitischen Erziehung der deutschen Jugend im Arbeitsdienst*, Leipzig
Deist, Wilhelm (1976) : *Flottenpolitik und Flottenpropaganda. Das Nachrichtenbureau des Reichsmarineamtes 1897-1914*, Stuttgart
Deneke, Bernward (Hrsg.), (1987) : *Geschichte Bayerns im Industriezeitalter in Texten und Bildern*, Stuttgart
Desmond, Adrian/Moore, James (1995) : *Darwin*, München-Leipzig
Deuerlein, Ernst (1970) : *Die Gründung des Deutschen Reiches in Augenzeugenberichten*, Düsseldorf
Diehl, Karl/Mombert, Paul (Hrsg.) (1984) : *Sozialpolitik. Ausgewählte Lesestücke zum Studium der politischen Ökonomie*, Frankfurt/Main-Berlin-Wien
Dreßen, Wolfgang (1982) : *Die pädagogische Maschine. Zur Geschichte des industrialisierten Bewußtseins in Preußen/Deutschland*, Frankfurt/ Main-Berlin-Wien
Ehmer, Josef (1984) : "Der Betrieb－ein latentes Konfliktfeld. Inhalte und Formen der Arbeitskämpfe", in : Sauer, Walter (Hrsg.) : *Der dressierte Arbeiter. Geschichte und Gegenwart der industriellen Arbeitswelt*, München
Eiler, Klaus (Hrsg.) (1984) : *Hessen im Zeitalter der industriellen Revolution. Text-und Bilddokumente aus hessischen Archiven*, Frankfurt/Main
Engelmann, Bernt (1980) : "Geleitwort", in : Kroneberg, Lutz/Schloesser, Rolf (Hrsg.) : *Weber-Revolte 1844, Der schlesische Weberaufstand im Spiegel der zeitgenössischen Publizistik und Literatur*, Köln
Engels, Friedrich (1976, zuerst 1845) : *Die Lage der arbeitenden Klasse in England. Nach*

eigner Anschauung und authentischen Quellen, in : Marx Engels Werke（MEW）, Bd. 2, Berlin〔エンゲルス『イギリスにおける労働者階級の状態』上・下，一條和生・杉山忠平訳，岩波文庫，1990年〕
Fabiunke, Günter（1955）: *Zur historischen Rolle des deutschen Nationalökonomen Friedrich List. Ein Beitrag zur Geschichte der politischen Ökonomie in Deutschland*, Berlin
Ferro, Marc（1988, zuerst 1969）: *Der Große Krieg 1914–1918*, Frankfurt/ Main
Fischer, Wolfram（1992）: "Die Industrialisierung und ihre Probleme", in : Borst, Otto（Hrsg.）: *Aufruhr und Entsagung. Vormärz 1815-1848 in Baden und Württemberg*, Stuttgart
Ford, Henry（1922）: *Der internationale Jude*, Leipzig
Ford, Henry（o. J./1923）: *Mein Leben und Werk*, Leipzig〔フォード『ヘンリー・フォード著作集』上巻，豊土栄訳，創英社，2000年〕
Ford, Henry（1930）: *Und trotzdem vorwärts!*, Leipzig
Forschepiepe, Fritz（1938）: "Friedrich List", in : ders.（Hrsg.）: *Friedrich List, Um deutsche Wirklichkeit, Seine Schriften in Auswahl*, Stuttgart
Förster, Heinz（1987）: *Was ist ein Amerikaner?*, Leipzig
Foucault, Michel（1977）, *Überwachen und Strafen. Die Geburt des Gefängnisses*, Frankfurt/ Main〔フーコー『監獄の誕生――監視と処罰』田村俶訳，新潮社，1977年〕
Fries, Helmut（1994）: "Deutsche Schriftsteller im Ersten Weltkrieg", in : Michalka, Wolfgang（Hrsg.）: *Der Erste Weltkrieg. Wirkung, Wahrnehmung, Analyse* ; München
Fukuyama, Francis（1992）: *Das Ende der Geschichte. Wo stehen wir?*, München〔フクヤマ『歴史の終わり』上・下，渡部昇一訳，三笠書房，1992年〕
Galbraith, John Kenneth（1989, zuerst 1954）: *Der große Crash 1929. Ursachen, Verlauf, Folgen*, München〔ガルブレイス『大恐慌 一九二九』ガルブレイス著作集第 1 巻，新川・小原・伊東訳，TBS ブリタニカ，1980年〕
Galbraith, John Kenneth（1995）: *Die Geschichte der Wirtschaft im 20. Jahrhundert. Ein Augenzeuge berichtet*, Hamburg
Gide, André（1964, zuerst 1911）: *Corydon. Vier sokratische Dialoge*, Frankfurt/Main
Geinitz, Christian（1996）: "Aufbruchstimmung erfaßte das ganze Bürgertum. 300 Unternehmen der »Gründerjahre« haben überlebt", in : *Frankfurter Allgemeine Zeitung*, 9.7.1996
Goethe, Johann Wolfgang von（1982, zuerst 1821）: *Wilhelm Meisters Wanderjahre*, Frankfurt/Main〔ゲーテ『ヴィルヘルム・マイスターの遍歴時代』下，山崎章甫訳，岩波文庫，2002年〕
Gottl-Ottlilienfeld, Friedrich von（1926）: *Fordismus*, o. O.
Gould, Stephen（1990）: *Die Entdeckung der Tiefenzeit. Zeitpfeil oder Zeitzyklus in der Geschichte unserer Erde*, München-Wien〔グールド『時間の矢・時間の環――地質学的時間をめぐる神話と隠喩』渡辺政隆訳，工作舎，1990年〕
Gramsci, Antonio（1967, zuerst 1926–37）: *Philosophie der Praxis. Eine Auswahl*, Frankfurt/ Main
Grebing, Helga（1979）: *Geschichte der deutschen Arbeiterbewegung. Ein Überblick*, München
Habermas, Jürgen（1990, zuerst 1984）: "Die Krise des Wohlfahrtsstaates und die Erschöpfung utopischer Energien", in : ders. : *Die Moderne – ein unvollendetes Projekt*, Leipzig
Habermas, Jürgen（1987）: "Eine Art Schadensabwicklung", in : *»Historikerstreit«. Die Dokumentation der Kontroverse um die Einzigartigkeit der nationalsozialistischen*

Judenvernichtung, München-Zürich〔ハーバーマス「一種の損害補償」辰巳伸知訳,『過ぎ去ろうとしない過去――ナチズムとドイツ歴史家論争』人文書院, 1995年, 所収〕
Haeckel, Ernst (1960, zuerst 1899) : *Die Welträtsel. Gemeinverständliche Studien über monistische Philosophie*, Berlin
Havel, Václav (1992) : *Sommermeditationen*, Reinbek bei Hamburg
Hegel, Georg Wilhelm Friedrich (1992, zuerst 1837) : *Vorlesungen über die Philosophie der Geschichte*, in : Werke Bd. 12, Frankfurt/Main〔ヘーゲル『歴史哲学講義』上, 長谷川宏訳, 岩波文庫, 1994年〕
Heydecker, Joe H. (1997) : *Der Große Krieg 1914-1918. Von Sarajewo bis Versailles*, Berlin
Hinrichs, Peter/Peter, Lothar (1976) : *Industrieller Friede? Arbeitswissenschaft, Rationalisierung und Arbeiterbewegung in der Weimarer Republik*, Köln
Hippel, Wolfgang von (1992) : "Wirtschaft, Gesellschaft und Staat", in : Borst, Otto (Hrsg.) : *Aufruhr und Entsagung. Vormärz 1815-1848 in Baden und Württemberg*, Stuttgart
Hitler, Adolf (1942, zuerst 1925) : *Mein Kampf*, München〔ヒトラー『わが闘争』上・下, 平野一郎・将積茂訳, 角川文庫, 1973年〕
Hobbes, Thomas (1965, zuerst 1651) : *Leviathan oder Wesen, Form und Gewalt des kirchlichen und bürgerlichen Staates*, Reinbek bei Hamburg〔ホッブズ『リヴァイアサン』上・下, 水田洋訳, 岩波書店, 1992年〕
Höhne, Heinz (1996) : *»Gebt mir vier Jahre Zeit«. Hitler und die Anfänge des Dritten Reiches*, Frankfurt/Main
Hofmann, Werner (Hrsg.), (1971) : *Sozialökonomische Studientexte, Bd. 3, Theorie der Wirtschaftsentwicklung*, Berlin
Homann, Hermann (Hrsg.), (1973) : *Meuterei auf der »Bounty«, berichtet von Captain William Bligh*, Stuttgart
Hopkins, Terence/Wallerstein, Immanuel (1979) : "Grundzüge der Entwicklung des modernen Weltsystems. Entwurf für ein Forschungsvorhaben," in : Senghaas, Dieter (Hrsg.) : *Kapitalistische Weltökonomie. Kontroversen über ihren Ursprung und ihre Entwicklung*, Frankfurt/Main
Hughes, Thomas P. (1991) : *Die Erfindung Amerikas. Der technologische Aufstieg der USA seit 1870*, München
Institut für Marxismus-Leninismus beim ZK der SED (1978) : "Vorwort zur deutschen Ausgabe", in : *Marx Engels Werke (MEW), Bd. 1*, Berlin
Israel, Ulrich/Gebauer, Jürgen (1991) : *Panzerschiffe um 1900*, Berlin
Jacoby, Henry (1969) : *Die Bürokratisierung der Welt. Ein Beitrag zur Problemgeschichte*
Jaeger, Hans (1974) : *Big Business und New Deal*, Stuttgart
Johann, Ernst (Hrsg.), (1966) : *Reden des Kaisers. Ansprachen, Predigten und Trinksprüche Wilhelms II.*, München
Jünger, Ernst (1925) : *Der Kampf als inneres Erlebnis*, Berlin
Jünger, Ernst (1978) : "Sturm", in : *Sämtliche Werke, Band 15*, Stuttgart
Jünger, Ernst (1981, zuerst 1932) : *Der Arbeiter. Herrschaft und Gestalt*, Stuttgart
Jünger, Ernst (1987, zuerst 1929) : *Das abenteuerliche Herz. Erste Fassung. Aufzeichnungen bei Tag und Nacht*, Stuttgart
Jünger, Ernst (1990, zuerst 1920) : *In Stahlgewittern*, Stuttgart
Kaltenbrunner, Robert (1999) : "Stadt und Wohnung als »Maschine«. Rationalisierung des Bauens erneut als Zauberformel?", in : *Neue Zürcher Zeitung*, 8.2.1999

Kaminski, Andrzej J.（1990）: *Konzentrationslager 1896 bis heute. Geschichte, Funktion, Typologie*, München

Kant, Immanuel（1993, zuerst 1775）: "Von den verschiedenen Rassen der Menschen", in : *Werkausgabe Bd. XI*, Frankfurt/Main〔カント『さまざまな人種について』カント全集第３巻，福田喜一郎訳，岩波書店，2001年〕

Kant, Immanuel（1993, zuerst 1784）: "Idee zu einer allgemeinen Geschichte in weltbürgerlicher Absicht", in : *Werkausgabe Bd. XI*, Frankfurt/Main〔カント『世界市民的見地における普遍史の理念』カント全集第14巻，福田喜一郎訳，岩波書店，2000年〕

Kant, Immanuel（1988, zuerst 1764）: "Beobachtungen über das Gefühl des Schönen und Erhabenen", in : *Werkausgabe Bd. II*, Frankfurt/Main〔カント『美と崇高の感情にかんする観察』カント全集第２巻，久保光志訳，岩波書店，2000年〕

Kant, Immanuel（1985, zuerst 1783）: *Beantwortung der Frage : Was ist Aufklärung?*, Stuttgart〔カント『啓蒙とは何か』カント全集第14巻，福田喜一郎訳，岩波書店，2000年〕

Katona, George（1965）: *Der Massenkonsum. Eine Psychologie der neuen Käuferschichten*, Wien-Düsseldorf〔カトーナ『大衆消費社会』社会行動研究所訳，ダイヤモンド社，1966年〕

Kautsky, Karl（1910）: *Vermehrung und Entwicklung in Natur und Gesellschaft*, Stuttgart

Kautsky, Karl（1922, zuerst 1892）: *Das Erfurter Programm, in seinem grundsätzlichen Teil erläutert*, Stuttgart-Berlin

Kautsky, Karl（1927）: *Die Materialistische Geschichtsauffassung Bd. I*, Berlin

Keynes, John Maynard（1994, zuerst 1936）: *Allgemeine Theorie der Beschäftigung, des Zinses und des Geldes*, Berlin〔ケインズ『雇用・利子および貨幣の一般理論』ケインズ全集第７巻，塩野谷祐一訳，東洋経済新報社，1983年〕

Klee, Ernst（1995）: "Mörderische Vordenker. Der Psychiater Alfred Hoche und der Jurist Karl Binding forderten 1920 als erste die Vernichtung »lebensunwerten Lebens«", in : *Die Woche*, 17.2.1995

Klönne, Arno（1981）: *Die deutsche Arbeiterbewegung. Geschichte－Ziele－Wirkungen*, Düsseldorf-Köln

Knickerbocker, H. R.（1931）: *Der rote Handel lockt*, Berlin

Koch, Hannsjoachim W.（1973）: *Der Sozialdarwinismus. Seine Genese und sein Einfluß auf das imperialistische Denken*, München

Kojève, Alexandre（1947）: *Introduction à la lecture de Hegel*, Paris〔コジェーヴ『ヘーゲル読解入門――「精神現象学」を読む』上妻精・今野雅方訳，国文社，1987年〕

Kroneberg, Lutz/Schloesser, Rolf（Hrsg.），(1980）: Weber-Revolte 1844. *Der schlesische Weberaufstand im Spiegel der zeitgenössischen Publizistik und Literatur*, Köln

Krumreich, Gerd（1996）: "Kriegsgeschichte im Wandel", in : Hirschfeld, Gerhard/Krumreich, Gerd/Renz, Irina（Hrsg.）, *»Keiner fühlt sich hier mehr als Mensch...«. Erlebnis und Wirkung des Ersten Weltkriegs*, Frankfurt/ Main

Kubin, Alfred（1994, zuerst 1909）: *Die andere Seite*, Reinbek bei Hamburg〔クビーン『裏面』吉村博次・土肥美夫訳，河出書房新社，1971年〕

Lamszus, Wilhelm（1928, zuerst 1912）: *Das Menschenschlachthaus. Visionen vom Krieg*, Leipzig

Langbehn, Julius（1922, zuerst 1888）: *Rembrandt als Erzieher. Von einem Deutschen*, Leipzig

Langewiesche, Dieter (1992) : “Wege zur Revolution”, in : Borst, Otto (Hrsg.) : *Aufruhr und Entsagung. Vormärz 1815–1848 in Baden und Württemberg*, Stuttgart
Lautemann, Wolfgang/Schlenke, Manfred (1980) : *Geschichte in Quellen, 7 Bde., Das bürgerliche Zeitalter 1815–1914*, München
Lenin, Wladimir I. (1961, zuerst 1917) : “Wie soll man den Wettbewerb organisieren?”, in : *Lenin Werke Bd. 26*, Berlin〔レーニン『『競争をどう組織するか？』レーニン全集第26巻，マルクス＝レーニン主義研究所レーニン全集刊行委員会訳，大月書店，1958年』
Lenin, Wladimir I. (1978, zuerst 1918) : “Die nächsten Aufgaben der Sowjetmacht”, in : *Lenin Werke Bd. 27*, Berlin〔レーニン『ソビエト権力の当面の任務』レーニン全集第27巻，マルクス＝レ ーニン主義研究所レーニン全集刊行委員会訳，大月書店，1958年〕
Lewinsohn, Richard (1932) : *Die Welt aus den Fugen. Amerika in der Krise*, Dresden
Lichter, Jörg (1998) : “Die große Deflation. Deutsche Gründerkrise von 1873 bis 1879”, in : *Handelsblatt*, 8.12.1998
Lieber, Hans-Joachim (1993) : “Zur Theorie totalitärer Herrschaft”, in : ders. (Hrsg.) : *Politische Theorien von der Antike bis zur Gegenwart*, Bonn
Lissagaray, Prosper (1894) : *Geschichte der Kommune von 1871*, Stuttgart〔リサガレー『パリ・コミューン』上，喜安朗・長部重康訳，現代思潮社，1968年〕
List, Friedrich (1922, zuerst 1841) : *Das nationale System der Politischen Ökonomie*, Jena〔リスト『政治経済学の国民的体系』上，正木一夫訳，勁草書房，1965年〕
List, Friedrich (1928, zuerst 1844) : “Beziehungen der Landwirtschaft zu Industrie und Handel”, in : *Werke Bd. V*, Berlin
List, Friedrich (1928, zuerst 1842) : “Die deutsche Industrie”, in : *Werke Bd. V*, Berlin
List, Friedrich (1928, zuerst 1841) : “Die Gegner des Twistzolls”, in : *Werke Bd. V*, Berlin
List, Friedrich (1928, zuerst 1843) : “Die gegenwärtige Lage der Industrie”, in : *Werke Bd. V*, Berlin
Loth, Wilfried (1996) : *Das Kaiserreich. Obrigkeitsstaat und politische Mobilisierung*, München
Luckow, Marion (1998) : “Nachwort”, in : Sade, *Marquis de, Justine oder Vom Mißgeschick der Tugend*, Berlin
Ludwig, Karl-Heinz (1981) : “Strukturmerkmale nationalsozialistischer Aufrüstung bis 1933”, in : Forstmeier, Friedrich/Volkmann, Hans-Erich (Hrsg.) : *Wirtschaft und Rüstung am Vorabend des Zweiten Weltkriegs*, Düsseldorf
Mahaim, Annik/Holt, Alix/Heinen, Jacqueline (1984) : *Frauen und Arbeiterbewegung. Deutschland vor 1914 – Russische Revolution – Spanischer Bürgerkrieg*, Frankfurt/Main
Malthus, Thomas Robert (1924/25, zuerst 1826) : *Eine Abhandlung über das Bevölkerungsgesetz, 2 Bde.*, Jena〔マルサス『人口の原理』第６版，大淵寛・森岡仁・吉田忠雄・水野朝夫訳，中央大学出版部，1985年〕
Mandeville, Bernard (1988, zuerst 1723) : *Die Bienenfabel oder Private Laster als gesellschaftliche Vorteile*, Leipzig-Weimar〔マンデヴィル『蜂の寓話――私悪すなわち公益』泉谷治訳，法政大学 出版局，1985年〕
Mann, Thomas (o. J.) : *Buddenbrooks, Verfall einer Familie*, Stuttgart〔マン『ブッデンブローク家の人びと』下，望月市恵訳，岩波文庫，1969年〕
Märten, Heinz-Georg (1983) : *Sozialbiologismus. Biologische Grundpositionen der politischen Ideengeschichte*, Frankfurt/Main–New York

Marx, Karl (1965, zuerst 1890) : *Das Kapital. Kritik der politischen Ökonomie, Bd. 1, nach der vierten, von Friedrich Engels herausgegebenen Auflage* (Hamburg 1890), Berlin〔マルクス『資本論』第一巻，大内兵衛・細川嘉六監訳，大月書店，1974年〕
Marx, Karl (1965, zuerst 1894) : *Das Kapital. Kritik der politischen Ökonomie, Bd. 3*, Berlin〔マルクス『資本論』(第三巻) 大内兵衛・細川嘉六監訳，大月書店，1974年〕
Marx, Karl (1968, zuerst 1844) : *Texte zu Methode und Praxis II. Pariser Manuskripte 1844*, Reinbek bei Hamburg〔マルクス「マルクスからルーゲへ」花田圭介訳，『独仏年誌』所収，マルクス＝エンゲルス全集第１巻，大月書店，1959年〕
Marx, Karl (1978, zuerst 1844) : "Zur Judenfrage", in : *Marx Engels Werke* (*MEW*) *Bd. 1*, Berlin〔マルクス『ユダヤ人問題によせて』城塚登訳，岩波文庫，1974年〕
Mattick, Paul (1969, zuerst 1936) : *Arbeitslosigkeit und Arbeitslosenbewegung in den USA 1929–1935*, Frankfurt/Main
Mayr, Franz Xaver (1931) : *Rationalisierung der Maschine Mensch. Die radikale Lösung der Arbeitslosenfrage*, Wien-Leipzig
Mennicken, Peter (1924) : *Anti-Ford oder von der Würde des Menschen*, o. O.
Miller, Jacques-Alain (1996) : "Jeremy Benthams panoptische Maschinerie", in : Miller, Jacques-Alain/Bozovic, Miran/Salecl, Renata : *Utilitarismus*, Wien
Minchinton, W. (1983) : "Die Veränderungen der Nachfragestruktur von 1500-1700", in : Carlo M. Cipolla/K. Brochardt (Hrsg.) : *Europäische Wirtschaftsgeschichte Bd. 2, Sechzehntes und siebzehntes Jahrhundert*, Stuttgart-New York
Mommsen, Wolfgang J. (1979) : *Der europäische Imperialismus. Aufsätze und Abhandlungen*, Göttingen
Mommsen, Hans (1991) : *Der Nationalsozialismus und die deutsche Gesellschaft. Ausgewählte Aufsätze*, Reinbek bei Hamburg
Mommsen, Theodor (1988, zuerst 1880) : "Auch ein Wort über unser Judenthum", in : Boehlich, Walter (Hrsg.) : *Der Berliner Antisemitismusstreit*, Frankfurt/Main
Mosse, George L. (1976) : *Die Nationalisierung der Massen. Von den Befreiungskriegen bis zum Dritten Reich*, Frankfurt/Main-Berlin-Wien
Mühlhausen, Walter (1994) : "Die Sozialdemokratie am Scheideweg - Burgfrieden, Parteikrise und Spaltung im Ersten Weltkrieg", in : Michalka, Wolfgang (Hrsg.) : *Der Erste Weltkrieg. Wirkung, Wahrnehmung, Analyse* ; München-Zürich
Münz, Ludwig (1934) : "Einführung", in : ders. (Hrsg.) : *Das Gesetz zur Ordnung der nationalen Arbeit vom 20. Januar 1934*, Berlin
Naumann, Friedrich (1949, zuerst 1900) : *Demokratie und Kaisertum*, Berlin
Naumann, Friedrich (1964, zuerst 1906) : "Neudeutsche Wirtschaftspolitik", in : ders. : *Werke, Dritter Band*, Köln und Opladen
Nolte, Ernst (1987 a) : "Zwischen Geschichtslegende und Revisionismus? Das Dritte Reich im Blickwinkel des Jahres 1980", in : *»Historikerstreit«. Die Dokumentation der Kontroverse um die Einzigartigkeit der nationalsozialistischen Judenvernichtung*, München-Zürich〔ノルテ「歴史伝説と修正主義のはざま？――1980年の視角から見た第三帝国」徳永恂訳，『過ぎ去ろうとしない過去――ナチズムとドイツ歴史家論争』人文書院，1995年，所収〕
Nolte, Ernst (1987 b) : "Vergangenheit, die nicht vergehen will", in : *»Historikerstreit«. Die Dokumentation der Kontroverse um die Einzigartigkeit der nationalsozialistischen Judenvernichtung*, München-Zürich〔ノルテ「過ぎ去ろうとしない過去」清水多吉・

小野島康雄訳，『過ぎ去ろうとしない過去――ナチズムとドイツ歴史家論争』人文書院，1995年，所収〕
Nolte, Ernst（1993）: *Streitpunkte. Heutige und künftige Kontroversen um den Nationalsozialismus*, Berlin-Frankfurt/Main
Ogger, Günter（1982）: *Die Gründerjahre. Als der Kapitalismus jung und verwegen war*, München
Ohlsen, Manfred（1982）: *Der Eisenbahnkönig Bethel Henry Strousberg. Eine preußische Gründerkarriere*, Berlin
Opitz, Reinhard（Hrsg.），（1994）: *Europastrategien des deutschen Kapitals 1900–1945*, Bonn
Ostwald, Wilhelm（1912）: *Der energetische Imperativ*, Leipzig
Ott, Hugo/Schäfer, Hermann（Hrsg.），（1984）: *Wirtschafts-Ploetz. Die Wirtschaftsgeschichte zum Nachschlagen*, Freiburg-Würzburg
Otto, Karl A.（1989）: *Die Arbeitszeit! Von der vorindustriellen Gesellschaft bis zur "Krise der Arbeitsgesellschaft"*, Pfaffenweiler.
Pache,（1979）: "Nachwort", in : Defoe, Daniel, *Glück und Unglück der berühmten Moll Flanders*, Stuttgart
Pariser Kommune 1871（1931）: *Berichte und Dokumente von Zeitgenossen*, Berlin
Paulinyi, Akos（1983）: "Die industrielle Revolution : Die Entstehung des Fabriksystems in Großbritannien", in : Schneider, Helmuth（Hrsg.）: *Geschichte der Arbeit. Vom alten Ägypten bis zur Gegenwart*, Frankfurt/Main-Berlin-Wien
Pernerstorfer, Engelbert（1916）: "Einführung", in : Jaurès, Jean, *Vaterland und Proletariat*, Jena
Perrot, Michelle（1981）: "Rebellische Weiber. Die Frau in der französischen Stadt des 19. Jahrhunderts", in : Honegger, Claudia/Heintz, Bettina（Hrsg.），*Listen der Ohnmacht. Zur Sozialgeschichte weiblicher Widerstandsformen*, Frankfurt/Main
Piper, Ernst（1995）: "Von der Entfernung zur Vernichtung oder Wir standen in der Pflicht, gegenüber der SS, der Firma Topf und dem NS-Staat", Einführung zu: Pressac, Jean Claude, *Die Krematorien von Auschwitz. Die Technik des Massenmords*, München-Zürich
Poliakov, Léon（1983）: *Geschichte des Antisemitismus, Bd. V, Die Aufklärung und ihre judenfeindliche Tendenz*, Frankfurt/Main
Poliakov, Léon（1988 a）: *Geschichte des Antisemitismus, Bd. VII, Zwischen Assimilation und »jüdischer Weltverschwörung«*, Frankfurt/Main
Poliakov, Léon（1988 b）: *Geschichte des Antisemitismus, Bd. VIII, Am Vorabend des Holocaust*, Frankfurt/Main
Postone, Moishe（1988）: "Nationalsozialismus und Antisemitismus. Ein theoretischer Versuch", in : Diner, Dan（Hrsg.）: *Zivilisationsbruch. Denken nach Auschwitz*, Frankfurt/Main
Pressac, Jean-Claude（1995）: *Die Krematorien von Auschwitz. Die Technik des Massenmords*, München-Zürich
Price, Roger（1992）: 1848. *Kleine Geschichte der europäischen Revolution*, Berlin
Rapoport, Louis（1992）: Hammer, Sichel, Davidstern. *Judenverfolgung in der Sowjetunion*, Berlin
Rathenau, Walter（1929, zuerst 1915）: "Deutschlands Rohstoffversorgung", in : *Schriften, Bd. 5*, Berlin
Recktenwald, Horst Claus（1993）: "Würdigung", in : Smith, Adam : *Der Wohlstand der Nationen. Eine Untersuchung seiner Natur und seiner Ursachen*, München

Reisiger, Hans (o. J.) : “Nachwort”, in : Defoe, Daniel : *Robinson Crusoe*, Zürich
Reitzle, Wolfgang (1994) : “Die neue Rolle der Arbeitgeber”, in : *Arbeit der Zukunft−Zukunft der Arbeit*, Stuttgart
Remarque, Erich Maria (1952, zuerst 1928) : *Im Westen nichts Neues*, Berlin〔レマルク『西部戦線異状なし』秦豊吉訳，新潮文庫，1995年〕
Ritter, Gerhard A./Kocka, Jürgen (Hrsg.), (1982) : *Deutsche Sozialgeschichte 1870–1914. Dokumente und Skizzen*, München
Rocker, Rudolf (1974, zuerst 1950) : *Absolutistische Gedankengänge im Sozialismus*, Hamburg
Röhl, John C. G. (1994) : Wilhelm II.: »Das Beste waere Gas!«, in : *Die Zeit* 48/1994
Roesler, Rudolf (1913) : “Das Taylor-System−Eine Budgetierung der menschlichen Kraft”, in : Taylor, Frederick Winslow : *Die Grundsätze wissenschaftlicher Betriebsführung*, München-Berlin
Rousseau, Jean-Jacques (1986, zuerst 1762) : *Emile oder Über die Erziehung*, Stuttgart〔ルソー『エミール』今野一雄訳，岩波文庫，1962年〕
Rovan, Joseph (1980) : *Geschichte der deutschen Sozialdemokratie*, Frankfurt/Main
Rude, George (1977) : *Die Volksmassen in der Geschichte. England und Frankreich 1730–1848*, Frankfurt/Main-New York
Sade, Marquis de (1980, zuerst 1795) : *Die Philosophie im Boudoir*, Herrsching〔サド『閨房哲学抄』マルキ・ド・サド選集３，澁澤龍彦訳，桃源社，1962年〕
Sade, Marquis de (1992, zuerst 1797) : *Die Geschichte der Justine oder Die Nachteile der Tugend* (erweiterte Fassung), Bindlach〔サド『ジュスチーヌまたは美徳の不幸』植田祐次訳，岩波書店，2001年〕
Sade, Marquis de (1998, zuerst 1787) : *Justine oder Vom Mißgeschick der Tugend*, Berlin〔サド『ジュスチイヌ　美徳の不幸』澁澤龍彦訳，桃源社，1969年〕
Sautter, Udo (1994) : *Geschichte der Vereinigten Staaten von Amerika*, Stuttgart
Say, Jean-Baptiste (1979, zuerst 1821) : *Lettres à M. Malthus sur l'économie politique et la stagnation du commerce*
Scharrer, Manfred (1984) : “Anpassung bis zum bitteren Ende. Die freien Gewerkschaften 1933”, in : ders. (Hrsg.) : *Kampflose Kapitulation. Arbeiterbewegung 1933*, Reinbek bei Hamburg
Schmidt-Bergmann, Hansgeorg (1993) : *Futurismus. Geschichte, Ästhetik, Dokumente*, Reinbek bei Hamburg
Schönhoven, Klaus (1994) : “Die Kriegspolitik der Gewerkschaften”, in : Michalka, Wolfgang (Hrsg.) : *Der Erste Weltkrieg. Wirkung, Wahrnehmung, Analyse*, München-Zürich
Scholz, Roswitha (1992) : “Der Wert ist der Mann. Thesen zu Wertvergesellschaftung und Geschlechterverhältnis”, in : *Krisis, Beiträge zur Kritik der Warengesellschaft 12*, Bad Honnef
Schulin, Ernst (1994) : “Die Urkatastrophe des zwanzigsten Jahrhunderts”, in : Michalka, Wolfgang (Hrsg.) : *Der Erste Weltkrieg. Wirkung, Wahrnehmung, Analyse*, München
Schulz, Ursula (Hrsg.), (1976) : *Die Deutsche Arbeiterbewegung 1848–1919 in Augenzeugenberichten*, München
Schumpeter, Joseph A. (1980, zuerst 1942) : *Kapitalismus, Sozialismus und Demokratie*, München〔シュンペーター『資本主義・社会主義・民主主義』中山伊知郎・東畑精一訳，東洋経済 新報社，1962年〕
Sering, Paul (1984, zuerst 1946) : “Der Faschismus als Revolte gegen Europa”, in : Nolte,

Ernst (Hrsg.) : *Theorien über den Faschismus*, Königstein/ Taunus
Sieber, Eberhard (1992) : “Studentische Störungen und Entwürfe”, in : Borst, Otto (Hrsg.), *Aufruhr und Entsagung. Vormärz 1815–1848 in Baden und Württemberg*, Stuttgart
Silberner, Edmund (1962) : *Sozialisten zur Judenfrage. Ein Beitrag zur Geschichte des Sozialismus vom Anfang des 19. Jahrhunderts bis 1914*, Berlin
Smith, Adam (1977, zuerst 1759) : *Theorie der ethischen Gefühle*, Hamburg〔スミス『道徳感情論』上・下，水田洋訳，岩波文庫，2003年〕
Smith, Adam (1993, zuerst 1789) : *Der Wohlstand der Nationen. Eine Untersuchung seiner Natur und seiner Ursachen*, München〔スミス『国富論１』大河内一男監訳，中央公論社，1976年〕
Spengler, Oswald (1972, zuerst 1918) : *Der Untergang des Abendlands. Umrisse einer Morphologie der Weltgeschichte*, München〔シュペングラー『西洋の没落』上・下，村松正俊訳，五月書房，1989 年〕
Störig, Hans Joachim (1966) : *Kleine Weltgeschichte der Philosophie*, München-Zürich
Strübel, Gustav (1996) : “»Ich habe sie richten lassen«. Vor 70 Jahren: Offiziere morden, Richter versagen, die SPD zahlt den Preis”, in : Sebastian Haffner, Stephan Hermlin, Kurt Tucholsky u.a.: Zwecklegenden. *Die SPD und das Scheitern der Arbeiterbewegung*, Berlin
Stürmer, Michael (Hrsg.), (1986) : *Herbst des alten Handwerks. Meister, Gesellen und Obrigkeit im 18. Jahrhundert*, München-Zürich
Süß, Walter (1985) : *Die Arbeiterklasse als Maschine. Ein industrie-soziologischer Beitrag zur Sozialgeschichte des aufkommenden Stalinismus*, Wiesbaden
Swift, Jonathan (1991, zuerst 1729) : “Bescheidener Vorschlag, wie man verhüten kann, daß die Kinder armer Leute in Irland ihren Eltern oder dem Lande zur Last fallen, und wie sie der Allgemeinheit nutzbar gemacht werden können”, in : *Ausgewählte Werke, Bd. 2*, Berlin und Weimar〔スウィフト「貧家の子女がその両親ならびに祖国にとっての重荷となることを防止し，かつ社会に対して有用ならしめんとする方法についての私案」，『奴婢訓』深町弘三訳，岩波文庫，1950年，所収〕
Swift, Jonathan (1991, zuerst 1727) : “Gullivers Reisen”, in : *Ausgewählte Werke, Bd. 3*, Berlin und Weimar
Taylor, Frederick Winslow (1913) : *Die Grundsätze wissenschaftlicher Betriebsführung*, München und Berlin
Terkel, Studs (1972) : *Der Grosse Krach. Die Geschichte der amerikanischen Depression*, Frankfurt/Main
Thompson, Edward P. (1980) : *Plebeische Kultur und moralische Ökonomie. Aufsätze zur englischen Sozialgeschichte des 18. und 19. Jahrhunderts*, Frankfurt/Main-Berlin-Wien
Thompson, Edward P. (1987, zuerst 1963) : *Die Entstehung der englischen Arbeiterklasse, 2 Bde.*, Frankfurt/Main〔トムスン『イングランド労働者階級の形成』市橋秀夫・芳賀健一訳，青弓社，2003年〕
Treitschke, Heinrich von (1988, zuerst 1879) : “Unsere Aussichten”, in : Boehlich, Walter (Hrsg.) : *Der Berliner Antisemitismusstreit*, Frankfurt/Main
Treue, Wilhelm/Manegold, Karl-Heinz (Hrsg.), (1966) : *Quellen zur Geschichte der industriellen Revolution*, Göttingen-Frankfurt/Main-Zürich
Treue, Wilhelm (Hrsg.) (1967) : *Deutschland in der Weltwirtschaftskrise in Augenzeugenberichten*, Düsseldorf

Tschuppik, Karl (1931) : Ludendorff. *Die Tragödie des Fachmanns*, Wien und Leipzig
Ulrich, Bernd/Ziemann, Benjamin (Hrsg.) (1994) : *Frontalltag im Ersten Weltkrieg. Wahn und Wirklichkeit. Quellen und Dokumente*, Frankfurt/ Main
Ullrich, Volker (1994) : "Kriegsalltag. Zur inneren Revolutionierung der wilhelminischen Gesellschaft", in : Michalka, Wolfgang (Hrsg.) : *Der Erste Weltkrieg. Wirkung, Wahrnehmung, Analyse* ; München-Zürich
Vollmer, Antje (1996) : *Heißer Frieden. Über Gewalt, Macht und Zivilisation*, München
Wagner, Adolph (1912) : *Die Strömungen in der Sozialpolitik und der Katheder- und Staatssozialismus*, Berlin
Wagner, Adolph (1879) : *Lehrbuch der politischen Oekonomie, Erster Band*, Leipzig und Heidelberg
Wagner, Richard (1975, zuerst 1850) : *Das Judentum in der Musik*, München〔ワーグナー「音楽におけるユダヤ性」ワーグナー著作集１，池上純一訳，第三文明社，1990年)
Wagner, Richard (1988, zuerst 1975) : *Das braune Buch. Tagebuchaufzeichnungen*, München
Wallerstein, Immanuel (1986, zuerst 1974) : *Das moderne Weltsystem, Bd. I, Kapitalistische Landwirtschaft und die Entstehung der europäischen Weltwirtschaft im 16. Jahrhundert*, Frankfurt/Main〔ウォーラーステイン『近代世界システム１　農業資本主義と「ヨーロッパ世界経済」の成立』川北稔訳，岩波書店，1981年〕
Weber, Max (1985, zuerst 1922) : *Wirtschaft und Gesellschaft. Grundriß der verstehenden Soziologie*, Tübingen
Wehler, Hans-Ulrich (1987) : *Deutsche Gesellschaftsgeschichte. Zweiter Band, 1815-1845/49*, München
Wehler, Hans-Ulrich (1995) : *Deutsche Gesellschaftsgeschichte. Dritter Band, 1849-1914*, München
Wehner, Magnus (1932) : *Langemarck. Ein Vermächtnis*, München
Weingart, Peter/Kroll, Jürgen/Bayertz, Kurt (1988) : *Rasse, Blut und Gene. Geschichte der Eugenik und Rassenhygiene in Deutschland*, Frankfurt/ Main
Wells, Herbert George (1974, zuerst 1898) : *Der Krieg der Welten*, Zürich〔ウェルズ『宇宙戦争』斉 藤伯好訳，早川書房，2005年〕
Wick, Rainer K. (1994) : *Bauhaus Pädagogik*, Köln
Wingler, Hans M. (1975) : *Das Bauhaus. Weimar Dessau Berlin und die Nachfolge in Chicago seit 1937*, Bramsche
Wirtz, Rainer (1981) : *»Widersetzlichkeiten, Excesse, Crawalle, Tumulte und Skandale«. Soziale Bewegung und gewalthafter sozialer Protest in Baden 1815-1848*, Frankfurt/ Main-Berlin-Wien
Wuketits, Franz M. (1987) : *Charles Darwin. Der stille Revolutionär*, München-Zürich
Wulf, Hans Albert (1987) : *»Maschinenstürmer sind wir keine«. Technischer Fortschritt und sozialdemokratische Arbeiterbewegung*, Frankfurt/Main-New York

著者紹介

ローベルト・クルツ（Robert Kurz）

1934年，ドイツのニュルンベルク生まれ。大学では哲学・歴史・教育学を専攻。ラディカルな社会批判をこととする雑誌『クリージス』（2004年まで），次いで現在は『エクシット』の共同発行人。本書の前身ともいうべき『近代化の崩壊』（1994年）をはじめとして，多くの著作がある。

訳者紹介

渡辺一男（わたなべ かずお）

1946年，神奈川県小田原市生まれ。東京都立大学大学院博士課程中退（ドイツ文学専攻）。
1999年に山形大学を退職した後は，翻訳に従事。オーストリア在住。
著訳書：『オーストリア日記』（現代書館，2004年），エーリヒ・シャーケ『ヒトラーをめぐる女たち』（TBSブリタニカ，2002年），ジャン・ジグレール『私物化される世界――誰がわれわれを支配しているのか』（阪急コミュニケーションズ，2004年）ほか。

新曜社

資本主義黒書〈上〉
市場経済との訣別

初版第1刷発行 2007年5月10日©

著　者　ローベルト・クルツ
訳　者　渡辺一男
発行者　堀江　洪
発行所　株式会社 新曜社
〒101-0051 東京都千代田区神田神保町 2-10
電 話(03)3264-4973・FAX(03)3239-2958
e-mail info@shin-yo-sha.co.jp
URL http://www.shin-yo-sha.co.jp/

印刷　星野精版印刷　Printed in Japan
製本　イマヰ製本所
ISBN978-4-7885-1052-4 C1033

好評関連書より

ポール・リクール 著／久米 博 訳

記憶・歴史・忘却〈上〉〈下〉

アウシュヴィッツの後で歴史は可能か？ 記憶と忘却の弁証法のなかで歴史叙述の可能性を突きつめ、「困難な赦し」にいたる、壮大な「記憶の政治学」の試み。

A5判 464頁5300円 364頁4500円

ピーター・バーク 著／井山弘幸・城戸 淳 訳

知識の社会史 知と情報はいかにして商品化したか

知はいかにして社会的制度となり、資本主義社会に取り入れられたか、を鮮やかに展望。

四六判410頁 本体3400円

西川長夫 著

地球時代の民族＝文化理論 脱「国民文化」のために

ボーダレス化社会を生きるために、自国への「過剰」で閉ざされた関心を開く道をさぐる。

四六判256頁 本体2100円

山本哲士 著

文化資本論 超企業・超制度革命にむけて

経済資本本位の産業化社会から文化や環境を生活の資本とするコンビビアルな社会へ。

四六判304頁 本体2850円

J＝J・グー 著／土田知則 訳

言語の金使い 文学と経済学におけるリアリズムの解体

ジッドを題材に、芸術におけるリアリズムの危機と金本位制の終焉との同時性を論じる。

四六判296頁 本体2800円

（表示価格は税別です）

新曜社